Enfoques comparados en Organización
y
Dirección de Instituciones Educativas

Una mirada a la realidad educativa iberoamericana desde Andalucía

(Volumen I)

Manuel Lorenzo Delgado
José Antonio Ortega Carrillo
Eudaldo Corchón Álvarez
(Coordinadores)

© Los Autores
Coordinadores de Edición:
  Manuel Lorenzo Delgado
  José Antonio Ortega Carrillo
  Eudaldo Corchón Álvarez
Edita: Grupo Editorial Universitario y Asociación para el Desarrollo de la Comunidad Educativa en
España.
ISBN: 84-921660-6-1
Depósito Legal: GR-1.531-1999
Imprime: Gráfica Lino, S.L.
Secretaria de redacción: Mª Esther Caballero Cordón.
Auxiliares: Tatiana Calderón Ponce, Yolanda Aragón Carretero, Mª del Carmen Comino Venegas y
José Luis Villena Higueras.
Revisión literaria: Elvira Cámara Aguilera y Mª Teresa Reyes Martín.
Fotografía: Alberto Arias Ramírez.
Diseño de portada: Inmaculada Melero Martínez.

Distribuye: Grupo Editorial Universitario
     Telf. 958 80 05 80 Fax: 958 29 16 15
     http://www.siapi.es/geu
     e-mail: geu@siapi.es

INDICE

Paneles de expertos

Gestión y Dirección de Centros en América Latina

Problemática Profesional de los equipos directivos en Andalucía

Comunicaciones

COMISIÓN ORGANIZADORA

Director Científico: Dr. Manuel Lorenzo Delgado, Catedrático de Organización Escolar de la Universidad de Granada.

Coordinador: Dr. José Antonio Ortega Carrillo, Profesor del Departamento de Didáctica y Organización Escolar de la Universidad de Granada y Presidente de la Asociación para el Desarrollo de la Comunidad Educativa en España COM.ED.ES.

Consejo científico (Grupo de Investigación ED.INVEST.):
> **Dr. Francisco Salvador Mata** (Director)
> Dr. Oscar Sáenz Barrio
> Dra. Natividad López Urquízar
> Dr. Severino Fernández Nares
> Dr. Salvador Camacho Pérez
> Dra. Rosario Rodríguez Serrano
> Dr. Eudaldo Corchón Álvarez
> Dra. María Luisa Almenzar Rodríguez
> Dr. Tomás Sola Martínez
> Dr. Fernando Peñafiel Martínez
> Dra. Rosario Arroyo González

Vocales:
> D. Francisco Cordón Herrera
> D. Juan Caballero Martínez

Secretaría técnica: Sección de Investigación de COM.ED.ES:

Jesús Alfredo Iniesta (Coordinador), Juan Antonio Fuentes (Secretario), Roberto Alcántara, Yolanda Aragón, María Esther Caballero, Ana María Cabrera, Elvira Cámara, Ana Belén Cantero, María José Castro, María del Carmen Comino, Rosa María Cortés, Ascensión Díaz, Juan García, José Antonio Gómez, Francisco Jaimez, María José López. Nuria López, Lucía Manzano, José Antonio Marín, María José Martínez, Inmaculada Melero, José María Muñoz, Juan de Dios Ramos, María Teresa Reyes, Juan Francisco Romero, Guillermo Ruiz, Micaela Sánchez, César Torres y María Velasco.

PRESENTACIÓN

Excmo. Sr. Rector, Ilmo. Sr. Presidente del Consejo Escolar de Andalucía, Ilmos. Srs. Decano y Directores de la Escuela de Magisterio del Ave María y del Departamento de Didáctica y Organización Escolar, Sr. Presidente del Centro UNESCO de Andalucía, y querido profesor y maestro Dr. Óscar Sáenz Barrio:

Por tercer año consecutivo nos reunimos, en torno a las dos mil personas, en este marco ya casi familiar del Palacio de Congresos y Exposiciones de Granada para reflexionar en común sobre los problemas y las alternativas que tienen actualmente la organización y la dirección de los centros educativos de nuestra tierra: Estamos iniciando, en efecto, las III Jornadas Andaluzas de Organización y Dirección de Instituciones Educativas. Como responsable último de todo este montaje, sed bienvenidos y disculpad de antemano cualquier fallo que encontréis.

Cada uno de estos años hemos procurado centrar los debates y aportaciones sobre un hilo conductor que diera cierta unidad a las diferentes aportaciones, provenientes de numerosas Universidades nacionales e iberoamericanas. El primer año, 1996, se intentó hacer un acercamiento a las perspectivas más actuales del complejo campo de estudio que son las organizaciones educativas. El año pasado introdujimos en el debate toda la potente perspectiva de las instituciones no formales ni regladas de educación, cada vez más al alcance del hombre moderno que desea mejorar.

Esta tercera edición, por su parte, tiene dos temas de fondo, bien explícitos desde que hicimos la convocatoria misma:

— Uno lo hemos expresado en el programa con un eslogan elocuente por sí mismo: "Una mirada a la Dirección y Gestión de Centros en América Latina desde Andalucía."

Profesores y profesoras universitarios, estudiantes de nuestros programas de doctorado, las dos primeras doctoras en Ciencias de la Educación por nuestra Facultad –y probablemente de toda la Universidad de Granada– provenientes de Colombia, Ecuador, Argentina o Chile van a compartir estos días nuestras sesiones de trabajo. Desde aquí les damos la más entrañable bienvenida.

Ellos nos ayudarán a que esa pretendida "mirada" sea cada vez más profunda, cariñosa y comprometida con sus tierras y sus gentes.

— El otro tema de fondo viene a ser un intento, insuficiente sin duda, de dar público testimonio de gratitud y agradecimiento a un hombre, tan adusto y sobrio en sus apariencias como fiel en sus afectos y profundo en sus ideas, que ha sido durante muchos años el maestro de todos los que hoy estamos haciendo que iniciativas como ésta lleguen a vosotros y formen parte del patrimonio formativo de vuestro paso por la

Universidad de Granada. Ese maestro es D. Óscar Sáenz Barrio, y el grupo Edinvest, con estas Jornadas y con el correspondiente libro de Actas, quiere poner el primer eslabón de una cadena de homenajes que se irán sucediendo, a lo largo de este curso, con motivo de su jubilación. Por esta razón, dos importantes ponencias de las que figuran en el Programa, las de los catedraticos de Salamanca y Murcia —D. José Luis Rodríguez Diéguez y D. Juan Manuel Escudero Muñoz, respectivamente—, no aparecen en él dado que el deseo de participar en el homenaje ha sido grande por parte de las Universidades del país, que nos ha parecido más adecuado intergrarlas todas en otro volumen de homenaje que aparecerá próximamente.

Este es, pues, el gran marco de trabajo para nuestras Jornadas. Algo tan complejo que no sería posible sin el apoyo de algunas instituciones y el trabajo silencioso de muchas personas —profesores y estudiantes— que están detrás de los escenarios visibles. A todos ellos,

— Al Excmo. Y Mgfco. Sr. Rector, cuya presencia es un estímulo para todos nosotros más fuerte de lo que él se imagina.

— A D. Juan Ruiz Lucena, nuestro amigo y valedor en tantas ocasiones.

— Al Decano, D. Antonio Romero, y en él representada toda la Facultad de Ciencias de la Educación.

— Al Departamento de Didáctica y Organización Escolar y a los hombres y mujeres de COM.ED.ES, muchas gracias. Y a todos los que desde otros lugares nos acompañáis en estos días, bienvenidos de nuevo, y buen trabajo.

Manuel Lorenzo Delgado
Director de las Jornadas

Discursos

Seminario Virtual Interuniversitario e Iberoamericano

sobre

Educación y Tecnologías de la Información

Intercomunidad educativo-colaborativa virtual
de habla hispana

United Nations Educational, Scientific and Cultural Organization
Organisation des Nations Unies pour l'éducation, la science et la culture

Mensaje electrónico inaugural del Director General,

Profesor Federico Mayor,

para:

Terceras Jornadas Andaluzas de
Organización de Instituciones Educativas
sobre:
Seminario virtual, interuniversitario e iberoamericano sobre
educación y tecnologías de la información

Granada, España

15 de diciembre de 1998

Estimados colegas, queridos amigos:

La Asociación para el Desarrollo de la Comunidad Educativa en España, la Universidad de Granada y el Centro UNESCO de Andalucía, me han hecho el honor de invitarme a participar en este Seminario virtual interuniversitario e iberoamericano sobre educación, y tenologías de la información, que se inaugura hoy, en el marco de las III Jornadas Andaluzas de Organización de Instituciones Educativas.

Dado que esta fecha estaba reservada ya para realizar una visita oficial a la República Dominicana, decidí aprovechar las facilidades que brinda la electrónica moderna, para acompañarlos en este acto -virtualmente, pero también cordialmente mediante una grabación en vídeo.

Este medio audiovisual que me permite participar a larga distancia en tan relevante iniciativa, constituye en sí mismo la prueba de que los espectaculares avances tecnológicos de nuestro siglo. La televisión, el vídeo, la fibra óptica, las transmisiones vía satélite, el CD interactivo o las redes informáticas como Internet, transforman día a día el modo en que millones de personas aprenden, se comunican, trabajan o simplemente se divierten. Son los instrumentos de la instantaneidad y la apertura, las herramientas que permiten forjar sociedades más transparentes, merced a la ubicuidad de la información y la relativa sencillez de los canales por donde ésta circula.

Para el sistema educativo -en particular, para la universidad-, estos medios tienen un valor extraordinario. Combinados, multiplican la interactividad y la flexibilidad del aprendizaje. Para la UNESCO, poseen una importancia adicional: ofrecen la posibilidad de aplicar con éxito los principios de educación permanente para todos a lo largo de toda la vida y, mediante la enseñanza a distancia, nos ayudan a alcanzar a los inalcanzables e incluir a los excluidos. Estos objetivos son cometidos fundamentales de la estrategia a medio plazo que la Organización se ha fijado en este ámbito.

Los vertiginosos cambios tecnológicos y económicos de nuestra época han hecho que el aprendizaje a lo largo de toda la vida haya dejado de ser un lujo, para convertirse en una necesidad básica. Por eso, junto con la exigencia ética de que la enseñanza ha de democratizarse y estar al alcance de todos los ciudadanos, la UNESCO plantea la urgencia práctica de que la educación sea permanente, un proceso continuo que asuma diversas modalidades a lo largo de toda la vida de la persona. Las innovaciones científicas y técnicas en el ámbito de la comunicación electrónica abren horizontes inéditos para la realización de estos ideales.

Sin embargo, conviene no pasar por alto el hecho de que la técnica es tan sólo un medio, no un fin en sí misma. Al fetichismo de los utensilios, al sueño golémico de forjar un horno virtualis, hay que oponer una clara jerarquía ética, que permita a las nuevas generaciones saber a qué atenerse y ordenar sus prioridades. Estos asideros morales son cada vez más necesarios en la vorágine de una civilización que a toda hora confunde la importancia de las cosas con su costo de mercado. Y, como advertía Antonio Machado, "es de necio / confundir valor y precio".

Los canales electrónicos de comunicación, tan cómodos y provechosos cuando se emplean adecuadamente, plantean múltiples desafíos a la sociedad contemporánea. Los dos más evidentes son la rapidez y el volumen excesivo de la información, que la condenan a la irrelevancia. El ser humano necesita un plazo de reflexión para transformar la información en conocimiento y, luego, convertir éste último en sabiduría. La distinción clásica entre doxá y episteme, que nutre la raíz misma de la filosofía, se pierde a menudo en el caos de la instantaneidad y la sobreabundancia de los mensajes. Estas características indeseables de la comunicación electrónica resultan particularmente graves cuando influyen en los sistemas educativos, porque tienden a fomentar la confusión, la pasividad y el mimetismo.

De manera deliberada o accidental, los medios audiovisuales amenazan hoy con vaciar al hombre de intimidad, con ocupar permanentemente -con la coartada del entretenimiento- la morada interior del ser humano, el ámbito difícil y asediado del "ensimismamiento", esta terra incógnita, donde es posible refugiarse en perfecta soledad consigo mismo, pero de donde a menudo queremos escapar. "Me encuentro huyendo de mí / cuando conmigo me encuentro..." nos recuerda José Bergamín. Este afán de escapismo que late en cada uno de nosotros, es una tentación constante que la radio, el ordenador y la televisión alimentan ahora con peculiar intensidad.

"Conócete a ti mismo", era el precepto del oráculo de Delfos que Sócrates repetía a sus discípulos. En la medida en que el ser humano tiene un "sí mismo", una vida espiritual propia y diferenciada, puede desarrollar gustos y criterios auténticos, y es capaz de ser "más persona", es decir, más libre. Por eso es urgente proporcionar educación a todos los ciudadanos, durante toda la vida, incluyendo a los excluidos y alcanzando a los hasta ahora inalcanzados; porque sólo mediante el acceso a lo que Xabier Zubiri llamaba la "soberanía personal" la democracia será genuina y no degenerará en "demoscopia" -o sea, en ser contado pero sin contar-, en plutocracia, en oligocracia o en tecnocracia.

Los conceptos novedosos de la "universidad virtual", la transmisión de datos mediante ordenadores o los sistemas de tipo multimedia son excelentes, siempre y cuando se empleen como lo que son: herramientas, instrumentos al servicio del ser humano. El premio Nobel de Medicina Hans Krebs, con quien tuve el privilegio de trabajar en Oxford hace algunos años, solía decir que el principal cometido de un científico "es ver lo que otros también pueden ver, pero pensar lo que nadie ha pensado". Ningún medio técnico, por perfecto que sea, puede sustituir a la intuición y la imaginación del investigador. La observación y la reflexión son la base del conocimiento científico. Del mismo modo, ninguna pantalla puede sustituir al maestro en el aula, porque no hay mejor pedagogía que la del contacto humano, la del amor y el ejemplo.

Pero el impulso transformador que la investigación científica y el desarrollo tecnológico imprimen a la sociedad actual, no se limita al sector de las comunicaciones. La biotecnología es otro de los campos que presenta a la par posibilidades fabulosas y enormes peligros para la humanidad. Los avances en materia de genética y microbiología han contribuido a que el hombre comience a entender el proceso evolutivo y a adquirir las técnicas necesarias para modificar su propia estructura orgánica. La humanidad tiene el derecho y el deber de aprovechar esta capacidad que la biotecnología le confiere. Sin embargo, así como sus virtudes en la terapia, la producción de alimentos o la industria son irrefutables, la aplicación de estas técnicas a los genes entraña indudablemente un potencial de enormes riesgos, tanto en el aspecto morfológico como en lo relativo a los derechos humanos. La manipulación de óvulos fecundados, la modificación de células somáticas con fines terapéuticos o las alteraciones inducidas en los gametos, son claras muestras de progreso, pero también pueden constituir violaciones de los derechos humanos, tanto del ser así originado, como de su descendencia. No olvidemos que todas estas prácticas no cambian a quien las aplica, sino a otra persona.

Fiel al principio de que es preciso fortalecer la solidaridad intelectual y moral de la humanidad, ·la UNESCO aprobó en 1997 la "Declaración Universal sobre el Genoma Humano y los Derechos de la Persona". Las cláusulas de este documento subrayan la dimensión ética de los problemas que plantea la investigación científica sobre el patrimonio genético de la humanidad. Este es otro ejemplo en el que confluyen, en peculiar sinergia, la educación, las nuevas, tecnologías y la misión ética de la UNESCO.

El diálogo y el mutuo enriquecimiento entre estas dimensiones del quehacer humano deben constituir una prioridad para la comunidad internacional. Porque la idea de progreso que ha prevalecido hasta hace poco es un concepto necesitado de profunda revisión. La creencia de que el desarrollo es poco más que simple crecimiento, que basta con el aumento de los índices de la producción industrial y el consumo de electricidad para que un país se modernice y mejore el destino de sus habitantes una falacia peligrosa.

Sin duda hay un componente puramente cuantitativo o estrictamente económico en el proceso de desarrollo pero, como señala Julián Marías, "nada humano es tan sólo cuantitativo". En última instancia, el progreso no consiste en la acumulación de artefactos, -ya sean cohetes nucleares, automóviles u ordenadores,- sino que es un concepto inseparable de la moral, de un sentido teleológico de la existencia. Por eso es menester preguntarse primero no cuánto dinero, qué cantidad, sino "progreso, ¿para quién?". La cuestión radica ahora en determinar el destinatario del desarrollo, en saber si trabajamos para el ser humano, -y especialmente para los hombres y las mujeres de mañana, para las generaciones que heredarán la Tierra- o si nuestros actos sirven para satisfacer intereses económicos miopes o torpes ambiciones de poder.

Quiero felicitar a los organizadores y participantes de este Seminario virtual y agradecerles, en nombre de la UNESCO y en el mío propio, su contribución a esta tarea didáctica. Estoy seguro de que su esfuerzo nos acerca un poco más a ese ideal de forjar un mundo más justo, más libre y más pacífico, donde todos los seres humanos puedan recibir la educación necesaria y tengan acceso a los frutos de la ciencia y la tecnología.

Paris, 7 de diciembre de 1998

Federico Mayor

Muchas gracias

ACTO DE APERTURA
III JORNADAS ANDALUZAS
SOBRE ORGANIZACION Y DIRECCION
DE INSTITUCIONES EDUCATIVAS

Ilmo. Sr. Presidente del Consejo Escolar de Andalucía,
Ilmo. Sr. Decano de la Facultad de Ciencias de la Educación,
Ilmo. Sr. Presidente del Centro UNESCO de Andalucía,
Ilmo. Sr. Presidente de la Asociación para el desarrollo de la
         Comunidad Educativa en España,
Queridos compañeros y compañeras de la comunidad universitaria,
Señoras y señores:

En nombre de la Universidad de Granada, y en el mío propio, les doy la más cordial bienvenida a esta ciudad y a estas III Jornadas andaluzas sobre organización y dirección de Instituciones educativas, que por tercer año consecutivo reúnen a tan importante número de educadores y profesores comprometidos en la búsqueda de nuevos modelos organizativos que contribuyan a la mejora de la calidad de la enseñanza pública en nuestra comunidad educativa. Un especial saludo de bienvenida y agradecimiento a los congresistas venidos de los países hermanos de hispanoamérica, que a buen seguro enriquecerán el debate con su particular aportación sobre la gestión y dirección de los centros educativos en América Latina.

Quiero felicitar tanto al director científico de las Jornadas, el profesor Manuel Lorenzo Delgado, por el interés de las ponencias seleccionadas, como al coordinador del encuentro, profesor José Antonio Ortega, por la excelente organización de un evento tan complejo como éste por el gran número de participantes. Así mismo quiero agradecer su participación a las instituciones patrocinadoras y colaboradoras: Consejería de Educación de la Junta de Andalucía, Caja General de Ahorros, Consejo Escolar de Andalucía y Centro Unesco de Andalucía, por su apoyo desinteresado. Agradecimiento que hago extensivo al Sr. D. José Luis Rodríguez Diéguez, catedrático de Didáctica de la Universidad de Salamanca, que en breves minutos pronunciará la conferencia inaugural de estas Jornadas.

Unas jornadas que comportan un merecido homenaje al profesor D. Oscar Sáenz Barrio en reconocimiento a su dilatada labor docente e investigadora y por su contribución al desarrollo educativo de nuestra región.

Acaso uno de los aspectos más destacados de esta tercera convocatoria de las Jornadas sea esa mirada a América Latina que realizamos desde Andalucía en un afán de abrirnos al exterior, sobre todo a naciones hermanas con las que compartimos una misma lengua y unas raíces culturales comunes. Esa interrelación supranacional se viene demostrando sumamente enriquecedora para el avance educativo en nuestros respectivos países. Para quienes tenemos encomendada esa decisiva labor social que es la docencia pública, y para quienes hemos asumido la responsabilidad de gestionar del mejor modo posible un servicio social de tanta trascendencia, es importante conocer las conclusiones que se alcancen en jornadas como éstas, pues a buen seguro aportarán elementos que contribuyan a la progresiva mejora del sistema educativo como pilar básico y solidario de la sociedad.

Es necesario impulsar foros de debate donde analizar las experiencias compartidas para afrontar con garantías los retos de futuro ante el nuevo siglo en ciernes. Sólo por ese camino de compromiso en el trabajo y de responsabilidad en la investigación conseguiremos hacer realidad entre todos la universalidad de la educación, una educación de calidad puesta al servicio de todos los ciudadanos. El grupo de investigación integrado en el departamento de Didáctica y Organización Escolar en colaboración con la Asociación para el desarrollo de la comunidad educativa en España, vienen realizando una larga y fructífera labor en esa línea, con el respaldo de nuestras autoridades educativas que son conscientes de la importancia creciente que para la mejor gestión representa la planificación de la organización y dirección de las instituciones educativas.

Finalizo reiterándoles mi gratitud por su asistencia y por su trabajo, y deseándoles que alcancen todos los objetivos previstos. Muchas gracias.

Lorenzo Morillas Cueva
RECTOR UNIVERSIDAD DE GRANADA

(15-12-1998)

PONENCIAS GENERALES

EL LIDERAZGO ÉTICO EN LAS INSTITUCIONES DE FORMACIÓN

MANUEL LORENZO DELGADO
Catedrático de Organización Escolar. Universidad de Granada

> *"La ética de la empresa ha dejado de ser conceptualizada como una contradicción en sus términos para pasar a ser un floreciente campo de estudio que responde a una necesidad y una exigencia de la sociedad moderna" (Lozano Aguilar, 1997)*

Introducción

El periódico local de Granada, *Ideal*, recogía la noticia de la inauguración del presente curso académico en la Escuela de Gerencia anunciando, con importantes titulares, una conferencia nada menos que del presidente de la comisión delegada de Fundesco y presidente también de Idelco, y lo hizo con un título impactante: **El mercado como una filosofía de servicio a los demás**.

¿Desde cuándo el mercado, la economía o las empresas se han preocupado de servir a alguien que no tenga dinero? ¿Desde cuándo se preocupan de algo que no sea su propio beneficio y el aumento de sus ganancias?

La nota de prensa no resolvía el interrogante, sino que aumentaba la incertidumbre con textos como éste:

> *"Fuentes de la Escuela de Gerencia señalan que la intervención del ponente será una introducción al debatido tema de la moralidad del capitalismo. Añaden que se suele caricaturizar la «sociedad abierta» como basada en el egoísmo. Pero el interés o amor propio que mueve a los individuos en una sociedad capitalista es muy distinto del vicio del egoísmo. Además, en una economía de mercado suele prosperar quien atiende a las necesidades o demandas de sus congéneres, con lo que muy a menudo los incentivos económicos interesados del capitalismo resultan ser altruistas."*

El tema será en verdad más o menos difícil de encajar, pero sin duda lo que sí es cierto es que mueve, aunque parezca mentira, mucho dinero.

En el número de Noviembre, de la revista *Emprendedores*, en su página 111, se anunciaba un curso de formación para dirigentes empresariales sobre "**La ética en los negocios**". El precio por aprender y dominar dicho tema era de 900.000 pesetas, casi un millón de pesetas. Las justificaciones para hacer apetecible semejante oferta son de este tenor:

"En nuestra sociedad es frecuente hablar de crisis de valores. Los criterios y principios que se utilizaban para juzgar lo correcto y lo incorrecto han caído en desuso. Se tiene la sensación de que todo vale. El lucro se ha convertido en muchas empresas en su única finalidad. El resultado es una sociedad cada vez más competitiva – eufemismo muchas veces de agresiva– que obliga a empresas e instituciones a serguir en esa misma línea."

Ejercer un liderazgo ético en una organización está de moda. Sin embargo, esperemos que no se haya matriculado ningún pedagogo ni ningún profesor como alumno de unos cursos en los que se enseña a ser ético en la organización en la que se trabaja.

¿Por qué digo esto?

En los últimos años están floreciendo propuestas y modelos organizacionales que, desde las organizaciones sociales en general (empresas, fábricas, multinacionales, instituciones sanitarias, etc.), han inundado, el estudio de las instituciones educativas, tratando de que los centros ajusten a ellos sus prácticas cotidianas. Tal es el caso, por ejemplo (constituyendo auténticas modas), de los **modelos de gestión de calidad** propuestos hoy en día por el Ministerio de Educación y Cultura, la consideración de que las escuelas sean **organizaciones que aprenden** (Senge, 1996) o, como es el caso del tema de esta ponencia, se transformen en **instituciones éticas**.

Lo que demuestra este fenómeno es, sencillamente, que en las instituciones dedicadas a la formación —nuestro campo de trabajo— estamos siendo colonizados por mensajes y filosofías prácticas que son nuestras por naturaleza y que, en consecuencia, deberíamos ser nosotros los "colonizadores" del resto de las organizaciones en lugar de ser sus "colonizados". Si las escuelas no son capaces de **exportar** calidad en la gestión, propuestas de aprendizaje permanente de sus miembros o actuaciones éticas en sus dirigentes, (que es para lo que han nacido y lo que constituye su misión natural), es que están renunciando a su aportación específica en la construcción del entramado social de nuestro tiempo.

Si tenemos que **importar** todas esas dimensiones de lo que están haciendo otras organizaciones basadas en el lucro, la eficacia y el mercado, es que los trabajadores y estudiosos de las instituciones educativas estamos ciegos, porque "mejorar la calidad" en cualquier dimensión y ámbito humano, aprender y enseñar, o actuar éticamente constituye eso que llamamos **educación** y, por tanto, el objeto para el que cualquier sociedad crea sus escuelas.

Resulta evidente, pues, el interés por el conocimiento y la reflexión sobre estos temas. Sobre uno de ellos, el de las organizaciones como espacios éticos en los que es preciso el ejercicio de un liderazgo también ético, trata de hacerlo esta conferencia de clausura de las III Jornadas Andaluzas de Organización y Dirección de Instituciones Educativas.

1. Las organizaciones como espacios éticos

Casi en los comienzos mismos de su obra *Dirección por valores*, Blanchard y O'Connor (1997 9) se atreven a afirmar lo siguiente:

"Tal vez más que en ninguna época anterior, una organización tiene que saber hoy qué representa y con qué principios va a operar. Un comportamiento organizativo basado en valores ya no es una interesante elección filosófica: hoy es un imperativo para la supervivencia."

La cita pone de relieve que esas dos entidades tan incompatibles entre sí –como lo son "el aceite y el agua" en expresión de A. Cortina (1997)–, esto es, la ética y la empresa, están imbricadas a través de una serie de valores no sólo necesarios hoy día, sino determinantes para el futuro de las organizaciones.

Por más extraño que parezca, cualquier organización resulta ser a la postre un **escenario ético** porque se convierte en un ambiente impregnado a la vez que constructor (y en cualquier caso implicado) en **valores** o **contravalores**: visión de la persona, sentido de la eficacia, valor de las relaciones, escala de objetivos a conseguir, repercusiones en el medio ambiente, justificación de los medios productivos a emplear, niveles de manipulación permisibles en la publicidad de los productos, legitimidad de los resortes empleados en el diseño y en las tareas de marketing, etc.

Las organizaciones son, pues, espacios sociales en los que es posible la construcción de valores hasta el punto de que se empieza a hablar de la existencia de una "**infraestructura ética**" como un soporte fundamental incluso para las organizaciones responsables de los servicios públicos (MAP-OCDE, 1997), entendiédola, además, como "una gama de herramientas y procesos para evitar reglamentariamente los comportamientos indeseables e incetivar la buena conducta."

Los componentes de esa **infraestructura ética** serían:

— el compromiso político
— un marco legal eficaz
— mecanismos eficaces de rendición de cuentas
— códigos de conducta efectivos
— actitud y apoyo al servicio público en cuestión
— existencia de un organismo de coordinación en materia ética
— presencia de una sociedad civil activa

En definitiva, parece toda una tendencia a cambiar la gestión ética basada en el cumplimiento de reglas externas, emanadas de la superioridad y establecidas a priori por un modelo alternativo basado en la exigencia de responsabilidades personales a cada miembro de la organización, es decir, la sustitución de reglas por resultados.

Adela Cortina (1997/16) considera que la ética de las organizaciones es una dimensión de un conjunto más amplio que es la llamada **ética cívica**. Ética que sólo es posible en las sociedades pluralistas cuyos miembros, además de profesar unos valores personales específicos, comparten con el resto de los ciudadanos otro conjunto de valores que resulta, de este modo, compartido:

*"Podríamos entender la **ética cívica** como el conjunto de valores morales compartidos por los miembros de una sociedad, que les permite construir su convivencia juntos y también organizar conjuntamente las distintas esferas sociales y políticas."*

¿Y cuáles son esos valores compartidos moralmente como propios de una ética de las organizaciones?

Las propuestas que tratan de responder a esta pregunta son numerosas. Algunas se recogen en las tablas que figuran a continuación:

LLANO (1988)	GARCÍA ECHEVERRÍA (1997)	GARCÍA y DOLAN (1997)
— Servicio a la sociedad — Afán de crear y compartir — Descubrimiento y realización de principios, y no sólo resultados — Previsión de efectos secundarios de la acción organizativa — Inclusión de las personas en la organización — Autodominio	— Eficiente disposición de recursos (racionalidad) — Creatividad — Flexibilidad — Autonomía — Asunción de riesgo — Moralidad — Ser "administrador" y no "administrado" — Confianza — Formación — Hombre integrado — Capacidad de adaptación — Promotor de hombres	— Trabajar en equipo — Creatividad — Disfrutar por el trabajo bien hecho — Honestidad — Orientación al cliente — Agilidad — Calidad de vida profesional

La propuesta de Llano refleja el conjunto de valores que él llama **ascendentes** (frente a los valores establecidos) en la cultura empresarial actual. García Echeverría hace su análisis partiendo incluso de una visión competitiva de la organización, a pesar de lo cual la gama de valores resulta riquísima. Por su parte, S. García y Shimon Dolan llaman a los suyos "valores operativos" propios de una dirección organizativa basada en valores:

MORRIS (1997)	BLANCHARD y O´CONNOR (1997)
Amabilidad Honestidad Lealtad Sinceridad Formalidad Honradez Benevolencia Esmero Decencia Modestia Humildad Franqueza Alegría Simpatía Tolerancia Sensatez (...) (La doble lista llega a enumerar más de 50 rasgos)	Nuestros valores operativos 1. Éticos — Manejar nuestros negocios con equidad e integridad, con nuestros clientes lo mismo que en el mercado. — Dar a los empleados un trato justo y equitativo. — Dar a los accionistas información completa y exacta. — Proveer liderazgo y practicar nuestros valores en la comunidad. 2. Sensibles — Identificar las expectativas de los clientes y cumplir nuestros compromisos de forma oportuna. — Mostrar respeto para con todos los empleados y sus ideas. — Cumplir lo prometido a los accionistas. — Fomentar la participación de los empleados en el servicio a la comunidad. 3. Rentables — Suministrar a los clientes productos tecnológicamente superiores y de coste eficiente. — Estimular la iniciativa personal y la oportunidad para los empleados. — Producir un rendimiento razonable sobre su inversión para los accionistas. — Hacer aportaciones que fortalezcan a la comunidad.

Desde otra perspectiva, Cortina (1996 102) representa mediante un triángulo la "naturaleza ética" de una empresa como institución. En él aparecen reflejados los valores fundamentales de semejante ética, así como todo el sistema de relaciones que sirven de entramado. Es el que aparece a continuación:

La justificación de una propuesta tan compleja quizás se halla en otra de las obras de la misma autora (Cortina, 1998 128), en la que afirma:

"*Las personas son sujetos morales porque gozan de un nivel de conciencia, se ven obligados a justificar sus decisiones, van forjándose una identidad que les distingue de las demás personas y han de hacerse responsables de sus acciones.*"

Pues bien, todas esas dimensiones de la ética personal se dan también en las organizaciones, de manera incluso que "el responsable de las decisiones no es cada uno de los miembros de la organización, sino la organización en su conjunto." Otro tanto ocurre con la **conciencia corporativa** y con la identidad propia.

En medio de todo este "embrollo conceptual", alguien se preguntará: ¿qué hace una empresa ética que no hagan las demás? Pues vivir y manejar, integrar en su cultura, expandir por todas las células de la institución los valores ya reseñados y que Argandoña (1997) condensa en una empresa en la que teóricamente encontremos:

— Directivos con visión que señalan el tono moral de la empresa.
— Productos responsables.
— Clientes que cuentan, cuya opinión se busca y se valora.
— Burocracia reducida.
— Énfasis en la formación del personal.
— Posibilidades de promoción interna.
— Directivos conscientes de sus limitaciones.
— Esquemas de participación de los empleados, incluso en el capital de la empresa.
— Información amplia a los miembros de la organización.
— Salario justo.
— Orientación del trato a las personas en todos los niveles.
— Etc.

La lista de rasgos, para el autor, continúa hasta duplicarse. Sin embargo, lo que caracteriza a una organización ética no es esta cantidad de requisitos. Es, sencillamente, que se viva una **actitud ética** que llegue a respirarse en el ambiente.

Es cierto que muchas de estas aplicaciones no son trasladables automáticamente a las instituciones escolares, pero otras muchas sí que lo son. De la escuela como escenario social capaz de responder a las complejas exigencias de los tiempos actuales, se viene defendiendo y exigiendo que sea, por ejemplo (Lorenzo Delgado, 1997):

Una escuela:
— Participativa
— Pluralista
— Compensadora
— Liberadora
— Autónoma
— No discriminadora
— Atenta a la diversidad
— Empeñada con los valores de su tiempo

— Abierta a la comunidad y al medio
— Con un liderazgo efectivo en la dirección
— De calidad
— Comunidad de desarrollo profesional, curricular
— Investigadora de sus prácticas
— Controladora de sus procesos y productos
— Orientadora
— ¿De estructuras flexibles?

Y una escuela, así mismo, ante las presiones sociopolíticas, económicas y culturales de la sociedad posmoderna capaz de educar para:

El paralelismo incluso terminológico entre el universo de valores, difundido entre las organizaciones de corte empresarial analizadas al comienzo, y el de las organizaciones educativas actuales es evidente. La conclusión también:

Si las empresas hoy pugnan por ser unos espacios éticos, las escuelas lo son también. O lo deberían ser, desde su origen mismo.

2. Las organizaciones educativas como escenarios del liderazgo

En las empresas y organizaciones éticas existe un componente imprescindible, un motor irremplazable: El liderazgo. En palabras de P. Drucker (1996):

> *"El directivo se convierte así en un factor decisivo para que la empresa se convierta en un verdadero espacio ético."*

José Luis Fernández (1997 124), presidente de EBEN-España, se muestra aún más tajante:

> *"No hay liderazgo —dice— sin ética."*

El liderazgo constituye hoy un universo semántico integrado por términos tan sugestivos como elevador, movilizador, inspirador, enaltecedor, dinamizador, transformador, mejorador, exhortador, evangelizador (Peters and Waterman, 1982). Y es que el liderazgo es, en el fondo, no el modo de actuar de ciertas personas relevantes de la organización, sino una **función del propio grupo** a través de la cual va creciendo, van construyéndose nuevas perspectivas para su futuro y buscando salidas y soluciones a los atolladeros que surgen desde el interior o que se provocan desde el ambiente.

Esa función la pueden ejercer varias personas, miembros de la organización, y hacerlo con diferentes niveles de implicación y de incidencia y no necesariamente los cargos directivos. Así, en un centro educativo, puede ejercer un liderazgo mayor entre alumnos y compañeros un sencillo profesor-tutor que un cargo directivo.

El liderazgo es, pues, un concepto poliédrico, susceptible de ser analizado desde muchas caras. Se han propuesto por ejemplo, estas curiosas visiones o metáforas en la literatura específica más reciente (Lorenzo Delgado, 1998, a y b):

TIPOS DE LIDERAZGO	CONCEPTOS
Centrado en principios (Covey, 1995)	Es el liderazgo cuya conducta está dirigida por ciertos principios básicos que son el norte de toda actuación.
Intuitivo (Le Saget, 1997)	Es un liderazgo preocupado por una vuelta al auténtico humanismo.
Transcultural (Kreitner y Kiniki, 1996)	Es un liderazgo preocupado y preparado para trabajar en organizaciones con varias culturas.

Global **(Kreitner y Kiniki, 1996)**	En contextos multiculturales los líderes deben desarrollar habilidades globales.
El líder como entrenador **(Durcam y Oates, 1994)**	Concibiendo al directivo como un facilitador (entrenador) en lugar de un controlador.
Estratégico **(Ansoff, 1997)**	Conducen adecuadamente a su organización entre los avatares de los "entornos turbulentos" y cambiantes de nuestro tiempo.
Visionario **(Nanus, 1994)**	El líder desarrolla su propia visión del centro educativo.
De liberación **(Noer, 1997)**	El liderazgo busca la realización continua de transiciones hacia la mejora de cada miembro en sí mismo.
Instructivo **(Greenfield, 1987)**	En la literatura se le viene denominando indistintamente también pedagógico o educativo.

Ahora bien, de todas las versiones anteriores, algunas solamente resultan idóneas y propias de un liderazgo pedagógico, del liderazgo que sería el deseable para las instituciones de formación. ¿Cuáles son? Cuatro de las propuestas parecen especialmente propias. Se recogen en el gráfico siguiente:

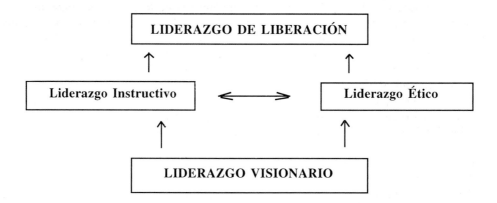

La justificación de la propuesta, hecha con toda brevedad, es la siguiente:

El liderazgo visionario consiste básicamente en construir, como se ha visto, una visión compartida del centro educativo y del tipo de educación con el que se compromete una comunidad escolar. Consiste, en definitiva, en tener un **Proyecto Educativo** para el centro.

Dicho proyecto sólo será auténticamente educativo en la medida en que tiende desde todas sus perspectivas, grupos y programas a la **liberación** interna o externa, individual o estructural, emocional o cognitiva de sus miembros, especialmente los alumnos.

Ambas dimensiones —parece evidente— son responsabilidad y compromiso del equipo directivo y de toda la organización. En este sentido también implican al profesorado. Por eso, la implicación más directa y específica de éste último son las otras dimensiones del liderazgo del esquema anterior:

— El **liderazgo instructivo**, que dinamiza todos los procesos de enseñanza-aprendizaje de los miembros de la organización, y

— El **liderazgo ético**, que recoge la otra gran actividad profesional propia de los profesores, es decir, la formación y orientación en valores de todo tipo.

A la vista de todo lo reseñado hasta el momento, nos encontramos en condiciones de concluir que el liderazgo ético es ese componente imprescindible, que da razón de ser a una institución formadora. Sólo ellos, los líderes tal como aquí han sido conceptualizados, pueden ser los constructores de una auténtica cultura ética en cada escuela.

¿Y cómo? A esta cuestión se intenta responder en el punto que se presenta a continuación.

3. El modo de ser y actuar de un liderazgo ético

José Félix Lozano (1997), en uno de los trabajos que vienen recogiendo en los últimos años los fondos del Seminario interdisciplinar que dirige Adela Cortina precisamente sobre ética empresarial, emplea un título para uno de los epígrafes que resulta contundente cuando se lee por primera vez. Dice: *"La ética como fundamento de la dirección moderna"*.

No se sabe bien si el enunciado refleja una realidad del momento organizativo o más bien un deseo: que los responsables actúen de acuerdo con unos valores más allá del rendimiento y del beneficio. En cualquier caso, indica que la mentalidad directiva de nuestro tiempo está cambiando y que, como dicen García y Dolan (1997 5): *"el verdadero liderazgo es, en el fondo, un diálogo sobre valores"*.

Valores éticos que es necesario integrar en la cultura de cualquier organización, también por supuesto en las educativas, y de la cual es máximo guardián y constructor quien ejerce las funciones de liderazgo. Para ello tiene dos caminos:

* Uno, integrar los valores éticos en el conjunto global de valores que integran la cultura de un centro.
* Otro, su complementario: que sea la ética la que integre, como cemento de unión, al resto de valores y creencias que constituyen el universo ético de la institución.

En ambas vías, la función de liderazgo tiene un papel determinante para que cada miembro pueda ir integrando y haciendo suyos esos valores corporativos (Lozano, 1997).

Cortina (1996), por su parte, coloca tres instrumentos en las manos de los líderes organizacionales para dignificar su función:

—   Intensificar la **comunicación** en todas las direcciones dentro de la institución.
—   Trabajar insistentemente el tema de la **motivación** de los miembros.
—   Optimizar las decisiones en contextos cada vez más competitivos y cambiantes como los que circundan a nuestras organizaciones del momento.

J. L. Fernández (1997), en el contexto del Seminario citado anteriormente, establece lo que llama "*Los Principios Éticos para la Acción*", auténticas pautas a seguir por quien desee sumergirse en el torrente avasallador de un liderazgo ético:

1.   Legalidad
2.   Profesionalidad
3.   Confidencialidad
4.   Fidelidad a responsabilidades concretas
5.   Buena fe
6.   Evitar conflictos de intereses
7.   Respeto a la integridad de las personas

El autor ya había desarrollado cada uno de estos principios en otra obra suya (Fernández, 1994). En realidad, son muy parecidos a los que Lord Nolan (MAP, 1997 30), presidente del Comité de normas de conducta en la vida pública en el Reino Unido, ha propuesto a través de la Comisión del mismo nombre:

—   Altruismo
—   Integridad
—   Objetividad
—   Responsabilidad
—   Transparencia
—   Honestidad

Por su parte, Tom Morris (1997) cuando se pregunta qué ocurriría "si Aristóteles dirigiera la General Motors" (ese es el título de su obra, el subtítulo es: Un nuevo enfoque ético de la vida empresarial), concluye que lo haría sobre cuatro pilares, cada uno de ellos en correlación con una dimensión básica de la experiencia humana. En el siguiente cuadro se recogen esas cuatro grandes guías de acción para un liderazgo ético:

LAS CUATRO DIMENSIONES DE LA EXPERIENCIA HUMANA	LAS CUATRO BASES DE LA EXCELENCIA HUMANA
La intelectualidad	Verdad
La Estética	Belleza
La Moral	Bondad
La Espiritualidad	Unidad

Otros autores prefieren ser más plásticos en sus propuestas de acción y ofrecen esquemas en los que se visualiza con facilidad el proceso de conducción ética de una institución. Tal es el caso, por ejemplo, de Petrick y Furr (1997), quienes hacen la suya en un contexto de preocupación por la gestión de calidad:

Fases de la organización de la cultura de trabajo ético	Entorno o ámbito laboral
Fase 1: darwinismo social El peligro de extinción y la urgencia de supervivencia financiera dictan la conducta moral. El uso directo de la fuerza se acepta como norma. Prevalece una atmósfera de miedo. **Fase 2: maquiavelismo** La actuación de la organización se mueve en base a sus ganancias. La consecución satisfactoria de objetivos justifica el uso de cualquier intención efectiva, incluida la deshonestidad. Prevalece una atmósfera de desconfianza.	**Casa de la manipulación**
Fase 3: conformidad popular Se acostumbra a utilizar procedimientos estándar. La misma presión para adherirse a las normas sociales dicta la conducta que está bien y la que está mal. **Fase 4: lealtad a la autoridad** Los estándares de moral vienen determinados por directrices de la autoridad legitimada procedente de dentro o de fuera de la firma. El bien y el mal se basan en las decisiones de aquéllos con poder legal y jerárquico para optimizar legítimamente la salud del inversor.	**Casa de la conformidad**
Fase 5: participación democrática Los estándares de moral vienen determinados por la participación igualitaria en la toma de decisiones y por la confianza en las reglas de la mayoría, que también dan forma a las expectativas financieras de los inversores. **Fase 6: consecución de integridad** Justicia, utilidad, cuidado, dignidad, libertad, servicio y responsabilidad son los puntos clave y sirven como base para la creación de múltiples relaciones entre los distintos individuos. El continuo aumento de estas relaciones da lugar al carácter de la organización. La integración día a día de todos los principios descritos y de todos los sistemas y procesos deja en segundo plano otras fases de la cultura de trabajo ético y crea una atmósfera de confianza y compromiso.	**Casa de la calidad total**

Otro ejemplo de este tipo procesual de propuestas es el de Blandchard y O´Connor (1997 142), enmarcado dentro de su opción por una dirección organizacional basada en valores:

Fase I: Hacer claridad

* "Lo malo de estar en una carrera de ratas es que, aunque uno gane la carrera, sigue siendo una rata."
* "Lo más importante en la vida es resolver qué es lo más importante."
* "En una compañía que realmente administra por sus valores no hay más que un jefe: los valores de la compañía."
* "Dirección por Valores no es simplemente un programa más, como cualquier otro; es una manera de vivir."

Fase II: Comunicar eficientemente

* "El éxito verdadero no proviene de proclamar nuestros valores, sino de ponerlos en práctica consecuentemente todos los días."
* "Las comunicaciones ocurren naturalmente cuando uno hace seguro el ambiente de trabajo."
* "Un cambio real no ocurre hasta que se verifique en el interior de las personas. Es un cambio no en lo que la gente ve, sino en aquello con lo cual ve, en nuestro modo de ver las cosas."
* "El secreto para que funcione la Dirección por Valores es hacer aquello en lo que todos creemos, y creer en lo que hacemos."

Fase III: Alinear las prácticas

* "Actuar de acuerdo con nuestros valores no se logra sin cambios de hábitos, prácticas y actitudes."
* "Es fácil descubrir el compromiso cuando se ve: y más fácil aún cuando no se ve."
* "Las organizaciones no hacen funcionar la Dirección de Valores. ¡La hacen funcionar las personas!"
* "Cuando se alinean alrededor de valores compartidos y se unen con un objetivo común, personas comunes y corrientes logran resultados extraordinarios y le dan un margen competitivo a la organización."

---

4. Algunos riesgos y consideraciones finales

Sería ingenuo pensar que la perspectiva ética de las organizaciones y del liderazgo que acabamos de analizar no tiene riesgos y, sobre todo, dificultades. Se podrían, en efecto, señalar muchas. Pero hay una que parece la más honda y la menos perceptible:

A veces convertimos ese conjunto de valores éticos compartidos dentro de una institución formativa en un "credo" absolutista que se convierte así en una solapada imposición de la ideología de ciertos directivos o de ciertos poseedores de la empresa, que expanden únicamente la perspectiva de la dirección ante las tareas educativas y que, legitimando esas acciones/posiciones "interesadas" gracias a ese discurso ético, hacen justamente lo contrario de lo que se debería pretender: la liberación de las ataduras ideológicas que buscan su propio interés.

Luego, sobre las Actas de estas Jornadas, leéis y reflexionáis más detenidamente sobre lo expuesto. Ahora, comparar del siguiente "credo ético" de la famosa empresa Johnson and Johnson (Jiménez, 1996 229) por si le encontráis algún parecido con las declaraciones de principios -ética- de algunos de nuestros Proyectos Educativos de Centro.

EL "CREDO" CORPORATIVO DE *JOHNSON & JOHNSON*

"Creemos que nuestra responsabilidad primera es para con los médicos, enfermeras y pacientes, madres y todos aquellos que utilizan nuestros productos y servicios. Al satisfacer sus necesidades, todo lo que hagamos debe ser de gran calidad. Debemos esforzarnos constantemente por reducir nuestros costos a fin de mantener precios razonables. Los pedidos de nuestros consumidores deben ser servidos puntual y exactamente. Nuestros proveedores y distribuidores deben tener la oportunidad de sacar un beneficio limpio.

Somos responsables de nuestros empleados, los hombres y mujeres que trabajan con nosotros en todo el mundo. Cada uno debe ser considerado como un individuo. Tenemos que respetar su dignidad y reconocer su valía. Debe sentirse seguro de su empleo. La remuneración ha de ser justa y adecuada, y las condiciones de trabajo honestas, ordenadas y seguras. Los empleados deben sentirse libres para hacer sugerencias y quejas. Debe haber igualdad de oportunidades de empleo, desarrollo y ascensos para los que están cualificados. Tenemos que proporcionar una dirección competente y sus acciones han de ser justas y éticas.

¿Son principios, los anteriores, que realmente se practican en los centros de formación? ¿No será al final cierto que tenemos que aprender hasta estas cosas -tan de nuestro discurso- de organizaciones que son empresariales?

En cualquier caso, si queréis embarcaros cada uno a vuestro nivel en el ejercicio de un liderazgo ético, no olvidéis un consejo que Tom Morris (1997 181) inserta en lo que él titula "Doctorado en liderazgo, curso breve":

"Haz una minuciosa lista con todas las cosas que han hecho y que aborreces. Nunca las hagas a los demás. Haz otra lista de las cosas que te han hecho y que te han gustado. Hazlas a los demás, siempre."

Al final, tal vez sea esta sencilla regla la **regla de oro** de un liderazgo ético.

Bibliografía

ARGANDOÑA, A (1997): "¿Qué es lo que diferencia a una empresa ética?" En ARGANDOÑA, A. y otros: *Ética y empresa: una visión multidisciplinar*, Fundación Argentaria–Visor, Madrid.

ARGANDOÑA, A. y otros (1997): *Ética y empresa: una visión multidisciplinar*, Fundación Argentaria–Visor, Madrid.

BLANCHARD, K. y O´CONNOR, M. (1997): *Dirección por valores*, Gestión 2000, Barcelona.

CORTINA, A. (1996): *Ética de la empresa*, Trotta, Madrid.

CORTINA, A. (1997): *Rentabilidad de la ética para la empresa*, Fundación Argentaria–Visor, Madrid.

CORTINA, A. (1998): *Hasta un pueblo de demonios. Ética pública y sociedad*, Taurus, Madrid.

DRUCKER, P. (1996): *La gestión de un tiempo de grandes cambios*, Edhasa–Gestión 2000, Barcelona.

FERNÁNDEZ, J. L. (1996): *Ética para empresarios y directivos*, ESIC, Madrid.

FERNÁNDEZ, J. L. (1997): Deontología del empresario. En ARGANDOÑA, A y otros: *Ética y empresa: una visión multidisciplinar*, Fundación Argentaria–Visor, Madrid.

GARCÍA, S. y DOLAN, S. (1997): *La Dirección por Valores*, McGraw-Hill, Madrid.

GARCÍA ECHEVERRÍA, S. (1997): Los límites de la competencia desde una perspectiva ética. En ARGANDOÑA, A. y otros: *Ética y empresa: una visión multidisciplinar*, Fundación Argentaria–Visor, Madrid.

LANO, A. (1988): *La nueva sensibilidad*, Espasa, Madrid.

LORENZO DELGADO, M. (1996): Perfil organizativo del nuevo centro educativo. En MEDINA, A. y GENTO, S. (Dirs.): *Organización Pedagógica del Nuevo Centro Educativo*, UNED, Madrid.

LORENZO DELGADO, M. (1997): *La organización y gestión del centro educativo: Análisis de casos prácticos*, Univérsitas, Madrid.

LORENZO DELGADO, M. (1998): Las visiones actuales del liderazgo en las instituciones educativas. En LORENZO, M. y otros (Coords.): *Enfoques en la organización y dirección de instituciones educativas formales y no formales*, GEU, Granada.

LORENZO DELGADO, M. (1998): "Liderazgo y participación en los centros educativos", *Actas V Congreso Interuniversitario de Organización de instituciones educativas*, Madrid.

LOZANO AGUILAR, J. F. (1997): "La ética en la dirección empresarial: participación y responsabilidad". En CORTINA, A (Dir): *Rentabilidad de la ética para la empresa*, Fundación Argentaria–Visor, Madrid.

LOZANO, J. M. (1997): Dimensiones y factores del desarrollo organizativo: la perspectiva cultural. En CORTINA, A (Dir.): *Rentabilidad de la ética para la empresa*, Fundación Argentaria–Visor, Madrid.

MAP (1997): *Jornadas sobre ética pública*, Instituto Nacional de la Función Pública, Madrid.

MAP-OCDE (1997): *La ética en el servicio público,* Ministerio de la Presidencia, BOE, Madrid.

MORRIS, T. (1997): *Si Aristóteles dirigiera la General Motors. Un nuevo enfoque ético de la vida empresarial*, Planeta, Barcelona.

PERROW, C. (1998): *Sociología de las organizaciones*, McGraw–Hill, Madrid, 3ª Edición.

PETERS, T. y WATERMAN, R. (1992): *En busca de la excelencia*, Folio, Barcelona.

PETRICK, J. y FURR, D. (1997): *Calidad total en la dirección de recursos humanos,* Gestión 2000, Barcelona.

REVISTA *Emprendedores* (1998), nº 14, Noviembre.

SENGE, P. (1996): *La quinta disciplina*, Granica, Barcelona.

ESTADIOS DE DESARROLLO ORGANIZATIVO: DE LA ORGANIZACIÓN COMO ESTRUCTURA A LA ORGANIZACIÓN QUE APRENDE*

JOAQUÍN GAIRÍN SALLÁN

Introducción

La diversidad de situaciones educativas y de contextos en los que se desarrollan, justifican ampliamente el hablar de lo diferencial como un hecho substantivo de la educación. Paralelamente, justifican el desarrollo de los planteamientos explicativos sobre los estrictamente formales y normativos y el apoyo y rango científico que reciben el análisis y la definición de realidades concretas.

Ordenar y clasificar las diferentes situaciones organizativas que se dan puede tener sentido, siempre y cuando se considere desde la perspectiva descriptiva y no desde la normativa. No se trata tanto de decir cómo deben ser las instituciones educativas como de conocer, a través del análisis de las diferentes propuestas, vías, que podrían o no adoptarse, para el desarrollo organizacional.

Desde esta perspectiva hablamos de estadios en referencia al conjunto de circunstancias que concurren en una determinada realidad. Y no consideramos la terminología de nivel, en la medida en que no admitimos que puedan existir grados de desarrollo organizacional; más bien pensamos que los centros educativos como organizaciones tienen un nivel de desarrollo determinado, consecuencia de su historia, inquietudes y compromisos, no comparable con el de otras realidades. Lo deseable, en todo caso, es que cada institución mejore respecto a la situación en la que se encontraba, esto es, que avance como organización de acuerdo a su proyecto pedagógico y a su compromiso socio-cultural.

Bajo estos supuestos, la presente aportación sugiere un modelo con varios estadios organizativos relacionándolos con otros aspectos de la intervención educativa, como puedan ser el modelo de educación, de enseñanza, estructuras organizativas o modelos de formación

* III Jornadas Andaluzas sobre Organización y Dirección de Instituciones Educativas. Granada, 14-17 de Diciembre de 1998.

del profesorado. Las relaciones son sutiles y no siempre evidentes ni evidenciables. Por ello, cabe considerar la propuesta como una segunda aproximación* para la reflexión, el análisis y, por supuesto, la profundización. De antemano, presentamos algunas evidencias y convicciones que se relacionan con lo que tratamos.

Actúan como evidencias las siguientes:

- Los centros educativos como organizaciones tienen comportamientos similares y diferentes. Permite ello su clasificación, más que su ordenación por niveles, que no excluye el reconocimiento de su especificidad.

- La clasificación guía el análisis y orienta la intervención, sin dejar de reconocer la necesidad de contextualizar la intervención y las limitaciones que acompañan a cualquier acotación de la realidad.

- Un exceso de contextualización, además de limitar el desarrollo de las organizaciones a las propias posibilidades del entorno, elimina la idea de que pueda existir un conocimiento válido e intercambiable a otras realidades.

Podemos considerar como convicciones:

- Las organizaciones se pueden describir.

- El uso de determinados descriptores nos permite describir distintas situaciones diferenciales.

- Las situaciones diferenciales pueden categorizarse en un "continuum" donde es posible encontrar posiciones características.

- La delimitación de niveles de desarrollo organizativo puede ayudar tanto a comprender el funcionamiento de las organizaciones como a su mejora.

- La posición de la organización institucional en un determinado estadio no presupone su buen funcionamiento si no ha habido mejoras respecto a situaciones anteriores.

- Situarse en una determinada posición es una circunstancia puntual sujeta a los cambios que imponga el dinamismo de la realidad pasada y presente.

La referencia a modelo organizativo debe entenderse aquí como un recurso metodológico de conocimiento, interpretación o explicación de la realidad, que ayuda a orientar la intervención. Tanto podemos hablar aquí, de acuerdo a Escudero Muñoz, de un *"modelo de"*, teórico y de referencia, como de un *"modelo para"*, por estar dirigido a explicar una determinada realidad. Las analogías o isomorfismos empleados nos permiten:

a) crear teorías sobre el sistema original y colaborar así en comprender su funcionamiento;

b) comprobar en qué medida las teorías existentes son adecuadas a la realidad analizada; y

c) explicar la realidad, haciendo comprensible su naturaleza.

Así por tanto, consideramos la propuesta como un sistema diferenciador que, además de explicar, permite estructurar, administrar y dirigir las instituciones educativas sobre la base de una propuesta que tiene en cuenta el comportamiento y situación de las organizaciones.

La utilización de modelos nos permite, al distanciarnos de la realidad, ver globalidades a la vez que aparece ante el observador el camino recorrido y se anticipan las exigencias del futuro. Por otra parte, la simplificación de la realidad que se realiza a través del modelo

---

* Análisis anteriores pueden verse en Gairín (1997b, 1998). Sobre ellos incorporamos ahora nuevas reflexiones.

presentado trata, más que de acotarla, de orientar los procesos de explicación y, en todo caso, de facilitar los procesos de intervención. Se busca así proporcionar elementos que orienten la reflexión, el análisis y el cambio de la realidad a través de la búsqueda de una mayor coherencia en las actuaciones prácticas que se realizan.

Los estadios de desarrollo organizacional

La situación de las organizaciones suele ser diferente aunque nos movamos en un mismo contexto socio-cultural. La incidencia que tiene el entorno, la especial manera en que se relacionan sus componentes, la acción diferenciada de la dirección, la forma en que se aplica el proceso organizativo, la propia historia institucional y sus inquietudes en relación a la mejora, configuran diferencias y dan una personalidad única y particular a cada institución.

1. Niveles de desarrollo

Desde una perspectiva analítica, podríamos considerar que las organizaciones presentan diferentes estadios de desarrollo representados en el gráfico 1.

Gráfico 1: Estadios relativos al papel de las organizaciones.

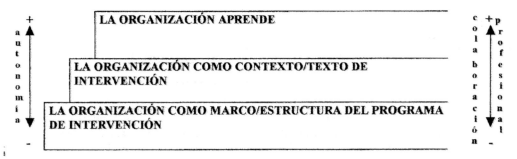

Gráfico 1: Estadios relativos al papel de las organizaciones.

Tradicionalmente, los sistemas educativos, sociales o culturales han determinado el contenido y condiciones del proceso que se había de desarrollar en las instituciones especializadas. La política educativa, social o económica definía, la Administración correspondiente concretaba y transmitía a las instituciones decisiones relativas al qué, cómo y cuándo formar y evaluar. Las instituciones de formación se consideraban así dependientes de las decisiones externas. A este nivel, la mayor preocupación se centra en la transmisión de los conocimientos establecidos, siendo importante para los profesores la dimensión didáctica del Programa de intervención y, más concretamente, los aspectos metodológicos.

Bajo una situación de autonomía, se plantea el reto de la ordenación curricular, que incluye decisiones de aula y de institución. Paralelamente a una preocupación sobre los procesos de enseñanza-aprendizaje en el aula, que conlleva plantearse los diferentes elementos del proceso didáctico y no sólo los aspectos metodológicos, surge la necesidad de definir y desarrollar los planteamientos institucionales. La actuación colectiva se hace así imprescindible y surge la preocupación por los procesos organizativos. De hecho, si en la situación anterior podemos hablar de "procesos de gestión", ahora tratamos de "procesos organizativos".

El **primer estadio** se podría identificar con la situación que asigna un papel secundario a la organización. Lo importante es el Programa de intervención y la organización resulta ser el continente, que, según como se adecue, podrá facilitar o no el desarrollo del Programa. El papel asignado a la organización resulta ser así subsidiario y fácilmente substituible; de hecho, el Programa podría darse en otro marco de actuación, si así se decidiera, y la formación pretendida no tendría necesariamente porqué resentirse.

Esta concepción y el papel asignado a la organización ha estado y está presente en muchas actuaciones. Podríamos decir que, a menudo, el proceso organizativo actúa como *soporte* a un programa, proporcionando para su desarrollo espacios, tiempos, normativa, recursos humanos u otros requerimientos; esto es, adecuando los recursos a las tareas asignadas con la pretensión de alcanzar los estándares establecidos. Actúa así como continente de la acción formativa y no siempre lo hace desde una perspectiva positiva. Sucede esto, por ejemplo, cuando no se preserva el desarrollo del currículum de ruidos, interrupciones, falta de recursos, mala formación del profesorado/técnicos, etc. a través de la acción organizativa.

El **segundo estadio** implica una posición activa por parte de las organizaciones. Existen explicitados planteamientos institucionales, llámense Proyecto Institucional, Proyecto Educativo, Programa de intervención u otros, que definen las metas de la organización que se tratan de conseguir. Este compromiso exige una toma de conciencia colectiva que obliga a reflejar compromisos más allá del espacio aula o de la acción individual del profesor.

Si una institución asume como compromiso estar abierta a todos los ciudadanos e intenta hacerlo efectivo, deberá reflejarlo en sus planteamientos institucionales y cumplirlo a través de prácticas educativas efectivas que concretan tanto las políticas generales como las que se aplican día a día. Se imponen actuaciones que van más allá del trabajo del aula y que implican la modificación de las estructuras de funcionamiento, el cambio de actitudes y prácticas del personal, el trabajo colectivo o el desarrollo de programas paralelos y complementarios a aquél. En estas condiciones, la ordenación que se realiza del contexto organizativo, de acuerdo a las exigencias internas y externas, ayuda a conformar la formación que a nivel de aula se pretende impulsar.

El desarrollo de actividades dirigidas a sensibilizar a la comunidad de la importancia de la diversidad, la organización efectiva de la tutoría individualizada, la potenciación de actividades dentro o fuera de la organización que fomenten la convivencia de los usuarios independientemente de sus características, la organización flexible o la formación de grupos cooperativos de aprendizaje u otras propuestas contribuyen a configurar un *espacio educativo* conformador de actitudes y transmisor de unos determinados valores.

No sólo se trata, por tanto, de tener proyectos. Muchas veces se tienen y elaboran a la luz de convocatorias o de la iniciativa de un profesor concreto. Se trata de que esos proyectos hayan sido asumidos por todos y en su realización se sientan implicados.

Los pilares en los que se apoya una organización que educa son para Santos (1995):

a) La **racionalidad**, en referencia a la disposición lógica de los elementos y a la dinámica organizativa de acuerdo a los logros que se pretende conseguir.

   La racionalidad exige revisar los objetivos, estructura, sistema de relaciones, dirección, etc., para averiguar en estos elementos y en su interrelación el nivel de coherencia existente. Supone estar también atentos a las relaciones existentes entre la organización formal e informal. La racionalidad ha de someterse también al principio de justicia, lo que exige plantearse, paralelamente a la coherencia, la ética de las prácticas que se desarrollan y que muchas veces se olvida al convertir la organización más en un fin que en un medio.

b)	La **flexibilidad**, entendida como la capacidad de adecuarse a las exigencias de la práctica y, además, a los cambios que se producen en la sociedad.

La flexibilidad frente a la rigidez y no cambio produce ineficacia cuando nos movemos en contextos dinámicos, dada la inadecuación que se produce entre la organización y las exigencias cambiantes del entorno. También se potencia la ineficacia cuando procesos uniformadores impiden la adecuación de las instituciones educativas al contexto en el que tienen que actuar.

c)	La **permeabilidad** o apertura al entorno próximo y mediato. Exige establecer y desarrollar mecanismos bidireccionales por los que la institución rompe su clausura proyectándose en el entorno y abriéndose a sus influencias.

La proyección externa exige el que las instituciones formativas proporcionen conocimientos sobre la realidad social, a la vez que la preparación necesaria para su inserción en el mercado laboral. Y todo ello desde una plataforma ética y crítica que permita comprender las contradicciones que se dan entre la realidad deseable y la realidad existente.

La apertura a la influencia externa puede adoptar diferentes formas e implicar a diferentes personas. La presencia de asesores, la realización de evaluaciones externas, la apertura de la institución a los usuarios, etc. pueden ser iniciativas que faciliten la reflexión y el análisis de lo que la institución realiza.

d)	La **colegialidad**, frente al individualismo en el uso de estructuras y en los procesos de funcionamiento. Se atenta contra este pilar cuando se potencia la fragmentación de los espacios, de los horarios, de los profesores/técnicos, de las decisiones, etc. sin establecer mecanismos de interrelación.

El desarrollo de estos pilares en la configuración de centros educativos no es un proceso sencillo, pero puede conseguirse a través de acciones que posibiliten un cambio progresivo. Desarrollar una mayor autonomía organizativa, favorecer el intercambio de experiencias y proporcionar facilitadores externos son actuaciones sugeridas que pueden posibilitar un cambio del discurso y de la práctica y que facilitan la promoción de la reflexión y la colegialidad de las instituciones.

Los diferentes integrantes de la organización toman así conciencia del compromiso de su misión y crean espacios adecuados tanto para el desarrollo personal como para el aprendizaje del saber. La respuesta a preguntas como: ¿los integrantes del centro educativo se sienten partícipes en un medio favorable a su desarrollo personal? y ¿los alumnos tienen un encuentro productivo con el saber y una nueva forma de entender la realidad vital?, necesariamente ha de ser positiva. Y eso sólo será posible cuando los diferentes usuarios revisen, a través del estudio, reflexión y análisis crítico, lo que está aconteciendo en el interior de la institución. La organización educa, en definitiva, porque desarrolla la capacidad de los diferentes miembros de la organización en el proceso colectivo de toma de decisiones.

Pero más allá de la existencia y realización de proyectos, podemos entender como un compromiso de las organizaciones *institucionalizar* los cambios que progresivamente se vayan planteando. Exige todo ello la existencia de mecanismos de autoevaluación institucional y de un claro compromiso político con el cambio. La organización autocualificante, o la también llamada organización que aprende, se sitúa en un nivel que pocas instituciones alcanzan y es que instaurar, aplicar y utilizar mecanismos de evaluación en la perspectiva del cambio exige de actitudes personales y de procesos de seguimiento y evaluación que chocan con nuestra tradición y forma de hacer en las organizaciones.

Seguramente, podríamos hablar de este **tercer estadio** en el caso de un centro educativo que en su momento se planteó hacer efectiva una escuela para todos, lo reflejó en el Proyecto Educativo y en el Proyecto Curricular y durante años ha ido desarrollando actuaciones en esa línea. Posiblemente, ya sea un hecho asumido el incorporar a los programas y al funcionamiento de la institución algunas modificaciones que favorecen el tratamiento de la diversidad, con lo que cada vez resulta menos necesario el plantearse explícitamente esa problemática. Podemos hablar de que ha habido un aprendizaje organizativo, que ha contribuido a conformar parte de la *historia* de la institución.

Mejorar una institución de formación en la perspectiva comentada no es una tarea fácil, pues, aparte de los problemas estructurales existentes y relacionados con la autonomía real de las instituciones, nos movemos en inercias personales e institucionales que dificultan el compromiso colectivo, el trabajo cooperativo y la autoevaluación como requisitos necesarios para la mejora.

Si consideramos a la *organización que aprende*[1] como aquella que facilita el aprendizaje de todos sus miembros y continuamente se transforma a sí misma, estamos resaltando el valor del aprendizaje como la base fundamental de la organización. El desarrollo de la organización se basa en el desarrollo de las personas y en su capacidad para incorporar nuevas formas de hacer a la institución en las que trabajan. Como ya señala Senge en su famoso texto de 1992:

> *"Las incapacidades para el aprendizaje son trágicas para los niños, pero fatales para las organizaciones. Por causa de ellas, pocas empresas alcanzan la mitad de la esperanza de vida de una persona y, en su mayoría, perecen antes de cumplir los cuarenta".*

No todo es previsible y planificable en la vida organizacional. Hay situaciones rutinarias y relativamente fáciles de solucionar pero también las hay complejas cuya solución requiere la puesta en funcionamiento de nuevas habilidades. Se plantea así un desafío a la organización que tan sólo puede ser superado a partir del aprendizaje. Más que decidir lo que vamos a hacer en el futuro, parece necesario tomar ahora las medidas que nos pongan en condiciones de poder decidir adecuadamente cuando en el futuro sea necesario.

Las organizaciones más capaces de enfrentar el futuro no creen en sí mismas por lo que son sino por su capacidad de dejar de ser lo que son, esto es, no se sienten fuertes por las estructuras que tienen sino por su capacidad de hacerse con otras más adecuadas cuando sea necesario.

> *"Un centro escolar no es fuerte tanto por los éxitos que ha alcanzado sino por la capacidad que pueda tener de lograr nuevos logros cuando sea necesario. Por todo ello, conseguir una organización que aprende es un propósito cada vez más valioso en los períodos de grandes cambios en el entorno escolar como los que estamos viviendo en los últimos años" (Antúnez, 1994).*

Si consideramos a la organización que aprende como aquella que facilita el aprendizaje de todos sus miembros y continuamente se transforma a sí misma, estamos resaltando el valor del aprendizaje como la base fundamental de la organización[2]. El desarrollo de la

---

[1] Preferimos esta denominación a la Organización autocalificante dada por Sthal y otros (1993), por considerar que encaja más en el sentido propio que tienen las organizaciones de formación.

organización se basa en el desarrollo de las personas y en su capacidad para incorporar nuevas formas de hacer a la institución en la que trabajan.

El pensar en la *organización que aprende* como un modelo integral de desarrollo de recursos humanos en el que todos los trabajadores de una organización se integran en un proceso de aprendizaje nos acerca a la perspectiva básica de la Calidad Total: abarca a todos y a todas las facetas de la organización.

Este marco conceptual donde se da autoaprendizaje constituye sin lugar a dudas la referencia que permite un impulso organizativo hacia el futuro. Las personas no se forman y desarrollan solamente para satisfacer los fines de la organización delimitados y prescritos sino para ampliar su función. Este planteamiento nuevo puede llegar a cuestionar aspectos relacionados con el liderazgo, la toma de decisiones y los mecanismos de control que se establecen. También obliga a explorar nuevas estrategias de aprendizaje y a modificar los sistemas de formación.

> *"La organización autocualificante tiene como objeto diseminar el proceso de aprendizaje en todos los ámbitos de la empresa e integrarlo en el funcionamiento de la misma, aunque también implica un cambio radical de las políticas organizativas, las pautas de trabajo y las metodologías de formación. Se precisa tener visión de futuro para producir estos cambios tan radicales. Una visión de este tipo articula un esbozo del futuro, que inspire a las personas a encontrar soluciones para convertir la visión en realidad. Sin embargo, una visión no es pura fantasía, sino que ha de enraizarse en la realidad y tomar en consideración los problemas y disfunciones que es preciso resolver para convertir la visión en realidad"*
> (Stahl y otros, 1993:XII).

Adquiere importancia el vencer las resistencias al cambio. Y para ello, es fundamental que se vea el cambio desde el lado positivo: ayudará a hacer el trabajo mejor y con menos esfuerzo, consiguiendo mayores niveles de calidad. Lo que tiene poco sentido es que pidamos aceptación de una modificación que exige sobreesfuerzo y que no conlleva ninguna compensación.

2. Algunas implicaciones

La mera descripción de los diferentes estadios de desarrollo nos parece insuficiente para clarificar el verdadero sentido que tienen. Por ello, nos permitimos realizar en el cuadro 1 un breve análisis de algunas implicaciones que los diferentes niveles conllevan.

La organización que aprende exige por su propia naturaleza estructuras y sistemas de funcionamiento flexibles, sólo posibles cuando pensamos en un currículum abierto. La implicación del personal que busca conlleva, asimismo, el uso de estrategias de participación y negociación coherentes con planteamientos cooperativos y con el desarrollo de roles distintos de los tradicionales. Las transformaciones también implican cambio en sus siste-

---

[2] Bob Garret definía una *Learning Organization* como *aquella donde existe un clima y los procesos que permiten a todos sus miembros aprender conscientemente de su trabajo, que es capaz de trasladar este aprendizaje e información que se necesita y que tiene a sus directivos posicionados de tal forma que pueden asegurar que el aprendizaje desde dentro y fuera es utilizado por la organización para transformarse y cambiar constantemente"* (entrevista de la revista **Formación y Empresa** nº 33, 1992:6-7).

mas de planificación y evaluación y en el papel reconocido a los diferentes protagonistas del hecho educativo.

Las anotaciones recogidas en el cuadro mencionado sitúan otras variables de la organización. Su lectura ha de ser relacionante, considerando que se destaca lo más significativo en cada estadio sin pretender decir que un determinado aspecto no pueda darse (aunque con menor potencia y sentido) en los demás. Asimismo, cabe señalar que, en algunas situaciones en cambio, puede haber dudas sobre el estadio en que situar una determinada característica de la organización.

Aspectos de análisis	La organización como marco	La organización como contexto	La organización aprende
ASPECTOS GENERALES:			
CURRÍCULUM	Cerrado	Abierto y consensuado	Abierto y contextualizado
DISEÑO CURRICULAR	Esquema de trabajo	Excusa para el debate	Instrumento de cambio
DESARROLLO ENSEÑANZA	Individualista	Cooperativa	Cooperativa, Innovadora
ASPECTOS ORGANIZATIVOS:			
PLANTEAMIENTOS INSTITUCIONALES	Impuestos	Consensuados	Negociados
• Objetivos/misión	Predomina lo individual	Predomina lo colectivo	permanentemente
ESTRUCTURAS DE R. HUMANOS			Se impone el sentido social
• Profesorado	Balcanización	Colaboración	Autorregulación colectiva
• Alumnado	Sujeto pasivo	Protagonista	Agente activo del cambio
ESTRUCTURA DE R. MATERIALES			
• Espacios, mobiliario, material	Soporte de la enseñanza	Medios educativos	Medios para interactuar
ESTRUCTURA DE R. FUNCIONALES			
• Horarios	Rígido, tipo mosaico	Flexibles, adecuados al proyecto	Adaptables
• Normas	Instrumento de poder	Defensa de decisiones colectivas	Instrumentos de negociación
SISTEMA RELACIONAL			
• Alumno	Sujeto Pasivo	Participante	Agente de cambio
• Profesor	Transmisor	Mediador	Guía, facilitador
• Directivo	Controlador	Coordinada	Transformador
• Participación de profesores, familias y alumnado	Centrada en la gestión Testimonial	Centr. en propias expectativas Coparticipación	Centr. en los problemas Agentes activos
• Comunicación	Vertical, unidireccional	Vertical y horizontal	Integrada, asertiva
• Reuniones	Sin compromisos	Participantes activos e interesados	Compromiso con los acuerdos
DIRECCIÓN	Define, Normativiza	Gestiona acuerdos comunes	Resuelve conflictos
FUNCIONES ORGANIZATIVAS			
• Planificación	Uniforme	Diversificada, consensuada	Contingente
• Toma de decisiones	Centralizada, atiende la eficacia	Por consenso, busca la satisfacción de las personas	Autonomía responsable, busca la utilidad social
• Evaluación	Normativa	Criterial, coevaluación	Centrado en el cambio, autoevaluación

Cuadro 1: Algunas implicaciones de los diferentes niveles organizativos

Si bien muchas de las asignaciones realizadas en el cuadro 1 son discutibles, teniendo en cuenta el valor limitado que tienen los esquemas, podemos entender cómo el desplazamiento hacia niveles superiores de organización conlleva transformaciones en la práctica. El gráfico 2 nos acerca a lo que podría ser el espectro que define cada una de las situaciones límite planteadas.

```
                           LA ORGANIZACIóN

        1                          2                         3

  COMO MARCO              COMO CONTEXTO               APRENDE

 -<——————————— Niveles de creatividad ——————————————————>+
 -<——————————— Contextualización interna ——————————————————>+
 -<——————————— Contextualización externa ——————————————————>+
 -<——————————— Apertura a la comunidad ——————————————————>+
 -<——————————— Flexibilidad curricular ——————————————————>+
 -<——————————— Implicación personal ——————————————————>+
 -<——————————— Implicación de la Ad. educativa ——————————————>+
 -<——————————— Participación social ——————————————————>+
 -<——————————— Horizontalidad en la toma de decisiones ——————>+
 -<——————————— Calidad de los recursos humanos——————————————>+
 -<——————————— Autoevaluación institucional——————————————>+
 -<——————————— Exigencias de formación permanente
                contextualizadas ——————————————————>+
```

Gráfico 2: Orientaciones que adoptan las organizaciones

A los aspectos considerados en el gráfico 2 pueden añadirse otros como pudieran ser los relativos a aspectos externos (tipología de la formación permanente, papel asignado a los expertos, actividad de las instituciones de apoyo, ...), internos (implicaciones en la selección, formación y promoción de los diferentes agentes, tipología de conflictos planteados, ...) y personales (concepción de la persona que subyace, actitudes predominantes, etc.). Sin embargo, nos interesa resaltar más que el estudio de consecuencias el evidenciar que el paso de un estadio a otro conlleva transformaciones que afectan tanto a la enseñanza como al modelo organizativo que la ampara.

3. Otras consideraciones complementarias

Presentado el modelo en sus características generales, cabe señalar para una mejor conceptualización algunas cuestiones complementarias a las ya apuntadas. Al respecto, realizamos consideraciones referidas al modelo, a su realidad práctica y a su operatividad.

El *modelo* se ha presentado de forma escalonada para representar que cada estadio implica el anterior; también, podría haberse hecho a partir de círculos concéntricos o de otra figura geométrica. Lo importante es entender que una organización que no ha ordenado su funcionamiento interno es difícil que llegue a tener capacidad formativa y, asimismo, a consensuar y realizar proyectos institucionales.

Asimismo, cabe considerar que la referencia a tres estadios no es limitativa; también podríamos hablar de cuatro: marco, contexto, texto y organización que aprende, o bien considerar un "continuum" con situaciones específicas.

La *realidad del modelo* nos permite realizar, a su vez, algunas acotaciones:

- Aunque parezca lo contrario, no podemos decir que los estadios superiores sean mejores que los inferiores; dependerá del contexto en el que nos situemos y del grado de ordenación y desarrollo que haya alcanzado la organización. Si el contexto sociocultural no valora el trabajo cooperativo y funciona de una manera vertical y con alto grado de individualidad, será difícil mantener una institución que defienda valores contrarios o distintos. Asimismo, mientras no se cambien actitudes individuales y protagonismos egoístas será difícil avanzar en un modelo cooperativo de funcionamiento. De hecho, podríamos decir que el nivel más adecuado para cada institución es aquel que le resulta útil en su situación actual y aspiraciones; esto es, aspirar a lo que se requiera con los recursos que se tengan.
- El avanzar a estadios más comprometedores para los usuarios de la organización se justifica bajo la perspectiva de que estos nos hacen más solidarios como personas y permiten que las organizaciones sean más eficaces al hacerse capaces de aprender de sus propios errores. Pero, dadas las posibles dificultades, ¿merece la pena avanzar? La respuesta no puede ser más que afirmativa si pensamos lo que perdemos en caso contrario. La falta de iniciativa para potenciar un modelo de desarrollo previsible puede hacer que la organización sea obsoleta cuando los cambios necesarios se impongan desde el contexto externo. Prever los cambios y tomar iniciativas al respecto nos hace competitivos como organización.
- La realidad, sobre todo en organizaciones de muchos miembros y varios departamentos, puede suponer la presencia simultánea de varios estadios organizativos. Así, puede existir un área (administrativa, académica, actividades extraescolares, etc.) que funciona bajo el nivel 1 y otra bajo el nivel 2. Este hecho real no ha de generar problemas si la organización es consciente de la disfunción existente y promueve un cambio en el área con menor nivel de desarrollo, posibilitando mediante recursos (tiempo, espacio, formación, etc.) su evolución a un estadio superior.
- El modelo creemos que es aplicable a las organizaciones de las diferentes etapas y niveles educativos del ámbito de la educación formal y no formal, si consideramos que la base de aquellas son siempre personas con una formación personal y profesional mínima que les permite colaborar entre sí.
- Los estadios organizativos pueden también relacionarse con diferentes debates ideológicos y situaciones diferenciales. Por una parte, nos podríamos plantear la realidad de los diferentes estadios en relación con algunos de los dilemas en los que se sitúa la intervención educativa: escuela pública/privada, autonomía/normativa, educación formal/no formal, escuela perennialista/estratégica, humanista/deshumanizada o institución subsidiaria/normalizada, apuntados por Ferrández (1998) como estilos organizadores en centros educativos.

- También podemos considerar la viabilidad de los diferentes estadios respecto a las características propias de cada modelo de escuela. Así, y a modo de ejemplo, nos podemos plantear la viabilidad de conseguir una organización que aprende desde un modelo público de enseñanza caracterizado como (Esteban y otros, 1998): centro plural, aconfesional y laico, autónomo, basado en la igualdad y pluralidad, planteado como comunidad educativa, abierto al entorno, con dirección participativa y con una estructura física determinada en sus condiciones fundamentales. La perspectiva abre la posibilidad de considerar otras reflexiones que tengan en cuenta la incidencia de la memoria colectiva institucional (Lewitt y March, 1988) u otras variables de incidencia en la vida de las instituciones educativas.

Desde la *operativa*, algunas consideraciones serían:

- El aprendizaje se realiza dentro de la organización de muchas maneras. Puede existir un programa formalizado, incluso ordenado según una propuesta de innovación, pero no cabe desdeñar el proceso de aprendizaje informal y las aportaciones que da la propia experiencia. La organización que aprende integra las diferentes vías de aprendizaje y fomenta procesos mentales identificados con ellas. El proceso de aprendizaje es continuo, no segmentado, centrado en los problemas, vinculado al contexto y afectando a todos los miembros de la organización. Lo esencial no será el aprendizaje individual, sino el *aprendizaje de la organización*.

- La realización de este aprendizaje, que pasa por la implicación de las personas, supone la atención a cinco aspectos que actúan conjuntamente y que tienen que ver con las capacidades de los miembros de la organización y con las características de esta (Senge 1992):

    1. *Pensamiento sistémico, por el cual se integran las otras disciplinas. Haría referencia a la preocupación por los procesos y a no tratar los problemas como compartimentos estancos.*
    2. *Dominio personal, que permite aclarar y ahondar continuamente la visión personal, y ver la realidad objetivamente. Se dirigiría a conseguir las condiciones adecuadas que permiten el desarrollo personal y profesional adecuados.*
    3. *Modelos mentales, que tienen que ver con supuestos arraigados, generalizaciones e imágenes que influyen sobre nuestra forma de ver el mundo y actuar. Parece una exigencia la apertura mental a nuevos planteamientos y la reflexión sobre la naturaleza del trabajo y su sentido.*
    4. *Construcción de una visión compartida, como base para el análisis y la intervención sobre la organización.*
    5. *Aprendizaje en equipo, que supone priorizar la necesidad del "diálogo" y la capacidad de los miembros del equipo para "suspender los supuestos" e ingresar en un auténtico "pensamiento conjunto".*

La interrelación entre estas disciplinas se hace imprescindible y debe permitir reforzar sus actuaciones.

- Pero tan importante como la forma en que se realiza el aprendizaje es el contenido y metodología. La aproximación que realizan Stahl y otros (gráfico 3) resulta bastante ilustrativa.

El gráfico 3 ilustra las diferentes maneras de integrar el trabajo y el aprendizaje en una organización. El área izquierda representaría una forma de actuar propia de una formación profesional tradicional o de algunos gabinetes de formación, donde el instructor desarrolla en el marco del aula contenidos normalizados de conocimiento e información. Aquí el profesor actúa de profesor, guía, moderador y facilitador del aprendizaje, además de reproducir cultura que otros han incorporado a libros de texto, vídeos, etc. o de producir sus propios programas.

El área derecha representa la planta de producción o el lugar de trabajo como escenario de aprendizaje. Se disminuye el modelo de formación tradicional y es preciso adaptar el lugar de trabajo al proceso de aprendizaje. El resultado es más rico, ya que la persona que se forma participa en la toma de decisiones, resuelve conflictos sociales, busca soluciones, etc. que le exigen otras capacidades que las propias del aula. También se revitaliza el valor de la experiencia y la importancia del aprendizaje autónomo.

Aparecen en este contexto las *estaciones de aprendizaje*, que acercan medios y materiales didácticos al puesto de trabajo. Paralelamente, los cambios en el entorno de trabajo y aprendizaje exigen de directivos que sean, a la vez, educadores y formadores.

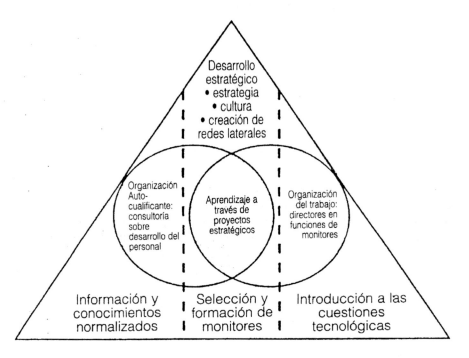

Gráfico 3: Integración del aprendizaje y del trabajo a la organización (Sthal y otros, 1993:62)

• La sección central representa la intersección de la organización del trabajo con la Organización que aprende y es aquí donde se debe producir todo el aprendizaje relevante. Los procesos de innovación y cambio fomentan la transformación de la organización y generan respuestas creativas a los factores cambiantes del entorno. La apertura a nuevas aportaciones y la forma en que se producen contribuyen a cambiar estrategias y modos de trabajo, fomentando una nueva cultura.

Aunque sea desde una visión externa a las organizaciones educativas, nos sirve para lo que mencionamos la siguiente cita que recogemos como conclusión.

"Una razón complementaria de que el lugar de trabajo sea el punto estratégico del aprendizaje es que el aprendizaje así realizado genera unos bucles de realimentación directos que conducen a la innovación de las estructuras de trabajo. La ruta ideal de la innovación en la Organización Autocualificante es la reestructuración creativa autónoma realizada por los trabajadores en sus respectivos lugares de trabajo, concepto que ya se ha implantado en muchas empresas mediante los círculos de calidad. Esta modalidad de aprendizaje en el lugar de trabajo significa igualmente la aplicación innovadora de las nuevas competencias con objeto de mejorar la eficacia en el lugar de trabajo, el departamento y la empresa en su conjunto".
(Stahl y otros, 1993:71-72)

- Se deduce de lo dicho que el requisito más importante es que exista formación y que se aplique al funcionamiento institucional. Sin embargo, esto no nos parece suficiente si la organización no sedimenta las opciones a que lleva el aprendizaje institucional. Los requisitos para la realización efectiva del proceso exigen delimitar una serie de condiciones necesarias que afectan tanto a la propia formación como a sus efectos. Respecto a la *formación* a desarrollar se debe considerar su necesaria implicación a la estrategia de cambio de la organización, que conlleva una adecuada conexión entre el contenido, las metodologías de la formación y la innovación deseada. Tampoco debe menospreciarse la necesidad de desarrollar la competencia de autoaprendizaje como una cualificación clave. Asimismo, el que el entorno de trabajo se convierta en un entorno de aprendizaje, lo que exige que el trabajo se convierta en una actividad innovadora en la que hay lugar para la planificación, la toma de decisiones y una mayor autonomía para actuar.
  Los *resultados* del proceso de reflexión y análisis deben llevar a cambios que sean estables y efectivos. Supone esto considerar que junto a la formación ha de darse la revisión de las prácticas, la difusión del cambio en la organización y la integración de las nuevas modalidades organizativas en una nueva cultura.
- Pero también puede pensarse en otros requisitos a partir del análisis de los elementos que configuran la organización. Las organizaciones tienen **finalidades** que actúan como metas tendencia; los objetivos deben ser conseguibles pero también variables en función de las necesidades institucionales. Las **estructuras** deben ser flexibles y también se necesita un cambio en las estructuras de poder. Se precisa disminuir drásticamente las jerarquías, creando equipos autónomos que faciliten la flexibilidad y la rapidez ante los cambios. El problema residirá ahora en lograr la coherencia entre los equipos y el no disminuir la prestancia de algunas variables organizativas (rapidez en la toma de decisiones, participación, etc.). Por último, el **sistema relacional** es el más afectado por el nuevo enfoque. Los cambios de concepciones, conocimientos y destrezas deben acompañarse de actitudes abiertas a la innovación.
  La **dirección** actúa como promotora de los planteamientos de una organización que aprende y, en esta dirección, trata de guiarla a su *transformación* más que a su estricta *administración*[3]. El objetivo general no es sólo administrarla (conseguir y organizar los medios y los recursos de acuerdo a unos objetivos establecidos) sino mejorarla, rom-

---

[3] Quizás convenga aquí recordar el texto de Gómez-Llera y Pin (1994) de título tan expresivo: **Dirigir es educar**.

piendo la rutina e introduciendo nuevos objetivos que permitan una actuación mejorada de acuerdo al proyecto institucional.

Las **funciones organizativas** cambian en este hacer pues ya no se rigen por un proceso normativo sobre cómo *deben ser* las cosas, sino más bien cómo *posiblemente serán*. Este cambio de matiz hace que la planificación normativa, que pone énfasis en los procedimientos que de manera eficiente permiten conseguir determinados objetivos[4], se convierte en algo más flexible en la línea de la planificación situacional (Aguerrondo, 1993:170) o contingente (Gairín, 1992).

La planificación organizativa se considera así una sucesión de situaciones donde tiene cabida la priorización y donde se acepta que cada realidad y cada organización tiene sus ritmos, sus obstáculos y sus ventajas. Lo importante será moverse hacia la *imagen-objetivo* o *finalidad general* que queremos realizar.

Otras cuestiones operativas se relacionan con el cambio que se pretende desarrollar y con los modelos coherentes con el mismo. Al respecto, se pueden plantear diversas cuestiones:

- *¿Qué condiciones permiten que una organización pase de un estadio a otro?*
- *¿De dónde puede surgir el cambio: iniciativa de los técnicos, de la titularidad, ...?*
- *¿Qué protagonismo pueden crear las exigencias externas: sociales, laborales, políticas, ...?*
- *¿Cómo influye la priorización de lo político sobre lo académico en los diferentes niveles?*
- *¿Cómo explicar los cambios que se producen? ¿Cómo explicar la ausencia de cambios pretendidos y no conseguidos? ¿Qué resistencias al cambio aparecen?*
- *¿Puede considerarse tan importante la voluntad política del cambio como la existencia de una mínima planificación? ¿Qué rol juegan los directivos al respecto?*
- *¿Cuál debería ser la formación para el cambio? ¿Cómo habría que fomentar la implicación en el cambio?*
- *etc.*

Como vemos, son muchas las cuestiones que enlazan el tema que analizamos con las posibilidades reales de transformar la práctica.

Concepciones y estadios de desarrollo organizativo

La evolución histórica de la Organización Escolar como constructo científico y el conjunto de factores que la han conformado como disciplina explican la existencia de diversas tendencias. La variedad de enfoques conceptuales y terminológicos bien pudieran dar la razón a Harold Koontz cuando habla de la *selva de la teoría administrativa*. El amplio desarrollo de teorías existente justifica la afirmación de que el campo organizativo está en un momento de reconceptualización, reflejando quizás más tardíamente los problemas, perspectivas y teorías que también afectan al campo de las Ciencias Humanas y de las Ciencias Sociales.

---

[4] Esta racionalidad está definida por los distintos pasos de su metodología: saber qué se quiere hacer (fijación de objetivos concretos), conocer la realidad y sus problemas (diagnóstico), poner en marcha las tareas (ejecución) y saber qué pasó con lo que se proponía (evaluación).

En estas circunstancias, centramos nuestro análisis en conceptualizaciones globales, que nos permitan simplificar el ámbito de estudio y orientar, posteriormente, una mayor profundidad. Se justifica así la búsqueda de planteamientos globales que permitan clarificar tendencias y, en todo caso, aportar explicaciones más generales que las propias de una teoría específica.

Siguiendo el camino iniciado por Habermas (1982) respecto a las estructuras de racionalidad y la aplicación que ya se hizo al campo organizativo (Gairín, 1986), podemos plantearnos si ¿puede existir relación entre los diferentes enfoques y los niveles de desarrollo organizacional planteados?

Nuevamente el peligro es la simplicidad. Pero aun asumiéndola podemos encontrar un cierto paralelismo entre los análisis efectuados, tal y como se recoge en el cuadro 2.

NIVELES DE DESARROLLO ORGANIZACIONAL	VISIÓN DE LA ORGANIZACIÓN	ENFOQUE ORGANIZATIVO COHERENTE
La organización como marco	Estructura de soporte Marco limitado	Científico - racional
La organización como contexto	La organización educa La organización puede ordenarse a partir de un proyecto común	Interpretativo - simbólico
La organización aprende	La organización es capaz de aprender La organización contribuye a transformar la realidad	Socio - crítico

Cuadro 2: Enfoques y estadios de desarrollo organizativo

El interés que pone el enfoque científico-racional por estructurar la realidad de una manera "mecánica" es coherente con el papel asignado a la organización como marco. Se le pide a esta que estructure la realidad de acuerdo con una lógica externa (exigencias internas o externas del currículum) sin tener en cuenta los intereses de las personas implicadas.

La preocupación del enfoque interpretativo-simbólico por las percepciones, expectativas u otras dimensiones internas de las personas resulta ser una base imprescindible para realizar el trabajo colaborativo que exige una organización que quiera ordenarse como contexto que también educa. Asumir este estadio supone, asimismo, entender que el cambio es eminentemente cultural.

Por último, parece imposible lograr el estadio donde la organización aprende si no se asumen planteamientos relacionados con la autoevaluación, el estudio de intereses, los niveles de consenso, el conflicto, etc. propios de un enfoque más socio-crítico.

Pero más allá de la identificación realizada, no podemos dejar de manifestar la posibilidad real de que en un mismo centro educativo puedan convivir varios enfoques organizativos, aunque exista uno dominante. Sucede, por ejemplo, cuando la dirección aplica sistemas de funcionamiento tecnocráticos, mientras los departamentos didácticos funcionan con planteamientos culturales y/o socio-críticos (actúan colaborativamente, realizan procesos de autoevaluación, ...).

Y es que la realidad suele ser más compleja que los modelos que la intentan explicar. El hecho de hablar de orientaciones diferentes no debe llevarnos necesariamente a considerarlas enfrentadas. Se trata más bien de distintos niveles de análisis que la perspectiva histórica ha ido evidenciando. Es más, podríamos aventurar la hipótesis de que son abarcadoras y complementarias.

Cada nivel de análisis supone una conceptualización más amplia que permite una mayor profundidad en el estudio de la organización. Si los planteamientos calificados de racionales se plantean la organización en sus manifestaciones, los simbólicos lo hacen en su realidad y los críticos profundizan en las razones de esa realidad.

Por otra parte, es difícil pensar que pueda plantearse una perspectiva crítica sobre una realidad aún no conocida. Los paradigmas científico-racional e interpretativo-simbólico aportan, en tal sentido, la materia prima para la elaboración del paradigma crítico. De igual modo, los simbolismos de una organización no son totalmente abstracciones puras sino que se fundamentan en estructuras conocidas y en propósitos manifestados por las organizaciones.

Bajo este análisis, podemos entender que en una realidad organizativa pueden convivir los tres estadios de desarrollo considerados. Puede suceder que no haya una orientación clara al estadio 2 (organización como contexto) ó 3 (organización que aprende) y, sin embargo, haya áreas de la organización (académica, administrativa, ...) u órganos (departamentos, equipos de ciclo,...) que se hayan situado a esos niveles.

Queda así patente la realidad escolar no sólo es un sistema complejo y distinto respecto a otras organizaciones, también lo es multifacético y multidimensional. Hablamos de multifacético en la medida en que puede ser analizado desde diferentes ámbitos (sistema de objetivos, sistema estructural y sistema relacional), pero también caben múltiples perspectivas en cada uno de ellos, como evidencian, los enfoques analizados y sus múltiples implicaciones.

Modelo educativo, modelo de enseñanza y estadios de desarrollo organizativo

Los estadios de desarrollo organizacional pueden relacionarse, más allá de sus implicaciones generales de tipo organizativo, con las diferentes formas en que se ha entendido y entiende el hecho educativo. El cuadro 3, pese a poder caer en simplificaciones, puede representar una aproximación a las vinculaciones existentes.

NIVELES DE DESARROLLO ORGANIZATIVO	PARADIGMAS EDUCATIVOS	PARADIGMAS DE ENSEÑANZA-APRENDIZAJE	TIPOLOGÍA PROFESIONAL	MODELO DE FORMACIÓN
LA ORGANIZACIÓN COMO MARCO	Tecnológico	Presagio - producto Proceso - producto	Técnico	Cultural Competencial
LA ORGANIZACIÓN COMO CONTEXTO	Cultura	Mediacional centrado en el profesor Mediacional centrado en el alumno Mediacional mixto	Técnico colaborativo	Humanista Personalista
LA ORGANIZACIÓN APRENDE	Socio-crítico	Ecológico Crítico - contextual	Transformador social	Ideológico Técnico - crítico

Cuadro 3: Educación, enseñanza, formación y niveles de deasrrollo organizativo

Entender la **organización como marco** es situarla en una posición de mero soporte de la enseñanza. Esta perspectiva es coherente con un enfoque educativo tecnológico que considera al proceso educativo como un problema técnico solucionable a partir de un buen esquema de trabajo. También es coherente con enfoques de enseñanza centrados en el producto a conseguir, aunque varíe la consideración que se dé a los elementos intervinientes (cualidades del profesor en el enfoque presagio-producto y conductas de enseñanza en el enfoque proceso-producto).

Subyace en el modelo la idea de profesionales como meros técnicos y es consecuente con una formación centrada en conocimientos (modelo cultural) o en la adquisición de determinadas competencias (modelo competencial).

Este enfoque, basado en el paradigma conductual, mantiene una concepción muy mecánica de la realidad, lo que permite acusarlo, sin dejar de considerar su utilidad en algunos aspectos, de descontextualizado, de despersonalizado y de tendencia a la programación rígida y tecnocrática.

La concepción de la **organización como contexto** enlaza con la idea de la realidad como construcción intersubjetiva, que da importancia a los procesos por encima de los productos. A nivel de enseñanza ha supuesto la incorporación de diseños de tres factores y la incorporación de procedimientos cualitativos de análisis de datos, dando entrada a los llamados planteamientos cognitivos.

El comportamiento observable ya no es objeto de una consideración exclusiva, es el resultado observable de un proceso de pensamiento del profesor/alumno donde inciden los conocimientos previos, las disposiciones personales, las formas de procesar y utilizar la información, así como sus percepciones y expectativas. La traslación del interés del comportamiento observable al pensamiento latente incluye una concepción de la enseñanza como un proceso de resolución de problemas en un contexto turbulento en el que no tienen sentido los comportamientos y estilos de actuación prefijados.

Desde este planteamiento, el profesor es un constructivista que continuamente elabora y comprueba su teoría personal del mundo. Se da y busca un cierto compromiso entre el pensamiento/previsión y la acción/compromiso. Se entiende que la enseñanza es básicamente un proceso de comunicación interpersonal y, por ello, el objetivo primordial de la formación del profesorado es el desarrollo y plenitud de su personalidad. Convertirse en un buen profesor no es tan sólo, para esta concepción, aprender a enseñar, es sobre todo una cuestión de descubrimiento personal, de aprender a usar bien el propio yo. Así, los programas de formación deben referirse a personas, más bien que a competencias. Se trata de formar personas creativas, capaces de moverse y de cambiar de acuerdo a las circunstancias. Coherentemente, y frente al modelo anterior que busca una formación estandarizada mediante modalidades de cursos, enseñanza a distancia, etc., se trata de potenciar una formación en el centro educativo que parta del intercambio de experiencias propias.

Por último, la idea subyacente a **la organización que aprende** enlaza, por lo menos en su filosofía, con una concepción educativa y de la enseñananza que tiene en cuenta el carácter multidimensional y multifacético de la realidad. Se parte de las concepciones anteriores pero se integran en el marco de los intercambios sociales que se dan dentro y fuera de la institución. Hay una preocupación por variables situacionales y por el dinamismo de la realidad que no se da en los anteriores enfoques.

La unidad de acción que es el aula o el centro, sujeta a influencias internas y externas, es el foco de atención del profesor y de la formación que se ha de dar. Se trata de proporcionarle recursos para que, además de transmisor cultural, sea un transformador a partir del diagnóstico/observación de la realidad, del establecimiento constante de controles y del desarrollo de la crítica sobre la toma de decisiones que exija la realidad.

Coherentemente, la formación ha de permitir no sólo conocer cómo se ha de desarrollar la enseñanza sino debatir el porqué se ha de hacer de una manera determinada, lo que supone legitimizar al profesor por la posesión de un conocimiento crítico que le sitúa en una posición de intelectual ante el fenómeno educativo y sus implicaciones sociales.

Frente al modelo competencial puro, concreción de un enfoque de la enseñanza del tipo proceso-producto, se defiende aquí la competencia epistemológica; esto es, no saber sólo las cosas sino las razones de que sean de una u otra manera.

Admitimos, pues, una cierta relación entre las diferentes variables analizadas. No obstante, queremos resaltar que ni las relaciones pueden considerarse lineales y excluyentes, ni en la realidad existe esa categorización. De hecho, podríamos establecer un esquema explicativo de la complejidad como el presentado en el gráfico 4.

Los grados de atención a aspectos de la enseñanza varían en función del nivel de desarrollo organizativo que se considere pero, en cualquier caso, suele haber una consideración, aunque sea mínima, a los diferentes aspectos. Así, para las organizaciones que aprenden llama la atención las exigencias del entorno, aspecto infravalorado, frente a las exigencias personales internas, en la organización como contexto.

Concluyendo, podemos decir que un modelo mixto que considera los diferentes aspectos de la enseñanza puede ser aceptable como propuesta pero no logra evitar el debate sobre el equilibrio interno que debe existir entre los diferentes aspectos; en definitiva, no se elimina la opción ideológica.

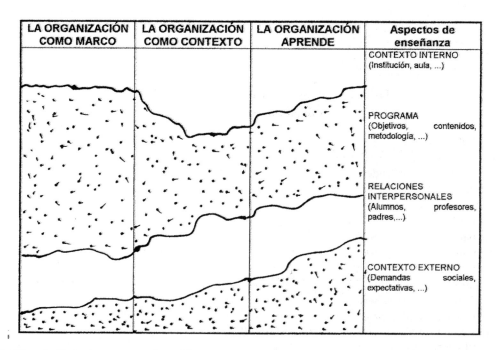

Gráfico 4: Relaciones entre los diferentes elementos a la hora de organizar la enseñanza

Algunas consecuencias organizativas

Situados en un terreno aplicativo, la consideración de los ámbitos organizativos permite tanto la comprensión de la realidad en la que estamos como orientar el proceso de cambio.

El análisis realizado hasta el momento presupone la existencia de una cierta coherencia entre el nivel organizativo alcanzado y las formas de entender la educación y su práctica. El análisis de una situación particular nos permite **describir la realidad** en la que nos situamos y fundamentar la toma de decisiones.

La misma complejidad institucional permite identificar, no obstante, contradicciones constantes. Así, es posible que un centro que se sitúa organizativamente en el estadio I aplique modelos culturales de formación permanente y defienda estructuras cooperativas de coordinación. Igualmente, se puede pensar en potenciar procesos organizativos propios de un contexto formativo sin modificar los modelos de educación/enseñanza o la forma de realizar la formación permanente (gráfica 5).

Estas contradicciones pueden ser asumibles de entrada, si existe el compromiso de disminuir las disfunciones y de hacer más coherente el funcionamiento de las instituciones educativas. Este sería, desde mi punto de vista, un referente claro en el compromiso con la calidad.

Nivel Organizativo	Modelo Educativo	Modelo de Enseñanza	Perfil Profesional	Modelo de F. Permanente	Desarrollo de Estructuras	Estrategias Utilizadas

Gráfica 5: Algunas contradicciones de la realidad

La consideración de los estadios también permite **orientar los procesos de cambio** a partir del estudio de las disfunciones. No podemos obviar que, en cierta forma, los estadios organizativos se incluyen entre sí. La organización no sería un buen contexto si no es un buen marco; no aprende si no es un buen contexto, organizado y con capacidad de luchar por una determinada idea. Paralelamente, hemos de pensar que si no es un buen marco, no es un buen contexto y, por tanto, no tiene capacidad de aprendizaje.

De hecho, podríamos hablar más de un "buble" que de estadios organizativos. Formarían parte de la espiral de la mejora la ordenación estructural de la organización, su enriquecimiento como contexto, su intervención sobre él (organización como texto) y el establecimiento de mecanismos que permitieran el aprendizaje organizacional (organzación que aprende).

Todo ello nos debería llevar a considerar con detalle las consecuencias que para diferentes aspectos de la organización puede tener el situarse en uno u otro estadio. Los cuadros 4 y 5 nos aproximan, como ejemplo, a dos realidades concretas.

El cuadro 4 presenta los cambios estructurales y estrategias propias de cada uno de los estadios. El cuadro 5 analiza el cambio de rol y sentido de la dirección, asumiendo un modelo que evoluciona hacia una dirección comprometida con el cambio y vinculada a las demandas de los usuarios y a las exigencias del entorno.

NIVELES ORGANIZATIVOS	CONSECUENCIAS ESTRUCTURALES	ESTRUCTURAS DE FUNCIONAMIENTO
LA ORGANIZACIÓN COMO MARCO	Importancia de las estructuras verticales.	Por disposiciones dictadas.
LA ORGANIZACIÓN COMO CONTEXTO	Aparición de las estructuras de apoyo (equipos de profesores).	Por consensos previos.
LA ORGANIZACIÓN APRENDE	Integración de las estructuras verticales y de apoyo (círculos de calidad).	A partir de disfunciones detectadas mediante la evaluación.

Cuadro 4: Niveles de desarrollo y consecuencias organizativas

SITUACIONES DE REFERENCIA	ORIENTACIÓN DE LA ORGANIZACIÓN	ACTUACIONES DE LA DIRECCIÓN
LA ORGANIZACIÓN COMO MARCO	Objetivos explícitos y estables. La estructura suele ser rígida. El desarrollo personal es informal o se considera una opción personal.	La dirección suele ser autocrática. La asignación de puestos se basa en cualidades personales. Preocupación por el organigrama.
LA ORGANIZACIÓN COMO CONTEXTO	Objetivos cambiantes según las exigencias del contexto. La estructura es adaptativa y se orienta al usuario. La formación se considera como un soporte puntual.	La dirección permite la participación Se enfatiza en los procesos de coordinación y especialización. Preocupación por las demandas de los usuarios.
LA ORGANIZACIÓN APRENDE	Existen ideas básicas compartidas. Hay autonomía de gestión. La formación forma parte de la estrategia organizacional y de las funciones laborales.	La dirección promueve la colaboración. Se crean equipos de trabajo. Atención a las demandas de los usuarios y al desarrollo continuo del personal.

Cuadro 5: La actuación de la dirección en función de los niveles organizativos (Gairín, 1997c:70)

Los retos del estadio I

Si realizamos una evaluación global del desarrollo organizativo de nuestras instituciones educativas, podemos comprobar cómo la mayoría se mueve en el primer estadio organizativo. No sólo consideran en la práctica a la organización como un soporte de la enseñanza sino que muchas veces no logran siquiera que sea un soporte de calidad. Sucede esto cuando el profesor de aula tiene que preocuparse de localizar medios didácticos, de gestionar excursiones o de ordenar recursos, distrayéndose de su tarea principal que es la enseñanza.

Superar esta situación y hacer de la organización una buena estructura de soporte que facilite y potencie el desarrollo del currículum es un reto a conseguir; el segundo sería el pasar a un estadio superior, que exige de nuevas estructuras y de un cambio en las estrategias de funcionamiento.

Parece imprescindible garantizar en este estadio el que los recursos y medios de la organización existan, estén ordenados y sean de fácil acceso y utilización. Un listado de posibles retos a conseguir queda expresado en el cuadro 6, donde la llamada "situación mejorada" puede caracterizar a una buena estructura organizativa.

Aspectos de la organización	Situación habitual	Situación mejorada
RELACIONES CON EL ENTORNO	Personalizadas Puntuales.	A nivel institucional. Sistemáticas.
PLANTEAMIENTOS INSTITUCIONALES Currículum	No existen, ni hay documentos de gestión. Específico de cada profesor.	Existen normas de funcionamiento. Programa común.
ESTRUCTURAS DE R. HUMANOS	Actuaciones individualizadas. No atención a la diversidad.	Coordinación periódica. Atención a situaciones particulares.
ESTRUCTURA DE R. MATERIALES (Espacios, mobiliario, material)	No hay criterios de utilización de recursos. El mobiliario y material son independientes de las necesidades pedagógicas.	Existen normas sobre el uso de espacios. Mobiliario y material se seleccionan por criterios de funcionalidad y adaptabilidad.
ESTRUCTURA DE R. FUNCIONALES Horarios Normativa	Rígido y repetitivo. Desestructurada e incompleta.	Flexibles y cambiantes. Completa y con coherencia interna.
SISTEMA RELACIONAL Participación de profesores, familias y alumnado Comunicación Reuniones	Formalizada pero poco vital. Poco organizada. Informativas.	Coparticipación. Estructurada, con canales y responsables definidos. De discusión y toma de decisiones.
DIRECCIÓN	Arbitraria. Participación informal.	Realiza planes de trabajo. La participación es reglada.
FUNCIONES ORGANIZATIVAS ………..	Gestión diaria, no existen previsiones. No existen sistemas de control.	Hay planes de actuación. Se evalúan resultados.

Cuadro 6: Exigencias para el estadio organizativo I

Los retos del estadio II

Situados en el segundo estadio, el reto que muchos centros educativos pueden plantearse actualmente, revisamos algunas de las condiciones necesarias para que el cambio efectivo se produzca. Básicamente, consideramos como imprescindibles (Gairín, 1998):

- establecer estructuras de apoyo al desarrollo del currículum,
- fomentar planteamientos colaborativos, y
- reconocer y utilizar estrategias de dinamización adecuadas, a las que dedicamos unas breves notas.

Hacemos así referencia a la implantación de estructuras de apoyo a lo pedagógico, el establecimiento de procesos cooperativos y la utilización de estrategias de acción claramente diferenciadas de las tradicionales, en el marco de la potenciación de una cultura colaborativa.

El **desarrollo de equipos de profesores** dirigidos a planificar, desarrollar y evaluar conjuntamente la acción educativa se vincula directamente a la mejora de la enseñanza. Los departamentos didácticos (responsables de la coordinación vertical de los procesos de enseñanza-aprendizaje) y los equipos educativos (responsables de garantizar la unidad de acción y el respeto de las peculiaridades de cada alumno), considerados como órganos de apoyo y complementarios, son su expresión más característica.

La importancia organizativa de los departamentos didácticos y de los equipos educativos reside en sus propios objetivos como órganos "staff". Estos pretenden, al decir de Riccardi (1965):

1. *Conseguir el máximo rendimiento del personal del centro.*
2. *Facilitar a los miembros de la organización el patrimonio de habilidad y experiencia que hay en la empresa educativa.*
3. *Favorecer la incorporación a la institución educativa, en beneficio de todos, del mismo patrimonio individual de experiencia y de ideas adquiridas en otros lugares.*
4. *Hacer que todos puedan aprovechar los métodos, los descubrimientos científicos, las nuevas actitudes y los nuevos puntos de vista desarrollados en los últimos años o que se prevean en los próximos años.*

A las asignaciones realizadas podemos añadir algunas otras como:

5. *Mejorar las actitudes y las actuaciones del profesorado de cara a una renovación.*
6. *Potenciar la promoción profesional, abriendo vías que la posibiliten.*
7. *Mejorar los sistemas y los métodos de organización.*
8. *Hacer posible un rendimiento más alto de los recursos humanos, materiales y funcionales del centro.*

La consecución de estas metas hace necesario prestar atención a los ámbitos de actuación recogidos en el gráfico 6.

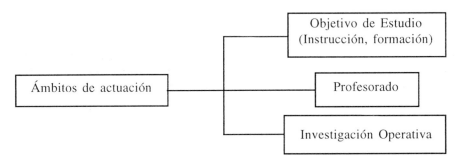

Gráfico 6: Ámbitos de actuación de los departamentos didácticos y
de los equipos educativos

La atención al *objeto de estudio* (proceso de enseñanza-aprendizaje o formación) permite mejorar la coherencia interna de las actuaciones. La atención al *profesorado* parte del supuesto de que toda mejora educativa no sólo se vincula a un buen programa, sino que también es consecuencia de la actuación e implicación de las personas que lo han de realizar. Fomentar el intercambio de experiencias entre los profesores, hacer que asistan a jornadas y congresos, llevar a cabo seminarios de formación internos y externos, etc. ha de contribuir, sin duda, al perfeccionamiento del profesorado.

Finalmente, la *investigación aplicada* contribuye a modificar la práctica educativa mediante la reflexión sobre experiencias concretas, convirtiéndose en un motor que dinamiza la actuación del profesorado y, al mismo tiempo, permite solucionar los problemas que plantea el proceso de enseñanza-aprendizaje.

Los departamentos didácticos y los equipos educativos considerados como estructuras deseables a conseguir, no son las únicas. La historia y las posibilidades operativas de los centros educativos determinan la existencia de estructuras intermedias. Los **equipos de ciclo** pueden considerarse como una estructura de este tipo, ya que, a menudo, intervienen tanto en el campo instructivo como en el formativo. En el primer caso, actúan como departamentos didácticos y en el segundo, como equipos educativos. No obstante, el cumplimiento efectivo de las dos funciones puede suponer una pérdida de tiempo, y, a su vez, no elimina la necesidad de una coordinación entre ciclos. Por otra parte, un funcionamiento muy potenciado y autónomo de los equipos de ciclo puede hacer perder la unidad de actuación general del centro e impulsar intereses particulares de los ciclos.

Consideramos a los equipos de ciclo, por tanto, como estructuras de transición que tendrán que evolucionar progresivamente y adquirir las funciones de los equipos educativos, facilitando así la formación de los departamentos didácticos en el caso de enseñanza primaria. La enseñanza secundaria que ya tiene establecidos los departamentos didácticos deberá potenciar, por el contrario, los equipos de ciclo y de nivel que faciliten la coordinación de los profesores que incidan en un mismo grupo de alumnos.

Sea cual sea la estructura cooperativa implantada, no debemos olvidar la importancia de que estas estructuras combinen en su funcionamiento la atención a los tres ámbitos funcionales señalados: mejora del programa, perfeccionamiento del profesorado e investigación. Así, la mejora del sistema de evaluación de aprendizajes (programa), debería ir acompañada de un análisis de lo que se hace (investigación operativa) o de lo que se puede hacer (formación permanente del profesorado).

La **potenciación de los procesos cooperativos** exige la creación de una nueva cultura que rompa con el esquema de individualización y balcanización aún vigente. La búsqueda de centros educativos de calidad parte de la convicción de que es posible crear, conservar y transformar la cultura, a pesar de que se requieran tiempos largos, para adecuarla a las nuevas exigencias. Entiende que el hecho de compartir concepciones y convicciones sobre la enseñanza y el papel de los profesores es fundamental para lograr acciones coordinadas y de calidad.

El tipo de cultura a desarrollar coincidiría con la cultura participativa mencionada por San Fabian (1992):

> *"un centro con cultura participativa es aquel donde las normas y valores democráticos son ampliamente compartidos, se expresan en sus documentos y guían la conducta, se refuerzan regularmente mediante recompensas y desde la dirección. En este caso se cumplirían algunos requisitos como mejorar la implicación de los padres; no descuidar la imagen del centro; una buena comunicación y coordinación entre las unidades de la organización; un liderazgo que apoya los procesos participativo, democrático y pedagógico; ayudar y apoyar los grupos de trabajo en el centro; agotar las posibilidades de consenso en los procesos decisionales."*

Se trata de identificar a los miembros de la organización con el proyecto institucional, de compartir su estrategia de trabajo, de implicarse en su consecución y de sentir la necesidad de evaluar las actuaciones para ver si la mejora se da en la dirección señalada.

La potenciación de una cultura peculiar y consolidada permite orientar las acciones individuales y colectivas, movilizando una buena parte del potencial personal y profesional de los componentes de la organización. El cambio apoyado en una cultura consecuente es el más eficaz y duradero, aunque, sin ninguna duda, es el más difícil de conseguir.

Es, por tanto, un cambio promovido desde dentro a partir de las propias inquietudes y necesidades lo que se pretende, sin que ello elimine la posibilidad de contar con ayudas externas. Es también un cambio que debe partir del análisis de la cultura existente, del estudio de las razones que llevan a su instalación y a su cambio y de la selección de las estrategias más adecuadas a un determinado contexto.

El desarrollo de esta cultura común debe apoyarse en la actuación de un fuerte liderazgo instructivo que considera los factores de calidad y que dinamiza al centro educativo. Atiende por otra parte, al efecto y consecuencias que puede tener el desarrollo de culturas contrarias a la mejora o a los compromisos institucionales. De hecho, se trata de reconocer las aportaciones de enfoques críticos que enfatizan en el peligro de la uniformidad que elimina cualquier posibilidad de manifestar y reproducir los intereses que siempre existen.

El liderazgo instructivo mencionado agrupa el conjunto de actuaciones desarrolladas para conseguir un ambiente de trabajo productivo y satisfactorio para los profesores y condiciones y resultados de aprendizaje deseables para los alumnos. Las dimensiones que tiene que atender son presentadas por González (1991) y recogidas sintéticamente por nosotros a continuación:

a) *Definir la misión de la escuela*

- Establecimiento de metas claras y explícitas, que también abarcan los procesos de enseñanza-aprendizaje.
- Interés por la mejora del programa escolar.

- Implicación en la definición y logro de metas de diferentes agentes y fuentes: necesidades de los alumnos, exigencias de la administración, interés de los padres,...
- Lograr consenso respecto a las metas y metodologías para lograrlas.

b) *Gestión instructiva*

- Dedicar tiempo a la coordinación curricular.
- Atender las variables organizativas que faciliten / dificulten el trabajo en las aulas: proteger el tiempo de enseñanza, atender la asignación de profesores, posibilitar la atención a grupos / alumnos, unificar criterios escolares y para escolares.

c) *Promover un clima de aprendizaje positivo*
   (construir y sostener un clima y cultura de colaboración)

- Promover acciones de participación de profesores: delegar autoridad, compartir decisiones, establecer equipos de profesores,...
- Motivar a los profesores a que lo hagan mejor: participación en metas, compromisos de acción,...
- Implicarse en actividades con los profesores.
- Fomentar relaciones interpersonales profesionales: proporcionar información, compartir problemas,...
- Promover el acceso del profesorado a actuaciones que permitan el desarrolo profesional.
- Potenciar la coordinación con otros profesionales que también trabajen con alumnos.

No podemos olvidar, por último, que el Jefe de Estudios es miembro de un Equipo Directivo que debe promover como sistema la mejora y que se enfrenta, precisamente ahora, con un proceso de cambio promovido por el sistema educativo. Al respecto, debemos pensar en él como:

a) *Promotor de una cultura corporativa,* que implica:

- Considerar a la organización como un medio formativo.
- Transmitir en todas las actuaciones un sentido de identidad.
- Impulsar los compromisos personales y la máxima coherencia de expectativas y percepciones.
- Reconciliar los valores organizacionales (nomotéticos) y los valores personales (ideográficos).

b) *Gestor del cambio,* lo que exige la atención a:

- Perfeccionamiento de profesores vinculado a programas específicos.
- Desarrollo del papel y funciones de sus colaboradores como líderes de la enseñanza.

- Establecimiento de nuevos valores compartidos y normas facilitadoras de la acción colectiva.

En definitiva, servir de soporte técnico, de medio para alcanzar infraestructura y de elemento de promoción de la moral de los grupos. (Gairín, 1993)

c) *Impulsar una institución creadora e innovadora* que, al decir de la O.C.D.E., supone:

- Horizontalidad y colegialidad frente a jerarquización.
- Toma de decisiones participativa.
- Comunicación abierta y libre.
- Estructura flexible en normas y valores.
- Proporcionar recursos para quien los precisa.

Se trata, en definitiva, de fomentar la creación de contextos abiertos, poco formalizados donde las cortapisas de entrada sean mínimas y las posibilidades adaptativas amplias. Por ello, los

> *"directores han de trabajar para establecer nuevas normas que recompensen la planificación colaborativa, la enseñanza abierta a discusión, el feed-back constructivo y la experimentación. El desarrollo profesional ha de ser considerado como algo valioso y posible. Donde más ha florecido la estrategia 'coaching', los directores han asumido roles activos para ayudar a los grupos, para apegarlos, suministrando tiempos para reuniones de intercambio de planes y enseñanza y facilitando ayudas a los coordinadores de equipo"* (Showers, 1985:45).

Por último, cabe recordar la coherencia de **usar estrategias de intervención adecuadas** a la cultura colaborativa que se persigue y a la naturaleza de las estructuras que se quieren potenciar. Todos admitimos que la intervención orientada bajo los presupuestos de una actuación realista, sistemática y progresiva debe ir dirigida a potenciar la calidad de la educación, a facilitar un contexto que también eduque y a favorecer el crecimiento de la organización. Sin embargo, el problema ya no reside tanto en saber qué perseguimos como en definir la forma de lograrlo.

Como dice McKanzie:

> *"Es tal el nivel de consenso sobre cuáles son los factores principales de la eficacia de la escuela que la cuestión sobre qué es importante para esa eficacia quizás sea ahora menos significativa que la cuestión sobre qué puede cambiarse a un menor precio y con los mejores resultados* (en: López, 1994:104).

Hay que enfatizar, por tanto, en las estrategias y junto a ellas en las actitudes que mantienen los implicados en los procesos de intervención. Actitudes positivas respecto a la participación y al trabajo en equipo, así como actitudes abiertas a la reflexión, al análisis de la realidad y a la investigación son especificaciones de una actitud permanente de cambio que debe acompañar al conjunto de personas que conviven en una misma realidad y, especialmente, a los directivos que quedan implicados en ella.

Las estrategias que podemos utilizar desde una perspectiva cultural y bajo un enfoque cooperativo suponen un conjunto de decisiones y acciones fundamentadas relativas a la elección de medios y a la articulación de recursos con miras a lograr un objetivo.

Salvando las acciones que el sistema educativo pueda impulsar desde una perspectiva externa (normativas de obligado cumplimiento, facilitación de recursos humanos, materiales o funcionales, presión social - demográfica, cultural-,...), el cuadro 7 recoge un conjunto de estrategias, ampliamente desarrolladas en Gairín (1996) y Gairín y Armengol (1996), que pueden posibilitar y hacer realidad el trabajo colectivo.

Llamamos *estrategias operativas* a aquellas formulaciones que poniendo énfasis en la secuencia de acción proporcionan herramientas para la intervención en grupos humanos y organizaciones. De hecho, se podrían caracterizar, en muchos casos, como procedimientos y en otros como técnicas. No obstante, mantenemos la idea de estrategia para indicar el carácter abierto que debe tener su aplicación.

La estrategia no debe tener aquí estrictamente un sentido técnico-gerencialista sino, precisamente, y de allí el cambio de nombre, ser considerada como una propuesta abierta., orientada en una dirección pero no necesariamente definida en todos sus términos y desarrollos.

Las estrategias que a modo de ejemplo se recogen en el mencionado cuadro 7 no pretenden agotar todas las posibilidades y tan sólo ejemplificar algunas situaciones con vistas a revisar el valor de su utilidad. También, considerar la posibilidad de mezclar varias de las estrategias presentadas y de apoyarlas en técnicas de dinámica de grupo, de resolución de conflictos y de generación de consensos. Cabe señalar, asimismo, que la delimitación de estrategias en contextos colaborativos se vincula a los procesos de planificación, es contextualizada, se relaciona con procesos reflexivos y de resolución de problemas y tiene una alta vinculación con el sistema de relaciones humanas de la organización.

La intervención de las personas y su actuación adquiere vital importancia, de tal manera que adquiere tanta importancia la estrategia elegida como el que la ha de aplicar. La intervención de los directivos, así, no sólo parece fundamental por lo que representan en la organización sino por la capacidad que se les supone que tienen para estructurar adecuados contextos de relación a partir de la selección y aplicación que realizan de determinadas estrategias.

ESTRATEGIAS DE CARÁCTER OPERATIVO

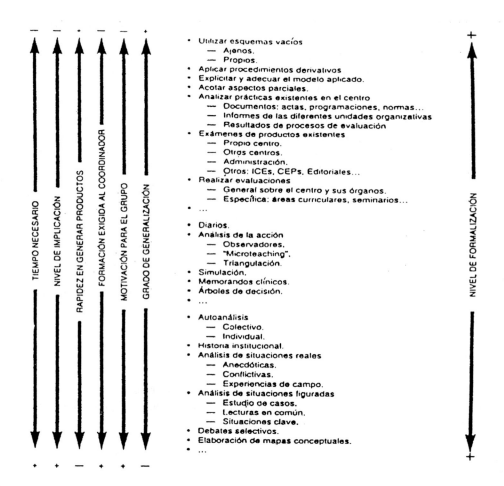

Cuadro 7: Estrategias de intervención con grupos de profesores (Gairín, 1996a:X)

Un aspecto relevante es el trabajo colaborativo entre el profesorado. La colaboración entre profesores es entendida como una estrategia de desarrollo profesional, al mismo tiempo que sirve a otras finalidades. La elaboración y compromiso con un proyecto de centro como propuesta de innovación exige, en el marco de la autonomía institucional, trabajo colaborativo. Se une la innovación como meta del centro y objeto del equipo.

Otras posibles vías de colaboración interna pueden ser (Gairín, 1999):

- Reforzar con espacios, tiempos y formación el trabajo de los equipos de profesores (departamentos didácticos y equipos educativos).
- Promover experiencias interdisciplinares y entre grupos de profesores.
- Impulsar proyectos comunitarios.

- Promover aulas colaborativas, que incluyen conocimiento y autoridad compartida entre profesores y estudiantes, profesores mediadores y el agrupamiento heterogéneo de estudiantes .
- Establecer equipos multidisciplinares de profesores y estudiantes para enseñanzas medias y universitarias. El clima participativo que se consigue se asocia con un incremento de satisfacción por parte del profesor en el trabajo y por un aumento de la responsabilidad del estudiante y del profesor para cumplir los objetivos establecidos.

Los equipos de profesores suelen identificarse como estructuras a las que se reconoce un elevado potencial de mejora y capacidad de cambio. Sin embargo, la práctica docente muchas veces se ha caracterizado de individualista y celular, donde hay "zonas acotadas" con pocas posibilidades de compartir recursos e ideas y de intercambiar experiencias. Pero, además de ser ineficaz la organización para los estudiantes, al proporcionar una formación fragmentaria y contradictoria, también lo es para los profesores, al dificultar un trabajo colaborativo que facilite el aprendizaje mutuo. Como señala Bolívar (1994), la estructura "celular" del trabajo escolar es un handicap para una colaboración mutua, que suele generar incertidumbre y ansiedad.

Lo que puede aportar un trabajo colaborativo puede subscribirse en las siguientes cuestiones:
- Facilita la toma de decisiones participativas y, por tanto, un mayor compromiso en el cumplimiento de los acuerdos.
- Aumenta la potencialidad del individuo al reforzar sus ideas y fomentar nuevos aprendizajes.
- Puede posibilitar el aprendizaje de los equipos.

El trabajo colaborativo no se opone a la autonomía del profesor si se orienta adecuadamente. De hecho, se trata de conjugar el nivel de estructuración y el grado normativo para que nadie se sienta coartado en sus iniciativas.
Esta vía a desarrollar no puede aislarse de los intereses de los centros y del papel clave de la formación. Desde nuestro punto de vista, queda claramente justificada la potenciación de proyectos de centros como vías de desarrollo profesional.

Los retos del estadio III

Aunque es difícil conocer con exactitud cómo son (o deben ser) las organizaciones que aprenden, si que podemos hablar de los principios de aprendizaje que subyacen en este tipo de organizaciones. Tales principios hablan de un aprendizaje orientado a la resolución de problemas, de aprendizaje cíclico (hacer, reflexionar, pensar, decidir, hacer,...) y de aprendizaje por medio de la acción y que se desenvuelve en un contexto ("organización que aprende") caracterizado por Swieringa y Wierdsma (1995:79) como:

Estrategia   **Desarrollo continuo**

- dirigido a la misión
- corto y mediano plazo
- racional e intuitivo
- activo y proactivo
- diversos enfoques

Estructura   **Redes orgánicas**

- Unidades y equipos combinados flexiblemente
- con base en combinaciones de mercado y producto
- descentralización
- mezcla de pensadores (staff) y hacedores (línea)
- coordinación a través de la discusión

Cultura   **Cultura orientada a las tareas**

- flexible
- orientada a la resolución de problemas
- creativa

Sistemas   **Sistemas de apoyo**

- información para reflexionar, "sobre el sistema"
- información para actuar, "dentro del sistema"
- lidiar con lo complejo

El cuadro 8 nos presenta una serie de **atributos** que los profesores identifican en las escuelas que aprenden. La visión y misión de la escuela está asociada con el aprendizaje organizativo cuando es clara, accesible y compartida. También se asocia con la cultura escolar, las estructuras, estrategias, políticas y recursos que adquieren ciertas características.

Visión y misión del centro escolar

- Clara y accesible para la mayoría del profesorado.
- Compartida por la mayoría
- Percibida como significativa para la mayoría
- Presente en las conversaciones y tomas de decisiones

Cultura escolar

- Colaborativa
- Creencias compartidas sobre la importancia para el desarrollo profesional continuo
- Normas de apoyo mutuo
- Actitudes para mantener intercambios francos y sinceros con los colegas
- Compartir de modo informal ideas y materiales
- Respetar las ideas de los colegas
- Apoyo en las decisiones arriesgadas
- Estímulos para la discusión abierta de dificultades
- Compartir los éxitos
- Todos los alumnos son valorados según sus necesidades
- Compromiso por ayudar a los alumnos

Política y recursos

- Recursos suficientes para apoyar el necesario desarrollo profesional
- Observación por colegas de las propias clases como recurso para el desarrollo profesional
- Disponibilidad de una biblioteca profesional, con intercambio entre los profesores
- Disponibilidad de recursos curriculares y de ordenadores
- Acceso a la asistencia técnica para implementar nuevas prácticas

Estructura de la organización escolar

- Procesos de toma de decisiones abiertos y completos
- Distribución de la toma de decisiones a los órganos colegiados
- Decisiones por consenso
- Dimensión pequeña del centro
- Organización del trabajo en equipos
- Reuniones semanales breves de planificación
- Reuniones frecuentes para solucionar problemas entre grupos de profesores
- Tiempo dedicado regularmente al desarrollo profesional en el centro
- Organización de espacios físicos para el trabajo en equipos
- Libertad para experimentar nuevas estrategias en las propias clases
- Periodos comunes de tiempo para que los profesores trabajen juntos
- Adscripción de los profesores a diversos departamentos

Estrategias de la escuela

- Emplear una estrategia sistemática para implicar en los fines del centro a los alumnos, padres y profesores.
- Contar con planes para el desarrollo institucional
- Contar con planes para el desarrollo individual, que reflejen el desarrollo institucional
- Establecer un número restringido y manejable de prioridades para la acción
- Autorrevisión periódica de las metas y prioridades de la escuela
- Fomento de la observación mutua de las clases
- Procesos bien diseñados para poner en práctica iniciativas de programas específicos, así como para asegurar su seguimiento y evaluación

Cuadro 8: Características de las escuelas como organizaciones que aprenden (Leithwood, Jantzi y Steinbach, 1995:241. En Bolívar, 1996:15)

También especifica Duart (1999:44-45) las siguientes características de las organizaciones que aprenden:
- Modelo de centro compartido
- Proyecto de futuro
- Estilo de liderazgo aceptado
- Cultura evaluativa integrada

De todas formas, el tema no es tanto entender la escuela como organización que aprende sino el cuestionarse porqué en la práctica las instituciones educativas no pueden aprender, qué dificulta su mejora y qué hay que hacer para evitar esas resistencias.

Cabe así considerar, en la línea de describir al máximo las organizaciones que aprenden, los cinco grandes **procesos** que identifica Garvin (1993, cit. por Bolívar, 1999:129) en las organizaciones que aprenden:

1.- *Resolución sistemática de problemas*, relacionada con el diagnóstico de problemas y la capacidad para resolverlos mediante técnicas adecuadas y la existencia de un modo de pensar y actuar.
2.- *Experimentación con nuevos enfoques*.
3.- *Aprender de su experiencia pasada*.
4.- *Aprender de otros*.
5.- *Transferir conocimiento* a toda la organización y a todos sus miembros.

El mismo autor recoge en el gráfico 7 las aportaciones de Leithwood y otros (1995, 1998) relativas al conjunto de factores que favorecen los procesos de aprendizaje organizativo

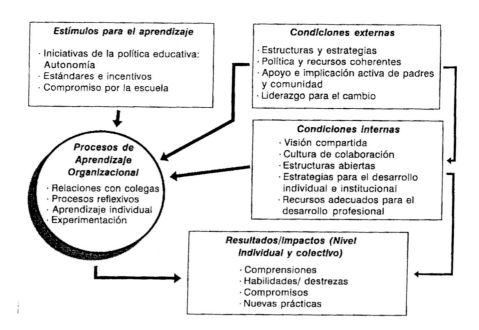

Gráfico 7: Conjunto de factores que favorecen los procesos de aprendizaje organizativo

Partiendo de las consideraciones anteriores, desde nuestro punto de vista, para que una organización aprenda se deberían dar los siguientes aspectos:

1.- *Aprendizaje individual.*

Las organizaciones sólo aprenden a través de las personas, pero por sí mismo el aprendizaje individual no garantiza el aprendizaje institucional. Este no es ni puede ser reducido a una acumulación de aprendizajes individuales; supone la institucionalización en la práctica de nuevas formas de hacer, resultado de procesos colaborativos nuevos.

2.- *Aprendizaje a todos los niveles de la organización.* Recordando a Argyris y Schön (1978, cit. Por Bolívar, 1999:123), podemos señalar:

"Los individuos aprenden como parte de sus actividades diarias, especialmente cuando interaccionan con otros y con el medio exterior. Los grupos aprenden cuando sus miembros cooperan para conseguir propósitos comunes. El sistema en su totalidad aprende al obtener retroalimentación del ambiente y anticipa cambios posteriores".

La transformación exitosa va más allá de la formación, dado que requiere un cambio de mentalidad en todos los niveles. La nueva situación sólo será posible si los individuos cambian y apoyan el surgimiento de valores culturales nuevos que cuestionan continuamente lo que existe.

3.- *Instalación de nuevos métodos de trabajo,* como consecuencia de los cambios producidos.

El aprendizaje a partir de los errores puede hacerse por adaptación de la respuesta a la situación deseable (aprendizaje adaptativo) o por modificación de los procesos para que generen la respuesta adecuada (aprendizaje generativo). La organización inteligente es la que aprende a anticipar futuras respuestas, transformando de alguna manera formas anteriores de funcionar. No se trata de hacer nuevas cosas por imposición o por imitación de patrones, sino como resultado de procesos internos con alta implicación personal y con mucha preocupación por aprender de los propios errores.

4.- *Mayor cualificación de la organización,* al aumentar sus expectativas de supervivencia y desarrollo, aprovechar su experiencia, mejorar su adaptación al entorno, consecución de mejores resultados...

Las estrategias adecuadas a la actuación en este estadio organizativo son más generales que las operativas y podrían acercarse a la aproximación realizada por Dalin y Rust

"La dimensión estratégica tiene que ver con los mecanismos y métodos para gestionar y cambiar la escuela, para tomar decisiones, para renovar e incentivar su estructura, estilos de liderazgo y procedimientos para conjugar valores, relaciones y estructuras" (1983:46).

Las **estrategias de carácter global** son propias de este estadio y se identifican como tales por incidir en toda la organización y afectar a todos sus componentes. Suponen o conllevan una modificación de los objetivos institucionales, un cambio en las estructuras y una alteración de los procesos organizativos, al mismo tiempo que una modificación de las dinámicas relacionales. Subyace a todas ellas la idea del centro educativo como un lugar de cambio y de formación, como una institución que aprende y que genera cambios en su cultura.

Se trata de propuestas de intervención global, dirigidas a la institución educativa en su totalidad, que buscan el compromiso individual y colectivo con la mejora a través de la adopción de propuestas de trabajo que mejoren la tecnología de acción y el clima social. Entendidas desde esta perspectiva amplia, cabe pensar en una cierta sistematización que permita planificar y orientar la intervención. Esta ordenación no debe interpretarse como una limitación a la acción sino, más bien, como una orientación de la misma. Como señala Bolívar:

"Si bien necesitamos visiones compartidas, compromisos y acción conjunta (cultura) para que las innovaciones "cuajen" en la realidad de los centros, también es preciso una "cierta tecnología social" blanda, como dice Huberman, que pueda guiar el proceso de cambio. Otro asunto es que, para no quedar en algo gerencial, no se olvide -a riesgo de reificarlo- el para qué del cambio, la deseabilidad y la necesaria legitimación de lo que se propone" (1999:80).

Como estrategias de carácter general, el cuadro 9 sintetiza las más importantes*:

· El Desarrollo Organizacional (D.O.).	*Otras estrategias de formación:*
· La Revisión Basada en la Escuela (R.B.E.).	· La diseminación y utilización del conocimiento centrado en las escuelas.
· La Revisión Departamental.	
· El Desarrollo Colaborativo.	· La supervisión clínica.
· Los Vínculos Interinstitucionales.	· La Investigación-acción.
· La Red de Escuelas.	· El apoyo profesional entre compañeros.
· Los Círculos de Calidad.	
· La Formación en centros.	

Cuadro 9: Estrategias de intervención de carácter global

Bolívar (1999:82-83) recoge de Van Velzen y otros (1985) la propuesta realizada por Hameyer y Loucks-Horsley sobre los cinco grandes enfoques de las estrategias de acuerdo a los objetivos que pretendan:

1.- Generar capacidades, tomando como referente la perspectiva de autorrenovación del centro educativo. Se considera que el clima y la estructura de relaciones tienen un relevante papel en la mejora.

2.- Difusión y utilización de conocimiento.

3.- Desarrollar competencia, maximizando el conocimiento y la experiencia de los profesionales.

4.- Facilitar los esfuerzos e iniciativas locales.

5.- Prescribir iniciativas por imposición de reformas oficiales.

6.- Establecer redes de trabajo o el desarrollo de relaciones de trabajo entre diversas instituciones educativas del mismo o distinto nivel.

La utilización de estrategias en la organización y funcionamiento de las instituciones eductivas debe mantener un sentido instrumental respecto a los objetivos institucionales. Sin embargo, su incidencia en la ordenación de la realidad es tan alta que a menudo se convier-

---

* Su desarrollo está descrito en Gairín (1996). También pueden verse descritas algunas de ellas en Bolívar (1999) y De la Torre (1994).

ten en fines. Ocurre esto cuando los objetivos son difusos o se piensa en lo instrumental como única vía factible en la resolución de problemas.

Se olvida en este contexto que las organizaciones son meras ficciones sociales que se materializan a través de sus componentes pero no por sus componentes, que cambian con el tiempo y ayudan a configurar una identidad que les supera.

Por ello, parece lógico asumir en el análisis realizado la existencia de componentes ideológicos y prácticos en la base de cualquier elección que sobre estrategias se realice, sin que ello haya de mermar el carácter relativo que se da a la elección efectuada.

Si la colaboración interna es algo que se imponía en el Estadio II, el Estadio III la mantiene y la potencia con una mayor apertura al entorno. La **colaboración** entre centros de formación podría resumirse en los puntos siguientes:

· Difícilmente, se dará si no hay colaboración dentro del centro.

· La colaboración externa se incluye en el contexto de la colaboración con la comunidad. Es importante considerar, al respecto, las relaciones centro-comunidad, analizadas por Martín Moreno (1996). Esta autora presenta once modelos que abarcan desde la extensión de actividades extraescolares de enriquecimiento curricular y complementarias (modelo 1) a complejos escolares comunitarios (modelo 11), pasando por la consideración de los padres como socios, el establecimiento de canales de comunicación entre los centros y el mundo empresarial, las conexiones intergeneracionales y el uso comunitario de la escuela.

· No se trata, por tanto, de colaboraciones episódicas como de contactos libres que supone el compromiso mutuo y acciones institucionales para llevarlos a cabo.

· La colaboración entre centros supone el compromiso leal de compartir intereses y formas de hacer de acuerdo a los presupuestos de:

• Libertad de asociación.
• Respeto a las decisiones de cada institución.
• Igualdad de trato o ruptura de los niveles de dependencia.
• Lealtad y compromiso con los términos de la colaboración.
• Participación en políticas, procesos y resultados.
• Respeto a la diferencia o asunción de que pueden existir situaciones específicas que justifican diferentes respuestas a las esperadas.
• Complementariedad, o concurrencia de actuaciones desde la especialidad de cada uno.

Una concreción de las posibilidades de esa colaboración queda expresada en el cuadro 10.

GRADOS	ACTUACIONES POSIBLES
POSIBILITAR, FOMENTAR Y AUMENTAR EL CONOCIMIENTO RECÍPROCO	· Intercambiar informaciones en visitas o en actividades coincidentes. · Desarrollar contactos formales e informales aprovechando encuentros. · Cursar invitaciones de visita a otros centros. · Promover e incrementar los contactos motivados por el traspaso de informaciones. · Intercambio, esporádica o sistemáticamente, de experiencias.

DENUNCIAR SITUACIONES ESCOLARES INJUSTAS Y REIVINDICAR MEJORAS Y EL CUMPLIMIENTO DE LAS LEYES	· Respeto a la admisión y matriculación de alumnos nuevos o la contratación de profesorado en colegios privados. · Aplicación contextualizada de programas de evaluación interna y externa. · Delimitación clara de variables de calidad de los centros. · Intervención en casos de desprofesionalización docente. · Evitación de conductas de connivencia en los servicios que se prestan. · Proporcionar recursos para compensar situaciones injustas. · Transparencia de los procesos de gestión y de las situaciones de partida que les acompañan.
COMPARTIR RECURSOS	· Compartir profesorado especialista. · Compartir personal técnico. · Intercambiar materiales didácticos. · Compartir espacios y servicios complementarios. · Utilizar los mismos servicios externos de apoyo.
PARTICIPAR EN PROYECTOS COMUNES	· Planificar, ejecutar y evaluar conjuntamente el currículum. · Constituir Claustro de Zona. · Construcción y desarrollo conjunto de planes no curriculares. · Desarrollo conjunto de acciones formativas. · Realizar intercambios entre estudiantes. · Potenciar el asociacionismo de estamentos mediante federaciones o acciones mancomunadas.
ESTABLECER REDES DE CENTROS	· Crear asociaciones de centros que atienden a alumnos de la misma etapa. · Establecer redes de centros de distinta etapa educativa. · Establecer convenios con servicios de apoyo. · Firmar convenios con instituciones universitarias u otras. · Participar en redes europeas.

Cuadro 10: Continua para el análisis y mejora de la colaboración entre centros escolares (a partir de Antúnez, 1998)

El diagnóstico y la mejora institucional

El establecimiento de modelos de análisis nos permite estudiar los niveles de coherencia que tiene la práctica educativa, a la vez que descubrir posibles disfunciones. Una institución de calidad ha de ser, como mínimo, coherente y tratar de disminuir las disfunciones existentes, si entendemos la calidad como el compromiso institucional con un desarrollo positivo que trata de mejorar las posiciones de partida.

El modelo permite, además del análisis teórico, el **diagnóstico de cada organización**. Así, la aplicación de criterios e indicadores nos permite elaborar distintos diagramas de organizaciones, pudiendo detectar:

a)   Áreas que precisan de una mayor dedicación (gráfica 8)

b)   Aspectos en los que se ha de aumentar la coherencia (gráfica 9)

Pero también nos permite estudiar diferentes situaciones, como las recogidas en los gráficos 10 y 11:

a)   Institución centrada excesivamente en lo académico, en proyectos, etc. (gráfica10)

b)   Institución centrada excesivamente en temáticas determinadas (gráfica 11)

o bien estudiar procesos evolutivos (gráfica 12)

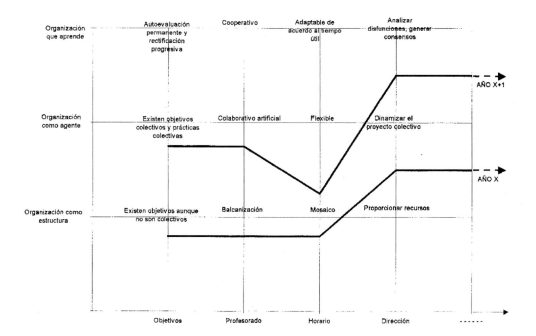

Gráfica 12: Situación de la institución educativa en diferentes momentos

Cada una de las gráficas anteriores puede ayudarnos a hacer el diagnóstico y plantear situaciones de mejora, independientemente de que pueda haber algunas oscilaciones en el comportamiento de las organizaciones en función del tiempo. Hemos de considerar que los estadios 2 y 3 tienen mayor estabilidad que el primero y que entre ellos también puede hablarse de mayor estabilidad, en cuanto a sistemas y formas de funcionar, que el que pueda darse en el nivel II.

Otra posibilidad de intervención sería la que evalúa las situaciones a partir de los indicadores establecidos por el propio centro, de acuerdo al posible esquema representado en el cuadro 10.

ESTADIOS	INDICADORES	SE DAN Ó NO	PROPUESTAS DE MEJORA
I.- Organización como soporte	• ……………… • ……………… • ………………		
2.- Organización	…. • ……………… • ………………		

Cuadro 10: Parrilla para el análisis organizacional

Gráfica 8: Situación de una institución por areas de actividad

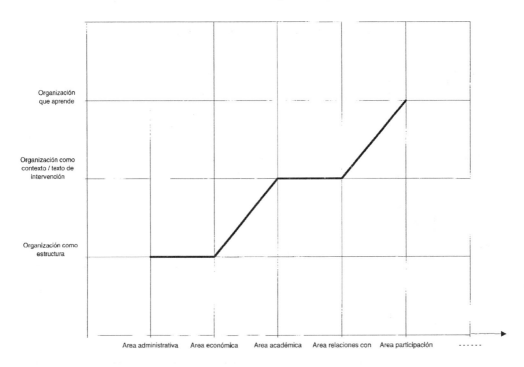

Gráfica 9: Situación de una institución por aspectos considerados

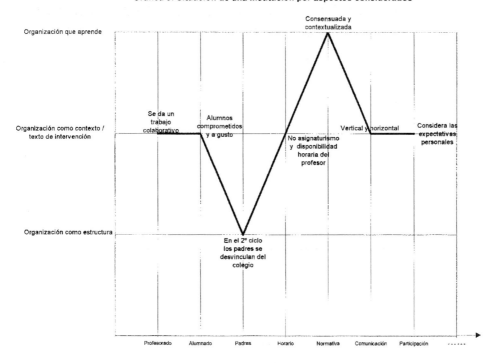

Gráfica 10: Institución centrada en la dinámica organizativa

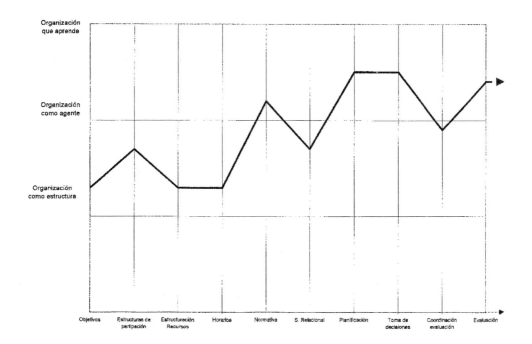

Gráfica 11: Institución centrada en proyectos y clima humano

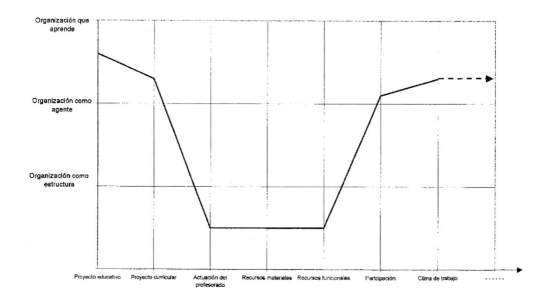

Analizar las disfunciones es una primera fase para planificar procesos de cambio pero no garantiza, por sí misma, la mejora. Muchas veces, por desgracia, no conseguimos las innovaciones pretendidas, no tanto por falta de planificación como por errores en la aplicación de estrategias y procedimientos o por causas imprevistas.

Hemos de considerar, también, que el proceso de cambio debe cumplir para que sea exitoso un mínimo de dos condiciones (Fullan, 1991): la innovación representa una necesidad real y se presta un fuerte apoyo en la puesta en práctica.

Por otra parte, se recuerda que su implantación no es automática y debería responder, si quiere ser exitosa, a los criterios siguientes: el cambio es considerado valioso por la comunidad que va ser afectada, cuenta con un diseño apropiado que hace viable el proceso de implementación y no existe otro cambio más urgente y necesario que el que se quiere promover.

No podemos obviar a este nivel la identificación del cambio con procesos de aprendizaje colectivo. Al respecto, sirve la aportación de Campo (1999):

"Si concebimos los cambios como un viaje en el que se conoce la dirección, pero cuyas etapas y destino están en continua redefinición, podemos concluir también que todo cambio es, en última instancia, aprendizaje. El cambio es esencialmente el aprendizaje de nuevos modos de pensar y actuar. Si se acepta esta idea, hemos abierto una línea de investigación provechosa. Sugiere que a la hora de intentar entender cómo hay que promover innovaciones, solos o en compañía de colegas, podemos utilizar las ideas contrastadas de lo que sabemos acerca del aprendizaje. Cualesquiera que sean las circunstancias y condiciones que facilitan los aprendizajes serán de utilidad para los profesores que están intentando mejorar su práctica. Aceptar que el cambio es en esencia aprendizaje, tiene otra implicación importante. Significa que los

centros son lugares de aprendizaje para los profesores, partiendo de su experiencia cotidiana, a través de las actividades y tareas que ejecutan. Se podría inferir que los profesores que se consideran aprendices en sus clases, serán más competentes a la hora de facilitar el aprendizaje de los alumnos. La sensibilidad que se desarrolla en los intentos de aprender nuevas ideas y nuevos modos de trabajar, repercute en el modo en el que se enfrentan a sus alumnos y a su clase" (1999:16).

Si el aprendizaje es tanto individual como colectivo, será importante atender a lo que aprende el grupo y a cómo se desarrolla la competencia colectiva. Curiosamente esta competencia colectiva no está garantizada por el mero aprendizaje individual de las personas ni equivale a la suma de competencias individuales. Por otra parte, el grupo puede conseguir lo que ninguna persona es capaz de hacer a título individual y también puede fallar en cosas fácilmente realizables a título individual. Y es porque *"La competencia colectiva está determinada no sólo por el grado de competencia individual sino también por la interacción competente entre las personas"* (Campo, 1999:18).

El conseguir y mantener la organización como estructura de referencia que se perfecciona continuamente no es algo aleatorio sino el resultado feliz de la confluencia de varios factores, entre los que cabe destacar: planificación (incluye diagnóstico, programas de intervención y autoevaluación permanente), formación (como adecuación constante de los recursos humanos a las nuevas necesidades personales e institucionales), perseverancia y compromiso con el cambio (el aprendizaje colectivo exige desaprenderse de modos de comportamiento anteriores y va acompañado de la pérdida de seguridad que se tenía, no es de extrañar que abunden períodos de incertidumbre) y tiempo (si concluimos que los cambios son procesos).

A modo de conclusión

Las organizaciones educativas están actualmente, más que nunca, expuestas al cambio y a la incertidumbre. A las dificultades por conocer el objeto de la intervención (¿qué valores transmitir?, ¿para qué sociedad preparamos a los estudiantes?,...), se añaden los problemas que afectan a su propia existencia (pérdida de estudiantes, aumento de la agresividad en las aulas, desmotivación del personal, nuevas inversiones...). Si es así, tiene sentido pensar que en este escenario sólo sobrevivirán las instituciones educativas capaces de renovarse y reinventarse de forma continua, que tienen una estrategia ante el permanente cambio del entorno.

En esta perspectiva, ¿puede ser realmente útil e importante la organización que aprende?, ¿es una posible respuesta o tan sólo una moda? Creemos que es una respuesta real y pausible en la situación actual. Conseguirlo exige:

· Un compromiso claro en el aprendizaje, que potencia lo personal y lo grupal.

· Un equipo directivo que comunique una visión clara de lo que es una organización inteligente, que se involucre de forma consecuente y que apoye el proceso de forma sistemática y visible.

· Enfocar de forma sincronizada todos los niveles de la organización:

· *Top down*, de arriba abajo (desarrollo de la visión, alineación de la dirección, *coaching*).

· *Middle out*, del medio hacia fuera (integración de los empleados provenientes de diferentes niveles jerárquicos y áreas funcionales en equipos de proyectos).

- *Bottom up*, de abajo arriba (comunicación continua y actividades de movilización que involucren a todo el personal) (Steib, 1997:58).
- Abrirse al entorno.
- Asumir la diversidad de enfoques.
- Progresividad en la aplicación de las diferentes estrategias y coordinación de ritmos de cambio.
- Reforzar los éxitos, mediante su reconocimiento.
- Utilizar el ejemplo de otras situaciones o de personas con credibilidad.

La capacidad de adaptación rápida, esto es, de asimilar en poco tiempo nuevas ideas y de transformarlas en beneficio de la organización y de sus fines es consecuencia de la capacidad de aprender, pero también del deseo de progresar y crecer.

De particular interés es la diferenciación del aprendizaje de primer y segundo orden. El primero se refiere a la mejora de la capacidad de una persona o de una organización para lograr sus objetivos comunes; el segundo, evalúa la naturaleza de estos objetivos y de las creencias subyacentes, lo que implica cambios en los valores de la organización y en su cultura; implica, en definitiva, la combinación del aprendizaje con el cambio.

"Sólo a través de una sistematizada capacidad de aprendizaje de segundo orden se ve capaz la organización de sostener una renovación continua y de poder adaptarse, con éxito, a un contexto de cambios cada vez más acelerados y raramente previsibles.

...

Para permitir el aprendizaje, y sobre todo el aprendizaje de segundo orden, hace falta una cultura que fomente la toma de riesgos controlados y no castigue los fracasos" (Steib, 1997:55).

El cambio a conseguir exige que las instituciones de formación pongan el acento en (Undurraga y otros, 1998):

- El aprendizaje individual y colectivo de todos sus miembros como misión principal. El desafío que enfrenta la educación es cómo facilitar el aprendizaje colectivo tanto en las salas de clase como en las escuelas para generar un nuevo conocimiento e innovaciones creativas.
- Adaptar la cultura escolar y la estructura a esta visión. El cambio en la cultura escolar, que incluye un alto aprecio de los actores sociales por el cambio y las innovaciones, una adhesión de vida por el trabajo cooperativo y el respeto por la autonomía y la responsabilidad profesional. De hecho, todo el personal se dedica al cambio y cada persona se convierte en un referente.
  Si el sentido jerárquico de autoridad, la búsqueda de estabilidad y seguridad, el trabajo individualista y el carácter de funcionario (aplica lo producido por otro) están presentes, se trata de evolucionar hacia la participación en la toma de decisiones, una alta apreciación por el cambio y la innovación, la adhesión al trabajo colaborativo y el respeto a la autonomía y responsabilidad como forma de trabajo habitual.
- La reestructuración de la organización educativa, que replantea las relaciones de poder y autoridad que se establecen en su interior, el tamaño organizacional, la preponderancia de la estructura funcional sobre la formalización y la potenciación sobre la participación.
- Incrementar la profesionalización del trabajo docente, que incluye una mayor autonomía en la toma de decisiones, el desarrollo de la capacidad para investigar la propia práctica y el desarrollo de la capacidad para establecer pautas de desempeño.

La evolución es compleja y a ella pueden servir los diferentes estadios considerados. El modelo puede ayudar a establecer pautas específicas y contextualizadas, donde se planifique el cambio de acuerdo con las disfunciones existentes y teniendo en cuenta la historia institucional y el momento histórico en que nos encontramos. Esta reestructuración debería respetar la diversidad y considerar tanto las resistencias al cambio como el hecho de que, a veces, debido a determinadas causas, (escasez de recursos, falta de implicación personal, etc.) no siempre es posible el cambio o bien las resistencias son más de las previstas.

Si entendemos que las instituciones educativas tienen sentido en la medida en que tienen objetivos sociales, asumiremos la necesidad de ser organizaciones de comportamiento ético. No se trata sólo de seguir un código moral, sino de fundamentar su construcción y desarrollo en una serie de valores determinados. La organización que aprende se basa así en nuevos valores, que incluyen una determinada ética. El comportamiento moral es un saber abierto e inacabado de tipo práctico que es imposible sin la participación activa de los que aprenden.

"La organización ética es la culminación de la organización inteligente. Si por organización inteligente entendemos aquella que es capaz de producir procesos de cambio y de mejora que afecten a su propio conocimiento como organización y al rango de sus acciones así como construcción intersubjetiva de la realidad, estamos afirmando que esta organización ha de ser capaz de dar sentido a sus acciones, encaminándolas hacia la construcción de un horizonte para su actuación" (Duart, 1999:51).

De todo ello se deduce que un elemento importante en la mejora de la gestión es atender aspectos relacionados con las relaciones entre las personas, recuperar la identidad del establecimiento educativo y fomentar una cultura colaborativa. Supone todo ello fomentar competencias como la direccionalidad (coherencia con la misión de la institución), agudeza (capacidad para ver los problemas en su estructura) y flexibilidad (capacidad de discriminar las acciones pertinentes relacionadas con el problema en su contexto).

Finalmente, y en la referencia a contextos más amplios de lo aquí tratado, hemos de mencionar, aunque sea a nivel testimonial, el alineamiento de la institución educativa que aprende con aportaciones parciales que hablan de la "escuela total" (Tedesco, 1995), la educación como "utopía necesaria" (UNESCO, 1996), la necesaria reestructuración de las escuelas (Elmore y otros, 1996), de los problemas de las escuelas (Mclaren, 1984; Calvo, 1996), las escuelas democráticas (Apple y Beare) o de las nuevas visiones de las organizaciones como revoluciones perpetuas (Peters, 1995), entre otras cuestiones.

Bibliografía

AGUERRONDO, I. (1993): *Cómo será la escuela del siglo XXI*. En FILMUS, D. (Coord): *Para qué sirve la escuela*. Tesis, Buenos Aires, págs 147-164.

ANTÚNEZ, S. (1994): *La autonomía de los centros escolares, factor de calidad educativa y requisito para la innovación*. En **Revista de Educación**, nº 304, mayo.- Agosto, págs 81-112.

ANTÚNEZ, S. (1998): *La escuela pública ante la presión por la competitividad: usemos la colaboración como antídoto*. En **Contextos educativos**, nº 1, págs 7-23.

APPLE, M. W. y BEARE, J. A. (Comp.) (1997): **Escuelas democráticas**. Morata, Madrid.

ARGYRIS, C. y SCHÖN, D. A. (1978): *Organizational learning: A Theory of action perspective*. Addison-Wsley. Reading, MA.

BLANCHARD, K. y O' CONNOR, M. (1997): *Dirección por valores*. Gestión 2.000, Madrid.

BOLIVAR, A. (1996): *A escola como organizaçao que aprende*. En Canário, R. (De): *Formaçao e situaçoes do trabalho*. Porto Editora, Oporto (documento policopiado).

BOLÍVAR, A. (1999): *Cómo mejorar los centros educativos*. Síntesis, Madrid.

CALVO DE MORA, J. (1996): *Claves para la organización de la práctica escolar*. Método, Granada.

CAMPO, A. (1999): *Convivencia en positivo en los centros escolares: valores que la sustentan*. En Gairín, J. y Darder, P. (Coord.): *Organización y gestión de centros educativos*. Praxis, Barcelona (En prensa).

DALIN,P. y RUST, V. (1983): *Can schools learn?* NFER-Nelson, Londres.

DUART, J. Mª (1999): *La organización ética de la escuela y la transmisión de valores*. Paidós, Barcelona.

ELMORE, R. F. y OTROS (1996): *La reestructuración de las escuelas*. Fondo de Cultura Económica, México.

ESTEBAN, C. y OTROS (1998): *Modelo de centro público*. En *Actas de las IX Jornadas Estatales*. Fórum Europeo de Administradores de la Educación en Cataluña, Barcelona, págs 33-46.

FRRÁNDEZ, A. (1998): *Estilos de organizadores de centros escolares*. En *Actas de las IX Jornadas Estatales*. Fórum Europeo de Administradores de la Educación en Cataluña, Barcelona, págs 11-32.

BOLÍVAR, A. (1994): *El compromiso organizativo de un centro en una cultura de la colaboración*. En VILLAR, L. M. y DE VICENTE, P. (Dir.): *Enseñanza reflexiva para centros educativos*. PPU, Barcelona, págs 25-50.

LEWITT, B. y MARCH, J. C. (1988): Organizational learning. En Annual Review of Sociology, vol. 14, págs 319-340.

FULLAN, M. (1991): *The new meaning of educational change*. Casell, Londres.

GAIRÍN, J. (1986): *La prefectura d'estudis. Els Departaments i els Equips Educatius*. Curs de Directors de centres públics. U.D. 3.3.1. Departament d'Ensenyament, Generalit de Catalunya.

GAIRÍN, J. (1992): *La dinamización del centro escolar. Estrategias para la mejora de la calidad educativa*. En *Actas del primer congreso internacional sobre dirección de centros educativos*. ICE, Universidad de Deusto, Bilbao.

GAIRÍN, J. (1993): *La innovación en organizaciones educativas*. En *Primer Congreso Internacional de Administración Educacional*. Universidad de La Serena (Chile), Octubre (documento policopiado).

GAIRÍN, J. (1996): *La organización escolar. Contexto y texto de actuación*. La Muralla, Madrid.

GAIRÍN, J. (1997a): *El contexto interno*. En GAIRÍN, J. y FERRÁNDEZ, A. (Coord.): *Planificación y gestión de instituciones de formación*. Praxis, Barcelona, págs 81-127.

GAIRÍN, J. (1997b): *La organización escolar. Contexto para un proyecto de calidad educativa*. En *Actas del Cuarto Congreso de Educación y Gestión: calidad educativa para una Europa de calidad*. Valladolid, págs 105-166.

GAIRÍN, J. (1997c): *La dirección en los procesos de aprendizaje colectivo*. En *Alta Dirección*, nº 191, págs. 69-77.

GAIRÍN, J. (1998): *Los estadios de desarrollo organizacional*. En **Contextos educativos**, nº 1, págs 125-154.

GAIRÍN, J. (1999): *La colaboración entre centros educativos*. En Azcárate, C. y Deulofeu,

J. (Coord.): *Guías Praxis del Profesorado. Matemáticas*, Praxis, Barcelona, págs 39-56/ 10.

GAIRÍN, J. y ARMENGOL, C. (1996): *La Jefatura de estudios. Estrategias de actuación.* Curso de formación de equipos directivos. Serie Cuadernos, nº 4. Subdirección General de Formación del Profesorado. Ministerio de Educación y Cultura, Madrid.

STEIB, N. (1997): *¿Tiene su empresa capacidad para aprender de forma continua?* En *Deusto Business Review*, nº 76, pags 54-58.

GARVIN, D. A. (1993): *Building a Learning Organization.* En *Harvard Business Review*, nº 71 (4), págs 78-91.

GÓMEZ LLERA, G. y PIN, J. R. (1994): *Dirigir es educar.* McGraw Hill, Madrid.

GONZÁLEZ, Mª T. (1991*): La función del liderazgo instructivo como apoyo al desarrollo de la escuela.* En GID (Coord.): *Cultura escolar y desarrollo organizativo.* Universidad de Sevilla, págs 37-46.

HABERMAS, T. (1982): *Conocimiento e interés.* Taurus, Madrid.

LEITHWOOD, K. y OTROS (1995): *An organizational learning perspective on school responses to central policy initiatives.* En *School Organization*, nº 15 (3), págs 229-252.

LEITHWOOD, K. y OTROS (1998): *Conditions fostering organizational learning in schools.* En *Educational Administration Quarterly*, nº 34 (2), págs 243-276.

LÓPEZ, F. (1994): *La gestión de calidad en educación.* La Muralla, Madrid.

MCLAREN, P. (1984): *La vida en las escuelas.* Siglo XXI, Madrid.

PETERS, T. (1995): *Nuevas organizaciones en tiempos de caos.* Deusto, Bilbao.

RICCARDI, R. (1965): *Organización y formación.* Bilbao. Deusto.

SAN FABIÁN, J. L. (1992): *Gobierno y participación en los centros escolares: sus aspectos culturales.* En GID (Coord.): *Cultura escolar y desarrollo organizativo.* Universidad de Sevilla.

SANTOS, M. A. (1995): *Organizaciones que educan.* En Gairín, J. y Darder, P.: *Organización y gestión de centros educativos.* Praxis, Barcelona, págs 470/17 a 470/23.

SENGE, P. (1992): *La quinta disciplina. El arte y práctica de la organización abierta al aprendizaje.* Granica, Barcelona.

SHOWERS, B. (1985): *Beyond the stable state.* Temps Smith, Londres.

STAHL, T. y OTROS (1993): *La organización cualificante.* Comisión de las Comunidades Europeas, EUROTECNET.

SWIERINGA, J. y WIERDSMA, A. (1995): *La organización que aprende.* Addison Weslers, Iberoamérica, Buenos Aires.

TEDESCO, J. C. (1995): *El nuevo pacto educativo.* Anaya, Madrid.

TORRE, S. de la (1994): *Innovación curricular. Procesos, estrategias y evaluación.* Dykinson, Madrid.

UNDURRAGA, G. y OTROS (1998*): Desafíos de la gestión del centro escolar: hacia una organización autorrenovante.* En Gairín y otros (1998): *Gestión escolar. Variable estratégica para una educación de calidad.* Pontificia Universidad Católica de Chile. Facultad de Educación. Santiago, págs 57-88.

UNESCO (1996): *La educación encierra un tesoro.* Informe de la UNESCO de la Comisión Internacional sobre la educación para el siglo XXI, presidida por Jacques Delors. Santillana Ediciones UNESCO, Madrid.

VAN VELZEN, M. G. y OTROS (1985): *Making school improvement work: a conceptual guide to practice.* ACCO, Leuven.

MACRODESAFÍOS A LOS QUE SE ENFRENTAN LAS ORGANIZACIONES EDUCATIVAS ACTUALES

QUINTINA MARTÍN-MORENO CERRILLO
Catedratica de Organización Escolar. UNED

La organización escolar de los centros educativos actuales se está enfrentando a un amplio conjunto de desafíos importantes en la emergente *"sociedad global"*. En efecto, las actuales sociedades en transformación no constituyen una plataforma cómoda para las organizaciones educativas, por cuanto les dirigen numerosas demandas, en ocasiones incluso contradictorias, lo que las obliga a implantar una diversidad de estrategias organizativas, a veces difícilmente combinables.

A ello hay que añadir que dada la diversidad de los entornos en los que se insertan las instituciones escolares, estrategias organizativas designadas como apropiadas para una o varias de estas instituciones no son susceptibles de generalizarse de modo uniforme a todas, aunque estén impartiendo los mismos niveles educativos.

La magnitud de los desafíos a los que se enfrenta actualmente la organización escolar hace preciso estimular la reflexión sobre los mismos.

Organizaciones educativas en entornos inestables

Hoy más que nunca se aprecia la interdependencia de la organización escolar respecto a su entorno. La influencia en los centros educativos de los patrones culturales del entorno (ideas, valores, comportamientos sociales, expectativas sobre la educación escolar, ...) constituye un hecho innegable, como también lo es la mayor diversidad actual de estos patrones. Su incremento se relaciona con el enfoque de la filosofía de mercado y con otros marcos teóricos que han surgido recientemente, tales como el postfordismo y el postindustrialismo.

Katz y Kahn han observado en todo tipo de instituciones, que cabe caracterizar el entorno de cualquier organización por su posición en las cuatro dicotomías siguientes:

1. **Estabilidad *versus* turbulencia**. En función del número y magnitud de los problemas que plantean, cabe situar a los entornos de las organizaciones en un continuo entre los extremos estabilidad-turbulencia.

2. **Homogeneidad** *versus* **diversidad**. Los entornos de las organizaciones pueden ser más o menos homogéneos en cuanto a cultura de la comunidad que lo habita, expectativas respecto a la educación escolar, ocupaciones laborales, nivel de ingresos, etc.

3. **Alta** *versus* **débil estructuración**. Se observa una importante diferencia entre los entornos fuertemente estructurados y los entornos que se caracterizan por una estructuración aleatoria, consistente en que en los primeros se desarrollan más fácilmente redes interinstitucionales.

4. **Abundancia** *versus* **escasez de recursos (materiales y humanos)**. La abundancia de recursos del entorno constituye un potencial valioso para cualquier tipo de organización, pero al mismo tiempo exige de la misma un alto nivel de creatividad y adaptabilidad.

La situación del entorno de una organización respecto a estas cuatro dimensiones determinará el grado de flexibilidad/variabilidad requerido por la organización en cuestión. Por consiguiente, dado que los entornos de los centros educativos actuales tienden a ser cada vez más turbulentos, diversos, aleatorios y, en muchas ocasiones, escasos de recursos, estas instituciones se ven en la necesidad de llevar a cabo una continua adaptación de sus objetivos y procesos específicos para conseguir éxito en las actividades que les son propias.

De ahí que el enfoque organizativo de los centros escolares tienda actualmente en la mayor parte de los países a desarrollar dos dimensiones básicas: la **autonomía institucional** y la **participación de la comunidad**. Se considera hoy que un mayor énfasis en estas dos variables constituye un estímulo para el incremento de los logros de estas instituciones. Desde esta perspectiva, las administraciones escolares de la mayor parte de los países han concretado marcos de actuación colegiada, lo que tiene una especial incidencia en la organización escolar.

La autonomía se plasma básicamente en el proyecto educativo de cada centro, en su reglamento de régimen interno y en sus proyectos curriculares; para la realización de estos últimos es decisivo un funcionamiento adecuado de comisiones de coordinación pedagógica y departamentos didácticos. La autonomía organizativa se viene desarrollando por las administraciones escolares de forma desigual en los tres ámbitos: el económico, el administrativo y el curricular.

A través del incremento de su **autonomía económica,** se trata de que los centros educativos dispongan de una mayor capacidad de decisión en cuanto a la determinación de sus necesidades materiales, incluyendo la adquisición descentralizada de mobiliario y equipamiento, e incluso la ampliación de sus competencias en la realización de pequeñas obras en la edificación escolar.

Con el aumento de la **autonomía administrativa** se han ampliado las competencias de los centros educativos sobre los asuntos administrativos y de personal, lo que implica que, cada vez un mayor número de trámites administrativos se puedan llevar a cabo directamente en las secretarías de los centros, fundamentalmente en el caso de los institutos de educación secundaria. No obstante, respecto a la gestión de personal apenas se han ampliado las competencias de la figura directiva en relación con las condiciones de trabajo, permisos, incentivación, control, régimen de personal, etc., lo que no impide que se le solicite una mayor atención al uso eficaz de los recursos humanos existentes en su centro y a su adecuada formación a través de cursos externos y de proyectos de formación en el propio centro.

Finalmente, el nivel alcanzado de **autonomía curricular** ha conducido a que las administraciones escolares se limiten a establecer para los centros educativos currículos abiertos, al objeto de que los propios centros dispongan de un apreciable margen para la realización de las adaptaciones curriculares en función de las necesidades, posibilidades e intereses del alumnado, y de las cararacterísticas de la comunidad.

En cuanto a la participación de la comunidad educativa, no se trata sólo de que se ha previsto la participación de miembros externos en los consejos escolares y de que se ha generalizado la existencia de las AMPAs, sino también de que el centro educativo dé entrada a miembros externos en algunas actividades escolares (en las actividades extraescolares su rol está reconocido tanto por la legislación educativa, como por la práctica escolar cotidiana). En este ámbito hay que referirse a la necesaria **apertura de los centros educativos en su entorno**, que se ha previsto especialmente en lo relativo a las actividades complementarias, las cuales incluyen: actividades culturales, actividades físico-deportivas y actividades artísticas. En todo caso, hay que tener en cuenta que la adecuada apertura del centro educativo a su entorno requiere el diseño del *centro educativo de la comunidad*, esto es, las adaptaciones necesarias del marco organizativo, lo que afecta a los objetivos del centro, al desarrollo de sus actividades y a la organización de sus recursos materiales y humanos.

La situación que se observa en la práctica de los centros educativos actuales es bastante desigual. En este marco, los centros educativos, en su necesidad de adaptarse continuamente a entornos cambiantes, se están enfrentando a un mosaico de desafíos, integrables en cinco macrodesafíos (véase la tabla).

MACRODESAFÍOS A LOS QUE SE ENFRENTAN LAS ORGANIZACIONES EDUCATIVAS ACTUALES
I. *La continua búsqueda de acuerdos internos y externos*
I-1. La práctica del consenso y la negociación para la toma de decisiones colegiada
I-2. El establecimiento de consorcios interinstitucionales
II. *La nueva organización del trabajo escolar*
II-1. El cambio de las culturas organizativas de club y de rol por la cultura organizativa de la tarea
II-2. Los requerimientos de la sociedad de la información a la organización escolar
II-3. La creación de estructuras organizativas para la atención a la diversidad
III. *Interrelación de la investigación externa sobre la organización escolar con la investigación transformadora de la organización escolar*
IV. *El desarrollo de una cultura institucional que estimule la motivación profesional*
V. *Combinación de la autoexigencia de un alto nivel de logro institucional con las necesarias demandas a la administración educativa*

La continua búsqueda de acuerdos internos y externos

La continua búsqueda de acuerdos internos y externos exige, de una parte, la práctica del consenso y la negociación para la toma de decisiones colegiada y, de otra, el establecimiento de consorcios interinstitucionales.

La práctica del consenso y de la negociación para la toma de decisiones colegiada

El poder se distribuye en los centros educativos actuales a través de estructuras colegiadas, flexibles y dinámicas de toma de decisiones.

La teoría tradicional sobre la toma de decisiones se basa en la objetividad de las mismas, mientras que las teorías recientes de la decisión establecen que también la subjetividad es un elemento importante del proceso de toma de decisiones, enfatizando además que algunas estrategias de toma de decisiones son inapropiadas en determinadas situaciones. Tal es el caso, por ejemplo, del *método racional global*, inaplicable en gran parte de las decisiones a tomar en los centros educativos actuales —complejas por naturaleza—, puesto que exige la concreción de todas las variables y la determinación de su incidencia por orden de importancia, así como también la determinación de todas las alternativas posibles y la comparación sistemática de los resultados previsibles de su aplicación tanto en forma aislada como de sus diversas combinaciones, todo ello con el objetivo de elegir la alternativa óptima. Tal proceso con frecuencia hace inaplicable el citado método por la imposibilidad de reunir (y valorar adecuadamente) todos los datos requeridos.

A diferencia de lo anterior, la estrategia incremental de Lindblom, o lo que es lo mismo, el *método de las comparaciones limitadas sucesivas*, no requiere un exhaustivo análisis de la totalidad de alternativas y de sus consecuencias, imposible cuando los temas son complejos y ambiguos, sino comparaciones sucesivas de las consecuencias de alternativas implantadas, realizadas en el curso de la acción.

La toma de decisiones colegiada pretende considerar la perspectiva de todos los miembros de la organización en el interés de llegar a una decisión más adecuada a la situación y que obtenga mayor compromiso por parte de todos aquellos que han de contribuir a su puesta en práctica; con el fomento de una participación lo más amplia posible se pretende que todos los miembros de la organización la consideren como algo propio.

La **colegialidad** instaura el liderazgo del profesionalismo en el que existen muchos tomadores de decisiones. La colegialidad *se refiere a la cultura del profesionalismo, a la creación de un ethos que comparte poder, genera diálogo profesional serio y abandona las nociones arbitrarias de jerarquía* (Upton y Cozens, 1996: 68). Se pretende que, a través de una amplia participación, las decisiones que se tomen sean fruto de la propia dinámica institucional colegiada y que de esta forma se llegue a decisiones de mayor calidad para el centro educativo. No obstante, su práctica es difícil porque con frecuencia no deseable los miembros del órgano colegiado llevan posturas "a priori" que intentan mantener de modo inflexible.

La **construcción social del liderazgo** ha sido escasamente analizada hasta el momento y en menor medida aún en el marco de la colegialidad. El interpretativismo es un enfoque válido para una mejor comprensión del liderazgo como fenómeno socialmente construido, que es preciso combinar con el relativismo y contingencialismo (el paradigma situacional es encuadrable en el enfoque interpretativo, puesto que sitúa en primer plano las concepciones de los individuos sobre la realidad a través de la negociación de significados).

En el marco actual de la filosofía de mercado, se observa que está emergiendo una concepción individualista del liderazgo (el líder es el que percibe *la visión* y concibe la *misión*), que enfatiza la necesidad de carisma por parte de la figura directiva. El modelo para la calidad total ha hecho suyos estos presupuestos y pretende su aplicación a los centros educativos actuales. El énfasis en el liderazgo carismático puede llevar a la implantación de estructuras menos participativas, lo que supondría una vuelta desde estructuras bastante planas, hacia estructuras jerárquico-coercitivas.

El actual **rol directivo** de los centros escolares no incluye una fuerte autoridad preconcebida. La toma de decisiones es colectiva y, como correlato, la responsabilidad también compete de forma colectiva. Lo que se solicita de la figura directiva es capacidad para:

1. **Motivar** al conjunto de los miembros de la organización escolar hacia su implicación en la toma de decisiones (directa o participando en la elección de sus representantes en el consejo escolar, según sea el caso).
2. **Concienciar** sobre la responsabilidad colectiva dentro de un sistema amplio de rendición de cuentas (*accountability*), que se establece tanto respecto a la administración educativa (evaluación externa), como respecto a los restantes miembros del centro escolar (evaluación interna) y a la comunidad local (valoración comunitaria de los logros de los establecimientos escolares existentes en su marco a través de la imagen que proyectan).

Los centros educativos llevan más de una **década reorientando su cultura institucional hacia la colegialidad** con éxito desigual pero, en cualquier caso, no se observa que se estén configurando la mayor parte de los establecimientos docentes en tanto que equipos de profesionales que utilizan ampliamente el grado de autonomía de que disponen para el permanente desarrollo organizativo de su institución.

El establecimiento de consorcios interinstitucionales

La búsqueda de acuerdos también tiene lugar entre los centros educativos e instituciones externas. Su consecución da lugar, bien a redes poco estructuradas de colaboración interinstitucional, bien a la concreción de una estructura interinstitucional para la colaboración o consorcio.

El establecimiento de consorcios entre los centros educativos y sus comunidades, y también entre los propios centros educativos, será una importante tarea de los equipos directivos en los próximos años. En el primer caso se requiere que se lleve a cabo:

a) Un análisis de las necesidades del entorno, realizado conjuntamente entre el centro educativo y representantes de la comunidad local.
b) La identificación de individuos, grupos e instituciones de la colectividad local que pueden contribuir al desarrollo escolar y comunitario, creando y difundiendo ideas sobre la educación escolar que se desea y sobre la valoración de la que imparten los centros de su demarcación, lo que exige reuniones periódicas entre el equipo directivo y miembros del entorno interesados en el tema.

Basándose en estas dos estrategias es posible planificar unas efectivas relaciones centro educativo-comunidad y desarrollar el voluntariado en los dos ámbitos. En efecto, el centro educativo consigue voluntariado comunitario para sus actividades (lo que incluye el establecimiento de relaciones sistemáticas con profesionales, instituciones y empresas de la localidad) y la comunidad obtiene la colaboración de miembros del centro educativo en actividades de interés para la colectividad local, a través del voluntariado de profesorado y alumnado en programas del tipo *"adopta un monumento", "adopta a un abuelo", "mantén limpia tu ciudad"*, etc. (para ilustración práctica de estos programas véase, por ejemplo, Martín-Moreno Cerrillo, 1996 b).

En cuanto al establecimiento de consorcios entre centros educativos, se observa que se están perfilando tres tipos: 1) el **consorcio económico** (su razón de ser es la de que los centros educativos integrantes consigan economías de escala al adquirir materiales y equipamiento educativo y también al contratar servicios), 2) **consorcio para el intercambio profesional** (su objetivo es el de compartir ideas, prácticas y recursos didácticos entre profesionales de distintos centros) y 3) **consorcio para el desarrollo comunitario** (su meta es la de proponer conjuntamente iniciativas de mejora del entorno en función de las necesidades percibidas por el conjunto de centros ubicados en una misma zona).

El establecimiento de un consorcio, sea del tipo que sea, repercute en las estructuras formales e informales de los centros educativos implicados e incide en sus respectivas culturas organizativas.

La nueva organización del trabajo escolar

Se trata de crear una organización escolar verdaderamente orientada hacia el alumnado, en la que persista la escasa jerarquización actual (los centros educativos constituyen organizaciones bastante planas), pero en la que se incremente la **transversalidad profesional.** Es preciso organizar la labor de los profesionales del centro educativo en torno a la colaboración mutua, dirigida a afrontar en común la realización de procesos de enseñanza-aprendizaje con el alumnado. La configuración de una estructura organizativa adecuada a los centros educativos actuales es consecuencia de un buen rediseño de procesos y no a la inversa.

Hay que reducir la fragmentación del trabajo por curso o nivel del alumnado, instaurando definitivamente en la práctica cotidiana, al menos, la efectiva organización por ciclos, puesto que una mayor graduación del alumnado por sus conocimientos y habilidades es difícil, no sólo por la diversidad de capacidades cognitivas, sino también de personalidad, ya que, como se constata en la práctica, los estudiantes tienen intereses diferenciados respecto a las áreas de conocimiento y también se observan diferencias entre los mismos en cuanto a su dedicación a cada una de ellas, esto es, diferencias relativas al tiempo escolar y extraescolar que invierten en su estudio.

El cambio de las culturas organizativas de club y de rol por la cultura organizativa de la tarea

Los centros educativos que funcionan según una cultura de club enfatizan el **carácter personal de la comunicación** entre la figura directiva y los restantes miembros de la institución. De ahí que este modelo de cultura organizativa escolar haya sido representado gráficamente por Handy y Aiken por una tela de araña, en el centro de la cual sitúan precisamente a la figura directiva, mientras que en los sucesivos niveles de la tela ubican al resto de los profesionales, teniendo en cuenta su mayor o menor "proximidad personal", o lo que es lo mismo, su nivel de comunicación con aquella. La cultura de club, que muestra su utilidad en la resolución de situaciones de crisis institucional, tiende a ser adoptada por organizaciones que no sobrepasan la veintena de miembros; en el ámbito educativo suele observarse todavía en bastantes centros de educación infantil y primaria.

La cultura de rol, por su parte, se observa en mayor medida en centros de educación secundaria de grandes dimensiones y se caracteriza por una **comunicación excesivamente formal** entre sus integrantes. Este tipo de cultura organizativa enfatiza la posición laboral y las líneas de responsabilidad de los miembros de la institución, lo que conduce a la predictibilidad y estandarización de las conductas profesionales. Es una cultura institucional que no favorece el espíritu de iniciativa y conduce a que la organización en su conjunto ofrezca resistencia a la innovación.

Ambas culturas organizativas están fuera de lugar en los centros educativos actuales, como consecuencia de las disposiciones de la legislación educativa, las cuales se han dirigido a la implantación de la **metodología organizativa por proyectos**. En una organización escolar basada en proyectos de trabajo interactivos (proyecto educativo de centro, proyecto curricular de centro, proyecto curricular de etapa, etc.) no procede el desarrollo de una cultura de club, ni de una cultura de rol. Por el contrario, es preciso desarrollar la cultura de la tarea, que estimula **el funcionamiento de la organización en torno a grupos de actividades** o proyectos de trabajo, de tal forma que cada tarea o proyecto consiga el tratamiento profesional que requiera su realización.

La cultura de la tarea constituye una cultura organizativa amigable, que estimula la interacción entre los profesionales sin necesidad de establecer una fuerte jerarquía y que favorece la planificación y realización de los cambios que se vayan considerando necesarios en la institución.

Se observa que son escasos los centros educativos que desarrollan una de estas culturas organizativas en exclusiva; la mayoría exhibe una particular combinación de las tres, derivada de los siguientes factores: 1) el tamaño del establecimiento escolar en cuestión, 2) su propia trayectoria institucional, 3) la organización del trabajo por parte de los profesionales del mismo y 4) las demandas que recibe del entorno.

La cultura de la tarea constituye un tipo de intervención organizativa ante la **incertidumbre**, dado que los integrantes de una institución se constituyen en equipos de trabajo específicamente dirigidos al diseño y desarrollo de proyectos que mejor respondan, precisamente a situaciones de ambigüedad e incertidumbre. *"Una organización rígida en un entorno complejo e incierto no permite resolver los diferentes problemas planteados. Es necesario inventar nuevas formas de organización para responder a las necesidades actuales"* (Joly y Muller, 1994: 5).

La cultura de la tarea se caracteriza por la aplicación de una metodología verdaderamente **interactiva** que no olvida la dimensión de imprevisibilidad que afecta a todo tipo de organizaciones, incluidos los centros educativos. De ahí que no tenga sentido, por ejemplo, el que un centro escolar copie/aplique un proyecto curricular elaborado *por* y *para* otro centro, ni tan siquiera que siga aplicando año tras año un proyecto curricular elaborado anteriormente por el propio centro (no se trata de repetir sin más un proyecto previamente definido, sin prestar atención a la evolución institucional ni a los cambios observables en el entorno).

Los requerimientos de la sociedad de la información a la organización escolar

La sociedad de la información está reclamando una cultura escolar dinámica, que cabe caracterizar por las siguientes notas: 1) **currículum abierto** (por oposición a la existencia de un curriculum oficial predefinido), 2) **presentación flexible del currículum** a los estudiantes (por oposición a una presentación muy estructurada del currículum en el marco de una organización escolar rígida), 3) **fuentes de conocimiento variadas** (por oposición a constituir al profesorado y a los libros de texto en las fuentes prácticamente exclusivas de conocimiento), 4) énfasis en **el aprendizaje cooperativo** (por oposición a considerar al alumnado como un receptor aislado de conocimientos), 5) **impartición dinámica** de los conocimientos (por oposición a impartición estética, fuera de toda discusión o debate) y 6) **marco escolar versátil** (Martín-Moreno Cerrillo, 1996a) por, oposición a marco escolar inmodificable, que enfatiza la disciplina y la diligencia méramente formales.

Estos requerimientos que dirige la sociedad de la información a la organización escolar no son fáciles de atender por los centros educativos, ya que conllevan la necesidad de proponer al alumnado tareas estimulantes, diversas, no excesivamente estructuradas, abiertas y creativas, ofreciendo márgenes de opción, lo que sitúa al profesorado y al estudiantado ante el riesgo de la ambigüedad.

Paralelamente la sociedad de la información acentúa la demanda a los centros educativos de objetivos educativos y académicos en alguna medida contradictorios, tales como, por ejemplo: a) educación individualizada *pero* certificación del rendimiento a través de evaluaciones competitivas y b) formación de un alumnado crítico, *pero* que adquiera los conocimientos establecidos como básicos y que adecue su comportamiento a los valores sociales.

La sociedad de la información requiere una organización escolar que permita capacitar al alumnado para que pueda seleccionar y aprender partiendo del cada vez más amplio conjunto de datos e informaciones disponibles, aparentemente anárquicos, cuya accesibilidad se está incrementando a través de las autopistas de la información. En este marco, la priorización de los procesos educativo-instructivos de más alto orden y la distribución del tiempo escolar conforme a las necesidades del aprendizaje individualizado —enfatizando el aprender a aprender— reclaman una especial expertía del docente.

La creación de estructuras organizativas para la atención a la diversidad

Los centros educativos actuales se encaminan hacia enfoques organizativos plurales que les permitan responder a las necesidades específicas de cualquier estudiante. La adecuada atención a la diversidad en un marco de normalización —no de segregación— exige la organización de un centro educativo *"para todos"*, que tenga en cuenta que la individualización caracteriza necesariamente toda relación educativa, tanto si el docente es consciente de ello, como si no lo es. En efecto, como ha hecho observar Perrenoud (1995):

1. No hay modo de asegurar que cada estudiante sea tratado de igual manera por un mismo profesor, puesto que éste incluso tendrá dificultades para advertir sus propias diferencias en el trato con sus diversos alumnos, que pueden derivar: a) de la interpretación de las actuaciones de cada estudiante en función de su trayectoria previa, b) del contexto en el que tiene lugar la interacción profesor-alumno, c) del humor del momento de uno y otro, etc.

2. Aun admitiendo que esta desigualdad de trato pueda constituir una conducta equi-tativa por parte del docente, dado que deriva de la acomodación del profesor a las conductas desiguales que muestran ante él los alumnos en función de su propia diversidad, esto no cambia el hecho de que un mismo docente se comportará de desigual manera con cada uno de los estudiantes.

3. La diferenciación no cabe atribuirla exclusivamente al profesor, puesto que tam-bién deriva de la interpretación de la situación que hace cada uno de los estudian-tes, en la que inciden sus personales actitudes, esquemas de pensamiento, intere-ses, etc.

Una adecuada respuesta a la diversidad requiere fórmulas organizativas específicas, que son difíciles de implantar y de mantener en los centros educativos porque requieren: a) interacciones complejas entre los participantes, b) frecuentes procesos de negociación pro-fesorado-alumnado y c) fuertes dosis de improvisación organizativa e incluso cierta "desor-ganización". Todo ello tiende a provocar en el docente temor a la complejidad organizativa y a los conflictos que puedan derivarse de la misma.

En este contexto es necesario promover especialmente el trabajo en equipo, la interdis-ciplinaridad y la comunicación transversal entre los profesionales del centro educativo. La mejora de los procesos educativos en general y de los específicamente instructivos en par-ticular, no se asegura significativamente con que cada docente realice cada tarea o compo-nente del proceso con más calidad y rapidez, sino mediante el incremento de la calidad y rapidez con la que se **integran** los diferentes componentes o tareas para responder a las necesidades de cada uno de los estudiantes.

Interrelación de la investigación externa sobre la organización escolar con la investi-gación transformadora de la organización escolar

Se viene reclamando una orientación más pragmática respecto a la investigación sobre la organización escolar, subrayándose que los resultados de la investigación *sobre* los cen-tros educativos deberían orientar la acción *en* los centros educativos. Sin embargo, se ad-vierte una tradicional tendencia a la desconexión entre los investigadores y los prácticos de las instituciones educativas, que se trata de evitar con diversas combinatorias de investiga-ción y actuación profesional. En esta línea hay que estimular especialmente la interrelación entre la investigación-acción en el ámbito de la organización escolar (siendo un caso par-ticular de la misma la reflexión del profesorado sobre su propia práctica organizativa) y la investigación realizada por miembros externos al centro educativo, que se acercan al mismo en tanto que objeto de investigación.

En la teoría sobre los centros educativos actuales, se enfatiza la observación/reflexión del docente sobre su propia práctica como vía para el propio desarrollo profesional y tam-bién para el desarrollo organizativo de la institución. Con ello se pretende generalizar la figura del miembro de una organización educativa que, además de actuar profesionalmente en la misma, analiza lo más científicamente posible las actividades que se van realizando en su marco con el objetivo de planificar, implementar y evaluar propuestas de mejora. Se trata de una investigación transformadora de la organización de los centros educativos.

Es evidente que los docentes se encuentran en una especial situación, como participan-tes habituales de hecho, para la investigación en el seno de su propia institución, lo que si bien conlleva amplias posibilidades para la recogida y el análisis de datos, no está exento de **riesgos metodológicos y valorativos**, derivados de la profunda implicación que conlleva el trabajo cotidiano en la institución, lo que exige el contraste con la investigación externa. En efecto, los profesionales de los centros educativos son en sí mismos **fuentes de datos y agentes de análisis de datos**, por lo que sus valoraciones personales pueden comprometer el proceso de investigación, si no se establecen los controles adecuados.

Por su parte, los investigadores externos que se introducen en un centro educativo disponen del distanciamiento necesario para conseguir un mayor nivel de **objetividad**. El grado de participación y el tipo de implicación en el centro educativo son contingentes a los objetivos de la investigación.

Hay que llamar la atención hacia el hecho de que tanto la investigación externa como la investigación-acción constituyen, más que métodos de investigación en sí mismos, una integración de métodos de investigación, puesto que es frecuente que en sus procesos de desarrollo combinen con flexibilidad distintos métodos y técnicas. En el caso de la investigación-acción los propios investigadores se convierten en instrumentos de investigación en el desempeño de su rol; en este tipo de investigación es preciso considerar además el problema de la **generalización**, esto es, las posibilidades existentes de hacer extensivas las conclusiones obtenidas a otros contextos similares.

La combinación de la investigación externa con la investigación transformadora de la organización de los centros educativos (investigación-acción) constituye una opción investigadora laboriosa y compleja, pero también de enorme potencial, especialmente para los análisis etnográficos de los centros educativos.

El desarrollo de una cultura institucional que estimule la motivación profesional

En un trabajo anterior he llamado la atención hacia el hecho de que en muchos centros educativos actuales se observa una *"organización-ficción"* (Martín-Moreno Cerrillo, 1998), en tanto en cuanto se advierte que aplican la terminología y estructuras institucionales establecidas por la legislación escolar y por las administraciones educativas, pero no desarrollan suficientemente los modos de acción que conllevan las mismas.

En un excesivo número de casos se advierte una gran divergencia entre el planteamiento teórico de la organización escolar de cada centro y su práctica organizativa, por lo que cabe hablar de una organización-escolar-ficción, ya que sobre el papel enfatiza el trabajo en equipo, la comunicación profesional transversal, el desarrollo institucional colaborativo, etc., pero cotidianamente se detecta un funcionamiento bastante diferente.

El fundamento de las últimas reformas propuestas a la organización escolar por las administraciones educativas de la mayor parte de los países, se sitúan en el desarrollo de la **ética profesional** de los integrantes de cada centro educativo. Se pretende reemplazar el control de tipo gerencialista (ejercido por la administración escolar a través de la inspección educativa o de la figura directiva) por la ética de los profesionales de cada centro educativo, lo que sólo tendrá éxito si consigue implantar y mantener esa ética en su propia cultura institucional. Sin planteamientos éticos apropiados y compartidos, no se conseguirá la dinámica de funcionamiento requerida.

El problema radica en que, ni las administraciones educativas, ni los libros de organización escolar, dan indicaciones sobre cómo los centros educativos pueden llegar a implantar esa cultura ética deseable. Se limitan a describir y proponer un cierto humanismo organizativo, que pocos profesionales consiguen llevar a la práctica de forma habitual.

Así, por ejemplo, las administraciones educativas que en diversos países han asumido el modelo de la calidad total, como sucede en el nuestro, se han asegurado la existencia de una cierta estructura directriz que promueva la efectiva implantación del modelo en todos los establecimientos escolares y que se desarrolla a través de tres etapas, consistentes en:

a) Publicación de normativa —de mayor o menor rango, según el caso,— sobre la conveniencia del modelo (las administraciones suelen formular una propuesta a los centros educativos, que es de aceptación potestativa por parte de éstos) y sobre las características del proceso de su implantación.

b) Solicitud a la inspección educativa de que estimule su implantación en los establecimientos escolares de su demarcación, asesorándolos en la elaboración del proyecto para la calidad total y constatando su efectivo desarrollo, así como los logros conseguidos, lo que se constituye en criterio base para el reconocimiento de la calidad institucional alcanzada, a través de premios o menciones honoríficas otorgadas a cada centro docente.

c) Formación de los equipos directivos de los centros para la *TQM (total quality management)*, al objeto de asegurarse de que en cada establecimiento escolar existe al menos este "comité para la calidad" para dinamizar a los restantes profesionales de la institución en la aplicación de esta metodología para el cambio organizativo.

Todo ello conlleva el riesgo de que surja un nuevo tipo de gerencialismo con tres estadíos: administración educativa-inspección-equipo directivo, inserto en un marco institucional de toma de decisiones participativa, pero en el que realmente exista poca motivación en los profesionales por el ejercicio de la participación, excepto en lo relativo a la defensa de sus intereses profesionales más elementales (horarios que desean, grupos de alumnos a los que prefieren impartir la docencia, aulas que eligen para el desempeño de su trabajo, recursos didácticos que precisan, etc.). *"Las declaraciones de misión y las normas de calidad se quedan en muchos casos en simple retórica, advirtiéndose en el establecimiento escolar sólo bolsas parciales de prácticas relativas al modelo de la calidad, que pueden ser capitalizadas como enfoque general del centro educativo concreto, sin serlo realmente. En estos casos, el centro educativo en cuestión se autoengaña sobre la implantación del modelo de la calidad total* (Martín-Moreno Cerrillo, 1998: 136). No cabe duda de que con ello puede acentuarse su "organización-ficción".

El punto débil de las propuestas organizativas de las administraciones escolares, como sucede en el modelo al que nos acabamos de referir, es el olvido del **cliente interno**, esto es, de los miembros de la organización, por lo que se observa la falta de suficiente motivación en los recursos humanos de la mayor parte de los centros escolares.

Los modelos actuales de organización escolar, que enfatizan la autonomía de la institución, el desarrollo de la toma de decisiones participativa y la transversalidad profesional, exigen provocar un cambio significativo en las actitudes de las personas hacia su trabajo ¿Cómo estimular la reorientación de la cultura institucional? Sólo se conseguirá si la comunidad escolar asume y mantiene las convicciones de la ética profesional requerida.

La devolución de poder desde las administraciones educativas a los centros escolares no ha cambiado los sistemas de motivación y recompensa. La carrera profesional del docente es individual y depende de instancias externas al centro educativo. Los profesores siguen persiguiendo títulos y diplomas que incrementan su currículum individual, porque constituyen la vía principal de avance en su trayectoria profesional. La calidad del trabajo que llevan a cabo día a día en el centro escolar parece no importar a los que han de tomar las decisiones sobre su futuro laboral. Desde esta perspectiva, el reconocimiento que puedan obtener los docentes por parte de las familias y la buena imagen que puedan adquirir entre sus compañeros por el trabajo cotidiano bien hecho es poco importante para la mayoría de los profesores por su escasa incidencia práctica en su carrera profesional.

El trabajo en equipo y la toma de decisiones profesionalmente fundamentadas requiere una considerable inversión de tiempo, que la mayor parte de los profesionales no están dispuestos a realizar. Piensan que ya dedican excesivo tiempo a reuniones y, fuera de las consideradas indispensables para cumplir con los requerimientos formales de la administración educativa (reuniones del consejo escolar, del claustro, de la comisión de coordinación pedagógica, etc., según el caso), se relacionan escasamente con sus compañeros desde la perspectiva de su trabajo profesional cotidiano. Encuentran más útil para su avance profesional el tiempo dedicado a cursos externos que otorgan títulos y diplomas.

La falta de atención a la motivación profesional en los modelos organizativos que vienen proponiendo la legislación escolar y las administraciones educativas está conduciendo en la mayor parte de los casos a que exista sobre el papel (proyecto educativo de centro, proyecto curricular de centro, etc.) una **visión irreal/ideal del centro escolar** basada en un cierto "romanticismo" sobre la organización institucional. No se ha prestado apenas atención a cómo crear colegiadamente las condiciones internas que puedan inducir a la mejora. El rediseño de la cultura organizativa del centro escolar pasa por el rediseño de la actividad profesional de sus integrantes (Martín-Moreno Cerrillo, 1998).

Los centros educativos requieren la implantación de estrategias para una mejor **gestión del conocimiento**, esto es, del capital profesional de sus recursos humanos, encaminadas a posibilitar:

1. El aprender institucionalmente de forma colectiva y el llevar a cabo un entrenamiento sistemático de la creatividad institucional, lo que pasa por la puesta en común —de modo habitual— de experiencias, procesos y resultados derivados de tareas desarrolladas por cada profesional o equipo de profesionales.

2. La generación y debate de propuestas alternativas a los modos de acción existentes en el propio centro educativo.

3. La organización en cada establecimiento escolar (y la actuación cotidiana) de equipos de profesionales que combinen una diversidad de habilidades profesionales.

Para conseguirlo es preciso el desarrollo de valores institucionales tales como la motivación, la colaboración y la actitud hacia la innovación.

El trabajo profesional no se lleva a cabo de forma colaborativa por el hecho de que la legislación escolar y las administraciones educativas exijan la existencia de órganos colegiados en los centros. Es preciso crear un nuevo tipo de centro educativo para la sociedad de la información, que demanda un establecimiento escolar caracterizado por un verdadero trabajo colaborativo de sus profesionales, derivado de una fuerte **motivación hacia el logro** del conjunto de la institución. Tanto la legislación escolar como las administraciones educativas se están olvidando de prestar atención a la perspectiva del **cliente interno,** esto es, la perspectiva de los miembros del centro escolar.

Combinación de las exigencias internas de logro institucional con las necesarias demandas a la Administración Educativa

Se suele señalar que tras el énfasis en la autonomía institucional y la consiguiente devolución de poder desde las administraciones educativas a los centros escolares, aquellas cuentan con una herramienta poderosa para manipular a los profesionales de los centros escolares, haciéndoles creer que todo el éxito institucional depende exclusivamente de ellos mismos y, a partir de ese punto, pueden sentir la tentación de reducir su propia responsabilidad relativa al apoyo y dotación de medios que administrativamente deben proporcionar a la escuela pública.

Desde esta perspectiva, se trataría de propuestas organizativas de carácter manipulativo, tendentes a provocar la impresión en los profesionales del centro educativo de que, como son ellos los que mediante la toma de decisiones colegiada han decidido la marcha a seguir por la propia institución, son los únicos responsables del nivel de Éxito o fracaso alcanzado por la misma, sin entrar a considerar críticamente las limitaciones del marco de actuación impuesto por la legislación, las deficiencias de la formación recibida por los profesionales de los centros educativos o la escasez de los recursos proporcionados por la adminsitración escolar.

A ello se añade que el enfoque neoliberal que se está intensificando en la sociedad actual tiende a minusvalorar las instituciones del sector público con respecto a las del sector privado (considerado más saludable), hasta el punto de que se suelen presentar ante los ciudadanos las crecientes privatizaciones de empresas públicas realizadas en el ámbito europeo, como un medio para el incremento de la eficacia de sus actividades.

La filosofía de la economía de mercado tiende a enfatizar que el éxito (o el fracaso) de la educación escolar es responsabilidad de cada centro educativo concreto y, más específicamente, de los profesionales que trabajan en el mismo, animando a que cada establecimiento escolar utilice el grado de autonomía de que dispone para optimizar su éxito, generalmente con recursos cada vez más limitados (el progresivo auge de la economía de mercado está llevando a cuestionar muchas de las prestaciones del estado del bienestar, lo que no favorece el incremento de recursos para la escuela pública). Asimismo las administraciones educativas buscan, cada vez con más empeño, nuevos modos de incrementar la eficacia de los centros escolares, modificando la forma en la que se gestionan estas instituciones, pero sin apenas aumentar el presupuesto destinado a las mismas.

En este contexto, los centros educativos públicos, que han adolecido tradicionalmente de una notoria escasez de recursos, aun en aquellos países que vienen destinando mayor presupuesto a educación, ven reducirse la receptividad de las administraciones escolares ante sus necesarias demandas.

Por todo ello, si bien hay que señalar que los logros educativos e instructivos de cada centro educativo dependen fuertemente de la profesionalidad y motivación de sus recursos humanos (macrodesafío IV), ello no significa en modo alguno que las limitaciones en el rendimiento de un establecimiento escolar deriven exclusivamente (ni siquiera primordialmente) de factores internos.

Consiguientemente conviene subrayar en este punto que, el dar la mejor respuesta profesional con los recursos limitados disponibles, no debe impedir a los centros educativos (sino todo lo contrario) reclamar a las administraciones educativas el necesario incremento de los mismos (macrodesafío V), ni por su parte las administraciones educativas deben pretender hacer caso omiso a tales reclamaciones.

Conclusión

Los macrodesafíos a los que se enfrentan las instituciones educativas exigen un marco organizativo que tenga en cuenta la idiosincrasia de cada centro escolar, que contribuya a la mejora de la cultura institucional y que estimule la toma de decisiones y el trabajo colaborativo entre el alumnado, el profesorado y los miembros de la comunidad interesados en la educación de las nuevas generaciones.

Las estrategias de intervención organizativa son muy variadas y requieren su integración específica en un proyecto de centro y en la diversidad de los proyectos curriculares que se precisan, lo que exige un cambio real de la cultura organizativa escolar, en lugar de un simple diseño teórico de organización-ficción.

El éxito de los centros educativos ante los macrodesafíos que tienen actualmente planteados exige no sólo el compromiso de todos sus profesionales, sino también de la administración educativa de la que dependa cada establecimiento escolar.

Bibliografía

BROWN, P., KAHWAJY, J. L. y LAUDER, H. (1992) "Education, economy and society: a introduction to a new agenda". BROWN, P. y LAUDER, H. (Eds.) *Education for Economic Survival: from Fordism to postFordism?* Londres: Routledge.

HANDY, C. y AIKEN, R. (1987) *Understanding schools as organizations.* Middlesex: Penguin Books.

JOLY, M. y MULLER, J. L. G. (1994) *De la gestion de projet au management par projet.* París: Afnor.

KATZ, D. y KAHN, R. L. (1987) "Organizations and the System Concept". Shafritz, J. M. y Ott., J. S. *Classics of Organization Theory.* Chicago, Ill: Dorsey Press, 250-262.

LINDBLOM, C. E. y COHEN, D. K. (1979) *Usable Knowledge: Social Science and Social Problem Solving.* New Haven, Conn.: Yale University Press.

MARTÍN-MORENO CERRILLO, Q. (1996 a) La *Organización de Centros Educativos en una Perspectiva de Cambio.* Madrid: Editorial Sanz y Torres.

MARTÍN-MORENO CERRILLO, Q. (1996 b) *Desarrollo Organizativo de los Centros Educativos Basado en la Comunidad.* Madrid: Editorial Sanz y Torres.

MARTÍN-MORENO CERRILLO, Q. (1998) "Reingeniería de Procesos en los Centros Educativos ¿entre el Gerencialismo y la Organización-Ficción?". Martín-Moreno Cerrillo, Q., Monclús Estrella, A., Medina Rivilla, A. y Domínguez Fernández, G. (Coords.) Actas del V Congreso Interuniversitario de Organizaciones Educativas. Madrid: Universidad Complutense de Madrid/UNED, 131-154.

PERRENOUD, F (1995) *La pédagogie à l'école des différences.* París: ESF.

WATKINS, P. (1995) "The Fordist/postFordist debate: the educational implications". Kenway, J. (Ed.) *"Economising Education: the PostFordist directions".* Geelong: Deakin University.

ZARIFIAN, P. (1997) "Communication et partenariat interne: les enjeux de la gestion par processus". *Education Permanente*, 131, 2, 81-93.

DILEMAS EN LA ORGANIZACIÓN ESCOLAR DE LA EDUCACIÓN ESPECIAL

FRANCISCO SALVADOR MATA
Catedratico de Esducación Especial de la Universidad de Granada.
Director del Grupo de Investigación

Prenotanda

La tesis que pretendo desarrollar en esta ponencia se articula en cuatro proposiciones:

1ª. En la Organización Escolar de la Educación Especial se plantean algunos dilemas, que pueden concebirse como propuestas ideológicas, entre las que hay que elegir la más adecuada, en función de algún criterio racional.

2ª. Los dilemas se presentan en forma interrogativa y disyuntiva:

1) ¿El Sistema Educativo es único o dual (es decir, hay un sistema general y otro especial)?
2) ¿La educación especial debe desarrollarse en centros ordinarios o específicos?
3) ¿La Escuela desarrolla su acción de forma autónoma o depende de la comunidad social?
4) ¿La acción educativa debe estar a cargo de profesores especialistas o generalistas?
5) ¿La actividad profesional se organiza de acuerdo con un modelo de expertos o con un modelo colaborativo?

3ª. Los dilemas se relacionan entre sí, aunque todos tienen una raíz común: si la educación especial se diferencia de la educación general o se identifica con ella. Como en el drama shakesperiano, ésta es la cuestión esencial: el ser o no ser de la educación especial. Esta cuestión atañe a la comprensión y extensión del concepto de educación especial.

4ª. La solución a los dilemas deriva de la filosofía de la Escuela Inclusiva. En ella se aboga por integrar posiciones enfrentadas en una síntesis optimizadora. Pero he de advertir que integración no supone eliminar un elemento por absorción del otro, ni tampoco yuxta-posición entre elementos, sino una nueva construcción, a partir de los elementos básicos, asumiendo lo más positivo de cada uno.

1. Precisiones léxico-conceptuales

Antes de iniciar el análisis de los dilemas planteados en la educación especial, voy a delimitar el ámbito discursivo, es decir, abordar lo que los escolásticos denominaban "explicación de términos". Éste es, sin duda, el inicio del conocimiento científico.

El término "dilema" se ha empleado en la literatura pedagógica como sinónimo de "disyuntiva" o de "alternativa", cuyo significado es el de elección deliberativa entre dos opciones excluyentes, ambas razonables y operativamente viables, es decir, fundamentadas en argumentos racionales. En el dilema se plantean situaciones que pueden calificarse de dialécticas, es decir, en las que se presentan posiciones enfrentadas a un problema, cuya solución puede ser optar por una de las opciones o realizar una síntesis de ellas.

En la Organización Escolar de la Educación Especial se plantean situaciones dilemáticas, en las que hay que optar por una entre dos propuestas enfrentadas o integrar ambas opciones en una nueva propuesta.

Entiendo que la Organización Escolar no se reduce a analizar el contexto de intervención educativa, aunque sea éste su foco de atención, sino que desde él se proyecta a otras dimensiones del proceso educativo o éstas inciden en él: las finalidades, los destinatarios, los profesionales y los métodos de la acción educativa. En síntesis, el objeto de esta disciplina es la deliberación sobre cómo estructurar racionalmente la respuesta educativa de la Escuela.

¿Cuál es el campo de la Organización Escolar en el ámbito de la Educación Especial? Tres dimensiones se pueden señalar:

1) La Educación Especial es una acción pedagógica, en la que están implicadas varias instituciones y diversos profesionales, que afecta a muchas personas y se proyecta en situaciones diversas. Se requiere, por tanto, una ordenación racional, a fin de garantizar la calidad y la efectividad de la acción pedagógica.

2) La Educación Especial es una respuesta del Sistema Educativo a la diversidad de los alumnos, que se concreta en el currículo, a cuya finalidad contribuye tanto la organización del aula y del Centro Escolar como la de los profesores.

3) La acción educativa, desarrollada en el marco escolar, para atender las necesidades educativas especiales de los alumnos, se inserta en el contexto más amplio de la acción social en favor de las personas discapacitadas.

Por todo lo dicho, el foco de atención de mi discurso será el Centro Escolar, como núcleo de coordinación y proyección de los servicios que la Comunidad ofrece a los sujetos con necesidades educativas especiales (FALVEY, 1992). Pero también haré referencia tanto al Sistema Educativo como al Sistema Social, referencia necesaria para comprender el análisis del Centro Escolar en un enfoque ecológico (GAIRÍN, 1993).

Haré algunas precisiones sobre los parámetros que adoptaré en mi discurso. El análisis de los dilemas lo haré integrando el discurso prescriptivo (lo que debería ser) con el discurso crítico de lo que actualmente existe (la práctica profesional). Este análisis se apoyará en la investigación sobre el conocimiento profesional, tanto el de la investigación sobre la educación especial (conocimiento formal) como el elaborado por los propios profesionales a partir de la reflexión sobre su práctica (conocimiento práctico).

2. ¿Qué hace especial a la educación especial?

Si el dilema raíz del que derivan los dilemas planteados es la dicotomía educación general/educación especial, procede analizar este dilema, en primer lugar. El dilema puede enunciarse de diversas formas: integración/segregación, inclusión/exclusión, igualdad/diversidad, semejanza/diferencia, homogeneidad/heterogenidad. Ahora bien, ninguna de las opciones, en su sentido radical, parece aceptable ni en su significado ni en su proyección práctica. Se hace necesaria, por tanto, una síntesis dialéctica.

El problema semántico fundamental en la educación especial es, sin duda, definir el adjetivo "especial" y los términos derivados (especialista, especializado, específico). En efecto, lo especial es un elemento diferenciador de otros procesos educativos, denominados "normales" o "generales".

¿Se puede hablar, entonces, de una educación especial en oposición a una educación general? Si se acepta que la educación es una relación dialéctica entre sujetos, desarrollada en un contexto, articulada en una forma y orientada a fines, cabe preguntarse ¿cuál de estos elementos hace que la educación sea especial: la acción, el sujeto, el contexto, los fines o los medios? Obviamente estos elementos mantienen una relación estructural, de modo que la modificación en un elemento conlleva modificaciones en todos los otros.

Tradicionalmente se ha atribuido lo "especial" a "los sujetos". Ahora bien, hay que hacer referencia a dos tipos de sujetos, implicados en la educación: el educador y el educando. La educación especial se refiere a este último. En algunos casos, la referencia apunta más nítidamente a los educandos. Así, por ejemplo, cuando se habla de educación de discapacitados (de deficientes, de subnormales, de retrasados, de niños distintos...). Obviamente, si los sujetos son "especiales", los otros elementos de la estructura también lo serán. Por eso se habla de profesores, de técnicas, de centros, de aulas y de medios... "especiales" o "específicos".

Con los términos sinónimos sucede otro tanto. Por ejemplo, cuando se habla de educación diferencial, educación en la diversidad, cabe preguntarse ¿quién o qué justifica la diferencia o la diversidad? Los términos sinómimos pueden referirse a la acción educativa (como los términos "especial", "diferencial"...) o a los sujetos de la educación (como los calificativos "discapacitado", "deficiente", "diverso"...). Obviamente existe una correspondencia entre unos términos y otros: la educación especial se refiere a sujetos discapacitados y se justifica por la existencia de tales sujetos.

El dilema entre educación general y especial, a mi juicio, radica en el significado del término "especial", cualquiera que sea el referente. ¿Por qué? En primer lugar, porque el término especial, en su origen y en su uso, tiene connotaciones negativas, por cuanto se asocia a deficiencias, discapacidades, minusvalías y a otros términos análogos, valorados negativamente. La educación especial aparece así opuesta a la educación general o normal.

La integración, por el contrario, es una apelación a superar este dualismo. La integración es sinónimo de educación general, común, homogénea, igual para todos. El término inglés "mainstreaming" es más elocuente que el de "integración", por cuanto hace referencia a la inserción del alumno en la "corriente principal", lo que supone que la educación especial es una vía secundaria (una carretera de segunda categoría). El mismo sentido tiene el término "inclusión", que es un término opuesto a exclusión.

En una visión progresista y humanitaria de la educación especial, cuya loable intención es eliminar las connotaciones negativas de la calificación de un alumno como especial, se ha querido interpretar de otra forma el calificativo "especial", atribuyéndolo a la acción o proceso educativo más que al alumno. Esta interpretación es más coherente desde el punto de vista semántico. En efecto, "especial" califica al sustantivo "educación". Así, por ejemplo, el R.D. 696/1995 define la educación especial como "conjunto de medios y recursos personales, materiales y técnicos para una educación de calidad... una respuesta adecuada a las necesidades de cada alumno" (B.O.E., 2-6-95).

Ahora bien, si el término "especial", como es posible por sus rasgos semánticos, hiciera referencia a "calidad", no habría ningún problema. ¿O sí? ¿Acaso no supondría una discriminación el que hubiera fines, acciones, métodos y contextos "especiales" (es decir, de calidad) para unos determinados sujetos, y no para otros, sin que hubiera una poderosa razón que lo justificara? Ciertamente no sería ético, por no ser equitativo.

La dialéctica planteada se pretende resolver en favor de alguno de los elementos opuestos. Pero ¿por qué plantear esta visión dialéctica como irreconciliable? ¿No sería más enriquecedor adoptar una visión de la complejidad de la naturaleza humana y del conocimiento, en la que se hagan compatibles estos términos opuestos?

En primer lugar, si el término "especial" desapareciera, para asimilarlo a educación general u ordinaria, podrían derivarse dos consecuencias igualmente nefastas: suponer que no hay alumnos diferentes, necesitados, discapacitados o, lo que sería peor aún, no atender debidamente a tales alumnos.

De otra parte, ¿hay que eliminar las referencias a la discapacidad, a la deficiencia, a la diferencia, a la diversidad? Creo que no necesariamente. Aceptar la deficiencia, a mi juicio, no implica caer en el pesimismo ni abandonar al sujeto a su suerte. En un enfoque antropológico se puede justificar la deficiencia como una característica ontológica del ser humano, pero también en ella se puede justificar la potencialidad del ser humano, en la que se fundamenta el optimismo moderado en las posibilidades de la intervención educativa.

Cualquiera que sea la valoración de la discapacidad (sin duda, es más ético, por cuanto más humano, valorarla en sentido positivo), hay que admitir, como un rasgo constitutivo del ser humano, el hecho diferencial, la diversidad. Sin necesidad de situarse en una visión metafísica, la naturaleza humana se revela como múltiple, compleja y diversa.

Por tanto, si se acepta la existencia de un hecho diferencial, también se justifica una práctica diferencial y, en consecuencia, un conocimiento diferencial (es decir, un conocimiento de la diferencia).

Si la educación especial supone una llamada de atención en pro de la igualdad en la consecución de metas sociales, aunque siguiendo caminos diferentes en la forma de alcanzarlas (dadas las diferencias individuales), lo especial estará en el papel de mediación que comporta la educación, entre la cultura (homogénea) y el individuo (diferenciado). Pero en este caso, puesto que las metas sociales son iguales para todos, lo especial deriva de la diversidad individual. En última instancia, el calificativo "especial" podría considerarse una redundancia si la educación respondiera con todas sus consecuencias al principio de individualización.

La expresión "atención a las necesidades educativas especiales", como alternativa para referirse a la educación especial, ¿puede representar una síntesis dialéctica de la oposición entre educación general y especial? La respuesta no es fácil. Depende naturalmente del significado que se le asigne a esta expresión. De hecho, el término "especial" no ha desaparecido. El término necesidad también tiene connotaciones negativas: ¿Qué es la necesidad sino la carencia de algo? En definitiva, ambas expresiones podrían considerarse sinónimas.

Pero también podría interpretarse la "atención a las necesidades educativas especiales" como una propuesta alternativa, que corrige y supera la visión negativa de la "educación especial" tradicional. En efecto, en el concepto "necesidades educativas especiales", sin negar la discapacidad del sujeto educando, se pone énfasis en algunos aspectos, que suponen una nueva forma de ver e interpretar la educación especial. La educación especial se concibe, así, como complemento de la educación general, no como una forma alternativa, segregada y discriminatoria.

El término "necesidades educativas especiales", en su aparente ambigüedad, podría ser útil para designar una concepción más comprensiva de lo especial. En efecto, la necesidad educativa especial puede derivar del alumno, cuya incapacidad intrínseca le impide aprender, pero también podría derivarse de alguno de los elementos del proceso educativo: el educador, el contexto o el contenido. En este sentido, en el concepto se incluirían todos los elementos o dimensiones del proceso educativo.

Pero, además, en esta expresión el referente de los sujetos se amplía notablemente, de manera que prácticamente incluye a todos los alumnos. Así, en el Informe Warnock, no sólo se hace referencia a los alumnos escolarizados en centros específicos sino a los que están en aulas de apoyo ("remedial classes") e incluso a los que, estando en el aula ordinaria, presentan dificultades de aprendizaje (MORRIS y otros, 1995).

No se puede negar el cambio conceptual y, más aún, actitudinal que suponen muchas denominaciones alternativas de la educación especial ("necesidades educativas especiales", "integración", "inclusión", "educación en y para la diversidad"...). En estas propuestas hay una loable intención de difuminar la necesidad de lo especial y de interpretar lo especial en un sentido positivo.

Pero no hay que dejarse llevar de la ilusión y de la apariencia. Ocultando la realidad con nombres alternativos no se la cambia. El concepto de "necesidades educativas especiales", como otros análogos, no obvia la referencia a los sujetos ni a su especificidad. Aunque todos los sujetos tengan necesidades, hay unos que tienen necesidades especiales, por su intensidad, por su extensión o por su calidad.

Pero, además, cuando se usa la expresión "necesidades educativas especiales" no se obvian los términos "discapacidad", "deficiencia", "minusvalía" y otros similares, ni tampoco las valoraciones negativas. Voy a ilustrar esta idea con algunas referencias, tomadas de dos documentos significativos, uno en el nivel estatal, el Real Decreto 696/1995, de 2 de Junio, por el que se ordena la educación de los alumnos con necesidades educativas especiales, y otro, el Documento de la Junta de Andalucía sobre "Atención a la Diversidad" (JA, 1994).

a) En el Real Decreto citado se asocian necesidades especiales y discapacidad: "...alumnos con necesidades educativas especiales asociadas a... condiciones personales... de discapacidad" (B.O.E., 2-6-95). Igualmente, el documento de la Junta de Andalucía señala las "necesidades educativas especiales derivadas de deficiencias" (JA, 1994, 90).

b) En las necesidades educativas especiales se establecen grados, de manera que hay "alumnos con necesidades educativas especiales más gravemente afectados" (Capítulo III del Real Decreto 696/1995). En el mismo sentido se pronuncian los autores del Documento de la Junta de Andalucía.

c) En el Decreto se justifica la existencia de centros específicos de educación especial y de centros específicos para un determinado tipo de discapacidad, en función de diversos tipos de alumnos, si bien se declara la intención de que estos centros progresivamente se vayan convirtiendo en centros de recursos, que promuevan la calidad del Sistema Educativo general.

En otros contextos geográficos, algunos autores han señalado también esta ambivalencia del término "necesidades educativas especiales". Aunque aceptan su validez, argumentan que los profesores no encuentran en este concepto un punto de referencia claro. Pero, además, resulta difícil definir operativamente este concepto en la política social (CLINE, 1992).

3. Sistema Educativo, único y común/dual y paralelo

El dilema educación general/especial se proyecta desde la política educativa en la articulación de un sistema educativo, general, único y común para todos los alumnos o, por el contrario, de un sistema dual, con dos vías paralelas, una para la educación general y otra para la especial.

El dilema sistema educativo general/especial puede enunciarse de diversas formas, en función del calificativo: integrado/segregado, igualitario/discriminatorio, de calidad/devaluado.

Se podría representar esta tensión dialéctica como un campo de fuerzas contrarias, en el sentido que lo utiliza la Física. En esta metáfora se puede detectar que, en la medida en que domina una de las fuerzas (un término del binomio), la educación adquiere unas características determinadas. Ahora bien, ninguna de las opciones, en su sentido radical, parece aceptable ni en su significado ni en su proyección práctica. Se hace necesaria, por tanto, una síntesis dialéctica.

El debate entre inclusionistas y no inclusionistas se plantea en términos de eficacia de un sistema general inclusivo o un sistema dual, general y especial (FISHER y otros, 1996). En efecto, el Sistema Educativo, como respuesta sistemática de la sociedad a las necesidades y derechos individuales, aparece fragmentado en dos vías de provisión de servicios, una de ellas destinada a los individuos que precisamente no pueden seguir la vía principal (por eso son discapacitados).

Este dilema hunde sus raíces en dos enfoques ideológicos divergentes sobre la discapacidad y sobre la función de la escuela:

1. En el **enfoque centrado en la deficiencia** se concibe la Educación Especial con carácter autónomo, al margen de la Educación General, en función de las supuestas características homogéneas de los sujetos a los que se dirige.

La asunción de homogeneidad justifica la constitución de distintas categorías de sujetos y la creación de centros escolares y servicios educativos especializados (BIRCH y REYNOLDS, 1982; GARTNER y LIPSKY, 1987).

En este enfoque se entiende que la Educación Especial es una respuesta técnica para determinados alumnos, cuyo déficit se concibe como natural e inherente a la persona, con independencia del contexto sociopolítico, económico o institucional en el que se desarrolla. Se defiende que la única forma, o al menos la mejor, de ofrecer una atención más cualificada es un entorno protegido, en el que los programas se modifican de acuerdo con las condiciones derivadas de la deficiencia (MacMILLAN y otros, 1986).

La Escuela única y común prescinde de las diferencias individuales y trata a todos por igual. Pero como hay sujetos que se diferencian en su capacidad de aprendizaje, para ellos se crea un sistema paralelo de educación, una escuela especial y un currículo diferente, desarrollado en un contexto específico.

Se ha acusado a esta propuesta de ser segregadora y discriminatoria, por cuanto no respeta los derechos de los ciudadanos, en concreto el derecho a la educación.

2. En el **enfoque centrado en la diferencia** se asume que las personas aprenden de forma diferente y en diferentes tiempos y situaciones. Por tanto, es responsabilidad de la escuela adaptarse a esas diferencias, generando un modelo instructivo que dé respuesta a las necesidades de los distintos estudiantes. Se cuestiona así la homogeneidad como hipótesis pedagógica y cobra especial relevancia el principio de individualización didáctica (CUOMO, 1990).

Si los grupos de alumnos en las aulas se caracterizan por la heterogeneidad, la instrucción debe respetar y combinar al máximo los objetivos y procesos comunes a cada grupo socio-cultural de alumnos con sus características individuales. Se postula, por tanto, un difícil equilibrio curricular entre lo común a todos los individuos y lo que hay de individual e idiosincrásico en ellos: el currículo común como alternativa al currículo paralelo. El concepto de adaptación curricular hace operativa esta idea de equilibrio.

La solución al dilema deriva de la propuesta de Escuela Inclusiva de diseñar una escuela común, general y única, para todos los alumnos (comprensividad), pero que atienda en su seno a las diferencias individuales en el aprendizaje, adaptando la enseñanza y el currículo (diversidad). La filosofía de la inclusión implica cambios en la organización de la Escuela, para crear un sistema único, que satisfaga plenamente las necesidades educativas individuales de todos los alumnos. En este sentido, el sistema educativo debe ofrecer:

1. Diversas modalidades de integración, adaptadas a las características de cada uno de los alumnos.
2. Servicios escolares de apoyo, en los que un personal convenientemente formado preste atención individualizada.
3. Servicios asistenciales extraescolares, estrechamente relacionados con la escuela.

Frente a la Educación Especial segregada, la educación inclusiva se concibe como una educación general de calidad, que llegue a todos los alumnos y les proporcione lo que cada uno necesita. El principio fundamental de la escuela inclusiva es que todos los niños deberían aprender juntos, cuando sea posible, y que las escuelas ordinarias deben reconocer y responder a las diversas necesidades de sus alumnos, estableciendo a la vez un continuo de servicios para responder a estas necesidades (ARNÁIZ, 1997). La mayoría de los países deberían, por tanto, establecer escuelas inclusivas (STAINBACK y STAINBACK, 1992; UNESCO, 1994; AINSCOW, 1995; WANG, 1995).

La educación inclusiva demanda que el sistema de un país cree y proporcione las condiciones necesarias para asegurar que todos los alumnos tengan acceso a un aprendizaje significativo, lo que no requiere que los alumnos posean ningún tipo particular de habilidades (FALVEY y otros, 1995). La propuesta de Escuela Inclusiva hunde sus raíces en la consideración de los derechos de los discapacitados como personas y como ciudadanos, en el orden educativo, social y laboral:

"...incluso los más discapacitados pueden beneficiarse de una educación; ningún niño puede ser ya considerado ineducable. La razón fundamental para educar a los jóvenes con discapacidades es de orden moral: como ciudadanos tienen derecho a ser educados" (HEGARTY, 1994, 99).

A) El derecho a la Educación

La Educación Especial significa hacer efectivo para los sujetos discapacitados el derecho a la educación de que gozan todos los ciudadanos. Por eso, la Educación Especial es parte integrante del Sistema Educativo.

B) El derecho a la igualdad de oportunidades

La igualdad de oportunidades no significa tratar a todas las personas de la misma manera. Los niños no son iguales y no deberían ser tratados como si lo fueran. Por tanto, se les debe tratar de forma diferente para llegar a las mismas metas.

Este derecho implica que los niños no deberían sufrir restricciones innecesarias en su acceso a la educación, en el currículo que se les ofrezca o en la calidad de la enseñanza que reciban; en ningún caso deberían educarse separados de sus compañeros de la misma edad, salvo que existan razones de peso.

C) El derecho a participar en la sociedad

Si una función fundamental de la escuela es el desarrollo de la persona para su incorporación a la vida adulta, no es posible concebir un punto de encuentro educativo como es el aula y centro ordinarios, en el que no se dé a los alumnos la posibilidad de interactuar con alumnos diferentes.

Pero hay algunas objeciones a la propuesta de inclusión total. En efecto, la vuelta a un sistema educativo único puede tener una valoración ambigua. Si lo que se pretende es silenciar las diferencias, ocultarlas o no prestarles atención, so pretexto de la igualdad, los perjuicios para los alumnos "integrados" serían notables y la solución no podría ser éticamente aceptable. Si en cambio sólo se pretende potenciar la diversidad y la individualidad, eliminando las connotaciones negativas del término "especial", la intención es loable y perfectamente ética. Pero evidentemente el solo cambio de lugar (del centro especial al centro ordinario) no soluciona el problema (MURPHY, 1995).

La "inclusión total" no significa que los alumnos, antes separados de la educación ordinaria, sigan sin más el desarrollo del currículo ordinario. Por el contrario, se requiere un "suplemento", algo "extra" o diferente para que el alumno "diferente" o "diverso" pueda alcanzar las metas educativas a las que todos pueden aspirar (MURPHY, 1995). Se requiere, por tanto, una transformación del sistema educativo ordinario, una reconstrucción de la educación general. En definitiva, se trataría de invertir los términos, de manera que la educación general se hiciera cada vez más especial, no para algunos sino para todos (McLAUGHLIN, 1995).

4. Centro ordinario/específico

El dilema sobre el Sistema Educativo se proyecta en actuaciones concretas. La primera actuación, estrictamente relacionada con el Sistema Educativo, es decidir sobre la modalidad de escolarización más adecuada para los alumnos con necesidades educativas especiales. El dilema atañe a la ubicación de los alumnos en centros ordinarios o específicos y en aulas ordinarias o específicas.

Cada una de las opciones del dilema, considerada aisladamente, presenta ventajas e inconvenientes, que la hacen inaceptable. Por eso, se han establecido modalidades intermedias o fórmulas combinadas. El debate, una vez más, se centra en la viabilidad de la integración o de la inclusión total.

Los argumentos y las tesis de las dos posiciones, a favor y en contra de la inclusión total, se pueden analizar en tres dimensiones (Cfr. Cuadro 1):

1. En primer lugar, las discrepancias entre defensores y detractores de la inclusión se detectan en la **propuesta práctica**: así, mientras los inclusionistas abogan por transformar la práctica, manteniendo los recursos existentes, los que se oponen a la inclusión proponen mejorar la práctica e incrementar los recursos.

Los críticos de la escolarización en centros específicos aducen que el alumno está segregado de sus compañeros y no se integra socialmente. Pero los críticos deben aceptar que en esta modalidad el alumno progresa mejor en algunas áreas curriculares.

Sin embargo, la integración total en centros ordinarios también es objeto de críticas, en una doble dirección. En primer lugar, se aduce que la integración se reduce a la mera presencia física de los alumnos en el centro o en el aula ordinaria, sin que se les preste la atención que necesitan para desarrollar el currículo común, aunque ciertamente se favorece la integración social.

Una crítica generalizada al movimiento de la inclusión total se basa en la creencia de que la eliminación de los centros de educación especial en favor de la inclusión privaría a muchos alumnos con discapacidades de una apropiada educación (FUCHS y FUCHS, 1995; SHANKER, 1995).

De otra parte, se critica que la intensidad de la atención requerida por los alumnos integrados va en detrimento de la atención a la que tienen derecho los otros alumnos. Así se explica la resistencia de algunos padres y profesores, o de la propia comunidad, para implicarse en proyectos que, desde su punto de vista, benefician sólo a un grupo de alumnos.

Cuadro 1. Los discursos de la inclusión y de la separación

INCLUSIÓN	ASPECTO	SEPARACIÓN
Igualdad		
Socialización		
Aprendizaje compartido	VALOR	Diferencia
Desarrollo académico		
Aprendizaje individual		
Finalidad común de la Escuela		
Discapacidad = constructo social	JUSTIFICACIÓN	Incapacidad
de la Escuela		
Calidad de recursos		
Discapacidad = constructo objetivo		
Transformar la práctica		
Mantener los recursos	PROPUESTA	Mejorar la práctica
Incrementar los recursos		

Entre los autores que defienden la inclusión total pueden establecerse dos grupos (FU-CHS y FUCHS, 1995). Hay un grupo que pide cambios fundamentales, argumentando la necesidad de un desmantelamiento completo de la educación especial y señalando que los profesores especialistas deberían proporcionar apoyo a los alumnos discapacitados y no discapacitados únicamente en las aulas ordinarias. Existe otro grupo, que incluye a los políticos y administradores, que se aferra a la inclusión total como una forma de reducir los costes de la educación especial.

2. **Justificación** de las propuestas, a favor o en contra de la inclusión total, basada en dos argumentos básicos:

a) De una parte, las propuestas se fundamentan en el análisis crítico de la Escuela y de sus funciones. Así, mientras quienes defienden la inclusión entienden que la finalidad de la escuela es la misma para todos los alumnos, los que se oponen a la inclusión justifican la educación especial, separada de la educación común, porque la Escuela ordinaria es incapaz de hacer frente a las necesidades de los alumnos discapacitados. Por el contrario, defienden que la educación especial está dotada de los recursos necesarios para garantizar una educación de calidad a estos alumnos.

b) De otra parte, las propuestas derivan del enfoque conceptual de la discapacidad. Así, mientras que los partidarios de la inclusión conciben la discapacidad como una construcción social, los que se oponen a la inclusión la conciben como un fenómeno objetivo.

3. **Valores** que defienden: mientras los inclusionistas defienden el valor de la igualdad de todos los alumnos, los que se oponen a la inclusión defienden el valor de la diferencia. Los primeros abogan por el desarrollo de la socialización, mientras los otros propugnan el desarrollo académico. Los partidarios de la inclusión defienden el aprendizaje compartido y los que se oponen a ella abogan por el aprendizaje individualizado.

A mi juicio, la solución al dilema debe fundamentarse en la filosofía de la Escuela Inclusiva. Ésta representa una alternativa válida a la escolarización segregada en centros específicos, por las siguientes razones (STAINBACK y otros, 1992):

a) Se centra en la forma en que la comunidad escolar puede prestar apoyo a todos los alumnos, no sólo a los alumnos con necesidades educativas especiales.

b) Los recursos y esfuerzos de todos los profesionales pueden emplearse en la evaluación de las necesidades educativas, la adaptación de la enseñanza y el apoyo a los alumnos, sin que esta tarea sea exclusiva de los profesores especialistas, ya que se dirige a todos los alumnos.

"En la escuela inclusiva todos los alumnos están integrados a tiempo completo, por lo que todos los recursos y todo el personal también han de estar integrados en el mismo sentido" (STAINBACK y otros, 1992, 7).

Sin embargo, he de observar que ésta es una propuesta utópica, que debe asumirse como horizonte y guía de la práctica educativa, pero que aún no puede hacerse efectiva de forma absoluta. Por eso, aunque la inclusión total es la meta final de la escuela democrática, es necesario establecer etapas intermedias, en las que se acepte aún la existencia de centros específicos y de aulas específicas en centros ordinarios.

En opinión de Shanker (1995), es necesario descartar la ideología de que la inclusión en un aula ordinaria es el único emplazamiento apropiado para un niño discapacitado y recobrar la idea de un "continuo en los emplazamientos", en función de la naturaleza y severidad de las deficiencias. La decisión sobre la forma de escolarización más adecuada para un alumno determinado debe adoptarse en un debate abierto entre padres, alumnos, profesores y administración educativa.

En efecto, si la escolarización se hace en un centro ordinario, aún cabe la posibilidad de optar entre la integración total en un aula ordinaria o en un aula específica. Pero también es posible combinar la asistencia a un aula específica con la presencia en el aula ordinaria, en tiempos y duración diferentes.

En todos los modelos organizativos derivados de la filosofía de la integración escolar se establecen niveles a lo largo de un continuo, desde la educación en el centro específico, a tiempo completo, hasta la inclusión total en la escuela y aula ordinaria.

Para promover la educación inclusiva se han propuesto algunas estrategias (STAINBACK y STAINBACK 1990):

1. Diseñar y desarrollar una filosofía en la escuela, basada en la igualdad, en la solidaridad y en los principios democráticos. Una escuela, en la que los alumnos sean aceptados como miembros de la comunidad natural en la que áquella está situada.
2. Distribuir responsabilidades en el proceso de planificación y toma de decisiones a todos los miembros de la comunidad educativa.
3. Establecer y dinamizar redes tutoriales de apoyo, que fomenten el trabajo colaborativo entre profesores y entre alumnos.
4. Integrar alumnos, profesionales y recursos en una síntesis superadora del individualismo latente.
5. Diseñar procesos de adaptación del currículo a las necesidades de algunos alumnos, para los cuales no es apropiado el currículo general ordinario.
6. Establecer mecanismos de flexibilidad, de manera que los objetivos inicialmente formulados puedan ser modificados durante el proceso educativo.

¿Cuál es la posición sobre este tema en nuestro sistema educativo? A pesar de la declaración de intenciones, contenida en varios documentos de la política educativa, a favor de la integración total a largo lazo, en la práctica, al menos temporalmente, se mantienen las dos posiciones del dilema, si bien no de una forma rígida, sino ofreciendo posiciones intermedias a lo largo de un continuo, en función del tipo de alumno.

Por lo que atañe a los centros específicos, la intención de la política educativa es que progresivamente se transformen en centros de recursos, al servicio de todo el Sistema Educativo. En la "Declaración de Salamanca" (UNESCO, 1994) se sugieren las siguientes funciones:

1. Identificación de alumnos discapacitados.
2. Formación del personal de las escuelas ordinarias.
3. Atención a alumnos que no pueden ser atendidos en la escuela ordinaria.
4. Apoyo profesional a las escuelas ordinarias.
5. Apoyo a la elaboración de adaptaciones curriculares.

5. Escuela Autónoma/Escuela-Comunidad (servicios escolares/servicios basados en la comunidad)

El dilema sobre la autonomía o dependencia de la acción educativa en cuanto a la intervención social puede analizarse en dos niveles: en el nivel macro-estructural se trataría de analizar las relaciones entre la Política Educativa y la Política General; en concreto, la Política Social. No voy a entrar en este ámbito.

En el nivel microestructural, el dilema se refiere a las relaciones entre la escuela y el contexto social inmediato (contexto comunitario). La cuestión es si la acción educativa de la Escuela puede o debe mantenerse al margen de la acción social de la comunidad cívica o debe insertarse y coordinarse con ella. Estas relaciones atañen obviamente a los profesionales.

El dilema puede desarrollarse en algunos interrogantes:

— ¿hay actuaciones educativas y otras que no lo son (sociales, sanitarias, laborales, culturales)?;
— ¿debe actuar cada profesional en el ámbito de su competencia profesional, sin inmiscuirse en las competencias de otros profesionales y sin que otros interfieran en las suyas?;
— ¿es posible coordinar intervenciones y profesionales tan diversos, que actúan en contextos diferentes (sanitario, laboral, escolar...)?

La opción centrada en la Escuela defiende la absoluta autonomía e independencia de la acción escolar respecto a otras instancias y contextos de intervención sobre el alumno. La crítica a esta posición se fundamenta en la unicidad del sujeto sobre el que inciden diversas instituciones y profesionales, a veces con criterios claramente divergentes. Esta descoordinación y desconocimiento mutuo de los profesionales y de las instituciones perjudica más que beneficia a los sujetos a quienes se dirige la acción profesional.

La opción centrada en los servicios comunitarios corre el riesgo de descoordinación y dispersión, de reduplicación de servicios y de ausencia de otros necesarios, de generar excesivo costo sin obtener los beneficios pretendidos, de no llegar a los sujetos necesitados o de dificultarles el acceso fluido a estos servicios.

La solución al dilema se encuentra, una vez más, en la filosofía de la Escuela Inclusiva (SIMPSON y MYLES, 1996). En efecto, la necesidad de abrir la institución escolar al entorno implica adaptar la acción educativa a las características y necesidades de cada contexto así como a los problemas que se generen en él.

Por su carácter ecológico, el Centro está conectado con otros contextos y niveles de intervención, cuya coordinación debe hacer efectiva y en cuyos ámbitos se proyecta la acción del Centro Escolar: ámbito sanitario, laboral, cultural y comunitario (BARTOLI y BOTEL, 1988).

Un aspecto bastante olvidado en la dimensión ecológica de la Escuela es el de la relación con la Comunidad, social y cultural. Hay, sin embargo, algunas iniciativas relevantes que desarrollan esta dimensión. Se ha denominado a esta propuesta "intervención basada en la comunidad" (FALVEY, 1992; RIGSBY y otros, 1995; ACCARDO, 1996; AMATO, 1996; McKINLAY, 1996; SAILOR y otros, 1996; SKRTIC y otros, 1996). En este sentido, se ha hablado de una "enseñanza basada en la comunidad" (TEST y SPOONER, 1996).

En la Declaración de Salamanca (UNESCO, 1994) se incluye como uno de los criterios para determinar la calidad de la Escuela Integradora el de la asociación de la Escuela con sus comunidades. En este sentido, se ha hablado de una Escuela abierta a la comunidad, es decir, que la Escuela forme parte de la propia comunidad.

Los diversos servicios que la comunidad presta al sujeto deben articularse en función de una finalidad claramente definida: la optimización de las potencialidades humanas. Por eso, se ha hablado de crear "redes de apoyo" (STAINBACK y STAINBACK, 1990).

El movimiento social denominado "servicios integrados relacionados con la Escuela" (AMATO, 1996) responde a la necesidad de que la Escuela conecte con otros servicios e instituciones que inciden en dimensiones importantes del alumno discapacitado: salud, integración social, salud mental, trabajo, ocio y tiempo libre. Por ejemplo, en los cursos o actividades de talleres para la formación profesional de los alumnos con necesidades educativas especiales colaboran empresas o instituciones laborales (GARCÍA PASTOR, 1997; JURADO, 1997).

Este movimiento surge como una respuesta a la descoordinación de los servicios sociales de apoyo y asistencia a los discapacitados, que supone una incoherencia en una sociedad moderna y democrática. El movimiento se inspira en la misma filosofía que fundamenta el movimiento de Escuela Inclusiva.

En primer lugar, se trata de "integrar diversos enfoques de intervención". La intervención médica debe integrarse con la intervención de carácter psicológico, éstas con la intervención social y todas con la intervención específicamente educativa. El criterio integrador, la referencia última de toda intervención, debe ser el criterio educativo, es decir, el desarrollo integral de la persona, considerada como valor supremo.

En otra dimensión, la necesaria integración de contextos apunta a la necesidad de la cooperación entre instituciones. De una parte, entre los órganos de la administración local, autonómica y estatal. De otra parte, es necesaria la cooperación del Sistema Educativo con asociaciones sin ánimo de lucro (federaciones, asociaciones...) y con la administración laboral.

Si la "participación de los padres" en el proceso educativo es imprescindible en cualquier caso, más aún en la atención a las necesidades educativas especiales, en cuyo contexto se ha denominado "apoyo familiar" (SAILOR y otros, 1996). En el modelo holístico-ecológico que defiendo se incluye como una estrategia la coordinación Escuela-Familia (McGRATH y GRANT, 1993).

Para la integración de contextos, la estrategia metodológica más adecuada es "la colaboración" (IRESON, 1992), que no se reduce al recinto escolar sino que se proyecta en las relaciones del Centro con la Comunidad Educativa y de ella recibe apoyo y significado (FUCHS y FUCHS, 1996).

6. Dilema sobre los profesores: ¿generalistas/especialistas?

El dilema versa sobre la necesidad o conveniencia de contar con profesores especialistas, además de los profesores generalistas (REYNOLDS, 1990; GARCÍA PASTOR, 1991; PARRILLA, 1992; ZABALZA, 1994).

En la posición radical de los partidarios de la inclusión la respuesta a esta cuestión sería negativa. Si, en efecto, la educación general y la educación especial deben integrarse en un sistema único, si se suprimen las categorías de alumnos, lógicamente las categorías de profesores también (LIPSKY y GARTNER, 1996). Los dilemas planteados, en el fondo, implican una concepción diferente de la Educación Especial. En términos radicales, si debe desaparecer la educación especial y se debe hablar sólo de educación de calidad para todos los alumnos, no tiene sentido hablar de especialistas en educación especial.

Se ha criticado al movimiento de Escuela Inclusiva que disminuye la función del profesor especialista y lo subordina al de otros profesionales (GERBER, 1995). Pero como han indicado algunos autores, la reforma no tiene por qué implicar la supresión o el cambio de estructuras, sino la mejora de la intervención (KAUFFMAN, 1994; MURPHY, 1996).

Desde un enfoque ecológico, se ha criticado como negativa la pluralidad de profesionales, desconectados y, a veces, enfrentados entre ellos (BARTOLI y BOTEL, 1988). Algunos autores argumentan que esta separación entre profesores generalistas y especialistas hunde sus raíces en una concepción atomista del aprendizaje y de la inteligencia (IRAN-NEJAD y otros, 1995). En esta concepción del aprendizaje se defiende que para aprender mejor es preciso simplificar el contenido, dividiéndolo en partes.

Un problema relacionado con esta cuestión es el de diferenciar competencias entre distintos profesionales (profesor de aula, profesor de apoyo, orientador, psicopedagogo...). Si todos los profesores deben atender a las necesidades educativas de sus alumnos y deben adaptar el currículo a ellas, ¿qué le queda al profesor de apoyo o al especialista en educación especial? (PAUL y otros, 1996).

Algunos autores han planteado el problema desde la perspectiva marxista de la división del trabajo (CONTRERAS, 1991), que implica que unos piensan y planifican la acción (teoría e ingeniería didáctica) y otros la aplican mecánicamente (obreros en la práctica). Esta situación produce los consiguientes efectos negativos: 1) descoordinación entre unos y otros profesionales; 2) relación de dependencia.

La cuestión se complica, al plantear el dilema de si debe haber una mayor especificación o diferenciación entre los que ya son especialistas (por ejemplo, profesor de niños ciegos, de niños sordos...). El dilema trata de discernir sobre la conveniencia de especificar aún más la acción profesional, en función de los sujetos a quienes se dirige la acción.

Los argumentos fundamentales para rechazar la existencia de profesores especialistas por categorías han sido éstos:

1. Asumen un modelo de intervención técnica del profesor sobre los déficits que presentan los sujetos.
2. Establecen barreras dentro de la profesión. Lo cual conduce a que se provoquen conflictos de competencias entre profesionales o a que se generen relaciones de dependencia entre unos profesionales y otros.
3. Refuerzan la idea de que la Educación Especial tiene una metodología especializada, separada, que es efectiva sólo con categorías específicas de alumnos, cuyos déficits son claramente identificables.
3. Obvian que existen metodologías en la educación general que pueden ser eficaces en cualquier situación especial.

La respuesta a estos dilemas puede venir de dos focos de argumentación: uno es la realidad de la organización de la educación especial; el otro es la reflexión pedagógica sobre lo que deseamos que sea.

Desde el análisis de la realidad, la respuesta a la cuestión planteada es clara: en todos los sistemas educativos existen profesores generalistas y especialistas, además de otros profesionales especialistas, a quienes se les asignan funciones específicas.

En el nuevo sistema educativo español, diseñado en la LOGSE (B.O.E., 4-10-1990), se contempla la existencia de profesionales especialistas como una garantía de la calidad de la educación. En efecto, en el capítulo V, que trata de la Educación Especial, incluye varios profesionales, además de los profesores:

"Para alcanzar los fines señalados en el artículo anterior, el sistema educativo deberá disponer de profesores de las especialidades correspondientes y de profesionales cualificados" (Art. 37.1).

En cuanto a los maestros, hay dos especialidades relacionadas con la educación especial. Para estos profesionales se han diseñado titulaciones específicas: títulos de Maestro especialista en "Educación Especial" y en "Audición y Lenguaje".

Esta situación es análoga a la de otros países. Incluso en algunos, como Estados Unidos, hay distintos tipos de profesores especialistas según diversas categorías de alumnos: deficientes mentales, con trastornos emocionales, autistas, con discapacidades de aprendizaje, por citar sólo algunos.

En cuanto al plano del deber ser, este debate se encuentra en su fase de iniciación y hay muy pocos trabajos de investigación que respondan a estos interrogantes de forma contundente.

No se debe ocultar que en el debate sobre la especialización hay posiciones diferentes, que responden a intereses y a concepciones diferentes. Los especialistas ven amenazada su profesionalidad e incluso su futuro laboral. De otro lado, los generalistas perciben la superioridad de los especialistas como amenazante y acusadora, y se sienten dependientes de sus orientaciones y evaluaciones.

Pero hay un argumento "ad hominem". Muchos de los que niegan la necesidad de la especificidad luego desarrollan un largo discurso sobre las funciones que deben desempeñar distintos profesionales especializados (AINSCOW, 1995).

A mi juicio, avalado por la experiencia y por la opinión de muchos profesionales de la educación especial, es mucho más efectivo que en cada centro haya, al menos, un profesor especialista que no la atención que prestan los profesionales externos (de los equipos de apoyo), quienes, en muchos casos, no pueden atender adecuadamente la necesidad, por falta de tiempo para conocer la situación real. Por tanto, mi opinión es favorable a la existencia de profesores especialistas.

Como argumentan algunos autores, las necesidades o dificultades graves demandan habilidades específicas (SINDELAR, 1995). Mi opinión es que hay una cierta ambigüedad en el lenguaje y no se diferencia entre necesidades educativas, que tienen todos los alumnos, y necesidades educativas "especiales", que sólo las tienen algunos. Por tanto, si hay necesidades educativas generales y especiales, también puede y debe haber profesores generalistas y especialistas.

Mi opinión es que se deben mantener los especialistas, por cuanto las necesidades de los alumnos son específicas:

1. En primer lugar, por la dificultad que implica el aprendizaje de ciertas materias, especialmente el desarrollo de las habilidades básicas: lenguaje, lectura y escritura.

2. En segundo lugar, porque algunos alumnos tienen dificultades especiales, derivadas de su deficiencia (audición, visión, motricidad, cognición...), que afectan definitivamente al aprendizaje.

Querer ocultar la realidad silenciando su nombre no resuelve el problema. Otra cuestión distinta es que la deficiencia tenga que ser valorada negativamente como una imposibilidad o un obstáculo insalvable para aprender. Pero que el niño ciego tiene unas dificultades específicas, para la lectura, por ejemplo, diferentes a las que tienen los niños que no son ciegos, es algo de sentido común.

La inclusión de todos los alumnos discapacitados es hoy por hoy una meta deseable, no una realidad. ¿Lo será en el futuro? Esperemos que sí. Además la inclusión supone establecer niveles, de los cuales el más elevado es la integración del alumno en el aula ordinaria. Mientras tanto, siguen existiendo los centros específicos y las aulas especiales en los centros ordinarios (KAUFFMAN, 1994). Por tanto, también los profesores especialistas.

Aunque es cierto que los métodos de educación general son aplicables en la educación especial (PUGACH y LILLY, 1984), no hay que negar que existen métodos específicos. Es más, a la inversa, los métodos diseñados en la educación especial se pueden aplicar en la educación general. De hecho, algunos métodos clásicos, como los de Montessori y Decroly, aplicados hoy en la educación infantil, tuvieron su origen en la educación especial.

Es cierto que el profesor generalista podría atender a las necesidades especiales y que, en algunos casos, lo hace. Pero, para ello, se necesitaría modificar la estructura organizativa del aula y del centro escolar (ratio alumnos/profesor, horarios y agrupamientos flexibles....). Además, el profesor debería adquirir conocimientos y técnicas especiales para poder abordar satisfactoriamente estas necesidades (KAUFFMAN, 1994).

Que el profesor generalista adquiriera estas competencias específicas supondría hacerlo especialista además de generalista; lo cual sería posible, incrementando su currículo formativo. Pero ello conllevaría algunos problemas de tipo curricular, económico y organizativo.

En lugar de plantear la situación como un dilema o un conflicto entre profesionales, sería más beneficioso adoptar una posición integradora. En un enfoque profesional, coherente con la filosofía de la Escuela Inclusiva, se integra la actuación de profesores generalistas y especialistas. En efecto, la Escuela Inclusiva supone la superación de la dicotomía profesor generalista/profesor especialista. Como alternativa, es necesario un profesor que sea capaz de intervenir en contextos generales y específicos (ELLIS y otros, 1995). Pero ello no implica necesariamente la supresión de profesionales sino su reprofesionalización (VILLA y THOUSAND, 1995; MURPHY, 1996).

La solución a la dicotomía profesor generalista/especialista no es suprimir ninguno de los dos ni mantener su separación radical, sino acercarlos, haciendo que el generalista adquiera especialización y que el especialista tenga una visión más general de la educación. Ésta es la solución adoptada por algunos autores canadienses (ELLIS y otros, 1995; IRAN-NEJAD y otros, 1995; LARKIN y otros, 1995).

Creo que en un enfoque de Escuela Inclusiva es compatible la división del trabajo (concebida como distribución de tareas) con la colaboración entre profesionales (VOLTZ y otros, 1995). La colaboración supone que el diseño, el desarrollo y la evaluación del proceso de intervención se aborde entre todos los profesionales de forma reflexiva y crítica (LATZ y DOGON, 1995; WALTHER-THOMAS y otros, 1996).

Creo, por tanto, que la solución más adecuada es que, manteniendo la diferencia entre profesor generalista y especialista, se establezca un modelo de colaboración entre ellos, no de competición ni de dependencia (MURPHY, 1996).

Aunque los especialistas en la Educación Especial no van a desaparecer, algunos autores consideran que el perfil de estos profesionales ha de cambiar (VILLA y THOUSAND, 1995). Su actuación centrada en el alumno, de forma directa, debe dar paso a una acción colaborativa, de asesoramiento y apoyo a la labor del profesor tutor con estos niños. Es lo que se ha denominado "modelo de asesoramiento colaborativo" (IDOL y otros, 1995; JO-HNSON y PUGACH, 1996; WHITE y WHITE, 1996). Este modelo implica que la intervención del profesor especialista no es individual y aislada de la de los profesores tutores o de otros profesionales e incluso de la de los padres. De igual modo, la acción de estos profesionales amplía su foco de acción a todos los alumnos del aula que lo necesiten (SIGMON, 1990). En este sentido, se ha considerado la intervención del profesor de apoyo como la de un "catalizador" de las prácticas educativas en la Escuela Inclusiva (KAUFMAN y CHICK, 1996).

Como ilustración de las funciones atribuidas al profesor especialista, incluyo las descritas en el Sistema Educativo de Escocia (MORRIS y otros, 1995, 389-90):

1. Asesoramiento a otros miembros del equipo educativo, sobre los alumnos, los programas de enseñanza individualizada, diversificación curricular y organización del aula.

2. Enseñanza en equipo (o cooperativa) con los profesores de aula.

3. Tutoría de alumnos y enseñanza a grupos que tienen problemas específicos en el aula ordinaria o en el aula de apoyo.

4. Coordinación de las actividades de otros profesionales especialistas (psicólogos, terapeutas, profesores itinerantes).

5. Formación de los miembros del equipo educativo, organizando encuentros para reflexionar sobre temas como la diferenciación del currículo, la igualdad de oportunidades y la adaptación del aprendizaje.

7. Apoyo interno/externo (modelo de expertos/modelo colaborativo)

El dilema atañe tanto a la ubicación de la intervención o del apoyo (apoyo interno/externo) como al modo de organizarla (modelo de expertos/modelo colaborativo). Este dilema supone aceptar la existencia de profesores y de otros profesionales especialistas.

En este dilema pueden diferenciarse dos dimensiones, que podrían considerarse como formas diferentes de enunciarlo: la más superficial atañe al contexto físico (aula ordinaria/específica), en el que se desarrolla la intervención profesional, denominada apoyo (apoyo interno/externo). La otra dimensión atañe al modo de organizar el apoyo: modelo de expertos/modelo colaborativo.

El dilema se enuncia así: ¿la intervención debe hacerse en el contexto del aula ordinaria (apoyo interno) o en el aula específica (apoyo externo)? La oposición interno/externo puede referirse también a los profesionales que están en el centro escolar (por ejemplo, el departamento de orientación) y a los que no lo están (los denominados equipos de apoyo externo).

Hasta hace poco, en la Educación Especial predominaba el apoyo externo a la Escuela, produciéndose, la mayoría de las veces, incongruencias entre el hacer de los equipos y las acciones educativas que se llevaban a cabo en los centros y en las aulas.

A partir de la reforma educativa, las acciones de apoyo no pueden ser un elemento aislado y externo a los centros sino que han de estar incardinadas en su dinámica y, por tanto, deben reflejarse en su estructura organizativa. Esta incardinación se propicia en algunos modelos de organización del apoyo a la escuela.

El contexto en el que se presta el apoyo, dentro o fuera del aula, vendrá determinado por unos criterios (PUIGDELLIVOL, 1992):

a. La compatibilidad entre la actividad de apoyo y la que lleva a cabo el grupo. Por ejemplo, hay actividades de apoyo que requieren mucha atención por parte del alumno y, por tanto, no pueden realizarse simultáneamente a actividades orales desarrolladas por el resto del grupo porque, sin duda, interferirían en su atención.

b. La integración organizativa: determinado tipo de organización del aula (grupos de trabajo, trabajo por rincones, etc.) o de algunas áreas del currículo se presta a integrar las actividades de apoyo individual, sin que suponga una situación extraña para el grupo.

Creo que los diversos modelos de organizar el apoyo se pueden agrupar en las dos categorías establecidas por Escudero (1992): modelo de expertos y modelo colaborativo.

El **modelo de expertos** es el más arraigado en nuestro país. Este modelo se centra en la relación entre profesionales de la educación, que poseen diversa formación. La característica más notable de este tipo de actuación es su orientación externa, basada en un "modelo experto jerárquico" o de consulta externa. Las funciones atribuidas a los profesionales en este modelo abarcan un amplio rango: prevención socio-educativa, valoración diagnóstica, elaboración de programas.

Los equipos suelen estar compuestos por pedagogos, psicólogos, médicos y trabajadores sociales. Básicamente, estos profesionales no actúan directamente sobre el problema o sobre el sujeto, sino que su acción es indirecta, a través de la formación del agente que llevará a cabo la acción pedagógica. La acción formativa consiste en la orientación, asesoramiento y/o consejo a diversos agentes mediadores (maestro, padres,...).

Se han hecho varias críticas a este modelo: 1. Su carácter externo, que dificulta la conexión vivencial entre el centro y los miembros del equipo; 2. El modelo de experto jerarquizado, que provoca una ruptura del asesor en la relación con los profesores de los centros; 3. El énfasis que pone el modelo en el apoyo al alumno individual, no al centro.

Dentro del enfoque de asesoramiento, se ha desarrollado el **modelo de asesoría colaborativa**, cuyos rasgos fundamentales son los siguientes (IDOL, 1988; IDOL y otros, 1995; JOHNSON y PUGACH, 1996; WELCH y otros, 1996):

a) Intervención indirecta: El asesor no trabaja directamente con el sujeto que presenta el problema sino que interviene sobre un mediador (el profesor).

b) Colaboración: Todas las personas se ven implicadas en el proceso educativo y deben colaborar en su diseño y desarrollo.

c) Voluntariedad: Todos los que participan lo hacen por decisión propia.

d) Orientación a la resolución de problemas: El objetivo de la colaboración es prevenir y resolver determinados problemas.

En este modelo general caben algunas variantes (PARRILLA, 1994, 1995, 1996):

A. Modelo de apoyo entre colegas

Los profesores de un centro colaboran en el análisis de necesidades y en la búsqueda de soluciones. Algunos rasgos específicos de esta variante son:

a) Carácter institucional: la intervención se centra en el diseño de un proyecto formativo global en el centro.

b) Igualdad: todos los que participan en el grupo se sienten iguales, aunque puedan ocupar realmente posiciones diferenciadas en cuanto a su especialización o su responsabilidad institucional.

c) Corresponsabilidad: todos los miembros del grupo comparten la responsabilidad en la solución del problema y aceptan las propuestas de sus colegas.

B. Modelo de apoyo interprofesional

El matiz diferencial radica en que la colaboración se establece entre diversos profesionales de una zona, cuyo nivel o área de especialización es diferente.

C. Modelo de apoyo interinstitucional

La colaboración se establece entre centros, para compartir recursos y tomar decisiones conjuntamente sobre problemas comunes que les afectan. Se ha hablado metafóricamente de crear "redes", grupos o federaciones de escuelas. Estas denominaciones tienen relación con el carácter del nexo entre centros, que puede ser estable o esporádico.

8. Conclusiones

Aunque a lo largo del discurso he ido dando respuesta a los dilemas planteados, haré una síntesis de las tesis desarrolladas:

1ª. La educación especial no es una educación segregada y devaluada, sino una educación de calidad, adecuada a las necesidades de cada persona.

2ª. El Sistema Educativo no es dual ni paralelo, sino único aunque diversificado en su organización real.

3ª. La acción de la Escuela debe insertarse en la de la comunidad social y coordinarse con ella.

4ª. La educación especial debe desarrollarse preferentemente en centros ordinarios y, sólo cuando sea necesario, en centros específicos.

5ª. La actividad profesional en la educación especial, desarrollada por especialistas y generalistas, debe organizarse de acuerdo con un modelo colaborativo.

Bibliografía:

ACCARDO, P. (1996): *The Invisible Disability: Understanding Learning Disabilities in the Context of Health and Education.* National Health & Education Consortium, Washington.

AINSCOW, M. (1995): *Necesidades especiales en el aula.* UNESCO-Narcea, Madrid.

AMATO, C. (1996): "Freedom Elementary School and Its Community. An Approach to School Linked Service Integration", *Remedial and Especial Education,* 17, 5, 303-309.

ARNÁIZ, P. (1997): "Innovación y diversidad: Hacia nuevas propuestas didácticas". En J. A. TORRES (Coord.) *La innovación de la Educación Especial.* Servicio de Publicaciones de la Universidad de Jaén.

BARTOLI, J. y BOTEL, M. (1988): *Reading/Learning Disability (An ecological approach)*. Teacher College Press, New York.

BIRCH, J.K. y REYNOLDS, M.C. (1982): "Special education as a profession", *Exceptional Education Quaterly*, 2, 4, 1-13.

CLINE, T. (Ed.) (1992): *The assessment of special educational needs. International perspectives*. Routledge, London.

CONTRERAS, J. (1991): *Enseñanza, currículum y profesorado (Introducción crítica a la Didáctica)*. Akal, Madrid.

CUOMO, N. (1990): *La integración en Italia: Dos décadas de experiencia*. Ponencia presentada a las VII Jornadas de Universidades y Educación Especial. Málaga.

ELLIS, E. S. y otros (1995): "The Multiple Abilities Paradigm: Integrated General and Special Education Teacher Preparation", *Canadian Journal of Special Education*, 10, 1-2, 4-31.

ESCUDERO, J. M. (1992): "Desarrollo de la escuela: ¿metodología o ideología educativa?". En L. M. VILLAR (Coord.): *Desarrollo Profesional Centrado en la Escuela*, FORCE, Granada, 11-18.

FALVEY, M. A. (1992): *Community-based instruction* Paul H. Brookes, Baltimore.

FALVEY, M. A. y otros (1995): "What is an inclusive school". En R. A. VILLA y J. S. THOUSAND (Eds.) *Creating an Inclusive School*. ASCD, Alexandria, 1-12.

FISHER, D. y otros (1996): "From Instruction to Inclusion: Myths and Realities in Our Schools (Point-Counterpoint)", *Reading Teacher*, 49, 7, 580-84.

FUCHS, D. y FUCHS, L. S. (1995): "Sometimes Separate is Better", *Educational Lealdership,* 52, 4, 22-26.

FUCHS, D. y FUCHS, L. S. (1996): "Consultation as a Technology and the Politics of School Reform. Reaction to the Issue", *Remedial and Especial Education,* 17, 6, 386-392.

GAIRÍN, J. (1993): "El sistema escolar como sistema envolvente de la Escuela". En M. LORENZO y O. SÁENZ (Dirs.) *Organización Escolar (Una perspectiva ecológica)*, Marfil, Alcoy, 41-68.

GARCÍA PASTOR, C. (1991): "Dilemas en la Formación del Profesorado para la integración". En M. A. ZABALZA y J. R. ALBERTE (Coords.) *Educación Especial y Formación del Profesorado*. Tórculo, Santiago de Compostela, 253-267.

GARCÍA PASTOR, C. (1997): "Más allá de lo especial: la investigación sobre la educación para todos los alumnos". En A. SÁNCHEZ y J. A.TORRES (Eds.) *Educación Especial I. Una perspectiva curricular, organizativa y profesional*. Pirámide, Madrid, 121-141.

GARTNER, A. y LIPSKY, D. (1987): "Beyond Special Education: Toward a quality system for all students", Harvard Educational Review, 57, 367-395.

GERBER, M. M. (1995): "Inclusion at the High-Water Mark? Some Thoughts on Zigmond and Baker's Case Studies of Inclusive Educational Programs", *Journal of Special Education*, 29, 2, 181-91.

HEGARTY, S. (1994): *Educación de niños y jóvenes con discapacidades. Principios y Práctica.* UNESCO, París.

IDOL, L. (1988): "A rationale and Guidelines for Establishing Special Eduaction Consultation Programs", *Remedial and Special Education*, 9, 6, 48-62.

IDOL, L. y otros (1995): "The collaborative consultation model", *Journal of Educational and Psychological Consultation*, 6, 4, 347-361.

IRAN-NEJAD, A. y otros (1995): "Educating Multiple Abilities through Wholetheme Constructivism", *Canadian Journal of Special Education*, 10, 1-2, 87-103.

IRESON, J. (1992): "Collaboration in Support Systems", *British Journal of Special Education*, 19, 2, 56-58.

JUNTA DE ANDALUCÍA (JA) (1994): *La atención educativa de la diversidad de los alumnos en el nuevo modelo educativo (Documento a Debate).* Dirección General de Ordenación Educativa y Formación Profesional, Sevilla.

JOHNSON, L. J. y PUGACH, M. C. (1996): "Role of Collaborative Dialogue in Teachers Conceptions of Appropriate Practice for Students at Risk", *Journal of Educational and Psychological Consultation*, 7, 1, 9-24.

JURADO, P. (1997): "La transición escuela-vida adulta: integración y alternativas curriculares". En A. SÁNCHEZ y J.A. TORRES (Dirs.) *Educación especial I: Una perspectiva curricular, organizativa y profesional.* Pirámide, Madrid, 293-308.

KAUFFMAN, J. M. (1994): "Places of Change: Special Education's Power and Identity in an Era of Educational Reform", *Journal of Learning Disabilities*, 27, 10, 610-18.

KAUFMAN, C. C. y CHICK, K. (1996): "Instructional support as a catalyst to Inclusive classroom practices", *Journal of Education for Teaching*, 22, 2, 171-179.

LARKIN, M. J. y otros (1995): "Applying Wholetheme Constructivism in the Multiple Abilities Program (MAP): An Integrated General and Special Education Teacher Preparation Program", *Canadian Journal of Special Education*, 10, 1-2, 67-86.

LATZ, S. y DOGON, A. (1995): "Coteaching as an Instructional Strategy for Effective Inclusionary Practices", *Teaching and Change*, 2, 4, 330-51.

LIPSKY, D. K. y GARTNER, A. (1996): "Inclusion, School Restructuring and the Remaking of American Society", *Harvard Educational Review*, 66, 4, 762-796.

McGRATH, M. y GRANT, G. (1993): "The life-cycle and support networks of families with a person with a learning difficulty", *Disability, handicap and society*, 8, 1, 25-42.

McKINLAY, I. (1996): "The Education Act 1993: Working with health services to implement the code of practice", *Child Care Health and Development*, 22, 1, 19-30.

McLAUGHLIN, M. J. (1995): "Defining Special Education. A response", *Journal of Special Education*, 29, 2, 200-208.

MacMILLAN, D. L. y otros (1986): "Special Educational Research on Mildly Handicapped Learners". En C. M. WITTROCK (Ed.) *Handbook of research on teaching.* McMillan, Nueva York (3ª ed.) 686-724.

MORRIS, L. y otros (1995): "Pupils with Special Needs. A Scottish Perspective", *Journal of Learning Disabilities,* 28, 7, 386-390.

MURPHY, J. (1995): "Insights on 'The Context of Full Inclusion' from a Non Special Educator", *Journal of Special Education*, 29, 2, 209-11.

MURPHY, D. M. (1996): "Implications of Inclusion for General and Special Education", Elementary School Journal, 96, 5/469-493.

PARRILLA, A. (1992): *El profesor ante la integración escolar: Investigación y formación.* Cincel, Madrid.

PARRILLA, A. (1994): "Apoyo a la escuela: Experiencias y modelos organizativos". En *III Congreso Interuniversitario de Organización Escolar.* Depto. de Didáctica y Organización Escolar, Santiago de Compostela.

PARRILLA, A. (1995): "Apoyo Interno: Revisión de modelos y funciones". *Jornadas de Apoyo a la escuela y procesos de diversidad educativa.* Sevilla.

PARRILLA, A. (1996): *Apoyo a la escuela: un proceso de colaboración.* Ediciones Mensajero, Bilbao.

PAUL, J. y otros (1996): "The Transformation of Teacher Education and Special Education. Work in Progress", *Remedial and Especial Education*, 17, 5, 310-322.

PUGACH, M. y LILLY, M. S. (1984): "Reconceptualizing Support Services for Classroom Tearchers: Implications for Teacher Educations", *Journal of Teacher Education,* 35, 5, 48-55.

PUIGDELLIVOLL, I. (1992): *Programación de aula y adecuación curricular. El tratamiento de la diversidad.* Graó, Barcelona.

REYNOLDS, M. C. (1990): "Educating teachers for Special Education students". En W. R. HOUSTON (Ed.) *Handbook of research on teacher education,* McMillan, Nueva York, 423-436.

RIGSBY, L. C. y otros (Eds.) (1995): *School community connections: Exploring issues for research and practice.* Jossey-Bass, San Francisco.

SAILOR, W. y otros (1996): "Family participation in New Community Schools". En G.H.S. SINGER y otros (Eds.) *Redefining family support: Innovations in public-private partnerships.* Paul H. Brookes, Baltimore, 313-332.

SHANKER, A. (1995): "Full inclusion is neither free nor appropriate", *Educational Leadership,* 52, 4, 18-21.

SIGMON S. B. (1990): *Critical voices on special education (Problems and progress concerning the mildly handicapped).* State University of New York Press, Albany.

SIMPSON, R. L. y MYLES, B. S. (1996): "The general education collaboration model: A model for succesful mainstreaming". En E.L. MEYEN y otros (Eds.) *Strategies for teaching exceptional children in inclusive settings.* Love Publishing Company, Denver.

SINDELAR, P. T. (1995): "Full Inclusion of Students with Learning Disabilities and Its Implications for Teacher Education", *Journal of Special Education,* 29, 2, 234-44.

SKRTIC, T. M. y otros (1996): "Voice, Collaboration, and Inclusion. Democratic Themes in Educational and Social Reform Initiatives", *Remedial and Especial Education,* 17, 3, 142-157.

STAINBACK, S. y STAINBACK, W. (Eds.) (1990): *Support networks for inclusive schooling.* Paul Brookes, Baltimore.

STAINBACK, S. y STAINBACK, W. (Eds.) (1992): *Curriculum considerations in inclusive classrooms: Facilitating learning for all students.* Paul H. Brookes, Baltimore.

TEST, D.W. y SPOONER, F. (1996): *Community-based instructional support, AAMR,* Washington.

UNESCO (1994): *Declaración de Salamanca. Conferencia Mundial sobre Necesidades Educativas Especiales: Acceso y calidad.* Salamanca.

VILLA, R. A. y THOUSAND, J.S. (1995): "Redefining the role of the special educator and other support personnel". En J.W. PUTNAM (Ed.) *Cooperative learning and strategies for inclusion: Celebrating diversity in the classroom.* Paul H. Brookes, Baltimore (2ª ed.).

VOLTZ, D. L. y otros (1995): "Promising Practices in Facilitating Collaboration between Resource Room Teachers and General Education Teachers", *Learning Disabilities Research and Practice,* 10, 2, 129-36.

WALTHER-THOMAS, T. C. y otros (1996): "Planning for Effective Co-teaching: The Key to Successful Inclusion", *Remedial and Special Education,* 17, 4, 255-64.

WANG, M. C. (1995): *Atención a la diversidad del alumnado,* Narcea, Madrid.

WELCH, M. y otros (1996): "Site based transdisciplinary educational partnerships: Development, implementation, and outcomes of a collaborative professional preparation program", *Journal of Educational and Psychological Consultation,* 7, 3, 223-249.

WHITE, A. E. y WHITE, L. L. (1996): "A collaborative model for students with mild disabilities in middle schools". En E. L. MEYEN y otros (Eds.) *Strategies for teaching exceptional children in inclusive settings*. Love Publishing Company, Denver.

ZABALZA, M. A. (1994): "A formación dos profesionais para a eduación especial". En J. R. ALBERTE (Ed.): *Los centros específicos de educación especial: una realidad cuestionada*. ACK, Santiago, 51-84.

PONENCIAS ESPECÍFICAS

EL ESPACIO ESCOLAR COMO ESCENARIO PARA EL ANÁLISIS DE LA MICROPOLÍTICA DE LOS PROFESORES

JOSÉ LUIS BERNAL
FERNANDO SABIRÓN
Departamento de Ciencias de la Educación
Universidad de Zaragoza

Presentación

"Los vaivenes que se han contemplado en el proceso evolutivo de la Organización Escolar en cuanto a sus relaciones con otras ciencias pedagógicas, los intentos de subsumirla en la Administración Escolar o la Legislación, las actitudes de dependencia vicaria con la Didáctica, la escasa consolidación de los tópicos o problemas que se consideran analizables específicamente, etc. nos hacen percibir que nos hallamos ante una de las Ciencias posibles de Toulmin que, no obstante, dado el desarrollo de los últimos años y la tarea reconstructiva que se está realizando en su campo de estudio, está atravesando el umbral, si no está dentro, de las 'ciencias difusas' (...): El camino hacia una ciencia compacta pasa por superar, en el sentir del autor, estos dos tipos de dificultades: las dificultades surgidas por la ausencia de un acervo claramente definido y generalmente acordado de problemas disciplinarios; la ausencia de una organización profesional adecuada" (Lorenzo et al, 1994). Es cierto. En el área de Organización Escolar del Departamento de Ciencias de la Educación de la Universidad de Zaragoza intentamos ser copartícipes en la definición de los problemas disciplinarios; concretamente, con el desarrollo de dos líneas complementarias: de una parte, la deconstrucción y reconstrucción de las teorías organizativas al uso; de otra, la realización de investigaciones etnográficas sobre organizaciones escolares. El *"espacio escolar como escenario para el análisis de la micropolítica de los profesores"* es susceptible de un tratamiento disciplinar que refleja esta doble aproximación. El contenido de la ponencia responde al estado de la cuestión y a la puesta a punto de estas dos posibles vías de desarrollo de la Organización Escolar. Se estructura en dos partes diferenciadas: la primera teórica; la segunda de investigación aplicada.

Estado teórico disciplinar de la Organización Escolar

La finalidad teórica de la Organización Escolar en el ámbito de las Ciencias Sociales

El estado epistemológico actual confiere a la teorización en el ámbito de las Ciencias Sociales una triple finalidad: historicista, desde la que se intenta dar razón de lo acontecido; la pretensión explicativa del presente y, por último, la extrapolación anticipatoria de una posición que prediga "alternativas auténticas". Es decir, la Organización Escolar, en tanto que disciplina, ha de ofrecer un conjunto de saberes y conocimiento que clarifique el pasado, explique el presente e interprete el futuro de los fenómenos educativos y escolares, en cualesquiera de sus concreciones organizativas.

Por el contrario, de revisar el corpus teórico disponible en Organización Escolar, la finalidad más evidente (explícita o no, premeditada o inconsciente) es la legitimación, *a posteriori,* de determinadas prácticas organizativas coyunturales y circunstanciales. Se toman unas decisiones en materia de política educativa que repercuten en la concreción organizativa del sistema y de cada uno de los centros docentes, y la Organización Escolar se entretiene en avalar tales decisiones. El carácter disciplinar se ve así severamente dañado. Un ejemplo reciente que muestra la evidencia, en nuestro entorno, es la concomitancia entre las reformas promovidas por la política educativa y la rápida expansión de pseudoteorías que sacralizan las prácticas organizativas innovadoras del momento: La tecnocrática "Ley General de Educación" del 70, implicó el desarrollo de una Organización Escolar taylorista fundamentada en los elementos personales, materiales y funcionales de las estructuras organizativas; se promueve la "democratización participativa curricular" (LODE, LOGSE) y la dependencia máxima de la teoría del Currículum anglosajona nos coloniza. La política educativa del momento estornuda, y el conjunto de la pedagogía y, muy en particular, la Organización Escolar, loa los efectos beneficiosos para la salud de un constipado. La primera exigencia para el desarrollo disciplinar de la Organización Escolar debiera recaer en la recuperación de las tres finalidades explicativas establecidas para las Ciencias Sociales. Sin embargo, tan bienintencionado propósito ha de plasmarse en algún tipo de propuesta y aquí aflora el primer problema: ¿cómo proceder? Esquemáticamente, de nuevo la opción por imbricar la Organización Escolar en el conjunto de las Ciencias Sociales orienta las tareas previas consiguientes. Es decir, los "prerrequisitos" disciplinares de la Organización Escolar bien podrían incluir los siguientes:

Uno, la necesidad perentoria de iniciar procesos de investigación que nos permitan la elaboración de tipologías.

La deconstrucción y reconstrucción del saber -del "escaso saber"- sobre organizaciones escolares se vería favorecido de promover investigaciones que nos permitieran determinar distintas tipologías a partir de las cuales elaborar categorías organizativas y, progresivamente, siguiendo un esquema etnográfico de desarrollo (trabajo de campo, tipología, categoría, modelo, teoría), disponer de modelos explicativos y teorías. De la práctica a la teoría con la aplicación rigurosa de métodos científicos de investigación pertinentes a nuestro objeto de estudio: la explicación de las organizaciones escolares en tanto que instituciones sociales, incluso "organizaciones de aprendizaje" si se quiere, pero no empresariales, exigen, como cualquier otro tipo de objeto científico, los métodos de investigación adecuados.

Lamentablemente, y quizá mediatizada la opinión por un sesgo pesimista, nuestro problema disciplinar sea previo y no estribe tanto en la aplicación de un método u otro de investigación, en la adscripción a un, recuérdese, "paradigma positivista" o "etnográfico", si no que la limitación afecte a la mayor: la investigación en Organización Escolar es escasa, porque nos hemos dejado arrastrar por la fiebre del número de páginas publicadas, en detrimento del trabajo de campo; y, bien que nos pese, ¿qué es una investigación sobre organizaciones escolares sin trabajo de campo? ... en el mejor de los supuestos una excelente revisión de los conocimientos existentes. El círculo vicioso se cierra cuando tales conocimientos quizá tampoco sean pertinentes, entre otras razones, porque las coordenadas de espacio, tiempo y objeto no se corresponden con la praxis de nuestras organizaciones escolares.

Dos, superar, de hecho, el excesivo entretenimiento disciplinar en falsas teorías.

No se trata de renegar de los "saberes" disponibles que sobre organizaciones escolares nos han reportado la solución de problemas de gestión y organización en ámbitos empresariales o las descripciones, interpretaciones o críticas, interactivas, comunicativas, antropológicas o culturales de los fenómenos educativos; pero no se puede transferir tales saberes a otra disciplina, la Organización Escolar, sin reelaboración alguna. El procedimiento debería ser el inverso: la Organización Escolar recurriría a métodos y conocimientos propios de otras disciplinas, pero manteniendo su singularidad. La interacción simbólica en un grupo social, por ejemplo, no reúne las mismas condiciones contextuales que un proceso, aparentemente similar, de interacción simbólica en el seno de una institución: ésta es nuestra especificidad organizativa. Con la difusión exacerbada de las teorías Racional, Estructural y Sistémica, de los Recursos Humanos, Simbólica y Política o Socio-crítica hemos autorreducido el saber disciplinar a una parte del contenido de una asignatura; incluso apurando aplicaciones que ni los estudiosos originales se plantearon en momento alguno: ¿pudo acaso sospechar Habermas, que su constructo analítico de la Acción Comunicativa terminaría engrosando, *a pelo,* la teoría organizativa escolar? ... pues consúltese una base cualquiera de datos, la comprobación, por evidente, es sencilla. Pero, tampoco se trata de satanizar lo habermasiano: reinterprétese en nuestro texto y contexto disciplinar.

Tres, el *desideratum* de una deconstrucción y reconstrucción de los "saberes organizativos".

A la vista del potencial explicativo, interpretativo y predictivo de las finalidades disciplinares de la Organización Escolar en tanto que ciencia social y de las reducciones que nos hemos autoimpuesto, conviene "deconstruir" y "reconstruir" nuestros saberes. El problema es cómo proceder. Se nos antoja, de nuevo, una posible propuesta.

Los modelos de razón al uso en Organización Escolar

Cuatro, la necesaria explicitación en cada caso (estudio, revisión o investigación) del modelo de razón implícito.

La dificultad genérica de las Ciencias Sociales no estriba tanto en la pluralidad de "explicaciones" o "alternativas", sino en que éstas sean "auténticas". La marca de autenticidad viene dada por el tipo de razón que subyace a cada una de ellas y, condición *sine qua non,* por la explicitación del modelo de razón del que se parte. Entre otras limitaciones, en Ciencias Sociales se nos abruma con la dificultad científica que supone enfrentarnos los estudiosos -que, al parecer, somos personas- a objetos disciplinares que, a su vez, también están compuestos por personas; unos y otros introducimos sesgos que invalidan datos y descripciones; el recurso histórico, erróneo, ha sido pretender objetivar lo que, *per se,* es conjunto de sujetos (intersubjetividad). La limitación estaba incorrectamente definida porque, al tratarse de personas, miembros de organizaciones, no se invalida el carácter científico de una interpretación, siempre y cuando esa ciencia entienda sobre las distintas interpretaciones posibles de un mismo fenómeno (la Física cuántica, *sic,* nos aporta un aval decisivo). La condición básica, insistimos, reside en que se expliciten los "prejuicios" y "presupuestos" teóricos de los que se parte. En este sentido nos referimos a los "modelos de razón".

Grosso modo, cabe diferenciar tres modelos de razón vigentes en los estudios sobre organizaciones escolares.
— La razón instrumental que rige el imperativo eficientista.
— La razón comunicativa que rige el imperativo comunicativo.
— La razón ideológica que rige el imperativo crítico.

Es decir, es posible situarse en una posición empresarializada que, privilegiando las funciones sistémicas de las organizaciones escolares, desarrollen explicaciones, interpretaciones y previsiones en aras de mantener la optimización, la eficiencia, la eficacia y la calidad que el sistema educativo demanda a cada una de sus "plantas de producción", a cada organización escolar. Para ello, no solamente es lícito, sino necesario utilizar un tipo de datos, aplicar un esquema de análisis y pretender alcanzar algún tipo de generalización del conocimiento que, a su vez, pueda traducirse en una tecnología de la organización; es decir, es necesario utilizar un método científico (conocimiento estadístico-descriptivo, por ejemplo, aplicable en normativa y "recetas" externas). El "clima escolar" es una de las estrategias de intervención organizativa ejemplar de la concreción técnica de estos presupuestos. Pero es igualmente defendible, adoptar una posición socializada de las organizaciones escolares que brinde explicaciones de la concreción de las acciones sistémicas y de los significados fenomenológicos del mundo de vida escolar, privilegiando esta segunda naturaleza institucional de las organizaciones escolares. Son las percepciones, interpretaciones, expectativas, y el conjunto de interacciones simbólicas, en los referentes culturales, entre los distintos miembros de cada organización, las que dotan de significado a las acciones escolares que se realizan en cada centro docente. La explicación disciplinar que se brinda parte así del significado intersubjetivo que da sentido a las acciones de los miembros de cada organización escolar. Es una información cualitativa preocupada por la pertinencia al caso. La eficacia, la calidad, se operativiza en indicadores y propuestas de mejora internas a cada organización escolar. La "receta" deja paso a procesos de generación de conocimiento teórico a partir de estudios de caso, procesos de categorización de la información cualitativa obtenida, tipologías y modelos, es la teorización desde la práctica, en el ya señalado sentido etnográfico más genuino. El conocimiento revierte en la acumulación progresiva de saberes disciplinares efectivamente teóricos -dado que dan razón de prácticas organizativas-, y repercuten en un conocimiento pertinente y utilizable en la mejora de la propia práctica.

Es por último necesario dar cabida a un tercer tipo de racionalidad interpretativa: la ideológica porque ideológicas son las organizaciones escolares. Y ante la razón ideológica de las organizaciones escolares se impone un imperativo crítico en la valoración. En nuestro caso, diferenciamos a su vez dos perspectivas distintas. De una parte, la "micropolítica", que abarca aquellos saberes que, generados a partir de los modelos sociológicos, dan razón de los mecanismos efectivos que entran en juego en los procesos de toma de decisiones, de las contradicciones y conflictos que, a su vez, originan. Es la definición negociada de las organizaciones escolares. De otra, *sensu stricto,* los modelos de crítica ideológica que nos permiten disponer de un conocimiento dialéctico sobre las organizaciones escolares y, de nuevo, sobre el sistema educativo.

Cinco, en nuestro caso, optamos por la consideración de la razón comunicativa como constructo analítico que permita el análisis crítico e ideológico de las organizaciones escolares.

Dicho de otro modo, partir de la interpretación simbólica y cultural que realizan los miembros de las organizaciones escolares (modelos organizativos simbólicos y culturalistas) para proceder a la crítica ideológica tanto de las funciones sistémicas (modelos de crítica ideológica), como de la reificación de las mismas en todas y cada una de las organizaciones escolares (modelos sociológicos) (Sabirón, 1998).

Precisaremos, a modo de provocación, algunos de los rasgos más relevantes de esta opción teórica señalada, así como de las posibles repercusiones en la tan anhelada "deconstrucción" y "reconstrucción" disciplinar de la Organización Escolar.

La construcción de "significados negociados" en el "espacio escolar" [1]

La reconstrucción del objeto disciplinar de la Organización Escolar

Las organizaciones escolares se reifican en la conjunción entre dos mundos: el "sistema" y el "mundo de vida", el sistema educativo y la vida en cada espacio escolar. Uno y otro dan lugar a acciones con finalidades diferentes.

— De una parte, una serie de acciones que tienen como principal función *"la de contribuir a la pervivencia de la propia Institución como tal institución"*. Es decir, aquellas funciones que justifican la existencia de la propia institución. En el caso del sistema educativo, la Institución Escolar persiste a lo largo de la historia porque cumple unas funciones sociológicas: la organización escolar coadyuva, es incluso la máxima responsable, del mantenimiento cohesionado de una determinada sociedad (integración social), a través de procesos de reproducción cultural que hacen prevalecer la "cultura" oficial identificadora de la sociedad, procedimientos que se concretan en cada miembro del grupo en los consiguientes procesos de socialización (escolarización). Las funciones sistémicas de la Institución Escolar revierten así en los tres puntales de nuestra existencia: nuestra cultura, la sociedad a la que pertenecemos y nuestra propia personalidad. Para que un grupo social persista, ha de transmitirse una cultura común que le dé cuerpo, aunque para ello sea necesario intervenir sobre la personalidad de cada individuo.

— De otra, aquellas acciones que responden *"a las necesidades interactivas que se originan en la vida cotidiana de la Institución"*. Cuando la Institución se concreta en un caso, en una organización escolar particular, singular e irrepetible, ésta está constituida por miembros y, en tanto que tales, éstos establecen unos procesos de interacción que, a su vez, revierten sobre las funciones sistémicas. Incluso los "grupos sociales" de cada organización escolar, de cada centro, reifican a su vez procesos de integración y reproducción análogos a los sistémicos.

El "mundo de vida" escolar, de cada una de las organizaciones escolares da así forma, dota de sentido a las funciones sistémicas. El "mundo de vida" no sólo interpreta las funciones, sino que las define.

Pero, ¿no se trata de un nuevo artificio metodológico? Probablemente. Porque la intersección, en cada organización, de estos dos mundos, convierte en complejidad la aparente simplicidad expositiva: Cada acción escolar, en cada concreción espacial, adquiere un sig-

[1] Extracto de Sabirón, F. (1998): Organizaciones Escolares, Zaragoza, Mira, capítulos III y IV.

nificado singular, pero los mecanismos que entran en juego en la acción formal y en los significados conferidos pueden responder, como mínimo, a tres subfinalidades: que sea propiamente sistémica (por ejemplo, la evaluación de un alumno con criterios objetivos); que sea exclusiva del mundo de vida (debida a amiguismos o rencillas personales entre el profesorado o entre los padres, *verbi gratia*); o bien, que siendo formalmente propia de un mundo u otro, responda a una colonización del opuesto (valorar al alza el progreso de un alumno porque se ha establecido una buena empatía con la falsa pero sincera creencia en que cumple con los objetivos formulados).

La complejidad de las acciones, la ambigüedad de las interacciones, los fenómenos de colonización, la explicación de los mecanismos que entran en juego en la reificación de las funciones sistémicas por parte del mundo de vida escolar y de la mediatización de éste en la reformulación de aquéllas son materia suficiente como para definir, en puridad, uno de los objetos de estudio más relevantes de la Organización Escolar: el significado de las acciones escolares que acontecen en un centro particular, determinado por la relación establecida por sus miembros entre los dos ejes referidos (sistema/mundo de vida), así como la explicación de los mecanismos concretos que se activan.

En este sentido los modelos simbólicos son pertinentes y revelan una "definición" diferente del "espacio escolar" como configurador de las funciones sistémicas: cuestión, como puede apreciarse, nada baladí, y que justifica, en sí, la existencia disciplinar de la Organización Escolar.

El binomio [acción+significado] en el "espacio escolar", explicado por los modelos simbólicos y culturalistas

Las bases conceptuales de los modelos simbólicos, principalmente el concepto de "símbolo significante" de Mead; los "mitos, ritos y ceremonias" de Bettelheim; el "interaccionismo simbólico", con Blumer a la cabeza; la "etnometodología", con Coulon como un difusor destacable; el planteamiento "dramatúrgico" de Goffman; o la más reciente, "trama negociadora" de Strauss, nos proporcionan suficientes recursos como para proseguir con el desarrollo de investigaciones etnográficas en las que el "espacio escolar" recupere su sentido más genuino en cuanto que es "escenario de negociación", definido en los términos referidos de intersección sistema/mundo de vida.

Disponemos de los recursos teóricos suficientes, estamos en una actitud científica favorable hacia investigaciones de corte etnográfico, pero mantenemos una limitación altamente restrictiva para la Organización Escolar: carecemos del suficiente número de investigaciones aplicadas que generen conocimiento real sobre el estado de nuestro sistema y centros escolares a partir de la aplicación de estos modelos. El hecho de promover, en nuestro ámbito disciplinar, investigaciones de este tipo supondría un avance sustantivo.

En un tono optimista, en exceso si se quiere, convendría no repetir los errores que, en ocasiones, enturbian parte de los saberes ya generados por las investigaciones disponibles. En este sentido, reténganse presupuestos próximos a los siguientes:

• Deberíamos aceptar, sin complejos, la posibilidad de generar "conocimiento científico" (es decir, creíble, transferible, dependiente, confirmable y útil, discursivo pero "auténtico" se decía) desde un saber local sobre organizaciones escolares concretas.

El oficio, el rol, el papel de maestro y alumno, la mediatización sistémica sobre la originalidad organizativa ofrecen un cúmulo de características comunes a todas las organizaciones escolares. El hecho de que la explicación parta de lo particular (especificidad de la organización escolar y singularidad de cada una de sus concreciones), no implica necesariamente una imposibilidad de generalizar la explicación a los comunes del conjunto de las organizaciones escolares dependientes de un mismo sistema educativo (transferencia). El valor de la teorización se vería considerablemente incrementado de asumir esta posibilidad.

• Un efectivo desarrollo de análisis de "casos".

La red conceptual del interaccionismo simbólico aplicada al estudio de grupos sociales está permitiendo adecuar progresivamente los métodos de investigación etnográfica a la explicación de las organizaciones sociales. La dependencia de los saberes propios sobre organizaciones escolares de la teoría de la organización empresarial cede así en beneficio de referentes más próximos a la especificidad de su objeto de estudio: de la estructura empresarial a la estructura grupal en un marco institucional.

Ahora bien, el cambio en la perspectiva ha de conllevar el cambio en la cosmovisión. La aplicación de los modelos simbólicos exige una contextualización en el marco institucional de la Escuela que, a su vez, tiene para el investigador una exigencia, la reducción de sesgos en la obtención, tratamiento y análisis de la información obtenida en cada "caso" (triangulación, contrastes y procesos reiterativos de categorización). En caso contrario, recaerá, nuevamente, aquello, tan *trillado* en nuestras comunidades, del "saber novelado".

• La definición negociada de las organizaciones escolares.

Las acciones escolares, el sentido y los significados no responden, obviamente, a un acuerdo objetivo, pero tampoco se reducen a un estricto "significado intersubjetivo" y necesariamente compartido o consensuado, sino a un sentido y a un significado "negociado" que trasluce el juego de intereses.

— Por grupales, las organizaciones escolares acrecientan la prevalencia de la organización informal, respecto a otro tipo de organizaciones, con la consiguiente expresión funcional de la condición de personas que cumplen roles por ser miembros, pero a la vez, con una escasa definición de funciones, tareas y de los propios roles: "amiguismos", "enfados", "pataletas", "paternalismos", … definen con más acierto el funcionamiento interno de las organizaciones escolares que relación y decisión preestablecida procedimentalmente o definición clara de lo que cada miembro ha de realizar y del cómo ha de implementarlo.

Son los conflictos entre coaliciones, la versatilidad de las propias coaliciones, el uso personal, afectivo y efectivo, del poder, …

— Por social, la organización escolar siempre carece de recursos propios dado que, por tratarse de servicios sociales, es siempre deudora de una financiación externa (del usuario o presupuestaria) porque el producto no es directamente negociable en el mercado. Ante tal carencia, los recursos siempre son limitados y escasos por definición y, ante la escasez, la lucha por acaparar el máximo de recursos aunque no se corresponda con la necesidad. Quien dispone y acapara más recursos, ostenta más poder. Esta dinámica interna favorece los rasgos anteriores de "informalidad", a la vez que acrecienta "peleas", "chantajes", "maniobras", capitalización de controles, reserva o divulgación de información según convenga, … frente a la hipotética racionalidad, de la "lógica confianza" administrativa, en la gestión de los recursos disponibles. La distribución de la docencia, en una organización escolar, puede así desencadenar procesos "tormentosos", imprevisibles e irracionales de toma de decisiones.

El poder, dinámico y erótico, adquiere máxima relevancia al dar razón del porqué se aprecia un tipo u otro de dinámica interna.

— Por institucional, el sistema educativo, la política educativa y la administración educativa, a la vez que repiten en cada unidad dinámicas internas análogas a las debidas a razones grupales y sociales, interfieren desde el exterior en el funcionamiento interno de la organización escolar.

La naturaleza, las funciones, la estructura, los productos y todos los elementos que componen la organización escolar son susceptibles de tratamiento bajo el prisma de un orden permanentemente negociado y en el que "espacio de negociación" y "espacio estructural" se funden y dan forma a la propia organización, en ámbitos tan decisivos como los siguientes:

— la definición del "trabajo escolar", en términos de normas de calidad del producto y proceso de producción, de articulación entre quienes producen y quienes evalúan;

— las funciones sistémicas de la Institución Escolar y el sentido y significados que le confieren las distintas organizaciones escolares;

— las propias interacciones simbólicas que dan forma a toda acción escolar (forma, apariencias y rituales incluidos);

— la definición de las normas del ejercicio profesional por los técnicos docentes o no;

— la propia gestión y relaciones de las organizaciones escolares con la administración educativa y el aparato representante de las políticas educativas.

El referente cultural

La interpretación simbólica de las organizaciones "negociadas" necesita de unos referentes culturales. Pues bien, la finalidad se alcanza con los modelos culturalistas: la diferenciación e integración de los constructos teóricos de "cultura" de una determinada sociedad, "cultura educativa" de un sistema educativo y "cultura escolar" de cada centro docente, nos permiten el uso de los modelos culturalistas como referentes valorativos de la interpretación simbólica y negociada.

El significado singular de las acciones escolares en una determinada organización, en relación con la cultura educativa y escolar de un sistema social, traspasa lo particular para alcanzar razones interpretativas comunes. Estas aportaciones se concretan en los dos sentidos siguientes:

— El referente culturalista de las organizaciones escolares permite expandir y clarificar, del caso al sistema, de la cultura escolar a la cultura educativa, las claves interpretativas comunes. Ante la cuestión de qué mecanismos utiliza un sistema en la colonización de sus distintas unidades y miembros que las componen, la respuesta cultural es la más satisfactoria.

A la consideración simbólica de las organizaciones escolares en tanto que organizaciones negociadas se le pueden abstraer las características comunes y homegeneizadoras del conjunto del sistema, a través de los mecanismos culturales. La negociación no es sólo individual o singular en cada una de las organizaciones escolares, sino que utiliza razones del sistema educativo. Producida la colonización, sistema/mundo de vida, el proceso inverso ascendente, de la organización escolar al sistema educativo, sigue con efectos colonizadores, al reforzarla y legitimarla. La comunicación, la negociación, no son sino acciones que reafirman la legitimidad de la homogeneización impuesta por la colonización. El mecanismo organizativo es genial. Es, salvadas las distancias, el "síndrome de Estocolmo" institucional: Un sistema impone unas acciones formales a sus distintas organizaciones (y a los miembros que las componen) que, concretadas en actos organizativos particulares, reifican el significado predeterminado pero de manera que los intérpretes tengan la falsa percepción (y falsa conciencia) de su condición de singular, particular, diferentes y únicos; reforzando, de la organización al sistema, la eficacia de la colonización.

Los modelos culturalistas ponen en evidencia estos mecanismos.

— A la vez, son los modelos culturalistas los que permiten descender en la concreción de cómo el funcionamiento simbólico de las organizaciones escolares está mediatizado por los procesos sistémicos de colonización, de la cultura educativa a la cultura escolar. Es de nuevo la cultura la transmisora: ¿Hasta qué punto los significados individuales, que responden a una singularidad irrepetible, no son, a la vez, concreción de un proceso organizativo de colonización?

Los modelos culturalistas pueden explicar, nivel a nivel, estos complejos mecanismos: de la cultura, a la cultura educativa y de ésta a la escolar; a la vez que superan la restrictiva oposición macro/micro en el análisis de las organizaciones escolares.

El referente crítico en la reconsideración de la "micropolítica"

En el futuro desarrollo, "reconstrucción" decíamos, de la "micropolítica" sería saludable la inclusión de nuevos referentes críticos. Considérense las siguientes dudas:

• ¿Justifican los "distintos intereses", tan socorridos y repetidos en los modelos sociológicos, las pregonadas coaliciones y conflictos?, ¿de qué tipo de "intereses" se trata?

— De intereses profesionalizados por razón del oficio que se ejerce: la promoción individual, la comodidad horaria o de las asignaturas que se imparten, el destino, el sueldo, etc., en el profesorado; la negociación de normas de producción a la baja, la reducción del control, la conquista de la permisividad, etc. en el alumnado; ...

— De intereses personalizados por razón de las características afectivas, relacionales, circunstanciales de los miembros: autorrealización, autosatisfacción, autocontemplación, ... Estos dos simples tipos de intereses no son exclusivos de las organizaciones escolares. Lo particular a las organizaciones escolares es que, dada su naturaleza altamente ideológica y escasamente organizada, propende a una fusión entre los intereses profesionalizados y los personalizados y a una confusión entre qué es personalizar y en qué consiste lo "estrictamente profesional".

El conflicto ha de ser redefinido no sólo en términos de bondad o no para la eficacia de la organización, sino en las claves interpretativas que permitan dar explicación de la utilización que los miembros hacen del propio conflicto, de la finalidad que pretenden alcanzar, de los intereses, pero concretados, en definitiva, a los que efectivamente responde.

• Una segunda cuestión concomitante, menor a la vista de los intereses, es la ideología determinada de un miembro de la organización: ¿hasta qué punto influye la ideología o es la concordancia mayor de intereses la que define la dinámica de las coaliciones y conflictos?

• La votación, por ejemplo, de un punto del orden del día en una reunión de un órgano colegiado, ¿no puede responder, en ocasiones, al simple deseo de agradar -profesional o personalmente- a otros supuestos iguales? En ese supuesto, bastante habitual, las coaliciones consiguientes no estarían exentas, antes bien deberían categorizarse, como relaciones de dependencia.

• Las relaciones de dependencia introducen una nueva variante en la consideración de los instrumentos conocidos de poder. Es cierto que la evaluación en las organizaciones escolares es uno de los instrumentos de poder, a la vez que mecanismo de control, más estudiado y ejercido. No es menos cierto que la dependencia entre iguales/(desiguales) es otro instrumento de poder menos explicado pero igualmente ejercido en la práctica organizativa escolar; máxime cuando precisamente las organizaciones escolares se caracterizan por un, de hecho, "escaso poder", próximo a un juego de simulación, y por una "fácil justificación", en falso, de todo acto de poder ejercido.

• Cuestión subsidiaria es el poder del profesor en el aula. La trama enunciada es igualmente válida en la explicación del ejercicio del poder en el reducto de las relaciones profesor/alumnos en el aula.

• Por último, ¿y los mecanismos de resistencia?

La "evasión" es uno de los mecanismos de uso habitual entre los miembros de una organización escolar: El alumno, siempre que le resulta posible, se evade, se "despista". El profesor, en ocasiones, tiende a evadirse de la función que le es propia, enseñar: promociona a director, coordina, investiga, se forma, … La organización escolar es, con cierto atrevimiento en la aseveración, la única organización que se ha de precisar por el elenco de tareas que realizan sus miembros distintas a las formalmente establecidas. Gestionar, tutorizar, coordinar, dinamizar, reunirse, programar, innovar, … obedecer, aparentar, …, ¿son tareas y comportamientos necesarios en la enseñanza y el aprendizaje o propios de la organización escolar?

La ejemplificación en la investigación que a continuación se relata, sin duda "iluminará" esta un tanto tenebrosa primera parte.

Concreción del modelo en una investigación etnográfica

Esta manera de entender las organizaciones educativas se puede ejemplificar en el estudio que exponemos a continuación, y que refleja un modo de acercarse al intento de *"comprender lo que pasa en nuestras escuelas"*, coherente con el modelo que propugnamos anteriormente. Se trata de una investigación que analiza el ámbito de organización y gestión de un centro, especialmente en lo relacionado con la dirección, desde una metodología etnográfica, tratando de entender el sistema de relaciones e interactuaciones que se producen, con todas las connotaciones de poder, influencia, conflicto, diversidad de metas, intereses, ideología y valores. Dicho de otro modo, comprender la micropolítica del centro, ya que entendemos que es la que refleja su organización.

El **espacio escolar como escenario** donde interactúan todos los actores que intervienen en un centro educativo constituye la variable clave para entender la micropolítica que se vive en ese centro. Tenemos que insistir en que la **perspectiva micropolítica** refleja una **naturaleza de la escuela dinámica, compleja y cambiante, caracterizada por las relaciones de poder, la influencia, el conflicto, la diversidad de intereses y metas, así como las distintas ideologías y valores.** Pensamos que la escuela, siguiendo este discurso, es una organización impredecible y muy vulnerable a todas las fuerzas, tanto externas como internas, y vive inmersa en un entramado de relaciones interpersonales, que hay que tener en cuenta, si queremos conocer qué es lo que pasa ahí. Creemos que los modelos racionales no captan esa realidad, ya que suelen ignorar aspectos como los valores, los intereses, la historia, que son esenciales para comprenderla. De ahí que afirmemos con rotundidad que la mejor manera de acercarse a esa realidad, si queremos comprenderla y transformarla realmente, es desde una perspectiva etnográfica. Este enfoque nos permite adentrarnos en ese entramado de relaciones y comprender el porqué de los comportamientos y de los diversos procesos que se desarrollan en una escuela.

Así pues, para comprender qué es lo que sucede en las escuelas, para desenredar en cierto modo su micropolítica, utilizamos una metodología etnográfica, caracterizada esencialmente por la observación participante en los diferentes espacios de actuación que existen en un centro, sin dejar de lado otro instrumento básico como es la entrevista no directiva y el análisis de otros documentos que pueden ayudarnos a obtener más información, como son las actas de los Claustros y los Consejos Escolares.

Debemos comentar igualmente que esta investigación se ha llevado a cabo en cuatro centros públicos durante tres cursos académicos. En esta ponencia solamente nos fijamos en aquellos aspectos que nos sirven de concreción y ejemplificación acerca del modelo propuesto en su primera parte. Así, nos fijaremos en dos apartados: explicar brevemente la metodología y comentar aquellos datos y conclusiones que confirman el modelo propuesto.

Proceso de la investigación

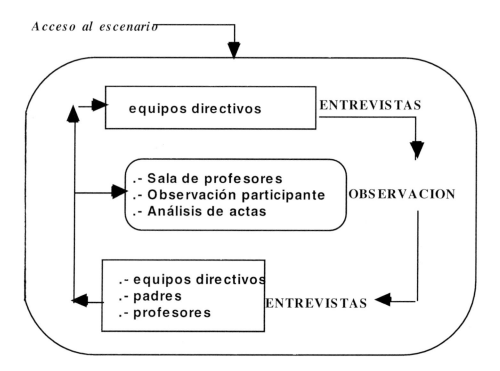

Proceso de la investigación: parámetros básicos

La observación participante de las diversas situaciones y en los distintos espacios que existen en el centro constituyen el elemento básico del proceso de investigación que se complementa mutuamente con las entrevistas y el análisis de actas, posibilitando triangular los datos que se van obteniendo.

Estamos de acuerdo con J. Wagner (1993a) cuando en un artículo muy interesante concluye que la clase de conocimiento generado por la investigación participante es diferente de la que se genera en un investigador no participante. Hay ciertos aspectos de la realidad educativa que es imposible descubrirlos sin estar dentro de esa realidad.

La sala de profesores

En la observación participante hemos tratado de obtener información sobre cuatro aspectos que nos parecen muy interesantes y relevantes. Por un lado y especialmente, la sala de profesores del centro, ya que entendemos que es uno de los escenarios naturales que nos puede mostrar los grupos de poder e influencia que se generan en esa organización, el clima que existe, la cohesión del profesorado, etc. Es más, pensamos que es el único lugar de encuentro informal que existe en un centro para el profesorado y que nos va a informar de muchos temas de modo mucho más claro que a través de preguntas que de algún modo pueden generar contestaciones interesadas. Así, por poner un ejemplo, si en un centro la mayoría del profesorado no acude a la sala de profesores, se pueden deducir unas connotaciones claras de falta de relación o cohesión del profesorado como grupo.

Stephen Ball define en pocas palabras lo que una sala de profesores nos descubre y con las que estamos plenamente identificados. "Cada sala de profesores revela muchas cosas sobre las peculiaridades de la escuela de la que forma parte. Las relaciones sociales de la sala de profesores a menudo son un reflejo directo de la estructura micropolítica de la institución. Además, estas relaciones sociales llevan casi inevitablemente el sello de la particular historia política de la institución: las batallas perdidas, las ambiciones frustradas, las alianzas que se derrumbaron y las lealtades traicionadas. Esta historia seguirá influyendo en la interpretación de nuevos sucesos y en la toma de posiciones en las nuevas disputas." (Ball, S.,1989, 212)

Por otro lado, hemos tratado de obtener información de la mayor parte de lo que sucede en el centro. Así, entre otros aspectos, el contexto formal en que se mueve el centro -ambientes, espacios, diseño, etc.-; la relación entre profesores, equipo directivo, padres y alumnos; el ambiente profesional que se respira en el centro, sobre todo por parte del profesorado; el liderazgo del Director; etc.

Esta observación se completa con el análisis de las actas de los Claustros y los Consejos Escolares y con la realización de entrevistas a distintos miembros de la comunidad escolar.

Acceso al escenario

No debemos olvidar también que antes de iniciar el trabajo de campo, hay que plantear algo que está implícito en cualquier investigación etnográfica, como es el acceso a los distintos escenarios donde se va a trabajar. Potencialmente una buena investigación puede resultar ser un fracaso si ha existido un inadecuado acceso al escenario (Erikson, F., 1986). Una correcta y cuidadosa negociación del acceso va a producir que las relaciones entre el investigador y los informantes sean suficientemente cordiales y abiertas. Se puede afirmar que la calidad de los datos va a depender de la calidad de las relaciones que se establezcan. La confianza de los informantes hacia el investigador conducirá a la obtención de una mejor y más amplia información.

En este acceso a los distintos escenarios es muy importante conocer antes el contexto en el que se va a llevar a cabo esa investigación., con el fin de comprender después adecuadamente sus ritos, símbolos, gestos, conductas, etc. Asimismo, en este acceso, como indica Lynda Measor en un acertado artículo (Measor, L.,1988, 55-77), es muy importante cuidar adecuadamente la apariencia, la conversación inicial y los aspectos no verbales. Son temas que condicionarán positivamente o negativamente la actitud del informante hacia el investigador. También es necesario cuidar y dejar bien claro el uso que se le va a dar a la información.

Todos estos aspectos señalados en el acceso al escenario constituyen algo muy importante para una investigación etnográfica, tanto como el planteamiento de los códigos éticos que van a delimitar el trabajo. Estamos hablando de un tipo de investigación en la que nos introducimos en las vidas de otras personas y tratamos de analizar lo que piensan y sienten. Ante esta realidad, ya la American Anthropological Association (1971) o la British Sociological Association (1982), por nombrar dos asociaciones de gran importancia y relevancia en el ámbito científico, elaboraron códigos éticos que los investigadores deberían tener en cuenta cuando desarrollen su trabajo. El derecho a la privacidad o la protección a la identidad de las personas constituyen aspectos muy importantes en la configuración de la ética de la investigación.

Por otra parte, los tres dilemas éticos (Burgess, 1989, 5-6) que se presentan ante cualquier investigación, y por supuesto en ésta, han quedado perfectamente configurados y claros para todos los que estamos implicados en ella. Estos son las relaciones entre el investigador y todos los elementos del escenario de investigación, el consentimiento de las personas a trabajar con ellas y el uso que se hace de la información. Hay que ser fiel a este código y no caer lo que Cohen y Manion (1994, 368-369) denominan acertadamente "betrayal" y "deception", o sea engañar o traicionar la confianza puesta en el investigador por las personas que han aceptado ofrecerle sus opiniones, sentimientos o creencias.

Análisis de los datos: "Cada escuela, un modelo singular en cada contexto"

De las observaciones y análisis obtenidos en cada uno de los espacios de los cuatro centros analizados podemos configurar una serie de características que nos confirman el planteamiento indicado anteriormente. Se trata de integrar todos los datos analizados para lograr un cuerpo teórico que aporte las principales ideas de la investigación. Para ello, hemos triangulado los datos obtenidos de la observación, la sala de profesores, el análisis de actas y las entrevistas para corroborar sus conclusiones y, posteriormente, identificar aquellos aspectos que se pueden considerar más importantes y relevantes.

Triangulación de métodos

La conclusión global se concreta en la idea de que cada centro, cada escuela, está determinado por su contexto, su propia historia, sus relaciones, sus éxitos y fracasos, sus ambiciones, etc., en suma, por la micropolítica que se genera en cada una de ellas. Pero, entre otras conclusiones, veamos cómo una serie de aspectos nos confirman esta idea.

a) Un mismo marco legal posibilita distintos estilos de dirigir los centros

Es necesario hacer una breve acotación acerca de lo que entendemos como estilo de dirección, para que no se identifique como un concepto ligado a planteamientos racionalistas o empresariales. Compartimos los planteamientos de Stephen Ball cuando entiende que son esencialmente una forma de realización social, una manera de llevar a cabo la autoridad de

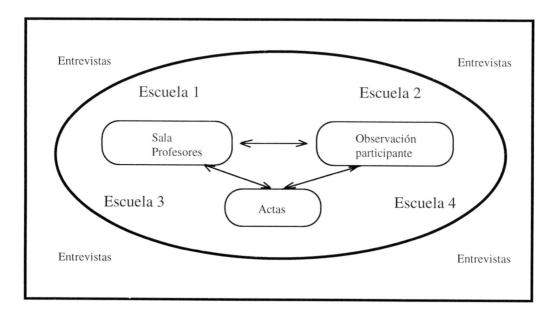

la dirección, que siempre converge en una realización individual en el marco de una acción más global y conjunta de todas las personas que intervienen en la realidad educativa, y que son las que van a determinar que suceda de un modo u otro. "Un estilo es un proceso activo, es un modo de poner en práctica el liderazgo dentro de la realidad social cotidiana de la escuela" (Ball, S. J., 1989a, 95). Así pues, van a ser las relaciones interpersonales que se producen en el desarrollo de un proceso siempre dinámico las que determinan que se configure un estilo determinado.

Volviendo sobre lo que estábamos, hemos apreciado con claridad cómo un mismo marco legal, en este caso la LODE y LOPEG, posibilita diferentes modos de llevar a cabo la dirección, el liderazgo en el centro, lo que confirma nuestros planteamientos de que son los procesos sociales y las relaciones interpersonales que se producen las que determinan esencialmente lo que sucede en el centro.

El modelo actual es el mismo para todos los centros públicos, y sin embargo se concreta en formas de actuación y en procesos diferentes. Existen una serie de factores, ya delimitados, que determinan que sea de una manera u otra. Entre ellos podemos destacar algunos. La historia y la vida social de cada centro, todas las vivencias habidas en los últimos años, que han ido creando unas relaciones determinadas entre el grupo humano que conforma esa organización, surgiendo grupos opuestos, enfrentamientos más o menos graves, relaciones cordiales, etc. También el contexto en el que ha nacido o se mueve el centro es muy importante, sobre todo de cara a la Administración educativa o a los padres, así como la propia idiosincrasia de las distintas personas que tienen cargos directivos.

Así, hemos observado que surgen dos modos de enfocar la dirección en los centros, que se pueden concretar en un estilo administrativo y otro participativo. Lógicamente, se producen matices y aspectos distintos en cada uno de ellos, pero podemos indicar algunas características comunes.

Estilo administrativo (de mantenimiento y reproducción)

El estilo administrativo se caracteriza por ser un estilo de dirección cuyo objetivo final es mantener estable la organización que se dirige y procurar que todo funcione como está establecido, sin procurar llegar mucho más allá. No importa el posible cambio, la estabilidad que se persigue es totalmente estática. La gestión es lo importante no la mejora. La estabilidad del centro y el procurar que no surjan problemas ni conflictos son los parámetros que configuran este estilo.

A este estilo también lo denominamos de mantenimiento y reproducción, ya que procura mantener el "statu quo" de la situación y reproducir los modelos y procesos, tanto curriculares como organizativos, como ya están institucionalizados. No preocupa especialmente participar de programas de innovación o de mejora.

Así, este estilo provoca que el ambiente sea más bien distante, aunque no necesariamente crispado o de enfrentamiento, ya que esto último viene ocasionado por otros factores ligados a la historia y contexto del centro. La sala de profesores no es el lugar informal de encuentro donde se ponen en común los problemas y los deseos, es más, no suele estar muy utilizada. Al no generarse relaciones cordiales y estrechas entre ellos, el escenario en el que estas relaciones se revitalizan no es necesario utilizarlo.

El Director se suele encerrar en su escenario preferido, que es su despacho, dedicándose esencialmente a dirigir, no a liderar. La utilización del "papeleo" y de las reuniones formales como sistema de trabajo en la organización, dejando de lado "la conversación", constituyen la manera habitual de trabajar en el centro. No se trata de convencer para buscar el compromiso en un proyecto común, sino de gestionar la organización que han puesto a su disposición.

Los conflictos se mantienen soterrados, implícitos, no salen a la luz. Un buen equipo directivo, desde el punto de vista administrativo, es aquel que procura que los conflictos no se pongan encima de la mesa, no tienen por qué surgir. Si no se intenta cambiar nada, sino que todo quede como está, no se deben generar conflictos, ya que cada uno dispone de una situación que domina y va reproduciendo cada curso.

Asimismo, la escuela está más segura si se mantiene lo más aislada del entorno. Los padres deben participar según está establecido, pero nada más. Es un estilo que no favorece en nada la participación de los padres, las salidas escolares, las actividades extraescolares, en suma la relación con el entorno.

Estilo participativo, colaborativo

El planteamiento esencial de este estilo es lograr la participación en la toma de decisiones por los diferentes miembros que componen la comunidad escolar. No se trata en este caso de dirigir, sino sobre todo de liderar. La gestión del centro es un aspecto más, y desde luego importante, pero preocupa especialmente que el centro mejore, que el profesorado se comprometa en un proyecto común.

Este estilo provoca que el ambiente entre el profesorado sea cordial y que las relaciones tiendan a ser más estrechas que en los centros caracterizados por el estilo administrativo. Asimismo, la sala de profesores suele utilizarse realmente como lugar informal de encuentro de la mayoría de los profesores. Es curioso constatar que este estilo, en principio, debería ocasionar relaciones tirantes y problemáticas al posibilitar que los conflictos surjan diariamente, sin embargo hemos observado que en los dos centros en que se plantea este estilo no es así, surgiendo los conflictos, pero manteniendo relaciones cordiales entre la mayoría del profesorado.

El rol del Director se asemeja más a un Director de pasillo, que "conversa" con todos, que dialoga y busca la persuasión y el compromiso por medio de la conversación. En ambos centros ha coincidido con personas abiertas y flexibles, que posibilitan este tipo de comportamientos, lo que nos dice que serán factores importantes para desarrollar este estilo de dirección. Estamos ante un equipo directivo que procura solucionar muchos problemas más en el pasillo o en la sala de profesores que en las reuniones formales del Claustro o Consejo Escolar.

Los conflictos surgen en el día a día. Aunque no tienen muy claro en estos centros que el conflicto sea algo inevitable, normal y lógico en una organización de este tipo, en cierto modo lo asumen así. En este estilo de dirección se vería el conflicto como un proceso que hace crecer y desarrollar a la propia organización, como algo saludable y que ayuda a revitalizarla. La conversación y el diálogo son las armas que se utilizan en mayor o menor grado según el centro en el manejo de estas situaciones conflictivas.

La escuela está abierta al entorno. Los padres tienen posibilidad de participar en diversas actividades y procesos que se generan en la escuela. Las actividades extraescolares y las salidas configuran planteamientos muy importantes en la dinámica de estos centros.

Asimismo, es un estilo que favorece el compromiso en programas de innovación y de mejora, que crea a la vez una cultura de cambio e innovadora en el centro, de la que participan por lo menos un colectivo importante del centro.

b) La sala de profesores como espacio informal de encuentro

Hemos observado que la sala de profesores constituye un escenario que se puede definir como el espacio informal de encuentro y desahogo para el profesorado de cada centro. Es un escenario que está muy unido al clima que se vive en el centro. En los centros observados, aquellas salas de profesores a las que normalmente asisten los maestros, suelen reflejar un ambiente agradable, cordial y distendido. Sin embargo los centros en los que no se suele acudir a la sala de profesores reflejan un ambiente crispado o distante.

Muchos temas que crean tensión en las reuniones formales, esencialmente de los Claustros, se matizan y se llega a acuerdos en todas estas conversaciones que surgen de manera más relajada en la sala de profesores. Muchos malentendidos y bastantes discusiones agrias suelen evitarse. Se podría afirmar que es el lugar adecuado para suavizar todos aquellos enfrentamientos que lógicamente deben existir en cualquier grupo humano que debe mantener cada día unas interrelaciones personales bastante complejas, con intereses y ambiciones distintas. Por ello, en los centros en los que la sala de profesores "funciona", suele existir menos conflictos en las relaciones personales o en las diversas reuniones formales como Claustros, Consejos Escolares u otras.

Asimismo, según las conversaciones observadas en todos los centros, la sala de profesores es el lugar en el que se suele decir lo que en otros escenarios es muy difícil. El maestro puede quejarse de tal padre o de tal alumno, puede realizar comentarios informales sobre su clase o aspectos del colegio, etc., algo que en otro espacio no puede hacer. Digamos que sirve de desahogo para sacar fuera todo aquello que nos va creando tensión y problemas en el quehacer diario.

Por todo ello, la sala de profesores supone un indicador muy valioso del ambiente que se vive en el colegio, constituyendo un espacio muy importante para la vida de los centros, ya que es el lugar por excelencia de encuentro y el comunicación del profesorado.

c) El Claustro como reflejo de los intereses creados del profesorado

En los cuatro centros observados ha sido una constante el tipo de temas que más se han tratado en las reuniones del Claustro. Los temas profesionales y académicos han sido los temas estrella de su actividad, sobresaliendo en todos ellos tres categorías: funcionamiento del centro, planificación y organización del profesorado, con una incidencia mayor o menor en relación a las características de cada centro.

Si partimos de los tipos de intereses del profesorado que nos propone Stephen J. Ball (1989a, 33-34), o sea creados, ideológicos y personales, se puede percibir con claridad cómo los intereses creados constituyen la preocupación esencial de los maestros. "Los intereses creados conciernen a las preocupaciones materiales de los profesores relacionadas con las condiciones de trabajo: las remuneraciones por su trabajo, su carrera y su promoción,...el tiempo (los horarios de las clases o el tiempo libre), los materiales, las asignaciones por alumno, ... Estos intereses creados serán causa de disputa entre personas y grupos" (Stephen J. Ball, 1989a, 33). El horario de exclusiva, la vigilancia de los recreos, la asignación de docencia, las sustituciones, los apoyos, los horarios de clase, etc., constituyen temas que de modo sistemático se van tratando en todos los Claustros.

Temas relacionados con intereses ideológicos, o sea que "conciernen a cuestiones va-lorativas y de adhesión filosófica" (Stephen J. Ball, 1989a, 33), o personales, es decir referidos al "yo o identidad declarada por, o a la que aspira el profesional" (Stephen J. Ball, 1989a, 33), no constituyen en ningún centro aspectos muy comunes en las reuniones de los Claustros.

Los temas relacionados con la innovación o con los procesos de enseñanza suelen ser puestos encima de la mesa por aquellos profesores que se podrían encuadrar en un grupo de presión o de poder con intereses ideológicos. Hemos detectado claramente en todos los centros, en mayor o menor grado, dos grupos diferenciados en el profesorado. Un grupo que denominamos de mantenimiento, que refleja conductas encaminadas a trabajar en su aula y a preocuparse exclusivamente por aquellos problemas organizacionales del centro en los que está implicado o puede salir malparado. Es un colectivo que no genera conflictos que no sean los relacionados con sus intereses, porque tampoco genera cambios ni los busca. Asi-mismo, suelen confiar en el equipo directivo y delegan en ellos la mayoría de los procesos y actuaciones que se deben llevar a cabo en un centro. Lógicamente, es mayoritario en casi todos los centros y es el grupo que provoca que los temas de los Claustros sean mayorita-riamente éstos.

El otro grupo lo denominamos de poder o de presión, que se mueve, además, por intereses ideológicos. Sus planteamientos políticos y de valores les mueve a buscar el cam-bio, la mejora, la innovación, por lo que sus actuaciones y propuestas suelen generar con-flictos, en cuanto que cualquier cambio provoca conflictos. Son los menos en cada centro, y también es el grupo en el que se suele apoyar el equipo directivo cuando tiene que implantar un programa nuevo o desarrollar algún cambio en el colegio.

d) El Consejo Escolar como órgano político

La cuarta apreciación global se relaciona con la actividad del Consejo Escolar. En todos los colegios se reduce en la mayoría de los casos a dar el visto bueno a las propuestas que vienen del Claustro o del equipo directivo. Este órgano, que detenta en teoría el poder político del centro, no lo ejerce como tal, se limita a corroborar o ratificar lo que se le presenta. Prácticamente las discusiones más fuertes que se han llevado a cabo en sus reunio-nes han sido las relacionadas con temas de disciplina, y solamente en aquellos centros en los que se han tratado, ya que depende de cada uno de ellos, como ya hemos explicado.

Necesidad de un acercamiento etnográfico

Nos parece oportuno terminar planteando una cuestión que nos parece muy importante y que se trasluce de todo el desarrollo de esta investigación. Tiene relación con el proceso de la investigación. Tenemos la posibilidad de entrevistar, pasar alguna encuesta, observar, etc., por hablar de diferentes métodos, no solamente etnográficos, con el fin de llevar a cabo alguna investigación. Las opiniones que encontramos, las realidades que podemos observar, las distintas respuestas que van surgiendo, siempre responden a un contexto determinado, a unas circunstancias que determinan las respuestas, a una historia y a un marco de relaciones sociales que condicionan totalmente las percepciones de la realidad.

Así por ejemplo, las opiniones y observaciones localizadas en dos colegios se mueven en historias y contextos totalmente diferentes que han condicionado su contenido y que siempre las debemos tener presentes. El número de Claustros o de Consejos Escolares llevados a cabo en cada centro está unido claramente al contexto en que se mueve. En la entrevista a un Director solamente el matiz de si es nombrado a dedo o elegido condiciona su percepción u opinión de la realidad. A esto hay que añadir las restantes circunstancias que se viven en el centro.

Si queremos acercarnos con seriedad y objetividad a la realidad no podemos obviarlas o dejarlas de lado. De ahí que una investigación basada solamente en encuestas o planteamientos cuantitativos, aunque lleve consigo los más sofisticados tratamientos estadísticos, casi nunca puede reflejar la realidad que se investiga. Somos conscientes de que decimos acercarse con objetividad cuando esta objetividad es lo que más se critica en los planteamientos etnográficos. Otra cuestión es que la metodología sea rigurosa y justifique adecuadamente todo el proceso de investigación, pero son dos cuestiones diferentes.

Así pues, una de las más importantes conclusiones nos acerca a la idea de que para analizar, comprender e interpretar cualquier realidad educativa debe hacerse desde planteamientos cualitativos, teniendo en cuenta todo el contexto, circunstancias e historia de aquello que se analiza e investiga.

Bibliografía

BALL, S. J (1989a). *La micropolítica de la escuela*. Barcelona, Paidós-MEC.

BALL, S. J. (1989b). "Through the secret garden and into the secret room: political culture and educational policy-making". Artículo presentado a la conferencia "Política educativa y etnografía", St. Hilda´s College, Oxford.

BLASE, J. (1991). *The Politics of life in schools. Power, conflict, and cooperation*. Londres, Sage.

BURGESS, R. (Ed.) (1989). *The ethics of educational research*. Londres, Falmer Press.

COHEN, L. y MANION, L. (1994). "The ethics of educational and social research". En Cohen, L. y Manion, L. *Research methods in education*. New York, Routledge, 347-401.

ERICKSON, F. (1986). "What makes school ethnography 'ethnographic"? En *Anthropology and Education Quarterly*, 15 (1), 51-66.

MEASOR, L. (1988). "Interviewing: a strategy in qualitative research". En BURGESS, R. (Ed.) (1988). *Strategies of educational research*. Londres, Falmer Press, 55-77.

WAGNER, J. (1993)." Educational research as a full participant: challenges and opportunities for generating new knowledge". En *Qualitative Studies in Education*, 6 (1), 3-18.

ANEXO: ANÁLISIS PORMENORIZADO DE LA OBSERVACIÓN PARTICIPANTE EN LOS CUATRO CENTROS

1. SALA DE PROFESORES

Podríamos afirmar que en todas las salas de profesores nos encontramos con las mismas discusiones, los mismos problemas, idénticos temas de conversación, similares bromas y quejas comunes. Las categorías de la conversación no se alejarían mucho unas de otras. De todos modos, hemos podido apreciar con claridad que estas conversaciones se producen en contextos muy diferentes y producen resultados realmente diversos. Cada centro es un mundo con su propia historia de éxitos, fracasos, ambiciones, alianzas, lealtades, etc., que van creando una realidad que se refleja en el análisis de la sala de profesores. Podemos apreciarlo en el análisis de cada uno de los colegios.

Hemos tratado de averiguar esencialmente cuatro aspectos en cada uno de estos escenarios, el contexto formal que caracteriza cada sala, la asistencia del profesorado, qué es lo que suelen hacer cuando van a ella y el clima que se aprecia.

A) ESCUELA 1

Contexto formal

La sala de profesores denota que, en principio, existe un intento de lograr un ambiente agradable y distendido. Los profesores disponen de café y pastas todos los días, así como de una nevera con bebidas no alcohólicas. Todos los días en el momento del recreo el profesorado que va a la sala suele tomar café y suele leer alguno de los dos periódicos de tipo profesional que puede encontrar, Comunidad Escolar y Prensa en la Escuela. No llegan periódicos diarios de información general, excepto el miércoles que se distribuye uno gratuitamente en todos los colegios por su suplemento de educación. Es curioso que la mayoría del profesorado se lo lleva a casa en vez de trabajarlo y comentarlo en clase. Periódicos y café en una sala de profesores indican, en principio, que hay un intento de lograr un ambiente distendido y agradable en el centro. El posible problema, y por eso digo " intento", estriba en que el profesorado en general, como comentaré después, no va a la sala de profesores.

Asimismo, en las paredes prácticamente no cabe un cartel o anuncio. Abundan contenidos reivindicativos, informativos, de denuncia, de concursos escolares o cursillos que el profesorado puede seguir. Específicamente hay un tablón de anuncios, con información de becas, concursos, visitas a museos, exposiciones, cuadernos informativos de sindicatos, etc. Así pues, la información que llega al colegio se transmite, siendo el mural de la sala de profesores la vía de comunicación con el profesorado para estos temas. Otro asunto será si este sistema se puede considerar eficaz y responde a un modelo participativo en el funcionamiento de un centro.

A lo largo de los días puede ir cambiando algún papel, alguna información, pero normalmente las paredes están llenas de información, yo diría de un exceso de información para que ésta llegue con facilidad al profesorado. En cualquier caso, se puede apreciar que, junto con los Claustros, es la principal vía de comunicación de la información que llega al colegio desde fuera. Diríamos que casi la única, porque el número de Claustros que se celebra no son muy numerosos, concretamente en los dos últimos cursos se han llevado a cabo 16 Claustros, que si dividimos por los 20 meses de curso no sale ni uno por mes.

Asistencia

Si por una parte decíamos que existe el marco para que se pudiera lograr una asistencia del profesorado a esta sala, por otra esa realidad no se produce. Hay que tener en cuenta que menos los dos profesores que "vigilan" el recreo los demás en esos momentos están libres, por lo que la asistencia a esta sala podría ser numerosa, dándose la circunstancia de que disponen de un lugar agradable para compartir el café con los compañeros.

Bajan pocos profesores a la sala de profesores, es más alguno de ellos pasa por la sala coge el periódico y se va a leerlo a su clase, no participando absolutamente nada del encuentro personal que se puede generar en esa situación. También se puede constatar que son siempre los mismos los que van por dicha sala.

En todo el periodo de observación nunca ha habido juntos más de cuatro profesores, entre los que casi siempre estaba el Secretario del centro. El Director y la Jefe de Estudios tampoco suelen ser asiduos en su asistencia. En cualquier caso, hay que reconocer que los recreos suelen ser momentos en los que se les demandan distintas actuaciones o reuniones. A pesar de todo, entendemos que no debería ser excusa para su participación más asidua en esta Sala.

Es curioso constatar que el Equipo Directivo por un lado procura que sea un espacio de encuentro, pero después no solamente no funciona así, sino que tampoco ellos intentan que sea en la realidad con su participación.

¿Qué hacen?

Dado que el grupo de profesores que está en la sala de profesores no es muy numeroso y casi siempre lo componen las mismas personas, se observa que han labrado entre ellos una cierta amistad, si no un compañerismo bastante fuerte. Por lo tanto, no se han observado discusiones ni se han reflejado las disensiones ni los conflictos que debe haber en cualquier colegio. Por otra parte, esta situación refleja lo que denominaríamos "sistema de mantenimiento" en el colegio, donde cada uno hace lo que debe hacer, las relaciones no son muy tirantes, más bien agradables, pero falta un ánimo de lograr otras cosas, de cambiar, etc. "Cada profesor se dedica a ir al colegio, trabajar en clase, participar en lo que le dicen que debe participar y volver a casa. Su deseo es que no le compliquen la vida". Esta misma situación se aprecia en los Claustros en los que la discusión es mínima en los temas que se plantean. El disponer de un equipo directivo muy competente que les da casi todo hecho y la edad de la mayoría del profesorado pueden ser la causa de esta actuación.

Los temas de conversación suelen ser los usuales en cualquier grupo humano, o sea personales, de algún tema de actualidad o de sus alumnos, sobre todo de los conflictivos.

Algunas veces hay algún profesor aislado leyendo el periódico, pero generalmente siempre se traban conversaciones sobre alguno de los temas que ya hemos señalado - actualidad, colegio, personales -. También se suele aprovechar para corregir ejercicios de los alumnos aunque de modo distendido.

Bastantes veces se producen reuniones informales en las que se tratan temas importantes de los procesos de clase. Sin necesidad de planificarlo, ya que surge sin necesidad de ello —ambiente agradable, un café, etc.— en conversaciones o reuniones informales se suelen tomar decisiones importantes sobre procesos de clase u otros temas del colegio. Es interesante destacar esto porque consideramos que en los centros educativos bastantes decisiones importantes se toman fuera de las reuniones formales planteadas al efecto.

Clima

Como se puede desprender de lo que hemos comentado, el clima es agradable y distendido entre los profesores que van a la sala de profesores. En ningún caso a lo largo de la observación se han contemplado momentos de crispación entre ellos. Simplemente, de modo relajado, toman café o leen el periódico hablando de los temas ya señalados.

Volvemos a insistir en la idea de que no se reflejan los conflictos que existen en el centro, en cuanto la participación del profesorado en la sala de profesores es mínima. Asimismo, también se puede constatar que falta dinamismo, interés por el cambio o por mejorar, una unión en un proyecto común de trabajo. En este caso, lo usual sería que se aprovechara este momento y esta sala para discutir y hablar sobre actuaciones concretas, proyectos de futuro o los distintos problemas que surgieran. El quedarse el profesorado solo en clase o por grupos pequeños en sus clases o el bajar a la sala de profesores para hablar con todos refleja claramente distintas culturas de centro.

B) ESCUELA 2

Es necesario explicar, antes de entrar en el análisis de la sala de profesores, que este espacio tiene unas características especiales. Así, en primer lugar existen dos salas totalmente diferenciadas, una para los profesores de Educación Infantil, que está en el edificio de Infantil, separado por completo del de Primaria; y otra para los de Primaria en otro edificio. Además, la sala de profesores de Primaria no se usa como tal, sino más bien como lugar de reunión o lugar de trabajo de los diferentes equipos docentes. El espacio que sirve de encuentro en las horas de recreo para los profesores de Primaria es el comedor que, por lo tanto, hace las veces de sala de profesores.

Así pues, tendremos que hacer una referencia diferente a los espacios que sirven como sala de profesores, ya que su contexto y dinámica de funcionamiento son diferentes.

Como podemos observar, todo es muy complejo y diferente en este colegio, lo que incide de modo determinante en su análisis y en las percepciones que los miembros de la comunidad escolar mantienen.

Contexto formal

Nos encontramos dos contextos muy distintos en el espacio de Infantil y en el que sirve de lugar de encuentro en Primaria. Así, en la sala de profesores de Infantil los profesores disponen de café, galletas, etc. para tomar algo todas las mañanas, así como de un tablón de anuncios para ir anotando todo aquello que se necesita recordar, además de tener periódicos y la sala muy acogedora. Realmente responde a un espacio de encuentro y descanso del profesorado.

Sin embargo, el espacio que sirve de encuentro al profesorado en Primaria responde a lo que es, o sea un comedor. Una estancia muy grande, fría y mínimamente acogedora. Allí algunos profesores se acercan en el tiempo de recreo, toman café y hablan de "sus cosas". Lo que realmente es la sala de profesores está pensado como lugar de trabajo y, por lo tanto, dispone de las clásicas estanterías con numerosos libros y materiales de trabajo. No hay ni cafetera ni prensa, solamente revistas profesionales. Asimismo, la información sindical y de las diferentes cuestiones del funcionamiento del centro se exponen en esta sala.

Así pues, mientras la sala de profesores de Infantil responde a un lugar de encuentro e intercambio de información, sentimientos u opiniones, la sala de profesores de Primaria solamente es un lugar de trabajo, siendo el comedor un espacio que se decida solamente a tomar algo en los momentos del recreo de los niños. Los profesores de Primaria no disponen de un espacio común para hablar distendidamente y, en muchos casos, evitar discusiones en Claustros o malentendidos por esa falta de comunicación que existe.

Asistencia

La sala de profesores de Infantil en el momento del recreo está ocupada por casi todas los profesoras de ese nivel, excepto las que tienen que estar vigilando a los niños, que vienen, toman café y se van. Solamente una profesora no suele acudir. Esto nos demuestra que representa algo muy importante para el profesorado. Es curioso constatar que hasta el subdirector del centro acude a esta sala en numerosas ocasiones para tomar café con el profesorado de Infantil. Decimos que es curioso, porque no suele acudir al comedor, donde se reúnen algunos profesores de Primaria en el recreo. Es un reflejo de que en este nivel se respira un clima agradable y relajado.

Si uno va al espacio que sirve de sala de profesores para los de Primaria descubre que solamente suelen ir seis u ocho profesores. Debemos recordar que en primaria hay 37 profesores, por lo que la proporción de los que acuden es realmente mínima. Además, suelen ser casi siempre los mismos, o sea, un grupo muy concreto y reducido que se reúne para hablar y tomar un café por la mañana. Esto nos demuestra que el clima que se respira en Primaria no es relajado ni agradable. El ambiente entre los compañeros es bastante frío y en muchos casos no pasa del saludo.

¿Qué hacen?

En la sala de profesores de Infantil se habla predominantemente de temas profesionales, de las actividades que se están realizando, de aquello que se puede hacer en su nivel, de los problemas de clase. También se habla algunas veces de política y de cuestiones estrictamente personales, lo que nos indica el grado de confianza que existe entre ellas. Solamente una profesora, por el hecho de ser nueva, no comparte aún la confianza de las demás y está un poco reacia a participar tan abiertamente como las demás. Temas como las matrículas del curso siguiente, posibles salidas con los niños, el proyecto curricular, anécdotas de clase, constituyen lo habitual en estas conversaciones, siempre en torno a un café y unas pastas y de forma relajada y agradable.

Debemos resaltar esto último, ya que la sala de profesores sirve en muchas ocasiones para dialogar y decidir, sin problemas y de forma relajada temas que en el Claustro pueden suponer recelos, malentendidos, o discusiones agrias. Pensamos que la sala de profesores como lugar de encuentro y desahogo en los centros debería ser el espacio más cuidado por los equipos directivos. Es el lugar en el que las rencillas o enfrentamientos que deben existir en cualquier grupo humano se pueden resolver o, por lo menos, entender.

En el comedor, donde se reúnen unos pocos profesores de Primaria, toman café y hablan de sus cosas, sobre todo personales. Al ser tan pocos los que van, este espacio no puede cumplir una función de encuentro o de llegar a acuerdos alrededor de las múltiples cuestiones que afectan a un centro. Es curioso constatar que en este grupo las críticas hacia otros grupos o cuestiones del centro están a la orden del día. Se puede afirmar que este espacio responde a lo que nunca debería ser una sala de profesores en un centro.

Clima

En la sala de profesores de Infantil, coherentemente con lo explicado hasta ahora, el ambiente que se respira es de relajación y totalmente agradable. Esto no indica que a veces deje de haber discusiones sobre temas preferentemente profesionales, que los hay, pero no es más que una señal de que existe "vida" en ese grupo. En todas las observaciones realizadas a lo largo del curso se puede afirmar que siempre se ha mantenido este clima.

No podemos decir lo mismo del otro espacio. Solamente el hecho de que vayan tan pocos profesores nos indica que las relaciones en el centro no son agradables, que la actitud hacia el centro no es positiva. El profesorado no desea reunirse entre sí. En Infantil hasta la profesora que tiene que ir al patio pasa un momento por la sala para hablar un poco y tomar un café. En Primaria no existe ese deseo. A primera vista, todos parecen llevarse bien, pero cuando observamos más detenidamente apreciamos que existen diferencias muy grandes de criterios y puntos de vista.

Así pues, la sala de profesores, como indicador del clima que se vive en el centro, como reflejo de su estructura micropolítica, toma aquí todo su valor.

C) ESCUELA 3

Contexto formal

Siguiendo la misma línea que en el resto de los colegios la sala de profesores está pensada para que cumpla prioritariamente dos funciones, como lugar de encuentro y descanso del profesorado y como canal de comunicación de aquella información oficial del centro. Así, dispone de dos murales de información, uno para sindicatos y otro para la información oficial que se genera en el centro, estructurada en dos espacios, uno para el funcionamiento del centro -horario de los profesores, convocatoria de reuniones, menú del comedor, etc.- y otro exclusivamente para la información que se genera del CEP al que el colegio está adscrito. Hay que tener en cuenta que el sistema de formación y perfeccionamiento del profesorado se estructura a través de los CEP. La sala de profesores como canal de comunicación entre el profesorado sigue siendo importante.

Unas estanterías con diversos libros y revistas, así como unos casilleros para aquellos profesores que no tienen la responsabilidad de las tutorías y, por lo tanto, no disponen de una " clase fija " donde recoger sus materiales de trabajo, completan el mobiliario de las paredes. Asimismo, también tienen a su disposición café, pastas y una nevera con distintos alimentos y bebidas, así como los periódicos diarios a los que está suscrito el centro. Resaltaríamos que algún profesor "desayuna" usualmente en la sala todos los días.

Por tanto, la sala de profesores tiene todos los elementos para lograr un ambiente distendido y cordial, en el que el profesorado se sienta a gusto en ese descanso del trabajo con los alumnos y en el único momento en el que se puede encontrar con cualquier profesor del centro al que en caso contrario igual no saludaría en todo el año.

Asistencia

Si en el centro hay 31 profesores, se puede afirmar que una media de 15 suelen estar en la sala de profesores, a los que hay que añadir los de Educación Infantil —5 profesoras— que se acercan a la sala en otro momento, porque tienen el recreo de sus alumnos en horas diferentes. Por lo tanto, podemos observar que la participación del profesorado en la sala de profesores es muy amplia, lo que va unido a un clima en el colegio bastante cordial -en el último curso ha empezado a haber algún problema ciertamente serio- y a una identificación de la mayoría del profesorado en un proyecto común de trabajo, que se caracteriza por ser claramente innovador.

Solamente no baja de forma sistemática a la sala de profesores un grupo reducido de unos 6 profesores que forman un grupo de presión, bastante aislado en el centro, pero que están en contra del actual equipo directivo y, desde luego, no participan del proyecto común del colegio en la misma forma que el resto del profesorado. Después de varias entrevistas y análisis de la situación tenemos totalmente claro que el motivo es estrictamente personal, a lo que se añade otro de tipo profesional como es que les gustaría tener el timón del centro, acceder a la dirección y dirigirlo, pero en las últimas votaciones para la dirección un candidato de ese grupo salió "malparado". De todos modos, otros dos profesores que se entienden con dicho grupo suelen ir a la sala y hablar con los demas, pero las seis personas descritas anteriormente se encierran en sus aulas y no participan.

En este centro se da una circunstancia especial, en tanto que también suelen ir sin ningún problema padres de la APA o los monitores del comedor, que entran, toman café, hablan con el profesorado y comparten unos momentos con ellos. No es una sala cerrada al profesorado, sino que en la línea del sistema de participación que lleva el centro está abierta a los diversos colectivos.

¿Qué hacen?

Todos los días se forma un grupo de unos 8 o 10 profesores del ciclo inicial y medio con la Directora o Jefe de Estudios alrededor del café para hablar distendidamente de diversos temas. Predominan los personales, las críticas a los alumnos con problemas, críticas a ciertos padres, temas de política o del funcionamiento del colegio. Lógicamente depende del día y de lo que haya sucedido o pueda suceder para concretar el tema del día. La charla suele ser distendida, sin discusiones tirantes ni altisonantes. Hay que recordar que el grupo que ocasiona la mayoría de las discusiones fuertes en los Claustros no asiste a la sala.

El grupo que sí lo hace en general, se lleva bien y, por lo tanto, el ambiente es cordial y distendido.

Hemos observado que sirve de evasión y de desahogo para bastantes profesores ante posibles problemas con alumnos y padres. Realmente a algún alumno y a algunos padres "los pelan" . Es como si el estamento profesional del centro tuviese un espacio en el que desahogar sus pensamientos, en el que pudieran decir lo que no pueden decir en otro espacio, algo que es comun en todos los centros.

Los temas de política también suelen ser muy abundantes, en parte porque existe en el centro un grupo muy numeroso comprometido políticamente a través de sindicatos o partidos políticos.

Otros profesores suelen entrar, toman café, leen brevemente el periódico y se van. Otros, los menos, se aíslan y leen detenidamente el periódico sin entrar en el grupo intencionadamente.

Es curioso destacar que, a la inversa que en otros colegios, las profesoras de infantil se quejan de que no están integradas en el centro porque no pueden asistir a la sala cuando los demás lo hacen, al tener el recreo en horas diferentes. De todos modos, no se quedan en su pabellón, que está aislado del de Primaria-EGB, y en sus horas de recreo van a la sala de profesores del centro, en un intento de participar e integrarse. Hay que subrayar que el propio profesorado de infantil se da cuenta de que la no asistencia a la sala de profesores cuando van los demás implica un cierto grado de desintegración del centro. Es una idea que subrayamos porque la suscribimos totalmente, no solamente para los que pueden ir a la sala de profesores sino también para los que no van intencionadamente.

También hay que decir que a veces en estos momentos se deciden las horas y días de las reuniones u otros temas de importancia para el centro. Estas decisiones además suelen tener el mayor consenso. Hay que recordar que el que podríamos llamar grupo opositor no está en esos momentos.

Clima

Consecuentemente con lo narrado hasta ahora el clima que se respira en la sala es totalmente cordial y agradable, en donde abundan las bromas y el ambiente distendido, y donde bastantes profesores se liberan de sus problemas. Existe confianza para hablar de bastantes temas e intercambiar todo tipo de información. Ha sido el centro en el que la sala como lugar de encuentro se ha dado en toda su extensión y fuerza.

D) ESCUELA 4

Antes de explicar lo que "pasa en la sala de profesores" de este centro es necesario recordar una variable importante: dispone nada menos que de 33 unidades, lo que ocasiona que haya 47 profesores en el centro. Lógicamente las relaciones y los procesos que se generan son diferentes, en estrecha relación con las dimensiones del mismo.

Contexto formal

La sala de profesores está estructurada sistemáticamente en cuatro espacios. En una pared está lo que podríamos llamar información oficial tanto del propio centro como de la administración, primando la información del MEC y del CEP, y contando con una información sistemática de funcionamiento como es el horario de los profesores y el calendario del curso. Otra zona, que ocupa toda una pared, dispone de la información sindical y anuncios de todo tipo. En el centro está la mesa, disponiendo de una máquina de café y de una nevera, como zona de encuentro y descanso. Finalmente el cuarto espacio comprende la estantería con libros, periódicos profesionales y diversos útiles de trabajo.

Así pues, su estructuración responde tanto a una necesidad de lugar de encuentro y descanso del profesorado, como a un espacio y canal de comunicación de la información oficial que se genera en el mismo centro o que llega a él. Se cuida bastante esta sala como canal de comunicación, debido al número de profesores existentes. El número de Claustros tampoco ha sido muy numeroso, concretamente 17 en los dos últimos cursos —menos de uno por mes—, por lo que la utilización del Claustro como canal de comunicación no puede ser muy eficaz.

Asistencia

La escasa asistencia del profesorado a la sala de profesores es una constante, ya que en el periodo de observación nunca ha habido más de ocho profesores. Recordamos que hay un total de 47 profesores. En cualquier caso, debemos comentar una variable importante, por cuanto que los profesores de infantil y la logopeda están en un pabellón separado y prácticamente hacen la vida en dicho pabellón, razón por la cual no van a la sala de profesores. De todos modos, aún quedan más de 30 profesores para considerar rotundamente que son pocos los que a la misma.

Además, suelen ser siempre los mismos, y es curioso constatar que los de más edad y que más tiempo llevan en el centro son los que no se acercan casi nunca. Casi siempre había alguien del equipo directivo en la sala compartiendo charla con el resto de profesores.

La escasa participación del profesorado en este "único lugar común informal de encuentro" de todo el profesorado implica de algún modo que el profesorado globalmente considerado no se siente del todo identificado con el centro y con sus compañeros, con un proyecto común de trabajo, ya que es curioso ver cómo los que van por la sala de profesores son aquellos que están más comprometidos con las innovaciones y programas del colegio, siendo aquellos que no van por ella los que no participan prácticamente en nada y se ciñen exclusivamente a cumplir con sus clases y su horario.

¿Qué hacen?

Se puede afirmar que no existen situaciones de encuentro colectivo entre el profesorado ya que, además de que no hay muchos profesores, algunos de los presentes se dedican a leer, corregir ejercicios o tomarse un café e irse rápidamente. Las conversaciones suelen producirse entre dos o tres personas. El ejemplo de un día puede servir de modelo. Uno de ellos estuvo todo el tiempo leyendo el periódico, otro entró, tomó café, miró y se fue. Solamente dos profesores, además de la misma área, estuvieron hablando todo el tiempo sobre temas de trabajo de sus alumnos, planificando qué iban a hacer.

Los temas de conversación de los grupos que se generan suelen ser los habituales, aunque predominaban temas de política general y educativa, en cierto modo porque los que asisten a la sala y participan son los más comprometidos en todos los sentidos. Otros días, si había sucedido algún problema con los alumnos, ese era el tema de conversación. En resumen, los temas profesionales —seguro de accidentes en las salidas, sueldos, trabajo, etc.—, los políticos —según el momento— y los didácticos han sido los predominantes en los grupos formados en la sala. Las discusiones rara vez subían de tono, solamente en una o dos ocasiones con motivo de puntos de vista distintos ante temas educativos.

Así pues, la sala de profesores de este centro no recoge "la vida" del mismo totalmente, ya que van por ella pocos profesores, pero sí es un claro exponente del grupo de profesores que asisten. Discuten de política, planifican actividades, hablan de las salidas que pueden hacer con los alumnos y, en suma, estrechan relaciones personales tan importantes para un buen funcionamiento de un colegio. También hay que decir que una parte importante del grupo de profesores que asiste a la sala constituye un "grupo de poder" en el centro que domina con claridad el Claustro, que se coordina muy bien y que participa de "la movida del colegio".

Por otra parte, es un claro reflejo de que no existe una cohesión global en el centro o de que bastantes profesores no desean participar de la dinámica de éste.

Clima

El clima que se respira en la sala puede adjetivarse de distendido y cordial. Las razones están claras. Bajan pocos profesores y solamente habla un grupo determinado más o menos cohesionado, por lo que el clima no puede ser de otro modo. Lógicamente, esto no puede responder al clima global del centro; aunque el resto del profesorado no tiene mucho "ánimo de lucha", constituyen lo que denominamos "profesores de mantenimiento".

Solamente un día en todo el periodo de observación hubo un pequeño incidente con subidas de tono y cierta tensión ante un problema que había sucedido en una salida con una niña y la posterior reclamación airada de los padres. Su discusión en la sala de profesores ocasionó un clima enrarecido. No hemos detectado problemas con el equipo directivo. Es más, la percepción que se tiene de él es bastante positiva y no existe ningún grupo informal más o menos organizado que intente una oposición seria ni ningún acoso o derribo de la dirección. Más bien predomina un clima de pasividad en bastantes profesores, "tirando del carro" solamente algunos como el propio Director afirma.

2. Situaciones relevantes

Con el fin de sistematizar la información obtenida, hemos dividido en tres apartados el contenido de cada colegio. El contexto formal se refiere a la imagen exterior del centro: cómo tienen las paredes, los recursos de que disponen, etc. El ambiente profesional del profesorado intenta transmitir la actitud que se percibe ante la enseñanza, la innovación, el cambio, etc. Finalmente el clima quiere transmitir esencialmente cómo es la relación que se percibe entre el profesorado, los padres con los profesores, el equipo directivo con el resto de la comunidad escolar, etc.

A) ESCUELA 1

Contexto formal

Se observa un cierto sentido del orden y disciplina en todos los aspectos. Es curioso constatar cómo en los Consejos Escolares el tema casi monográfico de los dos últimos años ha sido el problema de la disciplina, expulsando a varios niños en ese periodo. No se aprecian pintadas en las paredes, aunque sí disponen de murales o distintos tipos de adornos, no suele haber papeles en el suelo, la limpieza sobresale en general, los niños suelen adornar las paredes con sus dibujos o posters, la entrada al colegio de los niños suele ser de modo ordenado, etc. Todo esto nos demuestra la preocupación o la implicación en la cultura del colegio del orden.

Hay que recordar que el centro es bastante nuevo, tiene pocos años de existencia, con lo que las instalaciones están en muy buen estado, disponiendo de recursos adecuados en cuanto a material didáctico y espacios de trabajo. Tanto la biblioteca como el gimnasio o espacios de recreo disponen de excelentes recursos y posibilidades. Hay que destacar esto porque son elementos que influyen en la concepción global del centro, en su percepción, y en su valoración.

Ambiente profesional del profesorado

Coherentemente con lo que estamos exponiendo, el colegio no participa de ningún proyecto de innovación, como podría ser el Proyecto Mercurio o el Atenea, así como de programas específicos, como educación para la salud o de medio ambiente. Aunque en el centro se realizan salidas y actividades extraescolares, no interviene en competiciones deportivas con otros colegios, actuación que siempre reflejaría una mayor participación de los padres y una apertura al entorno próximo o más lejano. Volvemos a recalcar la ausencia de motivación para cambiar o para innovar en el centro como colectivo de profesores, aunque eso sí el gusto por el trabajo bien hecho es patente, pero siempre manteniendo lo que está, sin grandes complicaciones.

Los equipos docentes de ciclo se reúnen una vez por semana, coordinándose de modo bastante efectivo, por lo que hemos observado, aunque su convencimiento de que lo que hacen es lo mejor impide a algunos el coordinar sistemas de trabajo, hecho por otro lado normal en esta profesión.

La reforma del sistema educativo se valora de modo diferente. Mientras los profesores de Infantil lo hacen de modo positivo, los de Primaria no lo ven tan claro, es más, sus perspectivas son bastante negativas. Cuando ha habido que realizar el proyecto curricular u otros documentos que exige la reforma, prácticamente ha sido el equipo directivo el que se ha llevado todo el trabajo, reduciéndose la participación de la inmensa mayoría a un mero asentimiento.

Tal vez esta actitud venga promovida en parte por la ansiedad y agresividad que manifiestan los profesores cuando hablan de su trabajo, de su profesión. En estos momentos se detecta una situación en la que el profesorado está bastante falto de motivación y de reconocimiento por parte de la sociedad hacia su trabajo, y no solamente en este centro sino también en el resto de los visitados con motivo de la investigación.

A la forma de actuar hay que unir a una valoración positiva del liderazgo del Director y su equipo. La percepción que el profesorado tiene del equipo directivo es positiva y eso se refleja en la actitud que tienen ante él. Normalmente no se producen grandes enfrentamientos en los Claustros, tratándose exclusivamente aquellos temas que deben pasar por el Claustro y sin muchos problemas. Existe una confianza en las actuaciones del equipo directivo.

Clima

Confirmando lo comentado anteriormente, el clima de orden y disciplina se concreta en unas conductas determinadas como son la puntualidad en las entradas y salidas o en el comportamiento normal de los alumnos cuando van por los pasillos de la escuela.

La figura del Director sigue teniendo cierto respeto y admiración, siempre desde un clima de libertad ante la misma, percepción que se extiende al resto del equipo directivo. Ya hemos dicho que es un colegio en el que la mayoría de las actuaciones y responsabilidades se dejan en manos del Equipo Directivo. Las relaciones de los profesores con el Director son las de un compañero más, elegido Director por los propios compañeros.

De todos modos, tanto profesores como alumnos y padres deben pedir hora para hablar con él sobre asuntos ya determinados, uniendo la percepción positiva de dicha figura con el orden y el control de las distintas situaciones que se plantean en el centro.

Las relaciones entre los profesores son cordiales en general. Existen dos grupos diferenciados en el colegio y los problemas que se plantean son más bien de tipo personal. O sea, ante roces por distintas actuaciones personales, no profesionales, se ha ido formando un enfrentamiento entre algunos que se ha consolidado y que va a ser muy difícil de solventar ya. En cualquier caso, esta división en dos grupos no involucra al equipo directivo, por lo que favorece que el colegio siga funcionando con ese sistema de mantenimiento que ya hemos comentado.

Un dato es la situación de entrada cada día, en la que se observa cómo los profesores se suelen reunir en el hall y hablan entre ellos de modo relajado, hacen bromas, leen el periódico, estando presente en la mayoría de las ocasiones el equipo directivo. Se aprecia un clima relajado con relaciones cordiales.

Según lo observado, los conflictos que se producen se pueden considerar normales y lógicos en cualquier centro de Primaria de nuestro país, tal vez en una proporción, a nuestro juicio, menor a lo habitual. El problema de las sustituciones del profesorado cuando alguno falta a clase, los intereses contrapuestos entre ellos ante alguna situación problemática —salidas, exclusiva, recreos, etc.—, los problemas de disciplina de alumnos, la falta de participación para hacer "cosas nuevas", etc. suelen ser las cuestiones que generan los conflictos en el centro. Algunas veces, cuando han entrado en el proceso de los conflictos cuestiones personales de los profesores, han derivado en situaciones bastante delicadas. El trato del conflicto en el centro entre los profesores suele tener un talante muy abierto y dialogante.

Los padres como elemento que forma parte del centro entran en la misma dinámica del funcionamiento ya descrito. Su relación con los profesores no es problemática, se podría considerar normal, sin grandes discusiones ni enfrentamientos entre ellos. Se podrá observar cómo en los dos últimos años no ha habido ningún tema relacionado con el profesorado en las reuniones del Consejo Escolar. Los padres acuden a hablar con cada profesor en horas dispuestas para ello cada semana, no pueden entrar cuando lo deseen en el centro, sino en el tiempo dispuesto para ello y utilizando los canales adecuados.

Si los padres no participan ni se integran en el centro de modo determinante, tampoco lo hacen el centro y el profesorado, no participando de la vida de su entorno, del barrio en el qué se ubica el centro.

B) ESCUELA 2

Contexto formal

La primera impresión que tiene uno cuando se acerca al centro es la de un edificio moderno, agradable, acogedor y amplio. Como nuevo que es, dispone de buenas condiciones higiénicas, de iluminación, limpieza, calefacción y acceso. A pesar de todo, puede considerarse insuficientemente dotado de espacios como: salón de actos, sala de audiovisuales o de un gimnasio más amplio, en opinión de los propios padres manifestada en un reciente estudio llevado a cabo.

No hay mucha suciedad por el suelo, las paredes están prudentemente adornadas, suele haber jardines cuidados en el exterior y existe suficiente espacio exterior paras practicar deporte, en fin; todo ello hace ver que el contexto formal físico en el que se desarrolla la vida del centro es seguro, agradable y adecuado para llevar a cabo un proceso de enseñanza aprendizaje óptimo.

Ambiente profesional del profesorado

Se trata de un colegio que antes contaba con una dinámica muy innovadora, participando en muchos proyectos y con un profesorado muy implicado en el mismo. Actualmente siguen estando adscritos a dos proyectos de innovación: el proyecto Atenea y el de Formación del Profesorado para Diseños Curriculares, del que participan con cierto desinterés la mayoría de los profesores. Es una consecuencia de las circunstancias difíciles por las que pasa el centro.

Una muestra de esta falta de implicación en el colegio es que los profesores solían participar en el viaje de estudios de los alumnos de 8º de E.G.B. cada curso, y ya llevan unos años que tienen que ir con monitores y padres, porque ningún profesor se quiere implicar en tal actividad.

Existe claramente una actitud negativa del profesorado hacia el centro, hacia el funcionamiento del Claustro y hacia el propio Consejo Escolar. Los equipos docentes son la vía por la que se conduce la participación en un centro tan grande. Sus reuniones suelen ser numerosas, pero su implicación en ellas deja bastante que desear. Se percibe una actitud en la mayoría de cumplir con lo estrictamente profesional y dejar mayores implicaciones para otros momentos.

Esto hace que la elaboración del Proyecto Curricular se haya convertido en algo meramente burocrático, en algo que es necesario hacer porque les obligan a ello, pero que se hace sin la menor ilusión. Los resultados son un trabajo profesional y técnicamente bien hecho, pero al que le falta lo más importante, la implicación en el proyecto por parte del profesorado. Una muestra de esta falta de implicación en un proyecto común lo tenemos en una observación sistemática llevada a cabo a lo largo de todo el curso, y por la que se detecta con claridad que la mayoría del profesorado trabaja en su clase de modo totalmente independiente del compañero, o sea, la coordinación entre ellos es mínima. Profesores del mismo nivel llevan sistemas y dinámicas de funcionamiento bastante diferentes.

Debemos decir también que normalmente hacemos referencia a una situación que entendemos es la que prevalece en el centro, pero que siempre hay profesores que se coordinan, como por ejemplo los de Infantil, u otros que intentan implicarse en distintas actividades.

La percepción de la reforma del sistema educativo por parte del profesorado es ciertamente negativa, y en ello influye la situación de adscripción que están viviendo en el centro, ya que esta problemática viene ocasionada, en parte, por la implantación de la reforma.

El equipo directivo se ve como algo necesario, pero su actitud hacia el centro no es positiva. Debemos recordar que nos encontramos con un equipo directivo obligado, no elegido. El mismo equipo directivo intenta por lo menos mantener "el barco a flote" sin grandes ilusiones ni deseos de lograr cosas que vayan más allá de lo estrictamente profesional.

Clima

Si la primera impresión del contexto físico es muy positiva, no sucede lo mismo con el clima que se respira en el centro. Observando solamente las entradas y salidas del centro, se percibe que la mayoría del profesorado solamente se saluda y nada más, no suele haber "corrillos" donde se hable de todo un poco, llegan y van directos a las clases, y cuando salen, igualmente suelen irse con rapidez. El ambiente entre compañeros es bastante frío. Solamente el equipo de Infantil no se incluye en esta apreciación, en cuanto que forman verdaderamente un equipo de trabajo.

Ante esta realidad los conflictos que se producen en el centro vienen ocasionados en su mayoría por la ansiedad y la crispación que muestran en su trabajo. No existe una sala de profesores real en donde se puedan reunir para hablar, suavizar relaciones, encauzar las tensiones, en suma, para mejorar el diálogo entre ellos. Cuando se plantea el tema tabú, o sea, la adscripción a distintos cursos, la problemática que se origina es tremenda. Las consecuencias de esto provoca un deterioro de las relaciones y una actitud negativa a todo lo que tenga relación con el funcionamiento del centro.

La relación que se tiene con los padres tampoco está en su mejor momento y se vive como una situación de lucha y oposición. Son usuales últimamente las quejas al Director de ciertos padres hacia algunos profesores, no existiendo una vía de comunicación entre ellos que se considere adecuada y operativa. También es cierto que bastantes padres del colegio son asiduos partícipes de asociaciones vecinales o políticas, y viven el centro como otro espacio de lucha, lo que a bastantes profesores no les agrada ni lo comparten. Existe la percepción de que intentan meterse en asuntos que no son de su incumbencia.

Los problemas de disciplina con los alumnos son comunes y de difícil solución, lo que añade otro elemento más de complejidad. Casi el 30% del alumnado proviene de población marginada, sobre todo de un asentamiento gitano cercano, lo que genera problemas de dicha índole, sobre todo en los cursos superiores, de difícil solución para un colegio público.

Se aprecia en el clima que el profesorado no ha participado en la elección del equipo directivo. No existe ese grado de aceptación y confianza que se encuentra en otros centros. Esto influye en el funcionamiento del mismo, ya que si por una parte el equipo directivo no trabaja una ilusión, tampoco el profesor le ayuda mucho ni colabora en las distintas actividades o procesos que se le plantean.

C) ESCUELA 3

Contexto formal

El colegio llama la atención ya desde su entrada en cuanto que está muy cuidada y llamativa según el momento del curso. Es usual encontrase carteles o grandes murales indicando aquella actuación que se está llevando a cabo en el centro en esos momentos, como la semana de Aragón, la educación para la salud, la Navidad, etc., eso sí, los carteles y murales los realizan los alumnos de los distintos cursos.

Al ser un colegio con 14 años de existencia dispone aún de buenas instalaciones, a lo que hay que añadir las mejoras realizadas a lo largo de los años, ya que al ser un centro de reforma desde hace 11 años, siempre en punta de la innovación dentro de los colegios públicos de Zaragoza, tanto en instalaciones como en recursos el trato por parte de la Administración ha sido muy cuidado.

Dispone de huerto, laboratorio, sala de ordenadores, gimnasio, biblioteca, etc., e insistimos en que dispone de estas instalaciones porque realmente tenemos constancia de que se utilizan.

Así pues, se puede decir que se trata de un centro con una cultura de cambio, de mejora, de innovación en la que en mayor o menor medida participan la mayoría de los profesores. Y esa cultura comienza por el propio contexto formal del centro.

Ambiente profesional del profesorado

Coherentemente con lo que estamos exponiendo, el colegio participa de numerosos proyectos de innovación, como son el Mercurio -vídeo-, el Atenea -informática-, Almarabú -educación para la salud-, educación ambiental. Además cuenta con un proyecto de formación en centro, o sea un proyecto por el que el propio centro va elaborando su propia formación según una planificación anterior y sus necesidades en cada momento. También hay que resaltar que dispuso durante los últimos cursos la experimentación de la reforma educativa que en estos momentos se está implementando en nuestro sistema educativo.

Se puede apreciar, por lo tanto, que es un centro totalmente unido a la innovación y la mejora, en el que a lo largo de los últimos años han estado identificados la mayoría del profesorado del centro. Hay que recordar que cualquier proyecto ha tenido que pasar por el Claustro antes de ponerse en funcionamiento, contando con el consenso del profesorado, por lo que ha existido una intención positiva hacia estos proyectos por parte del profesorado que les hace unirse ellos. No han sido proyectos que el equipo directivo ha impuesto al profesorado. Es importante destacar esto porque implica que el profesorado esté unido en un proyecto global de centro.

También hay que afirmar que, al igual que en los demás centros, existen profesores con deseo de innovar y participar y otros que no están interesados en el proyecto global hecho, por otro lado, comun en la vida de cualquier centro.

Se realizan actividades extraescolares y numerosas salidas, y se participa en actividades deportivas, casi siempre con la ayuda de los padres, lo que indica en cierto modo la apertura del centro al entorno.

Los equipos docentes se reúnen un vez por semana, siendo la coordinación del profesorado bastante relevante. Existen talleres intercursos en los que los profesores se intercambian. Y esto funciona porque el grupo que se considera opositor coincide en que está en el ciclo superior, con lo que la coordinación entre los distintos equipos de profesores se suele realizar sin mayor problema.

Aun siendo un centro de innovación desde casi siempre, es curioso constatar que se reproduce la misma actitud que en los demás centros, aunque de forma no tan radical, en cuanto que su actitud ante la reforma es positiva desde el profesorado de Infantil y bastante crítica desde el profesorado de Primaria. La crisis que se vive actualmente en el profesorado sobre su trabajo y expectativas se reproduce asimismo en este centro.

Se da gran importancia a la opinión y a la participación del profesorado en todos los asuntos relativos al colegio, de tal modo que no hay ninguna decisión más o menos importante que no se lleve al Claustro para su discusión y decisión. En nuestra opinión creemos que hasta ralentiza el funcionamiento del centro, porque el equipo directivo debería decidir en más temas, pero lo recalcamos para que se aprecie el sistema de participación que se genera desde el propio equipo directivo.

Clima

Existe un cierto "desorden organizado" fruto de esa ansia de participación en el funcionamiento del centro. Se ven muchos alumnos por los pasillos, las entradas y salidas se producen en una aparente desorganización, pero en muchas ocasiones más organizada que en otros centros aparentemente más ordenados.

El liderazgo de la Directora y su equipo se valora positivamente por la mayoría de profesores, y una muestra de ello es que lleva dos reelecciones seguidas en el cargo, aunque en la última elección hubo otro candidato del grupo opositor. Su no elección ha ocasionado en parte la oposición en toda regla de dicho grupo, al generarse un sentimiento de fracaso. De todos modos, se puede decir que mayoritariamente se acepta el liderazgo de la Directora y su equipo, y se los valora muy positivamente.

Las relaciones del profesorado entre ellos son cordiales, se celebran cumpleaños, se realizan cenas en Navidad y fin de curso, y hasta se realiza el juego del "amigo invisible", que no tendría mayor importancia, pero que a nuestro modo de ver sí genera una situación relacional distendida y cordial. El grupo ya indicado se mantiene en parte al margen de este proceso. Se respira un clima de comunicación y cooperación, pero con pequeños roces entre algunos compañeros.

Insistir aquí que una dirección participativa, no autoritaria, favorece estas conductas y situaciones, algo nada nuevo pero interesante que debe ser destacado.

Los conflictos que se producen tienen el mismo origen que en los demás centros: las sustituciones del profesorado, las salidas de los alumnos en actividades extraescolares, los roces ante diversas situaciones, etc. No obstante se han acentuado últimamente los problemas que en los distintos Claustros produce el grupo de profesores de oposición, porque son un grupo con personalidad que siempre tiene algo que decir, lógicamente en contra de las propuestas de la dirección. De todos modos dicho grupo está cada vez más aislado en el centro, lo que no deja de generar el correspondiente conflicto en cada momento.

En este centro hemos observado que no se termina de entender que el conflicto ante esta situación que se vive o ante cualquier situación es normal y lógico, y que la solución está en cómo canalizarlo, en cómo tratarlo para encauzarlo adecuadamente. Percibimos cierta angustia en la Directora ante esta problemática, en parte por no terminar de entender la importancia real que tiene el conflicto.

Con los alumnos se detectan conflictos de disciplina en los cursos superiores, aunque hasta el momento no son relevantes. Curiosamente existe un caso de un niño conocido en todo el colegio y hasta temido por el resto de los niños, pero constituye un caso aislado.

Es interesante destacar que las relaciones con los padres siempre se han cuidado. Han pasado por diferentes fases en los últimos años, pero siempre se ha procurado que participen activamente en el centro, no solamente en las actividades extraescolares sino también en los talleres, o en cualquier otro tipo de actividades que se desarrollen.

D) ESCUELA 4

Contexto formal

El edificio de este colegio no es nuevo, ya que por él han pasado muchas generaciones a lo largo de más de 20 años. Solamente es nuevo un edificio anexo para la etapa de educación Infantil, construido con posterioridad. De todos modos, la limpieza, el orden, la ausencia de papeles u otros restos por los pasillos denota preocupación por el orden.

A pesar de la frialdad que transmite la estructura antigua, con carteles, murales y adornos en las paredes se intenta crear un ambiente más agradable y atrayente. La mayoría de estos carteles son realizados por los propios niños.

Los recursos con que cuenta el centro son importantes como en la mayoría de los colegios públicos, tanto en material audiovisual como en libros o laboratorio. Además hay que resaltar que tanto la biblioteca como el laboratorio son utilizados por los alumnos, lo que no es usual en todos los centros. Dispone de un gimnasio en la entrada del colegio, propiedad del Ayuntamiento, pero del que hace uso dentro del horario escolar.

Ambiente profesional del profesorado

El centro dispone en la actualidad de dos programas de innovación que se llevan a cabo, como son el programa Mercurio y el programa Atenea. Pero a finales de este curso se ha solicitado otro programa "Almarabú" sobre la salud, que ha sido concedido. Se puede afirmar que como los profesores con deseos de cambiar son los que "tiran del carro", aunque no participen absolutamente todos, se respira un ambiente innovador y de cambio. Muestra de ello la constituyen los tres programas que se desarrollan. Asimismo, se realizan abundantes salidas y actividades extraescolares, se participa en actividades deportivas con otros centros siendo la integración en su entorno bastante positiva.

La actitud ante la reforma educativa es similar a la del resto de los centros, ya que el profesorado de Infantil la ve como algo interesante y positivo y el de Primaria sigue bastante escéptico ante su desarrollo. En las conversaciones se aprecia con claridad la percepción de ambos grupos de profesores. En la implicación en ella también se refleja su actitud, en cuanto que en la elaboración del Proyecto Curricular el profesorado de Infantil ha participado muy activamente y el de Primaria no ha mostrado mucho interes, recayendo todo el peso de su elaboración sobre unos pocos profesores liderados por el equipo directivo.

Es realmente curioso cómo algunas actuaciones y percepciones superan totalmente el entorno, las circunstancias o la historia de cada centro, repitiéndose en todos ellos. La actitud del profesorado en Infantil y Primaria ante la reforma es una de ellas, hecho que se puede constatar con claridad en los cuatro centros estudiados y analizados.

El profesorado valora positivamente el liderazgo del equipo directivo actual del centro, de tal modo que en el momento de realizar el estudio pensaba presentarse a la reelección con todas las posibilidades de salir elegido. Asimismo, valora al equipo directivo como dialogante, que favorece la participación y que intenta que el centro progrese. En este caso no se puede hablar de una cultura de mantenimiento sino de cambio: la que proyecta el equipo directivo en el centro.

Los distintos equipos docentes se reúnen una vez por semana, lo que no es sinónimo de coordinación entre el profesorado. Hemos detectado que en Infantil, educación física y otros niveles la coordinación es muy interesante, pero no se puede extender de modo general al resto del centro ya que no hemos podido constatar con claridad que sea así.

Clima

Los alumnos no vagan por los pasillos en las horas de clase, los padres no entran al colegio cuando lo desean sino en el tiempo dispuesto para ello, las entradas y salidas del colegio se producen en un cierto orden, los padres y profesores deben utilizar el tiempo y los canales adecuados para hablar de asuntos formales con el Director, los padres acuden a hablar con los profesores en las horas de visita establecidas, etc., lo que nos indica cierto orden en la organización del colegio.

El profesorado acepta el liderazgo del Director y su equipo, percibiéndole como un compañero más, entendiendo que es así, y valorando positivamente su actuación en los años en los que lleva dirigiendo el colegio. Solamente existe un pequeño problema con el Jefe de Estudios en cuanto que su comportamiento es demasiado rígido e inflexible en los aspectos legales, lo que le ha ocasionado algún problema en la relación con el profesorado.

Las relaciones que se respiran en el centro entre los profesores son cordiales y sin graves problemas, en palabras de varios de ellos. Como en todos los grupos hay enemistades o relaciones más cordiales, pero al ser un colegio grande en cuanto a número de profesores, las relaciones tienden a ser en su mayoría más bien de tipo profesional, quedando las relaciones más cordiales para los distintos equipos de cada ciclo o área. Hemos apreciado en los diversos días que hemos estado en el centro que en general el profesorado se suele reunir cuando comienzan las clases por la mañana, forman grupos y no rehuyen el diálogo informal entre ellos.

Existe un grupo de profesores que actúa como grupo de presión, como grupo de poder, como un grupo que lidera las opiniones y las distintas actuaciones. En cualquier caso, este grupo no está enfrentado al equipo directivo y comulga con casi todas sus ideas, por lo que sus actuaciones no son de enfrentamiento al equipo directivo sino más bien de ayuda para que el centro vaya avanzando y mejorando.

Los grandes conflictos en el centro los generan las sustituciones del profesorado cuando alguno de ellos debe faltar. Decimos los grandes conflictos intencionadamente, ya que son aquellos que generan un enfrentamiento más serio entre los profesores. Tal vez el tamaño del centro hace que en los conflictos que acontecen no haya apenas cuestiones personales, sino que se reducen a problemas mayoritariamente de tipo profesional. No hemos observado discusiones demasiado alteradas ni enfrentamientos serios entre profesores. Pensamos que siempre tiene que haber alguno, pero desde luego ni ha transcendido ni ha sido en público.

Las relaciones de los padres con los profesores son "normales", solamente en los dos últimos años ha habido un tema en ruegos y preguntas en las reuniones del Consejo Escolar sobre la actuación de algún profesor. Dejando de lado los clásicos problemas que deben surgir de una relación con los padres (que de no producirse sería simplemente porque no existiría tal relación), no hemos encontrado una relación fuera de lo común y propio de cualquier centro.

INTERVENCIÓN DE LOS DIRECTIVOS EN LA RESOLUCIÓN DE CONFLICTOS EN LOS CENTROS EDUCATIVOS DESDE UNA PERSPECTIVA COLABORATIVA

ALGUNAS IMPLICACIONES PARA LA FORMACIÓN DE DIRECTIVOS

JOAN TEIXIDÓ SABALLS

Universidad de Girona

1. A modo de Introducción.

Los conflictos constituyen elementos de la vida cotidiana de las personas y de los grupos que en los últimos tiempos, a raíz de la eclosión de los planteamientos simbólicos y críticos en el análisis de las organizaciones educativas, han pasado a ser considerados elementos clave para acceder a la comprensión del funcionamiento organizativo de los centros educativos. Parece indispensable conocer cuáles son las fuentes fundamentales de conflictos, qué posiciones adoptan los diversos actores ante los conflictos, con qué actitud se afrontan, qué coaliciones existen, en qué base se sustentan… En síntesis, por tanto, cabe afirmar que los procesos de desarrollo y mejora de las organizaciones no pueden acometerse sin tener en cuenta la forma en que los actores organizacionales atribuyen sentido a la realidad; entendiendo que la esencia de la organización es el resultado de un proceso complejo de construcción social, que se nutre de las interacciones entre sus miembros.

Los conflictos constituyen algo natural a la organización, dado que son el reflejo de las diferencias de pareceres, de intereses, de opiniones, etc. entre sus miembros en relación a cuestiones que son de interés común. En la medida en que las personas presentan historias distintas, tanto profesionales como personales, no es sorprendente que sean también distintos (tanto que pueden llegar a la confrontación) sus comportamientos, objetivos, opiniones, necesidades, deseos, preocupaciones y temores. Además, cuando se consideran estas cuestiones en el marco de la comunidad educativa, integrada por los diversos estamentos (profesores, padres, alumnos, directivos…) que confluyen en el hecho educativo, es evidente que la conflictividad constituye una de la características de los centros educativos.

Al considerar diversas tipologías de organizaciones, podemos observar que presentan un volumen y una frecuencia de conflictos desigual. En esta variedad, obviamente, deben

tenerse en cuenta los aspectos situacionales, aquéllos que son característicos de cada realidad (tamaño, características poblacionales, nivel educativo, historia institucional...) y, también, los aspectos estructurales, fundamentalmente, el modelo organizativo en el que se
sitúan. Los centros que se rigen por modelos organizativos de corte autoritario se caracterizan porque, de acuerdo con la base coercitiva en que se asienta su funcionamiento, los
conflictos se hacen patentes con mayor dificultad, lo cual no significa que no los haya, sino
que se mantienen en un estado latente. Los modelos organizativos basados en la participación, en cambio, se caracterizan por una mayor vitalidad y, por tanto, por una mayor visibilidad de los conflictos por lo que, desde un punto de vista externo, aparecen como más
conflictivas, en un estado de mayor agitación. La participación no constituye ninguna garantía para la superación de los conflictos (lo cual, además, requiere la adecuada disposición
de las personas) pero al menos pone las bases para ello, facilitando su tratamiento abierto
y su discusión.

Desde esta perspectiva, al plantearme la secuencia lógica que va a presidir esta aportación, parece indispensable iniciarla con una caracterización de lo que entendemos por
conflicto. A continuación, en un intento de acotar una realidad compleja por antonomasia,
trataremos de caracterizar las principales fuentes de conflictividad o, en otras palabras, se
propondrán algunas tipologías de conflictos propias de los centros educativos. Como en la
mayor parte de los temas educativos, una vez puestos de manifiesto algunos elementos
substantivos del conflicto en los centros, el reto principal estriba en intervenir. ¿Qué hacer
ante el conflicto? A ello se dedica la última parte del escrito, prestando una atención al papel
de los directivos.

Esquema de desarrollo del texto

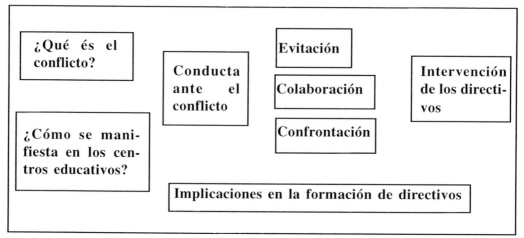

2. ¿Qué es un Conflicto? ¿Por qué aparece?

La actuación ante los conflictos en los centros educativos requiere la comprensión y la
reflexión en torno a tales fenómenos organizativos. Al considerar la variedad de situaciones
que se suceden en la dinámica de funcionamiento cotidiano de los centros educativos es
posible establecer una distinción formal entre problemas y conflictos si bien, en la práctica,
se encuentran íntimamente relacionados.

Desde una perspectiva amplia, entendemos que se presenta un *problema*[1] cuando surge cualquier dificultad en el funcionamiento de un centro que debe resolverse: la incomparescencia repentina de un profesor que se encuentra enfermo, una avería en la calefacción, la expulsión de clase de un grupo de alumnos quienes a su vez incomodan a los demás, etc. A raíz de una actividad de formación con directivos (Teixidó, Costa y Corney, 1993: 4) éstos constatan que son múltiples los problemas que deben afrontar en su quehacer diario.

Ante la mayor parte de los problemas que se presentan en el funcionamiento de los centros se actúa de forma automática, poniendo en práctica los procedimientos y rutinas que se han ido estandarizando a lo largo del tiempo y que forman parte de la idiosincrasia institucional. Cuando surge un problema nuevo o cuando se advierten disfuncionamientos en la aplicación de las soluciones previstas se procede de forma reflexiva, siguiendo una secuencia lógica que lleva a la toma de decisiones: definición del problema, recogida de información relevante, generación de opciones, valoración de las diversas posibilidades, elección de conducta, puesta en práctica y evaluación de los resultados. Desde esta perspectiva, ante las repetidas averías de la fotocopiadora (problema), procedemos a recabar información (coste de las reparaciones, presupuestos de nuevas adquisiciones, índice de uso, control de uso adecuado, etc.), generamos un conjunto de posibilidades de acción (reparación, compra de una nueva, limitación de su uso, alquiler, concienciación al profesorado sobre la conveniencia de limitar su uso...), consideramos las posibilidades, ventajas e inconvenientes de cada una de ellas y, finalmente, se procede a tomar la decisión que se considera la mejor solución posible al problema planteado.

Un problema deviene conflictivo cuando se produce una situación de enfrentamiento entre personas o grupos que defienden ideas, intereses o posturas contrapuestas. Es posible distinguir diversos momentos en su evolución: en primera instancia, se manifiesta disparidad de criterios, de opiniones...; lo cual, a continuación, puede dar lugar a discusiones acaloradas en las cuales los participantes exponen sus argumentos con vehemencia, para, finalmente, acabar en comportamientos de agresividad verbal (riñas, descalificaciones, amenazas, insultos...) y/o física o bien de ignorancia mutua.

La conflictividad en las relaciones interpersonales en un espacio organizacional constituye un aspecto que ha sido estudiado preferentemente desde la Psicología Social; desde esta perspectiva de análisis se destacan tres aspectos básicos[2] en relación a los conflictos: a) la situación en que se producen (escasez de recursos, reconversión del sistema, resultado de los conflictos anteriores, etc.); b) los aspectos afectivos y cognitivos de las partes en litigio (hostilidad, tensión, ansiedad, percepción o atribución de los intereses del otro...) y c) las conductas, ya sean explícitas (agresiones verbales, ironía, desconsideraciones, etc.) o implícitas (expectativas de conducta de los demás).

---

[1] En el diccionario de la RAE se define, entre otras acepciones, como un "conjunto de hechos o circunstancias que dificultan la consecución de algún fin"

[2] Immegart, Pascual e Immegart (1995: 263) al considerar esta cuestión en su curso de formación de directivos, sostienen que para que se produzca un conflicto deben cumplirse tres condiciones:
a) que el tema sea importante para los afectados (relevancia)
b) que les afecte de manera directa (interés)
c) que piensen que tienen que hacer algo al respecto (evaluación de conducta)

Entre tales características se destaca la subjetividad inherente a todo conflicto, es decir, las percepciones personales. De hecho, puede considerarse que su existencia depende de la percepción de los actores organizacionales. Los conflictos siempre afectan a personas, entre las cuales se establece una relación de oposición, incompatibilidad o alguna forma de interacción de signo contrapuesto. Así, en el ejemplo anterior de la fotocopiadora, se puede producir un conflicto si se da el caso de que los profesores perciben la restricción en el uso de la fotocopiadora como una pérdida de autonomía institucional o como un capricho de la dirección, o bien cuando el conserje percibe que se achacan las frecuentes averías a la realización deficiente de su trabajo, etc.

3. El Centro Educativo como escenario de conflictos

La experiencia de trabajo cotidiano en los centros educativos nos indica que la visión tradicional en la cual se los identifica con instituciones uniformes, alejadas de las luchas y conflictos propios de otras instituciones basadas en la competitividad, reproductoras del orden social vigente... en síntesis, como remansos de orden y paz, se encuentra muy alejada de la realidad.

Las teorías de estudio de los centros educativos que han tratado con mayor profundidad la conflictividad característica de los centros educativos han sido las de tipo micropolítico (sintetizadas por JARES 1996: 245), las cuales ponen énfasis en el análisis de las estrategias que utilizan las personas y los grupos para lograr sus intereses, lo cual, cuando se presenta una competencia entre diversos bandos que confluyen en un mismo interés, da lugar a la metáfora del centro educativo como un *campo de batalla* (el acceso a los recursos genera competencia; la lucha por el poder genera oposición).

El proceso de lucha micropolítica, por tanto, puede ser llevado a cabo desde una perspectiva de dominio o control (tanto por parte de la dirección, como por parte de un grupo sobre otros, como por una persona) como desde una perspectiva de oposición y resistencia.

En el intento de caracterizar la naturaleza conflictiva de la escuela, han sido múltiples los autores que han propuesto en el epígrafe tipologías de los conflictos que se dan en los centros escolares. Ahora bien, previamente a adentrarnos en el análisis de este cuadro, en el intento de evitar posibles interpretaciones no deseadas, cabe señalar que el hecho de poner de manifiesto la naturaleza conflictiva de los centros educativos y de intentar establecer una clasificación de lo que allí acontece, no supone que haya conflictos todos los días, ni que todas las situaciones deriven hacia planteamientos conflictivos; antes al contrario, cabría significar que la interacción cotidiana entre los diversos miembros de la organización, en la mayoría de los casos, se desarrolla conforme a planteamientos plácidos, de colaboración y rutina institucional. Y, por otro lado, es conveniente que así sea. La concepción del conflicto como un elemento positivo, de desarrollo organizativo, va asociada a un carácter excepcional, de manera que cuando sucede provoca una fuerte sacudida organizativa que moviliza a sus miembros hacia la resolución. La situación opuesta, es decir, aquélla que se caracteriza por la instauración crónica del conflicto en los centros, es altamente disfuncional y deja de tener propiedades revitalizantes para el grupo.

Medina (1988)	Álvarez (1993)	Tomás... (1993)	Teixidó... (1993)	Gairín (1994)	Jares (1996)
Referidos a los principios de unidad y coordinación	Autoridad, poder, influencia y prestigio	Sustantivos (relacionados con la tarea)	Coordinación en al actuación docente	Relaciones sistema centro educativo	Derivados de la concepción de la organización
Referidos a los principios de autoridad y especialización funcional	Relaciones personales	Afectivos (relacionados con el clima)	Aspectos disciplinarios	Planteamientos institucionales	Relacionados con el poder
Relacionados con la concentración y desconcentración funcional	Roles del individuo en el grupo		Insuficiencia de tiempo	Estructura organizativa	Referentes a la estructura organizativa
	Intereses personales y corporativos		Relaciones entre los profesores	Sistema relacional	
	Derechos y deberes		Delimitación de tareas	Relaciones entre componentes de la organización	
	Creencias, ideologías y culturas				

Tipologías de conflictos en los centros educativos de acuerdo con diversos autores.

4. La intervención ante el conflicto

La cuestión fundamental en relación con los conflictos no reside en su aparición sino en pasar a la acción, es decir, en cómo actuar ante los conflictos, y en qué respuesta darles. Se trata de una cuestión compleja, de difícil análisis, que se encuentra estrechamente relacionada con las peculiaridades de cada situación.

A menudo se recurre a expresiones como "resolución de conflictos" o "gestión positiva de conflictos" las cuales evidencian la importancia de las actuaciones tendentes hacia la mejora de las situaciones conflictivas. Pero ¿qué se esconde tras estos rótulos?, ¿qué entendemos por conflicto resuelto: que se ha llegado a un acuerdo de no agresión?, ¿que se ha olvidado el problema porque ha aparecido otro mayor? ¿que se ha adoptado una solución provisional entendiéndola como un mal menor? O bien ¿que se ha atacado la raíz del conflicto y se ha construido cooperativamente una nueva forma de afrontarlo, de la cual surge una nueva forma de relacionarse y de afrontar el futuro?

Son múltiples y diversas las posibilidades que se esconden tras esa etiqueta. La resolución de conflictos, por tanto, no debe ser entendida como una solución mágica, ni tampoco apunta hacia un futuro idílico donde los conflictos lleguen a desaparecer. Simplemente constituye un aporte de conocimientos dirigidos a proporcionar algunas pautas de conducta.

El nivel de logro que se obtiene con la aplicación de estrategias cooperativas en la resolución de conflictos es diverso. En algunos casos puede llegarse a la solución definitiva del conflicto; sin embargo, en la mayor parte de las ocasiones deberemos conformarnos con logros más modestos tales como la gestión positiva del conflicto, la reducción del grado de enfrentamiento entre las partes, el logro de acuerdos parciales, el restablecimiento de comunicación, etc. No se trata, como se ha dicho, de esperar resultados milagrosos sino de lograr mejoras cualitativas en el sistema de relaciones, las cuales contribuirán, sin duda, a una mejora del clima institucional.

4.1. La actitud ante el conflicto.

Una vez se ha instalado el conflicto en el seno de la organización, a algunos les resulta tan ingrato que prefieren no entrar al trapo. Entonces optan por formulaciones como "olvidemos nuestras diferencias", "en el fondo todos pensamos lo mismo" o, simplemente, evitan el conflicto, hacen como si no existiera. Otros, en cambio, adoptan una postura más beligerante; son aquéllos que piensan "pelearé hasta conseguirlo". Ante esa postura el oponente puede optar por darse por vencido : "No me interesa pelear. Ahí te quedas con tus intereses" o bien puede aceptar el reto de seguir una confrontación donde todo vale con la intención de salirse con la suya. Se trata de un conflicto de intereses donde todo el mundo pretende hacer prevalecer sus propios intereses por encima de los ajenos. Ahí empieza un juego complejo que admite diversas estrategias: acumulación de poder, inicio de un regateo con cesiones y satisfacciones recíprocas, confrontación abierta, etc.

Al tener en cuenta el tratamiento que diversos autores (GAIRÍN, 1994; MESTRES, 1996; PUIG, 1997) efectúan de posibles estrategias a adoptar ante el conflicto se constata una notable diversidad de denominaciones. Desde una perspectiva global, intentando interpretar el sentido de todas ellas, entendemos que puede postularse la existencia de tres estrategias claramente diferenciadas: la evitación, la confrontación y la negociación.

La actitud de *evitación* comporta una respuesta pasiva ante los conflictos caracterizada por la generación de respuestas de huida o bien de acomodación ante la actitud agresiva de la otra parte. Se produce la huida cuando una persona reconoce la existencia de un conflicto pero adopta la actitud de alejarse de él, de no tenerlo en cuenta, actuando como si no existiera... se trata de cuestiones que es mejor no comentarlas para, de esta manera, no tener que hacer frente a las dificultades que se derivarían de su tratamiento. La acomodación, en cambio, se produce cuando una de las partes, con tal de conservar la relación y calmar a la otra parte, está dispuesta a colocar los intereses de los demás por encima de los propios, es decir, está dispuesta a sacrificarse. Ambas actitudes, en síntesis, se caracterizan por tender a evitar el conflicto por encima de todo.

La actitud de *confrontación* es diametralmente opuesta a la anterior dado que se caracteriza porque comporta agresividad. Cada una las partes únicamente piensa en la satisfacción de sus intereses independientemente del impacto que ello tenga en lo demás; se entiende que la diferencia de intereses o de puntos de vista únicamente puede ser resuelta mediante el enfrentamiento y la competición y a ello dirigen sus esfuerzos. Se trata de una conducta agresiva ante el conflicto que no se sabe cuánto tiempo va a durar; todo depende de la capacidad de aguante de las partes pero que, en definitiva, dará lugar a vencedores y vencidos.

Finalmente, la *negociación* es la tercera estrategia de actuación ante los conflictos; se caracteriza por la búsqueda de una solución consensuada, en la cual ambas partes reconocen sus intereses y son capaces de renunciar a parte de ellos con el objetivo de lograr un acuerdo final que sea satisfactorio para todos. Se adopta el término negociación por considerar que constituye la denominación más extendida para referirse a una posibilidad doble que, de acuerdo con ROBBINS (1991: 468), deberían caracterizarse como *conciliación* y *colaboración*.

Se entiende que se produce la *conciliación* cuando las dos partes muestran la voluntad de ceder algo en sus planteamientos con la intención de llegar a una solución de compromiso. Hay un acercamiento de posiciones por el método del regateo; no habrá ni ganadores ni perdedores, dado que ambas partes muestran la intención de racionalizar el objeto del conflicto con la intención de aceptar una solución de compromiso que satisfaga parcialmente los intereses de ambas partes. La característica distintiva, por tanto, estriba en que cada una de las partes presenta la intención de ceder algo.

La *cooperación*, por su parte, se da cuando la resolución de los conflictos se alcanza de manera colaborativa. Se intenta identificar y reconocer los intereses y puntos de vista de todas las partes con la intención de trabajar conjuntamente para satisfacer a ambas posiciones. Al colaborar, la intención de las partes es aclarar las diferencias y, por tanto, el propio proceso de resolución del conflicto abre paso a la amistad y a la colaboración.

De forma estricta, por tanto, conciliación y colaboración constituyen modalidades de afrontar los conflictos que se encuentran en una misma línea de actuación, lo cual se hace especialmente evidente cuando son utilizadas de forma sucesiva: primero se llega a un acuerdo (conciliación) y, posteriormente, es posible plantearse la colaboración.

En síntesis, al hablar de negociación nos estamos refiriendo a un conjunto de comportamientos y de estrategias que no buscan ni la inhibición ni la supremacía de los intereses y puntos de vista de alguna de las partes sino que optan por la búsqueda conjunta de soluciones favorables para todos, ya sea mediante la conciliación o mediante la colaboración.

Al considerar las características de cada una de las estrategias de actuación ante los conflictos se parte de la idea que tanto las aproximaciones pasivas (tendentes a la evitación) como las agresivas (tendentes a la confrontación) son negativas ya que, aunque en algunos casos puedan resultar beneficiosas para una de las partes en disputa, sus efectos globales son nocivos o disfuncionales para el conjunto de la organización. Por un lado, la conducta de evitación, aunque evita el fragor de la refriega, no incide para nada en la solución del conflicto. La huida tiene efectos negativos en los propios protagonistas ya que son conocedores de la existencia del conflicto pero no se sienten capaces de afrontarlo, lo cual tiene efectos negativos para sus autoestima. Cuando la evitación es el resultado de la acomodación de la parte dominada a los intereses de la dominantes, debe tenerse en cuenta que el conflicto no está solucionado sino alargado. Se mantiene "oculto" momentáneamente; más tarde o más temprano volverá a salir a flote, quizá con mayor violencia, a la vez que, durante todo el tiempo que haya permanecido oculto habrá producido un cierto resquemor que tiene efectos negativos en el clima del grupo y, por consiguiente, en el bienestar de sus miembros.

Por otro lado, las aproximaciones agresivas, dan lugar a la espiral del conflicto, caracterizada por un incremento gratuito de la violencia, donde las posiciones encontradas no reparan en los medios que utilizan con tal de lograr la victoria, independientemente de su legitimación ética; se trata del "todo vale" con la intención de ganar. En estos casos, en lugar de avanzar hacia posiciones de entendimiento mutuo, la diferencia que les separa se va haciendo cada vez mayor. Cada una de las partes intenta cohesionar a su grupo, controlar que nadie se le desmarque, obsequiarlos con ventajas y favores respecto a los del otro grupo.

En resumen, cuando se entra en una espiral de esta naturaleza el conflicto se enquista en las relaciones humanas y en la institución y tiene consecuencias disfuncionales para ambas partes.

Frente a las aproximaciones pasiva y agresiva a los conflictos, se destaca la conveniencia de acercarse a ellos con una actitud abierta y un talante dispuesto a la negociación y el pacto. Ello no obstante, cabe tener presente que no todas las situaciones conflictivas permiten la aplicación de tales estrategias. Sobre todo en aquellas situaciones conflictivas en las que una de las partes en litigio está predispuesta a adoptar estrategias cooperativas de resolución de conflictos, mientras que la otra parte espera aprovecharse de ello adoptando una estrategia del tipo ganar-perder. Ante tales situaciones, una forma de actuar tendente a amortiguar los intentos de amenaza o de dominación, consiste en mostrar a quien amenaza preferencia por cooperar pero, al mismo tiempo, hacerle ver la disposición a competir y ejercer incluso represalias en el caso que se constate la intención de aprovecharse de la intención cooperativa de la otra parte. A menudo la cooperación es más eficaz cuando cada una de las partes piensa que la otra parte tiene poder para rivalizar y competir pero que opta por cooperar.

4.2. Estrategias de resolución colaborativa.

La resolución colaborativa de conflictos constituye una forma intermedia de afrontar las diferencias entre los grupos que, por una parte, supone evitar las concesiones que van contra los propios intereses y necesidades (propia de las estrategias de evitación) y, por otra parte, se propone evitar la confrontación directa, de la cual resultan vencedores y vencidos. Se basa en la negociación buscando beneficios mutuos, intentando llegar a soluciones que sean aceptadas por las dos partes.

Las formulaciones más usuales de este método tienen sus orígenes en las aportaciones de Fisher y Ury que dieron lugar al Proyecto de Negociación de Harvard, las cuales posteriormente han sido adaptadas a diversos contextos. Se basa en un conjunto de principios que lo hacen posible. Son los siguientes:

a) Las partes implicadas intervienen activamente en la propuesta de alternativas que respeten y satisfagan las necesidades de ambas partes.
b) Las partes cooperan y se apoyan mutuamente para lograr soluciones
c) Quienes intervienen en la negociación se exponen a una experiencia de aprendizaje: habilidades de autonomía, autocontrol, pensamiento creativo, comunicación interpersonal, manejo del estrés, desarrollo del equipo...
d) Se ponen en tensión las habilidades de comunicación de los protagonistas, lo cual supone una oportunidad para fortalecer la relación interpersonal.
e) Se apoya en el dominio de las habilidades sociales.

A la vista de estos requisitos se observa que aunque es obvio que los comportamientos de cooperación son los más deseables desde una perspectiva organizacional, no siempre es fácil operativizarlos, dado que su consolidación requiere la construcción conjunta de pautas y actitudes de interacción entre los miembros de la organización lo cual, en definitiva, supone una construcción cultural. No obstante, existe un conjunto de conductas o estrategias que facilitan la resolución colaborativa de conflictos que van a ser expuestas a continuación. No es necesario recordar que el conocimiento y el intento de aplicación de tales postulados no constituyen ninguna garantía de éxito; los acuerdos y la colaboración no pueden garantizarse a priori, son el resultado de una construcción compartida.

En la resolución cooperativa de conflictos distinguimos tres aspectos básicos: la preparación de la negociación, la promoción de un clima positivo y la aplicación de un conjunto de estrategias conductuales tendentes a la solución del conflicto.

Preparación de la negociación

Aspectos a considerar en la resolución cooperativa de conflictos

Promoción de un clima positivo

Aplicación estrategias conductuales

Aspectos a considerar en la resolución cooperativa de conflictos.

4.2.1. Preparación de la negociación

La resolución colaborativa de conflictos se basa en el establecimiento de soluciones consensuadas a través de procesos de negociación entre las partes. Desde esta perspectiva, teniendo en cuenta la importancia que reviste el proceso de negociación en la solución adoptada y, por tanto, en los resultados que se derivarán de su puesta en práctica, debe prepararse cuidadosamente el proceso negociador.

Antes de iniciar la negociación o de realizar acciones para que las partes en el conflicto se sienten a negociar es conveniente *recoger información que nos permita tomar una decisión fundamentada en torno a la conveniencia de plantear la negociación.* Debemos buscar respuesta a preguntas como:

* ¿Cuál es la gravedad del conflicto?, ¿Qué repercusiones tiene en el centro?
* ¿Afecta al conjunto de la organización o es un asunto interpersonal entre dos o más miembros? y, aunque se trate de una cuestión personal, ¿Está afectando a la marcha normal del centro?
* Teniendo en cuenta precedentes anteriores ¿se trata de un conflicto que en otras ocasiones se ha resuelto a partir de la dinámica del equipo, o bien se ha producido una intervención deliberada de la dirección?
* ¿Cuáles son las ventajas e inconvenientes de la negociación? ¿Qué oportunidades depara la resolución del conflicto?, ¿Qué ventajas tiene dejarlo como está?
* ¿Cuáles son los costes de dejar las cosas como están?
* ¿Cuáles son los costes y dificultades de afrontar el conflicto?, ¿Son precisamente los costes previstos los que demoran la resolución?
* ¿Querrán las partes intervenir en la negociación?, ¿Queremos nosotros mismos?
* ¿Tenemos el poder de decisión sobre los recursos que serán necesarios para su solución?

*   ¿Tiene sentido que acudamos a la negociación si no podemos asegurar después la implementación de las soluciones acordadas?

Se deben *definir* también cuáles son los *objetivos de la negociación.* Tener claros los objetivos que se pretenden conseguir con la negociación constituye un elemento de incentivación para las partes intervinientes y proporciona satisfacción al haberlos alcanzado. Contrariamente, la negociación a partir de objetivos difusos crea incertidumbre y desánimo en los negociadores.

Debemos plantearnos, pues, cuestiones como ¿Por qué nos interesa negociar?, ¿Qué queremos alcanzar, tanto a nivel técnico como humano?, ¿Por qué le va a interesar a la otra parte?, ¿Qué se perderá si no se negocia?

Una vez se ha decidido negociar conviene *investigar y documentarse en relación a la situación*: resumir la historia del conflicto, recoger información, comprobar hechos, aportar y verificar datos estadísticos, estar abiertos a información adicional, fundamentar las imputaciones, considerar la disposición de la otra parte para llegar a un acuerdo, tener en cuenta las percepciones que la otra parte tiene de nosotros... Se trata de una operación muy delicada dado que supone la puesta en funcionamiento de los factores personales de las personas, que hacen que efectuemos interpretaciones distintas de la realidad.

Finalmente, cuando se trata de conflictos intergrupos, debe decidirse *quién va a participar en la negociación,* teniendo en cuenta aspectos como el grado de conocimiento que tiene del conflicto, las características de personalidad, el nivel en que cada uno se verá afectado por la decisión tomada, quién dispone de los recursos para tomar decisiones.

4.2.2. Promoción de un clima positivo

En la resolución de conflictos, dado el carácter subjetivo que presenta y la implicación emocional de las personas que intervienen en el proceso, la generación de un clima positivo ante la negociación es tanto o más importante que la calidad del proceso racional de generación, evaluación de opciones y toma de decisiones. En síntesis, se trata de intentar crear un clima de relación positivo que tiene por objeto producir unas condiciones que permitan afrontar la negociación con mayores garantías de resolver el conflicto de forma constructiva, sin llegar a posiciones extremas de violencia o de pasividad. En la construcción de un clima adecuado a la negociación deben tenerse en cuenta aspectos físicos y materiales (espacio y tiempo), aspectos sociales (comunicación e interrelaciones entre las personas y los grupos) y aspectos sociocognitivos (primeras impresiones, percepciones, atribuciones, actitudes, valores, etc.).

En relación con los aspectos físicos y materiales, la negociación debe llevarse a cabo en el *lugar y el tiempo adecuados,* teniendo en cuenta aspectos como la ubicación en territorio "neutral", la colocación de los interlocutores en la sala (cuanto mayor sea la distancia física entre los interlocutores mayor es la posibilidad de que se perciban mutuamente como indiferentes o menos amigables). La proximidad física facilita la cooperación. En cuanto al tiempo, debe considerarse su relación con el conjunto de la actividad institucional (el momento organizativo) así como los requerimientos básicos en cuanto a disponibilidad temporal para asegurar la tranquilidad y la sensación de comodidad a lo largo del proceso.

En relación con los aspectos sociales, deben *abrirse o potenciarse los canales de comunicación*; es posible que el conflicto haya cerrado canales de comunicación y haya creado sospechas y desconfianzas mutuas. La negociación requiere la reapertura de diálogo y confianza mutua; sin estas condiciones, es inviable.

Finalmente, en relación con los aspectos sociocognitivos, cabe advertir que tienen un papel especialmente relevante en los procesos de negociación. La existencia de relaciones interpersonales positivas disminuye la hostilidad y facilita las concesiones. En relación con estas cuestiones debe *mostrarse una actitud abierta, tendente a la colaboración:* procurando decir o hacer algo que haga sentir bien a los demás, ofreciendo un café o mostrando algunas de las dependencias del centro, manifestando el deseo de obtener un beneficio mutuo, utilizando el sentido del humor... Por otro lado, cuando tenemos indicios de que la percepción que los otros tienen de nosotros no es positiva, debe ponerse atención en *desmentir las posibles percepciones negativas*, las cuales le harán reticente ante la cooperación. Para ello deben aprovecharse las oportunidades que surgen a lo largo del proceso.

El aspecto central reside en la adopción de una actitud personal tendente a la cooperación y la vivenciación de unos valores coherentes con ella, lo cual supone la adopción de un posicionamiento optimista y positivo ante la vida. Estos aspectos, obviamente, se desarrollan a través del trabajo cotidiano de las personas en su interacción con los demás miembros de la organización. No obstante, la reflexión en torno a estas cuestiones en situaciones de formación puede llevarse a cabo a través de actividades de participación, juegos, debates... dirigidos al fomento de las actitudes y la búsqueda de soluciones colaborativas a los problemas.

4.2.3. *Estrategias conductuales*

Una vez completados los pasos previos en los cuales, por un lado, se ha preparado minuciosamente la negociación y, por otro lado, se ha procurado la orientación positiva de las partes hacia su solución, cabe poner en marcha un conjunto de estrategias tendentes a su resolución, es decir, se delimitan una serie de actuaciones o pasos reflexivo-conductuales que se suceden de una manera lógica, los cuales deben ser tenidos en cuenta cuando se aplican a las diversas situaciones de la vida organizativa.

En la secuencia de actuaciones a realizar, de acuerdo con la síntesis presentada por PUIG (1997: 62), pueden distinguirse cinco etapas o pasos: la definición del problema, la generación de alternativas, la evaluación de las alternativas generadas, la aplicación de la solución adoptada y, finalmente, la evaluación de los resultados.

La *definición del conflicto* comporta la delimitación y la formulación del conflicto de la manera más objetiva posible, procurando precisar lo que se pretende conseguir. Para la definición del conflicto deben recogerse todos los datos relevantes; a partir de ellos será posible describir la situación conflictiva con mayor nitidez, diferenciando las informaciones importantes de las intrascendentes; deslindando los hechos y los datos subjetivos de las inferencias y suposiciones.

En la definición del conflicto deben participar las diversas partes, expresando sus percepciones en torno a cuestiones como ¿a quién afecta?, ¿qué está sucediendo y por qué está sucediendo?, ¿qué estoy sintiendo, pensando y haciendo ante la situación? Cada una de las partes debe tener la oportunidad de expresar su versión en torno a estas cuestiones, manifestando sus intereses y necesidades en términos de resultados esperados. Se trata de que todos los implicados compartan la mayor cantidad posible de información, con la intención de llegar a puntos comunes en el análisis y definición del problema así como en los objetivos que deben orientar su solución.

Una vez definido el conflicto, los intereses y necesidades de cada una de las partes y los objetivos que nos proponemos, estamos en disposición de pensar qué podemos hacer para resolverlos, es decir, de *generar alternativas de solución.* A veces tales alternativas aparecen de manera natural al definir el conflicto; en otras ocasiones, no obstante, en cambio, es necesario que ambas partes inicien un proceso de exploración de posibles soluciones que sean mutuamente aceptables porque satisfacen las necesidades respectivas. En estos momentos la habilidad de los directivos para ofrecer opciones ventajosas para las diversas partes en conflicto constituye un factor fundamental.

Para ello es importante centrarse en primer lugar en la producción de alternativas buscando la mayor cantidad y variedad posibles, independientemente de su viabilidad. Es importante velar para que todos intervengan activamente en la generación de alternativas, expongan sus opciones y escuchen las de los demás, combinar las alternativas y plantear variantes a las alternativas ya conocidas, identificar los intereses compartidos y los dispares y hacerlos explícitos... A lo largo del proceso debe ponerse un especial énfasis en evitar el obstáculo característico de esta fase: ofrecer una alternativa única menospreciando todas las demás.

Una vez agotado el proceso de generación de soluciones debe procederse a *evaluar las alternativas propuestas y decidir cuál de ellas se considera más adecuada,* observando el criterio del beneficio mutuo. En el proceso de evaluación es importante obtener información sobre la pertinencia y la viabilidad de las alternativas, considerarlas teniendo en cuenta criterios objetivos tales como sus consecuencias previsibles, sus ventajas e inconvenientes, los cambios y los recursos necesarios para implementarlas, los criterios que se deben respetar porque así lo exigen las condiciones y limitaciones en que se encuentra la organización, el grado de apoyo u oposición que se prevé... a partir de todo lo cual se procede a su priorización y a la elección de la mejor de las posibles.

Finalmente, una vez tomada la decisión, debe *llevarse a la práctica y comprobar cómo funciona.* Para ello habrá que prever los detalles y los pasos de su puesta en marcha y establecer los mecanismos evaluativos que permitirán valorar su eficacia. Más allá del esfuerzo, las palabras y las ilusiones vertidas en el proceso, lo que realmente importa son los resultados, a partir de los cuales podremos mostrar nuestra satisfacción, mostrar nuestro reconocimiento, ser críticos con el cumplimiento de las decisiones tomadas, dar información útil y revisar, cuando proceda, la decisión tomada.

5. La actuación de los directivos ante los conflictos.

Al considerar la dinámica de los procesos de resolución funcional de los conflictos en los centros educativos, así como sus peculiaridades organizativas (estructura débilmente articulada, baja concreción de sus metas, tecnología confusa, etc.), todo parece indicar que los directivos, dada la peculiaridad y la relevancia de su situación en el seno de la organización, están llamados a desempeñar un notable protagonismo. Esta importancia se acrecienta en los modelos participativos, basados en la toma de decisiones en órganos colegiados, donde se encuentran representados estamentos, grupos o personas con intereses y posiciones contrapuestas ante las diversas decisiones que afectan el funcionamiento institucional. Ante cualquier decisión que se tome o bien ante cualquier problema que surja: la elaboración del PCC, la celebración de una festividad, la participación en un programa de innovación, la delimitación de los créditos variables de la ESO, etc. cabe tener en cuenta que habrá que armonizar posicionamientos y actitudes diversas para, finalmente, llegar a una solución de consenso. El conflicto es inherente al modelo y, por tanto, parece evidente que los directivos deben poseer un conjunto de habilidades y capacidades de intervención (capacidad de diálogo, de escucha, de reformulación de ideas, de generación de soluciones innovadoras, de resistencia al estrés, de afrontamiento de situaciones de tensión: quejas, riñas...) las cuales, no obstante, deben desempeñarse desde una actitud y compromiso personal de coherencia con los valores que inspiran el modelo: la democracia, la participación y la implicación en un proyecto colectivo.

A grandes rasgos, al considerar las posibles situaciones en las que se encuentran los directivos en lo que se refiere a su intervención en los conflictos cabe distinguir dos grandes grupos: a) aquéllos en los que la dirección del centro (o bien uno de los miembros del equipo directivo) personifica una de las partes en litigio y, b) aquéllos en los que el conflicto se dirime ante dos o más partes ajenas a la dirección, ante los cuales se le conmina a actuar como mediador (Teixidó, 1998). En uno y otro caso, no obstante, deben velar por el equilibrio entre la defensa de sus propios intereses, los que de derivan del cargo institucional que ostentan y los que son propios de las diversas instancias del centro: padres, profesores, alumnos... Tal cúmulo de factores da lugar a situaciones altamente complejas ante las cuales, en primer lugar, el directivo ha de valorar la conveniencia de su intervención[3] y, en segundo lugar, debe plantearse cómo va a actuar. La tarea de los directivos, pues, se manifiesta difícil y complicada en relación con el conflicto.

El comportamiento de los directivos en la gestión de la conflictividad se encuentra estrechamente vinculado a sus factores mentales, a su concepción del conflicto. Cuando ésta es negativa y, por tanto, los conflictos son concebidos como una fuente de malestar y tensión improductiva (los directivos escolares perciben los conflictos como una de las causas principales del abandono del cargo) su actuación será defensiva, intentando ocultarlos o mantenerlos bajo control. Tal comportamiento, puede dar lugar a situaciones de *falsa armonía,* caracterizadas por una aparente normalidad, donde una de las partes (algunas veces, el propio equipo directivo) lleva a cabo actuaciones (formación de camarillas, concesión de privilegios...) tendentes al matenimiento del *statu quo,* las cuales a menudo comportan una perversión de los valores propios de la gestión democrática basada en la participación. Se crea una doble cultura de la sumisión y/o acomodo por un lado y de oposición y/o crítica por otro.

La adopción de una actitud positiva ante el conflicto, considerándolo como algo natural de los individuos y confiando en el avance hacia la adopción de soluciones compartidas, en cambio, comportan consecuencias favorables, tanto a nivel personal como institucional, para los directivos. Desde una perspectiva personal, la intervención en el conflicto conlleva una

---

[3] Mestres (1996: 50) destaca que los directivos deben poseer la visión de futuro necesaria para diferenciar los conflictos que constituyen una oportunidad para el crecimiento de la organización de aquellos que serán improductivos y, por tanto, innecesarios desde un punto de vista organizativo. Deben aprender a evitar verse involucrados en los conflictos improductivos dado que resultan nocivos para las personas implicadas. Para evitar verse involucrados en tales conflictos algunas veces basta con no hacer nada, es decir, con no "meterse donde no les llaman"; otras veces, no obstante, deben actuar de forma preventiva, es decir, deben prever los posibles focos de conflicto y anticiparse a ellos: favoreciendo las relaciones interpersonales, evitando presuposiciones, dando información puntualmente, etc.

Por otro lado, cabe considerar también la eventual aparición de conflictos inevitables, aquéllos en los que nadie es ganador y todos se sienten perdedores. Ante estas situaciones los directivos deben desarrollar habilidades para manejarlos a base de desarrollar el autocontrol, aprender a aceptar el fracaso como algo natural, reducir la ansiedad del colectivo, elegir las estrategias de comunicación adecuadas, romper círculos de estrés, aprender a cambiar las percepciones... No debe olvidarse que incluso cuando se pierde se puede aprender y desarrollar la propia personalidad.

oportunidad inmejorable para el propio desarrollo individual (uno debe formarse una opinión en torno al tema tratado, debe exponerla y defenderla públicamente, escuchar y valorar las opiniones de los demás, proponer estrategias de negociación, darse a conocer a los demás...) y también para efectuar aprendizajes sociales significativos (depara la posibilidad de observar cómo se resuelve un conflicto lo cual constituye un precedente para ocasiones posteriores, de notar las discrepancias entre las manifestaciones públicas y las actuaciones privadas de las personas, de mejorar el conocimiento social, de efectuar atribuciones ...). Desde una perspectiva institucional, por otro lado, constituye una oportunidad para la mejora y, por tanto, para escalar algunos peldaños en la escalera del desarrollo organizativo.

Finalmente, atendiendo a la naturaleza de la función directiva en modelos participativos, cabe significar la importancia que adquiere la conceptualización y la actuación de los directivos ante las situaciones de conflicto en el proceso de construcción y afianzamiento de un verdadero liderazgo educativo. En los modelos democráticos, la capacidad de influencia del líder en relación con sus colaboradores no le viene otorgada desde instancias externas (autoridad formal) sino que se la debe ir ganando poco a poco, a raíz de su intervención cotidiana y de la forma en que ésta es percibida por los demás miembros de la organización. Los procesos de conflicto, cuando las personas actúan ante cuestiones que les afectan verdaderamente, constituyen una excelente oportunidad para exponer lo que uno piensa y para poner a prueba la consistencia entre lo que uno piensa, lo que dice y lo que hace. La observación del comportamiento de las personas ante los conflictos: la tolerancia, la tenacidad, la capacidad de diálogo, la consideración de posicionamientos divergentes, la anteposición de los intereses colectivos sobre los individuales, la visión de futuro, la firmeza ante los ataques y las presiones... constituyen, por tanto, una excelente oportunidad para el afianzamiento del liderazgo educativo.

El desempeño de un cargo directivo en los centros educativos, en tanto que debe tender a promover el desarrollo de la organización, supone, de forma implícita la aceptación de los riesgos y también de las oportunidades que se derivan de la gestión de los conflictos.

6. Implicaciones en la Formación de Directivos

En el apartado anterior se ha defendido la necesidad de que la actuación de los directivos ante el conflicto sea coherente con los valores que inspiran el modelo participativo y, por tanto, tienda a la consolidación de una cultura institucional basada en la colaboración y el consenso. No obstante, la intervención ante los conflictos presenta retos y dificultades importantes: a menudo la situación se hace tensa y deviene una confrontación directa, la comunicación se cierra y se entiende la solución como una cuestión de fuerza o de poder... Tales situaciones comportan un alto coste emocional: sensación de impotencia, frustración, baja autoestima, cansancio... lo cual, pone de manifiesto desde la necesidad de una formación específica dirigida, a la comprensión de los conflictos así como el desarrollo de habilidades y competencias para afrontarlos y resolverlos.

Ante esta tesitura, como ya hemos defendido repetidamente (TEIXIDÓ, 1996 y 1997) se aboga por un modelo formativo en que, a diferencia de los actualmente en uso, se transcienda el mero entrenamiento técnico para descender a la dimensión humana, es decir, a la persona. El ejercicio de la dirección en un modelo participativo requiere, en primera instancia, un notable grado de formación y madurez personal en torno a la volubilidad del modelo y, sobre todo, implica formarse una concepción propia sobre qué es la dirección y cómo va a ejercerse. Entendemos que únicamente puede darse una formación técnica cuando previamente ha tenido lugar un proceso de esclarecimiento y de autorreflexión del directivo en torno a su talante y sus concepciones en torno a la dirección. Para ello, en relación con el tema que ahora nos ocupa, se considera de suma importancia el proceso de trabajo grupal tendente a desmenuzar las características, peculiaridades del modelo de dirección participativa en lo que se refiere a la gestión de los conflictos, sus ventajas y sus inconvenientes, las principales dificultades que habrán de afrontarse, los requerimientos que comporta, las situaciones a que da lugar, la interpretación de por qué se dan algunas situaciones cotidianas en el funcionamiento de los centros, etc... La formación técnica no es neutra ideológicamente sino que debe ser coherente con los valores que inspiran los modelos organizativo y directivo actualmente vigentes y, por tanto, previamente a entrar en el saber hacer hay que intentar esclarecer los cimientos sobre los cuales deberá asentarse.

Es evidente que el modelo, como cualquier otro, al ponerse en práctica en escenarios concretos, tiene limitaciones. No es ninguna panacea. A menudo observamos que a pesar de los intentos de afrontar las diferencias desde una perspectiva de la negociación, el pacto y la colaboración, los conflictos no se resuelven, lo cual puede provocar descofianza y cansancio, con la consiguiente desilusión de los protagonistas. Ante esta situación que, a buen seguro, se repetirá en el futuro ya que el conflicto actual no es el primero ni será el último que queda pendiente de solución, cabría aducir que la estrategia utilizada no ha sido la adecuada a la situación, de la cual se concluiría la conveniencia de afrontarla desde otros postulados: la confrontación, la huida... Mas esta no es, desde nuestra perspectiva, la forma adecuada de analizarlo; los beneficios del uso de estrategias colaborativas de resolución de conflictos no deben evaluarse únicamente en función de su capacidad "solucionadora" de los conflictos inmediatos sino también de su contribución a la consolidación de una determinada cultura de gestión de los conflictos, con los efectos consiguientes en el clima de centro.

Considerar los resultados de los procesos de resolución de conflictos en relación con los beneficios obtenidos en el clima institucional supone, en definitiva, enfocar la cuestión desde una perspectiva cultural (GAIRÍN, 1992), dado que el clima se define en base a las percepciones que los sujetos tienen sobre el comportamiento del conjunto de los miembros (individuos y grupos) de la organización. La solución a los conflictos no se encuentra en los métodos sino en las personas; las estrategias colaborativas, por tanto, intentan enfocar la atención hacia la construcción de significados compartidos entre los miembros de la organización y, por tanto, hacia la construcción cultural.

Bibliografia

BALL, S. J. (1989) : *La micropolítica de la escuela. Hacia una teoría de la organización escolar*. Paidós-MEC, Madrid.

BELTRÁN, F. y TORT, L. (1996) : "17 proposiciones para repensar las relaciones entre comunicación y conflicto en las organizaciones", en *Actas del IV Congreso Interuniversitario de Organización Escolar*, Tarragona, pp. 353-362.

CASAMAYOR, G. (1995) : "Reivindicación del pacto y otras componendas", en *Aula,* núm. 40.41, pp. 43-47.

CORTINA, A. (1997) : "Resolver conflictos, hacer justicia", en *Cuadernos de Pedagogía*, núm. 257, pp. 54-56.

DE BONO (1988) : *Conflictos. Cómo resolverlos de la mejor manera*. Plaza y Janés, Barcelona.

FERNÁNDEZ, I. (1998): *Prevención de la violencia y resolución de conflictos*. Narcea, Madrid.

GAIRÍN, J. (1992): "Las claves culturales de los conflictos en las organizaciones escolares",

    en *Cultura escolar y desarrollo organizativo*, II Congreso Interuniversitario de Orga-
    nización Escolar, Sevilla.
GAIRÍN, J. (1994f): "Los conflictos", en *Cuadernos de Pedagogía*, núm. 222, pp. 22-25.
GARCÍA SÁNCHEZ, J. N. (1996): "Poder y conflicto en las organizaciones educativas", en
    CANTÓN, I.: *Manual de organización de centros escolares*. Ed. Oikos-tau, Barcelona,
    pp. 121-151.
GIRARD, K. y KOCH, S. J. (1997): *Resolución de conflictos en las escuelas*. Granica,
    Barcelona.
JARES, X. R. (1993): "Los conflictos en la organización escolar", en *Cuadernos de Peda-
    gogía*, núm. 218, pp. 71-75.
JARES, X. R. (1996): "El conflicto. Naturaleza y función en el desarrollo organizativo de
    los centros escolares", en DOMÍNGUEZ, G. (Ed.): *Manual de organización de insti-
    tuciones educativas*. Escuela Española, Madrid, pp. 233-258.
MELERO, J. (1993): Conflictividad y violencia en los centros escolares. Ed. S.XXI, Ma-
    drid.
MESTRES, J. (1996): "El sistema relacional y los conflictos en los centros escolares", en
    GAIRÍN, J. y DARDER, P.: *Organización y Gestión de Centros Educativos*. Praxis,
    Barcelona, pp. 470/39-470/50.
NIETO, Mª J. (1998): *Tratamiento cooperativo de los problemas en los centros escolares*.
    Ed. Escuela Española, Madrid.
PUIG, J. Mª (1997) : "Conflictos escolares: una oportunidad", en *Cuadernos de Pedagogía*,
    núm. 257, pp. 58-65.
ROBBINS, S. P. (1991): "Conflicto, negociación y comportamiento intergrupal", en *Com-
    portamiento organizacional. Conceptos, controversias y aplicaciones*. Prentice Hall
    Hispanoamericana. México, pp. 459-494.
SABIRON, F. (1993): "El conflicto en las relaciones escolares", en LORENZO, M. y SÁENZ,
    O.: *Organización escolar. Una perspectiva ecológica*. Ed. Marfil, Alcoy, pp. 259-282.
TEIXIDÓ, J. (1996). "La dimensión personal en la formación de directivos escolares", *Actas
    del IV Congreso Interuniversitario de Organización Escolar*, Tarragona.
TEIXIDÓ, J. (1997). *Organización y dirección de centros educativos. Proyecto docente*.
    Departamento de Pedagogía de la UdG. Documento policopiado.
TEIXIDÓ, J. (1998). *Estratègies de resolució de conflictes organitzatius a escoles i instituts*.
    EDIUOC, Barcelona.
TEIXIDÓ, J. (1998): "El conflicte a les escoles i instituts", en Conferencia impartida en el
    Postgrado de *Intervenció en Infants en situació de dificultat social*. Dpt. de Psicología
    de la Educación de la UAB. Documento policopiado.
TEIXIDÓ., J, COSTA, P. y CORNEY, J. (1993): *Análisi i resolució de problemes en la
    formació de directius. Reflexions entorn d'una activitat de formació*. Comunicació
    presentada a les IIones Jornades sobre Direcció Escolar. Fórum Europeu d'Administradors
    de l'Educació. Bellaterra. Document policopiat, 12 pàg..
TOMÁS, M. y GIMENO, X. (1993): *La resolución de conflictos*. Curso de Formación para
    Equipos Directivos, Serie Cuadernos, MEC, Madrid.
TOMÁS, M.; TEIXIDÓ, J. y OTROS (1996): "Primeras aportaciones sobre el estudio de
    conflictos en el seno de los equipos docentes y su liderazgo", en *Dirección participativa
    y evaluación de centros*. II Congreso Internacional sobre Dirección de Centros Docen-
    tes, ICE de la Univ. Deusto, Bilbao, pp. 335-347.
VINYAMATA, E. (1996): "La resolución de conflictos", en *Cuadernos de Pedagogía*, núm,
    246, pp. 89-91.

EQUIPOS DOCENTES Y CULTURA DE COLABORACIÓN

Mª TERESA GONZÁLEZ GONZÁLEZ
Universidad de Murcia

Introducción:

El tema sobre el que se me ha invitado a participar en este encuentro se sitúa en línea con la ortodoxia del momento. Los centros escolares, como ya se había venido constatando, no pueden funcionar adecuadamente cuando cada uno de los miembros que lo componen va a su aire; es preciso desarrollar una actuación más coordinada y coherente. La actual reforma en la que está implicado nuestro sistema educativo impulsa el trabajo en equipo planteándolo como un recurso instrumental necesario y clave para el discurrir de la misma en los centros. Una reforma, que plantea un currículum abierto, que cada centro ha de adaptar a las peculiaridades y características de su entorno y alumnado, y que concede a los centros una cierta autonomía pedagógica y organizativa sólo puede discurrir adecuadamente si se desarrollan las dinámicas de participación y trabajo en equipo necesarias para utilizar coherentemente los márgenes de autonomía con los que se cuenta.

La apelación a la necesidad del trabajo en equipo ha cobrado, en estas coordenadas, una gran relevancia. Pero si no ahondamos en el significado y no desvelamos los múltiples matices de las grandes declaraciones, éstas pueden terminar convirtiéndose en jergas vacías de contenido. El tema objeto de mi exposición, a lo largo de la cual abordaré diversas cuestiones ligadas a los equipos docentes y la colaboración, me parece un buen motivo para contribuir en alguna medida a esa necesaria profundización, particularmente por dos razones:

1) En primer lugar, porque su foco de atención se sitúa en un ámbito relativamente concreto: los equipos docentes. Esta acotación es, sin duda, interesante particularmente porque con frecuencia en todo el discurso de la reforma y también en gran parte de los discursos que encontramos en las fuentes bibliográficas de los últimos años en nuestro país, se ha prestado muy poca atención a los equipos de profesores: nos hemos estado moviendo más en discursos generales, que han girado en torno al centro en su conjunto, (los proyectos de centro, la colaboración en el centro, el centro como organización con autonomía, el centro como unidad de cambio, etc.) o en los que se ha hecho hincapié en la necesidad genérica del trabajo en equipo. Por otra parte, cuando no se habla del centro en general, el discurso se focaliza sobre todo en la dirección, los equipos directi-

vos y, a lo sumo, los consejos escolares. Ha sido mucho menos frecuente el análisis y las aportaciones focalizadas en los equipos de profesores, en su problemática y en sus dinámicas de trabajo. La escasa atención prestada por parte de los investigadores y teóricos de la organización escolar a las dinámicas internas de los equipos de profesores en los centros, como han señalado diversos autores (Litle y McLaughlin 1993; Siskin, 1991, 1994; Ball y Lacey, 1984, etc.) también ha ocurrido en otros contextos y sistemas educativos.

2) En segundo lugar, porque vamos a hablar de equipos docentes y cultura de colaboración, lo cual, de entrada, significa prestar más atención a los procesos que ocurren dentro de los equipos que a los aspectos estructurales de los mismos. La referencia a la cultura de colaboración nos lleva a hablar de los equipos de profesores no tanto como órganos que forman parte de la estructura organizativa y que tiene formalmente asignadas determinadas funciones y responsabilidades, cuanto de personas que interaccionan unas con otras y construyen una determinada manera de plantearse y llevar a cabo las tareas educativas que tienen entre manos. El foco de atención pues, no será tanto la estructura en sí, cuanto lo que ocurre o puede ocurrir dentro de esas estructuras.

1. Los equipos de profesores como foco de atención

En los últimos años ha sido muy frecuente hablar de la colaboración y de la cultura de colaboración en el centro escolar. Ha sido común un discurso en el que se denuncia la persistencia del individualismo en los centros, las barreras e inconvenientes del mismo a la hora de conseguir que el centro escolar funcione como una organización, o las rémoras que supone una cultura individualista para la implantación de reformas y cambios. El punto de referencia, en este discurso, ha sido el centro en su conjunto. Como señalaba antes, ha sido, y es, poco común un análisis de la colaboración y la cultura de colaboración que tome como punto de referencia a una unidad organizativa del centro, tal como, por ejemplo, un equipo de profesores. Por decirlo en otros términos, se ha argumentado mucho sobre la necesidad de superar las culturas de individualismo comunes en los centros y promover, como alternativa a todos los males del celularismo, una cultura de colaboración en el *centro*. Tanto cuando se denosta al individualismo como cuando se aboga por reconstruir culturalmente el centro desde supuestos y valores de colaboración quizá se está pensando en el centro escolar como una organización cuya cultura, sea del signo que sea, es unívoca, es decir, una organización culturalmente compacta, uniforme, sin fisuras.

Sin embargo esa uniformidad cultural no siempre existe. En los centros coexisten subculturas (Van Maanen y Bartley, 1984) diferentes, y el propio análisis de las culturas profesionales de los profesores así lo pone de manifiesto; es ilustrativo de ello, por ejemplo, la existencia de las denominadas culturas balcanizadas (Hargreaves, 1996; Hargreaves y McMillan, 1992; Fullan y Hargreaves, 1991), o culturas escolares de pequeños reinos de taifas en las que coexisten diversos grupos de profesores, cada uno con sus propios criterios y dinámicas de trabajo.

La necesaria atención al trabajo de los grupos de profesores para una mejor comprensión de la colaboración y sus dinámicas de funcionamiento ha sido abiertamente planteada a raíz de algunas revisiones en torno a la colaboración y la cultura escolar de colaboración (Litle y Mclaughlin, 1993; Hubernam, 1993) en las que se ha insistido en la necesidad de atender más a los contextos específicos en los que las culturas se forman, sostienen y mantienen en el tiempo. Los profesores y profesoras pueden desarrollar relaciones de colaboración en micro-contextos particulares, y la comprensión de la colaboración y sus múltiples matices, complejidades y dificultades pasa por el análisis de las relaciones profesionales en esos micro-contextos. Así frente a un discurso genérico sobre la colaboración en el centro como un todo, cabría focalizarse en grupos, unidades o partes del mismo. Los profesores, señalan Litle y McLaughlin (1993), *se asocian con colegas en muchos marcos o circunstancias: en su departamento, en grupos relacionados con asignaciones instructivas o curriculares, en la escuela, en actividades en el ámbito del distrito, en organizaciones de profesores (p. 3).* En los centros escolares, en definitiva, coexisten múltiples ambientes de trabajo de los profesores, o *microclimas,* (Litle y McLaughlin,1993) con frecuencia conflictivos o, incluso, en competición, y no necesariamente ligados a las estructuras o unidades organizativas formales.

Los distintos contextos y ocasiones en los que los profesores se relacionan con otros colegas, mantienen los mismos autores, proporcionan un micro-contexto para las relaciones colegiales que pueden operar con reglas completamente distintas, focalizarse en temas diferentes y suponer cosas distintas para la vida y carreras de los profesores (p. 4). De este modo, más que hablar del centro escolar y de la colaboración en términos globales, habría que hablar de contextos particulares de relación colegial entre profesores y de la colaboración en tales contextos.

La comprensión de las culturas de colaboración, en este sentido, se dice, ha de abrirse a más contextos de análisis, y no restringirse únicamente al centro escolar como un todo. Sobre el particular Huberman (1993), que ha realizado una lectura bastante crítica de la idea de la colaboración como cultura de centro y defendido la idea del profesor como un artesano independiente, cuestiona las posibilidades reales y conveniencia de la noción de escuela como comunidad socialmente cohesiva. Entre sus conclusiones señala que desde la lógica de artesano, que él defiende, habría que mirar no tanto a la escuela como comunidad cuanto a unidades más pequeñas en la misma, por ejemplo, dice, *"al departamento como la unidad de planificación y ejecución en colaboración... Es ahí donde las personas tienen cosas concretas que decirse unos a otros, y ayuda instructiva concreta que aportarse mutuamente; es ahí donde los contextos de instrucción se solapan realmente"* (p. 45).

También recientemente diversos estudios e investigaciones focalizados en escuelas de educación secundaria han llamado la atención sobre la importancia de focalizarse no tanto en el centro de secundaria en general cuanto en los departamentos que lo constituyen, como una vía para comprender más a fondo la vida del centro escolar, la formación de identidades profesionales, las relaciones de trabajo entre profesores, las dinámicas de colaboración profesional. Se ha constatado, por ejemplo, cómo los departamentos académicos constituyen contextos en los que se configuran subculturas distintivas y muy ligadas a las disciplinas académicas (Siskin, 1991, 1994; Johnson, 1990; Grossman y Stodolski, 1994; Hannay y Schmalz, 1995). Siskin (1994), denuncia cómo en la literatura sobre organización escolar se ha tendido a ignorar las diferencias entre centros de primaria y de secundaria, considerándolos como *centros escolares* en general, y llama la atención acerca del hecho de que las investigaciones sobre centros de secundaria pasan por alto la existencia e importante papel de los departamentos como estructuras básicas en la configuración del centro y de su cultura organizativa. Los departamentos han permanecido invisibles o, como han señalado Ball y Lacey (1984) han sido *extrañamente ignorados.*

También, por tanto, desde esa perspectiva, se argumenta la importancia de las unidades organizativas, en este caso departamentos, como foco de atención básico por parte de los investigadores para comprender muchas de las facetas de la vida escolar, de las relaciones en las mismas, de la construcción de su o sus culturas, y de las prácticas educativas que ocurren en su seno.

En cualquier caso, lo que sí parece evidente es que las estructuras para la coordinación docente no han gozado de una atención prioritaria por parte de los teóricos e investigadores de las organizaciones escolares, de modo que más allá de análisis estructurales, poco conocemos en estos momentos de su funcionamiento real, su vida interna y su contribución al desarrollo de culturas organizativas de colaboración. Es más habitual que nos encontremos con análisis estructurales en los que se señala que el equipo docente en la escuela primaria o el departamento en la secundaria tiene este o aquel sentido en el marco del diseño estructural de la misma, tiene estas o aquellas otras tareas y responsabilidades, ha de coordinarse con estas o aquellas otras unidades organizativas que, a su vez, tienen tales o cuales funciones. Pero la reflexión en términos estructurales no va mucho más allá de la descripción externa, lógica y racional del sentido y razón de ser de tales unidades organizativas. Es más escasa la reflexión e investigación sobre lo que ocurre de hecho en el seno de tales estructuras, aunque, como he tratado de mostrar, desde diversos frentes se insiste en la necesidad de generar un conocimiento más específico sobre los equipos de profesores en los centros, su funcionamiento real y su papel y contribuciones al desarrollo curricular y de la enseñanza en el centro escolar.

2. Equipos docentes: una aproximación estructural

Con frecuencia en nuestro contexto educativo la expresión equipo docente viene apareciendo ligada a la idea de un equipo de profesores que, en la escuela básica, se encargan de la docencia de un grupo de alumnos, ya sea de un curso o, como es nuestro caso, de un ciclo. Esta es una acotación muy influida por las lecturas del centro escolar en términos estructurales: las estructuras formales de los centros de enseñanzas básicas suelen contar entre sus órganos de coordinación con equipos docentes definidos estructuralmente en dichos términos. Sin embargo, si nos alejamos un poco de esa impronta estructural, podríamos convenir en que la expresión equipo docente puede utilizarse en términos globales para hablar de equipos de profesores cuya razón de ser gira en torno a la preparación, desarrollo, evaluación del currículum y los procesos de enseñanza-aprendizaje. Esta acotación, más amplia, nos permite incluir bajo la misma tanto a los equipos formalmente constituidos en el centro escolar, tales como equipos docentes de ciclo de las escuelas básicas, los departamentos de las escuelas secundarias, equipos interciclos, juntas de profesores, etc. como a otros no contemplados en las estructuras formales o, incluso, no pertenecientes en exclusiva al centro escolar: también son equipos los grupos de trabajo constituidos por profesores que tienen entre manos el desarrollo de un proyecto particular, aquellos equipos de trabajo que se constituyen en CPRs por profesores de diversos centros para el trabajo sobre un ámbito de atención o interés concreto, etc. Los profesores interactúan en distintos contextos y, como decía antes, pueden pertenecer a distintos grupos.

El término, por tanto, puede ser un paraguas bajo el que acojamos diversas modalidades de grupos de profesores. No obstante, para no dispersar demasiado mi exposición, en las páginas que siguen me referiré, básicamente, a los equipos docentes de ciclo de las escuelas de Educación Infantil y los Centros de Educación Primaria, y a los Departamentos Didácticos de los Institutos de Educación Secundaria. La expresión de *equipos docentes*, por tanto, la utilizaré con referencia a la estructura organizativa de los centros escolares.

La estructura de los centros escolares, entendida como instrumento del que se dota la organización para llevar a cabo la actividad de la misma y lograr las metas, refleja cómo se divide el trabajo en parcelas de actuación y qué mecanismos se establecen para tratar de coordinar esas parcelas de actuación. Habitualmente, en los discursos estructurales se ha planteado que la diferenciación de funciones conlleva, en el seno de la organización, el establecimiento formal de roles y órganos con sus respectivas funciones y responsabilidades. En esta diferenciación del trabajo suele distinguirse entre órganos *verticales*, ligados a tareas de gobierno y dirección y órganos *horizontales,* ligados a tareas de desarrollo y coordinación.

En los centros escolares, los denominados órganos de coordinación cobran una especial relevancia dada la naturaleza de la tarea escolar. Es decir, en la organización escolar, el establecimiento de posiciones de autoridad y la fijación de un conjunto de reglas formales que determinen los procedimientos a seguir para realizar determinadas tareas, no son suficientes para mantener coordinada la actividad de la misma. Los centros escolares son organizaciones en las que sus miembros principales (docentes) gozan de una cierta autonomía profesional, en las que la tecnología (procesos de enseñanza - aprendizaje y todos los demás procesos que se desarrollan para promoverlos) es problemática; en la que las metas gozan de una cierta ambigüedad, etc. (González, 1992). Y en ese contexto ambiguo y complejo resulta prácticamente imposible coordinar la organización y todo lo que en ella ocurre sólo a través de la acción de las personas u órganos con más autoridad, y de las reglas escritas.

Dicho de otra forma, para mantener coordinada la organización no son suficientes los mecanismos verticales: de hecho, en los centros escolares las estrategias de coordinación vertical pueden terminar siendo poco eficaces y las acciones que ocurren pueden estar poco influidas por las reglas formales y la autoridad (Sergiovanni, 1987). De modo que han de entrar en escena los órganos horizontales con sus mecanismos de coordinación a fin de asegurar que haya una coordinación horizontal entre miembros y unidades independientemente del lugar que ocupen en la jerarquía formal de la organización. Un mecanismo de coordinación horizontal importante en estos órganos son las reuniones que desarrollan los equipos de profesores para tomar decisiones, planificar, resolver problemas de enseñanza, revisar programas y docencia, etc.

Pues bien, en estas coordenadas generales de diseño estructural, esbozadas tan escuetamente en líneas anteriores, es en las que nos situaremos para hacer una lectura estructural de los equipos de profesores. Y para hablar de los mismos, conviene aclarar que se han denominado de distinta forma cuando nos situamos en el contexto de las estructuras de centros de educación básica o cuando lo hacemos en el de centros de secundaria (Cuevas Baticón, 1984; Lorenzo Delgado, 1985; López Yáñez, 1994; Gento Palacios, 1994; Gairín y Darder, 1994; Antúnez y Gairín 1996; Cardona, 1996; Borrell, 1997; Salvador Mata, 1993, 1997)

La expresión *equipo docente* se ha utilizado tradicionalmente para referirse a estructuras de coordinación formadas por profesores que tienen a su cargo un mismo grupo de alumnos. En ese sentido se habla de equipos docentes en el contexto de la educación primaria, en la cual el grado de especialización del profesorado es bajo, dada su formación generalista, lo que le permite impartir varias áreas en varios niveles (si bien progresivamente está habiendo áreas de creciente especialización: música, idioma, educación física, profesor de apoyo). El equipo docente se denomina en estos momentos y en nuestro contexto *equipo de ciclo*, formado por todos los maestros y maestras que imparten docencia en el ciclo. Estructuralmente hablando, el equipo docente se define como un órgano cuya función básica es la de coordinar la enseñanza tratando de que exista una cierta continuidad y coherencia entre la enseñanza y educación de los alumnos que tiene a su cargo el equipo. Ello conlleva como funciones básicas: coordinar las diversas áreas curriculares, para que exista una coherencia en la programación, el desarrollo y la evaluación de la enseñanza en niveles educativos paralelos y/o integrados en un mismo ciclo. Se engloban en ello varias tareas básicas como son: tareas de planificación de las actividades docentes y de orientación que se van a realizar con el grupo de alumnos del que es responsable el equipo; de desarrollo coordinado de la enseñanza; de evaluación de los aprendizajes de los alumnos y de la actuación del equipo; de coordinación con otros equipos; de comunicación y coordinación con padres y madres, etc.

Por otra parte, en el caso de la educación secundaria, y dada la organización de la enseñanza en materias, con profesorado más especializado según áreas de conocimiento, las estructuras para la coordinación de la enseñanza han sido, normalmente, los *departamentos*, los cuales agrupan al conjunto de profesoras y profesores encargados de la docencia de una determinada disciplina o área disciplinar en cursos o ciclos distintos, y, por tanto, con grupos de alumnos diferentes. Los departamentos como órganos de coordinación están, pues, formados por profesores especialistas en un área curricular. Su función básica es la de coordinar la enseñanza de un área o asignatura de tal forma que no haya saltos ni lagunas en el desarrollo de la misma, evitar repeticiones, asegurar un cierto orden en la secuencia, una coherencia en el ritmo, una gradación en el desarrollo de la asignatura. Por ello se dice que el departamento coordina la enseñanza *verticalmente* tratando de que exista una cierta continuidad en la secuenciación de la enseñanza de un área a lo largo de los distintos ciclos o cursos. Ello conlleva, al igual que con los equipos docentes, tareas de planificación y preparación de la enseñanza, de coordinación del desarrollo de lo planificado, de evaluación del alumnado. Se considera así mismo que el departamento es una estructura para la formación y el perfeccionamiento, un contexto que ha de propiciar el desarrollo profesional de sus miembros.

Si con una organización en equipos docentes, tal como queda acotado este concepto, se dispone de un marco estructural que podría posibilitar, si ocurren los procesos adecuados en su seno, una coordinación de la enseñanza *horizontal* que asegure la coherencia en las experiencias de enseñanza y aprendizaje destinadas a un grupo de alumnos, con una organización en departamentos, estaríamos ante una estructura que posibilitaría, si ocurren en su seno las dinámicas de trabajo apropiadas, una coordinación *vertical* de la enseñanza de un ámbito de conocimiento que permitiría evitar lagunas, saltos e incoherencias en el desarrollo de un área específica. En este sentido, en los diseños estructurales se prevé la existencia de otros órganos que complementen a los anteriores. Por ejemplo, en estos momentos, y si nos atenemos a lo ROC vigentes (1996), podríamos decir que la coordinación vertical entre los diversos ciclos en el centro de Infantil y Primaria quedaría, al menos formalmente, en manos de la denominada Comisión de Coordinación Pedagógica, mientras que en el centro de secundaria la coordinación entre la enseñanza de una materia y la de otra sería responsabilidad, en su conjunto, de la Comisión de Coordinación Pedagógica y de las denominadas Juntas de profesores (Molina Ruiz, 1996).

En todo caso, el diseño estructural existente en estos momentos no es la única posibilidad. Con frecuencia en la literatura sobre el tema (Antúnez y Gairín, 1996; Cardona 1996; Borell, 1997, etc.) se habla de la complementariedad de ambos órganos en el mismo centro: por un lado el departamento con funciones de coordinación vertical, por otro el equipo docente con funciones de coordinación horizontal; en otros casos (Guerola y Fuster, 1994,

Tirado, 1996) se ha hablado de la necesidad de equipos docentes en secundaria, etc. El tema de fondo, sin embargo, no es sólo cómo se diseñe el conjunto de los equipos que tiene un centro, sino cómo funcionen realmente éstos y en qué medida contribuyen, en la realidad cotidiana del centro escolar, al desarrollo del currículum y la enseñanza más coordinado y ajustado a las peculiaridades y diversidad del alumnado.

Las estructuras para la coordinación en los centros escolares, por otra parte, tienen importantes consecuencias para la vida educativa y organizativa del centro de primaria y del de secundaria. En base a ellas se configura una determinada organización del profesorado que, lógicamente, va a condicionar sus relaciones profesionales; también la existencia de tales órganos de coordinación, como señalan diversos autores que se han focalizado en el análisis de departamentos de escuelas secundarias, afecta al currículum del centro y su desarrollo en las aulas, a las condiciones para el desarrollo profesional de los profesores, y en general a la configuración de la cultura organizativa en cada centro (Litle, 1990; Johnson, 1990; Siskin, 1994; Hargreaves, Earl y Ryan, 1998).

3. Las estructuras son necesarias, pero no suficientes

Estructuras como las señaladas están, sin duda, pensadas para la coordinación de la actividad docente y para evitar el trabajo en aislamiento del profesorado. Pero su existencia formal no garantiza, a priori, que así vaya a ocurrir. Entender que la presencia de unas estructuras para la coordinación provoca lineal y automáticamente tal coordinación supone pensar que en las organizaciones escolares se funciona con total racionalidad y linealidad, un pensamiento que hoy por hoy está muy cuestionado.

Los diseños estructurales solucionan poco si dentro de los mismos no ocurren los procesos para los que están pensados. Algunos autores (Meyer y Rowan, 1977, 1984) han llamado la atención, por ejemplo, sobre el hecho de que las estructuras escolares pueden desempeñar más un papel de fachada ceremonial o simbólica, de cara al exterior, que un papel instrumental en el logro las metas que se pretenden en la organización. De modo que el centro escolar puede tener perfectamente establecido, en términos formales, cuáles son sus estructuras para la coordinación docente, evitando con ello los problemas que podrían planteársele al centro por no contar con tales órganos, pero la acción educativa puede, por ejemplo, seguir funcionando de modo descoordinado.

Igualmente, aunque el diseño estructural de la organización esté bien entramado de tal forma que, por ejemplo, al lado de equipos de ciclo se establece una Comisión de Coordinación Pedagógica que asegure una coordinación vertical del currículum, o al lado de los departamentos se establece una junta de profesores para asegurar una coordinación de la acción educativa con el grupo de alumnos, sin embargo, esa trama no siempre funciona de modo tan compacto como se prevé formalmente. Dada la naturaleza débilmente articulada del centro escolar (Weick, 1976) cada parte puede funcionar con una cierta desconexión de las demás: los equipos pueden trabajar independientemente unos de otros; unos equipos pueden estar trabajando bien y otros no tanto, las directrices establecidas por la Comisión de Coordinación Pedagógica pueden ser desvirtuadas o reinterpretadas en los equipos, etc.

Si en algún momento, bajo planteamientos de corte técnico-racional (González, 1994) se pensaba que el funcionamiento de la organización escolar estaba estrechamente ligado al diseño estructural de la misma, de tal modo que se entendía que una estructura bien definida y delimitada, con órganos claros, con funciones claramente establecidas, con responsabilidades bien delimitadas, con reglas y procedimientos acotados podía garantizar el adecuado funcionamiento y logro de metas, hoy sabemos que la realidad del funcionamiento de la organización es bastante más compleja y problemática como para estar determinada exclusivamente por sus componentes formales.

Un centro escolar no es sólo la estructura que se ha ideado para facilitar el logro de ciertos propósitos. El centro, y en él sus unidades organizativas, es el conjunto de personas que forman parte del mismo, las relaciones de diverso signo que construyen entre ellas, el cómo abordan y desarrollan los procesos y tareas organizativas, los valores que subyacen, sustentan y se cultivan en la práctica organizativa. En ese sentido, cuando hablamos de equipos de profesores, hemos de admitir que su constitución formal en los centros, sea como equipos de ciclo, como departamentos, como comisiones, grupos formales de trabajo, o cualquier otra modalidad que se adopte, no garantizan linealmente el desarrollo de un trabajo educativo coherente, coordinado, con continuidad. Importan las estructuras, pero importa también, y mucho, lo que esté ocurriendo dentro de esas estructuras.

El funcionamiento en la organización, como sabemos, no está ligado únicamente a lo previsto en las declaraciones formales. El funcionamiento de la organización y de sus unidades está ligado más bien a la *cultura* que se ha ido construyendo en el devenir cotidiano de la misma. Dicho de otro modo, en los centros escolares, a través de los procesos interactivos e interpretativos en los que cotidianamente se implican sus miembros, se va generando un determinado modo de ser y funcionar como organización, asentado en valores, creencias, supuestos más o menos compartidos y no siempre conscientes (González, 1994a, Bolívar, 1996). Esa cultura organizativa representa, y de alguna forma condensa, el conjunto de significados que da sentido a cómo se está funcionando en la organización, a sus patrones cotidianos de vida y práctica escolar.

En estas coordenadas cabe decir que la realidad y la práctica educativa que ocurre en el centro en general, y en sus unidades organizativas en particular, está fuertemente determinada por creencias muy arraigadas, por relaciones de trabajo entre sus miembros asentadas en normas, valores, supuestos, modos de hacer dados por sentado, que definen lo que es normal, aceptable, legítimo en lo que respecta a las formas de actuar y pensar. Y toda esa dimensión cultural que configura la práctica en la organización y en sus unidades organizativas, desde luego no se alterará únicamente introduciendo cambios en las estructuras formales. La práctica escolar, la actuación de los profesores y profesoras en un centro no se altera y mejora sólo por las estructuras, por la creación de órganos nuevos, por la distribución de funciones y responsabilidades que aseguren, formalmente, la realización de cierto tipo de tareas. Las prácticas educativas posiblemente irán cambiando mucho más paulatinamente y a medida que los procesos de trabajo que ocurren en el seno de las estructuras se vayan asentando sobre valores creencias, supuestos que orienten la actuación en sentidos diferentes y mejores a como lo venían haciendo.

Las aportaciones de diversas investigaciones realizadas en el marco de políticas de reestructuración escolar, y articuladas entre otras cosas en la idea de la necesaria colaboración y participación de los profesores en el desarrollo del currículum y la enseñanza en sus centros, han subrayado, justamente, cómo el cambio en las estructuras de trabajo colegial no necesariamente conlleva un cambio en las prácticas curriculares de los profesores. Por ejemplo, Smyle (1994) en la revisión que hace sobre la investigación realizada en torno a la relación entre toma de decisión participativa y la gestión basada en la escuela con la práctica de aula, señala que resultados de la misma, no siempre unívocos, ponen de manifiesto que esas formas de rediseño del trabajo, si bien pueden conducir a un mayor compromiso, satisfacción, moral del profesorado, no necesariamente comportan cambios en la práctica del aula.

Igualmente, Fullan (1991, 1994, 1995) ha planteado que aquellas reformas en las que se generan estructuras que posibilitan niveles más altos de participación en la toma de decisión no resultan necesariamente en cambios en el núcleo de la enseñanza y el aprendizaje en las escuelas. En la misma línea se sitúan aportaciones de otros autores (Peterson, McCarthey y Elmore, 1996; Elmore, 1996; Bolívar 1996a, 1996a; Szabo, 1996) que cuestionan la idea de rediseñar la organización del centro como vía suficiente para producir cambios en cómo enseñan los profesores.

En este sentido, puede decirse que el cambio en las estructuras internas de los centros, el que de hecho existan y estén constituidos formalmente equipos docentes, departamentos, o cualquier otro órgano de coordinación curricular y de la enseñanza, no conlleva, automáticamente, cambios en los modos de enseñar y hacer, porque constituyen medidas, aunque importantes, insuficientes para el desarrollo de culturas colaborativas en los centros.

Desde luego, las estructuras son importantes: las diversas relaciones, no sólo las formales, que ocurren entre los miembros de un centro están de alguna manera, como ha señalado Santos Guerra (1997), limitadas y condicionadas por las estructuras. Tampoco las culturas organizativas son construidas al margen de aquéllas; como nos recuerda Hargreaves (1997), *las culturas no existen en el vacío; están basadas en estructuras de tiempo y espacio; las estructuras conforman relaciones.* Sin embargo, aun siendo muy importantes, las estructuras pueden quedar atrapadas, o ser engullidas, por la cultura escolar imperante, quedándose, como decía antes, en un simple montaje del que no se hará uso para promover procesos de trabajo focalizados en la práctica curricular y de enseñanza en el centro. Por ello, como se ha manifestado por parte de algunos (Fullan, 1993, 1994, 1995; Hannay, 1995; Szabo, 1996; Bolívar, 1996a, 1996b) la cuestión no está sólo en reestructurar los centros sino también, y sobre todo, en *reculturizarlos.* Peterson, Mccarthey y Elmore (1996) plantean esta idea claramente cuando señalan que el cambio en la práctica docente es una cuestión de aprendizaje más que un problema de organización, y que las estructuras pueden ofrecer oportunidades para ese aprendizaje, pero por sí mismas no lo causan. De nuevo volvemos a la idea señalada anteriormente: los centros no son sólo estructuras; las prácticas que en ellos ocurren están en gran medida determinadas por creencias, supuestos, valores, modos de trabajo históricamente asentados, y a no ser que se vayan regenerando las culturas organizativas y profesionales que den cabida a otros valores, concepciones, creencias sobre el currículum y la práctica escolar, la presencia de las estructuras por sí sola no mejorará las prácticas educativas.

Aunque es arriesgado hacer generalizaciones sobre este particular, es frecuente denunciar que en los centros las culturas más imperantes son aquellas asentadas en el *individualismo.* Una cultura organizativa individualista tiene, sin duda, muchos matices y caras, así como múltiples raíces y causas en las que no voy a entrar ahora ya que ello posiblemente nos llevaría por derroteros no sólo organizativos, sino también sociológicos, políticos y de cultura institucional más amplia (Pérez Gómez, 1998). En cualquier caso, se ha ido planteando que, dada la naturaleza de la tarea escolar, no cabe persistir en una cultura del individualismo. Una organización como es el centro escolar, caracterizada por la ambigüedad de sus metas, por la inexistencia de fórmulas o recetas para lograrlas, por su claro componente normativo y valorativo, no funcionará como tal cuando cada miembro actúa en base a prioridades e interpretaciones particulares de las metas o cuando cada uno determine qué hacer cómo y cuándo en las aulas. Un funcionamiento mínimamente coordinado conlleva implicarse en dinámicas de clarificación conjunta, diálogo, reflexión y búsqueda de un mínimo acuerdo en relación con qué metas perseguimos, para qué, por qué, qué significan para nosotros, qué compromisos requieren por nuestra parte, qué actuaciones hemos de emprender y por qué, y tal dinámica sólo es posible en un contexto de trabajo en el que hayan tomado cuerpo normas, creencias, valores de colaboración.

4. Acerca de la colaboración y la cultura de colaboración

Los individuos y sus relaciones juegan un papel determinante en la configuración de la cultura organizativa. En ese sentido, la necesaria reconstrucción cultural a la que aludía en párrafos anteriores está ligada al desarrollo de relaciones profesionales de colaboración entre los profesores.

El desarrollo del currículum por el centro, en el que están necesariamente implicados los equipos de profesores existentes en el mismo, y el desarrollo cotidiano de los procesos de enseñanza y aprendizaje en las aulas, constituyen procesos que descansan en el conjunto de los miembros del centro, no en cada profesor o profesora individualmente considerados. Aunque resulta sencillo hacer esta declaración, sin embargo, en la práctica puede constituir un auténtico reto, ya que, con frecuencia, como señalaba antes, los centros escolares han ido desarrollando una cultura del individualismo, el aislamiento y la fragmentación, caracterizada por la práctica ausencia de una relación profesional entre profesores.

No obstante, si se admite que no cabe seguir perpetuando y cultivando un modo de pensar y actuar en el centro asentado en valores y creencias individualistas, hemos de asumir que habrá que ir caminando, cada vez más, hacia el cultivo y desarrollo de una cultura de colaboración.

En términos generales, la noción de cultura de colaboración, al menos como horizonte hacia el que dirigirse, está ligada a la existencia de relaciones profesionales entre profesores asentadas en el diálogo profesional, el análisis crítico de la realidad y la búsqueda conjunta de vías de mejora de la misma (Hargreaves 1996; Fullan y Hargreaves, 1991; Litle, 1982, 1990; Lieberman, 1986), una relación profesional articulada en torno a una perspectiva o marco de referencia más o menos compartido desde el que discutir, justificar, fundamentar y validar líneas de mejora y actuación.

Manteniéndonos en este discurso general y global sobre la colaboración, podríamos destacar dos rasgos básicos que la caracterizan, uno relativo a su contenido, y otro a los procesos en los que se asienta.

1)   Por un lado, se trata de relaciones profesionales entre los miembros del centro escolar que habrían de girar en torno a la actividad profesional que realizan en la organización: el currículum, la enseñanza que se está desarrollando y su mejora. Son relaciones de trabajo conjunto en las que se busca profundizar en los grandes valores y propósitos de qué se enseña y cómo. Su contenido no es el intercambio de anécdotas sobre los alumnos, la resolución de tareas administrativas, o el contar y compartir historias, como tampoco viene constituido única y exclusivamente por aquellos aspectos más 'técnicos' e inmediatos (hay que planificar el currículum, cómo, qué apartados tiene, qué esquema vamos a utilizar; hay que proponer unas actividades complementarias, cuáles y cómo, etc.). Más bien, las relaciones profesionales de colaboración habrían de focalizarse en el examen crítico de la práctica existente, la búsqueda y fundamentación de opciones de valor y metas y la discusión y clarificación acerca de los medios más adecuados para alcanzarlas.

Un equipo en el que se ha ido configurando una cultura de colaboración, por tanto, es un equipo en el que se analiza y discute acerca de qué se hace en las aulas, cuáles son los problemas de clase más significativos y qué soluciones pueden buscarse, colegiadamente, a los mismos, en el que se comparte con los demás las actividades diarias de la clase, sus problemas, sus éxitos, sus consecuencias, etc. (Heckman, 1987). Es un equipo que emplea su tiempo para hablar y trabajar sustantivamente sobre lo que se está haciendo y cómo podría mejorarse.

2)   Son relaciones asentadas en el desarrollo de procesos y dinámicas de actuación tales como el plantear cuestiones críticas y exploratorias que permitan examinar, analizar y ampliar las ideas y actuaciones existentes; el cuestionamiento, la reflexión crítica, la implicación en el diálogo profesional centrado en problemas de la enseñanza (Glickman, 1985) y, en definitiva, el desarrollo de una práctica reflexiva sistemática, que va más allá de los intercambios de fórmulas puntuales o de la mera coordinación formal.

En este sentido, la cultura de colaboración se asienta en el diálogo profesional, en la búsqueda y fundamentación de principios, razones, criterios pedagógicos que permitan justificar las diversas decisiones y actuaciones que definen y orientan la actividad profesional en la que se está implicado.

4.1. Algunas precisiones

Sobre esta caracterización general de la cultura de la colaboración cabría plantear algunas cuestiones para clarificar el tema que nos ocupa en esta exposición.

1. Una primera precisión a formular es la relativa a que colaboración y trabajo en grupo no son siempre identificables.

Colaboración es un término que se ha incorporado a la jerga de moda en el ámbito educativo, y muchas veces se le atribuye significados muy diversos, se termina incluyendo bajo el mismo cualquier tipo de relación grupal entre profesores, y se utiliza como la última receta para dar respuesta a los importantes retos y cometidos actuales de los centros escolares. Sin embargo, cuando hablamos de cultura de colaboración, conviene precisar el sentido y significado de esta expresión, así como matizar las potencialidades de la misma.

En los últimos años la colaboración se ha presentado muchas veces como panacea (Litle, 1992) a los diversos problemas y dificultades inherentes a las culturas individualistas. Todos hablamos de la colaboración, de su importancia y de su necesidad. Pero se ha generalizado tanto este discurso que los términos han perdido parte de su significado, de modo que con frecuencia se liga la idea de la colaboración a la noción de trabajo grupal entre los profesores, y de alguna manera se asume que éste, por el hecho de ser en grupo, constituye un camino privilegiado para cultivar culturas de colaboración.

Sin embargo, conviene advertir que ambas cosas no son equiparables: la interacción entre profesores y el trabajar juntos no está lineal y directamente relacionado con el desarrollo curricular y la mejora de la enseñanza. No es sólo una cuestión de forma (nos reunimos en el departamento, por ejemplo) sino también de procesos y, como decíamos, de contenido.

Los profesores pueden reunirse en sus respectivos equipos o departamentos, pero puede ocurrir que las relaciones que se desarrollan en tales reuniones tengan un contenido anecdótico (por ejemplo en las reuniones se intercambian anécdotas sobre los alumnos, se comentan temas diversos no directamente relacionados con la actividad escolar...) más que un contenido profesional, relacionado con el currículum, con la enseñanza que se está realizando o con el discurrir de los diversos aspectos de la vida educativa de las aulas y el centro. Como han señalado Lieberman y Miller (1990) cuando lo que predomina es la norma de privacidad *es del todo correcto hablar sobre las noticias, el tiempo, los deportes. Es del todo correcto quejarse, en general, del centro y de los alumnos. Sin embargo, no es aceptable discutir como colegas sobre la enseñanza y lo que ocurre en el aula* (p. 160).

Por otra parte, pueden existir relaciones entre los profesores, en el seno del equipo de ciclo o en el del departamento, sin que ello conlleve necesariamente el que se trabaje en el mejor interés de los alumnos: *Las interacciones colegiales o nociones de buen colega en algunos marcos pueden posiblemente divergir de las nociones aceptadas de lo que es bueno para los alumnos, lo que es una buena práctica o lo que es bueno para la empresa educativa en general* (Litle y McLaughlin, 1993). No conviene olvidar, en este sentido, que el contenido expresado en las relaciones profesionales del grupo, es decir, las creencias mantenidas sobre los alumnos, la enseñanza, el aprendizaje, la actuación profesional considerada adecuada o inadecuada, es clave.

La existencia de dinámicas grupales como las referidas entre los profesores, puede ser más un exponente de que existe un cierto clima relacional positivo, sin duda muy importante, que de la existencia de una relación profesional en la que el trabajo educativo y su mejora sea el foco de atención del grupo.

Litle (1990) ha señalado, en este sentido, que el trabajo grupal que se focaliza en el intercambio de anécdotas o historias entre profesores, en dar consejos o ayuda cuando alguien lo pide, o en compartir las ideas existentes sin examinarlas críticamente ni ampliarlas, es un tipo de relación profesional que implícitamente puede llevar a confirmar el status quo. Igualmente, Fullan y Hargreaves (1991) han advertido cómo en los centros escolares puede desarrollarse una colaboración *confortable* o *cómoda*, en el sentido de que las relaciones profesionales entre profesores se orienten más a dar consejo, compartir materiales de carácter específico e inmediato, que a tratar de profundizar las bases y principios de la práctica escolar. La colaboración confortable, dicen estos autores, es un tipo de trabajo en colaboración que no se extiende al más amplio propósito y valor de lo que se enseña y cómo, sino que se centra en cuestiones inmediatas, a corto plazo. De este modo, estaríamos ante una cultura profesional en la que se habla, se comparte, se intercambia, se coordina, pero en la que no se contempla casi nunca el *cuestionar, explorar, reflexionar, criticar, implicarse en el diálogo como actividad valiosa y positiva*; y en la que *se evita la discusión y el trabajo conjunto que ponga de manifiesto desacuerdos sobre principios y práctica de enseñanza.*

Este tipo de relaciones, como decía, tiene su importancia por su contribución a lo que podríamos denominar un *clima* relacional más positivo y abierto que, sin duda, es importante cuando se trata de trabajar en equipo (Bonals, 1996) y para el desarrollo de una cultura de colaboración (Nias y col., 1989). Sin embargo, cuando es éste el tipo de colaboración que se desarrolla, es muy probable que no se altere significativamente la cultura de individualismo y aislamiento del profesorado ni, por tanto, la práctica escolar.

No importa sólo el que los profesores formen parte de un equipo, se reúnan y se entiendan bien. Son también fundamentales los *procesos* de trabajo que se movilicen (diálogo profesional, reflexión sobre la realidad, análisis crítico, búsqueda de alternativas fundamentadas de mejora, etc.) y, particularmente, los *contenidos* sobre los que versan tales procesos (los qué, para qué, las opciones de valor que se persiguen, los cómo...), porque aunque los procesos que se lleven a cabo en el seno del equipo para asegurar un trabajo mínimamente sistemático y fundamentado son importantes, éstos perderán gran parte de su sentido y significado cuando están vacíos de contenido. Como ha señalado Escudero (1997): *el diálogo profesional sobre y desde las propias prácticas...no garantiza por sí mismo demasiado. Su relevancia, utilidad y contribución efectiva a la reconstrucción de las ideas, métodos y actitudes de los interlocutores depende mucho de aquello sobre lo que se dialogue, los criterios y contenidos valorativos teóricos y metodológicos que entren en juego, y los compromisos efectivos que todo ello sea capaz de movilizar para recomponer planes de acción y desarrollo en la práctica de los mismos.*

Si, como decía, el trabajo de los equipos centrado en cuestiones anecdóticas u orientado al intercambio puntual de consejos, historias o materiales no es sinónimo de trabajo en colaboración, tampoco lo es el trabajo realizado en equipo en términos exclusivamente formales y simbólicos, alejado de la actuación cotidiana en las aulas y el centro. Podría caerse en este caso en lo que algún autor (Hargreaves 1991, 1994, 1996) denomina *colaboración forzada,* en la cual las relaciones profesionales entre los profesores y sus reuniones ocurren sólo por presión administrativa externa. Es decir, los equipos docentes, los departamentos, se reúnen porque *hay que* gestionar y resolver ciertos asuntos burocráticos (hacer una propuesta sobre el proyecto curricular, hacer una programación de la materia porque así viene establecido en las normativas, etc.) sin que esas relaciones afecten al contenido mismo de lo que se trabaja ni al grado en que los miembros se sienten implicados en la dinámica del equipo, o del centro. Las relaciones profesionales en el seno del grupo de profesores, en este caso, serán burocráticas y formales, relaciones que se producen por imposición externa y que se entienden como un recurso instrumental para lograr ciertas metas que ya están más o menos prefijadas en tiempos y espacios determinados (Bolívar, 1994). Se trabaja formalmente de un modo conjunto, pero en la práctica el funcionamiento sigue siendo individualista.

Estaríamos, en este caso, ante una relación profesional que aparentemente, pero sólo aparentemente, es de colaboración. Una relación que funciona como fachada simbólica pero tras la cual nada o casi nada ha cambiado. Ya comentaba antes el riesgo de que las estructuras para la coordinación se queden en meras estructuras simbólicas, y de hecho un equipo de ciclo o un departamento en el que los profesores sólo se reúnen porque externamente así viene impuesto termina siendo una fachada ceremonial que sólo contribuye a hacer creer que todo funciona adecuadamente. Algunas investigaciones realizadas en centros de educación secundaria (Lighfoot, 1983 cit. En Litle, 1990), por ejemplo, han puesto de manifiesto cómo los departamentos, lejos de ser las unidades de planificación curricular y de la enseñanza que se supone que son, no funcionan sino como meras unidades administrativas.

La colaboración por sí misma, la colaboración confortable, o como respuesta a una exigencia externa, no considerada como realmente necesaria, no tiene mucho sentido, particularmente porque no constituye un camino para alterar realmente la práctica de la enseñanza y porque, al no serlo, puede terminar convirtiéndose en un distractor más o menos sutil en el trayecto a recorrer por el equipo de cara a la mejora de su práctica docente.

En definitiva el trabajo en colaboración por presión externa, al igual que la colaboración confortable a la que aludía antes, no constituyen una vía para recomponer la cultura de los equipos docentes y del centro en su conjunto. Tal recomposición pasa por superar el individualismo, con sus creencias, hábitos, patrones de trabajo, supuestos y concepciones implícitas sobre las diversas facetas de la práctica curricular y de la enseñanza, para ir construyendo otros más asentados en normas, creencias, valores de colaboración, reflexión constructiva sobre la práctica, colegialidad. Y esto, obviamente, supone la recomposición de aquellas facetas más implícitas sobre las que se articulan los modos de trabajar. Montar las estructuras pertinentes e invertir un tiempo considerable en reuniones más o menos establecidas para adaptar un currículum a la realidad del centro, o para desarrollar una actuación docente mínimamente coordinada cuando en el fondo todo el mundo siga pensando, por ejemplo, que lo que cada uno hace en su aula es de su exclusivo dominio; que sus concepciones sobre el centro, el currículum, la enseñanza, los alumnos y alumnas, la manera más adecuada de trabajar, etc. no es necesario sacarlas a la luz, compartirlas y reflexionar sobre ellas o cuestionarlas dado que es algo que no incumbe a los demás; que el responsable único de lo que ocurra en las aulas es cada profesor; o que el contexto organizativo en que se trabaja es un aspecto que discurre paralela e independientemente de la acción educativa, no supone alterar la vida escolar, sus creencias ni sus formas de hacer. Es en ese sentido en el que cabe advertir que el trabajo conjunto para resolver cuestiones puntuales o como una respuesta formal a demandas externas, no constituye una vía para la mejora porque no altera en prácticamente ningún sentido los porqué, para qué y cómo trabajamos.

2. Otra consideración importante a plantear en torno a la colaboración en el centro es la relativa al papel del profesor/a individualmente considerado. Hablar de colaboración, apelar a la necesaria reculturación en el centro escolar si se quiere dar respuesta a los retos que plantean las dinámicas de desarrollo curricular y de la enseñanza mínimamente coherentes y coordinadas no significa ignorar al individuo, al profesor individualmente considerado.

Con frecuencia se ha tendido a establecer una distinción categórica entre individualismo y colaboración, enfatizando los aspectos negativos del primero y los positivos del segundo (Litle, 1992; Litle y Mclaughlin, 1993). Pero las distinciones categóricas no se ajustan a la realidad, mucho más rica en matices y posibilidades que los esquemas en los que tratamos de atraparla y encorsetarla.

En estos momentos, la visión negativa de la privacidad de los profesores y, por contraposición, la visión positiva y optimista de la colaboración están cuestionándose. Aportaciones como las de Hargreaves (1996) y Huberman (1993) son una muestra de ello; ambos cuestionan la insistencia dada a los efectos perjudiciales de la práctica individual de los profesores, y plantean una re-lectura del individualismo en la que destacan no sólo sus problemas sino también sus posibilidades y potencialidades. Hargreaves (1996) establece una distinción entre formas de individualismo y patrones de individualidad señalando cómo las primeras debilitan la unidad social y educativa del centro escolar, mientras las segundas constituyen una fuente de iniciativa y creatividad en el centro, no debiendo, en ese sentido, entender todo individualismo como patología profesional. Tratar de erradicar el individualismo, dice el mencionado autor, no significa erradicar la individualidad: *"Unas culturas vibrantes de los docentes tendrían que ser capaces de evitar las limitaciones profesionales del individualismo de los profesores, pero acogiendo también el potencial creativo de su individualidad"* (p. 209).

Por su parte, como ya mencioné antes, Huberman (1993) ha abogado por una imagen del profesor como *artesano independiente*, argumentando, en base a diversas fuentes de investigación, cómo tal imagen se ajusta a la organización social y a las características peculiares de la organización escolar. Una organización en la que todo parece estar planteado para que se ejerza poca influencia en la práctica de la enseñanza y su mejora, y en la que, como consecuencia, la independencia del trabajo en el aula, se convierte en algo casi inevitable.

Así pues, si en algún momento individualismo y colaboración se pensaron como dos polos cuasi contradictorios, en la actualidad tal distinción está más difuminada. Es evidente que los cambios y mejoras curriculares tienen también una dimensión necesariamente personal (Fullan y Hargreaves, 1991; Hannay, 1996; Escudero y Bolívar, 1994), dimensión clave para generar y realizar mejoras en las prácticas educativas, de modo que el abogar por una construcción participativa, social y en colaboración del currículum y la enseñanza no debería conducir a pasar por alto o ignorar esa faceta personal. La práctica de la enseñanza se asienta en visiones que orientan el qué y el porqué hacer determinadas cosas. Tales visiones, que se han ido configurando y asentando a través de la experiencia, suelen estar muy arraigadas, de modo que los cambios en la práctica conllevan incorporar a las visiones y concepciones de cada uno, aquellos aspectos y elementos nuevos que pueden contribuir a mejorar esa práctica. Lo nuevo no siempre se ajusta completa y directamente a lo que cada uno considera como bueno y aceptable. En esa contienda, el equipo y las dinámicas de trabajo en colaboración que sea capaz de generar y desarrollar son importantes, pero no exclusivas; constituyen un contexto de trabajo, de apoyo y de motivación al profesor, que no se enfrenta a los cambios en soledad, pero el trabajo personal de cada uno no es transferible al grupo. Como han señalado Escudero y Bolívar (1994) *el trabajo compartido y la toma de decisión colegiada no deben impedir sino, al contrario, prolongarse en el trabajo individual de cada profesor en su aula.*

El trabajo en colaboración en el equipo de profesores, por tanto, no sustituye al trabajo pedagógico personal, que no individualista, de cada uno de ellos. De otro modo, un énfasis exclusivo en la colaboración profesional no supondría sino inclinar la balanza hacia el polo contrario al que habitualmente ha estado inclinada, y como ha señalado Dalin (1993) *aunque defendemos que la cooperación es importante....para las tareas integradas en las escuelas, no debemos reemplazar una rigidez por otra. El tiempo de trabajo individual es esencial para la preparación sólida, para el trabajo de seguimiento, y para el estudio y reflexión* (p. 101).

El necesario equilibrio entre ambos polos (trabajo personal-trabajo en colaboración) no es, desde luego, sencillo, porque tampoco se trata de elevar a categoría incuestionable el planteamiento y actuación de cada uno en aras del respeto a la creación personal del profesor individual. En todo caso, es un equilibrio a construir en cada equipo y por cada profesor; como han señalado Fullan y Hargreaves (1991): *Hemos de experimentar y descubrir mejores modos de trabajo conjunto que movilicen el poder del grupo y al tiempo promuevan el desarrollo individual. Hemos de usar la colegialidad no para igualar hacia abajo a las personas, sino para juntar fuerza y creatividad. Así, hemos de promulgar la colegialidad, pero no ingenuamente. También hemos de proteger y promover al individuo* (p. 9).

En última instancia, el desarrollo del currículum para un grupo de alumnos, para una materia, o en el centro en su conjunto, y la práctica de la enseñanza que se produzca en las aulas ocurrirá de unos u otros modos en función de sujetos particulares que piensan, deciden, interpretan y actúan en contextos escolares. Entender que las tareas que tienen asignadas los equipos de ciclo o los departamentos en los centros han de abordarse en colaboración, poniendo en juego procesos sistemáticos de diálogo, reflexión, toma de decisión cooperativa y participativo que posibiliten ir construyendo socialmente los qué, porqué y desde qué parámetros de valor se define y desarrolla la práctica educativa, no significa desresponsabilizar al profesor, sino reconocer y potenciar su profesionalidad personal. En última instancia, las decisiones y planes de actuación que se generan en un equipo que trabaje en colaboración han de ser trasladados a la práctica del aula, y esa traslación, quiérase o no, se apoya en cada profesor individual, en la reconstrucción y asimilación significativa que haga de ello. De modo que si por un lado se plantea que los profesores en sus equipos han de apropiarse de las decisiones curriculares que les corresponden, también hay que insistir en que cada uno ha de apropiarse – reconstruir y, de alguna manera controlar- los planes de actuación elaborados en colaboración, porque la colaboración en los equipos de profesores no debe enmascarar ni pasar por alto el carácter personal de la enseñanza. El equipo, en definitiva, no sustituye, no puede ni debe, la acción y el pensamiento pedagógico de cada profesor.

3. La tercera y última consideración que plantearé alude a que la colaboración no significa ausencia de conflicto.

La noción de cultura de colaboración se ha utilizado frecuentemente para referirnos al centro escolar en su conjunto. Hablamos así de construir en el centro una cultura de colaboración, como si el centro fuese una organización que funcionase siempre como un todo, como si su cultura organizativa fuese compacta y compartida por todos, como si hubiese un consenso claro acerca de las metas de la organización. Comentaba también cómo en este discurso centrado en la escuela como unidad, con frecuencia se ha pasado por alto el análisis de las dinámicas internas de los diversos grupos de profesores e incluso el hecho de que los profesores pueden tener grupos de referencia múltiples, además de sus respectivos grupos formales, en los que de hecho estén ocurriendo dinámicas de colaboración.

Y en ese discurso tan global sobre la colaboración también ha tendido a pasarse por alto la complejidad interna del centro escolar, y de los diversos grupos de profesores en su seno, en términos de relaciones micropolíticas. Quizá debido a que, en el fondo, aquellos que hablan, defienden y argumentan por el desarrollo de culturas de colaboración lo hacen con frecuencia desde fuera del centro, y casi nunca metidos en su complejidad cotidiana, el discurso tiende a ignorar que las escuelas, los institutos, son organizaciones micropolíticas (González, 1997, 1998). Las personas que las constituyen, que van construyendo la organización, tienen concepciones, intereses, imágenes de la realidad, planteamientos ideológicos y prácticos no siempre similares. Como ha señalado Bates (1988, 1992) las organizaciones escolares son lugares de lucha entre intereses en competición a través de los cuales se negocia continuamente la realidad, los significados y los valores de la vida escolar. Esto, que es una afirmación comúnmente planteada en referencia al centro escolar en su conjunto, es también aplicable a los diversos equipos y grupos que lo constituyen.

Diversos análisis micropolíticos de la vida del centro escolar ponen bien de manifiesto cómo en los centros escolares no siempre se vive en situaciones de consenso; al contrario, se desencadenan luchas, conflictos, tiranteces a veces explícitas y con más frecuencia implícitas y ocultas, en relación con múltiples aspectos de la vida en la organización; cómo se generan estructuras sutiles de poder en las que unas voces prevalecen sobre otras, y cómo coexisten diversas visiones, interpretaciones de lo que debe hacerse, cómo y por qué (Bacharach y Mundell, 1993).

Las dinámicas micropolíticas de un centro escolar toman cuerpo en las luchas más o menos implícitas desarrolladas en las unidades organizativas. Spark (1990) ha mostrado, por ejemplo, la existencia de micropolíticas a nivel departamental cuando investigó las estrategias discursivas que un jefe de departamento utilizaba para dominar a los profesores, y las resistencias que ello provocaba por parte de éstos. Los individuos que constituyen un equipo, un departamento, son individuos que poseen determinadas concepciones y visiones acerca de la enseñanza, los alumnos, el aprendizaje, los modos más adecuados de llevar a cabo la actuación educativa; poseen probablemente intereses profesionales más o menos articulados, así como, seguramente, otros intereses más prosaicos o materiales (Ball, 1987) relacionados, por ejemplo, con trabajar con un determinado grupo de alumnos, tener un horario determinado, disponer de un espacio y unos materiales concretos... Y todo ello constituye un caldo de cultivo para el conflicto y las luchas de poder.

Las dinámicas micropolíticas, por otro lado, no se localizan exclusivamente en los grupos formalmente constituidos en la organización. Como diversos autores han señalado (Hoyle, 1988; Bacharach y Mundell, 1993) ni la micropolítica está ligada a uno o varios individuos particulares y perfectamente identificables ni a unidades organizativas formalmente bien acotadas. No obstante, las dinámicas micropolíticas del centro no son ajenas a lo que ocurra en las unidades organizativas del mismo. Ball y Bowe (1992), por ejemplo, aluden a las micropolíticas ligadas a departamentos, Litle (1993a) alude a las dinámicas más o menos conflictivas existentes entre departamentos académicos y departamentos de orientación; o, en otro orden de cosas, Hargreaves (1991, 1996) habla de la colaboración forzada como una respuesta micropolítica a demandas de mejora provenientes desde la administración.

La colaboración en los equipos de profesores, por tanto, no puede ser pensada como exenta de aspectos polémicos, conflictivos o problemáticos. Cualquier proceso de mejora de la práctica educativa genera percepciones y expectativas no necesariamente homogéneas por parte de todos los integrantes del equipo. En los procesos de trabajo en los que se implica el equipo, siempre entrarán en juego razones conflictivas y decisiones prácticas ambivalentes.

Los procesos de colaboración estarán posiblemente plagados de visiones diferentes, luchas más o menos implícitas, resistencias de unos y no de otros, opciones de valor, concepciones, intereses no siempre coincidentes. Esta realidad no se puede ocultar. Quizá desde algunas perspectivas, sobre todo aquellas de corte más gerencialista y centradas en la eficacia, prevalece una óptica del consenso, insistiendo en la importancia de una visión compartida, y en la colaboración como proceso ligado al consenso sobre metas (Huberman, 1993). En este orden de cosas, algunas investigaciones focalizadas en los departamentos eficaces (Harris, 1995; Samons et al, 1997) subrayan como un rasgo básico de los mismos la existencia de un sentido compartido y claro de visión acerca de su trabajo conjunto como departamento; también algún análisis de los departamentos ineficaces (Harris, 1998) apunta como rasgo del departamento ineficaz la *ausencia de visión del departamento y las áreas del mismo* (p. 274).

Sin embargo, las visiones y misiones de un equipo, un departamento o cualquier otro grupo, al igual que la del centro en su conjunto, no pueden imponerse a priori; más bien se irán construyendo a medida que se va trabajando en el equipo; y ese proceso en el que se trata de ir construyendo acuerdos sobre valores educativos y direcciones en las que moverse, no cabe descartar, ignorar o pasar por alto desacuerdos y conflictos. El equipo de profesores, al hacer frente a tareas tan complejas e inciertas como las implicadas en el desarrollo del currículum y la práctica coordinada de la enseñanza, se va a encontrar necesariamente con la necesidad de confrontar diversos puntos de vista, concepciones, filosofías educativas, ideologías profesionales, intereses no sólo ideológicos sino también de orden más material. Las decisiones que se tomen en el equipo, en ese sentido, vendrán configuradas por las diferentes apreciaciones, juicios y lecturas que los implicados hagan de la realidad educativa del centro y las aulas. En este contexto, la discusión y el debate no pueden quedar camuflados; el contexto del trabajo conjunto y la colaboración profesional es posiblemente el contexto en el que habrán de ponerse de manifiesto los desacuerdos sobre los principios y práctica de la enseñanza (Hargreaves, 1997), no para reificarlos sino para afrontarlos e ir cultivando zonas de diálogo, de acuerdo.

Construir una cultura de la colaboración y la colegialidad es un proceso lento, en el que no caben imposiciones. No se trata de imponer una cultura, sino de irla construyendo y reconstruyendo sabiendo que las concepciones, visiones, implicaciones, intereses de partida no serán, desde luego, homogéneas y la presencia de distintas voces, intereses, percepciones, muchas veces en competición, constituye un elemento que no se puede arrasar sin más, sino un elemento con el que hay que contar y, posiblemente, desde el que trabajar.

Equiparar la colaboración con la construcción de lo educativo atendiendo al consenso, y con la supresión de conflictos de intereses, divergencias, concepciones pedagógicas distintas no solamente significa ignorar los aspectos más conflictivos y problemáticos de la definición del currículum y la enseñanza a desarrollar y del quehacer de los profesores, conlleva también negar la voz a conflictos y discrepancias, camuflándolos de ese modo en aras de un necesario consenso que quizá sólo interesa a algunos que, a su vez, tratan de ejercer influencias no declaradas. La colaboración, en este caso, se convierte en un recurso instrumental al servicio de opciones educativas que unos han pensado para los demás.

No quiero decir con ello que no haya de mantenerse una cierta perspectiva de consenso; clarificar y compartir ciertas metas comunes, una determinada razón de ser del equipo es importante; como han señalado Rosenholtz y Kile (1984, p. 13) *sin metas comunes los profesores tienen pocas razones para implicarse en el diálogo profesional, pero sin diálogo profesional hay pocas posibilidades de que surjan metas comunes* y si éstas no existen *la enseñanza se fragmenta en tantas piezas como profesores*. Un cierto nivel de consenso es necesario, si lo que se pretende es ofrecer a los alumnos y alumnas una experiencia educativa coherentemente articulada y con ciertas garantías de coherencia y continuidad. Pero es justamente en este contexto y en la dinámica de colaboración donde han de salir a la luz prácticas pedagógicas discrepantes, concepciones y valores conflictivos mantenidos por los miembros, que habrán de ser debatidas y negociados para ir consiguiendo esos espacios reales (que no impuestos) de consenso.

Consideraciones finales

Los equipos de profesores constituyen, sin duda, un contexto clave para el desarrollo de una cultura de colaboración en el centro escolar. En esta ponencia se ha insistido en que una relación profesional asentada en valores y creencias de colaboración se construye paulatinamente, y constituye un proceso complejo en el que entran en juego no sólo la presencia de estructuras que posibiliten el trabajo conjunto sino también el cómo ocurran esos procesos y sobre qué contenidos educativos. Se ha apuntado, igualmente, que una relación de colaboración en el seno de los equipos de profesores no debe suponer descuidar la importancia decisiva del profesor individual y su actividad profesional, ni significa, necesariamente, ausencia de conflictos.

Sin duda, la profundización en esta temática no puede quedarse únicamente en los aspectos aquí señalados. Los procedimientos para el trabajo en colaboración, los tiempos escolares y su utilización, la intensificación del trabajo docente, la relación entre el trabajo en equipos docentes y el centro en su conjunto, etc. son, desde luego, otros tantos temas a los que cabría prestar atención si no queremos movernos en discursos formados por grandes eslóganes a los que todos y todas podemos fácilmente suscribirnos. El tema, pues, queda abierto a posteriores análisis, matices, precisiones y consideraciones, cuya explicitación, en cualquier caso, se potenciaría con creces en la medida en que investiguemos en la realidad de nuestros centros escolares las dinámicas internas de los equipos de profesores.

Bibliografía

ANTÚNEZ, S. Y GAIRÍN, J. (1996): *Organización Escolar. Práctica y fundamentos*. Barcelona: Graó

BACHARACH, S. B. y MUNDELL, B. L. (1993): "Organizational Policies in Schools: Micro, Macro and the Logic of Action". *Educational Administration Quarterly*, 29 (4), 423-452

BALL, S. (1989): *La micropolítica de la escuela: Hacia una teoría de la Organización Escolar*. Madrid: Paidós-MEC.

BALL, S. y BOWE, R. (1992): Subject Departments and the 'implementation' of National Curriculum Policy. *Journal of Curriculum Studies*, 24 (2), 97-115.

BALL, S. y LACEY, C. (1984): "Subject Disciplines as the Oportunity for Group Action: A Measured Critique of Subject Sub-cultures". En A. Hargreaves y P. Woods (Eds.): *Classrooms and Staffrooms: The Sociology of Teachers and Teaching*. Milton Keynes: Open Univ. Press, 232-244.

BATES, R. (1988): *Evaluating Schools: A critical Approach*. Victoria: Deakin Univ.

BATES, R. (1992): "Leadership and School Culture". En G.I.D.:*Cultura escolar y desarrollo organizativo*. Actas del II Congreso Interuniversitario de Organización Escolar. Sevilla, 191-206.

BOLÍVAR, A. (1994): "El Compromiso organizativo de un centro con una cultura de colaboración". En L. M. Villar A. y P. de Vicente (Dirs.): *Enseñanza reflexiva para centros educativos*. Barcelona: PPU, 25-50.

BOLÍVAR, A (1996); "Cultura escolar y cambio curricular". *Bordón*, 48 (2), 169-177

BOLÍVAR, A. (1996a): "¿Qué hemos aprendido de la "segunda ola"? No basta reestructurar los centros". IV Congreso Interuniversitario de Organización escolar. Tarragona.

BOLÍVAR, A. (1996b): "El lugar del centro escolar en la política curricular actual. Más allá de la reestructuración y de la descentralización". En M. A. Pereyra; J. G. Mínguez; M. Beas y A. J. Gómez (Comp.): *Globalización y descentralización de los sistemas educativos*. Barcelona: Eds. Pomares-Corredor, 237-266.

BONALS, J. (1996): *El trabajo en equipo del profesorado*. Barcelona: Graó.

BORRELL, N. (1997): "La organización del profesorado". *Profesorado*, 1(1), 69-79.

CARDONA ANDUJAR, J. (1996): "Funciones de coordinación pedagógica". En A. Medina R. y S. Gento P. (Coords.): *Organización Pedagógica del nuevo centro educativo*. Madrid: UNED, 145-176.

CUEVAS BATICÓN, J. (1984): Departamentos y equipos docentes. *Educar*, 6, 11-133.

DALIN, P. (1993): *Changing the School Culture*. Londres: Casell.

ELMORE, R. F. (1996): "Getting to Scale with Good Educational Practice". *Harvard Educational Review*, 66(1), 1-26

ESCUDERO, J. M. (1997): "Aproximadamente un lustro de formación en centros. Balance crítico y constructivo". Actas del I Encuetro estatal de Formación en Centros. CEP de Linares- Junta de Andalucía, 17-47.

ESCUDERO , J. M. y BOLÍVAR, A. (1994): "Innovaçao e formaçao centrada na escola. Uma perspectiva da realidade espanhola". En A. Amiguinho y R. Canário (Coords.)*: Escola e mudança: O papel dos centros de formaçao*. Lisboa: Educa, 97-156.

FULLAN, M. (1991): *The New Meaning of Educational Change*. New York: Teacher College Press.

FULLAN, M. (1993): *Change Forces. Probing the Depths of Educational Reform*. Londres: The Falmer Press.

FULLAN, M. (1994): "La gestión basada en el centro: el olvido de lo fundamental". *Revista de Educación*, 304, 147-161.

FULLAN, M. (1995). "The School as a Learning Organization: Distant Dreams". *Theory into Practice*, 34(4), 230-235.

FULLAN, M. y HARGREAVES, A. (1991): *Working Together for your School. Strategies for Developing Interactive Professionalism in your School*. Victoria: ACEA.

GAIRÍN, J, y DARDER, P. (Coords.): *Organización de centros educativos. Aspectos básicos*. Barcelona: Praxis.

GENTO PALACIOS, S. (1994): *Participación en la Gestión educativa*. Madrid: Santillana.

GLICKMAN (1985): *Supervision of Instruction. A Developmental Approach*. Massachusetts: Allyn and Bacon.

GONZÁLEZ, G., Mª T. (1992): "Nuevas perspectivas en el análisis de las organizaciones educativas". En *Actas de I Congreso Interuniversitario de organización escolar*. Barcelona, 27-46.

GONZÁLEZ G., Mª T. (1994): "Perspectivas teóricas recientes en Organización Escolar: Una panorámica general". En J. M. Escudero y Mª T. González: *Profesores y Escuela ¿Hacia una reconversión de los centros y la función docente?* Madrid: Ediciones Pedagógicas, 35-60.

GONZÁLEZ, G.. Mª T. (1994a): "¿La cultura del centro escolar o el centro escolar como cultura?" En J. M. Escudero y Mª T. González: *Profesores y Escuela ¿Hacia una reconversión de los centros y la función docente?* Madrid: Ediciones Pedagógicas, 77-96.

GONZÁLEZ, G., Mª T. (1997): "La Micropolítica escolar: algunas acotaciones". *Profesorado*, 1 (2), 45-54.

GONZÁLEZ, G., Mª T. (1998): "La micropolítica de las organizaciones escolares". *Revista de Educación*, n° 316, 215-240.

GROSSMAN, P. L. y STODOLSKY, S. S. (1994): "Considerations of Content and the Circunstances of Secondary School Teaching". En L. Darling-Hamond (Ed.): *Review of Educational Research, 20*. Washington: AERA, 179-221.

GUEROLA SOLER, F. Y FÚSTER FOZ, M. (1994): "Funcionamiento por equipos de nivel en la Enseñanza Secundaria Obligatoria". En J. Gairín y P. Darder (Coords.):*Organización y Gestión de centros Educativos*. Barcelona: Praxis, 486-486/3.

HANNAY, L. M. (1995): "Beyond Tinkering: Reculturing Secondary Schools". *Orbit,* 26(3), 2-5.

HANNAY, L. M (1996): "The Role of Images in the Secondary School Change process". *Teachers and teaching: Theory and practice*, 2(1), 105-121.

HANNAY, L. y SCHMALZ, K. (1995): *Examining Secondary School Change from Within*. OISE (doc. Policopiado).

HARGREAVES, A. (1991): "Contrived collegiality: The Micropolitics of Teacher Collaboration". En J. Blase (Ed.): *The politics of life in Schools: Power, Conflict and Cooperation*. Newbury Park,CA: Sage Publications, 46-72.

HARGREAVES, A. (1994): "Restructuring, restructuring: postmodernity and the prospects for educational change". *Journal of Education Policy,* 9 (1), 47-65.

HARGREAVES, A. (1996): *Profesorado, cultura y postmodernidad*. Madrid: Morata.

HARGREAVES, A. (1997): From Reform to Renewal: A New Deal for a New Age. En A. Hargreaves y R. Evans (Eds.): *Beyond educational Reform. Bringing teachers Back In*. Buckingham: Open University Press, 105-125.

HARGREAVES, A. y McMILLAN, R. (1992): *Balkanized Secondary Schools and the Malaise of Modernity*. Presentado en la AERA, San Francisco.

HARGREAVES A. , EARL, L. y RYAN, J. (1998): *Una educación para el Cambio. Reinventar la educación de los adolescentes*. Barcelona: Octaedro.

HARRIS, A.; JAMIESON, J. M. Y RUSS, J. (1985): "Effective Departments in Secondary Schools". *School Organization*, 15 (3), 283-299.

HARRIS, A. (1998): "Improving Ineffective Departments in Secondary Schools". *Educational Management and Administration*, 26(3), 269-278.

HECKMAN, (1987). "Understanding School Culture". En J. I. Goodlad (Ed.): *The Ecology of School Renewal*. Chicago: NSSE, 63-78.

HOYLE, E. (1988): "Micropolitcs of Educational Organizations". En A. Westoby (Ed.): *Culture and Power in Educational Organizations*. Milton Kaynes: Open Univ. Press, 255-269.

HUBERMAN, M. (1993): "The Model of the Independent Artisan in teachers' Professional Relations". En J. W. Litle y M. W. McLaughlin (Eds.): *Teachers' Work. Individuals, Colleages, and Context*. New York: Teacher College Press, 11-50.

JOHNSON, S. M. (1990): "The Primacy and Potential of High School Departments". En M. W. McLaughlin; J. E. Talbert y N. Bascia (Eds.): *The Context of Teaching in Secondary Schools*. New York: Teacher College Press, 167-184.

LIEBERMAN, A. (1986): ÷Collaborative Work". *Educational Leadershi*p, 44 (1), 4-8.

LIEBERMAN, A. y MILLER, L. (1990): "The Social Realities of teaching". En A. Lieberman (Ed.) *Schools as Colaborative Cultures: Creating the Future Now*. New York: The Falmer Press, 153-164.

LITLE, J. W. (1982): "Norms of Collegiality and Experimentation: Workplace Conditions of School Success". *American Educational Research Journal*, 19, 325-340.

LITLE, J. W. (1990): "Conditions for professional Development in Secondary Schools". En M. W. McLaughlin; J. E. Talbert y N. Bascia (Eds.):*The Context of teaching in Secondary Schools. Teachers' realities*. New York: Teachers College Press, 187-223.

LITTLE, J. W. (1992): "Opening the Black Box of Professional Community". En A. Lieberman (Ed.) *The Changing Context of Teaching. Ninety-first Yearbook of the national Society for the Study of education*. Chicago. NSSE, 157-178.

LITLE, J. W. (1993a): "Professional Community in Comprehensive High Schools: The Two Worlds of Academic and Vocational Teachers". En J. W. Litle y M. W. McLauglhin

(Eds.): *Teachers' Work. Individuals, Colleagues and Context.* New York: Teacher College Press, 137-163.

LITLE, J. W. y McLAUGHLIN, M. W. (1993): "Introduction: Perspectives on Cultures and Context of Teaching". En J. W. Litle y M. W. McLaughlin (Eds.): *Teachers' Work. Individuals, Colleages, and Context.* New York: Teacher College Press, 1-8.

LORENZO DELGADO, M. (1985): "El Profesor: departamentos y equipos docentes". En O. Sáenz (Dir.): *Organización Escolar.* Madrid: Anaya, 224-247.

MEYER, J. y ROWAN, B. (1977): "Institutionalized organizations: Formal Structure as Myth and Ceremony". *American Journal of Sociology,* 83, 440-463.

MEYER, J. y ROWAN, B. (1984): "Organizations as Ideological Systems". En T. J. Sergiovanni y J. E. Corbally (Eds.) *Leadership and Organizational Culture,* Chicago: Univ. Of Illinois Press, 186-206.

MOLINA RUIZ, E. (1997): "El trabajo colaborativo en los equipos docentes". En M. Lorenzo D.; F. Salvador mata y J. A. Ortega (Coords.): *Organización y Dirección de Instituciones educativas.* Actas de las I Jornadas sobre Organización y Dirección de Centros Educativos. Granada, 153-184.

NIAS, J; SOUTHWORTH, G. y YEOMANS, R. (1989): *Staff relationships in the primary School: A Study of organizational Cultures.* Londres: Casell.

PETERSON, P. L; McARTHEY, S. L. y ELMORE,R. F. (1996): "Learning from School Restructuring". *American educational research Journal,* 33(1), 119-153.

PÉREZ GÓMEZ, A. (1998): *La Cultura escolar en la Sociedad Neoliberal.* Madrid: Morata.

ROSENHOLTZ, S. KILE, J. (1984): "Teacher isolation: Barrier to professionalism", *American Educator,* winter, 10-15.

SALVADOR MATA, F. (1993): "Profesorado: Departamentos y Equipos Docentes". En M. Lorenzo y O. Sáenz (Dirs.): *Organización escolar. Una perspectiva ecológica.* Alcoy: Marfil, 115-140.

SALVADOR MATA, F. (1997): "Organos de coordinación docente". En O. Sáenz y F. Salvador (Dirs.): *Enseñanza Secundaria. Currículo y Organización.* Alcoy: Marfil, 229-248.

SAMONS, P., THOMAS, S. y MORTIMORE, P. (1997): *Forcing Links: Effective Schools and Effective Departments.* London: Paul Chapman.

SANTOS GUERRA, M. A. (1997): *La luz del prisma, para comprender las organizaciones educativas.* Málaga: Aljibe.

SERGIOVANNI, T. J.(1987): *The principalship. A Reflective practice perspective.* London: Allyn and Bacon.

SISKIN, L. S. (1991): "Departments as Different Worlds: Subject Subcultures in Secondary Schools", *Educational Administration Quarterly,* 27, 134-160.

SISKIN, L. S. (1994): *Realms of Knowledge. Academic Departments in Secondary Schools.* Londres. Falmer Press.

SMYLE, M. A. (1994): "Redesigning Teachers' Work: Connections to the Classroom". En L. Darling-Hamond (Ed.): *Review of research in Education, 20.* Washington: AERA.

SPARKS, A. C. (1990): "Power, Domination and Resistance in the Process of teacher-Initiated Innovation". *Research papers in Education,* 5(2), 153-178.

SZABO, M. (1996): "Rethinking Restructuring: Building Habits of Effective Inquiry". En M. W. McLaughkin y Y. Oberman (Eds.): *Teacher learning. New Policies, New perspectives.* New York: Teacher College Press, 73-91.

TIRADO BAUSA, V. (1996): "Reflexiones en torno a la necesidad de la existencia de equipos educativos en los Institutos de Educación Secundaria". *Aula de Innovación educativa*, nº 52-53, 53-57.

VAN MAANEN, J. y BARTLEY, S. R. (1984): "Occupational Communities: Culture and Control in Organizations". En B. M Staw y L. L. Cummings (Eds.): *Research in Organizational Behavior*. Greenwich: JAI press, vol 6, 287-365

WEIK, K .E. (1976): "Educational Organizations as Loosely Coupled Systems". *Administrative Science Quarterly*, 21 (1), 1-19.

INVESTIGACIÓN ETNOGRÁFICA Y COMPRENSIÓN DE LA REALIDAD ORGANIZATIVA: EVOLUCIÓN, TENDENCIAS E IMPLICACIONES

JOSÉ MANUEL CORONEL LLAMAS
Universidad de Huelva

Introducción

Si el conocimiento y la investigación sobre las organizaciones educativas representan aspectos indisociables de una misma realidad, no me gustaría perder la oportunidad de señalar algunas cuestiones relativas a la práctica de la investigación realizada en contextos educativos, destacando, sobre todo y fundamentalmente, aquellas aportaciones provenientes de lo que podemos denominar como enfoque cualitativo y su potencialidad como estrategia valiosa en el terreno propiamente organizativo.

No cabe duda, ni es asunto que pueda prestarse a discusión, de la incuestionable influencia de la tradición y peso que el paradigma positivista ha ejercido en el campo de la investigación educativa. No obstante es cierto que la nota más distintiva en este momento es la presencia de una alternativa cualitativa en la articulación de las diversas propuestas de investigación. A lo largo de los años, los nuevos marcos de racionalidad han generado un conocimiento y modos diferentes de acercarse a la realidad educativa hasta el punto de convertirse en referentes cada día más consolidados para la investigación en las organizaciones educativas.

Estos referentes serán considerados desde el punto de vista de sus aportaciones a la investigación etnográfica y me gustaría derivar implicaciones para un mayor y mejor conocimiento de la organización. Me ocuparé de analizar cómo estos referentes han proyectado su influencia sobre la investigación etnográfica y las tendencias que insisten no sólo en la dimensión descriptiva e interpretativa sino y sobre todo en la importancia del discurso y el modo en que representamos una realidad, en este caso la realidad organizativa.

1. Algunas cuestiones sobre la investigación y la organización

Sigue resultando extraño poner en relación lo organizativo y la investigación, encontrando serias dificultades, la defensa de un planteamiento más institucional desde el que abordar procesos de esta naturaleza, debidas no sólo a la complejidad añadida a la investigación en sí, sino a la propia incapacidad de reconocimiento del papel valedor de la dimensión organizativa en la transformación de la realidad educativa.

Por otra parte, la complejidad de la vida organizativa ha provocado el surgimiento de áreas de especialización, esfuerzos por utilizar formas dialécticas de análisis no lineales, procesos de triangulación, aportación de estudios literarios, históricos, biográficos, comparativos...; más interés en las bases filosóficas de la investigación en Organización Escolar y preocupación por el componente y compromiso ético de la propia investigación, y el surgimiento de toda una serie de temáticas para ser estudiadas que parecen mostrar un panorama más alentador en este terreno.[1]

Sin embargo la realidad es que investigación y Organización Escolar no han sido precisamente una pareja bien avenida. Algunas razones las expone acertadamente Santos (1997; 252-253):

a) No se ha dado la importancia que realmente tiene a la dimensión organizativa de los Centros. Y, por otra parte, cuando se ha tenido en cuenta se han buscado respuestas de carácter intuitivo, palmario, poco riguroso. La intervención en la vertiente organizativa no se ha sustentado sobre investigaciones contrastadas y rigurosas.

b) La ausencia de tradición convierte en un círculo vicioso las omisiones y las carencias. Puesto que no hay un cuerpo de conocimientos elaborado a raíz de las investigaciones, no se investiga y viceversa, puesto que no se investiga, no se va elaborando y estructurando un corpus de conocimiento riguroso.

c) El carácter individualista que ha tenido la enseñanza ha centrado el foco de atención en los elementos didácticos del aula, pero no en los elementos organizativos que hacen referencia a todo el Centro. La preocupación por el proceso de enseñanza/aprendizaje ha acentuado la perspectiva psicologicista del mismo.

d) La complejidad de los fenómenos organizativos dificulta el análisis, sobre todo si se tiene en cuenta que todos los procesos educativos están inmersos en contextos determinados por un sinnúmero de variables y vertientes. A la complejidad intrínseca de la educación se añade la que conlleva la importancia de los contextos en los que tiene lugar.

e) Los profesionales que están en las escuelas no tienen tiempo para la investigación de los fenómenos organizativos. Viven inmersos en ellos pero no disponen del tiempo necesario para dar respuesta a las preguntas que se formulan.

f) La dependencia que los estudios sobre la Organización Escolar han mantenido respecto a investigaciones relacionadas con la empresa y la industria.

g) La escasa vinculación que se ha hecho de teoría y práctica organizativa. Los teóricos de las organizaciones no han prestado mucha atención a la práctica de las escuelas ni los que han estado en la práctica han manifestado mucho interés por la investigación sobre la dimensión organizativa.

---

[1] Un repaso a la situación de la investigación en el campo de la Organización Escolar y las líneas o tópicos actuales de investigación en nuestro país pueden contribuir a la comprensión de la situación actual y a la emergencia de alternativas y nuevas vías de exploración para la investigación. Puede resultar ilustrativo el trabajo de Gairín, J. (1996) *La investigación en Organización Escolar.* IV Congreso Interuniversitario de Organización Escolar. Tarragona.

h) La perspectiva dominante en los estudios sobre Organización Escolar ha estado presidida por la dimensión formalista y funcionalista, que han limitado la calidad y mantenido la superficialidad.

A pesar de este panorama, en los últimos años se ha venido observando un interés acrecentado en la utilización de etnografías y estrategias de corte cualitativo en nuestro ámbito, esto es, en investigaciones sobre contextos educativos que tratan de acercarse de «otro modo» a la realidad de los centros. Los métodos de investigación ligados a un enfoque positivista frecuentemente han constatado su incapacidad para dar una visión, una narración conceptual adecuada de la realidad social[2].

Con el paso del tiempo, en el ámbito de la investigación organizativa, han ganado terreno enfoques y miradas alternativas que han puesto su centro de atención en la necesidad de contemplar el carácter interpretativo y subjetivo del funcionamiento organizativo (Wright, 1994; Cassel y Symon, 1994), lo cual ha llevado a incorporar con toda legitimidad la investigación cualitativa en la construcción de conocimiento sobre las organizaciones.

La explosión de la investigación cualitativa en el campo de la educación coincide con el surgimiento de un debate y discusión de naturaleza ontológica, epistemológica y metodológica en las Ciencias Sociales en general. Hay que insistir en la estrecha relación con disciplinas como la Antropología, Sociología y, en menor medida Psicología, a la hora de dar cuenta de la investigación cualitativa aplicada al estudio de la educación.

Gran parte de los autores que en la actualidad escriben sobre investigación cualitativa en educación tiene una formación sólida en estas disciplinas. Un repaso a los orígenes y evolución de la investigación cualitativa (Rodríguez, Gil y García, 1996) conducen a las raíces de naturaleza tanto antropológica como sociológica. Pero también es cierto reconocer las aportaciones que los investigadores educativos pueden hacer al debate metodológico dominado tradicionalmente por los científicos sociales.

Varias tradiciones cualitativas como la psicología ecológica, etnografía holística, antropología cognitiva, etnografía de la comunicación e interaccionismo simbólico, entre otras, han tenido repercusiones en la propia investigación educativa desde el punto de vista de la consideración de la naturaleza humana y de la sociedad, objeto de estudio y metodología utilizada.[3]

---

[2] En el monográfico de la Revista de Educación, 312, dedicado a la investigación educativa aparecen algunos artículos dedicados a mostrar la evolución y situación de la investigación educativa en diferentes contextos geográficos y culturales. En todos ellos se observa, a la hora de concretar la evolución de los estudios, una mayor preocupación a medida que nos acercamos a la actualidad por un tipo de investigación más interpretativa.

[3] Sobre las diversas tradiciones que orientan la investigación cualitativa, así como el estado actual y problemas relevantes pueden tomarse como referencias los trabajos de Cajide, J. (1992) La investigación cualitativa: tradiciones y perspectivas contemporáneas. *Bordón, 44* (4) 357-373; Cook, T. y Reichardt, C. (1986) *Métodos cualitativos y cuantitativos en investigación evaluativa.* Madrid: Morata; Denzin, N. y Lincoln, I (1994) (Eds.) *The handbook of qualitative research in the social sciences.* Newbury Park, CA: Sage; Erickson, F. (1989) Métodos cualitativos de investigación sobre la enseñanza; En Witrock, M. (Ed.) *La investigación de la enseñanza, II: Métodos cualitativos y de observación.* Barcelona: Paidós/MEC 195-302. Goetz, J. y LeCompte, M. (1988) *Etnografía y diseño cualitativo en investigación educativa.* Madrid: Morata; Jacob, E. (1987) Qualitative research traditions: A review. *Review of Educational Research, 57* (1) 1-50; Jacob, E. (1989) Qualitative research: A defense of traditions. *Review of Educational Research, 59* (2) 229-235; LeCompte, M. y Preissle, J.

Sobre esta situación Goetz y LeCompte (1988; 27) opinan que

«la utilización correcta del diseño etnográfico en la investigación educativa se ha visto limitada por una serie de factores. La etnografía fue desarrollada por antropólogos y sociólogos; sin embargo la mayoría de los investigadores en educación tienen una formación psicológica y están fuertemente influidos por las tradiciones derivadas de la psicología experimental. Se han habituado, pues, a percibir a los niños individualmente y a identificar la educación con la enseñanza escolar. En segundo lugar, aunque muchas Facultades de Educación cuentan con sociólogos y antropólogos entre su profesorado, éstos se encuentran en minoría y su influencia es escasa. Muchos manifiestan sentirse voces en el desierto, o bellas músicas que ningún oído aprecia. En tercer lugar, en cuanto profesionales, están orientados hacia una investigación de carácter prescriptivo, estudios de evaluación y análisis de políticas; su función es mejorar la educación y la enseñanza. Sin embargo, a pesar de que tanto la Antropología como la Sociología de campo contienen también componentes prácticos y de investigación aplicada, su tarea fundamental es describir el mundo empírico y desarrollar una teoría explicativa del comportamiento humano».

Sin duda, el desarrollo de la investigación cualitativa en el ámbito educativo ha contribuido enormemente al conocimiento de las escuelas como organizaciones, al posibilitar nuevos modos de acceso, nuevas herramientas y desarrollos metodológicos para acceder a la riqueza y complejidad de la vida de la escuela, a desvelar mecanismos para el análisis de la institución escolar. Es preciso aprovechar esta situación de mestizaje metodológico y trabajar más activamente sobre las aportaciones que las diversas disciplinas pueden ofrecer al estudio de la institución escolar.

2. La etnografía como ejercicio de descripción e interpretación

Buscar espacios de reflexión sobre las relaciones entre investigación etnográfica y Organización Escolar, conduce inevitablemente a un sendero plagado de esfuerzos volcados en la superación de dificultades y exigencias propias de la actividad educativa, de sus protagonistas, de su contexto institucional, de los fines y objetivos que la orientan.

En el conjunto de lo que podemos denominar investigación cualitativa, quizás sea la investigación etnográfica la alternativa que más interés ha despertado entre los investigadores educativos, preocupados por alejarse del influjo y preeminencia de los métodos cuantitativos y experimentales en la mayoría de los trabajos, y con deseos de adentrarse en nuevos espacios para la construcción del conocimiento y el diseño cualitativo de investigaciones de acuerdo con un tipo de filosofía de base interpretativa y reconstructiva.

Marsden (1993; 117) piensa que la etnografía restituye las conexiones entre organización y sociedad interrumpidas por las abstracciones positivistas, para demostrar la lógica situacional de los mecanismos causales de las estructuras coercitivas, permitiendo la acción social como medio y resultado. Según este autor, este método de investigación que combina las ideas teóricas sobre lo social con técnicas para la recolección de datos está prácticamente ausente de la literatura sobre la ciencia administrativa.

(1993) *Ethnography and qualitative design in educational research.* London: Academic Press 1-29; LeCompte, M. Millroy, W. y Preissle, J. (1992) *The handbook of qualitative research in education.* San Diego: Academic Press.

La etnografía se vincula sobre todo con la descripción de una determinada realidad, en nuestro caso la que constituye la vida en el seno de las organizaciones escolares, con intención de aportar un conocimiento valioso de dicha realidad, entendiendo por valioso el grado de fidelidad con el que se «pinta» esa realidad y, por otro, la capacidad, esta vez, para activar posteriores acciones e intervenciones en dicha realidad.

Desde las primeras descripciones realizadas en la antigüedad, pasando por su estrecha relación con la geografía y los viajes, hasta los inicios de su sistematización como campo de estudio con la llegada de la Ilustración y su consolidación como disciplina científica allá por el s. XIX, el trabajo etnográfico ha servido para conocer otras culturas y, de paso, conocernos mejor a nosotros mismos. De hecho, con la llegada de la perspectiva interpretativa, las nuevas formas de etnografía, como veremos más adelante, con sus peculiaridades y modos de hacer, no hacen otra cosa que seguir tratando de garantizar lo más fielmente posible el retrato de las realidades estudiadas.[4]

Es un proceso de investigación, un camino para adentrarnos en el estudio de la vida humana, describiendo y reconstruyendo las escenas culturales de grupos de personas, los contextos, actividades y opiniones de los participantes. La búsqueda, pues, de la variedad, espontaneidad y creatividad de la interacción social entre las personas hacen de la etnografía una actividad de investigación que pone en juego un compromiso con un tipo de estudio sistemático y global, lo cual obliga a emplear una rica y amplia gama de enfoques en su desarrollo, en sus métodos y técnicas para dar cuenta de procesos evolutivos y en desarrollo como son los culturales.

Esta relación estrecha con el concepto de cultura se entiende por cuanto sus orígenes se sitúan en el campo de la antropología con la intersección de influencias provenientes de la psicología educativa, investigación evaluativa, sociología de la educación, crítica literaria... LeCompte y Preissle (1993; 9) consideran que la etnografía educativa no es una disciplina independiente ni está bien definida como campo de investigación. De hecho es un ejemplo claro de fusión interdisciplinar, puesta en práctica por investigadores provenientes de diferentes tradiciones. Por su parte, Anderson (1989) dice que aunque durante un tiempo las etnografías de la educación fueron hechas por pequeños grupos de antropólogos, el «movimiento» etnográfico en el campo de la educación se inició a fines de los años 60 y comienzos de los 70.

El empleo de diseños etnográficos en escenarios educativos constituye una implicación directa en la medida en que tratamos de describir -Geertz (1989; 24) define la etnografía como «descripción densa»-, e interpretar una determinada realidad, al menos como primer paso, en el conjunto de la investigación. Ello supone el empleo de estrategias de investigación que lleven a la comprensión, y a la reconstrucción cultural de la escuela. No es que dispongamos de una tradición asentada en este tipo de investigaciones, pero tampoco pode-

---

[4] Para una mayor profundización de los orígenes y evolución de la etnografía puede verse Gómez, E. (1995): "La evolución del concepto de etnografía". En Aguirre, A. (Ed.) *Etnografía. Metodología cualitativa en la investigación sociocultural.* Barcelona: Marcombo 21-45. También puede consultarse la síntesis de González, J. (1996) sobre el desarrollo de la etnografía educativa como campo de estudio en el contexto estadounidense (más cercano a la antropología) y británico (de tendencia más sociológica). González, J. (1996): "La antropología y la etnografía educativas. Aportaciones teóricas y metodológicas". *Teoría Educativa,* 8 151-173.

mos poner en duda su enorme potencialidad para el desarrollo de cuestiones e hipótesis, para capturar la riqueza de la vida organizativa y social.

La etnografía educativa ha servido para describir los contextos educativos, para generar teoría y también como mecanismo de evaluación de programas y experiencias desarrolladas en las escuelas, proporcionando abundantes datos descriptivos sobre dichos contextos, actividades y opiniones de los diversos participantes.

La evolución de la etnografía como disciplina discurre asociada sobre todo al *naturalismo* como paradigma o perspectiva que trata de hacerse un hueco en el panorama de la investigación social. Esto significaba que los estudios etnográficos se constituyeron en alternativa al desarrollo de una investigación social monopolizada por el *positivismo*.

El legado del positivismo hizo mella en los investigadores educativos provocando que éstos sistematizaran la investigación etnográfica dentro de una tradición metodológica legitimadora, en un intento de hacerla más científica, incluso invocando, en algunos momentos, a un lenguaje claramente positivista.

> «*Los complejos procedimientos para el análisis de datos de la semántica etnográfica y la microetnografía han sido particularmente populares en educación, debido a que legitiman la importancia de la etnografía y protegen a los etnógrafos educacionales de ser simples «narradores de cuentos». Estos procedimientos son valiosos, en la medida que informan al lector sobre el proceso de toma de decisión que condujo al análisis final. En la medida en que dichos procedimientos sugieran que el análisis final es más el resultado del rigor metodológico que un acto de creación de la interpretación del investigador, ellos son un intento por colocar a la etnografía dentro de un marco positivista*» (Anderson, 1989; 7).*

Pero con el paso del tiempo, la etnografía también tendría necesidad de desvincularse de las posiciones más ortodoxas dentro de un naturalismo que reducía la investigación social a mera descripción cultural, dejando en una posición marginal al propio investigador y su papel en todo el proceso.[5]

En una dirección similar, Hammersley y Atkinson (1994) piensan que estos problemas planteados podrían resolverse reconociendo el carácter ante todo reflexivo de la investigación social, en el sentido de que el investigador también forma parte del mundo social que estudia. Esto significa que existe muy poca justificación en el rechazo del conocimiento del sentido común sobre la base de que éste es irrelevante (positivismo) como aceptar que es «válido en sus propios términos» (naturalismo).[6]

---

[5] El trabajo de Aunger (1995), representa ese esfuerzo por llegar a algún tipo de acuerdo para combinar los dos enfoques básicos de investigación social. La estrategia consitiría en utilizar, a pesar de reconocer sus constituciones diferentes, elementos de la metodología positivista, como la estadística en combinación con una aptitud que preserve la independencia y singularidad de cada trabajo etnográfico manifestada sobre todo a la hora de construir el informe de investigación. Aunger, R. (1995) "On ethnography: Storytelling or science?" *Current Anthropology, 36* (1) 97-113.

[6] Esto me recuerda la discusión sobre dos puntos de vista normalmente adoptados en el desarrollo del trabajo etnográfico. Me refiero a los conceptos «emic» y «etic». La descripción émica trata de reflejar el punto de vista del nativo, es decir, se sitúa dentro de la perspectiva del actor, y la descripción ética o punto de vista del observador/investigador exterior se sitúa fuera del nativo. Sobre la «adscripción» a una u otra perspectiva, la propia evaluación de la etnografía como disciplina sirve de botón de muestra. Véase al respecto, Aguirre, A. (1995) "Émica, ética y transferencia". En Aguirre, A. (Ed.) *Etnografía. Metodología cualitativa de la investigación sociocultural.* Barcelona: Marcombo 85-107.

Por todo ello, la etnografía no debe, desde mi punto de vista, quedarse en una mera acumulación de datos aséptica y neutral, venga de donde venga; de ser así surge inmediatamente la pregunta: ¿para qué sirven? Si queremos ir más allá de la descripción cultural, porque entre otras razones la descripción no puede disolver y hacer desaparecer por arte de magia a la interpretación, entonces habrá que plantearse el trabajo de otra manera o, mejor dicho, entender la descripción dentro de las primeras etapas del viaje que vayamos a realizar, en nuestro caso, por las organizaciones.

La búsqueda de nuevas fórmulas y acercamientos para dar explicación de la realidad social, la aspiración a generar claridad, explicar hechos y buscar entendimientos, el reconocimiento y legitimación de las percepciones culturales por parte de los actores como reconstrucciones de la realidad social llevó al desarrollo de investigaciones que buscaron el refugio y cobijo bajo nuevas formas de etnografía que pretendían defender, ante todo, la importancia de lo particular, frente al universalismo que preconizaban los estructuralistas. Lo importante ahora es conocer y estudiar el modo en que determinados individuos construyen la realidad en contextos igualmente específicos. La fenomenología y la hermenéutica son las fuentes de inspiración.[7]

Desde la posición interpretativa nos encontramos con una idea de investigación etnográfica entendida fundamentalmente como descripción cultural preocupada por la fidelidad al contexto en el que se desarrolla.[8]

Este enfoque interpretativo en Antropología y Sociología, preocupado por la interacción y la acción simbólica, logró llevar a los sujetos a los actores humanos, a situarlos en el centro del análisis, en el eje del proceso de investigación. En opinión de Woods (1996), esta interacción entre la gente, basada en la acción social, es la base y el marco de referencia para el desarrollo de la etnografía escolar. El interaccionismo simbólico permite mantener una aptitud de apertura en el proceso de construcción de la realidad, la consideración del papel de otros miembros, la apreciación de la cultura, aprender los símbolos y comprenderlos, sobre todo, como un proceso dinámico y de cambio.

Sin embargo, a pesar de suponer avances considerables con relación a la tradición positivista, no escapa a ciertas limitaciones, en especial aquellas atribuidas precisamente a su potencialidad para la transformación de la práctica educativa. Aspectos como la influencia de la realidad externa social, relaciones de poder, contradicciones entre significados,

---

[7] El trabajo publicado por Geertz, C. en 1973 titulado *La interpretación de las culturas*. Barcelona: Gedisa, 1989, quizás puede ser el signo inequívoco de que la etnografía apostaba por un nuevo marco de racionalidad, más cercana y sensible a lo particular. En otro trabajo más reciente publicado en 1983 titulado *Conocimiento Local: Ensayos sobre la interpretación de las culturas* Barcelona: Paidós, 1994 p.12, señala lo siguiente, refiriéndose a esta cuestión: «*Aunque los sistemas son la verdadera sustancia de la antropología cultural, interesada básicamente en intentar determinar el significado de lo que están haciendo ese o aquel pueblo, este proceso es inherente a ella. Incluso en sus modos más universales -evolucionista, difusionista, funcionalista, y más recientemente estructuralista o sociobiológico-, la antropología siempre ha asumido la dependencia que lo observado tiene del lugar en que se observa, y de aquello junto a lo que se observa. Para un etnógrafo que aborde la mecánica de unas ideas distantes, las formas del conocimiento son siempre ineluctablemente locales, inseparables de su instrumental y de sus marcos de actuación. Este hecho puede velarse con retórica ecuménica, o bien desdibujarse con estruendosas teorías, pero realmente no se puede hacer desaparecer*».

[8] «*La explicación intepretativa -y se trata de una forma de explicación, no sólo glosografía exaltada- centra su atención en el significado que las instituciones, acciones, imágenes, expresiones,*

creencias, prácticas y acciones..., obligaron a ir más allá de la mera percepción del actor. El peligro estriba en santificar la primacía absoluta del modo en que los sujetos ven la realidad social.

Acerca de las debilidades del enfoque interpretativo de investigación, Angus (1986) estima conveniente situarlas fundamentalmente en el discurso teórico sobre la sociedad y estructura social que existe más allá de la percepción de los actores. El empleo de la etnografía crítica en las escuelas debe ser capaz, según el autor, de cubrir la distancia establecida entre macro y micro-análisis al asumir la dialéctica entre la estructura social y la interacción social entre las personas.

Mediación humana y estructura social, conducta humana y estructura organizativa contempladas de modo integrado permiten, a su vez, integrar teoría y práctica educativas. Así, se abre la posibilidad de superar la dificultad de identificar el papel de los individuos en la situación problemática, reflejando las opiniones y acciones de éstos, trasladar las comprensiones en particulares cursos de acción con posibilidad real de mejora frente a la situación actual, desmenuzar la complejidad del lenguaje recuperando el de los directamente implicados y dándoles un papel activo como sujetos que no sólo «reproducen pasivamente» las estructuras, sino que resisten, trasforman y actúan sobre éstas en una relación mucho más dialéctica.

Surgen, ineludiblemente, algunas cuestiones ¿Es suficiente quedarnos con la descripción de la realidad? ¿Existen en la descripción elementos potencialmente valiosos para la modificación de esa realidad? ¿Es posible desarrollar técnicas de investigación que no involucren al investigador en estrategias de control y vigilancia? ¿Cómo poder explicar las vidas de los otros sin violar su realidad? ¿Qué significa hacer investigación etnográfica en un mundo injusto?

Sin duda alguna la investigación crítica en el campo educativo, de la mano del feminismo crítico, teorías postmodernas y métodos de investigación etnográfica, ha tenido, precisamente en la etnografía su más fiel aliado hasta el punto de llegar a provocar, retomando las palabras de Marcus y Fisher (1986), una crisis de representación en las ciencias sociales. Adjetivos como «feminista», «crítico», «postmoderno», «participativo», considerados como nuevos acercamientos en la investigación cualitativa, pueden incluso, según Anderson (1994; 232), describir diferentes suposiciones sobre los objetivos y métodos de la propia investigación cualitativa.

_____

acontecimientos y costumbres (esto es, todos aquellos objetos que por lo común son del interés de la ciencia social) tienen para quienes poseen tales instituciones, acciones, costumbres, etc. Como resultado de ello, no se expresa mediante leyes como la de Boyle, o en fuerzas como la de Volta, o a través de mecanismos como el de Darwin, sino por medio de construcciones como la de Burckhardt, Weber o Freud: análisis sistemáticos del mundo conceptual en el que viven los «condottiere», los calvinistas o los paranoicos.

La forma que adoptan esas construcciones varía: retratos en el caso de Burckhardt, modelos en el de Weber, y diagnósticos en el de Freud. Pero todas ellas representan intentos de formular el modo en que ese pueblo o aquél, ese período o aquél, esa persona o aquélla, dan sentido a sus vidas y, una vez se comprende esto, averiguar lo que nosotros mismos entendemos por orden social, cambio histórico o funcionamiento psíquico en general. La investigación se centra en los casos o en conjuntos de casos, y en las características particulares que los distinguen; sin embargo, sus propósitos son de tanta envergadura como los de la mecánica o la fisiología: distinguir los materiales de la experiencia humana". Geertz, C. (1994) *Conocimiento local: Ensayos sobre la interpretación de las culturas.* Barcelona: Paidós 34.

En definitiva, toda esta serie de condiciones pone de manifiesto la necesidad de superar la mera descripción para adentrarnos en la comprensión de la propia realidad estudiada, que a la postre viene a significar la posibilidad de contribuir a la mejora de la práctica educativa. Al inicio de los ochenta encontramos un dilema de compatibilidad entre teorías orientadas por el compromiso social y métodos de investigación fenomenológica que buscan describir e interpretar situaciones. Tarde o temprano, esta contradicción epistemológica llegaría a evidenciarse. Ello supuso el punto de partida para una generación de trabajos y estudios críticamente orientados en el terreno educativo. Con la etnografía crítica encontramos dificultades para distinguir lo educativo de lo cultural y lo político.

3. El trabajo etnográfico desde una posición crítica

Después de este título se podría pensar que voy a hablar de un tipo de etnografía distinta, y en cierto sentido así es. La expresión «etnografía crítica» puede sugerir al menos dos cuestiones, integradas en una sola: ¿En qué se parece y en qué se diferencia la etnografía crítica de otro tipo de etnografía? dando por supuesto la existencia de diversos modos de enfocar el trabajo de investigación etnográfico. La respuesta a la cuestión puede venir no tanto por el lado metodológico como por el teórico.

La etnografía crítica hunde sus raíces en el mismo discurso metodológico de otros enfoques cualitativos para la investigación educativa, pero la teoría crítica encontró en ella un método de incorporar la experiencia y, a la vez, ciertas orientaciones metodológicas profundizaron en las potencialidades del discurso crítico. Pero es necesario matizar que si bien la etnografía crítica emplea igualmente metodología cualitativa, la diferencia con otros enfoques cualitativos se encuentra, en este caso, en la estrecha dependencia respecto a un cuerpo teórico derivado de la sociología y filosofía crítica. Conocimiento, valores, sociedad, cultura, historia... necesitan de un repaso y revisión, antes de comenzar el trabajo de campo.

Lo que ha definido el carácter y la trayectoria de la etnografía en el último cuarto de siglo ha sido precisamente su eclecticismo teórico. La preocupación por lograr mayores cotas de reflexividad llevó a la etnografía crítica a considerar en su conceptualización tan importante el método de investigación como su contexto teórico de desenvolvimiento. Las intenciones políticas orientadas hacia objetivos emancipatorios y democráticos son inseparables de la práctica de reglas metodológicas. Es una ingenuidad considerar que las teorías no afectan a las percepciones que dispongan los investigadores sobre el mundo o las cuestiones de investigación planteadas. La investigación social parte de una serie de preocupaciones o cuestiones que el investigador determina en función de una orientación particular guiada por una teoría.[9]

---

[9] El trabajo de LeCompte y Preissle (1993) sobre el papel de la teoría en el proceso de investigación aclara bastante las relaciones entre ambos conceptos. LeCompte, M. y Preissle, J. (1993) *Ethnography and qualitative desing in educational research*. London: Academic Press 1-29. También la excelente síntesis de Anderson (1989) sobre el uso de la etnografía crítica en educación insiste en destacar el hecho de que la construcción cultural del significado es, ineludiblemente, un asunto de interés político y económico, subrayando el papel fundamental de la teoría en la conducción del proceso de investigación. Anderson, G. (1989) "Critical ethnography in education: Origins, current status and new directions". *Review of Educational Research, 59* (3) 249-270.

Lo que distingue al investigador crítico del investigador naturalista no es si uno u otro está o no «guiado por la teoría»; es más bien la naturaleza de la «orientación de la teoría» que necesariamente dirige toda investigación. Algunos autores van más allá al argumentar la falsa distinción con que asiduamente identificamos la investigación cuantitativa con el positivismo y la investigación cualitativa como libre del influjo positivista, en el sentido de que ciertos tipos de etnografías representan una extensión y continuidad del positivismo, por ejemplo, al subestimar el papel de la subjetividad del propio investigador, creando en torno a sí un espacio de aparente neutralidad, minimizando sus efectos sobre los datos o la propia investigación, hasta el punto de considerar un logro para el investigador dar la sensación de «estar desaparecido». Nada más lejos de la realidad; el investigador es un sujeto atrapado social e históricamente dentro de específicos intereses y deseos normativos sobre los que resulta prácticamente imposible zafarse.

Roman (1992) considera que la etnografía naturalista constituye una extensión más que una ruptura con el positivismo y que el grado de afinidad existente debe resaltarse. Así, mientras el positivismo emplea el discurso de la validación de hipótesis y el control experimental, la etnografía naturalista emplea el discurso del descubrimiento y exploración de la cultura de los «otros». Además, ambas posiciones defienden la idea de minimizar los efectos de los investigadores sobre los datos y los sujetos de investigación con idea de mantener interacciones naturales y sin apenas distorsión en el proceso de investigación, dando la sensación, en definitiva, de que el investigador se encuentra desaparecido, o ausente.

En otro trabajo, Roman (1993) arremete contra las convenciones de la etnografía naturalista por considerarla un mero conjunto de técnicas para entrevistar y hacer observación participante, desplazadas de las relaciones sociales específicas entre el investigador y los sujetos de la investigación o de las elecciones éticas y políticas comprometidas en las decisiones metodológicas. A partir de su propia experiencia muestra cómo su formación en el campo de la etnografía naturalista y sus opiniones políticas como feminista se transformaron a través de una interacción dialéctica entre la teoría y la práctica en el campo, lo cual obligó a revisar la praxis investigadora y rechazar los postulados de la investigación naturalista que, en su opinión, «ofrecen sólo una elección entre un *turismo intelectual* (sobrevolar el muro) y un *voyeurismo* (pasarse por nativo)».[10]

Las aportaciones de la nueva sociología de la educación británica, la fenomenología sociológica y el nuevo análisis social marxista se convirtieron en referentes conceptuales para el desarrollo de la etnografía crítica en el ámbito educativo. La etnografía se desprendía de atributos como la candidez e inocencia y pasa a constituirse en una práxis social transformadora. El desarrollo cronológico de la etnografía crítica tuvo como enclaves estratégicos los trabajos realizados a partir de la década de los 60 en Gran Bretaña y Norteamérica. Una revisión de los principales estudios y temáticas abordadas puede verse en Quantz (1992).

---

[10] Resulta ilustradora, en este sentido, la experiencia descrita por Villenas (1996) trabajando como etnógrafa en una comunidad latina de Carolina del Norte. La implicación del investigador en el proceso de investigación es tomada por la autora para recontextualizar una serie de aspectos acerca de la multiplicidad de identidades que tuvo que desarrollar como consecuencia de su implicación. De este modo, Villenas resalta la importancia de la historia personal del investigador y cuestiona la posición de éste como colonizador, rescatando sus propias historias de complicidad y marginalidad de cara a la construcción de nuevas identidades y discursos.

El atractivo provocado por las expectativas sobre el compromiso de la investigación crítica con la práctica y el compromiso con el desarrollo de «agendas» sociales ha calado en muchos investigadores educativos y, a pesar de ciertos problemas y dificultades propias de este enfoque (alto nivel de abstracción, pesimismo...), es indudable que ha contribuido y lo sigue haciendo a la transformación de los problemas educativos.

Es precisamente, la recuperación de lo social en una relación dialéctica con lo cotidiano, la que obliga a marcar un campo común de acción entre dimensiones como la organizativa y la social. Trabajar en el descubrimiento de procesos y mecanismos que provocan tensiones, autonomía e interacciones entre organizaciones como las educativas y el marco social general, cómo éste se refleja en la experiencia diaria de los miembros de la organización, el modo en que éstos dan respuestas significativas a dichas condiciones, se convierte, en definitiva, en un compromiso básico de la etnografía crítica con la Organización Escolar.

La intervención social es un componente importante de la investigación crítica en el que el proceso de cambio es guiado por particulares políticas. Giroux (1990; 194), precisamente alude a «la necesidad teórica y política de generar un marco de categorías que no sólo proporcione nuevas formas de investigación educativas, sino estrategias alternativas y relaciones sociales en las que los profesores en todos los niveles de escolarización puedan redefinir la naturaleza de su trabajo intelectual e investigación». Hay que asegurarse de que este proceso de construcción cultural no se produzca ingenuamente. Es precisamente el grado por el cual el proceso de investigación reorienta, enfoca y da energía a los participantes (Lather, 1992), el que da validez al trabajo etnográfico.

Robinson (1994) insiste en la identificación de los agentes que son responsables de la situación problemática y de su transformación, motivando a la audiencia en el desarrollo y sostenimiento de un proyecto educativo y transformador. En consecuencia, habría que definir los problemas con precisión en las prácticas concretas de los implicados y crear las condiciones para el descubrimiento de intereses comunes en un proceso de diálogo continuo crítico y en colaboración entre el investigador y los participantes.

Otro asunto que no puede escapar es el relativo a los procesos de reflexión en la etnografía crítica. Aquí es preciso destacar las aportaciones de los métodos de la investigación colaborativa y la investigación-acción y su intento por llegar a establecer un diálogo fluido entre los investigadores, la información y los informantes.

Esta conjunción necesaria entre la práctica etnográfica y la investigación-acción representa una vía muy interesante para el desarrollo de un conocimiento realmente válido y útil que dé sentido y posibilidad de alternativa práctica al trabajo etnográfico y lo aleje en cierta medida de las contingencias de la «academia». Asimismo, esta conjunción de intereses, permitiría entender la investigación desde la reciprocidad provocando una redefinición de las relaciones entre el investigador y el investigado y la emergencia de lo que Jordan y Yeomans (1995; 403) denominan un «encuentro pedagógico».

Para seguir avanzando, hay que decir que el desarrollo de la etnografía crítica continúa abriendo debates sobre el equilibrio necesario entre la preocupación fenomenológica por la acción humana y la determinación de la estructura social. Un equilibrio con frecuencia no resuelto (Anderson, 1989; 16) que provoca, por ejemplo, la excesiva tendencia hacia la crítica social en los trabajos (raza, sexo y clase en diferentes subculturas) y el olvido de una teoría de la acción en la que los profesores puedan desarrollar alternativas a la práctica implícita en las estructuras organizativas y de las clases.

La tendencia, al parecer y no obstante, se encamina hacia el estudio de los profesionales de la enseñanza en acción. Ello obliga a recuperar la importancia del análisis del lenguaje como fenómeno social y vehículo primordial para movilizar y construir el significado. El empleo de métodos de historia oral y narraciones de los informantes en las que se expresen sus voces y los modos en que construyen sus significados (McLaughlin y Tierney, 1993; Sparkes, 1994; Grady, 1995), el incremento, en consecuencia, de la investigación en colaboración y la negociación de los resultados de la investigación con los sujetos (Woods, 1994), pueden alejar la imagen de los investigadores observando e inmovilizados como si estuvieran viendo la televisión por un apasionamiento e implicación con la realidad. Trabajar más sobre consejos prácticos se convierte en necesidad imperiosa para el futuro de la etnografía crítica.

En definitiva, parece apuntarse cierta tendencia a ir más allá de las teorías y macroanálisis de producción y reproducción social dentro de las escuelas para considerar enfoques metodológicos diferentes y ampliar y reorientar los niveles de análisis. Todo ello, en definitiva, sitúa el papel de la etnografía crítica como praxis social transformadora, y promotora del cambio social, para sacudirse de lo que P. Willis denominaba «tautología inmovilizante», esto es, que no se puede hacer nada hasta que no cambien las estructuras básicas de la sociedad.

A pesar de las enormes aportaciones que se vienen produciendo en el terreno de la educación, la etnografía crítica sigue padeciendo algunas dificultades, precisamente en la plasmación práctica de las propias intenciones y deseos formulados. En este sentido, algunos etnógrafos críticos no han analizado en profundidad la forma en que escriben sus trabajos, comúnmente presionada por el lenguaje academicista, lo cual resta potencial transformador a las mismas propuestas liberadoras. Igualmente, se les critica también por imponer sus propios valores sobre los participantes durante los trabajos. Es preciso que todas las evidencias culturales sean observadas, descritas y analizadas, y continuar el debate y discusión sobre este particular.

Lo que parece incuestionable es la constatación evidente del cambio constante experimentado en la práctica de la etnografía educativa. Esto lleva a una revitalización y redefinición permanente de este campo de estudio y, por ende, a tenerlo muy presente en la influencia proyectada en el terreno propio de la investigación organizativa.

4. La etnografía postmoderna: la importancia del discurso y las políticas de representación

Es indudable que la epistemología postmodernista se presenta tremendamente atractiva para una reflexión sobre las organizaciones, pero quizás pueda resultar más provechoso las implicaciones metodológicas y de investigación que proyecta sobre el análisis organizativo. ¿Qué puede aportar la etnografía postmoderna al conjunto de la investigación etnográfica y en qué dirección podemos utilizar este conocimiento?

Quantz (1992), al repasar los temas básicos que ayudan a clarificar el discurso de la etnografía crítica, realiza algunas consideraciones desde la visión postmodernista, a fin de iluminar las diferencias y contrastes observados entre ambos enfoques. Distingue cinco temas como son:

1) *Conocimiento*: desde la visión postmoderna se cuestiona la división entre conocimiento y retórica, cambiando la atención desde el contenido a la forma del conocimiento, lo cual abre el camino para la exploración de la retórica de la etnografía como un género textual.

2) *Valores*: La posibilidad de transformación está ausente en el discurso postmodernista. Esta postura deja más flexibilidad para escuchar otro tipo de discurso ético distinto al que suelen llevar incorporado los etnógrafos críticos. Antes de imponer la ética democrática sería más conveniente estudiar la ética de los otros.

3) *Sociedad*: El punto de vista estructuralista en la utilización de la historia y materialidad como enfoque básico para captar la realidad social deja sin contemplar, por ejemplo, que el poder no es un aspecto constitutivo de las sociedades sino que es la base sobre la cual éstas se erigen.

4) *Cultura*: Ni las culturas ni los individuos pueden comprenderse en términos de unidad. Abrir paso a una concepción dialógica de los individuos y culturas supone reconocer la propia complejidad y contradicción de estos elementos, no sólo de la sociedad.

5) *Historia*: El sentido dialéctico y teleológico de la historia se muestra intolerante con la diferencia, la indeterminación, la multiplicidad, heterogeneidad y contradicción de la realidad. Es preciso reconocer las posibilidades de un enfoque dialógico en lugar de dialéctico de la historia.

El discurso postmoderno sugiere que todo lo que hasta ahora ha sido nuestra materia de estudio no es sino un sistema de signos, y que llamarnos la atención sobre ello no implica una negación de lo real, sino recordarnos que sólo damos significado a lo real a través y gracias a esos sistemas de significación.

Lo que ha conseguido el postmodernismo al centrarse en su propio contexto de enunciación es poner de manifiesto, sacar a relucir nuestra manera de escribir y hablar dentro de cierto contexto social, histórico e institucional, en otras palabras, nos ha hecho ser conscientes del «discurso». El «discurso» llega a ser tan importante como inevitable para el postmodernismo, de forma que no se ignoren las prácticas sociales, los condicionantes históricos del significado y las circunstancias en las que se producen y reciben los textos. El arte, la teoría y la crítica no son separables de las instituciones que los divulgan y que hacen posible la existencia de un cuerpo y unas formas concretas de discurso. El discurso es pues tanto un instrumento como un efecto del poder. Esta paradoja es lo que lo hace imprescindible para el postmodernismo.

Según Polkinghorne (1995), el uso del término «narrativa» en la investigación cualitativa viene experimentando una evolución pasando de ser considerada como un discurso prosaico, esto es, un texto de sentencias relacionadas dentro de un esquema coherente e integrado que permite presentar los datos obtenidos, a una definición más limitada, como un tipo de discurso particular, la historia como «sucesión de incidentes en un episodio unificado». De paso, la tradicional separación entre formas lingüísticas cognitiva versus emocional, ha sufrido serias reconsideraciones, desde el punto de vista de sus aportaciones en la producción de conocimiento[11].

---

[11] Como ejemplos, pueden consultarse el trabajo de Reddy en el que intenta formular un marco para incorporar el estudio de las emociones como parte consustancial al trabajo etnográfico. Reddy, W. (1997) "Against constructionism. The historical ethnography of emotions". *Current Anthropology, 38* (3) 327-351; o la experiencia de investigación de Evans y Tsatsaroni sobre diferentes tipos de modelos para vincular lo cognitivo y afectivo, esta vez, en relación a un proceso de resolución de problemas matemáticos. Evans, J. y Tsatsaroni, A. (1996) "Linking the cognitive and the affective in educational research: cognitivist, psychoanalytic and post-structuralist models". *British Educational Research Journal, 22* (3) 347-358.

Igualmente se destaca la distinción entre tipos de análisis paradigmáticos y narrativos. Los primeros se centrarían en los rasgos comunes que poseen los datos para englobarlos en categorías y sus relaciones, es decir, en lo que es común entre las acciones, mientras que los segundos buscarían las características particulares y especiales de cada acción, dejando a un lado la preocupación por generalizar.

El concepto de narrativa postmoderna quedaría reservado para describir las formas más complejas histórica y paradójicamente que otros autores han venido a llamar «metaficción historiográfica». La metaficción historiográfica refuta los métodos naturales de distinción entre hechos históricos y ficción. Rechaza la visión según la cual sólo la historia puede reclamar para sí el concepto de la verdad, cuestiona la base de ese supuesto y pone de manifiesto que tanto la historia como la literatura son discursos, creaciones humanas, sistemas de significación con los que damos sentido al pasado, y que pueden reclamar para sí el concepto de verdad sólo en función de su identidad como tales. Por ello, la autoridad de la narrativa no le viene de la realidad que ella representa, sino de las convenciones culturales que definen tanto la narrativa como la construcción que llamamos realidad.

El paso de los datos a una forma narrativa se ha visto como un asunto de segundo orden en el conjunto de la investigación, a pesar de reconocer la evidencia positiva de sus cualidades estéticas y de estilo. Atkinson (1991) en un sugestivo artículo, y aun asumiendo las intenciones de los autores de no caer en ello, considera el uso de los textos en las tradiciones cualitativas como fiel reflejo de la lógica positivista implícita en sus estilos. Prestar, pues, la atención debida al reconocimiento de convenciones textuales, a las formas retóricas o literarias de los textos etnográficos, no debe contradecir su credibilidad y status académico, su carácter científico.

Siguiendo a este autor, no podemos olvidar que «la construcción de los textos se enmarca dentro de un conjunto de convenciones determinadas socialmente» (1991; 165). Es más, las convenciones de los textos y su retórica representan un modo particular de construir la realidad, por tanto, están implicadas en la complejidad que afecta a dicho proceso. Los textos, en sí mismos, se implican en el trabajo de construcción de la realidad:

> «Si reconocemos -o deberíamos-, que nuestras acciones de investigación nos implican inevitablemente en la construcción diaria de la realidad social, entonces deberíamos también reconocer que nuestros informes del mundo social quedan, en la misma medida, implicados» (1990;178).

En ambos trabajos (1990; 1991), el autor reflexiona sobre la importancia del texto en el conjunto de la investigación etnográfica y el modo en que diversos estilos de investigación se corresponden con diferentes estilos de informes. Algunas consideraciones útiles aparecen, en estos momentos, especialmente interesantes:

* Los cánones comúnmente adoptados para el discurso científico escrito resultan inapropiados para la representación de múltiples y complejas realidades sociales.

* Un texto etnográfico depende de la verosimilitud del informe y de su «fuerza persuasiva». No podemos quedarnos en un informe o simple transcripción. Necesitamos examinar cuidadosamente las implicaciones culturales del lenguaje empleado.

* La etnografía puede verse como un complejo texto con varios niveles y voces, donde el autor se compromete en un diálogo consigo mismo combinando su voz con la de otros actores sociales. Hay que introducir múltiples perspectivas y voces en el texto.

* Es necesario distinguir historia de discurso. En la primera, el texto se relaciona con la presentación de hechos o eventos, sin intervención del narrador; es presentada al margen de comentarios o interpretaciones del autor. El discurso, por otro lado, presupone una interpolación de la perspectiva del narrador. La presentación narrativa puede discurrir por ambos extremos: la confesión altamente personalizada y la crónica extensa de sucesos.

* La frescura de la presentación dependerá de las habilidades literarias por las que alusiones, connotaciones, ejemplos y citas son desplegados.

* Uno de los principales elementos textuales que contribuyen a la autopresentación del texto es el título, en la medida en que establecen un marco, un conjunto de expectativas para el lector.

* Las convenciones tipográficas, como extractos de entrevistas citados como «datos», adquieren importancia en la realización del informe etnográfico.

Pues bien, el giro interpretativo experimentado por la etnografía provocaría, entre otras cosas, una transformación del estilo discursivo de los estudios sociales. Con la etnografía postmoderna, las distinciones entre etnografía y discurso se hacen cada vez más difusas por lo que se pondría en evidencia la necesidad de realizar igualmente un esfuerzo por acercar la etnografía a la literatura, en la medida en que una monografía etnográfica no dependía tanto de la amplitud de las descripciones y de la abundancia de datos como de la habilidad del etnógrafo para convencernos de la evidencia de lo contado. Se hacía necesario, en este sentido, disponer de cierto grado de conciencia literaria.

No es de extrañar que Denzin (1994; 296) hablase de crisis de representación y de legitimación en la investigación cualitativa. Respecto a la primera, el argumento central es que gran parte, si no todo, de lo escrito en etnografía cualitativa es una producción narrativa estructurada por una lógica que separa al escritor, al texto y al contenido. Así considera que cualquier texto social debe ser analizado en términos del modo en que trata cuatro aspectos: a) lo «real» y su representación en el texto; b) el texto y el autor; c) la experiencia vivida y su representación textual; d) el contenido y sus significados intencionales.

Si los etnógrafos tradicionales han hecho una traslación literal del lenguaje que identifica la experiencia vivida y su representación, el postmodernismo pone de relieve que el lenguaje y el discurso no son un espejo de la experiencia y que no existe una representación final y segura, sólo diferentes representaciones textuales de diferentes experiencias, de manera que «la descripción se convierte en inscripción».

En relación a la crisis de legitimación, el autor considera que el postmodernismo cuestiona los argumentos vinculados con el texto y su validez epistemológica entendida ésta como la máscara de la autoridad del investigador. Desde este enfoque, el carácter de la investigación cualitativa supone la emergencia de criterios para enjuiciar los proyectos que enfatizan la subjetividad, emocionalidad, sentimientos, el carácter político comprometido, la verosimilitud (la consistencia de las representaciones del texto con lo real) y otras formas de validez y legitimación. «Este nuevo lenguaje, postestructural en el fondo, deberá ser personal, emocional, específicamente biográfico, minimalista en el uso de los términos teóricos. Deberá permitir a la gente normal hablar y articular sus teorías interpretativas que emplean para dar sentido a sus vidas».

Por tanto, una de las preocupaciones era identificar y explorar el uso de la narrativa como un modo de comunicación más cercano y comprensible a la experiencia humana que la retórica convencional de la investigación social tradicional. Esta forma de discurso en la que los eventos y evidencias se configuran en una unidad temporal en forma de argumento ha venido despertando interés entre los investigadores cualitativos.

Se prestaba atención particular a las complejas relaciones dadas entre los procesos cognitivos, lingüísticos y sociales, al modo de expresión comúnmente utilizado en la investigación etnográfica para la representación de la realidad, esto es, el texto escrito, y comenzaron a realizarse algunas consideraciones sobre el análisis del discurso, sobre la narrativa empleada, a la luz de las aportaciones que le otorgaban un protagonismo esencial en el contexto de la investigación en nuestro campo. Comenzaban nuevas vías en la producción del discurso educativo.

Así pues, una especial vigilancia al aspecto literario del texto y a su potencialidad explicativa en sí mismo considerada, aparece como un requisito inexcusable del trabajo de investigación. Por otra parte, los informes de investigación representan una parte esencial en el conjunto de ésta y constituyen el momento idóneo para poner en común las orientaciones teóricas y consideraciones metodológicas sobre las que toma asiento (Zeller, 1995).

En palabras de Erikson (1989; 269), el objetivo en este momento es demostrar la verosimilitud de las evidencias recogidas y «convencer al lector de que existe una adecuada base de evidencia para las afirmaciones efectuadas, y que los patrones de generalización dentro del conjunto de datos son tal y como el investigador afirma que son». Este autor, presenta la descripción particular como núcleo esencial del informe en una investigación de campo. En ella, los ejemplos de comentarios efectuados durante las entrevistas se citan en el comentario interpretativo que acompaña los fragmentos narrativos analíticos presentados. La descripción particular puede quedar respaldada por otros informes de carácter más general de los diversos núcleos temáticos identificados (descripción general). Por último, identifica el comentario interpretativo, situándolo entre ambas descripciones a efectos de facilitar las conexiones entre lo específico (detalles) y lo general (argumento).

Un trabajo etnográfico comprometido tiene que buscar denodadamente ese tipo de narrativas que aseguren el compromiso con el activismo social a la hora de la construcción de los textos de modo que puedan reflejar las «voces silenciadas» y den protagonismo a la creación de textos que situados socialmente, en opinión de Lincoln (1993; 36 y ss), deben buscar isomorfismo y autenticidad; cambiar las convenciones tradicionales buscando elegancia, gracia, precisión, creatividad, independencia, apertura y pasión; explicar adecuadamente los caminos analíticos seguidos; dejar claro las consideraciones éticas y políticas de la investigación; reivindicar la heterodoxia y pluralismo social y celebrar esta diversidad.

Esta advertencia para no perder en ningún momento la intencionalidad narrativa, su conexión con el universo social y cultural y su influencia proyectada en la formación de las identidades es reivindicada por McLaren (1993; 227) como una parte esencial del discurso crítico en educación: «Una narratología crítica necesita estar fundamentada en políticas de la diferencia que es más que un saludable trastorno de nuestra esclavitud a lo habitual y lo mundano».

Barone (en prensa) busca una investigación cualitativa próxima a lo que denomina literatura socialmente comprometida en la línea de seguir trazando un puente permanente entre la investigación educativa y la política social, y en el cambio de actitud hacia nuestras formas de escritura y nociones asentadas acerca de cuál es la retórica idónea de cara a la composición de un texto de investigación.

Esta preocupación por el discurso y el proceso de construcción de los textos representa una reacción al universalismo estructuralista (Gómez, 1995) y no sólo procedía de la «nueva etnografía» y de la antropología simbólica americanas, convergentes por otro lado en algunos aspectos, se hallaba también, y con inusitada fuerza en el diferencialismo francés nacido en el contexto postestructuralista de los trabajos del psicoanálisis de Lacan y sobre todo en los del relativismo epistemológico de Foucault, en la hermenéutica de Ricoeur, el deconstruccionismo radical de Derrida y, en general, en diversas propuestas vinculadas a la crítica literaria que serían plasmadas en la revista *Tel Quel*.

Algunos años después de que se publicara el trabajo de Geertz se organizaba un seminario en Santa Fe, Nuevo México, concretamente en 1984, del cual habrían de salir los textos básicos del posmodernismo antropológico contenidos en el n° 26 de la revista *Current Anthropology* y reflejados sustantivamente en el trabajo de Clifford y Marcus (1986) el cual representa una radicalización del proyecto de Geertz. Para estos firmes entusiastas de la etnografía como texto, el etnógrafo se convierte en el autor de una retórica creada por él mismo, en una suerte de cultivo literario, en el que el autor se sitúa a un paso de la condición de novelista, lo que le implica en un papel creador. El documento etnográfico convertido así en texto literario, deja de contener el discurso del observado, que parecía ser el objeto primordial de la antropología más renovada, para hacerse cargo de un papel en el que el etnógrafo se convierte en portador de una representación ajena.

La pretensión en etnografía de presentar y describir las cosas «exactamente como son» aparece tildada de ingenuidad pues al aproximarnos a otras culturas no tratamos con cosas sino con la manera de verlas; en otras palabras, con discursos sobre ellas. Discursos siempre condicionados por la propia cultura del etnógrafo.

Según Díaz (1995: 265) el etnógrafo no será el testigo neutro que narra la realidad de las cosas sino alguien que construye, desde su propia experiencia, una interpretación de esas realidades. No cuenta sin más; crea una visión de lo vivido de acuerdo con una poética más o menos consciente. Por mucho que sea su recelo, el etnógrafo termina incorporándose al texto y esa ubicación del mismo ante su obra determina, en gran medida, el resultado de su trabajo. Como el novelista, ha de decidir su grado de protagonismo y compromiso con lo que narra. Más allá de la anotación de los hechos y de la práctica clasificatoria con la que distinguía, por ejemplo, magia de tecnología, el etnógrafo habrá de aceptar que, como afirma también Geertz, toda descripción etnográfica es tanto una descripción del descriptor como de lo descrito.

Ahora se defiende un tipo de etnografía reflexiva y estructura novelada en los que no faltan los comentarios y hasta las exclamaciones del etnógrafo al hilo de su estancia etnográfica junto a los diálogos con los individuos que han dado vida a su experiencia de campo. Estos individuos se convierten en el epicentro de la construcción etnográfica, por contra de lo que sucedía en las construcciones realistas de la época colonial en las que era el sistema o la organización social el núcleo del examen etnográfico. El etnógrafo trata de reflejar su experiencia mediante un texto literario cuyo arte consiste en el uso de la metáfora y de todas las figuras que hagan posible una retórica con capacidad de comunicar al lector las vivencias más profundas.

"La antropología que ha sido calificada de posmoderna no constituye, en realidad una nueva antropología; ni siquiera un giro radical sobre lo que debe ser la antropología como ciencia. No es un juego peligroso y decadente, aunque en ciertas ocasiones sin razones de algunos de sus supuestos valedores hayan podido revestirse de decadentismo. Tampoco una revisión tan radical que nos aboque a una especie de «muerte de la ciencia» o, al menos, a la desaparición de la antropología como tal, según auspician los más hiperbólicos. No las aportaciones más serias de la antropología postmoderna no afectada por el esnobismo o la «meta-tontería» tienen que ver con una reflexión

muy necesaria sobre el proceso de trabajo y elaboración, en cuanto a escritura, de la antropología en su conjunto. Es con esa reflexión rigurosa y fecunda con lo que debemos quedarnos y no con los despropósitos grandilocuentes y apocalípticos de unos pocos profetas postmodernistas imbuidos por un peligroso afán de notoriedad» (Díaz, 1995; 268-269).

Esa reflexión rigurosa y fecunda aludida por L. Díaz permite disponer de los mecanismos adecuados para cuestionar la supuesta autoridad y posición de privilegio desde la que el autor de cualquier trabajo de investigación se limita a construir una representación de la realidad.

En definitiva, parece que nos encaminamos hacia nuevos lenguajes que reflejan nuevas sensibilidades, una nueva reflexividad, nuevas formas de verosimilitud desde la experiencia, que exigirán una experimentación considerable, empleando múltiples puntos de vista, múltiples formas de narración y estructura narrativa, nuevas formas de escritura y formatos, incluyendo las representaciones evocativas..., en definitiva, la creación de textos absolutamente diferentes, donde se refleja cómo nuestra subjetividad aparece enredada en la vida de los otros.

Las aportaciones de una etnografía que reconoce la importancia del discurso permiten la creación de un discurso sobre la organización que obliga a romper, a su vez, con los modos de representación del mismo. Ver las organizaciones de modo diferente exige un tipo de expresión diferente. Los problemas de la interpretación y representación dentro del análisis organizativo siguiendo un enfoque postmoderno quedan englobados en un mismo proceso, en la medida en que el conocimiento, la realidad no puede separarse de su reconstitución y el mundo que conocemos es el que representamos.

El postmodernismo sugiere la incómoda cuestión del poder ideológico que hay detrás de presupuestos estéticos básicos tales como el de la representación: ¿se representa la realidad de quién? Sin duda, desde la posición postmoderna, la preocupación por estas cuestiones ha tomado un impulso significativo y con ello ha abierto nuevas vías en las propuestas de acercamiento entre teoría y práctica educativas. En consecuencia el centro de preocupación en el análisis organizativo parece trasladarse desde la problemática de la interpretación a la problemática de la representación, entre otras razones por la imposibilidad de conocer la realidad separadamente de su reconstitución o representación.

Por ejemplo, Jeffcutt (1994; 245 y ss.) propone una exploración por los estilos de representación que usualmente se desarrollan en el proceso de interpretación organizativa. Aparecen cuatro estilos básicos de representación:

a) *Épico*: (en un peligroso viaje ocurre una lucha crucial; el éxito de esta experiencia es la exaltación del héroe).

b) *Romántico*: (los obstáculos aparecen por los oponentes en una sociedad restrictiva; éstos se superan, permitiendo avanzar hacia un nuevo e integrado estado de la sociedad).

c) *Trágico*: (los obstáculos triunfan, los oponentes ganan su revancha y cualquier reconciliación o reintegración se da a través del sacrificio o en otro mundo).

d) *Irónico*: (la búsqueda fracasa y la sociedad no se transforma; el héroe debe aprender que no hay escapatoria de este mundo excepto la muerte o la locura).

Pues bien, los autores han adoptado un estilo representacional de la realidad organizativa que privilegia las narraciones épicas o románticas sobre formas trágicas o irónicas. Estoy seguro de que podrán encontrar referentes próximos que corroboren esta afirmación.

Así pues, el discurso y su representación son elementos destacados de una etnografía acorde con las propuestas postmodernistas. La sustitución de los modos de trabajo y escritura en la práctica y teoría organizativa es esencial para la expresión de los estudios organizativos que intenten acercarse a la diversidad de la práctica cotidiana organizativa. El discurso épico ensalzador de virtudes individuales queda suprimido en el análisis.

«El análisis organizativo debe dejar de poner énfasis en las élites de héroes, en el descubrimiento de fines y soluciones y ser más sensible con la exploración y representación de las extraordinarias cualidades de lo ordinario, para poder desenvolvernos mejor en un mundo donde los privilegios y certidumbres han sido retirados». Ello ocasiona abrir las posibilidades del diálogo sobre el monólogo, y las observaciones trascendentales, de reemplazar lo canónico por lo carnavalesco y así poner de relieve la naturaleza cooperativa y colaborativa de la situación etnográfica» (Jeffcutt, 1994; 266-267).

La diferencia con modos usuales de presentación y análisis de los informes de investigación parece evidente. Así, en lugar de reducir y extraer de una entrevista transcrita para ilustrar o confirmar la gran teoría, la crítica adoptará un formato más ecléctico, pero sin perder las «llamadas de atención» al lector; una forma de escritura más abierta a la ambivalencia, con textos menos abstractos, intelectualistas o negativos, pero estimuladora de la reflexión.

Estoy de acuerdo con Jeffcutt en que «hay que avanzar hacia nuevos textos, que permitan describir un continuum de formas representacionales, que ahogue la prioridad monológica que impide la emergencia de las voces indígenas, el diálogo heterogéneo en un texto polifónico..., tales textos desconciertan y cambian, representando la pluralidad, diversidad e interacciones paradójicas que a la postre no se resuelven».

Igualmente, estoy convencido del esfuerzo que representa asumir esta circunstancia pero también es cierto que no podemos quedarnos en un mero ejercicio de análisis estilístico. El compromiso con el estudio de la práctica organizativa me lleva a tener que ir más allá de un informe descriptivo o prescriptivo.

Me parece que todo esto me lleva a reivindicar un acercamiento más personal, extremadamente subjetivo a la comprensión de las organizaciones, a descubrir nuevas y relevantes dimensiones de la vida organizativa proscritas vitaliciamente de los estudios sobre las organizaciones. Es necesario presentar una «Organización Escolar» diferente. Hay que ser capaces de «cambiar de texto», explorando la propia textualidad organizativa y señalando las aportaciones desde la narrativa al proceso de análisis de las organizaciones.

Analizar un texto es descubrir algunas de las claves fundamentales de su proceso creativo, llegar a averiguar aquello que no sabíamos antes de acercarnos a él y determinar, sobre todo, las causas que han hecho que ese texto sea así y no de otra manera.

Davies y Foster (1994; 61) consideran que la Organización Escolar es presentada como un «texto» recibido, que incluye definiciones incontestables del campo de estudio y de ciertas opiniones acerca de particulares procedimientos; que esos textos representan sólo un modo de interpretar el mundo social de la organización y que ese único camino se encuentra plagado de concepciones de poder, recursos, legitimación y status.

Y lo cierto es que tal y como afirma Geertz (1994; 45): «concebir las instituciones, costumbres y cambios sociales como fenómenos de algún modo «legibles» supone alterar completamente nuestra percepción de lo que es tal interpretación, así como dirigir dicha percepción hacia modos de pensar bastante más familiares al traductor, al exégeta, o al iconógrafo que al analista de test, al analista de factores o al encuestador».

En definitiva, más que ver organización como una cuestión de gestión, es más interesante considerarla como un *texto social* orientada a facilitar las condiciones bajo las que el discurso y prácticas educativas transformadoras pueden emerger; una visión en la que el orden/texto social está continuamente escribiéndose y revisándose por aquellos que lo viven. La idea está en desarrollar con los miembros de un grupo social nuevos estilos de pensamiento que gobiernen los objetivos y procesos organizativos. La incorporación de conceptos como poder, lenguaje, estructura y contexto y acción crítica pragmática es absolutamente crucial a fin de que la narrativa refleje el conocimiento local de los participantes en la organización, y proporcione un lenguaje y estructura del discurso que guía la organización. Para participar hay que compartir en la construcción autoconsciente del texto social. La realidad es que existen pocas oportunidades para comprometernos en una narrativa colectiva.

Bibliografía

ANDERSON, G. (1989) "Critical ethnography in education: Origins, current status and new directions". *Review of Educational Research, 59* (3) 249-270.

ANDERSON, G. (1994) "The cultural politics of qualitative research in education: confirming and contesting the canon". *Educational Theory, 44* (2) 225-237.

ANGUS, L. (1986) "Developments in ethnographic research in education: from interpretive to critical ethnography". *Journal of Research and Development in Education, 20* (1) 59-67.

ATKINSON, P. (1991) "Supervising the text". *Qualitative Studies in Education, 4* (2) 161-174.

ATKINSON, P. (1990) *The ethnographic imagination: textual constructions of reality*. London: Routledge.

BARONE, T. (en prensa) "On Kozol and Sartre, and qualitative research as socially committed literature". *The Review of Education, Pedagogy, and Cultural Studies*.

CASSEL, C. y SYMON, G. (Eds.) (1994) *Qualitative methods in organizational research: A practical guide*. London: Sage.

DAVIES, J. y FOSTER, W. (1994) Postmodernist analysis of educational administration. En Maxcy, S. (Ed.) *Postmodern school leadership*. Wesport: Praeger 61-70.

DENZIN, N. (1994) "Evaluating qualitative research in the poststructural moment: the lessons James Joyce teaches us". *Qualitative Studies in Education, 7* (4) 295-308.

DÍAZ, L. (1995) La etnografía como actividad y discurso. En Aguirre, A. (Ed.) *Etnografía. Metodología cualitativa de la investigación sociocultural*. Barcelona: Marcombo.

ERICKSON, F. (1989) "Métodos cualitativos de investigación sobre la enseñanza". En Witrock, M. (Ed.) *La investigación de la enseñanza, II: Métodos cualitativos y de observación*. Barcelona: Paidós/MEC 195-302.

GEERTZ, C. (1989) *La interpretación de las culturas*. Barcelona: Gedisa.

GEERTZ, C. (1994) *Conocimiento local* Barcelona: Paidós.

GIROUX, H. (1990) "Critical theory and the politics of culture and voice: rethinking the discourse of educational research". En Sherman, R. y Webb, R. (Eds.) *Qualitative research in education: focus and methods*. London: Falmer Press 190-210.

GOETZ, J. y LECOMPTE, M. (1988) *Etnografía y diseño cualitativo en investigación educativa*. Madrid: Morata.

GÓMEZ E. (1995) "Evolución del concepto de etnografía" En Aguirre, A. (Ed.) *Etnografía. Metodología cualitativa de la investigación sociocultural.* Barcelona: Marcombo.

GRADY, M. (1995) *An examination of organizational health through storytelling.* Annual meeting of the AERA, San Fco.

HAMMERSLEY, M. y ATKINSON, P. (1994) *Etnografía. Barcelona: Paidós.*

JEFFCUTT, P. (1994) "From interpretation to representation in organizational analysis: Post-modernism, ethnography and organizational symbolism". *Organization Studies, 15* (2) 241-274.

JORDAN, S. y YEOMANS, D. (1995) "Critical ethnography: problems in cotemporary theory and practice". *British Journal of Sociology of Education, 16* (3) 389-405.

LATHER, P. (1992) "El postmodernismo y las políticas de ilustración". *Revista de Educación, 297* 7-24.

LECOMPTE, M. y PREISSLE, J. (1993) *Ethnography and qualitative design in educational research.* London: Academic Press 1-29.

LINCOLN, I. (1993) "I and thou: Method, voice and roles in research with the silenced". En McLaughlin, D. y Tierney, W. (Eds.) *Naming silenced lives.* London: Routledge 29-47.

MARCUS, G. y FISHER, M. (1986) *Anthropology as cultural critique.* Chicago: Univ. of Minnesota Press.

MARSDEN, R. (1993) "The politics of organizational analysis". *Organization Studies, 14* (1) 93-124.

McLAREN, P. (1993) "Border Disputes: Multicultural narrative, identity formation, and critical pedagogy in postmodern America". En McLaughlin, D. y Tierney, W. (Eds.) *Naming silenced lives.* London: Routledge 201-239.

McLAUGHLIN, D. y TIERNEY, W. (1993) *Naming silenced lives.* London: Routledge.

MUNBY, D. y PUTNAM, L. (1992) "The politics of emotion: a feminist reading of bounded rationality". *Academy of Management Review, 17* (3) 465-486.

POLKINGHORNE, D. (1995) "Narrative configurations in qualitative analysis". *Qualitative Studies in Education, 8* (1) 5-23.

QUANTZ, R. (1992) "On critical ethnography (with some postmodern considerations)". En LeCompte, M. Millroy, W. y Preissle, J (Eds) *The Handbook of Qualitative Research in Education.* San Diego: Academic Press 447-505.

ROBINSON, V. (1994) "The practical promise of critical research in educational administration". *Educational Administration Quarterly, 30* (1) 56-76.

RODRÍGUEZ, G. GIL, J. y GARCÍA, E. (1996) *Metodología de la investigación cualitativa.* Málaga: Aljibe.

ROMAN, L. (1992) "The political significance of other ways of narrating ethnography: A feminist materialist approach". En Le Compte, M. Millroy, W. y Preissle, J. (Eds) *The Handbook of Qualitative Research in Education.* San Diego: Academic Press 555-594.

ROMAN, L. (1993) "Double exposure: The politics of feminist materialist ethnography". *Educational Theory, 43* (3) 279-308.

SANGER, J. (1995) "Five easy pieces: the deconstruction of illuminatory data in research writing". *British Educational Research Journal, 21* (1) 89-97.

SANTOS, M. A. (1997) *La luz del prisma.* Málaga: Aljibe.

SPARKES, A. (1994) "Life histories and the issue of voice: reflections on an emerging relationship". *Qualitative Studies in Education, 7* (2) 165-183.

VILLENAS, S. (1996) "The colonizer/colonized Chicana ethnographer: identity, marginalization, and co-optation in the field". *Harvard Educational Review, 66* 4 711-731.

WOODS, P. (1996) *Researching the art of teaching. Ethnography for educational use.* London: Routledge.

WOODS, P. (1994) Collaborating in historical ethngraphy: researching critical events in education. *Qualitative Studies in Education, 7* (4) 309-321.

WRIGHT, S. (Ed.) (1994) *Anthropology of organizations.* London: Routledge.

ZELLER, N. (1995) "Narrative strategies for case reports". *Qualitative Studies in Education, 8* (1) 75-88.

AUSTIN, G. y REYNOLDS, D. (1990) "Managing for improved school effectiveness: an international survey". *School Organization, 10* (2-3) 167-178.

PLANIFICACIÓN Y CALIDAD EN LOS CENTROS EDUCATIVOS

MARIO MARTÍN BRIS
Universidad de Alcalá de Henares.

Introducción

Afirmar que cualquier plan de calidad debe sustentarse en una planificación técnica y reflexionada, resulta tan reiterativo como relevante. Los centros educativos tienen, por un lado, la obligación de planificar sus acciones tanto en el ámbito pedagógico-didáctico como en el ámbito de la organización y gestión y, por otro, tienen la necesidad de mejorar, de lograr calidad.

Planificar el desarrollo curricular, las acciones directiva, de coordinación y funcionamiento del centro y mejorar los resultados, en términos de logros de los alumnos, satisfacción del profesorado, de las familias y de su ámbito social más próximo. Además, la Administración Educativa quiere saber lo que sucede en los centros docentes que se encuentren ubicados en su ámbito de competencias.

Afrontar la calidad como expectativa (Álvarez, 1998), como logro que se pretende, como proceso de mejora continua, como parte de la consecución de una cultura de la organización, y fundamentarlo en el compromiso individual y colectivo, en la colaboración y, sobre todo, en la evaluación, más aún, en la autoevaluación, son algunas de las claves del modelo.

Partiendo de estos principios, la planificación se convierte en el instrumento clave de cualquier modelo de calidad que pretendamos desarrollar desde un centro educativo (Martín, 1997), inmerso en un contexto (Martín-Moreno, 1996) siempre particular, complejo y cambiante.

Por tanto, es preciso partir de la realidad de planificación establecida en los centros, partiendo del Proyecto Educativo y terminando en el Reglamento de Régimen Interior, dada la existencia de un panorama de planificación en los centros, suficientemente reglado como para poder introducir adecuadamente las propuestas de mejora.

Quizá no sea necesario en muchos casos la exhaustividad, un tanto agobiante y exigente, de los Planes Institucionales de Mejora, basados en el Modelo Europeo de Calidad. Es probable que los profesores y maestros se sientan más cómodos analizando su centro y su acción por medio de la Memoria Anual del Centro, ya establecida, justificándolos en el Proyecto Educativo del Centro y refrendando en el Proyecto Curricular. Metas y retos, asumibles y evaluables.

Formación en planificación, dirección y liderazgo (Lorenzo, 1997), apoyo en la acción, ayuda en la evaluación interna, información en el proceso y aprovechamiento de todos los recursos de planificación y mejora ya existentes en los centros.

La Calidad como proceso

Partiendo de los principios de "cultura de calidad", donde el alumno es lo fundamental, la satisfacción y los resultados se ponen al mismo nivel, el trabajo en equipo se hace imprescindible, la dimensión humana, participación y comunicación adquiere el máximo valor, donde la calidad se convierte en un "proceso continuo y permanente en la búsqueda de soluciones" (Álvarez, 1998), surge con toda la justificación y fuerza una idea: la **planificación**; ligada a otra no menos importante como es la **autonomía** en los centros educativos, que sin **liderazgo** y **dirección** no pasarían de meros principios, modas o retos pasajeros.

Hablar de calidad en los centros educativos ha de ir unido a la reflexión sobre la situación y fundamentación de las acciones con propuesta de responsables. Cualquier Plan de Mejora debe ser, en primer lugar, un instrumento de planificación para completar y mejorar lo que ya está establecido y funcionando. Un Plan de Mejora, si no se refiere estrictamente a la gestión del centro, tiene una serie de implicaciones directas tanto en el ámbito de los planteamientos generales del centro (Proyecto Educativo), como en el desarrollo curricular/pedagógico-didáctico (Proyecto Curricular), como en el de organización y funcionamiento del centro (Plan Anual), incluso en el de regulación de actividades y responsabilidades (Reglamento de Régimen Interior).

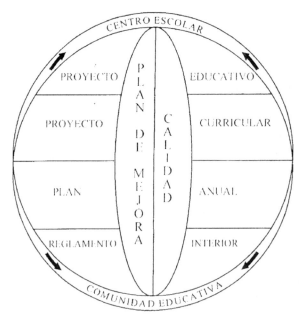

Algunos autores (Martín, 1988) señalan que los planes de mejora "ya existían", cuando se realizaba correctamente el Plan Anual del Centro (Programación General Anual) partiendo del análisis de la Memoria Anual del curso anterior y un serio estudio del contexto cuando se plantean unas "pocas" metas para que, sin dejar de lado todo lo demás del centro, se incida especialmente en unos puntos. Si se hace razonadamente, con planificación y compromiso de toda la comunidad educativa y especialmente del profesorado, asignando recursos, marcando tiempos, responsables, con seguimiento y evaluación, dando cuentas a la comunidad educativa y difundiendo los logros.

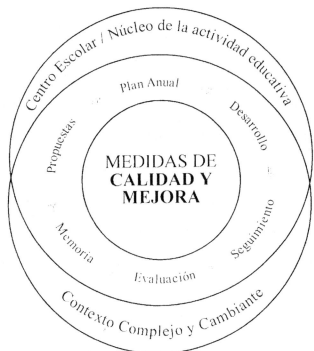

¿Cuándo estamos en condiciones de plantear un plan de mejora de la calidad? Quizá el momento sea cuando se ha madurado mínimamente en una línea de autonomía y compromiso, cuando se plantea una comunidad educativa la autonomía como instrumento y parte de un proceso, partiendo de una reflexión seria de la situación en que esa organización y sus miembros se encuentran, decidiendo conjuntamente el camino que se quiere recorrer progresivamente y en común, asegurando los apoyos básicos y recursos mínimos, planteando un modelo de revisión y la posibilidad de rectificación y, además, incorporando la posibilidad de evaluar y concretar esa evaluación.

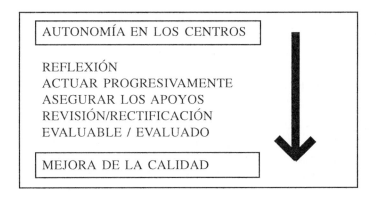

Planificar la Dirección

"Sin un Proyecto y Plan de Dirección no hay mejora", se señala con frecuencia. Esta afirmación, en principio severa, constituye una de las constantes en la mejora de la Calidad de los centros.

Álvarez (1996) señala una serie de principios relacionados con la dirección (Autonomía, Profesionalidad, Eficiencia, Organización, Coherencia, Cohesión e Integración, Evaluación) y unas características (claro, realista, diferenciado, memorizable, movilizado, comunicable, durable, federativo). En todo caso, cualquier Proyecto de Dirección debe estar basado en un determinado **modelo** (Martín, 1998):

1. Justificación del Proyecto.
2. Fundamentación teórico-técnica.
3. Presentación/Justificación de la candidatura.
4. Estudio y análisis del contexto.
5. Diagnóstico de la situación del centro.
6. Objetivos del Proyecto e indicadores de Calidad.
7. Propuesta de actuaciones (actividades).
8. Propuesta organizativa.
9. Previsión de desarrollo (implementación).
10. Plan de seguimiento/Evaluación del Proyecto.

El plan de mejora

Si pudiésemos hablar de "cerrar el círculo", esto sucedería al plantear el **Plan de Mejora**, como la consecuencia de un largo trabajo previo y razonado, basado en una sólida filosofía y con una clara finalidad (MEC, 1998).

Filosofía sobre el tipo de gestión:
- Superación del modelo burocrático.
- Las personas constituyen el eje de las organizaciones.
- Relevancia de los procesos.
- Resultados evaluables y medibles.
- Filosofía del "gusto por el trabajo bien hecho".
- Ética de la responsabilidad.
- Orientado hacia la MEJORA EDUCATIVA.

Finalidad del Plan de Mejora:
- Instrumento de mejora de la calidad
    · De procesos.
    · De resultados.
- Mejora continua de los centros
    · Procesos de mejora.

Características generales **de un Plan de Mejora:**

- *Diagnóstico explícito.*
- *Identificación objetiva de las áreas de mejora.*
- *Objetivos de mejora: realistas, concretos y evaluables.*
- *Explicitación de los objetivos, procedimientos y actuaciones.*
- *Implicación de las personas.*

Evaluación

En todos los casos surge la necesidad de **evaluar** y **ser evaluado**, como clave y ayuda en cualquier proceso de mejora.

Una evaluación que esté basada en unos principios, que sea:
- Rigurosa y sistemática.
- Aceptada y compartida.
- Explícita.
- Basada en la reflexión.
- Que impulse la comunicación y la participación.
- Centrada en lo fundamental.
- Que permita aprender en el proceso.
- Que propicie la participación en la toma de decisiones.
- Que sirva como ayuda.

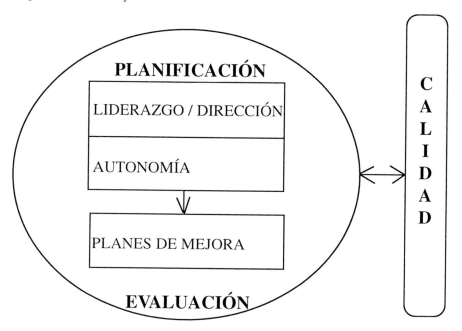

Referencias Bibliográficas

GAIRÍN, J. (1996): La Organización escolar: contexto y texto de actuación. Ed. La Muralla. Madrid.

LORENZO, M. (1995): Organización escolar. La construcción de la escuela como ecosistema. Ediciones Pedagógicas. Madrid.

LORENZO, M. y otros (1997): Organización y dirección de instituciones educativas. Grupo Editorial Universitario. Departamento de Didáctica y Organización Escolar. U. De Granada.

MARTÍN, M. (1997): Organización y Planificación Integral de Centros. Edit. Escuela Española. Madrid.

MARTÍN, M. (1998): Planificación y práctica educativa. Edit. Escuela Española. Madrid.

MARTÍN, M. (1999): Dirección y gestión de centros educativos. Conferencia Ministerio de Educación. Caracas (pendiente de publicación).

MARTÍN-MORENO, Q. (1996): Desarrollo organizativo de los centros educativos basado en la comunidad. Ed. Sanz y Torres. Madrid.

M.E.C. (1995): LOPEGC "Ley Orgánica 9/1995 de 20 de noviembre, de la Participación, la Evaluación y el Gobierno de los centros docentes (B.O.E. 21-11-95).

M.E.C. (1997): Resolución de 2 de septiembre de 1997, de la Dirección General de Centros Educativos, por la que se dictan instrucciones para el desarrollo y aplicación del Plan Anual de Mejora en los centros públicos dependientes del M.E.C. (B.O.E. 16-9-97).

M.E.C. (1998): Resolución de 27 de mayo de 1998, de la Dirección General de Centros Educativos, por la que se dictan instrucciones para la implantación, con carácter experimental, del Modelo Europeo de Gestión de Calidad en los centros docentes (B.O.E. 2-6-98).

M.E.C.(1999): Orden de 21 de enero de 1999 por la que se convoca el Premio a la Calidad de la Educación para el curso 1998-99 (B.O.E. 17-2-99).

ASESORAMIENTO Y APOYO EXTERNO A LOS CENTROS DE ENSEÑANZA SECUNDARIA

JULIÁN LÓPEZ YÁÑEZ y MARITA SÁNCHEZ MORENO
Universidad de Sevilla

1. El contexto actual del asesoramiento en general y del asesoramiento a los Centros de Enseñanza Secundaria en particular

En torno al asesoramiento en la educación se han producido importantes novedades durante los últimos años en nuestro sistema educativo, pero una destaca entre todas las demás: la aparición de los asesores. Por supuesto, la función en sí no es nueva. Ha sido desempeñada por inspectores, directores de centros escolares, colegas, técnicos de la administración, expertos procedentes de diversas agencias incluida la Universidad, etc. Pero se ha hecho generalmente como extensión o complemento de otras funciones, con más voluntarismo y deseos de prestar un servicio que con un bagaje profesional de respaldo y, desde luego, sin la referencia del marco teórico y metodológico que han tenido otras profesiones y funciones de ayuda como las relacionadas con la psicología y el trabajo social, por poner dos ejemplos significativos. Con la aparición de los asesores la función de asesoramiento adquiere carta de naturaleza. Esta función se extiende más allá de su ámbito de intervención, lógicamente. También atañe directamente a los orientadores y a los demás servicios de apoyo externo a los centros educativos que han ido proliferando y repercute en un interés científico mayor por delimitar un marco teórico para dicha función en el que encuentren acomodo las decisiones sobre su ámbito, sus funciones, sus estrategias, etc. Y ello no precisamente porque el modelo de asesoramiento que está resultando en la práctica despierte el consenso y la satisfacción de quienes lo ejercen o de quienes lo reciben o de quienes lo patrocinan o de quienes lo estudian, sino más bien por lo contrario. Pero es más fácil hablar de algo que está ahí que de algo que solo está en nuestra imaginación, nuestros deseos o nuestras visiones.

En realidad, el cambio operado durante las últimas dos décadas en la mayoría de los países denominados occidentales en lo que se refiere al asesoramiento, ha ido más allá de la aparición de los asesores. Citaremos dos de los cambios que nos parecen más relevantes: El primero tiene que ver con el establecimiento -podríamos decir que masivo- de servicios y agencias de asesoramiento y apoyo externo que se ha producido desde instancias políticas, en su mayoría para acompañar a las grandes reformas educativas y garantizar su éxito. En este sentido, cada nueva función que se implantaba o se reformaba venía con su servicio propio de apoyo o ayuda: así, y tomando como contexto nuestra comunidad autónoma, se han ido creando agencias especializadas como los Centros de Profesores para la reforma del currículum, de la formación de los profesores o de determinados aspectos de la organización de los centros como la planificación; como los E.P.O.E.s para la orientación educativa; los S.A.E.s para la educación compensatoria; o los E.A.T.A.I.s para el diagnóstico y tratamiento de las dificultades de aprendizaje y el apoyo al proceso de integración. En consecuencia, aún estamos pasando determinadas *enfermedades infantiles* propias de todo organismo que comienza: redundancia y solapamiento de funciones y servicios, excesiva especialización, carácter técnico, conceptualización rígida de los roles de experto y cliente o indefinición e incomprensión del rol de asesor y sobrerregulación administrativa de sus funciones mediante la promulgación de órdenes, decretos y disposiciones legales cuya pretensión ha sido la de concretar y definir esta nueva figura dentro del panorama educativo. El resultado ha sido que cada profesional ha dispuesto de su campo de actuación y ha trabajado autónoma e independientemente. Se podría hablar de un celularismo profesional tanto vertical (desconexión entre los diferentes servicios) como horizontal (dentro del propio servicio).

Estos problemas han generado a su vez otros que con matiz más externo o extrínseco añaden mayor complejidad al trabajo del asesor. Nos referimos a tres esencialmente:

a)   la *sobrecarga de tareas* que tradicionalmente han acometido los asesores. Las excesivas tareas que les son asignadas así como el amplio campo de actuación que normalmente han de cubrir los asesores ha sido uno de los problemas que con mayor énfasis han puesto de manifiesto nuestros asesores.

b)   La *baja credibilidad* con relación a su trabajo que manifiestan los colegas profesores. Es decir, se percibe una falta de aceptación y reconocimiento del trabajo desempeñado por los asesores, un problema que aparece muy vinculado con

c)   la *marginalidad* o deformación del rol por parte tanto de la administración como por parte de los profesores. Los asesores aparecen como unas figuras a caballo entre la administración y las instituciones, de manera que desde los centros se les percibe como profesionales que pertenecen a una agencia intermedia para la traducción de los planes del sistema, agentes que pertenecen a otro status, probablemente con un reconocimiento mejor y mayor prestigio profesional. Esto es característico de las burocracias profesionales que castigan al profesional que se separa de la línea de igualdad y se escapa "hacia arriba". La administración por su parte, deposita su confianza en estos agentes que pueden trasmitir y hacer descender a los centros la política educativa vigente. El resultado es el sentimiento del asesor del "síndrome del sandwich".

Los resultados obtenidos tras un proceso de evaluación de un Centro de Profesores llevado a cabo en la provincia de Sevilla (López, J., Sánchez, M. y otros, 1996) ponen de manifiesto en la práctica algunos de los problemas citados. El análisis de las entrevistas realizadas tanto a directores de centros como a profesores y a los mismos asesores de formación pertenecientes al citado CEP revelan que:

1)   La mayoría de los asesores se refieren a dificultades estructurales que dificultan el desarrollo de la función, fundamentalmente el número de centros a los que atender y de actividades a realizar.

2)   Se constata un diseño deficiente de la función asesora desde su base: criterios utilizados para la selección de los asesores, formación proporcionada (muy débil y sólo al comienzo), falta de evaluación de su trabajo, dependencia jerárquica difusa. Ello ha impedido construir una imagen nítida de los asesores, a la que no ayuda precisamente

una cierta percepción de desertores de la función docente que parece existir entre algunos profesores.

3) Se ponen de manifiesto ciertas incongruencias en el trabajo diario de los asesores, entre lo que entienden que ha de hacerse y lo que se hace. Los directores demandan un asesoramiento eficaz, que el asesor sea una persona que dinamice, que sepa hacer su tarea y que ésta se realice normalmente dentro de su propio centro escolar "... *aseso-ramiento eficaz, de una persona que dinamice, porque sabe lo que tiene que hacer*" *(ent.1)*. Los asesores opinan igualmente que la formación debe estar más dirigida a ser una formación proporcionada en el propio centro de trabajo de los profesores, más que cursos de tipo aluvión como normalmente se suele ofertar "... *los cursos no suelen servir para gran cosa; sirven para que el profesor se reúna pero suelen tener poca incidencia en la práctica*" *(ent.6)*;
"... *si el objetivo que teníamos era implicar al profesorado en un cambio psicológico propio pues la realidad esa no se llegó a conseguir*" *(ent.5)*.

4) El trabajo de los asesores podría ayudar a fortalecer la motivación del profesorado en relación con su proceso formativo. Son los propios asesores los que perciben no estar realizando una buena motivación con el profesorado, algunos piensan que están reali-zando más una labor de gestor que de asesor: *"La motivación yo no la veo demasiado bien, al curso había que irle a dar una estructura distinta*" *(ent. 5)*; "... *han ido convirtiéndonos es una especie de gestores de recursos formativos más que asesores realmente de formación*" *(ent.4)*.

La revisión de todos estos aspectos debería llevarnos a considerar la inminente nece-sidad de establecer políticas y estrategias adecuadas que mediante una combinación coor-dinada, estructurada y bien definida del asesoramiento externo junto con el asesoramiento interno a las instituciones educativas garantizasen el desarrollo de programas y acciones, cuyo objetivo en definitiva es la mejora y la calidad de las acciones educativas y cuyo impacto se dejará sentir en los diferentes sectores que configuran la comunidad educativa.

El segundo cambio importante que se ha producido respecto a la función asesora tiene relación directa con el primero y se trata del interés que inmediatamente el tema ha desper-tado en la comunidad científica, convirtiéndose en uno de los temas estrella de disciplinas como la Didáctica, la Organización Escolar o la Formación del Profesorado. También esto tiene su enfermedad infantil: muy pronto ceñudos estudios se han apresurado a decirnos cómo debe realizarse el asesoramiento, es decir, a encontrar el modelo y las estrategias adecuadas, pero saltándonos entre todos la muy recomendable etapa de comprender las peculiaridades del establecimiento de relaciones de ayuda y cooperación entre agentes in-ternos y externos a los centros educativos y cómo el asesoramiento se asienta en la práctica sobre otros procesos educativos tales como la innovación, la evaluación, la dirección, etc.

En definitiva, empezamos a tener dentro de los sistemas educativos (a) servicios de asesoramiento, (b) personas que realizan específicamente esta función e incluso se conside-ran a sí mismos como profesionales, con el asesoramiento como la principal de sus funcio-nes y (c) estudios, investigación y propuestas teóricas sobre el tema. Sin embargo, aún queda mucho por hacer en cuanto a (a) la optimización y coordinación de los recursos y servicios de asesoramiento, (b) la formación de los asesores y (c) la elaboración de un marco teórico común, con la lógica variedad de enfoques que puedan darse, reconocido por los asesores de la educación e inspirado en la comprensión del contexto en el que los asesores operan -las instituciones educativas- y en la idiosincrasia de los procesos educativos. Esta ponencia se propone estructurar una propuesta que contribuya al desarrollo de este último aspecto, para seguir así la famosa frase de Piaget: *si quieres avanzar, construye una teoría.* Pero este propósito viene acompañado de un dilema en nuestro caso concreto. En el título que los organizadores de este Congreso nos propusieron hay una demanda de concreción en dos aspectos: (a) apoyo externo -descartando el interno- y (b) educación secundaria -descartando los demás niveles educativos-. Decimos esto porque nos parece que el momento actual de construcción de una Teoría del Asesoramiento a los procesos educativos es tal -recordemos una vez más que estamos en los inicios- que exige sobre todo integración de enfoques y amplitud de miras, más que una mirada que resalte las peculiaridades del asesoramiento en relación con su contenido, el proceso educativo que trata de apoyar, el nivel en el que se centra o el perfil del asesor que presta el servicio. En realidad, no hay tantas cosas dichas sobre el asesoramiento educativo como para que podamos hablar de él en centros de secundaria sin aludir al marco general.

Además, hemos de señalar una contradicción que el título nos plantea y que nos da pie a comentar algunas singularidades del asesoramiento en el nivel de la educación secundaria, y de este modo no rehuimos, al menos no totalmente, la demanda que se nos hace. En la actualidad, los centros de enseñanza secundaria, al menos en Andalucía, reciben poco apoyo externo; el peso del asesoramiento se ha desplazado hacia el interior tras el establecimiento en la práctica totalidad de los centros de reforma de los Departamentos de Orientación, aunque con frecuencia éste está compuesto por un psicólogo o un pedagogo y los profesores tutores. La incidencia sobre estos centros de los Equipos de Orientación Educativa (E.O.E.s) tras la unificación bajo esta denominación de los antiguos servicios de apoyo externo ya citados, es mínima, ya que sus prioridades se orientan a la atención a los Centros de educación infantil y primaria o, en todo caso, al tramo de la enseñanza obligatoria.

La otra instancia de apoyo externo que nos queda son los nuevos Centros de Profesorado. Pero si ya resultaba difícil desde los antiguos C.E.P.s prestar un asesoramiento propiamente dicho, más allá de la *ayuda especializada de expertos* o de los *servicios de organización y gestión de cursos y actividades de formación*, aún es más difícil ahora que estos servicios tienen menos recursos materiales y humanos y que se han hecho más burocráticos, dejando de lado una incipiente orientación hacia la colaboración con los profesores en el desarrollo de procesos educativos tales como la innovación y el desarrollo de los profesores o del currículum centrado en la escuela. Por lo tanto, si quisiéramos descender a lo específico del asesoramiento en los centros de secundaria, más bien tendríamos que hablar de apoyo interno que de apoyo externo, o al menos no deberíamos olvidarnos de aquél. Pero nosotros pensamos que lo más provechoso es hablar de asesoramiento en general, aunque sea con la mirada puesta en las características del nivel, la temática o el tipo de proceso en los que el asesoramiento vaya a encontrar acomodo.

2.   Algunos presupuestos para una Teoría sobre el Asesoramiento en la Educación

Si tuviéramos que resumirle a un extraterrestre en una frase la labor que desempeñan los asesores, nosotros proponemos la siguiente: *el asesor entra en un sistema que, en principio al menos, le es ajeno y trata de decir o hacer algo inteligente.* Podríamos descomponer esta idea en varias:

(a) El asesor trabaja siempre con sistemas y dentro de sistemas
Aun cuando la demanda provenga de individuos, grupos o instituciones, siempre es

posible remitirse a un sistema mayor en el cual el sistema demandante está inserto y que de algún modo explica su comportamiento e incluso la propia demanda o el problema que plantea. Esta idea implica varias premisas:

1. Se trata de **sistemas** en los que el elemento principal es el elemento humano, es decir, sujetos. Los sujetos son en sí mismos sistemas dinámicos o, lo que es lo mismo, complejos, con lo cual no podemos por menos que pensar que los sistemas que ellos forman son, a su vez, también complejos y dinámicos.

2. Decimos que son **dinámicos** porque están continuamente en movimiento. Ese movimiento es la resultante de lo que en Física se denomina "un par de fuerzas". Mediante una de esas fuerzas los sistemas de los que hablamos tratan de adaptarse a cambios que también de manera constante se producen a su alrededor y dentro de los elementos que los configuran. Mediante la otra fuerza del par, estos sistemas tratan de mantener cierta configuración, funciones o estructura interna que consideran vitales para su supervivencia. Si hablamos tanto de organizaciones como de individuos, podríamos decir que tratan de mantener parte de su carácter, de su esencia, de su identidad. La primera tendencia es una necesidad de todo sistema para responder a lo que denominamos *entropía*. El concepto de *entropía* procede de las leyes de la termodinámica, y dicho de un modo muy simple, representa la tendencia de todos los sistemas dinámicos al deterioro, al desgaste, como consecuencia de su actividad. Los sistemas responden a la *entropía* con *entropía negativa*, esto es, con esfuerzos adaptativos mediante los que poco a poco el sistema se modifica a sí mismo. Pero del mismo modo que esos cambios facilitan la adaptación del sistema, también pueden comprometer su supervivencia si son muy radicales o muy bruscos; así pues, la otra tendencia, la tendencia a la estabilidad sirve para trazar la medida precisa que los cambios adaptativos necesitan. A partir de las dos tendencias, al cambio y a la estabilidad, los sistemas configuran o alcanzan su particular equilibrio. Se trata de un equilibrio dinámico, al que denominamos *homeostasis*, que se romperá en el momento en que cambien las circunstancias en las que el sistema opera, planteando nuevas exigencias de cambios adaptativos.

3. Y decimos que son **complejos** porque lo característico, lo fundamental, no son los elementos que los configuran, sino las relaciones que se establecen entre ellos. Y las relaciones se construyen "ad hoc", es decir, en función de las necesidades del sistema y son condicionadas y modificadas por múltiples factores de todo tipo: históricos, geográficos, políticos, culturales, tecnológicos, etc. En consecuencia, el conocimiento acerca de cómo se comporta un sistema dado en determinadas circunstancias no nos permite prever cómo se comportará otro con similar o idéntica estructura de elementos ante las mismas circunstancias. O cómo se comportará ese mismo sistema ante similares circunstancias en un contexto diferente. He ahí la complejidad.

4. Puede que el lector haya tenido la sensación tras la lectura de los dos párrafos anteriores de que hay implícita en ellos la idea de que los sistemas piensan por sí solos. Si por pensar entendemos la actividad del cerebro humano, obviamente sólo los sujetos piensan (y aparentemente no todos). Sin embargo, no podemos evitar la sensación, cuando estamos ante sistemas complejos, de que éstos piensan de un modo autónomo, relativamente independiente de los elementos que lo componen. En todo sistema hay un volumen importante de actividad que no pertenece al ámbito de la intencionalidad o lo que es lo mismo, se escapa a la consciencia de los sujetos. Y esto es debido a los **mecanismos de autorregulación** de que disponen los sistemas dinámicos y complejos -en adelante y para simplificar, sencillamente *sistemas*- para alcanzar el equilibrio que necesitan. Esto

significa que los sistemas poseen una extraordinaria habilidad para escapar a nuestro control, ya que la mayor parte de toda esta actividad autorreguladora se desarrolla en niveles implícitos o no declarados por los individuos y que requieren un esfuerzo extra de perspicacia y de comprensión. Esto hace que los sistemas a los cuales nos estamos refiriendo tengan un **comportamiento paradójico**, no responden a nuestra lógica ni a ninguna lógica universal: tienen su propia lógica.

(b) El asesor no pertenece al sistema en el que va a trabajar

En ello reside su dificultad y al mismo tiempo su ventaja. El sistema o alguno de sus miembros formula la demanda al asesor porque se juzga o juzga al sistema incapaz de realizar algo o de resolver un problema exclusivamente con los recursos propios. Entonces la capacidad de ayuda del asesor consiste precisamente en que (a) *ve las cosas de otra manera,* de una manera con la que pueden contrastar su visión los miembros de la institución y así tomar mejor conciencia de su situación y de las alternativas a ella y (b) tiene capacidad de gestión del proceso de cambio, es decir de ayudar al grupo a realizar la transición de un estado o situación dados a otro.

Pero el asesor se mueve en una permanente e irresoluble dualidad que lo acompañará durante todo el proceso: (a) apropiarse del sistema -convertirse en uno de ellos- y (b) mantener la distancia crítica, aquella que le capacita para ver los problemas de otro modo (cualitativamente distinto) al de los miembros del sistema. Este delicado equilibrio exige el principio metodológico de no tratar de imponer o forzar ningún esquema interpretativo en el esfuerzo que hace el asesor para comprender el sistema. Fernández (1997), en este sentido, afirma:

Es cierto que el analista o el investigador operan con un marco referencial teórico de base que debe ser objeto de explicitación previa a la entrada en terreno y se convierte en parte importante en el análisis de la implicación. Sin embargo es necesario *dejar en suspenso este marco referencial y prestarse al contacto con la realidad con la mayor apertura e ingenuidad de la que se es capaz.*

Uno de los errores más frecuentes en el campo educativo está ligado a la definición a priori de esquemas interpretativos que son "impuestos" a los datos. Este error provoca la obturación del acceso a significados no previstos en esos esquemas y genera luego en el profesional la impresión de "no ser comprendido". La exigencia de entrar al campo con la distancia mínima que permite el estado de impregnación al que aludimos exige romper con núcleos duros de la cultura profesional y se convierte en una de las capacidades más difíciles de lograr.

(c) El asesor ha de decir o hacer algo inteligente en respuesta a una demanda de ayuda formulada por alguien.

Después de todo esto, no nos negará el lector que lo de decir algo inteligente se ha puesto verdaderamente difícil. Y esto sin entrar a considerar que los sistemas para los que vamos a pensar la función asesora tienen como objeto básico la educación; no fabricar coches, ni vender electrodomésticos o hacer películas de cine, sino educar, es decir, acompañar a los sujetos desde un estado de desarrollo a otro, en todas las facetas que comporta el sistema al que denominamos individuo humano. Y ello entraña una dificultad añadida.

¿Qué quiere decir *algo inteligente* cuando hablamos de la acción dentro de un sistema considerado como lo hemos venido haciendo hasta ahora? Si hacemos caso de una de las acepciones más significativas del concepto de inteligencia formuladas desde la epistemología genética, en el sentido de que se trata básicamente de *la capacidad de adaptación al medio*, podríamos parafrasearla diciendo que actuar o intervenir inteligentemente en un sistema para tratar de proporcionar alguna clase de ayuda es hacerlo de manera adaptada al contexto, a su situación y a sus necesidades. En este sentido Fernández (1997) afirma respecto a la labor del asesor:

Facilitar la recuperación de la capacidad de pensamiento crítico es el desafío que enfrenta el tipo de asesoramiento que he intentado presentar. Su destino en este intento está profundamente ligado a *tres puntos cruciales de la capacidad asesora:* (a) Haber sido capaz de captar los núcleos de la dramática institucional, (b) ser capaz de traducir esa comprensión en una propuesta interpretativa posible de ser recibida porque es dicha en ese mismo lenguaje dramático, (c) estar disponible para retirarse del campo en el momento en que el colectivo institucional da indicación de haber retomado su movimiento instituyente.

Para nosotros, el punto (b) es el que sintetiza esa acción inteligente que estamos reclamando para la labor de asesoramiento, pero nótese que exige también (a) la comprensión del contexto institucional y de su dramática e incluso (c) el estado de alerta intelectual para no hacerse presente más de lo necesario y facilitar los movimientos de recuperación y de desarrollo propios de la dinámica y de los recursos internos de la institución.

3. La inserción del asesor en el contexto institucional: el asesor como analista institucional

Sobre la base de las premisas anteriores podemos establecer que el primer movimiento del asesor es doble -también lo podemos ver como un solo movimiento con dos caras o facetas-: (a) ha de comprender al sistema, a la institución y (b) ha de situarse –insertarse- en alguna posición dentro de la misma. Esta labor la conceptualizamos dentro del rol de *analista institucional*. Veamos qué comporta:

3.1 La comprensión de la institución

El término *institucional* se ha usado en el estudio de los establecimientos educativos para significar que éstos –como la vida misma– no sólo tienen un lado formal, explícito, reconocible (es decir, estrictamente organizativo) sino también un lado oscuro, implícito, oculto –a veces intencionalmente oculto o negado– no declarado, profundo, que cuesta reconocer pero –y aquí está lo interesante– que reúne lo verdaderamente importante, lo que está cargado de significado, lo influyente en la vida de la organización. Lo institucional es aquello de lo que no se habla pero que siempre se hace presente, lo que permite o impide llevar a cabo un proyecto, una reforma, un cambio, etc. En palabras de Lidia Fernández (1994: p.23), *la mirada de un problema desde un enfoque institucional será una mirada que procura desmontar el conjunto de explicaciones que lo ubican en un orden natural y se interrogará por sus diversos niveles de significado.* Y también, *los enfoques institucionales han procurado, en general y a través de la práctica de intervención institucional, encontrar caminos para desenmarañar la trama de significados que teje la cultura sobre sus propias contradicciones y para facilitar a los individuos y grupos un juego social más libre* (p. 22). Y sin embargo, en el contexto de la disciplina Organización Escolar en nuestro país, el concepto ha quedado reducido a la planificación y organización del trabajo en los centros de enseñanza, bajo el epígrafe de *planteamientos institucionales*. Quizás esta drástica simplificación y reducción del ámbito de *lo institucional* venga por el hecho de que abarca en su inicial formulación una temática compleja y paradójica, que se rehuye abordar. Y sin embargo, sacar a la luz lo oculto de las organizaciones es llegar verdaderamente a comprenderlas, porque precisamente el hecho de que esté oculto, protegido, nos indica su importancia. Probablemente esa desconsideración por lo institucional también se explica porque requiere el concurso de tradiciones de estudio que están en otras disciplinas, aunque se trate de disciplinas como la psicología social, el psicoanálisis, la antropología, la sociología, etc., que están dentro de las denominadas Ciencias de la Educación junto a la Pedagogía.

Nuestro enfoque institucional implica una concepción múltiple sobre las organizaciones educativas:

1. **Como un conjunto de normas sociales y esquemas de pensamiento** (unos explícitos y otros, los más significativos, implícitos) **construidos socialmente** a lo largo de un proceso histórico y a partir de la interacción entre los miembros de la organización y de éstos con su contexto. Esta concepción implica dirigir el foco de atención sobre aspectos tales como la cultura, la historia institucional, la comunicación o la relación institución / contexto social.

2. **Como una red de relaciones de poder** en la que están implicados no sólo los que oficialmente lo detentan en el centro, sino todos los miembros e incluso algunos personajes que no son miembros del centro pero que pertenecen a distintos sistemas de influencia que operan sobre él. Esta concepción implica un análisis del poder como un sistema global, como una estructura paralela que opera más allá del sistema formal de autoridad, aunque interacciona con él.

3. **Como sistemas en permanente transformación**. Sólo una pequeña parte de esta dinámica transformadora es intencional; la mayor parte responde a requerimientos internos del propio sistema, que así desarrolla su particular y permanente búsqueda del equilibrio y de la adaptación a las cambiantes circunstancias del medio en que se desenvuelve. Esta concepción nos lleva a un análisis de las dinámicas de cambio y resistencia al cambio que operan dentro de los sistemas sociales, a la forma que esas dinámicas toman en cada institución en particular.

Habría que añadir también una concepción de las organizaciones educativas *como sistemas sometidos permanentemente al conflicto y a la crisis*, pero en realidad esto es una consecuencia directa de las tres premisas anteriores.

Cada uno de estos tres presupuestos está emparentando con conceptos que están presentes en nuestra reciente tradición de estudio e investigación, pero que al mismo tiempo requieren una nueva perspectiva, una nueva mirada sobre ellos. Se trata al menos de los conceptos de **cultura, poder** y **cambio**. Desde nuestro punto de vista, estos tres conceptos enmarcan la acción del asesor recordándonos que (a) el asesor trabaja en el marco de una o varias culturas institucionales; (b) el asesor entra a formar parte de una determinada estructura de poder; y (c) el asesor se incorpora a una dinámica institucional que ya está en marcha. Desarrollaremos estas premisas en el apartado 4, ya que antes hemos de completar el marco en el que se desarrolla el rol de analista institucional del asesor con una mirada sobre su inserción en la trama de relaciones del sistema.

3.2   *La construcción de la relación: el asesor se sumerge en una trama social*

Como hemos ido viendo hasta aquí, el rol de analista institucional exige al asesor un *conocimiento* y una *comprensión* profunda de la propia institución, pero además su inserción en el contexto institucional nos conduce inevitablemente a centrar nuestra atención en la *creación o construcción de la relación*, es decir, en el proceso mediante el cual el asesor construye los vínculos que le unirán al equipo docente con el que emprenderá su trabajo.

Vamos a comentar algunas ideas que giran en torno a este tema.

Consideramos que es importante tener en cuenta y ser cuidadosos en la construcción de la relación por dos razones fundamentalmente. En primer lugar, porque cada institución educativa tiene *vida propia*, es decir, una manera particular de vivir y trabajar que la hace diferente. Tendremos que recurrir a variables relacionadas con la comunicación y socialización de los individuos y los grupos para encontrar una explicación de los aspectos que implícitamente están condicionando el desenvolvimiento de la vida organizativa en cada institución. Es decir, son los procesos dinámicos de las organizaciones educativas los que nos ayudarán a entender lo que ocurre en el interior de las mismas.

Por otra parte, el proceso de asesoramiento, además de ser un proceso técnico, es también y fundamentalmente un **proceso social** y, por lo tanto, un proceso de comunicación. Y todo proceso de comunicación implica inevitablemente la definición de la relación entre los participantes. En toda comunicación, además de mensajes referentes al contenido, a la información, existen otros no verbales que atañen a la relación. El nivel de relación comunica siempre acerca del contenido, lo califica y por lo tanto se produce una comunicación acerca de la propia comunicación, lo que se ha convenido en llamar una *metacomunicación*. De este modo una comunicación cualquiera -"vamos al cine", por ejemplo- además del mensaje en sí cuya acción consiste en desplazarse a un lugar determinado para visionar una película, conlleva implícitamente una serie de mensajes relativos a la relación entre los interlocutores que, dependiendo del tono, el contexto o la mímica pueden expresar una orden, una súplica, una pretensión, etc.

En este sentido las ideas expresadas por el equipo de trabajo dirigido por Selvini Palazoli (1990) son interesantes. El asesor que trabaja en el sistema escuela debe ser el primero que defina su relación con sus componentes y también debe definir, de acuerdo con ellos, los contenidos de esa relación. Estos aspectos son imprescindibles para establecer una colaboración. El deber número uno del asesor será caracterizar de antemano su relación: definiéndose, especificando sus propios conocimientos y posibilidades, delimitando los ámbitos de intervención y declarando de modo explícito aquello que no sabe, no puede o no tiene la intención de hacer. Es decir, clarificando cuál puede ser el ámbito de su actuación, en qué contexto de trabajo, bajo qué condiciones, qué puede aportar en la colaboración, cómo entiende el trabajo o cuáles serán las responsabilidades mutuas.

Si no es el asesor el que define el tipo de colaboración y la relación que quiere establecer en el momento de iniciar el trabajo, cada persona con la que tenga que trabajar se habrá forjado su propia imagen, habrá definido por su parte la relación, esperando del asesor participaciones que no podrá o no querrá aportar. Cada uno tiene sus ideas previas acerca de lo que deben ser las funciones de un asesor, y son éstas y no otras las que marcarán las expectativas y, por lo tanto, la relación. En nuestros centros escolares la definición de la relación de los asesores ante el director del centro, los profesores y demás miembros de la institución educativa es crucial, ya que si no lo hace corre el riesgo de que los demás definan la relación con él y a él no le quede otra alternativa que ser el sujeto pasivo.

Por lo tanto en un primer paso de este proceso de construcción de la relación, el asesor ha de **redefinir su rol** en los términos que crea que beneficiarán a su estrategia de actuación. Llevar a cabo esta acción significa poder desarrollar habilidades de comunicación y conocimiento de los sistemas sociales que interactúan en el centro educativo. En este sentido vamos ahora a señalar algunas pautas de actuación que podrán orientar y guiar los procesos de comunicación en las instituciones educativas. Es decir, queremos destacar algunas actitudes o pautas de funcionamiento que probablemente facilitarán los intercambios comunicativos entre los participantes. Señalaremos también aquéllas otras que con bastante seguridad van a obstaculizar dichos intercambios. En definitiva estableceremos qué actuaciones podemos considerar más adecuadas y cuáles menos a la hora de establecer los procesos comunicativos que van a configurar la definición de la relación del asesor con el centro y que por consiguiente están caracterizando el proceso de asesoramiento como un proceso social.

Sabemos que, queramos o no, seamos más o menos conscientes, continuamente nos encontramos inmersos en procesos de emitir y recibir mensajes. Sabemos igualmente que, además de los contenidos técnicos que conllevan nuestros mensajes, existe una implícita definición de la relación entre los participantes bien sea de aceptación o confirmación, de desconfirmación o simplemente de rechazo. También conocemos que todos los intercambios comunicativos son simétricos o complementarios según estén basados en relaciones de igualdad o de diferencia (Selvini Palazzoli 1990).

Teniendo presente estos principios que actúan como telón de fondo de nuestros comportamientos, veamos algunas medidas que facilitan los procesos comunicativos así como aquéllas otras que los dificultan.

Medidas facilitadoras

a) En primer lugar hemos de conseguir un clima, una atmósfera de trabajo caracterizada por la confianza, la credibilidad y la cooperación. La confianza es para McBridgde y Skau (1995) un elemento esencial en las relaciones entre miembros de una comunidad que desarrollan procesos de trabajo conjuntos. Las relaciones construidas sobre la confidencialidad, la honestidad, la sinceridad, el respeto, la aceptación y un clima de intercambios mutuos desarrollan la confianza. Algunos factores que colaboran a crear este clima son el tiempo y el espacio. Disponer de tiempo suficiente, evitar las prisas, los ruidos, las interrupciones y disponer de una estancia confortable que propicie la intimidad, contribuirán a crear este clima favorable para el inicio de una comunicación fluida. Por ello se otorga tanta importancia al lugar de reunión e incluso al mobiliario y distribución del espacio. Debemos conseguir que todos los participantes puedan expresar sus emociones y únicamente lo conseguiremos si existe un ambiente apropiado para hacerlo.

b) A continuación sugerimos algunas medidas cruciales para facilitar los intercambios comunicativos con los grupos:

· Llamar a las diferentes personas por su nombre
· Buscar iguales contribuciones de todos los participantes
· Solicitar ejemplos del grupo
· Practicar la apertura, la sinceridad y la receptividad
· Tener presente que todos podemos expresar nuestra opinión y tenemos derecho a ser escuchados
· Basar las opiniones en hechos y datos concretos
· Procurar resumir, volver a exponer y preguntar por las ideas de los otros antes que hacer comentarios negativos al respecto de las contribuciones de los participantes.
· Evitar tomar partido en los asuntos que se traten. Parece más recomendable resumir las

diferencias de opinión, subrayar que los asuntos pueden verse desde muchas perspectivas y llamar la atención sobre los aspectos relevantes del aprendizaje.

· Utilizar mensajes que inviten a relajar el ambiente, como por ejemplo:

Expresar sentimientos

Una confidencia personal

Elogios al adversario

Acuerdo parcial con una crítica

"Comprendo..."

"Desde tu punto de vista..."

"Me gustaría que nos hicieses llegar tus propuestas..."

· Ser capaces de escuchar a los demás sin críticas ni interrupciones, mostrando una actitud positiva y activa. Una buena estrategia es *la escucha activa* que consiste en repetir de forma resumida y con un tono de voz normal lo que nuestro interlocutor nos ha dicho. El receptor ha de dar muestras de estar recibiendo el mensaje retomando ideas, parafraseando, formulando preguntas aclaratorias ofreciendo retroalimentación.

Por tanto, parece imprescindible que cuando nos disponemos a escuchar a los demás:

- Debemos hacerlo intensamente, es decir, dejando todo aquello que estemos haciendo, manteniendo un contacto visual y dedicando todos nuestros esfuerzos a atender a la persona que expone sus circunstancias.

- Escucharemos teniendo en cuenta todos los aspectos que rodean el problema.

- Haciendo preguntas abiertas y repetiremos lo que se ha dicho para asegurarnos que hemos entendido aquello que nuestro interlocutor quiere expresar.

- Responderemos con una afirmación positiva o resumen cada vez que un participante efectúe una contribución.

- Felicitaremos cualquier idea aportada que sea mínimamente relevante.

Medidas que dificultan los procesos comunicativos

Así como las medidas anteriores pueden ayudarnos a poner en marcha procesos de asesoramiento, queremos señalar también algunas otras actuaciones que pueden llegar a dificultar y entorpecer dichos procesos.

Debemos evitar que el transcurso de una conversación en torno a un problema planteado entre en lo que algunos autores han denominado *un ciclo maligno* (Serrat, 1995). Para ello parece conveniente que se identifiquen y aislen adecuadamente los problemas, y que separemos los aspectos personales de los profesionales o, utilizando la nomenclatura de los expertos en comunicación, que separemos los aspectos que conciernen al contenido de aquéllos que hacen referencia a la relación. Son aspectos que dificultan y obstruyen la comunicación y que, por lo tanto, se habrían de evitar: cortar la comunicación, formular preguntas reproche, establecer generalizaciones, rebajar la autoestima, proporcionar consejos prematuros, utilizar el sarcasmo, emitir mensajes incongruentes, formular amenazas, no reconocer errores. Estos mensajes obstructores provocan la irritación y el enojo de los participantes y hacen que el desarrollo de la sesión se deteriore, generando normalmente una dinámica competitiva de reproches o como mínimo de rechazo pasivo.

Otros aspectos a evitar son: emitir juicios sobre la situación planteada o prescribir soluciones, especialmente sin contar con los interlocutores.

Además de definir su rol y establecer una comunicación abierta será aconsejable **construir canales de comunicación estables y duraderos** con determinadas personas claves (presidente del APA, director, líder del centro...) del centro escolar, como pilares sobre los que sustentar las relaciones sociales. Si las destrezas de comunicación son importantes, la habilidad para explorar la red de comunicación existente dentro de las escuelas y en el grupo con los que los asesores trabajan lo es aún más.

Construir un equipo de apoyo interno **será otra acción a emprender por los asesores en esta etapa de construcción de la relación inicial. Si admitimos que la autoridad no es la única fuente de poder en las organizaciones escolares y que otros agentes individuales o en grupos disponen de poder sobre la base de su personalidad, su carisma, sus conocimientos técnicos, su ideología o simplemente su esfuerzo decidido por adquirir ese poder (Mintzberg, 1992), los asesores habrán de determinar y analizar esos procesos de liderazgo, conocer cómo funcionan los líderes, en qué bases se apoyan, qué tipo de liderazgo se ejerce para así poco a poco ir construyendo pilares sólidos sobre los que centrar el apoyo interno para el desarrollo del proceso de asesoramiento.**

Por otra parte, el asesor deberá procurar forjar una idea compartida con el grupo acerca de la **visión** que se tiene de los problemas organizativos del centro. Para conseguirlo, sería conveniente que el asesor comprenda las claves culturales del centro y llegue a percibir la institución como un sistema cuyos elementos están interconectados.

Por último, parece conveniente que el asesor establezca un **compromiso formal** para llevar a cabo el proyecto de trabajo negociado. Es decir, que ha de quedar constancia por escrito de las metas y los objetivos que se persiguen, de la asignación realizada de tareas y responsabilidades a desarrollar, de los compromisos adquiridos por cada uno de los miembros participantes en el proceso, de los recursos disponibles así como su utilización.

En síntesis, la construcción de la relación en el proceso de inserción del asesor en el contexto institucional se realiza mediante la definición de la relación del asesor, su habilidad para establecer procesos comunicativos fluidos, su capacidad para identificar y trabajar con personas claves en la institución y finalmente su claridad y rigurosidad a la hora de establecer compromisos formales relativos a las actuaciones a emprender.

4.   El trabajo de asesoramiento. El asesor como agente de cambio

4.1 Presupuestos generales

4.1.1 El asesor trabaja en el marco de una o varias culturas institucionales

Ya hemos dicho más arriba que una de las concepciones a las que confiamos la fundamentación del análisis institucional que proponemos es la que concibe a las organizaciones educativas como un conjunto de normas sociales y esquemas de pensamiento construidos socialmente a lo largo de un proceso histórico y a partir de la interacción entre los miembros de la organización y de éstos con su contexto. A eso lo denominamos cultura y creo que a estas alturas del partido no es necesario abundar en su definición. Ya es frecuente entre nosotros que hablemos de la cultura de las organizaciones educativas. En muchos casos la vemos como un elemento que está ahí e intuimos su influencia sobre otros aspectos organizativos pero en muy contadas ocasiones hacemos uso de una perspectiva cultural como organizadora del análisis.

Utilizar la cultura como perspectiva de análisis significa desentrañar los símbolos y los significados compartidos, comprender el proceso histórico y la necesidad social por la que se han establecido y comprender la forma en que condiciona y produce determinadas prácticas e intervenciones de los miembros de la organización (López Yáñez y Sánchez Moreno,

1997). Para tal propósito necesitamos desarrollar marcos teóricos y esquemas conceptuales que nos permitan desmenuzar los elementos de una cultura y hablar con precisión de esos símbolos y significados compartidos que constituyen su esencia. Hemos de conseguir, en definitiva, un lenguaje común que nos permita hablar de cómo es la cultura de una institución escolar, para encontrar en ella la explicación a determinados problemas organizativos que nos preocupan.

Nótese que este enfoque está preocupado por la *cultura institucional* con preferencia sobre la *cultura profesional*. Hay en nuestro país algunos estudios de los últimos años que analizaban la cultura profesional de los docentes en general o de los docentes de un nivel educativo. Por supuesto que este enfoque es provechoso y complementario del primero, pero necesitamos, me atrevería a decir que vehementemente, del segundo como articulador del trabajo de los equipos directivos y de éstos con agentes externos en lo que respecta al análisis de **su** institución educativa.

4.1.2 El asesor entra a formar parte de una determinada estructura de poder

Liderazgo y autoridad *son dos conceptos habituales en la literatura sobre la dirección de las organizaciones sociales.* Poder *también lo es, pero su papel es casi siempre el de puerta de entrada para remitirnos rápidamente a esas dos manifestaciones básicas. Consecuentemente, pasamos de largo o no entramos con la profundidad necesaria ante determinadas formas que adopta el poder que no se pueden vincular directamente con ninguno de estos conceptos. Cuando hablamos de* autoridad, *el criterio de referencia es el poder legal, formal o legítimo, basado en la estructura organizativa y sancionado por las leyes y las normas. Cuando hablamos de* liderazgo, *el criterio de referencia son las características personales de los sujetos que ejercen el poder, tanto de manera formal como de manera informal, o bien las características de su conducta como líderes. Ninguno de estos dos conceptos explica o desarrolla adecuadamente la naturaleza social del fenómeno del poder.*

En este sentido, tanto liderazgo como autoridad son útiles y funcionales en la medida en que nos ayudan a describir y analizar las conductas de los individuos que ejercen el poder. Y aún son más útiles para las perspectivas prescriptivas, ya que permiten justificar un conjunto de recomendaciones para los líderes y directivos de las organizaciones. Pero precisamente por la facilidad y la abundancia de su uso, también nos pueden confundir. Pueden hacernos creer que el fenómeno del poder, tanto en una modalidad como en la otra es de naturaleza esencialmente individual, adoptando la forma de roles, funciones, atribuciones, etc. –en el caso de la autoridad– o bien de estilo de conducta o de características personales tales como el *carisma*, la *visión*, la *visibilidad*, etc. –en el caso del liderazgo–. Sin embargo, al igual que los otros conceptos que estamos planteando, el poder es un fenómeno esencialmente colectivo. Las conductas sociales que observamos relacionadas con él siempre tienen un referente social: nacen, se justifican y se legitiman en el grupo. En realidad, el poder en las organizaciones adopta una forma reticular, como una trama en la que los individuos cumplen un guión –al cual aportan ciertos matices de interpretación– escrito histórica y socialmente por una colectividad determinada, aunque por pertenecer a esa colectividad ellos también contribuyen a escribirlo. Foucault (1978) ha sido el que mejor ha desarrollado la idea de la red como la forma que adopta el poder en nuestra sociedad. Se refiere a él como una *red productiva* (productiva porque *produce cosas, induce placer, forma saber, produce discursos*) que *atraviesa todo el cuerpo social más que como una instancia negativa que tiene como función reprimir* (p. 182).

Desde este punto de vista, la Organización Escolar tiene aún pendiente el desarrollo de programas de investigación consistentes y rigurosos sobre las formas colectivas que adopta el poder en nuestros centros escolares. No estaría mal tomar como punto de partida el edificio conceptual y teórico de Mintzberg (1992) –con la necesaria adaptación al ámbito educativo– que nos ha mostrado precisamente las bases sobre las que se asienta el poder en las organizaciones sociales, las formas básicas que adopta y cómo éstas evolucionan de unas formas a otras siguiendo reglas similares. Hemos de comprender mejor cómo el poder se adquiere, se usa, se legitima, se transfiere entre colectivos y miembros de la organización a lo largo de su historia, qué discursos produce, qué papel juega en el planteamiento y en la resolución de los conflictos o cómo afecta a otras dimensiones institucionales. Comprender todo esto ayudaría a los líderes a compartir de manera realista su poder con otros miembros y colectivos de la organización y a lograr el desempeño de su acción como agentes de poder mediante formas *legítimas* desde el punto de vista de la historia institucional, es decir, sancionadas y aceptadas por los miembros del grupo social.

4.1.3 El asesor se incorpora a una dinámica institucional en marcha

El arranque de las grandes y auténticas transformaciones escapa a menudo a nuestro control y descansa con mucha frecuencia en sucesos imprevistos. Y esto se vuelve cada vez más claro mientras más complejos son los contextos a los que nos referimos. Sin embargo, a pesar de lo fácilmente que podemos constatar esta afirmación, nuestra mente se resiste a aceptar que algo tan importante para nuestras vidas como son los mecanismos que regulan la transformación de todo cuanto nos rodea no están en nuestras manos o tenemos una relativa influencia sobre ellos. Nuestra sociedad tecnológica, en la que tan fácil es apretar un interruptor para que se encienda una luz o girar un mecanismo para que brote agua, nos ha acostumbrado mal y a menudo nos lleva a sobrevalorar nuestro papel como especie. La consecuencia inmediata de esta idea es un mazazo a la hiperracionalidad y a la planificación a ultranza de los procesos de cambio.

La idea de que el cambio sólo lo es verdaderamente, sólo cobra su auténtica dimensión si es planificado intencionalmente por nosotros, los seres humanos, es sólo uno de los abundantes estereotipos con los que nos encontramos en este ámbito. Otra idea también interesante que desmiente otro estereotipo es la de que si un proceso va bien, *más de lo mismo* no significa necesariamente que vaya a ir mejor. La explicación es muy sencilla. Parte de la constatación de que las principales dificultades por las que pasa un proceso o un sistema provienen de las contradicciones internas que genera su propia actividad. Por lo tanto, llegado un determinado punto en la evolución de ese proceso, *más de lo mismo* equivale también a más dificultades y por ende a una carga cada vez más pesada para seguir haciendo avanzar el proceso. Incluso en el caso de los procesos de cambio que van bien, que se desarrollan según lo previsto / planificado, las circunstancias que amenazan su estabilidad no están fuera, sino siempre (las más poderosas) dentro. Dicho en términos marxistas (y sistémicos) un proceso siempre se derrumba debido fundamentalmente a sus propias contradicciones (es decir, a factores internos). Y sin embargo, ninguno de los modelos sobre cambio planificado en la educación desarrollado en los últimos 20 años nos ha advertido sobre estas paradojas.

Nosotros somos el enemigo –siguiendo la feliz frase de Senge- pero ¡cómo nos resistimos a aceptarlo! Imaginemos un supuesto. El de un centro escolar en el que se está desarrollando un proceso de cambio institucional. Ha sido diseñado por los profesores, por la dirección, o por la Administración o por todos ellos en colaboración, tanto da para los efectos que ahora nos interesan. Algunos padres, que por la razón que sea han quedado fuera del proceso de planificación, comienzan en determinado momento a poner dificultades. Cualquiera de los impulsores o promotores del proceso podría pensar que se trata de un freno, de una rémora potencial o real para el mismo: la clásica reacción de los de siempre oponiéndose a lo nuevo. Muy poca gente es capaz de ver esa oposición como el complemento necesario de todo proceso da cambio: aquel esfuerzo que se realiza desde determinadas partes de un sistema para garantizar la estabilidad del propio sistema. No olvidemos que todo cambio sostenido necesita cierta estabilidad, sobre todo la permanencia de ciertos elementos clave. Sin esa estabilidad, el cambio se volverá agresivo, dramático para algunos de los miembros y la oposición al mismo no hará sino crecer hasta volverse clara y abiertamente desestabilizadora. Se necesita perspicacia, experiencia crítica y sobre todo sentido común para ver las cosas de esa manera y convertir un potencial enemigo en un potencial aliado. Los asesores deberían estar en condiciones de ayudar a los miembros de las instituciones educativas a desarrollar esta capacidad.

4.2 Algunos principios prácticos del asesoramiento

Aquí plantearemos una serie de "reglas del buen hacer" que merecen ser considerados en el trabajo de los asesores:

Transparencia y claridad. Un proceso de asesoramiento exige transparencia y claridad en todos los niveles que podamos identificar en el mismo. Es precisa la transparencia sobre el contenido del asesoramiento, pero también sobre el propio proceso a desarrollar, las relaciones a mantener, el uso de la información, etc. Aun cuando el proceso se vaya construyendo sobre la marcha, es necesario asumir la necesidad de informaciones fluidas y claras que garanticen la clarificación de roles y funciones en el mismo. La incertidumbre e indefinición en las relaciones, en las metas perseguidas, en los pasos o normas que han de guiar la relación entre los participantes, afectan negativamente a un proceso, el de asesoramiento, que debe basarse en la confianza mutua y la seguridad. Los participantes en ese proceso deben saber qué se espera de ellos, hacia dónde se dirigen y cuál es la disponibilidad de unos y otros en el mismo (tiempo disponible, desgaste personal, dedicación, implicación, qué se está dispuesto a ofrecer). A menudo, como parte de esa transparencia y claridad, se precisan pactos y acuerdos sobre la confidencialidad o no de ciertas informaciones, sobre el acceso y uso de la información, sobre el respeto a puntos de vista o situaciones individuales.

El proceso de asesoramiento exige aceptar y valorar el conocimiento y destrezas que los colegas en la escuela tienen, y por tanto ha de plantearse el asesoramiento más como un proceso de reconstrucción y desarrollo de planteamientos, actitudes, experiencias o prácticas existentes, que como un proceso de reemplazo o de cambio total ajeno a la realidad de partida. Esta condición da cuenta, además del valor reconocido al conocimiento generado en la institución, de otro importante dato al considerar el rol del asesor. Lejos de prescribir y dictaminar cambios desde arriba éste ha de estar dispuesto y preparado a aprender en ese proceso, a "escuchar" las necesidades de los otros (qué quieren y necesitan), a diseñar procesos de acción atentos a esas necesidades y fundamentados en las posibilidades y recursos de los profesores.

Una acción asesora ha de huir de las prescripciones saludables (Selvini Palazzoli, 1994) que no son más que consejos prematuros obvios y por lo tanto también inocuos pero

frecuentemente inútiles y que, por lo tanto, distraen de la búsqueda de una solución significativa. Aunque el sentido común pueda ser importante en el proceso de asesoramiento
(como en muchos otros ámbitos de la vida), lo que sí está claro es que por sí mismo no se
convierte en una acción profesional, y mucho menos induce al cambio. Decir a un profesor
que para que sus alumnos trabajen ha de "motivar" a los niños es un consejo tan obvio como
inútil. Plantear a los profesores que para avanzar en sus metas "deben colaborar" es una
propuesta con la que probablemente todos estaríamos de acuerdo, pero que difícilmente
sirve para guiar acciones específicas o propuestas concretas en la práctica de los profesores.
La acción asesora tenderá a centrar la actuación reforzando los aspectos, situaciones o
dimensiones positivas de aquello o aquellos que participan en el proceso de asesoramiento.
Si hacemos valoraciones explícitas del esfuerzo realizado por alguien, si consideramos sus
acciones o simplemente intenciones, estamos colocando a los interlocutores en una situación
de aceptación y seguridad. Lo contrario, la crítica exacerbada y los reproches, coloca al
asesor en una posición de experto que probablemente desencadene en el interlocutor una
reacción de defensa y autoprotección contra el proceso de asesoramiento.

El proceso de asesoramiento ha de ser necesariamente un camino de ida y vuelta. Un
punto crucial en el proceso de asesoramiento es el compromiso de los profesionales externos
y de los agentes internos respecto al uso de la información que se va generando en ese
proceso asesor. El óptimo funcionamiento del proceso exige que en todo caso, y sin excepciones, los análisis y lecturas que se hagan del proceso, o del grupo con el que se esté
trabajando, sean devueltos a los protagonistas de esos grupos. Quiere esto decir que los
propietarios de ese proceso, y los destinatarios del mismo, son los miembros del grupo/s de
la institución escolar con la que se trabaja, no los asesores u otra audiencia. Si la información, los resultados y análisis no vuelve a su punto de origen el proceso de asesoramiento
no se vivirá por los demandantes del mismo como algo propio y con sentido para ellos
mismos, sino como acción diagnóstica o evaluativa ajena a su propio ejercicio profesional
Un requisito más: retroceder, dar un paso atrás cuando ya no se es necesario. Es decir,
estar disponible para retirarse del campo en el momento en que el colectivo institucional así
lo manifieste, en el momento en que el grupo con el que se trabaja es autónomo para
afrontar su propia situación. Y esa ha de ser además la meta del asesoramiento: la autonomía
y capacidad de la institución escolar para afrontar sus propios retos y demandas. En consecuencia, la meta del proceso asesor no es la de calificar o alcanzar para el mismo un status
de servicio o acción profesional "permanente" en los centros, lo que señalaría la relación de
dependencia entre la institución educativa y los asesores, sino al contrario, el buen asesoramiento es aquél que no se hace necesario más que temporalmente y que no genera dependencia sino autonomía y capacitación en los profesionales o en la institución que inicialmente eran los destinatarios del mismo.

5.   Una experiencia combinada de apoyo interno y externo

Nos gustaría hacer referencia a una estrategia de asesoramiento que puede ser un buen
ejemplo de trabajo que combina gran parte de los requisitos expresados más arriba. Parece
un hecho evidente que la utilización de recursos internos junto con los externos favorece el
desarrollo y la puesta en marcha de diferentes procesos educativos como el desarrollo de
innovaciones, la formación de profesores o la propia evaluación educativa que tienen lugar
en el seno de nuestras organizaciones. Equipos de trabajo con la sensibilidad necesaria para
entender los centros educativos como comunidades sociales con historia y cultura propias
en las que ningún proceso se puede implantar mecánicamente. Pues precisamente la moda-

lidad de apoyo que vamos a comentar combina el asesoramiento interno con el externo extrayendo las virtualidades de cada uno de ellos.

Los Grupos de Apoyo entre Profesores (GAEPs), constituyen un modelo de asesoramiento desarrollado desde el marco de las teorías del desarrollo organizativo, consistente en la creación de pequeños grupos de compañeros de un mismo centro que trabajan conjuntamente sobre problemas planteados por sus colegas. Se convierte en un apoyo a profesores e indirectamente a los alumnos y a la institución (Parrilla y Daniels, 1998). Lo novedoso de esta modalidad de apoyo estriba precisamente en la posibilidad que brinda de ofrecer el asesoramiento desde dentro de la escuela pero contemplando a su vez la posibilidad de recurrir a instancias externas si se estimase necesario.

Un Grupo de Apoyo entre Profesores está compuesto por tres profesores del centro aunque si el grupo lo estima necesario puede solicitar temporalmente la colaboración o participación de algún profesional del apoyo externo, el asesoramiento de otros profesores del centro o de los propios padres. *"El grupo recibe demandas de profesores individuales que voluntariamente solicitan su ayuda y junto a ese profesor, colabora en el análisis y comprensión del problema planteado, así como en el diseño de propuestas de intervención adecuadas a las dificultades planteadas"* (Parrilla y Daniels, 1998 :23).

La puesta en marcha de un GAEP en una institución educativa conlleva un periodo de sensibilización en el que por una parte se ofrece información y publicidad sobre los objetivos y finalidades del grupo, sobre la modalidad de trabajo a desarrollar así como acerca de los recursos y medios con los que va a contar el grupo de profesores. Por otra parte, esta fase de sensibilización habrá de contar inevitablemente con un período formativo en el que los futuros integrantes de los Grupos de Apoyo Entre Profesores se familiaricen con los conceptos y principios del desarrollo basado en la escuela, los equipos de apoyo entre iguales y reciban formación acerca de ciertas habilidades sociales que les facilitarán los contactos y las relaciones interpersonales así como la dirección de grupos y reuniones. Este primer momento en la construcción de un grupo de apoyo entre profesores puede acometerlo bien un miembro veterano de algún GAEP ya existente en cualquier otro centro, bien una persona entusiasta y preparada que acepte la responsabilidad de asumir esta fase informativa y formativa o bien un agente perteneciente a la red de apoyo externo.

Una vez que se ha constituido el grupo, ha pasado por el periodo formativo y existe sensibilización en el centro y acuerdo y aceptación del resto de los compañeros en cuanto a su funcionamiento, el equipo se dispone a iniciar su trabajo. Siempre abordará un único caso por sesión y éste proviene de la demanda individual de algún profesor del centro. Se acuerda una reunión semanal o quincenal para abordar el caso. Las reuniones quedan registradas confidencialmente en notas que se confeccionan sobre la información, análisis y toma de decisiones que sobre cada caso se van adoptando.

Las características que definen a estos Grupos de Apoyo entre los profesores las comenta Parrilla (1998):

- *Carácter institucional,* ya que se gestan y se desarrollan en el seno del propio centro docente.
- *Simetría en las relaciones,* puesto que la relación entre los miembros del GAEP están basadas en la igualdad.
- *Relación colaborativa.* Se trabaja sobre la base de un ciclo de resolución colaborativa de problemas y de acuerdos.
- *Carácter y orientación práctica y comprometida del proceso*, ya que los GAEPs tratan problemas y asuntos prácticos.

- *Reconocimiento del conocimiento de los profesores*; el grupo se basa en el conocimiento experiencial y práctico de los profesores.
- *Inmediatez del apoyo en el tiempo y en el espacio*, dada la cercanía de su servicio al problema y junto a ello su ayuda y disponibilidad casi permanente.
- *Apoyo a los profesores.* La filosofía de los GAEPs supone el reconocimiento de las necesidades de los profesores.
- *Flexibilidad técnica*, principio que conduce a los GAEPS a buscar en cada caso la alternativa más apropiada al problema que se trate.
- *Introducción gradual del cambio,* lo que produce un equilibrado ajuste de las modificaciones.
- **La ayuda se produce desde abajo** **aprovechándose los recursos del propio colectivo institucional.**

En la provincia de Sevilla se ha desarrollado la experiencia de Grupos de Apoyo Entre Profesores en cuatro centros públicos durante una primera fase, experiencia que posteriormente se ha ampliado en una segunda fase a centros de secundaria. Remitimos a la obra de Parrilla y Daniels (1998) *Creación y desarrollo de Grupos de Apoyo Entre Profesores* para profundizar en los principios generales de esta modalidad de asesoramiento así como el desarrollo de la experiencia y el impacto de la misma.

Bibliografía

BALL, S. (1989) *La micropolítica de la escuela: hacia una teoría de la organización escolar.* Barcelona: Paidos / MEC.

BALL, S. (1990) *La perspectiva micropolítica en el análisis de las organizaciones educativas.* Ponencia al I Congreso Interuniversitario de Organización Escolar. Barcelona.

FERNÁNDEZ, L. (1994) *Instituciones educativas. Dinámicas institucionales en situaciones críticas.* Buenos Aires: Paidós.

FERNÁNDEZ, L. (1997) Asesoramiento institucional en situaciones críticas. En Marcelo, C. y López Yáñez, J. (Coords.) *Asesoramiento curricular y organizativo en educación.* Barcelona: Ariel.

FOUCAULT, M. (1978) *Microfísica del poder.* Madrid: La Piqueta.

LÓPEZ YÁÑEZ, J. y SÁNCHEZ MORENO, M. (1997) *Para comprender las organizaciones escolares.* Sevilla: Repiso (Véase el capítulo sobre La Cultura Institucional).

LÓPEZ YÁÑEZ, J., SÁNCHEZ MORENO, M. y OTROS (1996) "Evaluación de la actividad formativa de un centro de profesores" *Investigación en la escuela*, 30, 53-62.

MCBRIDE, M. y SKAU K. G. (195) "Trust, empowerment and reflection: Essentials of supervision", *Journal of Curriclum and Supervision 10*, 3, 262-277.

MARCELO, C. Y LÓPEZ YÁÑEZ, J. (Coords.) *Asesoramiento curricular y organizativo en educación.* Barcelona: Ariel.

MINTZBERG, H. (1992) *El poder en la organización.* Barcelona: Ariel.

PARRILLA, A. (1996) *Apoyo a la escuela: Un proceso de colaboración.* Bilbao: Mensajero.

PARRILLA, A. y DANIELS, H. (1998) *Creación y desarrollo de grupos de apoyo entre profesores.* Bilbao: Mensajero.

SELVINI PALAZZOLI, M. (1990) *El mago sin magia*, Barcelona: Paidós.

SERRAT, A. (1995) Algunas estrategias para la resolución de conflictos en Gairín, J. y Darder, P. *Organización y funcionamiento de los centros escolares. Barcelona*: Praxis.

INTERCOMUNIDADES EDUCATIVAS VIRTUALES: RETOS METODOLÓGICOS Y ORGANIZATIVOS DE LA TELEFORMACIÓN DIGITAL

JOSÉ ANTONIO ORTEGA CARRILLO
Departamento de Didáctica y Organización Escolar de la Universidad de Granada (Grupo de Investigación ED. INVEST.) - Centro UNESCO de Andalucía.

> *"La información verdaderamente crucial*
> *no es tan fácil de transferir....*
> *reside en los cerebros de las personas,*
> *en formas que incluso ellos*
> *no saben cómo transferir a un disco de un ordenador.*
> *Más que eso; no reside en el cerebro de una persona,*
> *sino que es el producto emergente*
> *de la interacción de mucha gente".*
>
> **Paul Krugman**
> (http://www.tecfor.es)

1. La inter-formación a distancia a través de redes: auge del teletrabajo educativo.

Las nuevas tecnologías de la información en su implantación cultural están abriendo un nuevo período (no sé si adjetivable como revolucionario) con evidentes implicaciones sociales y económicas (De Pablos, 1998, 470). En el final del milenio comienza a expandirse la denominada tecnosfera, que intenta invadir cualquier sector de la actividad humana. En opinión de Lorenzo (1998, 476), esta tecnosfera puede convertir a los centros educativos en contextos de aprendizaje de los alumnos y en contextos de trabajo para los profesores bastante diferentes de los actuales.

La extensión de los servicios de transmisión digital de información que se está produciendo debido a la disminución del coste de utilización de la Red Integral de Servicios Integrados (RDSI), a la llegada a millones de hogares de los servicios las empresas suministradoras de señal digital (operadores de cable) y a la generalización de la denominada "tarifa telefónica plana", está produciendo un notable incremento en los países desarrollados de los usuarios de la red Internet, cuya cifra se viene duplicando anualmente.

Las facilidades de acceso a millones de bancos de datos de información electrónica comienzan a ser patrimonio común. Tal como afirma Teófilo Rodríguez (1998: 21 y 22), esta generalización presenta cuatro grandes grupos de ventajas y facilidades:

- La información (la carencia de información) ha dejado de ser un problema. Todo el mundo puede disfrutar de una información ininterrumpida y en constante crecimiento. Las bibliotecas han dejado de ser lugares lejanos y de difícil consulta. Podrán estar en cualquier parte en cualquier momento. Y no sólo los textos serán accesibles, sino que las imágenes, el sonido y las representaciones podrán circular por todo el planeta. El problema comenzará a plantearse en torno al exceso de la información...

- Las comunicaciones interpersonales, además de los medios clásicos, cuentan, en estos momentos, con un gran potencial telemático capaz de crear comunidades entre sujetos situados por todos los lugares de la tierra. El trabajo a distancia (teletrabajo) es una realidad en las empresas y será una realidad escolar.

- El tiempo presencial abandona sus requerimientos. Cada uno podrá elegir el momento más acorde con sus disposiciones y su situación. Desaparecen las fronteras y desaparecerán los horarios fijados en términos regulativos exactos y precisos.

- El carácter abierto de las redes permite el ejercicio real de la pluralidad en cuanto recurso permanente de interacción. Las distintas herramientas de Internet: correo electrónico, entorno web, conferencias multimedia, audio-conferencias, foros de debate, comunidades virtuales, etc., son otros tantos canales de comunicación y de posibles empresas cooperativamente promovidas.

1.1. Los ecosistemas escolares virtuales y sus espacios de comunicación.

Nos encontramos pues ante el nacimiento de multitud de nuevos ecosistemas educativos cuyo hábitat real es el entorno virtual que proporcionan las redes telemáticas. Sus biocenosis, lejos de formar familias reales caracterizadas por la convivencia física y afectiva, se configuran como cibercomunidades en las que la facilidad de acceso y transmisión de la información audiovisual es el principal factor de cohesión y desarrollo ciberafectivo. La afectividad que genera el diálogo epistolar electrónico, el encuentro conversacional en un canal de IRC (teleconversación por teclados), el teleenvío de una fotografía o de una videograbación en formatos digitales compatibles o el uso de la videoconferencia monopunto o multipunto, son herramientas portadoras de un enorme potencial afectivo social.

Concebido como espacio educativo Internet ofrece estas herramientas así como un conjunto de *"espacios"* en los que personas con intereses comunes interactúan e intercambian información (December, 1995):

a) Espacios para la comunicación síncrona y asíncrona individuo-individuo o individuo grupo.

b) Espacios para la interacción y la actividad social.

c) Espacios para la información, para la distribución, búsqueda y recuperación de información en cualquier formato digital.

d) Espacios para la educación y la formación.

Tiffin y Rajasingham (1997: 242) señalan que las actividades formativas en línea que pueden organizarse a través de Internet pueden adoptar modalidades diversas que van desde los sistemas de enseñanza a distancia mediante cursos exclusivamente diseñados para ser usados en Internet a sistemas mixtos que combinan canales tradicionales de enseñanza con el uso de la red con fines complementarios.

1.2. Pespectivas de la teleformación digital.

Por su parte Tejedor y Valcárcel (1996: 113-116) analizan las ventajas organizativas, metodológicas y curriculares que aporta la red a los procesos educativos. En el marco de sus propuestas y con aportaciones propias nacidas de la experiencia como director técnico de un programa abierto de inter-teleformación virtual en habla hispana (Ortega, 1998, 121-140) proponemos el siguiente análisis:

Posibilidades y ventajas de la telenseñanza virtual

Flexibilidad y versatilidad ORGANIZATIVA	• Centralización/descentralización administrativa de la información: - Creación de macrocomunidades inter-educativas (disminución de costes, suma y coordinación de esfuerzos, internacionalización de relaciones, enriquecimiento intercultural, etc.). - Especialización funcional mediante la creación de microestructuras inter-educativas. • Acceso inmediato y a bajo coste a bancos nacionales e internacionales de información digitalizada: - Bibliotecas electrónicas. - Webs temáticas especializadas. - Webs institucionales... • Organización abierta y flexible de los procesos formativos: - Horarios adaptables. - Ritmos autónomos y pactados. - Intercompañerismo virtual. - Calendarios versátiles de evaluación. - Tutoría telemática y teleorientación. - Intercomunidades de profesores, padres y alumnos. - Foros virtuales de discusión. - Intercomunicación multimedia (videoconferencias monopunto y multipunto). - Formación continua de los sectores de la comunidad escolar. • Accesibilidad a la formación a alumnos de otros países, regiones y comarcas (mundialización de la formación).
Variabilidad y riqueza METODOLÓGICA	• Enseñanza virtual personalizada (adaptada a intereses y necesidades). • Enseñanza virtual inter-cooperativa. • Publicabilidad inmediata de materiales electrónicos didácticos, artículos de opinión, críticas... • Refuerzo pedagógico en línea. • Intercambio electrónico en tiempo real de trabajos y materiales de consulta. • Acceso a programas informático-didácticos de libre distribución. • Intercambio virtual de herramientas electrónicas de autor (programas, aplicaciones, etc.). • Localización e intercambio en la red de recursos para el trabajo (acceso inmediato). • Posibilidad de crear bancos de imágenes, textos y gráficos de fácil modificabilidad mediante herramientas autor. • Alfabetización telemática: mejora de la competitividad sociolaboral. • Posibilidad de teletrabajar. • Mayor facilidad de acceso a información valiosa para la integración laboral, el desarrollo profesional y la formación continua (permanente).

Creatividad CURRICULAR (Contenidos)	• Autoelaboración de materiales didácticos y de monografías artesanales. • Autodifusión e interdifusión. • Autorrevisión, mejora y reedición instantánea. • Envío masivo en tiempo real de información. • Posibilidad de capturar innumerables recursos gráficos, icónicos y videográficos. • Posibilidad de acceder instantáneamente a información actual y/o actualizada (organismos, instituciones, publicaciones electrónicas, diarios, emisoras de radio de otros continentes, etc.). • Interrelación virtual con los creadores de conocimiento.

La era digital se caracteriza por el surgimiento de la *"erótica"* de las cibercomunicaciones *"en línea"*, caracterizadas por la instantaneidad y la versatilidad de las conexiones. La misma admiración que sintieron nuestros antepasados con la llegada del teléfono o la radio sentimos hoy quienes nos convocamos ante la pantalla de un terminal de videoconferencia o canal de conversación por teclados. Aquellos, al no encontrar explicación natural a tales fenómenos comunicacionales, les atribuían cualidades mágicas y fantásticas. Sentimientos similares suelen tener quienes desde su puesto de teletrabajo atraviesan en décimas de segundo el océano Atlántico o sobrevuelan virtualmente en menos de cinco segundos África y Asia para comunicar sus sentimientos a "amigos virtuales" de Buenos Aires y Osaka.

2. El nacimiento de los ciberespacios de interformación: de la comunidad escolar de barrio a las comunidades virtuales interescolares abiertas.

Las paredes de las comunidades escolares empiezan a desvanecerse cuando apuestan por la creación de canales de intercomunicación electrónica de alumnos, profesores y padres. Es entonces cuando comienza a cristalizar un nuevo modelo de relación del individuo con su entorno. Tal como apunta Jesús Salinas (1998: 144) surge una nueva relación entre los dos universos del hombre: exterior e interior. Estos cambios hacen necesaria una nueva formación. No solamente a nivel profesional, sino a nivel general... La formación y cultura de la comunicación es la dimensión lógica en el ser humano de finales de siglo. En este contexto, Salinas, rompiendo la lógica precedente, se atreve a afirmar que *"hoy la estabilidad está en el cambio y, por el contrario, el inmovilismo produce una inestabilidad crónica y crisis"*. Para el director del Campus Extenso (virtual) de la universidad de las Islas Baleares, una persona educada *"debe ser un conocedor, un pensador y un aprendiz"*. Tal afirmación supone *"la adquisición de un dominio específico de conocimiento, la posesión de destrezas cognitivas generalmente útiles y el deseo de aprender"* (op. cit. pág. 144).

2.1. Comunidad virtual de centros docentes colombianos.

El ciberespacio ofrece nuevas formas de intereducarse (comunitariamente), de vivir y de crear. Un ejemplo de ello lo encontramos en Colombia donde desde hace algún tiempo funciona la denominada Comunidad Virtual de Colegios Colombianos *"El Punto"*, cuya dirección electrónica (URL) es:

http://www.ispltda.pair.com/elpunto/

Su página web explica que *"nace para atender al sector educativo"* y *"su creación es fruto de la investigación y del trabajo conjunto de especialistas en tecnología educativa, telecomunicaciones, didáctica de las disciplinas, pedagogía y psicología, preocupados todos ellos por ofrecer un recurso adaptado a las necesidades de la educación futura".*

Los objetivos de este proyecto de teletrabajo formativo son:

- Crear un canal de comunicación entre los colegios colombianos, permitiendo el intercambio de experiencias, programación del conocimiento y el acceso estructurado y organizado a recursos educativos a través de las amplias posibilidades que brinda Internet.
- Promover la investigación, desarrollo y difusión de alternativas pedagógicas para la transmisión, enriquecimiento y generación de conocimientos.
- Acercar las nuevas tecnologías y sus conceptos básicos al entorno educativo, brindando un ambiente de trabajo diseñado especialmente para los estudiantes, padres y profesores.
- Contribuir con la formación de los profesores para que logren la interacción de las nuevas tecnologías en su práctica pedagógica.
- Formar personas críticas en la utilización de los nuevos medios de comunicación y orientarlas para que sean usuarios activos y no simples consumidores de los contenidos disponibles en Internet.
- Ofrecer un ambiente educativo que favorezca la globalización y apertura de la educación fomentando valores como la solidaridad, el respeto a las diferencias y la no discriminación.

Entre los servicios que ofrece esta comunidad a los Colegios adheridos destacan la posibilidad de publicar una página web con información del centro (plan educativo, instalaciones, actividades extracurriculares, plantilla de profesorado, etc.); asesoría respecto a la adquisición, instalación y uso de las nuevas tecnologías al servicio de la educación (mediante correo electrónico), recepción de información electrónica permanente sobre recursos de interés técnico y logístico tanto a nivel institucional como de áreas específicas (artículos, libros electrónicos, programas, teleconferencias, etc.); posibilidad de afiliarse a comunidades virtuales educativas de otros países y recepción de aquellos programas de ordenador disponibles en Internet bajo las modalidades de freeware o shareware.

Esta comunidad virtual ofrece a los docentes el acceso a bancos de recursos didácticos electrónicos (imágenes, fragmentos de vídeos y programas) según el área de conocimiento; la obtención de los resultados de la evaluación y orientación de programas de ordenador que pueden usarse en el desarrollo curricular de las diversas unidades didácticas; la suscripción a listas de correo o grupos de discusión según el interés académico; la posibilidad de realizar cursos (vía Internet) sobre elaboración de material didáctico utilizable o publicable en la red; posibilidad de obtener ingresos por la venta de material didáctico encargado por técnicos de la comunidad virtual; posibilidad de publicar en la web de la comunidad sus documentos y material que encuentren en otros sitios de Internet; obtener aquellos recursos didácticos que han sido previamente analizados y evaluados por expertos en el área respectiva y tener acceso a un canal virtual para consultas específicas sobre sus inquietudes en la aplicación de la informática en el área que domina o enseña.

Los estudiantes de los centros integrados en esta comunidad virtual disfrutan, entre otros, de los siguientes servicios: Acceso a bibliotecas multimedia (artículos, imágenes y fragmentos de vídeos) de cada área de conocimiento y a programas de refuerzo de conocimientos y mejora de habilidades; posibilidad de usar un canal virtual para realizar consultas, acceder a enciclopedias en línea y de intercambiar experiencias con estudiantes de otros colegios; derecho a publicar en las páginas de "el punto" sus documentos y materiales (u otros que localicen en Internet) inscribirse en cursos de entrenamiento o refuerzo especial como la preparación del ingreso a la universidad.

Por su parte esta cibercomunidad educativa ofrece a los padres el acceso a tutoriales en línea para conocer las innovaciones tecnológicas aplicadas a la educación; la consecución de programas informáticos que les permitan participar activamente en la educación de sus hijos y la posibilidad de publicar en la web sus documentos o artículos acerca de experiencias personales con respecto a la educación que quieran compartir con los demás miembros de la comunidad.

2.2. El intento de creación de una macro intercomunidad educativa virtual en España.

Una experiencia que presenta cierta similaridad la encontramos en España con el denominado Programa de Nuevas Tecnologías de la Información y la Comunicación (PNTIC) del Ministerio de Educación y Cultura. Dicho programa pretende crear una intercomunidad ciberformativa virtual en la que ya participan centenares de centros docentes de su área de gestión. En las bibliotecas virtuales de su web pueden consultarse, entre otras cosas, materiales didácticos hipermedia elaborados por docentes agrupados por áreas de conocimiento; foros de debate; listas de discusión temáticas, revistas profesionales especializadas en formato electrónico, acceso a bases de datos y a otros espacios virtuales similares, cursos de formación a distancia, etc.

El PNTIC ha puesto en marcha un programa estrella cuyo objetivo es potenciar la creación de una intercomunidad educativa virtual específica que interconecta a centros docentes rurales. Denominado *"Aldea Digital"* ha sido puesto en marcha de forma piloto en la provincia de Teruel. Inaugurado en marzo de 1998 afecta a 3.700 alumnos y 400 profesores que prestan sus servicios en centros ubicados en pequeñas localidades (entre 100 y 500 habitantes). El programa interconecta electrónicamente a través de la telemática a 27 Centros Rurales Agrupados, con aulas en 152 localidades, 7 Colegios Públicos ordinarios, 3 Centros Rurales de Innovación Educativa y 5 Centros de profesores y Recursos. Todos ellos se encuentran insertos en una Intranet de 168 puntos de comunicación.

El profesor Gago Rodríguez (1998: 431-443) presentó en el II Congreso Internacional de Comunicación, Tecnología y Educación, celebrado en Oviedo en noviembre de 1998, un análisis crítico de los primeros meses de funcionamiento de *"Aldea Digital"*. En su primera parte expone como logros expresados por los informes oficiales del MEC:

- El teléfono llegó a más de 60 pueblos de la provincia; se instalaron líneas telefónicas, algunas de alta velocidad (RDSI), en 111 aulas; se crearon, asimismo, 9 puntos de videoconferencia y, además, se instalaron equipos de televisión (vía satélite) y de vídeo.
- Se han impartido 27 cursos de formación para el profesorado sobre temas tales como aplicaciones educativas de los sistemas multimedia, sotware educativo, utilidades de Internet, producción de hipertextos, etc.
- Se ha llegado a 3.700 alumnos con una ratio media de 23 estudiantes por aula.
- Se han creado páginas web en colegios rurales.
- Se ha experimentado la celebración de *"claustros virtuales"*.
- Se han creado periódicos electrónicos.

Como información complementaria es necesario expresar que el 27 de mayo del mismo año se anunció oficialmente la extensión del Plan *"Aldea Digital"* a las nueve Comunidades Autónomas que aún gestiona el MEC (Asturias, Cantabria, La Rioja, Castilla-León, Madrid, Castilla-La Mancha, Extremadura y Murcia) y en el futuro a Iberoamérica mediante acuerdos bilaterales.

Tras ello el citado investigador de la Universidad de Oviedo cuestiona la necesidad y prioridad del proyecto por entender que *"ante las graves insuficiencias manifestadas en este fin de siglo por los sistemas escolares, la respuesta política se limita a introducir máquinas en la escuela para hacer llegar hasta ella los grandes flujos de información mundial"*. El citado profesor se sorprende de que se presente *"la implantación de la informática educativa como única y maravillosa tabla de salvación: factor externo capaz de solucionar la crisis intrínseca que padece el sistema escolar. Obviando que tal crisis se deriva, sobre todo, de la patente falta de consenso sobre sus objetivos existente en nuestra sociedad"* (pág. 433).

Continúa este análisis socioeducativo insistiendo en la existencia de lo que denomina *"confusión generalizada entre medios y fines en el sector educativo"*. Critica las fuertes inversiones tecnológicas realizadas y los posibles intereses ocultos de las empresas concurrentes (Microsoft, Telefónica...) y expresa su convencimiento de que el proyecto *"no ha de contemplarse sólo como una iniciativa para modernizar nuestro sistema escolar, sino quizá también como evidencia de su incapacidad para mantenerse ajeno a las influencias de la industria tecnológica..."* Gago concluye esta parte de su análisis afirmando que *"el motivo de la puesta en marcha de este proyecto es de naturaleza política, antes que social y educativa"*.

Tras ello se plantea el *para qué* de Aldea Digital en el mismo marco crítico de la indiferenciación entre medios y fines educativos del que acusa a las autoridades ministeriales. Para el citado profesor hubiera sido necesario dar pasos previos antes de adoptar decisiones que comprometen tan ingente cantidad de recursos:

- Analizar la especificidad de la moderna e irresistible implantación de estos medios.
- Elucidar lo que conlleva el nuevo escenario de la "digitalización total" que se pretende imponer.
- Reflexionar sobre el proceso de unificación abstracta del mundo (virtualización).
- Meditar sobre las reacciones delirantes en lo social que pueden producir una introducción prematura de las tecnologías digitales en el mundo rural. (efectos de una televisión alienante que impone realidades que nada tienen que ver con el mundo rural y nuevo marco de relaciones de comunicación que pretenden crear Internet y la videoconfencia en esos entornos).

Finalmente el citado profesor sugiere que, desde una perspectiva organizativa, es necesario integrar el uso de las tecnologías en los desarrollos curriculares para evitar su *"uso ocasional, marginal y artificial en la enseñanza y el aprendizaje"*... *"y además se desaprovecharía un momento y un lugar privilegiados para que la comunidad escolar como un todo (padres, alumnos, profesores, inspectores, asesores y/o formadores diluciden y establezcan los porqué, para qué, cuándo, cómo así como las expectativas y las responsabilidades que una iniciativa como Aldea Digital ha de aportar a sus propios proyectos de Centro"* (op. cit. pág. 442).

2.3. La respuesta de la Universidad a la telematización de la enseñanza.

El siglo XXI parece configurarse como el de la extensión de la teleenseñanza virtual. Prueba de ello es el hecho de que Organizaciones Empresariales y Sindicales, Centros Oficiales y Universidades se afanen en el último lustro del milenio por ensayar fórmulas de teletrabajo formativo.

Pero son las universidades las instituciones que con mayor pujanza están asumiendo el reto de la teleformación virtual. En nuestro país destaca especialmente por su calidad el trabajo realizado por la Universidad de las Islas Baleares con la creación y puesta en funcionamiento del denominado *Campus Extens*. Para su director el profesor Jesús Salinas

(1998) *"este proyecto pretende explotar las cualidades de las redes para mejorar las oportunidades de acceso a los estudios universitarios desde cualquiera de las islas"*.

Este campus virtual ofrece la posibilidad de realizar estudios semipresenciales de grado y postgrado a alumnos que quieren o tienen que formarse desde el mismo entorno familiar y social con apoyo de las tecnologías de la información y la comunicación. Se trata, en suma, de proporcionar servicios educativos mediante apoyo telemático, ampliar o extender las disponibilidades del campus universitario a Menorca e Ibiza-Formentera permitiendo el acceso a los materiales de aprendizaje desde cualquier lugar.

Los estudios ofertados por este Campus Extens se destinan a alumnos que, por razones fundamentalmente geográficas pero también por necesidades de una formación más individualizada y flexible en relación con el ritmo de aprendizaje, frecuencia, tiempo, lugar, grupo de compañeros, etc..., requieren acciones formativas más abiertas y flexibles en relación a las necesidades individuales (compatibilizar estudio y trabajo, poseer discapacidad física, etc.) y sociales (personas en segunda oportunidad de formación, estudiantes de áreas remotas y rurales, barreras sociales).

El profesor Salinas y su equipo han diseñado un dispositivo metodológico que contempla el aprendizaje autónomo junto a la interacción (síncrona y asíncrona):

a) *Dispositivo metodológico:* La calidad de un sistema de formación como el del Campus Extens, afirma el citado investigador, se apoya en dos principios: materiales multimedia de calidad (impresos, multimedia disponible en el servidor de la Universidad, audiovisual, etc.) y un sistema de comunicaciones electrónicas que permitan la interacción de los alumnos con el material, con el tutor y con otros alumnos. Para ello se ponen en acción los siguientes elementos:

  • *Sistema mixto de distribución de la enseñanza* mediante autoaprendizaje, actividades de presencia continuada diseñadas para poder desarrollarse mediante videoconferencia, actividades presenciales y actividades de grupo/seminario presenciales y a través de sistemas telemáticos.

  • *Sistema de tutoría a distancia* mediante telecomunicaciones (correo electrónico, conferencia electrónica, etc.) y apoyo tutorial local en las extensiones.

b) *Dispositivo tecnológico* formado por un servidor de información digitalizada con acceso desde cualquier punto informático del campus (incluyendo los centros de recursos multimedia de las extensiones de Menorca e Ibiza-Formentera), una red potente de telecomunicaciones digitales, un sistema de videoconferencia y unos centros de recursos multimedia en las extensiones.

c) La *organización curricular* permite la creación de materiales didácticos multimedia estructurados por módulos, la responsabilización del profesorado de la tutoría, de la elaboración de estos materiales, de la docencia presencial y mediante videoconferencia y el apoyo técnico-pedagógico para la elaboración y estructuración de los materiales multimedia.

Al igual que la Universidad Balear, la Universidad Nacional de Educación a Distancia (UNED) ha dado pasos para la creación de interconexiones formativas virtuales entre alumnos pertenecientes a Centros Asociados repartidos por el territorio nacional. Su red de videoconferencia permite conexiones unipunto o multipunto y posibilita una comunicación personal, directa y bidireccional (aunque mediatizada) entre profesores y alumnos de la UNED y entre alumnos de diversos Centros Asociados. La eficacia del mismo está siendo evaluada por especialistas de los diversos campos del conocimiento. Así las profesoras M. L. Sevillano y M. E. Sánchez (1998: 103-110) están realizando una investigación sobre la participación de los alumnos en las sesiones de videoconferencia celebradas por la UNED, cuyas variables de estudio son:

- Los niveles de interacción a través del uso de la videoconfencia; frecuencia y tipos de intervenciones durante las sesiones, contenido de las intervenciones, causas de intervención y no intervención, interacción antes y después de las sesiones con el medio, factores que favorecen las intervenciones.
- Dentro del sistema multimedia de la UNED (medios, soportes y canales), los recursos con que se relaciona la videoconferencia.
- La utilización del sistema de videoconferencia: objetivos, criterios, contenidos, estrategias, estructura, usuarios y temporalización en su relación.
- Impacto del sistema de videoconferencia en el proyecto de enseñanza e influencia de las sesiones de videoconferencia en el aprendizaje en relación al proceso y a los resultados: variación en estructuras conceptuales, estrategias, actitudes, aportaciones individuales y generales.

Un avance de resultados de esta investigación realizada comparando la participación en las sesiones de los alumnos de Ciencias de la Educación y Ciencias Químicas indica que la participación de ambos durante las sesiones de videoconferncia es similar a la que sucede en las clases presenciales. Características personales, la experiencia de "aprendizaje a distancia", tipo de contenidos, metodología de la sesión, la integración de la misma dentro del proceso de enseñanza-aprendizaje, recreación de ambientes "mediatizados", la familiarización con el medio, las limitaciones técnicas, espacio-temporales y organizativas son factores que pueden fomentar la participación de los alumnos durante las sesiones de videoconferencia (op. cit. pág. 109).

Un tercer ejemplo digno de mención lo constituye la Universidad Oberta de Cataluña (**http//www.uoc.es**) que, creada en 1995, fundamenta su sistema educativo en el concepto de campus virtual, basado en la utilización de ordenadores y de redes telemáticas de comunicación. El campus virtual –anuncia su Web- permite superar las "barreras del tiempo y el espacio", con lo cual facilita el contacto individualizado e interactivo entre todos los miembros de la comunidad universitaria: estudiantes, profesores y personal de gestión.

Desde casa y a través de este campus virtual, los estudiantes reciben una atención personalizada, se relacionan con los compañeros y con sus tutores y consultores, acceden a los servicios de la Universidad, forman foros virtuales de trabajo o de debate, y tienen la oportunidad de entrar en contacto con la amplia comunidad universitaria, científica y cultural del mundo. Para acceder a estos servicios los alumnos han de poseer en su domicilio un puesto de teletrabajo dotado de un ordenador multimedia provisto de un sistema de comunicaciones digitales conectado a la red telefónica.

La UOC dispone, a semejanza con la UNED, de una red de centros comarcales soporte equipados con mediateca, videoconferencia y salas de reuniones (que se celebran de ordinario dos fines de semana por semestre) y ordenadores. El campus virtual de la UOC se configura técnicamente como una Intranet asociada a una base de datos. Esta Intranet es accesible por medio de diversas redes de comunicación (red de telefonía básica, RDSI, Infovía, Anilla Científica, Internet, etc.) y permite la fácil intercomunicación ente todos los miembros de la comunidad universitaria.

En los últimos años decenas de universidades presenciales españolas están imitando estas experiencias y ya son frecuentes las ofertas de vídeo-cursos de postgrado y doctorado por teleconferencia, los congresos virtuales y las revistas electrónicas. A ello hay que sumar la reciente puesta en marcha de foros temáticos virtuales, la organización de tutorías telemáticas y el montaje de servidores de información hipermedia que inicialmente pertenecían a cada Universidad y que en los últimos años se han multiplicado con la puesta en funcionamiento de otros muchos por parte de Departamentos e Institutos Universitarios especializados.

Tales indicadores muestran la fuerte apuesta de las instituciones de Enseñanza Superior por la implantación del teletrabajo virtual que a la larga producirá:
-   Mayor accesibilidad a la formación.
-   Disminución de costes de la docencia.
-   Personalización de los procesos de enseñanza-aprendizaje.
-   Internacionalización del alumnado.
-   Coordinación de esfuerzos con la creación de iniciativas interuniversitarias.
-   Avance rápido hacia la creación de intercomunidades formativas y de investigación entre alumnos, profesores y sociedad civil.

2.4. Comunidades educativas virtuales de ámbito transnacional.

Los organismos transnacionales están favoreciendo la creación de intercomunidades educativas capaces de aglutinar las experiencias. En el contexto de la Unión Europea se ha creado la *European Schoolnet* con sede en Bruselas (**http://www.es.eun.org**) cuyo actual director es el español Rogelio Segovia. Hasta la fecha participan en esta iniciativa 19 organizaciones estatales tales como el PNTIC, EDUfi, ResTODE, NGfL, EDUCNET, BDP, Sklenettet, Nonio Século XXI y Greek School Net. Su objetivo central es apoyar las redes educativas europeas, construir contactos y compartir experiencias poniendo acento en cómo cada país realiza su aportación a Europa. En su web se ofrecen bibliotecas electrónicas relacionadas con la innovación educativa, los recursos, la formación en nuevas tecnologías, las colaboraciones entre estados y un listado de enlaces con iniciativas paralelas existentes en otras zonas del mundo. Alumnos y profesores pueden encontrar en ella espacios de interés, noticias, informaciones sobre la U. E., acceso a boletines oficiales, etc.

Siguiendo las recomendaciones de la Nueva Estrategia de Comunicación promovida por la UNESCO para acercar mediante los nuevos canales a los países desarrollados y en vías de desarrollo, un grupo de profesionales hemos puesto en marcha una iniciativa interformativa virtual en lengua española y de ámbito hispanoamericano ciertamente singular, por su organización y funcionamiento. Se está llevando a cabo gracias a la acción coordinada del Centro UNESCO de Andalucía, el Grupo de Investigación ED. INVEST. del Departamento de Didáctica y Organización Escolar de la Universidad de Granada y la Sección de Investigación de la Asociación para el Desarrollo de la Comunidad Educativa en España COM. ED. ES, con el patrocinio de la UNESCO y la colaboración de la Red de Cátedras UNESCO de Comunicación (ORBICOM).

Dicha iniciativa denominada Seminario Virtual Interuniversitario e Iberoamericano sobre Eduación y Tecnologías de la Información fue inaugurada por el actual Director General de la UNESCO Federico Mayor en diciembre de 1998. Su principal característica es la voluntariedad y altruismo solidario de cuantos investigadores, docentes, profesionales de la comunicación, alumnos y padres participan en esta comunidad interformativa que se está construyendo en el ciberespacio, cuya URL es:

http://www.ugr.es/~sevimeco/

Este foro está especialmente pensado para fomentar el diálogo y el intercambio de investigaciones y experiencias entre profesionales de la docencia, la investigación y la comunicación social que ejerzan sus actividades en Facultades de Ciencias de la Educación, Escuelas de Magisterio, Departamentos de Pedagogía, Didáctica y Organización Escolar, Didácticas Especiales, Grupos y Proyectos de Investigación, Facultades de Ciencias de la Información, Facultades de Informática, Facultades de Telecomunicaciones, Facultades de Bellas Artes, Facultades de Biblioteconomía y Documentación, Facultades de Sociología, Facultades de Filosofía y Letras, Facultades de Derecho, Universidades a distancia, Programas de educación de personas adultas de ámbito universitario y no universitario, Administraciones Educativas internacionales, nacionales y regionales, Medios de comunicación impresos, radiofónicos, audiovisuales y digitales, Asociaciones y Fundaciones cuyos objetivos estén relacionados con la temática de este seminario, Centros UNESCO, Clubes UNESCO y Escuelas Asociadas a la UNESCO, Centros docentes de los niveles no universitarios y escuelas rurales, Centros de Educación informal y no formal, Asociaciones de radioyentes, telespectadores y padres de alumnos.

Su visita permite obtener abundante información sobre diversas temáticas relacionadas con la educación, la ciencia, la cultura, los medios de comunicación y la investigación científica. Si el internauta decide escoger la opción "entrar al seminario virtual" conocerá su estructura funcionamiento y se adentrará en sus bibliotecas virtuales para recabar información. En su primera fase el programa de formación virtual ofrece a los ciberusuarios la posibilidad de enviar informes, artículos, publicaciones y noticias con el fin de engrosar los fondos iniciales que componen las diversas bibliotecas hipertextuales creadas. Tal circunstancia permite su difusión pública universal a la vez que abre la posibilidad a los lectores de establecer una comunicación con los autores mediante el uso del correo electrónico. Cualquier cibernauta que hable o traduzca el idioma español tiene la posibilidad de acceder de forma libre y gratuita a la información presente en los catálogos de estas bibliotecas virtuales. Además puede encontrar hiperenlaces a otros servidores externos que ofrecen información digitalizada convencional o hipertextual relacionada con las temáticas propias del seminario tanto en lengua española como en francesa e inglesa (revistas electrónicas, bibliotecas virtuales, museos tecnológicos, web de asociaciones, instituciones y organismos, etc.).

Al crear las citadas bibliotecas se han agrupado las publicaciones según la naturaleza de la documentación que contienen. Tres de ellas poseen información esencialmente científica (estudios, informes, artículos extraídos de tesis doctorales, investigaciones becadas por instituciones y organismos, etc.) y aparecen en el índice de servicios con las denominaciones:

- Biblioteca de *temas UNESCO* constituida por informes y estudios de interés tecnológico-educativo patrocinados y publicados por este organismo internacional dependiente de las Naciones Unidas.
- Biblioteca de *estudios teóricos* en la que aparecen artículos científicos relacionados con la construcción epistemológica de la Tecnología Educativa, la Didáctica, la Organización de las Instituciones Educativas, las Teorías de la Comunicación, el Desarrollo de las Tecnologías de la Información, el Funcionamiento de los Medios de Comunicación, etc.
- Biblioteca de *investigaciones aplicadas* que contiene resúmenes de investigaciones científico-didácticas realizadas por Universidades, Centros de Investigación, Fundaciones, etc. relacionadas con los campos de trabajo del Seminario Virtual.

Las cuatro restantes contienen documentación de naturaleza *informativo-divulgativa*. De ellas dos aparecen en el índice de servicios dentro de la denominada **Escuela Abierta de Educación Multimedia**. Se trata de las bibliotecas virtuales que albergan *ensayos y artículos de opinión* y la *mediateca artesanal*, un auténtico lugar de intercambio electrónico de materiales y recursos tecnológico-didácticos digitales de diseño y creación artesanal aplicables al ámbito de la educación familiar y en programas de educación formal y no formal de niños, jóvenes y adultos.

Finalmente se han creado otras dos bibliotecas digitales, una dedicada a la *divulgación de noticias y convocatorias* y otra que contiene las referencias y *reseñas de publicaciones* convencionales (libros, revistas, folletos, vídeos, etc.) recibidas en el Seminario Virtual cuyo contenido es concorde con los objetivos y actividades del mismo.

El correo electrónico es la principal vía de comunicación entre los usuarios y el equipo responsable del diseño y gestión de las actividades y programas formativos del Seminario Virtual. Ello permite obtener datos de gran valor para optimizar el funcionamiento de este proyecto investigador tales como:

- Conocer el perfil personal y profesional de los demandantes de cada documento formativo ya que, tras ser consultado su resumen (traducido a las tres lenguas oficiales de la UNESCO), el demandante debe cumplimentar el contenido de un breve cuestionario digital que, tras enviarse automáticamente por correo electrónico a la dirección del Seminario, actúa como llave de acceso al documento en su integridad.
- Recibir y clasificar las sugerencias realizadas por los usuarios de los distintos servicios con el fin de mejorar el diseño orgánico y funcional del Seminario.

El correo electrónico es también el vehículo de comunicación que permite al equipo de gestión:

- Recibir en formato digital los documentos que contienen las investigaciones, ensayos, informaciones, publicaciones y convocatorias que se remiten con el objetivo de enriquecer las diversas bibliotecas electrónicas del Seminario.
- Enviar a los especialistas que integran su Consejo Científico, para su dictamen, los artículos cuyo rigor científico han de adecuarse a los niveles de calidad exigidos por la dirección del seminario, antes de engrosar los fondos documentales de las bibliotecas que albergan las investigaciones teóricas y aplicadas. Los mencionados dictámenes son remitidos igualmente por correo electrónico a la dirección del Seminario.
- Redireccionar los documentos que han pasado los controles de calidad al equipo de maquetadores para su conversión en hipertextos mediante su traducción al lenguaje HTML.
- Remitir los hipertextos ya maquetados al equipo de programadores para su catalogación, indexación y ubicación en las diversas bibliotecas virtuales.
- Enviar periódicamente un boletín informativo digital a todos los participantes que se han dado de alta en el Seminario tras cumplimentar y remitir por correo electrónico la correspondiente ficha de datos.
- Establecer correspondencia electrónica con las instituciones, organismos, medios de comunicación y ONGs patrocinadoras y colaboradoras en la que se transmiten e intercambian informaciones de interés recíproco.

En la medida que el incremento de las dotaciones tecnológicas y de personal técnico colaborador lo permitan, está previsto establecer nuevos canales de intercomunicación digital mediante:

- La creación de un canal propio de conversación mediante teclados (IRC).
- La implantación de sistemas de asesoramiento y teleconsulta regentados por especialistas que deseen dedicar un determinado espacio de tiempo a atender a los usuarios mediante audioconferencia digital, correo electrónico y/o conversación mediante teclados.
- La creación de una BBS (base de datos digitalizada) a la que podrán acceder personas que, no disponiendo de Internet, posean una emisora de radio y un ordenador dotado de programa de Packet que le permita el envío y recepción de ficheros informáticos mediante radio digital. Esta aplicación está especialmente pensada para ser usada por profesores de países en vías de desarrollo que aún no disponen de equipos informáticos multimedia.
- La celebración de videoconferencias intercontinentales abiertas o codificadas con intervención de especialistas.
- La organización de congresos virtuales.

Las personas que componen inicialmente el equipo de trabajo responsable del proyecto son profesionales de los campos anteriormente citados que reciben la ayuda y colaboración de alumnos e investigadores universitarios en periodo formativo. La voluntariedad mostrada por este equipo que, de forma altruista y movidos por los altos ideales de la UNESCO, dedican su tiempo a trabajar en el Seminario Virtual es un factor que condicionó su etapa inicial y viene incidiendo de manera peculiar en un posterior desarrollo organizativo y funcional. La pertenencia de gran parte de estos colaboradores a una Organización no Gubernamental especializada ha ejercido una decisiva influencia en el establecimiento de un tejido de relaciones humanas fluidas imprescindible para desencadenar los procesos de diseño y producción propios de la investigación en la acción, verdadero motor que hace posible el desarrollo del Seminario Virtual.

El marco docente es otro factor a tener en cuenta en este análisis organizativo general. Es en la Universidad donde nacen y se desarrollan las ideas motrices del proyecto. La presencia de la Universidad en la base del organigrama del Seminario Virtual es seña inequívoca de su finalidad docente e investigadora. El hecho de que sea el Departamento de Didáctica y Organización Escolar de la Universidad de Granada la unidad académica en cuyo seno cristalizan estas ideas y la instancia que da cobertura al Seminario a través del Grupo de Investigación ED. INVEST. perteneciente al Plan Andaluz de Innovación y Desarrollo Tecnológico, son igualmente indicadores orgánicos que es necesario tener muy presentes para comprender las etapas iniciales de la organización de esta experiencia formativo-virtual. Cabe reseñar el apoyo prestado por el Servicio de Informática de la Universidad de Granada y por el Centro de Informática Científica de Andalucía (CICA) quienes desde el primer momento ofrecieron la mínima e imprescindible infraestructura tecnológica necesaria para el establecimiento tanto de los sistemas de comunicación cliente-servidor, como para el almacenamiento de la información que compone las bibliotecas electrónicas, herramientas didácticas sustanciales en la puesta en marcha de la primera fase de este proyecto de teleformación abierta.

La colaboración interuniversitaria es otro de los factores que están condicionando el desarrollo del proyecto. La primera fórmula de cooperación ha sido la constitución de un consejo científico en el que participan prestigiosos profesores de una veintena de Universidades españolas y al que próximamente se incorporarán otros investigadores y especialistas procedentes de otros ámbitos universitarios españoles, hispanoamericanos y de los países del Magreb.

La invitación a participar en las actividades formativas del Seminario a personas procedentes de diversos sectores universitarios, profesionales e institucionales es otra de las características del diseño organizativo trazado inicialmente.

El apoyo institucional de la UNESCO, cuyo centro en Andalucía ha asumido como propio este proyecto formativo, y de diversas instancias de la Universidad de Granada constituye una valiosa plataforma capaz de orientar las actuaciones formativas del Seminario hacia el fomento de valores universales tales como la independencia, el rigor, la pluralidad, el respeto, la solidaridad y la tolerancia.

El acceso libre y gratuito a la cultura y la difusión pública de las ideas y de los frutos de la investigación científica y educativa son el principio inspirador y la norma fundamental que deben cumplir quienes voluntariamente se integran en las actividades virtuales del seminario.

Medios de Comunicación, Facultades y Departamentos Universitarios, Centros de educación formal y no formal, asociaciones y fundaciones, administraciones públicas nacionales e internacionales, padres, alumnos y usuarios anónimos de la red Internet reciben por diversas vías invitaciones periódicas a colaborar en el Seminario Virtual. Su participación está haciendo posible la creación de un cibertejido comunicacional interformativo de naturaleza interdisciplinar cuyas contribuciones van enriqueciendo progresivamente en variedad, calidad y cantidad la información disponible en sus bibliotecas virtuales.

La posibilidad de simultanear la teleformación digital con la organización de otras actuaciones formativas presenciales tales como cursos, jornadas, congresos y encuentros confiere al diseño de esta experiencia un carácter mixto que le permite desarrollarse usando tanto los modernos sistemas de teleformación como las fórmulas tradicionales de enseñanza, permitiendo a su vez el ensayo de alternativas combinadas basadas en el uso de recursos tecnodidácticos tales como la videoconferencia o la televisión digital interactiva. En este sentido, anualmente y en el marco de las Jornadas Andaluzas de Organización y Dirección de Instituciones Educativas que Organizan el Grupo de Investigación ED. INVEST. y la Asociación COM. ED. ES., se ha creado un foro mixto de naturaleza presencial y virtual dedicado a la revisión de los logros y disfunciones organizativas del Seminario, estudiándose posibles soluciones y alternativas para la optimización de su funcionamiento.

El apoyo internacional y la cobertura técnica ofrecida por la Dirección General y por las Jefaturas de las Divisiones de Comunicación y Educación de la UNESCO están siendo de gran importancia para el desarrollo inicial del proyecto, uno de cuyos objetivos es difundir los ideales de la citada organización y los informes, estudios y publicaciones de este prestigioso Instituto especializado de las Naciones Unidas.

Los profesionales, investigadores y colaboradores que desarrollan los trabajos de diseño, puesta en funcionamiento, mantenimiento, investigación y control ciberdigital se agrupan del siguiente modo:

*   *Equipo de diseño, programación y maquetación informática* que, formado por Ingenieros y Diplomados en Informática, se encarga de la creación, mantenimiento e innovación de la estructura orgánico-telemática y funcional del Seminario y de los servicios virtuales que ofrece.

*   *Equipo de comunicación digital multimedia* que, formado por Doctores, Licenciados, Diplomados y Especialistas en Filología Española, Idiomas, Comunicación Audiovisual, Bellas Artes y Magisterio, se ocupa de la realización de las traducciones, de la revisión literaria general, de la conversión a formato hipertexto, de la creación y retoque de imágenes, etc.

- *Equipo de documentación y relaciones públicas* que, constituido por Licenciados y Diplomados en Periodismo, Biblioteconomía y Magisterio, se encarga de la localización de fuentes documentales, elaboración de bases de datos, gestión de las comunicaciones, confección y distribución electrónica de los boletines informativos, planificación y ejecución de las relaciones públicas, etc.
- *Equipo de investigación y evaluación* formado por Pedagogos, Psicólogos, Sociólogos, Estadísticos y Maestros. Este grupo se encarga de diseñar y llevar a cabo las investigaciones internas que se realizan sobre el funcionamiento del Seminario.
- *Equipo de financiación y gerencia* que, formado por Titulados en Ciencias Económicas y Magisterio, se ocupa de la búsqueda de vías de financiación y de la gestión contable.

El *Consejo Científico* está constituido por una veintena de catedráticos y profesores universitarios de Tecnología Educativa, Didáctica y Organización Escolar. Próximamente está prevista la incorporación de otros prestigiosos especialistas procedentes de universidades españolas, hispanoamericanas y magrebíes. Para poder cumplir mejor los cometidos que el Consejo Rector ha asignado a este grupo de expertos, su director ha elaborado una propuesta de agrupamiento en *comisiones técnicas especializadas* que se responsabilizarán de realizar tareas tales como el control de la calidad científica de los trabajos que se publicarán en las bibliotecas electrónicas, el impulso de la cooperación interuniversitaria e interinstitucional, la organización de cursos y congresos, la supervisión de las investigaciones, la elaboración de publicaciones, etc. (Ortega, 1998).

En los ocho primeros meses de vida de esta intercomunidad ciberformativa han participado en sus actividades más de 2.000 investigadores, un 25% de ellos procedentes de países Iberoamericanos. Méjico, Perú, Chile, Argentina, Venezuela, Colombia y Brasil son, por este orden, los países cuyos universitarios utilizan con mayor asiduidad los servicios del Seminario Virtual.

El crecimiento y la expansión de esta cibercomunidad parece estar garantizado ya que una veintena de universidades hispanoamericanas han manifestado formalmente su intención de colaborar en esta comunidad interformativa en lengua española. Son las siguientes:

- Universidad Central de **Ecuador**.
- Universidad Andina de **Bolivia**.
- Universidad del Norte de Santo Tomás de Aquino. **Argentina**.
- Universidad de **Chile**. Programa Aulas 21.
- Universidad de Concepción de **Chile**.
- Universidad del Museo Social Argentino. **Argentina**.
- Universidad Autónoma de Querétaro. **Méjico**.
- Universidad Católica de Sao Paulo. **Brasil**.
- Universidad de Fasta. Mar del Plata. **Argentina**.
- Universidad Federal de Ouro Preto. **Brasil**.
- Universidad de La Serena. **Chile**.
- Universidad Politécnica de Managua. **Nicaragua**.
- Universidad Católica de Valparaíso. **Chile**.
- Universidad Nacional de Trujillo**. Perú**.
- Universidad de Córdoba. **Colombia**.
- Universidad Veracruzana**. Méjico**.
- Universidad del Valle de Guatemala. **Guatemala**.
- Universidad Nacional de Colombia-Sede de Medellín**. Colombia**.
- Newport University para América Latina. **Venezuela, Colombia y Ecuador**.

3. Las aulas virtuales como espacios para la organización y desarrollo del teletrabajo educativo.

Tal como venimos preconizando el teletrabajo educativo se realiza en espacios virtuales que trascienden las barreras de lugar y tiempo. Dice Philippe Quéau (citado por García, 1998, 276) que estos espacios virtuales equivalen a campos de datos de los que cada punto puede considerarse como una puerta de entrada a otro campo de datos hacia un nuevo espacio virtual que conduce a su vez a otros espacios de datos. Son como señalan Gisbert y otros (1997-98) lugares no existentes más que como experiencia subjetiva compartida por personas que utilizan un conjunto de formas de intercambio de información basadas en sistemas de ordenadores, redes telemáticas y aplicaciones informáticas.

En los últimos años el concepto que intenta explicar y unificar los procesos de educación en línea es el de *Aula Virtual* (virtual classroom). Dicen Gisbet y sus colaboradores que las aulas virtuales son la manera de incorporar los efectos didácticos de las aulas reales a contextos en los que no es posible reunir físicamente a los participantes en un proceso de enseñanza-aprendizaje. Completa esta descripción Adell (1998, 202) cuando señala que la metáfora del aula virtual incluye espacios para las clases (sesión en gran grupo), la biblioteca (mediateca), el despacho del profesor para la tutoría personalizada, el seminario para actividades en pequeño grupo, el espacio de trabajo cooperativo e incluso la cafetería para la charla relajada entre el alumno.

3.1. Conceptualización y caracteriología.

Existen diferencias sustanciales entre los ecosistemas (entornos) de formación presencial y virtual. Los primeros se componen de espacios biotopos cerrados (clases, laboratorios, salas de proyección, bibliotecas, provistos de mobiliario –soportes- estable, etc.) y de biocenosis (alumnado, profesorado, padres, personal administrativo, colaboradores, etc.) con poblaciones cuasi-estables que conviven en las proximidades y se comunican cara a cara estableciendo lazos profesionales y en ciertos casos afectivos. En las aulas presenciales la información que protagoniza los procesos didácticos procede de las exposiciones orales, la consulta de bibliografía impresa (texto), las prácticas y experiencias de laboratorio y las investigaciones realizadas en el entorno circundante (individuales o colaborativas).

En las aulas virtuales los sujetos se relacionan mediante herramientas de comunicación digital (correo electrónico, conversación digital por teclados y voz, videoconferencia, etc.). Estos procesos permiten la conformación de biotopos abiertos cuya materia prima son los bits que caminan por las autopistas de la información. Los sujetos reales que componen las biocenosis (alumnos y profesores) residen en cualquier lugar del planeta y las relaciones inter-diálogo, inter-aprendizaje e inter-afectividad se vehiculan a través procesos de inter-comunicación digital desde la pantalla y el teclado del ordenador gracias a Internet. La intercomunicación electrónica puede realizarse en tiempo real o diferido, prefiriéndose lo primero. Los materiales de aprendizaje están confeccionados en código digital y generalmente en formato multimedia (combinación de texto-sonido-fotografía-vídeo), y su consulta puede realizarse de forma lineal (párrafo a párrafo o secuencia a secuencia) o de forma selectiva (activando enlaces electrónicos que vertebran los diversos apartados del documento o que permiten conectar instantáneamente con otros ordenadores que almacenan documentos electrónicos afines o complementarios ubicados de cualquier lugar del planeta).

3.2. *Tipificación en función de la organización tecnológico-comunicacional.*

En las aulas virtuales los procesos de enseñanza y aprendizaje combinan momentos de trabajo personal (autoconsulta, análisis, síntesis, comparación, experimentación mediante simulación de procesos, creación de monografías...), contacto bilateral con los profesores (mediante tutoría telemática, teleconferencia, etc.) y de trabajo inter-colaborativo (por medio de listas de correo, canales de conversación por teclados, etc.). Los materiales elaborados por alumnos y profesores se confeccionan con herramientas digitales (procesadores de textos, graficadores, programas de captura, síntesis y visionado/audición, maquetadores de hipertextos, etc.) y se transmiten vía módem por correo electrónico, FTP, depósito y visualización en un servidor web, videoconferencia, etc.

El equipamiento informático básico necesario para acceder al teletrabajo formativo que ofrecen las aulas virtuales existentes en la actualidad varía en función de la clasificación que proponemos:

Grado de desarrollo tecnológico del AV	Servicios formativos ofrecidos	Equipamiento informático y telemático mínimo necesario para acceder a los servicios
Primera generación	Consulta de documentos en formato texto. Correo electrónico con profesores y alumnos. Envío de documentos en formato texto. Evaluación mediante correo electrónico.	Ordenador personal compatible de bajas prestaciones equipado con módem y conexión telefónica. Programas de tratamiento de textos, bases de datos, hojas de cálculo, graficado, (Office, Corel, WordPerfect, etc. Programas de gestión de correo electrónico (Pegasus Mail, Eudora, etc.)
Segunda generación	Servicios de la anterior generación. Consulta de documentos hipertexto: consulta a bibliotecas electrónicas remotas. Servicio de acceso y envío de ficheros mediante FTP (incluyendo compresión/descompresión de archivos). Servicio de acceso y consulta a bancos de ficheros de texto en formatos especiales. Acceso a listas de correo y foros de discusión telemática. Conversación por teclados con profesores y alumnos (Internet Relay Chatting). Evaluación mediante conversación por teclados.	Ordenador personal multimedia de medianas prestaciones provisto de módem y conexión telefónica (preferible RDSI). Programas anteriormente referenciados. Programas de transferencia de ficheros (FTP). Programas especiales de captura y lectura de ficheros texto: Adobe Acrobat y otros. Programas hojeadores de hipertextos (Netscape, Internet Explorer, etc.) Programas de compresión y descompresión de ficheros (WinZip, ARJ, LZH, etc.) Interfaces de conversación por teclados: Programas de IRC (mIRC y NmmIRC.zip) y Multi User Dungeons (MUDs).

Tercera generación	Servicios de las dos anteriores generaciones. Audioconferencia digital con profesores y alumnos. Recepción de vídeos digitales (AVI y MPG). Recepción de emisiones en línea y archivos sonoros digitales (MID y WAV). Evaluación en línea mediante audioconferencia.	Ordenador presonal multimedia de medianas prestaciones provisto de módem, micrófono y conexión telefónica de banda ancha (RDSI) provisto de tarjeta de sonido (preferible Full-Duples) y programas de conversación con voz del tipo Freetel o Iphone. Programas anteriormente referenciados. Programas de conversación por teclados en tiempo real y con mayor privacidad (ICQ). Visualizadores multimedia NetShow y MediaPlayer. Programas de escucha sonora (RealAudio y otros). Compresor y descompresor de ficheros sonoros MP3.
Cuarta generación	Servicios de las tres anteriores generaciones. Videoconferencia con profesores y alumnos (unipunto y multipunto) Tutor inteligente. Calendario académico (agenda) inteligente. Acceso a simuladores y vídeos de realidad virtual. Evaluación mediante videoconferencia o usando interfaces de realidad virtual con intercambio de voz (entrevista oral en línea).	Ordenador presonal multimedia de altas prestaciones provisto de módem, micrófono, conexión telefónica de banda ancha (RDSI), cámara de vídeo analógica o digital, dispositivos de captación y reproducción sonora, tarjeta de captura de vídeo e interfaces visualizadores de entornos en 3D (realidad virtual). Programas anteriormente referenciados. Programa de gestión de videoconferencia (NetMeeting, CuSeeMe, etc.)

3.3. Evolución tecnológico-didáctica de las aulas virtuales.

En la actualidad existen multitud de grupos de investigación afanados por construir ambientes electrónicos colaborativos para la enseñanza que en muchos casos incorporan aplicaciones de inteligencia artificial y realidad virtual. Los interfaces de realidad virtual permiten a los usuarios que cohabitan el mundo virtual disponer de representaciones visuales tridimensionales (su imagen animada por ejemplo) se pueden mover dentro de ese mundo (entrar en clase, salir a la pizarra, levantar la mano para solicitar el uso de la palabra, mostrar gestos, etc.) y pueden intercambiar voz.

Interfaces como el denominado DIVE (Distributed Interactive Virtual Environment) creado en el Instituto Sueco de Ciencias de la Computación para crear ambientes virtuales colaborativos, NICE (Narrative Based Immersive Constructionist/Collaborative Environment for Children) en el que se creó un ambiente virtual para que niños de edad preescolar pudieran compartir un mundo virtual consistente en una isla que pueden recorrer, MASSIVE (Model Architecture and System for Spatial Interaction in Virtual Environments) que, diseñado por la Universidad de Nottinghan, permite la interacción a través de múltiples medios – incluyendo la interacción espacial- entre un gran grupo de personas o el que se está ultimando mediante el Proyecto de creación de ambientes colaborativos aplicados a la educación a distancia en Colombia denominado AVALON 1,2,3 que puede consultarse en la URL: (**http://sigma.eafit.edu.co/~virtualc/articulos/ArticuloChile.html**), demuestran el interés de la comunidad científica por la generación de entornos en los que la imagen tridimensional y el sonido espacial hagan más eficaces los procesos de comunicación didáctica.

Por tratarse de un proyecto de habla hispana dedicaremos un pequeño espacio a describir los interfaces de este último proyecto que está desarrollando la Universidad EAFIT de Colombia. Los objetivos del proyecto son:

* Implementar aulas virtuales con grados de inmersión crecientes comenzando por interfaces de texto hasta llegar a los de Realidad Virtual.

* Experimentar con el ancho de banda requerido en términos del grado de complejidad del interfaz y del número de usuarios, para determinar la factibilidad de implementar cada nivel del aula virtual sobre redes de amplia cobertura geográfica.

* Desarrollar varias metáforas de representación de aulas, brindando flexibilidad para que se adapten a la disciplina que se enseña y al nivel de tecnología que posee la institución.

* Medir el grado de apoyo de las diferentes aulas virtuales a procesos remotos de enseñanza-aprendizaje.

* Crear un producto que sea general (utilizable para dictar cualquier curso) y fácil de implementar por personal docente sin especialidad en sistemas (que no requiera programación ni diseño de complejos mundos virtuales).

Consta de tres etapas:

En la primera, llamada AVALON 1, se construyó un interfaz para comunicación usando texto, con apariencia similar a una mezcla de un programa de correo electrónico con un "comic chat".

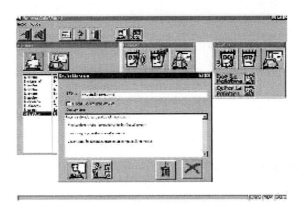

Fig. 1. Pantalla de la interfaz básica de AVALON 1 para el profesor.

Obsérvese que posee tres ventanas diferentes:

- Mensajes (en ella aparecen tanto los privados como los comunes).
- Ventana del alumno (muestra el estado de cada alumno presente en el aula).
- Enviar mensaje (en ella el profesor escribe el mensaje que desea enviar a un alumno o al conjunto de ellos).

Para el alumno el interfaz construido es muy similar (ver fig. 5) a excepción de la ventana de estado (que muestra su situación actual) y la presencia de botones específicos para pedir la palabra, cambiar el estado de ánimo o presencial, etc.

En la segunda etapa, denominada AVALON 2, el equipo investigador liderado por Christian Treffz creó una aplicación de realidad virtual que permite que dos usuarios se encuentren en un mundo virtual para realizar una tutoría o para recorrer conjuntamente un mundo virtual.

Fig.2. Interfaz del profesor en AVALON 2.

En la tercera y última etapa (AVALON 3) se ha creado un interfaz que permite que se encuentren virtualmente más de dos personas comunicándose entre sí por medio de su voz. En su parte gráfica, consiste en un navegador de un mundo virtual compartido por varias personas. Éstas pueden moverse libremente dentro del anterior y ver las representaciones tridimensionales de los demás participantes.

Las personas se encuentran en un mundo virtual que simula un aula. Disponen de un tablero para hacer dibujos que apoyen sus ideas y un retroproyector para compartir imágenes.

Adicionalmente, los miembros del aula pueden expresar a los demás su estado de ánimo, mediante iconos gráficos tridimensionales. De forma similar los alumnos pueden indicarle al profesor el deseo de hablar, levantando la mano.

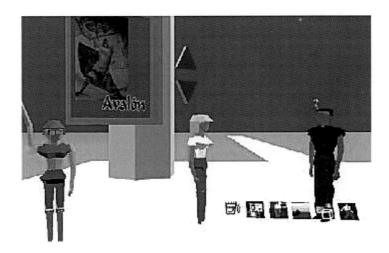

Figura 3. Ambiente virtual de aula en AVALON 2.

Otra experiencia de creación de espacios virtuales de formación es la que se está llevando a cabo en la UNED (España). Clara Mª Pérez y Carlos de Mora (1997, 637 y ss.) explican que el proceso de construcción del aula virtual de la UNED se enmarca en el Proyecto DEMOS *(Distance Education and tutoring in heterogeneous teleMatics envirOnmentS)* perteteccienté al IV programa marco de I+D de la Unión Europea.

Estos profesores señalan como objetivo de DEMOS *el diseño y puesta a punto de un entorno educacional distribuido para escenarios de educación a distancia, donde la cooperación entre profesores, alumnos, tutores y expertos sea soportada de modo flexible mediante el uso de herramientas multimedia; para ello se fijó como prioridad el desarrollo de aplicaciones educativas que fueran capaces de funcionar sobre entornos telemáticos muy heterogéneos.*

El sistema permitirá al estudiante de DEMOS aprender de forma cómoda y flexible: podrá estudiar cuando, como y donde desee en función de sus posibilidades, y además al ritmo marcado por sus propias necesidades.

En síntesis, las instalaciones que encontrará el estudiante de DEMOS que pueda conectarse a la sede central a través de un ordenador multimedia mediante RDSI (Red Digital de Servicios Integrados) son:

- Una *Oficina Virtual* de información y administración en la que además podrá obtener los permisos de acceso.
- Un tablón de anuncios sobre cursos, horarios, etc.
- Una *Biblioteca Virtual* con su correspondiente sala de estudio asíncrono donde puede encontrar y utilizar material didáctico para estudiar directamente en él.
- La *Librería Virtual* que permite al alumno retirar virtualmente material bibliográfico digital mediante un sistema de transferencia de ficheros.
- La ***Clase Virtual*** distribuida donde el profesor y un máximo de ocho estudiantes están conectados en línea a través de sus ordenadores. Esta herramienta es el núcleo principal de DEMOS; permite compartir aplicaciones, herramientas y material en todo tipo de formato (textos, programas, imágenes, audio y vídeo), incluyendo la posibilidad de realizar videoconferencia multipunto.

• *Despacho Virtual del Profesor* donde tendrá lugar una Tele-Tutoría mediante comunicación punto a punto asíncrona (mediante correo electrónico multimedia) o estableciendo una comunicación on-line (clase virtual personalizada).
• *Café-Room* en el que los estudiantes dialogan por correo electrónico multimedia o mediante un foro de discusión (news) similar a los que existen en Internet.

Si bien el desarrollo e implantación de las aulas virtuales parece realizarse con cierta lentitud a causa de las dificultades técnicas, presupuestarias y de investigación, la UNED ha creado el plan experimental INFUNED que tiene por objeto la utilización masiva de las tecnologías de las nuevas comunicaciones como apoyo a la docencia. Este plan permitirá el contacto de todos los componentes de la *Escuela de Informática*, vía Internet, agilizando enormemente la comunicación entre cada uno de los tres vértices de esta escuela: el profesor, el tutor y el alumno. Los instrumentos de comunicación que se van a usar son el correo electrónico individualizado, la lista de distribución, los grupos de noticias, las tablas interactivas, la adquisición o entrega de ficheros, etc.

3.4. Necesidad de formar al nuevo ciberprofesor virtual.

Cambiar la tiza por el módem, el despacho por la pantalla del ordenador o el laboratorio por un simulador en línea es tarea complicada para el profesorado actual cuya formación técnico-pedagógica ha sido orientada hacia el trabajo presencial.
Moral (1998) analiza las nuevas metáforas para fundamentar la formación del profesorado insistiendo en la necesidad de formar para:
• Investigar en la acción (técnica, práctica y emancipatoria).
• Reflexionar sobre la acción y en la acción.
• Construir conocimiento.
• Facilitar el aprendizaje.
• Diseñar situaciones mediadas.
• Asesorar.
• Propiciar situaciones de transferencia de aprendizaje.

Conscientes de la necesidad de abrir nuevos caminos en la formación del tecno-profesor del siglo XXI iniciamos en el curso académico 1998-99 en la Universidad de Granada diversas iniciativas de formación y especialización para estos nuevos perfiles docentes. Por su relación con el contenido de este trabajo incluimos el programa del curso de posgrado de *Aplicaciones educativas de las Nuevas Tecnologías Informático-digitales* que coordinamos desde su nacimiento, y en el que anualmente participan una cincuentena de profesores interesados en el diseño y creación de unidades didácticas virtuales, cuestionarios electrónicos de evaluación, ciberbibliotecas en línea, videoconferencias, aulas virtuales, tutoría telemática, etc. El curso está organizado por el Departamento de Didáctica y Organización Escolar de la Universidad de Granada y cuenta con la colaboración de expertos en telenseñanza procedentes de la UNED, de las Universidades de Sevilla y Murcia, del Museo tecnológico "Parque de las Ciencias" de Granada, de especialistas del área de Ciencias de la Computación e Inteligencia Artificial de la Universidad de Granada, del área de Educación de la UNESCO y de diversas empresas privadas relacionadas con la telemática.

Programa del Curso de Especialización en Aplicaciones Educativas de las Nuevas Tecnologías Informático-Digitales de la Universidad de Granada
(Dpto. de Didáctica y Organización Escolar)

- Unidad 1. **Implicaciones organizativas de las Nuevas Tecnologías aplicadas a la educación:** El centro educativo como ecosistema complejo, la sociedad de la tecnología, los centros educativos en la encrucijada tecnológica, soluciones organizativas para cada tipo de sociedad (la organización de los recursos tecnológico-educativos en una sociedad agraria (rincones y talleres); la organización en la sociedad industrial (Departamentos y centros de recursos intercolegiales); la sociedad de las infocomunicaciones: El servicio comunitario de nuevas tecnologías.

- Unidad 2. **Nuevas tecnologías y mejora de la eficacia docente:** Calidad de la educación, calidad de la enseñanza y calidad de los aprendizajes, escuelas eficaces, la penetración tecnológica en la escuela, función de las Nuevas Tecnologías en la Educación, principios de aplicación de las NN. TT., el modelo DESAVE para la aplicación de las NN. TT. e investigación en NN. TT. y calidad de la educación.

- Unidad 3. **Estrategias de enseñanza-aprendizaje con medios y tecnologías:** Aproximación conceptual, diversidad de estrategias didácticas, estrategias de uso didáctico de los medios de comunicación, estrategias didácticas basadas en el uso de las tecnologías convencionales (visuales y audiovisuales), estrategias didácticas basadas en el uso de las tecnologías digitales.

- Unidad 4. **Lenguajes no verbales y nuevas tecnologías:** Multimedia y educación (nuevos canales y nuevos soportes), el lenguaje visual (morfología, sintaxis, semántica, gramática perceptiva), estrategias de composición de textos visuales, papel del lenguaje sonoro en los textos audiovisuales, utilización de la sintaxis del lenguaje visual en la creación de documentos didácticos, ética y estética visual: manipulación y persuasión.

- Unidad 5. **Técnicas de guionización aplicables a la creación de mensajes multimedia.** Guión literario, guión visual y guión sonoro.

- Unidad 6. **Infografía y creación de textos visuales de naturaleza didáctica:** El grafismo digital: Equipos, programas y estética creativa, técnicas de creación de infográficos en 2D y 3D.

- Unidad 7: **Técnicas de creación de materiales didácticos multimedia de naturaleza digital**: Técnicas de creación y proyección de diapositivas y transparencias digitales, diseño de CD-ROMs educativos.

- Unidad 8: **Aplicaciones educativas de las redes telemáticas (Internet)**: Origen, desarrollo y futuro, utilidades educativas del correo electrónico, la WWW y los buscadores de información, transferencia de ficheros, listas de discusión, sistemas de comunicaciones digitales directas (teclado y micrófono).

- Unidad 9: **Estrategias de composición de hipertextos educativos: programación en lenguaje HTML:** Definición y características de los hipertextos, navegadores (browser) y editores de páginas Web, el lenguaje HTML (estructura básica, morfología, fundamentos básicos e introducción de texturas), conceptos básicos del tratamiento del texto. Caracteres especiales. Tamaño de la letra, tipos de letra. Centrado del texto, párrafo, retorno. Coloreado de textos. Ejercicios prácticos para los alumnos con los conocimientos adquiridos (composición de textos en HTML), tratamiento hipertextual de imágenes. Introducción de imágenes en un hipertexto, modificación del tamaño de la imagen, centrado y alineación, ficheros .gif animados, creación de un fichero .gif animado,

ejercicios prácticos: creación de un hipertexto con textos e imágenes estáticas y dinámicas, creación de enlaces ("links"), conceptos de avanzados de HTML, inserción de
sonido en las páginas (ficheros .mid y .wav). Inserción de secuencias de vídeo en las
páginas (ficheros .avi). El uso de múltiples ventanas (los "frames"), prácticas de creación de páginas Web multimedia básica.

- Unidad 10. **Aplicaciones educativas de la videoconferencia:** Las experiencias de la
  UNED.
- Unidad 11. **Aplicaciones educativas de la televisión digital:** La experiencia Iberoame-
  ricana.
- Unidad 12. **Aplicaciones educativas del vídeo digital:** Experiencias de la Universidad
  de Sevilla.
- Unidad 13. **Creación de aulas y seminarios virtuales de formación a través de redes
  telemáticas.**
- Unidad: 14. **Prácticas de elaboración de un prototipo tecnológico-didáctico experi-
  mental y artesanal (unidad didáctica virtual).**

La superación del curso exige la correcta realización de un conjunto de prácticas
relacionadas con la creación de material didáctico en formato digital tales como la creación
de gráficos dinámicos bidimensionales y tridimensionales, transparencias digitales, retoque
fotográfico digital, cuestionarios electrónicos de evaluación, correo electrónico, FTP, búsqueda
en la WWW y elaboración de una unidad didáctica virtual en formato hipertexto mediante
la siguiente pauta de acción:

1. *Selección del tema* en función de las demandas del currículo, de los potenciales
usuarios y de la especialización del autor/es. Determinación del título. Trascripción a lenguaje HTML.

2. *Toma de decisiones sobre los destinatarios* de la formación que se pretende dar en
la unidad didáctica: alumnos de un determinado nivel educativo, público en general, etc.

3. *Determinación del formato* general del hipertexto (generación de la web). Selección
de los diversos fondos y texturas gráficas.

4. *Determinación de los objetivos formativos*. Redacción clara y concisa de los mismos.
Trascripción a lenguaje HTML.

5. Determinación de los contenidos formativos. *Elaboración del mapa conceptual* del
tema elegido. Creación de un gráfico hipersensible del mismo que puede dotarse de hiperenlaces
que permitan el acceso directo a cada uno de los contenidos. Trascripción a lenguaje HTML.

6. *Diseño y desarrollo de los contenidos* necesarios para conseguir los objetivos fijados
(conceptos, procedimientos y actitudes). No debe olvidarse que la información puede pro-
venir de las sucesivas páginas que puedan crearse en el propio hipertexto o de otros afines
localizados en la WWW a los que se puede conectar mediante la creación de hiperenlaces.
Trascripción a lenguaje HTML.

7. *Diseño de las actividades para la autocomprobación de aprendizajes*. Elaboración
simultánea de las claves de autocorrección. Trascripción a lenguaje HTML.

8. *Elaboración de una propuesta de actividades de ampliación*. Pueden confeccionarse
a la medida de los contenidos de ampliación disponibles en otros hipertextos localizados.
Elaboración de las claves de autocorrección. Trascripción a lenguaje HTML.

9. *Diseño y elaboración de los instrumentos de evaluación* (cuestionario, informe
electrónico, etc.) Trascripción a lenguaje HTML.

10. *Diseño del proceso de seguimiento y evaluación del proceso formativo* (tutoría telemática). Transcripción a lenguaje HTML.

11. *Diseño y desarrollo de los sistemas de valoración crítica* del contenido y la forma de la unidad y de la recepción de sugerencias de mejora. Trascripción a lenguaje HTML.

12. *Diseño de los sistemas de identificación y/o control estadístico de consulta* de la unidad.

Referencias bibliográficas

ADELL, J. (1998): "Redes y educación". En J. de PABLOS y J. JIMÉNEZ (coords.).: *Nuevas Tecnologías, Comunicación Audiovisual y Educación.* Barcelona: CEDECS, pp. 177 a 212.

COMUNIDAD VIRTUAL DE COLEGIOS COLOMBIANOS "EL PUNTO" (1999). URL: **http://www.ispltda.pair.com/elpunto/**

DECEMBER, J. (1995): "Transition in Studying Computer-Mediated Communication". En *Computer- Mediated Communication Magazine*, n° 2 (1) January 1.

DE PABLOS, J. (1998): "Una perspectiva sociocultural sobre las Nuevas Tecnologías". En M. FERNÁNDEZ y C. MORAL (eds.): *Formación y desarrollo de los profesores de Educación Secundaria en el marco curricular de la reforma.* Granada: Grupo FORCE-Grupo Editorial Universitario, pp. 475-473.

GAGO, F. M. (1998): "Aldea Digital: ¿El retablo de las maravillas?" En R. PÉREZ (coord.): *Educación y tecnologías de la comunicación.* Oviedo: Servicio de Publicaciones de la Universidad de Oviedo, pp. 431-443.

GARCÍA, F. (1998): "Realidad virtual y mundos posibles". En J. de PABLOS y J. JIMÉNEZ (coords.).: Nuevas Tecnologías, Comunicación Audiovisual y Educación. *Barcelona: CEDECS,* pp.273-292.

LORENZO, M. (1998): "El reto de la incorporación de las Nuevas Tecnologías a la enseñanza. Reflexiones desde la Organización Escolar". En M. FERNÁNDEZ y C. MORAL (eds.): *Formación y desarrollo de los profesores de Educación Secundaria en el marco curricular de la reforma.* Granada: Grupo FORCE-Grupo Editorial Universitario, pp. 475-492.

MINISTERIO DE EDUCACIÓN Y CULTURA (1999): "Programa de Nuevas tecnologías de la Información y la Comunicación" (PNTIC). URL: http:/www.mec.es

MORAL, C. (1988): "Formación para la profesión docente". Granada: Grupo FORCE y Grupo Editorial Universitario.

ORTEGA, J. A. (1997a): "Comunicación visual y tecnología educativa". Granada: Grupo Editorial Universitario.

ORTEGA, J. A. (1997b): "Nuevas tecnologías y organización escolar. Propuesta ecocomunitaria de estructuración y uso de los medios y las tecnologías". En M. LORENZO, F. SALVADOR y J. A. ORTEGA (Coord.): *Organización y dirección de instituciones educativas.* Granada: Asociación para el Desarrollo de la Comunidad Educativa en España-Grupo Editorial Universitario, pp. 203-222.

ORTEGA, J. A. y GARCÍA, J. (1997): "Las redes telemáticas y su posible incidencia en la organización de centros educativos". En M. LORENZO, F. SALVADOR y J. A. ORTEGA (Coord.): *Organización y dirección de instituciones educativas.* Granada: Asociación para el Desarrollo de la Comunidad Educativa en España-Grupo Editorial Universitario, pp. 473-487.

ORTEGA, J. A. (1998): "La telenseñanza digital. Claves tecnológicas y organizativas". En M. LORENZO, J. A. ORTEGA y T. SOLA (Coord.): *Enfoques en la Organización y Dirección de instituciones educativas formales y no formales*. Granada: Asociación para el Desarrollo de la Comunidad Educativa en España-Grupo Editorial Universitario, pp. 335-354.

PÉREZ, CLARA M. y MORA, CARLOS de (1997): "Construcción de aulas virtuales como medio de soporte para la educación a distancia tutorial". En C. M. ALONSO y D. J. GALLEGO (eds.): *La informática desde la perspectiva de los educadores*. Madrid: Universidad Nacional de Educación a Distancia, pp. 637-642.

PROYECTO de creación de ambientes colaborativos aplicados a la educación a distancia en Colombia. URL: **(http://sigma.eafit.edu.co/~virtualc/articulos/ArticuloChile.html)**.

RODRÍGUEZ, T. (1998): "La escuela del futuro: situaciones y programas". En R. PÉREZ (coord.): *Educación y tecnologías de la comunicación*. Oviedo: Servicio de Publicaciones de la Universidad de Oviedo, pp. 15-30.

SALINAS, J. (1997-98): "Modelos mixtos de formación universitaria presencial y a distancia: el Campus Extens". En *Cuadernos de Documentación Multimedia* (edición electrónica), número especial 6-7, URL: **http://www.ucm.es/info/multidoc/revista/cuad6-7/salinas.htm**

SEVILLANO, M. L. y SÁNCHEZ, M. E. (1998): "La participación de los alumnos de CC. De la Educación y Ciencias Químicas en sesiones de videoconferencia de la UNED". En R. PÉREZ (coord.): *Educación y tecnologías de la comunicación*. Oviedo: Servicio de Publicaciones de la Universidad de Oviedo, pp. 103-110.

TEJEDOR, F. J. y VALCÁRCEL, A. G. (1996): "Perspectivas de las Nuevas Tecnologías en la Educación". Madrid: Narcea.

UNIÓN EUROPEA (1999): *European Schoolnet*. URL: **http://www.es.eun.org**

LA COMUNICACIÓN EN LAS ORGANIZACIONES EDUCATIVAS

SALVADOR CAMACHO PÉREZ
FRANCISCO MARTÍNEZ SÁNCHEZ
ANA MARÍA MENDÍAS CUADROS
Universidad de Granada

El sentido de la comunicación organizacional

Las organizaciones evolucionadas, cualquiera que sea su naturaleza, constituyen complejas estructuras de comunicación. Si bien la *esencia* de toda organización es el logro de las metas institucionales (la organización surge para satisfacer determinados objetivos), su *existencia* está condicionada, en buena medida, por el correcto funcionamiento de sus esquemas de comunicación a todos los niveles. Por comunicación organizacional se entiende el conjunto total de mensajes que se intercambian los integrantes de una organización y entre ésta y su entorno.

El estudio de la comunicación en las organizaciones es un campo relativamente nuevo. En las organizaciones educativas, tras un periodo en el que la atención estaba centrada en el análisis de las variables estructurales (planificación, recursos, evaluación, etc.), el interés se ha desplazado hacia los procesos de interacción humana que tienen lugar en su seno y que explican buena parte del perfil que adopta la organización en funcionamiento. Más concretamente, la comunicación interesa como factor de motivación, como base para la toma de decisiones y como instrumento para el mantenimiento de un clima positivo en la comunidad educativa.

En las organizaciones educativas (la escuela es una de ellas, pero no la única) el flujo de comunicación es continuo, circula en varias direcciones, persigue objetivos diferentes y se produce en situaciones diferenciadas. Además, no tiene sólo un carácter funcional (medio para conseguir determinados fines) sino que se erige en el sustrato imprescindible de la tarea que corresponde a la organización. Y ello no sólo porque no es posible educar sin comunicar sino porque en la escuela, ciertas relaciones (las de profesores y alumnos por supuesto, y otras) son siempre potencialmente educadoras (o "deseducadoras").

Desde una perspectiva racional, la comunicación dentro de la organización alude a los procesos de interacción que se producen entre los miembros al objeto de armonizar sus tareas para el logro de metas compartidas (*diálogo interno o comunicación interna*). Pero, además, la organización se relaciona con el medio (otras organizaciones, instancias oficiales o particulares, etc.); es la *comunicación externa*. Desde una perspectiva existencial, los miembros de la organización tejen una red de relaciones con intercambios de mensajes no siempre orientados a la tarea. Existen encuentros y rechazos, cuyo origen está a menudo en la coincidencia o discrepancia respecto de los fines o los métodos de la organización y, en otros casos, en razones de índole personal (valores, creencias, etc.) La influencia que estas relaciones tienen, a la postre, en el funcionamiento de la organización es patente para cualquiera que haya comprobado cómo las fobias o las filias determinan, más allá de lo que dicta la razón, muchas posiciones personales ante los problemas que tienen que resolver las organizaciones educativas.

Requisitos de la comunicación organizacional

Existen ciertos requisitos que determinan la comunicación eficaz en las organizaciones educativas y, más concretamente, en la Escuela:

Requisitos actitudinales. Los procesos de comunicación, que implican intercambio de significados, se desencadenan cuando alguien desea comunicar o comunicarse. Antes que un problema técnico, la comunicación es una cuestión psicosocial. Aunque es cierto que en las relaciones interpersonales es posible aceptar, de modo genérico, que no existe la *no comunicación* en tanto que estamos emitiendo mensajes permanentemente, sólo cuando aceptamos la relación comunicativa alcanza ésta su auténtica dimensión de "puesta en común" que es lo que significa propiamente comunicación. Simplificando: si no queremos comunicarnos, no nos comunicamos.

Requisitos técnicos. Expresamos nuestra voluntad de comunicarnos pero desconocemos los recursos de la comunicación eficaz. La comunicación no es sólo "querer" comunicarse; es "saber" comunicarse. Las situaciones de comunicación en la escuela son muy variadas (lecciones, entrevistas, reuniones, etc.) y cada una de ellas exige el despliegue de habilidades específicas que muchos profesionales de la enseñanza no poseen. Como consecuencia de unos planes de formación que desconsideran la faceta comunicativa del futuro profesor, muchos docentes (directivos o no) se hallan limitados para hacer uso productivo de distintos lenguajes expresivos (verbales y no verbales), para escuchar con eficacia y para utilizar la multiplicidad de canales que exige la comunicación mediada.

Requisitos organizativos. En muchos casos las condiciones estructurales dificultan una adecuada comunicación. No es fácil, por ejemplo, comunicarse en un aula sobresaturada o incómoda; una dirección autoritaria es menos proclive a la comunicación que otra participativa; si no existe un plan de comunicación bien elaborado, los mensajes operativos (los que se relacionan con el trabajo), perderán eficacia; si no hay recursos técnicos disponibles, los mensajes didácticos pueden ver disminuida su capacidad de penetración y suscitar escasa atención.

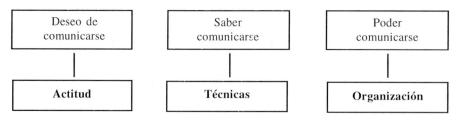

Requisitos de la comunicación organizacional

Modalidades de comunicación

Los procesos de comunicación en las organizaciones educativas adoptan modalidades diferentes. Vamos a analizar las más importantes:

Comunicación orientada a la producción. Incluye todas las relaciones que se establecen para promover el logro de objetivos: reunión del equipo directivo para fijación de metas y estrategias; de los Departamentos y Seminarios para planificar la tarea docente; instrucciones del profesor para el desarrollo de actividades de clase, etc.).

Comunicación orientada al mantenimiento. Su finalidad es mantener alta la moral de la organización, integrar a los miembros, configurar ambientes positivos de relación, generar satisfacción, etc. En este contexto, lo que verdaderamente importa no es el volumen de información que se genera sino el interés que se muestra por los demás. He aquí algunas preguntas clave: ¿Cuáles son los objetivos de esa persona (profesor o alumno) en el plano personal y profesional?; ¿Qué problemas tiene?; ¿Qué piensa sobre ciertos temas que para mí son importantes?; ¿Cuál sería la mejor manera de ayudarla?

Las entrevistas constituyen situaciones comunicativas especialmente adecuadas para los encuentros de ayuda. Todas las variantes de la comunicación informal pueden servir a esos propósitos relacionales.

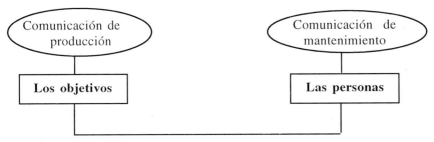

Dimensiones de la comunicación organizacional

Comunicación personal. Puede adoptar varias formas:

a) Directa. Las relaciones interpersonales se ajustan frecuentemente a esta modalidad. Entre sus ventajas se encuentran:
— Los comunicantes pueden verse y hablarse directamente.
— Retroalimentación inmediata a través de señales verbales y no verbales.
— Posibilidad de hacer llegar un mensaje a distintas personas en el mismo momento.

Las entrevistas, reuniones, seminarios y clases son ejemplos de este tipo de comunicación.

b) Mediada. Los comunicantes se hallan alejados en el espacio y precisan de medios interpuestos para el intercambio de mensajes. La elección del medio está determinada por la naturaleza del mensaje y por las características de los destinatarios. El teléfono o el vídeo teléfono y las formas escritas como el telegrama, la carta, el fax, o el correo electrónico hacen posible la comunicación personal a distancia. La comunicación escrita tiene también indudables ventajas:
— Facilita la comprensión y el estudio de datos complejos (balances, estadísticas, etc.)
— Permite dejar constancia de los mensajes.
— Permite todas las correcciones necesarias antes de ser emitida.

Entre sus inconvenientes figuran:

— Retroalimentación siempre parcial y diferida.
— No se tiene la certeza de que el mensaje ha sido recibido o leído.
— Es difícil redactar escritos que sean interpretados por el destinatario según las intenciones precisas del emisor.

Resulta interesante advertir que en algunas organizaciones empresariales se ha producido un retorno a la comunicación directa (cara a cara) después de una dilatada etapa en la que ha predominado la forma escrita como medio de relación jerárquica. Tanto para dar instrucciones como para recabar la opinión de los colaboradores inmediatos antes de tomar decisiones, se suscitan "reuniones relámpago" (tantas como sean necesarias a lo largo de la jornada) donde se plantea brevemente el problema y se escucha el parecer de los convocados.

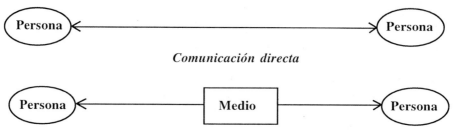

Comunicación directa

Comunicación mediada

Comunicación colectiva. Las conferencias o los discursos son ejemplos de comunicación colectiva *directa.* La vídeo-conferencia, una carta circular o la información contenida en el tablón de anuncios del centro, son ejemplos de comunicación colectiva *mediada.*

Comunicación unidireccional. Circula en un solo sentido, desde el emisor al receptor. No se trata, pues, de verdadera comunicación al no existir información de retorno. Sólo el emisor ejerce un rol activo.

A.........................∫ B
Comunicación unidireccional

Comunicación recíproca. La característica fundamental de la comunicación es la interactividad (ya sea bilateral o multilateral) que se expresa en el intercambio de mensajes entre los comunicantes que ejercen alternativamente la función de emisor y de receptor. Ambos desempeñan un rol activo.

Aᵃ......................... ∫B
Comunicación recíproca

Yo	emite	a través	a	¿Con	
	un	de un	un	información de	
EMISOR	MENSAJE	MEDIO	RECEPTOR	RETORNO ?	
				Sí	COMUNICACIÓN
				No	TRANSMISIÓN

Diferencia entre transmisión y comunicación

Comunicación de transferencia. El mensaje se traslada desde el emisor a un receptor que, a su vez, lo traslada a otro receptor y así sucesivamente. Es una modalidad comunicativa propicia a la distorsión en serie por las pérdidas o alteraciones que sufre el mensaje originario, especialmente cuando éste reviste cierta complejidad.

A∫.....................∫B....................∫C

Comunicación de transferencia

Comunicación descendente. Circula desde los niveles elevados a los inferiores de la organización. Generalmente incluye:

*   Las órdenes e instrucciones de trabajo, tanto las básicas y permanentes como las ocasionales y cambiantes con inclusión de prioridades y criterios o parámetros de evaluación. (Las Guías Didácticas de las asignaturas, por ejemplo).
*   Información sobre la normativa organizacional, tanto la de carácter general como la que regula específicamente el área de trabajo (Servicios administrativos, Departamentos, etc.).
*   Información sobre evaluaciones de rendimiento de trabajo: informes sobre resultados de exámenes, sobre evaluación a profesores, etc.

Quienes tienen potestad para dar órdenes a otros deberían reflexionar sobre estos extremos:

*   ¿Las órdenes son claras y objetivas en su formulación?
*   ¿Pueden ser ejecutadas por el destinatario?
*   ¿Son razonables?
*   ¿Su ejecución compromete al receptor más allá de sus obligaciones?
*   ¿Son necesarias y están debidamente justificadas?
*   ¿Pueden colisionar con otras órdenes de signo distinto?
*   ¿Es posible sustituir las órdenes por instrucciones?

Hemos visto que en la Escuela existe una gran variedad de comunicaciones descendentes. En unos casos la fuente es el Director o los miembros de su equipo; en otros, los directivos de las APAs, o los responsables de los Departamentos. En el caso de los mensajes emitidos por los profesores por vía descendente (hacia los alumnos), es posible advertir:

—   La mayor parte de esos mensajes están dirigidos al mantenimiento del orden en la clase y a dar instrucciones sobre lo que hay que hacer.
—   Prevalecen las fórmulas que implican orden o mandato, frente a otras solicitaciones menos imperativas. Muchos profesores tienen, en este campo, un comportamiento esquizofrénico; cuando se relacionan con adultos se muestran corteses en el trato, piden las cosas por favor y dan las gracias; cuando se relacionan con sus alumnos, son bruscos, exigentes e incluso maleducados.
—   Las instrucciones de trabajo de cierta complejidad no siempre se facilitan por escrito. Algunos profesores prefieren la forma oral, incluso cuando existen fundadas sospechas de que no serán correctamente entendidas. Con ello se evitan el esfuerzo de escribir y no se sienten comprometidos por la palabra escrita.

Cuando se emiten comunicados por vía descendente hay que tener en cuenta varios factores:

—   Deben ser suscritos por la persona competente, cuya autoridad reconoce el destinatario.

— Deben estar expresados en términos inteligibles para el o los destinatarios
— Deben predominar los elementos denotativos para no dar lugar a múltiples inter-
pretaciones.
— Deben espaciarse en el tiempo para no producir saturación
— Si se trata de comunicados escritos deben aparecer convenientemente enfatizados
los pasajes más relevantes.
— Si se trata de comunicados orales, es necesario cerciorarse de que el mensaje ha
sido correctamente entendido.

Comunicación ascendente. La información circula desde los niveles inferiores a los
superiores de la organización. Este tipo de comunicación sólo es posible cuando:
a) Se promueve y se acepta sinceramente su existencia por los niveles superiores, no
como una mera concesión formal.
b) Los niveles inferiores conocen los procedimientos (canales) mediante los cuales
pueden hacer llegar la información.
c) Los niveles inferiores están persuadidos de que su información es útil y será
valorada oportunamente.

Cuando la comunicación ascendente está debidamente estructurada cumple varias funciones:
a) Proporciona retroalimentación sobre problemas de desempeño, clima organizacional y otros aspectos a los gestores de más alto nivel.
b) Estimula la participación en el hallazgo de innovaciones o mejoras técnicas.
c) Permite adoptar mejores decisiones puesto que se dispone de más alternativas.
d) Propicia la identificación con los objetivos de la organización.
e) Permite canalizar por vías naturales las tensiones o los conflictos.

Dentro de la Escuela se pueden suscitar informaciones ascendentes con distinto propó-
sito. En algún momento interesa conocer la opinión de:
— Los padres sobre el Centro: motivos de satisfacción o insatisfacción.
— Los alumnos sobre la actuación del profesor
— Los profesores y los alumnos acerca de la actuación del equipo directivo en su
conjunto o la de alguno de sus integrantes en particular.
— Los alumnos sobre servicios determinados del Centro: comedor, transporte, etc.

Los "buzones de sugerencias" y los "círculos de calidad" forman parte de las estrategias vinculadas a la comunicación ascendente. Los primeros tienen una larga tradición en
las organizaciones y continúan utilizándose a pesar de que, en muchos casos, su valor es
puramente simbólico. El buzón de sugerencias o de ideas sólo tiene sentido cuando se dan
determinadas condiciones:
a) Los miembros de la organización han desarrollado actitudes positivas hacia la
participación.
b) Existe la creencia generalizada de que la organización es un patrimonio común que
hay que salvaguardar y mejorar.
c) Se confía en que las sugerencias de mejora son examinadas por los órganos competentes de la organización y eventualmente implantadas.

Los círculos de calidad han experimentado, en ámbitos empresariales, un desarrollo espectacular durante los últimos años. La fórmula es simple: un grupo reducido de personas que realizan tareas semejantes o directamente coordinadas, se reúnen para analizar sus condiciones y métodos de trabajo y hacen propuestas innovadoras. La concepción fue, en su momento, revolucionaria, pues rompía con el tradicional esquema de los análisis externos, a cargo de expertos en ingeniería de procesos o en otras áreas, para dar paso a reflexiones "desde dentro", por quienes ejecutan la tarea. La eficacia de los círculos de calidad depende de muchos factores:

1) Convencimiento, por parte de los trabajadores, de que no se trata de un procedimiento ingeniado por la organización para obtener ideas a bajo coste.
2) Confianza en que las innovaciones o mejoras serán aplicadas si se demuestra fehacientemente su viabilidad.
3) Existencia de compensaciones para el trabajo del C.C.
4) Formación adecuada de los miembros del C.C. en técnicas de reunión, solución de problemas, etc.

El objeto de la comunicación vertical

En las organizaciones educativas, los Círculos de Calidad apenas tienen implantación. Las razones son variadas:

1. Interesan menos los problemas relacionados con la calidad en su conjunto
2. Existen dificultades objetivas para determinar qué cabe entender por "calidad" en educación.
3. El grado de diferenciación de tareas es menor en relación con otras organizaciones, especialmente con la empresa.
4. Los incentivos a la innovación, por parte de la Administración Educativa o dentro de la propia Escuela, son escasos, cuando no inexistentes.
5. La innovación es, a menudo, percibida por el grupo como una amenaza a la estabilidad o al sosiego del grupo.
6. Existe la conciencia de que la organización no depende de las innovaciones para su supervivencia.

La institucionalización de los C.C. en cualquier organización es una tarea compleja que exige muchas energías. En la Escuela, una fórmula quizás más operativa sería la constitución de "Comités de Calidad", de composición mixta, encargados de dar solución a problemas específicos:

— ¿Cómo se puede mejorar la confortabilidad de las aulas?
— ¿Cómo se puede reordenar el espacio del centro para hacerlo más funcional?
— ¿Cómo se pueden mejorar las relaciones profesores-padres o profesores-alumnos?
— ¿Cómo se puede articular un programa de inserción en la comunidad?
— ¿Cómo se pueden mejorar las condiciones de seguridad de los alumnos en el recreo?

Comunicación lateral. Es la que tiene lugar entre quienes ocupan posiciones en el mismo nivel del organigrama. Esta comunicación hace posible:
— La coordinación entre los miembros de áreas diferentes de la organización al objeto de garantizar la complementariedad de las acciones.
— La solución de problemas por analogía con los que hayan sido resueltos en otras áreas o secciones.
— La prestación de apoyo recíproco ante situaciones problemáticas de la organización.

La comunicación lateral se enfrenta a menudo con grandes resistencias. En las organizaciones empresariales, la ausencia de una relación fluida entre departamentos u otras estructuras análogas puede llegar a provocar serios problemas en el funcionamiento de la organización en su conjunto. Se considera que facilitar información sobre la propia tarea lleva consigo una pérdida de poder. Algunas empresas, además, son renuentes a promover cauces para estos intercambios porque el aislamiento departamental facilita el control sobre la organización. En la Escuela, las relaciones laterales están claramente desaprovechadas. Por ejemplo, son escasos los profesores que acuden a las clases de otros compañeros (en algunos países esto constituye una práctica habitual) para aprender de ellos o, simplemente, para intercambiar opiniones sobre métodos de trabajo. Las causas son múltiples:
— No hay "ratos libres" en el horario escolar y el profesor no puede ausentarse de su clase.
— Cierta tendencia a considerar el aula propia como un reducto y cualquier presencia ajena como una intromisión.
— Profesores inseguros que temen ser evaluados negativamente por sus colegas (aunque esa finalidad haya sido descartada).
— Temor a que la presencia de otro profesor perturbe a los alumnos y afecte al normal desarrollo de la clase.
— Temor a decir o hacer algo inconveniente que pueda trascender más allá de los límites del aula.

En el mundo universitario, cada Departamento tiende a funcionar como un compartimento estanco y, siendo sus problemas similares, consumen energías en resolver por sí mismos lo que otros, quizás, han resuelto ya con éxito; muchos directivos de centros escolares verían facilitada su labor si recurrieran a la información que pueden brindarles, sobre cuestiones de su competencia, sus homólogos de otros centros. Parece constatado que las comunicaciones horizontales se ven favorecidas y son más eficaces cuando los miembros mantienen buenas relaciones informales.

Barreras en la comunicación lateral

Comunicación formal. Es la que aparece debidamente regulada en sus objetivos, dinámica y periodicidad. (Comunicados de la dirección, hojas informativas, citaciones, etc.).

Comunicación informal. Es la que se produce de modo espontáneo o en ambientes distendidos de relación interpersonal. En general alude a los circuitos de comunicación no previstos oficialmente. Las comunicaciones informales tienen muchos aspectos positivos:

a)   Son factores de integración y ayudan a la cohesión del grupo.
b)   Reducen la ansiedad y otras tensiones emocionales.
c)   Posibilitan la emergencia de líderes.
d)   Refuerzan el conocimiento mutuo.

La llamada *comunicación de entretenimiento* es, por su propia naturaleza, informal. Y también el *rumor,* que es el conjunto de información de procedencia no contrastada (pero verosímil) que se expande con rapidez por la organización utilizando cauces informales. El rumor surge cuando los canales oficiales no satisfacen las demandas de información o cuando el clima organizacional está enrarecido como consecuencia de crisis o de conflictos. A veces es desencadenado por los propios gestores para provocar determinadas reacciones que no pueden ser estimuladas por las vías ordinarias. Incluso, alguna empresa tiene establecidos "buzones de rumores". El rumor, sin embargo, tiene una vertiente útil porque proporciona retroalimentación (aunque difusa) del pálpito de la organización en determinadas circunstancias y advierte de la existencia de problemas potenciales.

Comunicación persuasiva

La comunicación *persuasiva* tiene por objeto inducir a actitudes o comportamientos determinados o, de modo general, influir conscientemente en otra persona. La persuasión está íntimamente relacionada con la credibilidad que es una cualidad no poseída sino reconocida (como la autoridad). Si la fuente es creíble, sus mensajes tienden a ser creídos y su potencial de influencia persuasiva en el receptor se acrecienta. La credibilidad viene determinada por varios factores, entre ellos por la existencia del llamado "poder legítimo" (creencia de que la fuente tiene derecho a influir y a controlar los comportamientos) y por la competencia en la tarea. Directivos y profesores poseen ese tipo de poder pero si, además, son competentes (conocedores de su trabajo o de su materia, por ejemplo), despiertan más credibilidad que otros tenidos por torpes o por ignorantes.

Comunicación motivadora

En general, la comunicación *motivadora* pretende crear y mantener un clima humano abierto a la relación interpersonal. También es comunicación motivadora aquélla que se establece con ánimo de incentivar determinados comportamientos. Ciertas iniciativas de los directivos y de los profesores pueden ser consideradas motivadoras:

—   Propiciar comunicaciones informales.
—   Perfeccionar las comunicaciones formales.
—   Reconocer aciertos y criticar errores.
—   Interesarse por opiniones o sugerencias.
—   Asignar tareas con objetivos definidos y realizables.
—   Aplicar criterios objetivos para la evaluación de la tarea.
—   Informar sobre el logro de objetivos.
—   Conceder autonomía en el ritmo y método de trabajo.
—   Evitar o reducir tensiones.

La comunicación en el grupo educativo

En las organizaciones educativas, la dinámica grupal tiene matices propios, entre otras causas por la simultaneidad de roles (los responsables de la gestión son al tiempo directivos y profesores) y la situación ambigua del profesor que está, al tiempo, dentro y fuera del grupo clase. Más que en ninguna otra organización, en las educativas, las relaciones tienen que basarse en la:

— **Confianza.** Confiar en alguien significa forjar unas expectativas que se espera no sean defraudadas. Las reacciones de las personas en quienes confiamos son predecibles y cuanto más certidumbre tenemos de que obrarán según lo esperado, más confianza depositamos en ellas. Allí donde anida la desconfianza es imposible establecer una relación constructiva. Padres, maestros y alumnos tienen que basar en la confianza mutua sus esfuerzos cooperadores. Los reproches o la condenación son obstáculos para la confianza. De quienes confiamos, no esperamos ningún mal, al menos no esperamos que se nos cause intencionadamente. Esta es la clave para edificar el arco de las relaciones en el grupo educativo : es necesario que todos confíen en los demás. No se olvide, sin embargo, que la confianza es una conquista personal que se cimenta en la evidencia de comportamientos anteriores.

— **Responsabilidad.** Por responsabilidad se entiende la capacidad existente en la persona de conocer y aceptar las consecuencias de un acto inteligente y libre y también la capacidad de cumplir las obligaciones personales y profesionales. La responsabilidad atañe a cada uno en su parcela (responsabilidad individual) y en el conjunto de la organización (responsabilidad compartida). En el caso de los profesores, manteniendo una tensión constante de mejora, experimentando e innovando; en los directivos, actuando en beneficio del interés general; en los alumnos, ejerciendo razonablemente sus derechos y cumpliendo con sus obligaciones; en los padres, prestando a la Escuela el apoyo y la colaboración que son necesarios; en todos, cumpliendo los compromisos.

— **Cooperación.** Educar es, por definición, una tarea compartida. En el ámbito de la educación formal nada trascendente puede hacerse sin el concurso de todos. Pero uno coopera cuando se dan determinadas condiciones. Por supuesto cuando la contribución individual es justamente valorada y cuando existe reciprocidad en la colaboración. En el marco concreto del aula, los profesores deben prodigar las situaciones en las que el alumno debe intervenir para analizar problemas cooperativamente, tomar decisiones en grupo, etc. La cooperación no es una predisposición del ánimo, es, sobre todo, acción, que se traduce en resultados visibles para la organización.

— **Libertad.** Las personas se sienten más inclinadas a interactuar en el seno del grupo cuando son libres para expresar sus deseos o sus sentimientos. Esta libertad garantiza la existencia de una retroalimentación permanente y, llegado el caso, permite corregir las distorsiones en la comunicación.

El alumno debe sentirse libre para:
— Emitir juicios y opiniones.
— Formular preguntas y solicitar aclaraciones.
— Sugerir nuevos procedimientos o nuevos enfoques.
— Elevar quejas o reclamaciones.

El profesor debe sentirse libre para:
— Organizar su trabajo.
— Tomar decisiones en su nivel competencial.
— Exigir que sus alumnos cumplan con sus tareas.
— Juzgar el rendimiento de sus alumnos.

Los padres deben sentirse libres para:
— Pedir explicaciones a profesores y directivos.
— Emitir opiniones sobre el funcionamiento de la Escuela.

Los directivos deben sentirse libres para:
— Tomar decisiones en el área de su competencia.
— Promover cambios que impliquen mejoras en la organización.

Comunicación y dirección

Los diferentes estilos de dirección implican determinadas actitudes ante el fenómeno de la comunicación. Mientras que una dirección autoritaria se expresa, sobre todo, en comunicaciones descendentes con profusión de órdenes e instrucciones estrictas y en comunicaciones ascendentes rígidamente normativizadas, una dirección participativa (que responde más a las características de las organizaciones educativas), aprovecha los beneficios de la comunicación a todos los niveles y en todos los sentidos. La dirección participativa:
— Deja actuar autónomamente a cada uno de los responsables en su campo específico de delegación.
— Permite que los colaboradores intervengan en la toma de decisiones sobre objetivos y estrategias. Se deja asesorar.
— Mantiene a los miembros informados de la situación real de la organización.
— Informa acerca de los progresos en la realización de las tareas.
— Permanece atenta al estado moral de la organización y trata de elevarlo.
— Se preocupa del perfeccionamiento profesional de los miembros.
— Se comunica afectivamente con el personal de la organización.
— Se manifiesta dispuesta a introducir cambios cuando las circunstancias lo aconsejan, previene de los mismos a las personas afectadas, explica las causas de la alteración y trata de obtener la conformidad de los interesados.
— Está dispuesta a apoyar a los colaboradores en los momentos necesarios.
— Reconoce los méritos de los colaboradores. No interviene sólo cuando las cosas van mal.
— Conoce a los colaboradores, sus cualidades y sus competencias.

Este perfil de la dirección participativa puede aplicarse en la Escuela tanto a la tarea propiamente directiva de quienes la gobiernan como al propio profesor que "dirige" a un grupo de alumnos. Existen profesores autoritarios y profesores democráticos o participativos. Si consideramos los valores que la escuela debe promover en su seno, parece obvio que es necesario decantarse por un estilo de conducción que aliente el concurso de los alumnos.

La comunicación en la reunión

En general, una reunión es un encuentro formal entre personas con objeto de debatir asuntos, analizar problemas, tomar decisiones o llegar a acuerdos sobre temas de interés común. Las reuniones pueden tener distinta finalidad: informar, motivar, tratar asuntos de trámite o abordar cuestiones complejas que requieren debates y análisis pormenorizados. Una de las más frecuentes es la *reunión de discusión*.

La finalidad de este tipo de reunión es adoptar acuerdos o decidir procedimientos de actuación ante problemas concretos. El hecho de que las reuniones constituyan uno de nuestros hábitos relacionales más arraigados ha dado lugar a la creencia de que el conocimiento empírico y los comportamientos espontáneos de los participantes son suficientes para garantizar su éxito. La experiencia demuestra, sin embargo, que, en muchos casos, esta técnica resulta poco provechosa por su deficiente preparación, por su excesiva duración o por otras causas que afectan a la productividad final. Más que obtener resultados positivos, a menudo sólo se logra confusión y desánimo. Los grupos eficaces dejan poco margen a la improvisación: se trazan un camino, se imponen una disciplina, distribuyen responsabilidades, investigan sus propios problemas y acaban sabiendo qué quieren en cada momento y cómo lograrlo. Para todo eso sirven las reuniones. Excede de los límites de esta ponencia efectuar un análisis pormenorizado de la reunión como encuentro para la reflexión grupal. Vamos a plantear tan sólo los aspectos sustanciales que, a nuestro juicio, determinan la eficacia de esta técnica. Desde luego, la primera reflexión que hay que hacerse antes de promover una reunión es: **¿Los problemas que se tienen que abordar pueden ser efectivamente tratados y resueltos en una reunión?** Sólo si la respuesta es afirmativa procede acometer su planificación, que incluye:

*   *Delimitación de objetivos.* ¿Para qué nos reunimos? ¿La reunión es meramente informativa?, ¿Se trata de intercambiar opiniones sobre asuntos que serán expuestos?, ¿Se pretende examinar algún problema?, ¿Existe el propósito de alcanzar acuerdos?, ¿Se desea persuadir a los reunidos para una acción concreta?
*   *Selección de los participantes.* En algunos casos, los integrantes de una reunión vienen determinados por la normativa correspondiente (Consejos Escolares, Equipo Directivo, Claustro, Junta de Facultad, etc.). En otros, son convocados libremente por quien tiene facultades para ello. El criterio de referencia básico para la elección de los participantes es el propósito de la reunión.
*   *Fijación de lugar y hora.* El marco físico influye siempre en la dinámica de la reunión. Una sala confortable invita a permanecer centrado en la tarea más que un lugar incómodo. El flujo de comunicación es distinto cuando los reunidos ocupan una mesa circular o cuando se sientan mirándose la espalda. Ciertas horas no resultan especialmente recomendables para una reunión donde haya que discutir asuntos de importancia.
*   *Preparación de los documentos.* Si la reunión se apoya en información escrita hay que tenerla dispuesta con anterioridad tanto la de uso de los convocantes como la que hay que entregar previamente a los participantes. Constituye una desconsideración hacia los miembros distribuir al comienzo de la reunión o durante su transcurso, informes o memorandos cuya aprobación se solicita, sin tiempo para que sean examinados.
*   *Selección de estrategias.* Cualquier estrategia que se adopte debe conducir a que el trabajo del grupo se mantenga dentro de los límites decisionales (es decir el campo en que los reunidos son competentes para decidir), a dosificar la atención y las intervenciones de los miembros en función de la importancia y complejidad de los asuntos y a obtener los resultados apetecidos.

En la reunión, el grupo tiene oportunidad de mostrar en qué medida es cooperante. La respuesta a ciertas preguntas permite comprobar si los niveles de comunicación son satisfactorios en el transcurso de la reunión:

* ¿Tienen todos los miembros las mismas oportunidades para intervenir?
* ¿Pueden intervenir sin temor a rechazos o a críticas paralizantes?
* ¿Se mantienen las intervenciones en un tono ausente de amenazas o agresiones?
* ¿Se presta atención a lo que dicen los demás?
* ¿Se autorregulan la frecuencia y la duración de las intervenciones?
* ¿Se permite el intercambio de mensajes en todas direcciones?
* ¿Se procura que el marco físico facilite la comunicación?

Los conflictos en las organizaciones educativas

Los conflictos forman parte inevitable de las interacciones que se producen en el seno de los grupos humanos. En ocasiones se trata de perturbaciones leves y efímeras que apenas tienen incidencia en el desarrollo normal de la organización y que se resuelven en acuerdos o en compromisos personales. En otros casos, sin embargo, los conflictos provocan ruptura en la comunicación interpersonal y tienen efectos sumamente negativos, tanto para las partes enfrentadas como para la organización en su conjunto.

En las organizaciones educativas, los conflictos más comunes, de índole personal-profesional, tienen lugar en las relaciones directivos-profesores, profesores-alumnos y profesores-padres. Para no extender demasiado los límites de esta ponencia, vamos a referirnos tan sólo a los dos supuestos últimos, cuya importancia parece incuestionable. Cuando se analizan desapasionadamente estos conflictos, lo primero que se advierte es que estamos ante unos problemas cuyas causas son muy variadas. Veamos algunas de ellas:

Causas relacionadas con los profesores

* En la elección de la carrera docente pueden predominar otras razones distintas al interés sincero por la enseñanza. En unos casos generará frustración y en otros debilitará el ánimo. Estas circunstancias personales se proyectarán tarde o temprano sobre los alumnos.
* Los métodos actuales de selección de entrada de los aspirantes a la docencia, están basados exclusivamente en las calificaciones académicas. No se tienen en cuenta los rasgos de personalidad, la motivación hacia la enseñanza, las aptitudes iniciales, etc.
* La formación docente no prepara para la dirección o animación del grupo clase. No se capacita en el uso de técnicas de conciliación ni se facilitan claves para afrontar situaciones especiales potencialmente generadoras de conflicto.
* Los futuros maestros son formados por profesores que, en ocasiones, se expresan en comportamientos autoritarios que implican desconsideración hacia los alumnos y desprecio hacia los valores de la relación interpersonal. Los procedimientos de selección de los formadores de profesores minusvaloran la competencia docente en beneficio de otros atributos ajenos al oficio de enseñar.
* Los sistemas de acceso a la profesión docente en los Centros Públicos se apoyan en consideraciones de orden académico. La elaboración de una buena programación o la redacción correcta de un tema garantizan oficialmente la competencia del aspirante para dedicarse con éxito a la enseñanza.

* Entre algunos profesores en ejercicio existe la creencia de que ciertas agresiones físicas están justificadas y que las agresiones psicológicas no son tales agresiones.
* El agotamiento profesional que afecta a muchos profesores como consecuencia de las tensiones a que se ve sometida la práctica docente.
* Muchos profesores se sienten inermes y desprotegidos cuando tienen que aplicar sanciones o reprochar comportamientos inadecuados.

Causas relacionadas con los padres

* Muchos niños crecen en ambientes familiares dominados por padres agresivos. (Además de las que implican contacto, existen otras formas de agresión más sutiles y perfeccionadas). Reprimidos en su casa, a veces con violencia, aprovechan el ambiente más permisivo de la escuela para comportarse con rudeza e incluso con brutalidad.
* Algunos padres experimentan rechazo hacia la disciplina escolar. Se identifica erróneamente con rigor arbitrario lo que, en realidad, constituye una forma positiva de regulación de las conductas individuales.
* Muchos padres que reaccionan airadamente ante comportamientos del maestro que juzgan indignos o inadecuados, someten a sus hijos a agresiones mucho más violentas y continuadas. Se trata de mecanismos por medio de los cuales los padres pretenden tranquilizar su conciencia.
* Para algunos padres, la educación carece de valor, más allá de su finalidad puramente instrumental y, en ocasiones, ni siquiera esto interesa. No se entiende la verdadera función del maestro ni la trascendencia de su tarea.

Algunas de las causas que hemos mencionado podrían ser neutralizadas por medio de iniciativas de orden técnico cuyos resultados serían visibles a medio plazo. Otras, sin embargo, requieren planteamientos de más largo alcance porque atañen a la modificación de actitudes socialmente muy arraigadas. Entre las soluciones posibles, sugerimos las siguientes:

* Modificación de los procedimientos de selección de entrada de los aspirantes a la docencia. Valoración de otros aspectos además de los académicos: experiencia previa con niños o jóvenes, atributos de personalidad, etc.
* Modificación de los planes de formación de tal suerte que se promueva la adquisición de las habilidades comunicativas necesarias para el ejercicio docente.
* Modificación de los procedimientos de selección del profesorado universitario encargado de la formación docente. Valoración especial de las condiciones para la docencia.
* Incremento de la frecuencia y diversificación de los encuentros informales entre padres-profesores-alumnos.
* Organización de contactos formales padres-profesores-alumnos en el marco del aula.
* Participación de los padres como colaboradores ocasionales en tareas de clase.
* Desarrollo de campañas permanentes que tiendan a:
    * Sensibilizar a la población acerca de la importancia de la educación.
    * Enaltecer la figura del maestro.

* Alertar sobre los efectos de las agresiones físicas y **psicológicas** a los niños y jóvenes.
* Compromiso de apoyo institucional al maestro en su tarea educadora.

Resumen

Las organizaciones educativas constituyen unidades complejas de comunicación con características singulares respecto de otras organizaciones por el menor grado de diferenciación de tareas y porque la comunicación no sólo tiene una dimensión funcional sino que es, además, la razón de ser de la organización en tanto que comunicación y educación van inseparablemente unidas. La comunicación en sentido pleno tiene lugar cuando aceptamos la relación. La comunicación eficaz, no obstante, exige la aplicación de técnicas y la existencia de unas condiciones favorables. En la Escuela, el flujo de comunicación es constante, se orienta en múltiples direcciones y adopta modalidades variadas. La comunicación educativa tiene que basarse en la confianza, la responsabilidad y la libertad y manifestarse en conductas cooperantes en cualquiera de las situaciones en las que el grupo educativo se pone en acción. Los conflictos forman parte inevitable de las interacciones que se producen en el seno de los grupos humanos. Las causas que los provocan son múltiples y complejas. Algunos conflictos provocan rupturas graves en las relaciones entre los miembros de la comunidad educativa. Se hace necesario aplicar soluciones imaginativas, eficaces y duraderas.

Bibliografía

ANDRADE, H. (1991). "Hacia una definición de la comunicación organizacional". En FERNÁNDEZ COLLADO, C. (Coord.) *La comunicación en las organizaciones.* Trillas, México.

BARTOLÍ, A. (1992). *Comunicación y organización: la organización comunicante y la comunicación organizada.* Paidós Ibérica, Barcelona.

CAMACHO, S. (1996). «El profesor comunicador. Guía práctica de la acción docente». En VARIOS. *Materiales para la enseñanza universitaria.* Universidad de Extremadura.

CRUZ MARTÍNEZ, J. M. y MARTÍN BERRIDO, M. (1998). "Relaciones interpersonales expresadas y deseadas por la comunidad educativa". *BORDÓN,* 50,1,35-47.

FERNÁNDEZ COLLADO, C. y DAHNK, E, G. (Eds.) (1986). *La Comunicación humana, ciencia social.* McGraw-Hill, México.

IZQUIERDO, C. (1996). *La reunión de profesores: participar, observar y analizar la comunicación en grupo.* Paidós, Barcelona.

LUCAS MARÍN, A. (1997). *La comunicación en la empresa y en las organizaciones.* Bosch, Barcelona.

MARTÍNEZ DE VELASCO, A. (1988). *Comunicación organizacional práctica.* Trillas, México.

MUSGRAVE,J. (1997). *La dinámica de las relaciones personales en la empresa y los negocios.* Paidós Ibérica, Barcelona.

PARRA,F. y otros (1991). *Comunicación y cultura de empresa.* Universidad Complutense, Madrid.

PÉREZ PÉREZ, C. (1997). "Relaciones interpersonales en el aula y aprendizaje de normas". **BORDÓN**, 49 (2), 165-173.

SÁNCHEZ GUTIÉRREZ, S. R. (1991). "La comunicación interpersonal en las organizaciones". En FERNÁNDEZ COLLADO, C. (Coord.) *La comunicación en las organizaciones*. Trillas, México.

LA PARTICIPACIÓN DEL ALUMNADO EN LOS PROCESOS DE FORMACIÓN

JUAN BAUTISTA MARTÍNEZ RODRÍGUEZ
Departamento de Didáctica y Organización Escolar. Universidad de Granada

La presente ponencia se ha redactado bajo dos condicionantes que determinan su presentación puesto que se ha elaborado para un Taller (T.2) de *las III Jornadas Andaluzas sobre Organización y Dirección de Instituciones Educativas* organizadas en Granada en Diciembre de 1998. Por ello, he recogido materiales propios y ajenos para orientar la formación profesional en el tema propuesto por la organización. En este sentido, pues, la ponencia adquiere también el formato de cuestiones, relación o inventario de sugerencias para el debate y el esclarecimiento de manera que las ideas propuestas aquí permitan elaborar una realidad integradora, compleja y reflexiva para unir el debate teórico con la práctica cotidiana.

1. Cambios en la manera de mirar al alumnado y utilidades formativas que se desprenden de la nueva perspectiva

Hablamos de formación para poder referirnos a los aprendizajes que también se producen en el sector del profesorado. Cuando no existe una relación delimitada y pura de enseñanza aprendizaje siempre adscrita a las mismas personas, cuando sus capacidades se desarrollan a partir de una cierta autonomía básica en la toma de decisiones sobre los aprendizajes, y los procesos de aprendizaje se acumulan a lo largo de una unidad mayor de tiempo, entonces hablamos de formación. Por nuestra tradición académica nos parece más usual hablar de formación del profesorado que de formación del alumnado. Esta pérdida o mayor dispersión de quién es el que enseña y quién el que aprende nos puede valer para hablar de formación tanto del profesorado como del alumnado. Y en este sentido, la idea que defendemos aquí es que la mayor participación del alumnado en los procesos de enseñanza-aprendizaje permite mejorar las condiciones formativas del alumnado y profesorado a la vez que mejora la calidad de la formación desarrollada por el docente. Defendemos por tanto, que el alumnado debe intervenir y participar más, implicándose directamente en las tareas de formación general del centro.

En las propuestas más radicales y progresistas de la pedagogía comtemporánea se ha defendido que alumnado y profesorado aprenden de manera mutua en intercambios recíprocos. Esta propuesta surge bajo el supuesto de admitir una igualdad de base en las posibilidades de formación reconociendo que el profesorado es un trabajador con una formación modesta y que, a su vez, el alumnado tiene experiencias, vivencias y conocimientos interesantes que pueden enriquecer la interacción formativa.

Debemos preguntarnos cuál es el potencial formativo del alumnado para la sociedad. Es necesario reconocer que una parte importante de este potencial tiene que ver con las posibilidades propias del alumnado. Formarse como un ciudadano libre, con una identidad propia, no se consigue si no es a través de una implicación fuerte en los propios aprendizajes, en la propia formación. Diversas líneas de actuación se pueden sugerir para darle sentido a lo que defendemos aquí. La reconsideración del alumnado como agente protagonista en los centros educativos nos conduce a aplicar los instrumentos que se han desarrollado socialmente para reconocer el status personal y la consideración humana de este sector. La lucha por la aplicación de los derechos humanos y éstos como punto de referencia para evaluar la situación de reconocimiento que tiene el alumnado como colectivo social y académico. Hablar de nuevo de derechos y deberes del alumnado es hoy una tarea pedagógica, legal y coyunturalmente relevante.

Pero, probablemente la participación del alumnado sea útil también para la propia formación del profesorado. La óptica de la formación del profesorado ha localizado la mirada en los problemas que siente, piensa y orienta el propio profesorado. En base a supuestos y creencias erróneas ha habido una desconsideración del alumnado como fuente de datos, como elemento que contrasta diariamente las vivencias y experiencias del profesorado, como agente protagonista del resultado formativo y como sector irremplazable en las actividades de enseñanza y aprendizaje. Es el punto de referencia sobre el que montar cualquier estrategia dirigida a mejorar la enseñanza. Se han constatado actitudes de consideración del alumnado como ciudadanos de segunda, se han utilizado metodologías cuyos intereses han beneficiado más el status docente que el mayoritario, se ha perdido la posibilidad de valorar o interpretar la vida del aula bajo contrastes intencionales y directos entre los dos sectores o estamentos. Se ha construido la formación del profesorado y el desarrollo de sus roles tomando como base cierto olvido a lo que siente y piensa el alumnado. No han proliferado estrategias de escucha o diálogo entre los dos estamentos fundamentales en los centros, no se trabaja tomando en cuenta los errores cometidos por esos colectivos, no hay un respeto a la pluralidad de percepciones, opiniones y sentimientos que componen la estancia de los escolares en los centros.

Por último, el potencial formativo del alumnado o conjunto de hijos para sus padres y madres es una idea sobre la que no se trabaja actualmente. La reconstrucción del conocimiento escolar debería afectar a la reconstrucción del propio conocimiento de los padres y madres. Estamos hablando de la función de crítica cultural y social que tiene la escuela y que puede tener sentido en un ambiente como el familiar donde se discuten los temas, se defiende un conjunto de valores y se produce un conjunto de creencias que tienen que ver con las capacidades formativas de los componentes de una familia. El alumnado tambien puede colaborar en la formación de los padres. Lo cual podría suponer hoy una escandalosa sugerencia para el conjunto de las familias.

Defendido el potencial formativo del alumnado también para profesorado y padres, nos vamos a detener en una línea de trabajo ya señalada: la reconsideración de los derechos humanos como punto de referencia para evaluar la situación de los alumnos y alumnas en los centros.

2. ¿Cómo se entienden los derechos humanos y se aplican al alumnado?

Este año y mes nos inspira una revisión como consecuencia del aniversario que se está celebrando. Valga la excusa para proponer una reflexión que nos permita leer los derechos humanos y darles contenido real en los centros y aulas. Para concretar aún más las reflexiones pensemos en casos, anécdotas, hechos o conflictos reales acaecidos en la práctica habitual de las aulas.

En el Artículo tercero se hace referencia al derecho a la libertad y a la seguridad de su persona. Hoy estamos viendo el incremento de las barreras de separación de centros respecto al entorno y las instalaciones de puertas, circuitos cerrados de televisión, guardas de seguridad, normas de salida y entrada, fijación de normas respecto a horarios, estancia en el centro.... Un ejercicio necesario es plantearnos la libertad del ciudadano, es cierto que es un ciudadano o ciudadana más bajito pero no de menor consideración. Las condiciones nuevas de coexistencia entre el alumnado de bachillerato y de secundaria obligatoria están sofocando ciertas libertades de movimiento, desplazamientos o uso del tiempo que tenía el alumnado de secundaria. La amplitud del concepto de libertad lo hace tan general y etéreo que resulta poco útil para repensar las condiciones de libertad del alumnado.

El derecho a no sufrir tratos degradantes está determinado en el Artículo cinco. Aquí nos vienen a la memoria todos los casos que se están produciendo actualmente y que vienen descritos en los periódicos bien refiriendose a hechos en el ámbito nacional o internacional. La sociedad inglesa está retomando la posibilidad de uso del castigo corporal, en algunos centros se ha detectado estrés en algunos alumnos/as como consecuencia de las condiciones de trabajo escolar y presión social para el rendimiento. Los comentarios despectivos realizados sobre algún alumno o alumna tomando como base los resultados de un examen, una intervención pública o privada dentro o fuera del aula, los castigos que tienen como contenido una actividad que produce mayor esfuerzo corporal, una situación de vejación o una desconsideración pública a la imagen, pueden ser hechos analizables.

El ser oído públicamente y con justicia es un derecho que está recogido en el Artículo diez. El tema de las calificaciones, las valoraciones de actividades que son criticadas por el profesorado o padres, las regañinas públicas o privadas que impiden una manifestación de la propia versión u opinión del alumno o alumna, todo ello supone, probablemente, más valor a la opinión de unos sobre otros de manera que no existe igualdad de condiciones para expresarse públicamente.

Las injerencias arbitrarias en la vida privada, la familia, el domicilio o correspondencia, o el ataque a la honra o reputación es algo prohibido en el artículo doce. Papeles escritos por el alumnado en secreto para que no sean leídos por el profesorado, las cartas o mensajes privados entre el alumnado, los comentarios realizados en cualquier momento de la clase de forma privada a un compañero/a, las condiciones de vida privada en el domicilio y familia del alumno no pueden ser objeto de utilización injusta.

En el Artículo dieciocho se establece el derecho a la libertad de pensamiento, conciencia, cambiar de religión o creencia, individual o colectivamente. La tradición histórica y las condiciones de mayoría de una religión en nuestro país, pese a la laicidad reconocida constitucionalmente de la educación, suponen una presión que pone en peligro el desarrollo de este derecho. La existencia de símbolos públicos en las clases, la presión social vivida por aquéllos que deciden no realizar actividades rituales o de tipo religioso ampliamente admitidas en nuestra comunidad, la declaración natural e intuitiva del pensamiento de un alumno o alumna que contrasta con el bombardeo de consideraciones basadas en un conjunto de creencias religiosas ponen en peligro la libertad del alumnado y probablemente también del profesorado.

La libertad de opinión y expresión es un derecho formulado en el Artículo diecinueve si bien es cierto que las condiciones en las que se produce la expresión de alumnos o alumnas y los problemas de las estrategias de organización y gestión de las clases y centros muchas veces impiden un uso y aplicación adecuados de este derecho. La necesidad de reconsiderar las tareas y actividades grupales o individuales para identificar hasta qué punto ampliar las condiciones de expresión libre de las opiniones es una tarea difícil pero necesaria y urgente.

Una de las quejas más insistentes del alumnado consiste en reivindicar horas, espacios y condiciones para las reuniones entre el propio alumnado. Es en el Artículo veinte donde se concretan tales derechos. La actividad académica está estructurada de manera que resulta muy complicado establecer las condiciones para que se ponga en práctica este derecho en las condiciones más sencillas.

El derecho al descanso es el exigido en el Artículo veinticuatro. Recientemente hemos leído en los periódicos el caso de la agresión a un maestro por parte de un padre porque no había dejado salir al recreo a su hijo. El trabajo ininterrumpido y los castigos a quedarse en el recreo haciendo actividades académicas impiden el relajamiento y descanso prefijados en el articulado de los derechos humanos. Resulta conveniente, por tanto, estudiar si los tiempos y condiciones del trabajo escolar permiten un descanso adecuado de los escolares. Sumando las expectativas que tiene el conjunto de profesores y profesoras sobre las horas de trabajo del alumnado prácticamente triplica las horas reales de posibilidades de estudiar. La existencia de este derecho y norma debería cambiar las condiciones actuales. El profesorado no suele coordinar el conjunto de actividades que se proponen para realización extraescolar y la saturación en épocas y días resulta un problema poco conocido.

El derecho a la educación del pleno desarrollo de la personalidad de manera que se favorezcan la comprensión, tolerancia y amistad es lo prescrito en el Artículo veintiséis de los derechos humanos. Probablemente el derecho más difícil de interpretar por más que el conjunto de propuestas de lo que es desarrollo de la personalidad nos permita pensar casi en todo.

3. Alguna sugerencias para el debate

Nuestra comunidad debiera hacer una apuesta importante por todo este conjunto de derechos y exigencias sociales. Deben producirse respuestas más o menos generalizadas. Las propuestas de democratización de nuestra sociedad pasan por una mejora de las condiciones y exigencia de interpretación y aplicación de los derechos humanos. No nos planteamos aquí los mecanismos legales y jurídicos que en cada país, y en el caso del nuestro, puedan proceder. Nos interesa más llegar a unas orientaciones generales, a unos principios de actuación que den respuesta a las dificultades de identificación y valoración del cumplimiento de cada uno de estos derechos. En este sentido sí que nos parece necesario proponer algunos criterios y principios de procedimiento:

a) Uso de procedimientos respetuosos con las personas.
b) Ampliar y mejorar los métodos de decisiones y participaciones.
c) Asegurar la igualdad (lengua, clase, sexo, cultura, creencias...)
d) Ampliar los mecanismos de consulta de opiniones.

e) Incrementar los procedimientos para resolver las quejas, litigios, disputas y conflictos. En general resolver las discrepancias de manera democrática.

f) Establecer métodos sistemáticos de consulta, participación y decisión colegiada.

g) Los temas controvertidos han de ser tratados en clase con el alumnado.

h) Actitud de neutralidad significa no defender posiciones personales de manera autoritaria.

y) El debate y la deliberación deben presidir los estudios controvertidos.

j) El debate, más que llegar al consenso, debe explicar las diferentes posiciones de los participantes.

k) El profesor/a es responsable de asegurar la calidad y el nivel del conocimiento.

Estas propuestas que entresacamos están tomadas a partir de los resultados de la investigación financiada por el CIDE y dirigida por Martínez Bonafé (1998) en la que hemos colaborado de manera muy limitada pero las sugerencias que próximamente publicará el grupo valenciano sin duda enriquecerán los materiales acerca de estos temas. En ellas se concluyen algunas recomendaciones de tipo práctico que las podemos tomar como guías generales para estrategias que se dispongan en el aula.

1) ESTABLECER CONTEXTOS FAVORABLES PARA DISCUTIR.

2) FOMENTAR LA IDENTIDAD DEL GRUPO.

3) CREAR EN EL GRUPO UN COMPROMISO CON LA INDAGACIÓN.

4) ASEGURAR UNA ARTICULACIÓN CLARA DEL TEMA DE DISCUSIÓN.

5) OBSERVAR LA RELEVANCIA DE LAS APORTACIONES.

6) PROTEGER LA DIVERGENCIA DE OPINIONES.

7) INTRODUCIR LAS EVIDENCIAS APROPIADAS.

8) MANTENER LA CONTINUIDAD DEL DISCURSO.

9) QUE LAS NORMAS DE DISCUSIÓN SEAN ACEPTABLES.

10) APORTAR NIVELES DE CRÍTICA QUE AUMENTEN LA CALIDAD DEL TRABAJO EN GRUPO.

11) ASEGURAR QUE LOS CONOCIMIENTOS SE QUEDEN ESTRUCTURADOS.

Llegar a descubrir qué se entiende por orden y control en clase resulta una estrategia útil para identificar las argumentaciones que se adoptan al tomar las decisiones en clase. El concepto de trabajo escolar es entendido de manera diferente por parte del profesorado y alumnado o al menos es traducido y adaptado a las propias condiciones, necesidades e intereses. En este sentido, resulta coherente señalar el concepto de control como fundamental para explicar las condiciones en que se produce el trabajo escolar. Hay una sugerencia que posteriormente recogemos.

En una de las propuestas realizadas en el Proyecto de Investigación coordinado por Martínez Bonafé (1998, p. 52) se propone un ejercicio que quiero traer aquí a colación de manera más sintética. Se trata de pensar cuáles son las creencias o convicciones que atribuimos a la falta de control en clase. Elegimos, entre otras, las de la siguiente relación:

— El Profesor o profesora cae mal al alumno/a.

— Depende de la edad del alumnado.

— Depende de que el profesor/a domine el tema.
— De que tenga autoridad.
— Que castigue a los alumnos/as que desobedezcan.
— Que haya mayoría de chicos.
— Que haya conciencia de grupo en el alumnado.
— Que las tareas colectivas estén previamente negociadas.
— Que el profesor los haya tenido el curso anterior.
— Del aprendizaje del alumnado en la resolución pacífica de los conflictos.
— De la formación del profesorado en la resolución pacífica de los conflictos.

En el mismo sentido y para localizar los roles es necesario saber quién dicta las normas en el aula:

— El pofesor de cada asignatura dicta las suyas.
— En cada momento lo que arbitrariamente diga el profesor.
— Lo que deciden los líderes de la clase-.
— Decide el alumnado al comenzar el curso.
— Se redactan previamente realizadas las discusiones en el grupo.
— Cada trimestre se consensúan.
— Las decide el equipo directivo y/o el Consejo Escolar.
— El Jefe de Estudios para cada aula.
— Redacta el profesorado para todo el alumnado.

4. Preguntemos acerca de si existen algunos derechos

Aunque nos hemos referido anteriormente a los derechos humanaos como herramienta de reflexión para provocar una valoración de los términos en que se procede en cualquier realidad escolar, ahora nos proponemos aquí realizar algunas preguntas que también hemos formulado en nuestra investigación (MARTÍNEZ, J. B. 1998) y que tienen que ver con los aspectos siguientes:

a) El alumnado tiene derecho a interrumpir al profesor que está explicando.
b) Se puede dirigir a la clase entera y a otros alumnos o alumnas.
c) Es normal manifestar las quejas.
d) Se puede ocupar el tiempo hablando a los compañeros, intercambiando opiniones e información.
e) Es posible expresar los desacuerdos con las ideas del profesorado.
f) Se puede manifestar desgana o interés por el tema que propone el profesor.
g) Se puede utilizar el espacio de manera diferente a como propone el profesorado.
h) Es posible manifestar desacuerdo por los métodos de trabajo de un profesor/a ante la Junta de Evaluación u otros miembros directivos.
y) Es posible que el alumno/a se enfade y alce la voz cuando el profesor/a lo hace.

Para terminar, quiero recoger la cita que aparece en la futura publicación de materiales curriculares extraída de un libro histórico para el movimiento estudiantil y que se utiliza como material de reflexión en los documentos elaborados en la investigación valenciana del CIDE mencionada anteriormente.

"Cuando uno se aburre, lo único que aprendo es a aburrirme (...) Cuando no se tiene más derecho que el de obedecer, se aprende inevitablemente a no intentar nunca saber por qué se hace lo que se hace. Se aprende a no plantearse nunca interrupciones, se aprende a no pensar" (El libro Rojo del Cole, p.15)

Bibliografía

AAVV (1995) *Volver a pensar la educación.* Morata, Madrid.

GUTMAN, A. (1987) *Democratic Education.* Princeton, Princeton University Press.

FERNÁNDEZ ENGUITA, M. (1993) *La profesión docente y la comunidad educativa.* Morata, Madrid.

GIMENO SACRISTÁN, J. (1998) *Poderes inestables en educación.* En Morata, Madrid.

MARTÍNEZ BONAFÉ, J. (1998) "La democracia es un conjunto vacío". En *Cuadernos de Pedagogía*, Vol. 275, pp.46-54.

MARTÍNEZ RODRÍGUEZ, J.B. (1998) *Evaluar la participación en los centros educativos.* Escuela Española, Madrid.

PÉREZ TAPIAS, J. A. (1996) *Claves humanistas para la educación democrática.* Anaya, Madrid.

RUBIO CARRACEDO, J. (1998) "La democracia participativa". *En Cuadernos de Pedagogía*, Vol. 275, pp.12-18.

EL PROFESORADO COMO RECURSO DE LA ESCUELA SITUADA EN EL MEDIO RURAL

EUDALDO CORCHÓN ÁLVAREZ
Departamento de Didáctica y Organización Escolar. Universidad de Granada

1. Punto de partida

En 1984, el entonces Ministro de Educación y Ciencia D. José María MARAVALL diría que:

"Garantizar el derecho a la educación para todos no significa sólo garantizar un puesto escolar financiado con fondos públicos, sino asegurar los recursos humanos y materiales necesarios para hacer efectivo ese derecho. Además..., se deben garantizar unos mínimos de calidad en el conjunto del sistema, como componente de una política educativa que promueva la lucha contra las desigualdades... Se trata de prestar atención preferentemente a zonas geográficas y grupos de población que compense en sentido positivo las desigualdades e insuficiencias del sistema escolar ordinario" (1984: 53)

En ese mismo año, 1984, ve la luz el brillante trabajo de CARMENA y REGIDOR (aquí se refleja la segunda edición del libro) que, de entre sus conclusiones generales, se puede destacar que:

"En cuanto a las condiciones en que desarrolla su trabajo el maestro, encontramos que, en general, tanto los profesores que ejercen en centros incompletos como los de centro completos, aunque evidentemente con diferencias apreciables en grado, llevan a cabo su actividad educativa en unas condiciones caracterizadas por:
—Disponer de insuficientes profesores especialistas.
Los maestros se ven, por tanto, en muchas ocasiones ocupándose de unas funciones que no están directamente relacionadas con su trabajo como enseñantes; y en otros casos, la insuficiencia de profesores especializados y la no aplicación efectiva de una plantilla de profesores por centro obliga a tener que ocuparse de más de una especialidad o a no poder impartir la especialidad propia" (1985: 171)
"La escuela rural está más desatendida en profesorado que la escuela no rural. Se ha comprobado que los gastos corrientes en profesores por puesto escolar son en el medio rural inferiores a la media provincial"... (1985: 175).

La idea del Sr. Ministro y las dos conclusiones reflejadas no son producto, como es lógico, de 1984, sino que son fruto de una línea de pensamiento, refrendada posteriormente en Reales Decretos y demás normativas especificadas a continuación y de una investigación comenzada con anterioridad a 1984.

Cuando en 1982 el Partido Socialista Obrero Español sube al poder, los entonces rectores de su política educativa, encabezados por su Ministro el Sr. Maravall, ponen un cierto énfasis en aquellas localidades y zonas que social, cultural y económicamente estaban desfavorecidas, marginadas. Por tanto, esta toma de postura de atender a lo marginal, a lo alejado, idea no sólo buena sino inclusive y, más importante aún, justa, va a empezar a tomar cuerpo a partir de la publicación del Real Decreto de Educación Compensatoria: Se crean los Servicios de Apoyo Escolar (SAE), los Centros de Recursos (CERE) y se consideran algunos ámbitos geográficos como Zona de Actuación Educativa Preferente (ZAEP). Es a partir de ese momento cuando la tilde se va a poner en discriminar positivamente a las poblaciones y zonas con deprivaciones de todo tipo. Se puede afirmar que el Real Decreto de Educación Compensatoria marca el pistoletazo de salida de toda una publicación legislativa en pro de las zonas rurales, a la vez que se contempla y se hace un seguimiento de una serie de experiencias que ya se venían haciendo, caso por ejemplo de los CRIETs (Centros Rurales de Innovación Educativa de Teruel) y de la Experiencia del Valle Amblés (Ávila), experiencia que dio lugar, en la navidad de 1986, concretamente el 24 de diciembre, a la publicación del Real Decreto de constitución de los Colegios Rurales Agrupados, antecedentes de lo que en la Comunidad Autónoma Andaluza son los Colegios Públicos Rurales.

Esa brevísima reseña cronológica-histórica, vista a nivel de todo el estado español, no cambia cuando es analizada desde la perspectiva autonómica andaluza, sólo que, como es lógico, aparecen las peculiaridades propias de ésta. Y no hay grandes variaciones porque es a partir de la publicación del Real Decreto de 27 de abril de 1983 cuando en Andalucía aparece, en julio de 1984, el Decreto de Educación Compensatoria en zonas rurales, en el que se especifican nítidamente unos objetivos a alcanzar y, consecuentemente, unas actuaciones a realizar, pasándose a continuación a presentar y desarrollar toda una batería legislativa con el fin de potenciar y reforzar su escuela rural (...determinación y normativa de creación de Zona de Actuación Educativa Preferente -ZAEP-; definición, procedimiento y constitución de Centros de Actuación Educativa Preferente -CAEPs-; Constitución de los Colegios Públicos Rurales; Plan de Actuación para la Escuela Rural Andaluza; etc.).

De toda la legislación andaluza para potenciar y desarrollar su escuela rural, un hito muy importante es la publicación, en 1988, de la Orden del 15 de abril, por la que se programa su Plan de Actuación. De dicho plan y de acuerdo con el título de la ponencia del "profesor como recurso de la escuela situada en el medio rural", se puede reseñar que:

a. En el marco de los recursos humanos:

Las dotaciones de profesorado difieren según se trate de Colegio Público Rural o Escuela Rural de hasta cuatro unidades:

a.1. En los Colegios Públicos Rurales de ocho o más unidades se les dotará de dos profesores de apoyo.

a.2. En los Colegios Públicos Rurales de menos de ocho unidades dispondrán de un profesor de apoyo.

a.3. Con respecto a las Escuelas Rurales de hasta cuatro unidades, se arbitrará un tratamiento diferenciado. Es decir: "no tendrán ningún profesor de apoyo" (la letra entrecomillada es mía).

2. Investigación

Puestas las cosas así, que en síntesis era la falta de profesores en la escuela situada en el medio rural, y puesto que Andalucía, dentro de sus competencias educativas, había comenzado en 1988 un plan de actuación para sus centros rurales, era el momento de analizar su estado. En consecuencia, en el curso 1993/94 comienza la investigación del "Estudio Evaluativo de la Escuela Rural Andaluza", correspondiendo a finales de dicho curso la recogida de datos, presentándose los resultados y conclusiones en marzo de 1997. La exigencia de espacio obliga a hacer una síntesis del diseño de la investigación.

2.1. Objetivos

La amplitud del trabajo requería, además del **objetivo general** de

"Valorar el estado actual de la Escuela Rural Andaluza", otros objetivos específicos que permitieran analizar ámbitos o parcelas de aquél. Por tanto, el **objetivo específico** de esta aportación a las III Jornadas Andaluzas de Dirección y Organización de Instituciones Educativas es el de:

"Valorar los recursos humanos (profesores generalistas y especialistas) y los recursos materiales (vehículo para desplazarse el profesor itinerante del CPR, con el grado de cobertura en caso de accidente) existentes en los Centros Rurales Andaluces".

2.2. Hipótesis

Definidos los objetivos y determinado el problema a investigar ("conocer los recursos,..., en este caso el profesorado y el modo de desplazarse el profesor itinerante, que la Escuela Rural Andaluza tiene y de los que carece",.... -a fuerza de ser breve, se reseña lo concreto para esta aportación-), hay que formularse la hipótesis que permita descubrir el estado de la cuestión, la cual, para este caso fue la de:

"En los Centros Rurales Andaluces faltan tanto profesores (generalistas y especialistas) como recursos (de infraestructura, en este caso) que atiendan las necesidades educativas de su alumnado, existiendo diferencias de dotación según el tipo de centro".

2.3. Población-Muestra

La tabla siguiente refleja que de una población de 224 centros rurales (su listado fue facilitado por cada una de las ocho Delegaciones provinciales de educación), contestan al cuestionario y, por tanto, forman la muestra el 50% de ellos, correspondiéndole a los Colegios Públicos Rurales el 57,1% y el 42,9% a las Escuelas Rurales.

Como puede observarse, la Escuela Rural Andaluza está configurada por dos tipos de centros: los Colegios Públicos Rurales (CPRs), formados por la agrupación de pequeñas escuelas próximas entre sí (dotados de equipo directivo y de especialistas) y las Escuelas Rurales (ERs), aquéllas que no han podido agruparse y tienen entre una y cuatro unidades (no tienen ningún especialista). Los datos y porcentajes de la investigación que a continuación se exponen están referidos a ambos tipos de centros.

Tabla nº 1: Número de centros rurales andaluces que formaban la Escuela Rural Andaluza (CPRs y ERS) en el curso 1993/94, con su muestra.

Provincias	Nº de centros rurales andaluces existentes por tipo de centro			Nº de centros rurales que forman la muestra por tipo de centro		
	CPRs	ERs	Total Centros	CPRs	ERs	Total Centros
Almería	18	0	18	11	0	11
Granada	34	43	77	22	20	42
Málaga	9	20	29	3	6	9
Jaén	14	18	32	7	10	17
Córdoba	10	11	21	4	4	8
Sevilla	3	12	15	1	4	5
Cádiz	8	4	12	5	1	6
Huelva	9	11	20	7	7	14
C.A. Andaluza	105	119	224	60	52	112

2.4. Instrumentos de recogida de datos

Se utilizaron técnicas del paradigma cuantitativo y del cualitativo. Ciertamente, el instrumento fundamental fue el "cuestionario", pero también interesó el porqué de las cosas, utilizando para ello las "entrevistas semiestructuradas". Por tanto, en el desarrollo de la ponencia, y en algunos momentos concretos, se introducen, junto a los datos cuantitativos, algunos comentarios de los propios protagonistas, para que ilustren los datos cuantitativos.

3. Resultados

3.1. Profesores generalistas

3.1.1. En los Colegios Públicos Rurales (CPRs)

La siguiente tabla, n° 2, expone las puntuaciones medias en cuanto al número de unidades tanto de Educación Infantil-Preescolar como de Educación Primaria-EGB, así como el número de alumnos en una y otra etapa y el de profesores generalistas de los CPRs andaluces, vistos por provincias y por Comunidad Autónoma.

Multivariada puede ser la lectura e interpretación de los datos expuestos en la tabla, así como también puede ser su enfoque. Por tanto, aquí sólo nos vamos a referir al objeto que nos preocupa en esta ponencia, que no es otro que el profesorado. Ciertamente que habrá que conjugarlo con otras variables, pero sin perder de vista el objetivo central de estas páginas.

De los datos reflejados se pueden resaltar algunos aspectos tales como que:

1. Salvo en las provincias de Córdoba y Sevilla, donde hay igualdad entre el n° de unidades y el de profesores generalistas y en la de Huelva con ligera mejoría a favor del n° de profesores (0,29 puntos), en el resto hay un desfase entre ambos.

Tabla n° 2: Puntuaciones medias en cuanto al n° de unidades, alumnos y profesores generalistas de las CPRs andaluces, por provincias y por Comunidad Autonoma

Provincias	N° de unidades		N° de alumnos		N° de Profesores Generalistas
	Ed. Infantil Preescolar	Ed. Primaria-EGB	Ed. Infantil Preescolar	Ed. Primaria-EGB	
Almería	3,55	8	44,55	108,22	11
Granada	1	7,62	26,64	90,88	7,72
Málaga	2,5	10	24	138	8,5
Jaén	1,83	10,5	46	146,33	11
Córdoba	3	11,3	64,66	145,66	14,33
Sevilla	1	4	18	56	5
Cádiz	4,66	5,5	41,25	73	9
Huelva	1,85	8,71	32,14	123,14	10,85
C.A. Andaluza	2,42	8,20	37,15	110,15	9,67

2. En consecuencia con el aspecto anterior y en las provincias andaluzas de Almería, Granada, Málaga, Jaén y Cádiz, existen CPRs que, teniendo unidades o aulas ocupadas por niños, no tienen adscrito un profesor generalista-tutor fijo. En estos casos, ¿cómo son o pueden ser atendidos estos alumnos? Veamos dos posibles soluciones:

a. Una: Que los alumnos sean trasladados a otras aulas, con lo cual aparece una multigraduación (cualidad intrínseca de la Escuela Rural en general y en particular de la andaluza), aspecto que no es malo en sí mismo, sino que dicho sistema organizativo se convierte en malo cuando no va acompañado de un sistema didáctico adecuado, cuando no hay una adecuada preparación en el profesorado y cuando faltan recursos tanto materiales como funcionales.

b. Dos: Que dichos alumnos permanezcan en sus aulas respectivas atendidos por varios profesores en función de su disponibilidad, caso por ejemplo de los miembros del equipo directivo, de los profesores especialistas, etc., que tienen que dejar sus funciones para las que han sido preparados y seleccionados y dedicarse a esos alumnos con el fin de tapar el hueco y cubrir la necesidad.

A la hora de inclinarse por una u otra solución, la primera puede ser muy buena si va adornada de los atributos indicados, de lo contrario su eficacia realmente es escasa cuando no nula o contraproducente, mientras que la segunda siempre es mala y no sólo para dichos alumnos, sino también para el conjunto del centro, habida cuenta que dichos profesores se ven inmersos en actuaciones diversas y dispersas, restándoles forzosamente tiempo para desarrollar las funciones para las que han sido preparados y elegidos.

3. Por orden jerárquico de menor a mayor, las provincias andaluzas con desfase entre el nº de aulas y el de profesores generalistas son: Almería y Granada, con menos de un punto de diferencia (0,55 y 0,90 respectivamente); Cádiz y Jaén, que sobrepasan el punto de diferencia (1,16 y 1,33) y, por último, se encuentra Málaga, con nada menos que 4 puntos de diferencia, provincia sin duda alguna más perjudicada en dicha relación.

4. Si, para finalizar este breve análisis, se observan las puntuaciones medias de la Comunidad Autónoma por CPRs, nos encontramos con que:

a. El número de unidades de Ed. Infantil-Preescolar es de 2,42.
b. El número de unidades de Ed. Primaria-EGB es de 8,20.
c. La suma de las unidades de ambas etapas es de 10,62.
d. Y el número de profesores generalistas es de 9,67.
e. Si comparamos entre sí los apartados c y d resulta una diferencia de casi un punto (0,95) a favor de que hay más aulas que profesores, hecho que pone de relieve lo dicho anteriormente a nivel provincial, en el sentido de que en los CPRs andaluces hay aulas que no tienen adscrito un profesor generalista-tutor. En definitiva, en los CPRs andaluces faltan profesores generalistas.

3.1.2. En las Escuelas Rurales (ERs)

La siguiente tabla, nº 3, cuyos datos se refieren a las Escuelas, recoge los mismos aspectos que la anterior y que, como en el caso precedente, se va a desarrollar sólo la idea que nos ocupa, que de forma sincrética podemos resaltar:

1º. La provincia de Almería no figura en la tabla porque no tiene Escuelas Rurales. Todo son CPRs (el listado de los centros fueron suministrados por las Delegaciones provinciales correspondientes).

2º. En las provincias de Granada, Málaga, Jaén, Córdoba y Sevilla hay igualdad entre el número de aulas y el de profesores existentes, no ocurriendo lo mismo en las de Huelva y Cádiz, donde existen diferencias de puntuación de 0,14 y 1 punto respectivamente a favor de las aulas o, lo que es lo mismo, en las Escuelas de dichas provincias hay más unidades que profesores generalistas.

En el caso de la provincia de Cádiz, es de resaltar que esa diferencia de hasta un punto entre el número de unidades y el de profesores, puede ser debido a que existiendo cuatro Escuelas en la provincia, sólo se ha recibido contestación de una de ellas, y es posible que de haber contabilizado las otras y en el supuesto de que en ellas exista la lógica igualdad entre aulas y profesores, dicha diferencia se acortaría notablemente.

Tabla nº 3: Puntuaciones medias en cuanto al nº de unidades, alumnos y profesores generalistas de las ERs andaluzas, por provincias y C.A.

Provincias	Nº de unidades		Nº de alumnos		Nº de Profesores Generalistas
	Ed. Infantil Preescolar	Ed. Primaria-EGB	Ed. Infantil Preescolar	Ed. Primaria-EGB	
Granada	0,24	1,52	5,72	16,33	1,76
Málaga	0,16	1	5,83	8,5	1,16
Jaén	0,2	1,1	5,8	12,33	1,3
Córdoba	0,75	1,25	10	19	2
Sevilla	0,75	1,25	12,5	20,5	2
Cádiz	2	2	*,*	*,*	3
Huelva	0,71	1,57	7,83	19,71	2,14
C.A. Andaluza	0,68	1,38	7,94	16,06	1,90

3º. En consecuencia con el punto anterior, en las Escuelas Rurales de las provincias de Huelva y Cádiz, donde se da ese desfase entre unidades y profesores, siempre se dará en Escuelas de más de una unidad, con lo cual los alumnos afectados serán atendidos en las aulas de los otros profesores.

4º. Si, para finalizar, se observan las puntuaciones medias de la Comunidad Autónoma, nos encontramos con que:

    a.   El número de unidades de Ed. Infantil-Preescolar es de 0,68.

    b.   El número de unidades de Ed. Primaria-EGB es de 1,38.

    c.   La suma de las unidades de ambas etapas es de 2,06.

    d.   Y el número de profesores generalistas es de 1,90.

    e.   Si comparamos entre sí los apartados c y d resulta una diferencia de 0,16 puntos a favor de que hay más unidades que profesores generalistas, hecho que pone de relieve lo dicho a nivel provincial, así como que dicha diferencia pudiera ser más baja si se tiene en cuenta la peculiaridad manifestada anteriormente sobre la provincia de Cádiz. En resumen, en las ERs andaluzas faltan profesores generalistas, si bien su falta en éstas es menor que en los CPRs.

3.2. Profesores especialistas

3.2.1. En los Colegios Públicos Rurales (CPRs)

En las actas de las Primeras Jornadas Andaluzas de Organización y Dirección de Instituciones Educativas se presentaron los datos referente a los Colegios Públicos Rurales (CPRs) con sus dotaciones de Profesores de Apoyo Didáctico, de Profesores de Apoyo a la Integración y de Profesores de Educación Especial, siempre y cuando los centros tuviesen, en los dos últimos especialistas mencionados, los correspondientes alumnos (CORCHON ALVAREZ, 1997). Esto motiva el que dichos datos no figuren en la tabla siguiente, pero nos permite hacer, sin exluir su lectura y consulta en las mencionadas actas, una síntesis de su contenido del que se puede resaltar que:

    a.-   El 18,3% de los CPRs andaluces no tiene Profesor de Apoyo Didáctico (legalmente lo debían tener todos). Si a este porcentaje se le suma el 11,2% de los centros que contestan el cuestionario y no cumplimentan este apartado, se sube al 29,5%.

    b.-   En el 52% de los CPRs andaluces hay alumnos de integración y falta el especialista correspondiente.

    c.-   En los CPRs andaluces que tienen alumnos de Educación Especial tienen su correspondiente especialista.

Como se ha mencionado, la tabla siguiente nº 4 refleja el número de profesores especialistas existentes en los CPRs andaluces, vista desde la perspectiva provincial-autonómica y desde las áreas. Para su interpretación es necesario hacer algunas aclaraciones sin las cuales no es posible su comprensión. Fijémonos, por ejemplo, en la dotación del profesor de Lengua Extranjera en la provincia de Granada en la que se observa que:

    a.-   En 5 CPRs no hay ningún especialista.

    b.-   En 12 de ellos hay uno.

    c.-   En 1 hay dos profesores.

d.- Y en 4 no sabemos. Los CPRs correspondientes no cumplimentaron este ítem.

Puesta la interpretación de la tabla, se está en condiciones de decir que:
1.- Con referencia al Profesor de Lengua Extranjera:

Tabla nº 4: Profesores Especialistas que contempla la LOGSE (Lengua Extranjera, Educación Física y Educación Musical), y su dotación en los CPRs andaluces, vistos desde la perspectiva provincial y autonómica

PROVINCIAS	PROFESORES ESPECIALISTAS QUE CONTEMPLA LA LOGSE Y LOS CPRs ANDALUCES: DOTACIÓN				
	CPRs		RESULTADOS		
	POBLACIÓN	MUESTRA	LENGUA EXTRANJERA	EDUCACIÓN FÍSICA	EDUCACIÓN MUSICAL
ALMERÍA	18	11	4=0 6=1 1=2	7=0 4=1	8=0 3=1
GRANADA	34	22	5=0 12=1 1=2 4=?	2=0 16=1 4=?	16=0 2=1 4=?
MÁLAGA	9	3	2=1 1=2	1=0 2=1	1=0 2=1
JAÉN	14	7	2=0 3=1 1=2 1=?	4=0 2=1 1=?	6=0 1=?
CÓRDOBA	10	4	3=1 1=?	3=1 1=?	3=0 1=?
SEVILLA	3	1	1=1	1=0	1=0
CÁDIZ	8	5	3=0 1=1 1=?	3=0 1=1 1=?	4=0 1=?
HUELVA	9	7	1=0 4=1 2=2	1=0 6=1	7=0
C. A. Andalu-za (105 PRs)	105	60	15=0 32=1 6=2 7=?	19=0 34=1 7=?	46=0 7=1 7=?

— Los CPRs de las provincias de Málaga, Córdoba y Sevilla están provistos de él.
— En el resto de provincias, existen Colegios donde dicha figura no está presente en la proporción de: en Almería no está en 4 sobre 11 colegios; en Granada no está en 5 sobre 22; en Jaén no está en 2 sobre 7; en Cádiz no está en 3 sobre 5 y en Huelva no está en 1 sobre 7.

2.- Con referencia al Profesor de Educación Física:

— Salvo en los CPRs de la provincia de Córdoba, en el resto de provincias andaluzas existen Colegios donde esta figura no existe.
— Mirando los Colegios por provincias, la proporción es la siguiente: en Almería no está el especialista en 7 sobre 11; en Granada no está en 2 sobre 22; en Málaga no está en 1 sobre 3; en Jaén no está en 4 sobre 7; en Sevilla no está en 1 sobre 1; en Cádiz no está en 3 sobre 5 y en Huelva no está en 1 sobre 7.

3. Con referencia al Profesor de Educación Musical:

— Este especialista es el que menos presencia tiene en los CPRs andaluces, hasta el punto de que en las provincias de Jaén, Córdoba, Sevilla, Cádiz y Huelva no hay ninguno.
— En los CPRs de las provincias restantes, en las que dicho especialista está presente, su proporción es: en Almería está en 3 sobre 11 Colegios; en Granada, en 2 sobre 22 y en Málaga, en 2 de 3.

3.2.2. En las Escuelas Rurales (ERs)

Los datos de la investigación revelan que en las Escuelas Rurales no hay ningún tipo de especialista, salvo que el profesor tutor lo sea, en cuyo caso dicho profesional cuenta como profesor de aula y no como especialista. Por tanto, el artículo 65.3 de la LOGSE queda en entredicho al manifestar y no cumplirse que "las Administraciones educativas dotarán a los centros, cuyos alumnos tengan especiales dificultades para alcanzar los objetivos de la Educación Obligatoria debido a sus condiciones sociales, de los recursos humanos y materiales necesarios,..." Al no disponer las escuelas de especialistas se puede decir que en ellas:

a) La ley no se cumple.
b) Los currícula no se llevan a cabo adecuadamente.
c) Sus alumnos no son atendidos como los demás -caso por ejemplo de los de integración.
d) Hay un trato discriminatorio-negativo para con sus alumnos y profesores.
e) El profesorado tiene que ser no sólo original-creativo, sino incluso especialista-artesano.
f) Sus profesores no tienen el incentivo de mayor puntuación para el concurso de traslados.
g) Etc.
Las siguientes palabras, expresadas por uno de sus actores, son, como colofón, sufi-

cientemente elocuentes sin que se necesiten mayores explicaciones —es copia literal de la nota que escribió un profesor en el cuestionario que cumplimentó y remitió—:

> "La Escuela Rural: este centro ni siquiera está considerado así, tienes que impartir todas las áreas y todas las especialidades. Esto pone en desventaja a los alumnos, que ya por el propio ambiente gozan de menos ventajas que los demás. Los de Preescolar no están atendidos como debieran, los de Primaria no tienen ni idioma, ni música, los de 2ª Etapa, tampoco dan idioma por razones obvias: un sólo profesor no especialista en idioma. Todo esto con la complacencia de padres y Administración".

> "La CEJA, decía en 1994 Salvador Bella Salón, uno de sus responsables políticos, tiene como uno de sus objetivos el llegar al 100% en las agrupaciones de las Escuelas Rales". Pasados cuatro años desde dicha afirmación, lo cierto es que, por citar los datos que actualmente conozco, dicho objetivo casi está alcanzado en la provincia de Granada. Si entonces había 34 CPRs y 43 ERs en dicha provincia, hoy, diciembre de 1998, hay 46 CPRs y tan sólo quedan 2 escuelas (datos suministrados por la Delegación Provincial de Educación de Granada). Con estos nuevos datos suministrados por la Administración educativa granadina, el tema de las especialidades en las ERs de dicha provincia, al agruparse y formar CPRs, puede haberse solucionado, posiblemente en las proporciones reflejadas en la tabla nº 4, pero el resto de aspectos tratados (distancias, recursos del profesor itinerante, sustituciones, etc.,) siguen ahí. El llegar al agrupamiento de todas las Escuelas para formar un Colegio Rural es una meta loable, pero... ¿a costa de qué? Este interrogante lo despeja M. J. HERVAS, maestra en el medio rural, como ella se autodefine, maestra que participó en alguno de los proyectos de la Experiencia del Valle Amblés, en Ávila, experiencia que posibilitó, como se mencionó anteriormente, el nacimiento de un nuevo modelo de organización para la escuela del medio rural: los Colegios Rurales Agrupados:

> "Y hoy el profesorado del medio rural está viviendo un descontento generalizado, en la mayoría de los casos, como consecuencia de malas políticas. Por ejemplo, los Colegios Rurales Agrupados (CRAs) se están implantando sin un proceso de preparación y consulta, sin ninguna preparación, con una imposición inapelable. Esto trae como consecuencia el rechazo y el descontento"... "Este año se han genealizado los CRAs para todas las zonas (al menos del territorio MEC), y la mayor aberración ha sido constituir los llamados CRAs*tipo satélite*, en los que se anexan algunas Escuelas Unitarias a un centro de cinco, seis o más unidades. La problemática y el descontento que estas situaciones están promoviendo van a dar al traste con una alternativa que, adecuándola a la realidad de las distintas zonas, podría ser acertada en el medio rural" (1995: 81 y 82).

En síntesis, lo que dicha maestra dice es que la filosofía y los principios que reinaron e impulsaron la Experiencia del Valle Amblés y, consiguientemente, el nacimiento de los primeros Colegios Rurales Agrupados, los están obviando y se están haciendo agrupaciones sin ton ni son. Se están haciendo agrupaciones, como ella misma dice, sin preparación, sin consulta y sí con imposición inapelable. Y es en esta línea de descontento como se han de entender las siguientes palabras de un maestro de Colegio Público Rural almeriense, que ante la pregunta de qué problemas encuentra en su aula del CPR (asistencia a reuniones de coordinación, etc.,) contestó lo siguiente:

"El CPR Agrupado, en la inmensa mayoría de los casos y por mi experiencia, me parece nefasto... ¡Estar yo en un Colegio de más de 100 km de pasillo...! No hace más que complicarme la vida.... Sólo de mi localidad a la de la sede central del CPR hay más de 70 km de distancia. ¡Cómo no vamos a tener problemas!"

3.2.3. En la Comunidad Autónoma

Una vez analizados los datos por el tipo de centro y por provincias, a continuación se van a exponer los porcentajes de la Comunidad Autónoma vistos globalmente que, por razones obvias, sólo se refieren a los CPRs:

1. Respecto al especialista de Lengua Extranjera:

—El 10% de los CPRs andaluces tienen dos profesores.
—El 53,3% de los CPRs tienen uno.
—El 25% de los mismos carecen de él.
—El 11,7% de los CPRs no se manifiestan.

Con estos datos se está en condiciones de afirmar que el 25% de los CPRs andaluces no tienen profesor de Lengua Extranjera, cuestión bastante grave por cuanto que a dichos alumnos se les priva de la enseñanza de un área que, al margen de consideraciones pedagógico-didácticas, tienen derecho a recibir.

2. Respecto al especialista de Educación Física:

—El 56,7% de los CPRs tienen un profesor.
—El 31,7% de los CPRs carecen de él.
—El 11,6% de los CPRs no se manifiestan.

Con respecto a ese porcentaje de Colegios Rurales que no tienen especialista en Educación Física, vale lo expuesto en el apartado anterior referente a Lengua Extranjera.

3. Respecto al especialista de Educación Musical, los datos son aún más concluyentes y severos:

—El 11,7% de los CPRs tienen un profesor.
—El 76,7% de los CPRs carecen de él.
—El 11,6% de los CPRs no se manifiestan.

Ese 66,7% de CPRs andaluces que no tienen profesor de Educación Musical cuentan con una ligera disculpa al tratarse de una especialidad que es de reciente imposición en la Escolaridad Obligatoria, con lo que puede alegarse que no ha habido tiempo suficiente para que dicho especialista llegue a más Colegios. Pero a pesar de ello, llevamos ya unos cuantos años en Reforma Educativa y los datos referentes a dicho especialista, como a los otros mencionados, deberían de haber sido notablemente mejores.

3.3. Sustituciones

Con alguna frecuencia se escucha decir por ahí que "la memoria le ha jugado una mala pasada" o que "la memoria es frágil", cuando nos referimos a alguien que ha olvidado, voluntaria o involuntariamente, una información en su totalidad o en una parte sustancial de ella. Sin embargo, también se suele decir: ¡qué buena memoria tiene!, cuando nos referimos a una persona que, a pesar de los años transcurridos, rememora fielmente la información que almacenó años atrás. La memoria, como digo, puede ser frágil o duradera lo que permite, en este segundo caso, cotejar lo que se hizo con lo que se hace en un ámbito cualquiera de un campo determinado: político, económico, social,... y también en el educativo.

Cuando por la investigación se descubre que para alcanzar los Objetivos Generales de Estapa y Centro-Zona el número de profesores que tienen los Centros Rurales Andaluces son insuficientes (2,75 de puntuación media, en una escala de 5 grados), siendo significativamente peores los porcentajes en las ERs, e igualmente cuando se destapa que en el ámbito de las sustituciones estos centros pasan por un auténtico calvario, es cuando caemos en la cuenta de las vicisitudes por las que los profesionales de los CPRs y los de las ERs pasan y es también cuando emerge con toda claridad la memoria experiencial vivida.

A finales de los setenta y principios de los ochenta, cuando desarrollaba mi labor docente en un centro de Barcelona, su Junta Directiva, encargada de confeccionar los presupuestos anuales, contemplaba una partida para hacer frente a las sustituciones del profesorado con el fin de que los alumnos no se viesen perjudicados en su proceso formativo y se pudiese contar, inmediatamente, con el profesor sustituto cuando fuese necesario. El que aquella Escuela, humilde en economía e infraestructura pero grande en calidad profesional de su profesorado, contemplase la posibilidad de que su profesorado, por cuestiones de salud u otras causas, faltase a lo largo del curso, no se la puede tildar de original, pero sí de previsora. Contemplar una partida presupuestaria para sustituciones y tener, su director, una lista de profesionales en paro, no es otra cosa que responsabilidad y previsión. Ante esta realidad, se le preguntó al profesorado de la Escuela Rural Andaluza por la prontitud o tardanza en que la Delegación Provincial manda al centro un profesor sustituto y la respuesta es la que figura en el recuadro siguiente:

1°.- No mandan ninguno: el 35,7% .
2°.- Llega al centro al cabo de dos días: el 24%.
3°.- Llega al centro al cabo de tres días: 15,5%
4°.- Llega al centro entre cinco y quince días: el 12,4%
5°.- Llega al centro al día siguiente: el 9,9%
6°.- Llega al centro el mismo día: el 2,5%.

La exposición de los resultados en orden jerárquico nos permite una rápida lectura y comprensión de los hechos: el 35,7% del profesorado responde que en caso de sustituciones la Delegación no manda a ningún sustituto y, en caso de llegar, el 12,4% de la muestra indica que puede tardar hasta quince días. A los profesionales de la docencia no se les preguntaron las causas de dicha acción, sino que fueron ellos mismos, por su propia iniciativa, los que reflejaron, con cierta frecuencia, las frases siguientes, que no hacen sino corroborar lo reflejado a nivel cuantitativo:

"Mandan sustituto cuando falta más de uno (profesor)"... "Sólo cubren la segunda baja, la primera la hace el profesor de Apoyo Didáctico o el de Integración".

"Si son pocos días, no mandan a ninguno; lo mandan cuando la sustitución es a largo plazo".

"No mandan a ningún profesor, salvo si éste es de lengua extranjera".

Los resultados expuestos en el recuadro anterior corresponden a la muestra total, pero si los mismos son vistos por el tipo de centro (CPR/ER), las puntuaciones son las reflejadas en la tabla siguiente que, entre otras, manifiestan lo siguiente:

Tabla nº 5: En caso de sustitución, el profesor sustituto llega al centro:

	1: mismo día	2: al día siguiente	3: a los 2 días	4: a los 3 días	5: + días ¿...?	6: no mandan ninguno
CPRs	1,7%	10,9%	24,7%	14,9%	14,9%	32,8%
ERs	5,1%	10,9%	24,7%	14,9%	14,9%	32,8%

a. Existen diferencias significativas en las puntuaciones de los CPRs y las ERs en el nivel 6 de la escala. Según los porcentajes, es más frecuente que en las Escuelas no manden a ningún profesor sustituto (44,1%) frente a los Colegios (32,8%). En tal caso se puede suponer que las Escuelas son, como mínimo, de dos unidades, de lo contrario los alumnos se quedarían en sus casas.

b. En el grado uno de la escala, el profesor sustituto llega antes a las ERs (5,1%) que a los CPRs (1,7%). La explicación hay que buscarla en razones más bien sociales que académicas, por cuanto al haber escuelas unitarias los niños se quedarían en sus casas.

c. Etc.

La severidad de los datos cuantitativos y cualitativos expuestos, relacionados con el presupuesto que la Consejería de Educación de la Junta de Andalucía (CEJA) destina al servicio educativo, en el que se supone se contempla una partida para sustituciones del profesorado, conduce a pensar y a dudar sobre su suficiencia y su operatividad. Si el problema está en la falta de presupuesto económico para este ámbito, la solución está en adecuarlo a las necesidades del momento. Si por el contrario el problema está en la toma de decisiones, cosa también muy probable, es cuestión organigrámica, de situación formal en la pirámide de mando, de toma de decisiones inmediatas y no dilatarse tantísimo en el tiempo, que conduce a un perjuicio serio en la formación de los alumnos, en este caso, de los alumnos de la Escuela Rural Andaluza. El problema también puede venir de la mezcla de presupuesto y operatividad en la medida que habiendo aquél no se tomen las medidas pertinentes e inmediatas para subsanar las faltas del profesorado o no habiendo presupuesto suficiente la operatividad en gestionarlo sea nula o muy escasa y conduzca a demasiada tardanza. En síntesis, el problema de las sustituciones en la administración educativa andaluza se circunscribe a presupuesto y toma de dicisiones. Arréglese ambas cosas y el problema estará resuelto. La primera es cuetión política y la segunda es la unión de jerarquía-autoridad-responsabilidad-toma de decisiones, cóctel a veces no muy digerible.

Mientras no llega el profesor sustituto, bien porque no mandan a ninguno o bien porque se retrasa, los alumnos son atendidos según refleja jerárquicamente el recuadro siguiente:

1°. Por el Profesor de Apoyo Didáctico: el 41,8%.
2ª. Se reparten los alumnos entre los profesores: el 31,2%.
3°. Se quedan en sus casas: el 15,6%.
4°. Por el Director: el 10,2%.
5°. Por otros (Secretario, Profesor Apoyo Integración...): el 1,2%.

Los porcentajes del recuadro, totalmente esclarecedores por sí mismos sin que tenga que añadirse ningún comentario, son los hallados en la muestra total. Ahora bien, vistos los resultados por el tipo de centro (CPR/ER) nos encontramos con que algunos de ellos corroboran los hallados en la muestra total y otros, por razones obvias, son porcentualmente diferentes como se refleja en la tabla siguiente n° 6, de la que se pueden extraer algunos comentarios, tales como:

Tabla n° 6: Mientras no llega el profesor sustituto, los alumnos son atendidos por:

	El Director	El J. Estudios	El Secretario	El Prof. Apoyo Didáctico	El Prof. Apoyo Integrac,	Los prof. se lo reparten	Se quedan en sus casas
CPRs	14,2%		0,9%	57,4%	0,8%	26,7%	
Unitarias ERs:							41,2%
Más de una unid.						52,9%	5,9%

1. Con respecto a los CPRs, los resultados del Profesor de Apoyo Didáctico y los del Director coinciden plenamente con los de la muestra general, sólo que más elevados ya que aquí no están, por razones ya expuestas, los porcentajes de las Escuelas.

2. Identico comentario merece en los CPRs la posibilidad de que los alumnos se repartan entre los compañeros (26,7%), sólo que aquí, por idénticas razones, los porcentajes son más bajos pero, tanto en la muestra total como por el tipo de centro, sigue siendo la segunda opción.

3. En cuanto a las ERs unitarias, por razones evidentes, los alumnos se quedan en sus casas y, en el caso de que tengan más de una unidad, se reparten mayoritariamente (el 52,9%) entre el resto de profesores y aulas, siendo un 5,9% el profesorado que manda a los alumnos a sus casas. Se puede argumentar que esta última postura no sea la más adecuada, pero es muy probable que dichos profesionales actúen así como medida de presión social ya que quizás, en ocasiones anteriores y ante identicas situaciones de sustituir a un compañero, la administración correspondiente no les prestó la ayuda que requirían, no les mandó al profesor sustituto.

De los datos expuestos en los recuadros y en las tablas vamos a hacer una breve reflexión, sin excluir otras que puedan hacerse, sobre la utilización de la figura del Director y la del Profesor de Apoyo Didáctico, no sin antes hacer una ligera alusión a que los datos aquí expuestos corresponden a finales del curso 1993/94, y que en la actualidad haya alguna variación, caso por ejemplo del Profesor de Apoyo Didáctico que antes figuraba en los CPRs como elemento típico de Educación Compensatoria y hoy día no porque la administración quiere equiparar los Colegios Rurales a los de ciudad (loable idea, no equiparable hoy, aunque sí puede serlo en un futuro, siendo su reflexión objeto de estudio para otros foros de debate). Por tanto, el objeto de atención aquí son las sustituciones y lo que tanto el Director como el Profesor de Apoyo Didáctico u otro profesional dejan de hacer, repercutiendo negativamente en el normal desarrollo y desenvolvimiento del centro. El que las bajas las cubra uno u otro especialista (es evidente que los profesores tutores de un curso o etapa no las pueden hacer) importa en la medida en que dicho profesional tiene que compartir su docencia de especialista con la de sustituto, con lo que pierde eficacia en la medida que no se dedica de lleno a la actividad para la que ha sido enviado al centro.

Los datos de la investigación ponen de relieve que tanto el profesor de Apoyo Didáctico como el Director del Colegio son dos profesionales infrautilizados porque realizan plurifunciones. El primero, el profesor de Apoyo Didáctico, especialista y recurso concreto de Educación Compensatoria de los CPRs, con labores específicas de atender a los alumnos con dificultades de aprendizaje derivados de la deprivación socio-cultural del entorno o de la dispersión geográfica en que viven, con tareas de realizar actividades de prevención y detección de deficiencias y de realizar tareas de refuerzo educativo para ayudar a esos alumnos y compensar sus desigualdades ante el hecho educativo, con actividades de elaboración de las Adaptaciones Curriculares Individuales (ACIs), etc. Y el segundo, con las funciones no sólo reflejadas en el ordenamiento legal (Reglamentos de los Centros) sino también las de organizar los distintos elementos del centro para conseguir la mejora educativa de los alumnos, la de orientar a su profesorado en su quehacer educativo, la de propiciar y crear un clima en el que las relaciones comunicativas entre los profesores, las de los profesores y los alumnos y de éstos últimos entre sí sea constructivo y bidireccional, ..., la de liderar un grupo democrático y participativo, etc. Dos profesionales, con labores distintas, fundamentales y, a la vez, complementarias. Dos profesionales con peso específico en los Colegios Públicos Rurales. Dos profesionales mal utilizados. Y están mal utilizados en los CPRs andaluces porque el Profesor de Apoyo Didáctico es el que más sustituye al profesor ausente (el 41,8% en la muestra total y el 57,4% por el tipo de centro), a pesar de que lo tiene específicamente prohibido por ley, seguido del Director (el 10,2% y el 14,2% respectivamente). Estamos ante un caso de especialistas a los que no se les saca el rendimiento adecuado conllevando, en general, repercusiones negativas en el centro. Tanto los alumnos (misión del Profesor de Apoyo Didáctico) como la organización y funcionamiento del centro (misión del Director), forzosamente se tienen que resentir, ya que ambos campos no reciben la atención requerida, por cuanto ambos profesionales se tienen que dedicar también a otras facetas, en este caso, a hacer sustituciones. Si el Profesor de Apoyo Didáctico, referente a los alumnos, y el Director, con respecto a la organización, orientación etc., no se dedican a sus tareas específicas, difícilmente el centro educativo funcionará. Las múltiples y, a veces, complejas decisiones que tienen que tomar para, de una parte, atender a los alumnos y, de otra, hacer funcionar el centro escolar, requieren dedicación incompatible con otras funciones que muy bien las puede desempeñar otro profesor que venga de fuera. Las sustituciones, en cualquier centro y en cualquier caso, es un hecho real y común y en consecuencia la CEJA debe tenerlas en cuenta en su planificación anual y no ser el propio centro, con sus recursos humanos, ya de por sí escasos, quien se haga cargo de las mismas.

3.4. Distancia a recorrer por el profesor itinerante

Otro aspecto a considerar como recurso del profesorado es la distancia existente entre localidad y localidad o, lo que es lo mismo, entre aula y aula del CPR que el especialista debe recorrer para impartir su docencia. Como era de esperar, hay una plurivariedad de respuestas que representan a otra no menos plurivariedad de distancias que quedan reflejadas en la tabla siguiente nº 7, en la que, para evitar confusiones y ganar claridad, se ha optado por presentar los datos en bloques, agrupando las distancias de 5 en 5 km.

Tabla nº 7: Distancia entre aula y aula del CPR

Km. de distancia	%
1º entre menos de 1 y 5 km.	33,33
2º entre 6 y 10 km.	52,29
3º entre 11 y 15 km.	7,19
4º entre 16 y 20 km.	5,89
5º entre 21 y 25 km.	0,65
6º entre 26 y 30 km.	0,65

La tabla pone de relieve que en el 86,62% de los casos, la distancia entre las aulas de los CPRs es desde metros a 10 km, siendo entre 11 y 30 km la del 14,38% de los restantes casos, con lo cual se demuestra que algunas de las distancias que tienen que recorrer los profesores especialistas son considerables, repercutiendo, sin duda alguna, en varios campos como pueden ser la fatiga del propio profesor, el cumplimiento fiel del horario escolar, la propia organización del colegio (reuniones, etc.) y, por qué no decirlo también, del desgaste del vehículo que el profesor tiene que poner. Veamos estos aspectos en las propias palabras de algunos de los profesores de la escuela situada en el medio rural (cada párrafo corresponde a un profesor distinto):

"Sí, sí influye tremendamente. Es decir, el sistema de profesores itinerantes, según mi experiencia, se hace a costa de la frustración e infelicidad del docente y a costa de la

ineficacia de su labor en los niños. Eso está claro.... porque tiene que recorrer distancias tan grandes que están sujetas a adversidades imprevistas de todo tipo"..... "Pero cuando tú unes a LG con T, con más de 70 km. de distancia..." "De los dos especialistas que yo tengo, uno de ellos prácticamente nunca puede cumplir su horario: el de música"...."Yo creo que te pules un coche en un año. ¡Y quién te paga eso!"
"Repercute muchísimo, porque después de estar conduciendo.... Por ejemplo, yo todos los lunes me hacía 204 km. La primera clase estaba fresca... y a última pues llegaba de recorrer 60 o 70 km... Yo llegaba cansada y estos días últimos he llegado para que me diera una lipotimia...."

Contemplando las distancias y las expresiones de los dos profesores reflejados (el primero, de aula de CPR y el segundo, especialista del mismo colegio) emerge la duda sobre si, en algunos casos, no hubiese sido posible flexibilizar la norma que hace posible los agrupamientos o si ha habido presión sobre algunas Escuelas Rurales para que se fusionasen con otras y formasen el CPR. Con estas distancias se tiene que dar por bueno la expresión de algunos profesionales cuando definen al CPR como "Colegio de largos pasillos".

3.5. Tiempo que invierte el profesor itinerante en el recorrido

A la distancia que el profesor especialista tiene que recorrer hay que sumarle el estado de las vías de comunicación y el tiempo que invierte en su recorrido. En cuanto a las vías de comunicación y sintetizando, se ha de decir que permiten ir de aula en aula, lo cual no implica que el estado de las mismas sea plenamente satisfactorio. Tanto las distancias como el estado de las carreteras y caminos influyen decisivamente en el tiempo que invierte el profesor especialista-itinerante en ir a las aulas del CPR, repercutiendo, asímismo y como se ha dejado constancia antes, en el estado anímico del profesorado y en el horario que tiene que cumplir dicho profesional, así como también repercute negativamente en el tiempo asignado al área y, en último extremo, va en detrimento del propio alumno porque no recibe la atención adecuada y prescrita.

Tabla nº 8: Tiempo que invierte el profesor especialista en ir al aula del CPR (en minutos)

Kms. de distancia	Nº	%
— Entre 1 y 5 minutos	101	63,53
— Entre 16 y 30 minutos	46	28,93
— Entre 31 y 45 minutos	8	5,03
— Entre 46 y 60 minutos	1	0,62
— Entre 61 y 90 minutos	3	1,89
TOTALES	159	100,00

Ante la pregunta de cuánto tiempo invierte el profesor en el recorrido para desarrollar su labor docente, la respuesta, como era previsible, fue muy dispersa. Y es así porque transcurre en el intervalo desde 1 minuto, que equivale al 0,62% (una sola respuesta), hasta 90, equivalente al 1,24% (dos respuestas), aspecto que queda reflejado en la tabla anterior, nº 8, que al igual que en el caso precedente, también aquí se presentan los datos y porcentajes agrupados en intervalos de quince minutos, con objeto de tener una visión más sintética del problema.

Observando la tabla resulta que el 92,46% de las puntuaciones indican que el profesor itinerante puede invertir entre 1 y 30 minutos en el recorrido y en el resto, el 7,54%, entre 30 y 90. Estos datos avalan lo reflejado antes en cuanto a la norma de agrupamiento y su lógica flexibilidad. En estos casos, la rigidez y dureza de la normativa no es lo más adecuado a la hora de hacer las agrupaciones. Con tanto tiempo de inversión en el trayecto se puede poner en solfa que se cumplan determinados aspectos organizativos y funcionales del colegio (cumplimiento del horario, asistencia a reuniones,...) así como también se descuida un tanto los aspectos más afectivos y humanos de la persona (arropamiento del profesor alejado, su estado anímico por falta de contacto con sus compañeros, etc.). En definitiva, conjugando distancia, estado de las vías de comunicación y tiempo que invierte el profesor especialista en recorrer las aulas del CPR para llevar a cabo su labor docente, surgen razonables dudas sobre la eficacia del agrupamiento de algunas Escuelas para formar CPRs.

3.6. Recurso material del profesor itinerante: el coche

El recurso material del profesor itinerante para desplazarse de localidad a localidad del CPR es el vehículo. El siguiente recuadro muestra la propiedad del mismo:

—Con vehículo propio	83,6%
—Con vehículo del centro-administración	15,8%
—Con otros vehículos	0,6%

Claramente queda reflejado que el vehículo lo pone el profesor, que le abonan el kilometraje pero, como manifiesta uno de los profesores:

"El gran desgaste del vehículo (que nos vemos obligados a poner a disposición de la Delegación), debido al mal estado de las carreteras, corre totalmente de nuestra cuenta".

¿Qué pasa cuando dicho recurso se estropea, visto desde la perspectiva del cumplimiento docente? El siguiente recuadro contesta rotundamente al interrogante planteado:

— Se desplaza con otro vehículo (de compañeros,...)	71,5%
— No se desplaza hasta que esté arreglado	25,7%
— Se desplaza con vehículo administración	2,1%
— Andando: la distancia es pequeña	0,7%

Con los datos que refleja el recuadro, no es difícil predecir que pueden darse circunstancias en las que el profesorado itinerante no pueda asistir a clase por imposibilidad de disponer de vehículo (en el 25,7% de los casos) y, por tanto, los alumnos de las aulas del CPR se queden privados de recibir las enseñanzas del especialista correspondiente. Tan sólo en el 2,1% de los casos hay vehículo oficial, dependiendo el resto, el 97,3%, ya que el 0,7% del profesorado va andando, de los recursos del propio profesor. ¡Qué los alumnos de los CPRs dependan de los recursos de sus propios profesores -vehículo- para recibir las enseñanzas correspondientes de los diversos especialistas...! Si la enseñanza obligatoria es un servicio público, se entiende que es la Administración Educativa, en este caso la CEJA, quien debe poner todos los medios necesarios y no depender de nada ni de nadie.

Durante la semana el profesor itinerante se desplaza como figura en el recuadro siguiente:

—Diariamente	53,1%
—Cada dos días	27,3%
—Cada tres días	14,1%
—Una vez por semana	5,5%

La frecuencia de movimiento de dicho profesional (más de la mitad de la muestra lo hace diariamente y prácticamente todos lo hacen entre dos y tres días), no hace sino que ratificarme en lo manifestado anteriormente. Si la educación es un servicio público, la administración tiene que ser autónoma. La administración tiene que tener sus propios recursos, a pesar de que a estos recursos se les llame coches y sean algo más caros de lo que usualmente se gasta en material.

Para terminar con este gran apartado, se quiso saber qué pasaría si el profesor itinerante sufriese un accidente durante sus continuos traslados entre las localidades del CPR. Y la respuesta fue bien contundente:

a.-El colectivo de profesores de la Escuela Rural Andaluza dice, por mayoría absoluta, menos uno, que la CEJA no se hace cargo de nada: ni de responsabilidad civil, ni del arreglo del coche, ni indemniza en caso de invalidez o muerte,...

b.-También es digno de resaltarse que una buena parte del profesorado de estos centros no sabe nada de este aspecto, bien porque no le atañe directamente, bien porque no le preocupa, o bien porque no tiene información. Con un escueto "no sé lo que pasaría en caso de accidente", contestan al ítem.

4. Conclusiones

1ª. En los CPRs andaluces y salvo en las provincias de Córdoba, Sevilla y Huelva, hay un notable desfase entre el número de sus unidades y el de su profesorado, en el sentido de falta de relación entre unidades-profesores generalistas o tutores. Es decir, en los CPRs andaluces faltan profesores generalistas para igualar la relación aulas-profesores tutores.

2ª. Con respecto a las Escuelas Rurales, la relación nº de unidades-nº de profesores generalistas es buena salvo en las provincias de Huelva y Cádiz que existe desfase: faltan profesores para alcanzar la igualdad nº de unidades-nº de profesores generalistas. Si comparamos esta relación con la de los CPRs, nos encontramos con que la misma es mucho peor en los CPRs.

3ª. Con referencia a los Profesores Especialistas que se contemplan en la LOGSE (exclusivo de los CPRs):

a. Respecto al Profesor de Lengua Extranjera, en las provincias de Almería, Granada, Jaén, Cádiz y Huelva hay un notable número de colegios que no tienen dicho profesor, extremo corroborado a nivel autonómico, ya que en el 11,32% de los CPRs, hay dos profesores, en el 60,38%, hay uno y en el 28,30% carecen de dicho profesional.

b. Respecto al Profesor de Educación Física y salvo en la provincia de Córdoba, en el resto de ellas hay colegios, en proporción mucho mayor que en el caso anterior, que no tienen a este profesor en sus claustros y que a nivel autonómico representa que en el 64,15% de los CPRs tienen un profesor y en el 35,85% restante no tienen ninguno.

c. Respecto al Profesor de Educación Musical y debido a su escasa vigencia aún, nos encontramos un verdadero caos ya que:

c.1. En los colegios de las provincias de Jaén, Córdoba, Sevilla, Cádiz y Huelva no hay ningún profesor.

c.2. En las restantes provincias de Almería, Granada y Málaga hay colegios que tienen dicho especialista, pero en una proporción escasísima.

c.3. A nivel de C. A. dicho especialista falta en el 76,66% de los CPRs.

4ª. En las Escuelas Rurales de la Comunidad no hay ningún profesor especialista en ningún campo, salvo en el caso en que el profesor-tutor lo sea en alguno de ellos, pero que en dicho supuesto cuenta sólo como profesor y no como especialista.

5ª. En cuanto a las sustituciones y, en orden jerárquico, la Delegación correspondiente no manda a ningún profesor, siendo este caso más acusado en las ERs, lo que se deduce que en ellas hay más de una unidad, de lo contrario los alumnos se quedarían en sus casas. Y en segundo lugar y aunque parezca paradójico, el profesor sustituto llega, principalmente en los dos primeros días y, en general en las dos primeras semanas, antes a las ERs que a los CPRs. La razón puede ser una cuestión social.

6ª. Mientras el profesor sustituto no llega al CPR, las sustituciones las hacen, en su inmensa mayoría y en primer lugar, el Profesor de Apoyo Didáctico, seguido del Director. Y en el caso de las ERs, o los alumnos se quedan en sus casas o se reparten entre el resto de profesores.

7ª. En corolario con la conclusión anterior, urge redefinir y resituar tanto al Profesor de Apoyo Didáctico como al Director u otros, de lo contrario son figuras -recuérdese que el Profesor de Apoyo Didáctico es clave en Educación Compensatoria- infrautilizadas con graves perjuicios tanto en los alumnos como en el centro.

8ª. Referente a los recorridos del profesor especialista-itinerante entre aula y aula (localidad-localidad) del CPR:

a. La distancia que tienen que recorrer: la más generalizada es de entre 6 y 10 km; un tercio lo hace entre 1 y 5 y un 14,38% del profesorado entre 16 y 30 km. Sin duda alguna y sin entrar en otras consideraciones, dicha distancia repercutirá en el horario escolar y en el especialista correspondiente (cansancio, estrés,...).

b. El tiempo que invierte en su recorrido: en su mayor parte, entre 1 y 15 minutos; una cuarta parte, entre 16 y 30 y un 7,54% del profesorado especialista entre 31 y 90 minutos.

9ª. En corolario con la conclusión anterior, la normativa que hace posible los agrupamientos tendría que haberse flexibilizado en algunos casos ya que tanta distancia y tanto tiempo va en detrimento del propio profesor (cansancio,...), del área o ámbito de actuación (el horario no se podrá cumplir), del centro (problemas de coordinación...) y, por tanto, del propio alumnado.

10ª. Para atender a las distintas aulas que componen el CPR, en el 15,8% de los casos, el profesor especialista y/o itinerante se desplaza con el vehículo del centro-Administración, haciéndolo el resto, el 84,2%, con su propio vehículo. ¿Qué pasa cuando el vehículo, propiedad del profesor, se estropea? el 0,7% del profesorado, se desplaza andando porque la distancia es corta; el 2,1%, con el vehículo del centro-administración: el 71,5%, lo hace con el del compañero u otro, y el 25,7% restante no se desplaza hasta que el coche está arreglado. En consecuencia, existe una razonable duda, puesto que lamentablemente y en este aspecto concreto la CEJA depende de los medios de sus profesores, de que dicho profesorado falte a clase con alguna frecuencia.

11ª. En corolario con la conclusión anterior, durante los desplazamientos de dicho profesorado y en caso de accidente, se aprecian dos conclusiones distintas:

a. La CEJA no se hace cargo de nada (ni del arreglo del coche, ni de responsabilidad civil, ni de invalidez o muerte, etc.).

b. Un buen número de profesores no saben lo que ocurriría y en tal caso sería bueno que o bien los responsables de la CEJA o los de los sindicatos o ellos mismos les/se informasen sobre este particular, evitando sobresaltos no esperados ni, por supuesto, deseados.

Bibliografía

CARMENA, G. y REGIDOR, J. (1985): *La escuela en el medio rural*. Servicio de Publicaciones del MEC. Madrid (2ª edición).

CEJA (1988): Orden de 15 de abril de 1988, por la que se desarrolla el Decreto de constitución de los Colegios Públicos Rurales de la Comunidad Autónoma Andaluza y otras medidas del Plan de Actuación para la Escuela Rural Andaluza. BOJA, núm. 33, de 26/4/88. Junta de Andalucía. Sevilla.

(1994): Jornadas sobre la Escuela Rural. Junta de Personal Docente de la Delegación de Educación y Ciencia de Granada. Villa Turística de Bubión. Granada.

CORCHÓN ÁLVAREZ, E. (1997): Estudio evaluativo de la Escuela Rural Andaluza... *La Escuela Rural Andaluza*. Tesis Doctoral inétida. Departamento de Didáctica y Organización Escolar. Universidad de Granada.

(1977): "La atención a la diversidad en la escuela rural. Algunos datos empíricos de la Escuela Rural Andaluza", en Lorenzo Delgado y otros: *Actas de las I Jornadas Andaluzas sobre Organización y Dirección de Instituciones Educativas. Perspectivas Actuales*. Grupo Editorial Universitario. Granada.

HERVAS, Mª J. (1995): "Por la dignidad de la escuela en el medio rural". *Cuadernos de Pedagogía,* n° 232. Barcelona.

MARAVALL, J. Mª (1984): *La reforma de la enseñanza*. Laia. Barcelona.

MEC (1983): Real Decreto 1174/83, de 27 de abril, sobre Educación Compensatoria. BOE núm. 112, de 11/5/83. Ministerio de Educación y Ciencia. Madrid.

(1986): Real Decreto 2731/1986, de 24 de diciembre, sobre Constitución de Colegios Rurales Agrupados de Educación General Básica. BOE núm. 8, de 9/1/87. Ministerio de Educación y Ciencia. Madrid.

(1990): Ley Orgánica 1/1990, de 3 de octubre, de Ordenación General del Sistema Educativo. BOE núm. 238, de 4/10/1990. Ministerio de Educación y Ciencia. Madrid.

LAS INSTITUCIONES SOCIALES QUE APOYAN LA DIVERSIDAD EDUCATIVA

ANTONIO MIÑÁN ESPIGARES
EUDALDO CORCHÓN ÁLVAREZ
UNIVERSIDAD DE GRANADA

Dedicatoria a D. Óscar Sáenz Barrio:

En estas jornadas se rinde homenaje al profesor D. Óscar Sáenz Barrio, a la que quisiéramos sumarnos con unas palabras de agradecimiento y afecto, especialmente por sus consejos y su orientación: sincera, exigente, pero certera y sabia. Quisiéramos transmitirle nuestro reconocimiento al ejemplo que ha supuesto su profesionalidad, para sus compañeros y sus estudiantes. En la tarea de investigar y enseñar a investigar, de conocer y transmitir conocimientos, de ser cada día mejores en nuestra profesión, al mismo tiempo que ofrecemos a la sociedad buenos profesionales, nos vamos haciendo conscientes de que dedicamos nuestra vida. En esta búsqueda inacabable, es una suerte contar con su proximidad y su humanidad. Gracias Óscar.

Introducción

La herencia con la que iniciamos el siglo XXI está llena de contradicciones. Por una parte hemos aceptado la eficiencia y la competitividad como parte de nuestras vidas. Pero al mismo tiempo, existe una mayor solidaridad que intenta no dar la espalda a los problemas que tenemos planteados. En segundo lugar, se observa cierta crisis de la familia. Pero al mismo tiempo siguen siendo los impulsores de cambios sociales importantes, como ha ocurrido, en especial, a lo largo de la segunda mitad del siglo XX, en relación a la escolarización integradora de personas con discapacidad. En tercer lugar, criticamos la enorme influencia de los medios de comunicación de masas, sobre todo por su incitación al consumo y la violencia. Se destaca el papel de la televisión, que invita al ciudadano a seguir sus consignas sin detenerse a pensar y racionalizar las tendencias que verdaderamente le hacen más persona. Sin embargo, simultáneamente reconocemos el impulso que los medios pueden darle a iniciativas de cambio social. O el enriquecimiento educativo que proporcionan a la población, joven y mayor, los estímulos culturales y sociales que se emiten. La herencia es, por tanto, contradictoria. No en vano, subsisten tendencias de aislamiento social frente a tendencias de asociacionismo, por ejemplo.

Acudimos a las instituciones sociales formales para que afronten algunos de los problemas complejos que exigen ser resueltos. Problemas relacionados con el desempleo o el fracaso escolar, exigen instituciones sensibles y bien organizadas, que pongan en funcionamiento medidas innovadoras e imaginativas. Pero observamos que, en la mayoría de los casos, no es así, por lo que se pone de manifiesto también la crisis de las instituciones. Es en este proceso en el que surgen las instituciones sociales de apoyo a la diversidad. Que pretenden, por una parte, atender las necesidades que no son atendidas en las instituciones formales y, por otra, proporcionarles estrategias para que mejoren, puesto que debemos seguir confiando en ellas. Estas estrategias pueden ser: formas de organización, formación de profesionales o herramientas concretas para la resolución de problemas. Ambos objetivos: el de ayuda a personas y el de ayuda a instituciones públicas, se van cumpliendo con una actitud de denuncia o de reivindicación, como no puede ser de otra manera. Los ciudadanos se sienten defraudados ante la atención prestada por sus instituciones.

El sistema educativo recibe gran parte de estas demandas pero no tiene capacidad de asimilarlas. La administración educativa es consciente de esta situación. Se encuentra con limitaciones para proporcionar los recursos necesarios, pero establece algunas medidas para mejorar la educación de todos los ciudadanos, tales como: a) Dar prioridad a la escolarización de alumnos con necesidades educativas especiales y zonas desfavorecidas. b) Establecer mecanismos compensatorios. c) Colaboración con organismos no gubernamentales, etc. (MEC., 1997).

En este trabajo pretendemos introducirnos en el conocimiento de las instituciones sociales de apoyo a la diversidad, planteándonos preguntas como las siguientes: ¿por qué se necesitan instituciones sociales que apoyen la diversidad? ¿en qué consiste "la diversidad"?, ¿qué instituciones existen actualmente?, ¿qué aspectos destacan sobre su organización y dirección? Nos proponemos encontrar algunos puntos de referencia que den respuesta a estas preguntas, conscientes de que será necesario continuar profundizando en su análisis, debido a la importancia del papel que cumplen estas instituciones, y al auge que están experimentando, en este final de siglo. Nuestro propósito no es realizar una guía completa de instituciones, sino acercarnos a los aspectos organizativos de algunas de ellas, que se relacionan con la atención a personas con discapacidad.

1. Importancia de las instituciones sociales de apoyo a la diversidad

En este apartado nos hacemos dos preguntas: 1ª ¿Por qué son importantes dichas instituciones, para la sociedad? 2ª ¿Por qué es importante analizar su organización? Ambas cuestiones están referidas al ámbito educativo.

La existencia de instituciones de apoyo a la diversidad es importante para la sociedad por las siguientes razones:

1ª   Porque las necesidades educativas especiales de muchos alumnos no son atendidas en las instituciones educativas. La formación para la autonomía y participación en la sociedad de muchas personas, no puede esperar al lento proceso de adaptación que se reconoce a los centros educativos.

2ª   Porque constituyen una importante función de apoyo a los centros educativos para intentar acelerar los procesos de cambio y adecuación para que puedan atender todas las necesidades educativas de los alumnos. Al mismo tiempo, ofrecen también sugerencias importantes y apoyo concreto a la administración educativa y a la Universidad, como responsables primarios en la formación de profesionales y búsqueda de metodologías. El papel de la Universidad es importante, puesto que es esta institución la responsable de formar nuevos profesionales que sean capaces de: a) detectar nuevas tendencias sociales, b) fundamentar la acción educativa en los sentimientos y la razón, c) reflexionar críticamente sobre sus acciones y las de otros profesionales, d) aprender de la historia para innovar adecuadamente, e) ser uno mismo para poder influir a otros, f) salvar los obstáculos de actitudes resistentes al cambio, g) ser creativos, h) hacer un buen trabajo, i) aprender de los errores, j) aprender de la práctica.

3ª Porque la sociedad en general, tampoco está suficientemente concienciada de la importancia del problema y de las posibilidades que tienen sus instituciones de atenderlo. En este sentido, ejercen un papel de educación de la sociedad y de reivindicación de derechos, mediante la demanda de nuevas leyes y la búsqueda de fórmulas para que se cumplan las existentes.

4ª Porque el número de personas que necesitan apoyo es importante. Así si estimamos una población total de 40 millones de personas en nuestro país, el número de personas con discapacidad es de 1 millón, lo que representa un 2,5% aproximadamente. Si sumamos el número de personas con discapacidad y sus familias, obtenemos 4 millones, alrededor de un 10% de la población total. Los datos reales ofrecidos por el Instituto Nacional de Estadística señalan que son 5,743.000, lo que representa un 15% de la población. En Europa la proporción es de un 13%, lo que supone que existen 40,000.000 de personas. La distribución según colectivos en España es: discapacidad física: 66% (alrededor de 1,700.000), discapacidad sensorial: 30% (alrededor de 800.000) y discapacidad psíquica: 12% (alrededor de 400.000). (I.N.E., 1986).

5ª Porque la desproporción en relación al empleo también es importante. Por cada desempleado sin discapacidad hay cuatro desempleados con discapacidad. Desde otro punto de vista, mientras hablamos de un 20% de paro entre las personas sin discapacidad, existe un 70% de paro entre las personas con discapacidad, aproximadamente.

En segundo lugar, analizar la organización de las instituciones de apoyo a la diversidad es importante debido fundamentalmente a dos razones:

1ª Porque como instituciones que son pueden atravesar diferentes etapas: de iniciación, de avance, de estancamiento, etc. Identificarlas puede ayudar a que los objetivos que tienen marcados se cumplan mejor.

2ª Porque están constituidas por familias y profesionales. Y en el trabajo diario se mezclan sentimientos, conocimientos, técnicas, retos, éxitos y fracasos. Detenerse a valorar el trabajo realizado permite contemplarlo desde fuera, ya que el día a día, a veces, no permite verlo con cierta claridad y distanciamiento, para poder mejorar las acciones y priorizar sus objetivos.

Una vez aclarada la importancia que tiene su existencia en nuestra sociedad debemos clarificar sus propósitos. Para ello debemos empezar aclarando un concepto que se ha instalado en nuestras instituciones sociales y educativas: La diversidad.

2. Qué es la diversidad

Es importante analizar con detenimiento el concepto de diversidad debido a su complejidad. Su primer significado se refiere a la diversidad de alumnos. Sin embargo, también debemos considerar la existencia de diversidad de familias, de profesionales y de métodos de enseñanza. En un segundo nivel, podemos pensar que también hay diversidad de directores, inspectores, equipos de apoyo y proyectos de centro. Y en un tercer nivel, habría que tener en cuenta la diversidad de programas de formación inicial de profesionales, en especial el desarrollo de los distintos planes de prácticas, la diversidad de programas para la formación continua, la diversidad de enfoques y desarrollo de la investigación educativa. Finalmente también debemos tener en cuenta la pluralidad de instituciones de apoyo a la diversidad y de los profesionales y padres que las constituyen. Todos estos puntos deben ser revisados si queremos una auténtica diversidad, si queremos verdaderos cambios en las actitudes de los profesionales, en la organización de las instituciones educativas y sociales. Las palabras deben identificar soluciones a problemas que tiene planteados la sociedad. Sólo así el concepto evolucionará y no tendremos que buscar más sinónimos: inclusión, integración o individualización.

Desde el punto de vista de la Administración, "la atención a la diversidad constituye una de las principales aspiraciones de la educación básica obligatoria y uno de los principios generales que la LOGSE establece. Pretende que la intervención educativa se ajuste gradualmente a las diferencias individuales - en cuanto a valores, expectativas personales, autoconcepto, estilos de aprendizaje, intereses, motivaciones, capacidades, ritmos de aprendizaje, etc. - del alumnado". Para ello se ofrece un abanico de posibilidades de escolarización del alumnado con necesidades educativas especiales, entre las que destacan: las adaptaciones del currículum, la optatividad en la E.S.O., la permanencia de un año más en un ciclo o curso, los programas de diversificación curricular y los programas de garantía social. Desde un punto de vista más amplio, diversidad significa: valorar positivamente las diferencias humanas, transformar progresivamente las estructuras sociales, eliminar las etiquetas y actitudes negativas, fomentar la escolarización ordinaria de calidad, coordinar adecuadamente las actuaciones de los profesionales, fomentar las relaciones positivas entre padres y profesores, conectar teoría y práctica.

La primera institución responsable de la atención a la diversidad es la escuela. Una escuela para la diversidad es una escuela para todos, que no excluya a nadie. Y esto no basta con desearlo o con que esté legislado, hay que convertirlo en programaciones inclusivas, adaptadas, preparadas para recibir a todos, flexibles para que todos encuentren un lugar digno en la escuela y en la sociedad, mediante el aprendizaje. Exige, por tanto, que se lleven a cabo prácticas decididas, suficientemente apoyadas y supervisadas. Con participación colaborativa de familia y escuela. Para la realización de estas prácticas se necesitan suficientes recursos pero lo más importante es que exista la voluntad de los profesores de enriquecerse en el conocimiento del otro. Es nuestro destino: imitarnos unos a otros, enriquecernos unos a otros. Como dice SAVATER, F. (1997) : "En cuanto conocemos a alguien antes lejano nos convertimos un poco en él".

"Por tanto, el problema no es la integración escolar en sí misma. El problema somos nosotros, nuestros propios límites conceptuales, nuestra capacidad para diseñar un mundo diferente, un sistema escolar no homogéneo, en el que cada cual pudiera progresar, junto con otros, en función de sus necesidades particulares y que pueda adap-

tarse para satisfacer las necesidades educativas de cada alumno, de la mano de un profesorado que acepta y está preparado para enfrentarse a la diversidad..." (ECHEÍTA, 1994).

En este contexto de deseos para atender a todos, con los debidos apoyos y con las correspondientes modificaciones de comportamientos sociales, surgen las instituciones que dan sentido a la diversidad.

3. Instituciones sociales que apoyan la diversidad

Las instituciones sociales comparten con el Estado tareas encaminadas a mejorar el bienestar de los ciudadanos. Cada institución se dedica, generalmente, a un campo concreto de actuación. Según datos de la Consejería de Salud, en Andalucía existen 419 Asociaciones y 17 Federaciones, constituyendo un total de 436 Instituciones de ayuda mutua y voluntariado. De las 419 Asociaciones, 163 son instituciones referidas a enfermedades, 78 están relacionadas con problemas de carácter social y 178 a personas con discapacidad. Las instituciones sociales de apoyo a las personas con discapacidad y a sus familias son las más numerosas, representando un 42,5% del total de asociaciones. En segundo lugar se encuentran las asociaciones de ayuda a diversos tipos de enfermedades (38,9%). Y en último lugar se encuentran las instituciones que hemos categorizado como de ayuda a problemas sociales (18,6%). Estas cifras deben ser entendidas como aproximadas. El criterio para determinar el tipo de asociación ha sido identificar la acción principal, pero entendemos que para muchas instituciones las necesidades están referidas a integración social, salud y educación. En términos generales, podemos decir que en cada provincia andaluza existe parecido número de asociaciones relacionadas con enfermedades, con una media de 23 asociaciones para la mayor parte de provincias andaluzas y de 12 para Almería y Huelva, que son las que tienen menos asociaciones. Estas asociaciones están referidas a problemas como el cáncer, enfermedades de la sangre, problemas de crecimiento, anorexia, alzheimer, etc. En cuanto a las asociaciones relacionadas con problemas sociales, las provincias que más número tienen son Cádiz, Granada y Jaén, con una media de 16. En el resto podemos indicar una media de 6 Asociaciones por provincia. En este apartado se destacan asociaciones relacionadas con drogodependencias, jugadores de azar, maltrato infantil, mendicidad, etc. Finalmente, las asociaciones relacionadas con discapacidad están referidas a discapacidad física, psíquica, parálisis cerebral, autismo, síndrome de Down, sordos, etc. En Cádiz existen 45 asociaciones. En segundo lugar se encuentra Sevilla, con 28, y en tercer lugar Granada, con 27. El resto de provincias tiene una media de 15 asociaciones. Las que más destacan son las asociaciones relacionadas con problemas físicos y psíquicos, destacando también las asociaciones de sordos, existiendo 22 en toda Andalucía. A estos datos podemos añadir la existencia de 5 Federaciones situadas en Granada, 4 en Sevilla y 1 en Almería.

Las asociaciones ejercen su función en un ámbito local concreto. Las Federaciones tienen el propósito de coordinar acciones y proporcionar apoyos a sus asociaciones. Conviene precisar también la diferencia entre Asociaciones y Fundaciones. La diferencia principal radica en que las asociaciones son personas que se organizan para conseguir un fin, normalmente son de ámbito local. Las Fundaciones, en cambio, son el establecimiento de un patrimonio para alcanzar un fin. Tiene importancia el volumen económico. Las asociaciones pueden ser de tres tipos: 1.- para ayuda mutua entre sus miembros. 2.- para ayuda mutua más ayuda a terceros y 3.- para prestar servicios.

Las instituciones que se dedican a un mismo campo de actuación, tienen planteados, sin embargo, diversos propósitos, variando en la filosofía que los sustenta, los tipos de servicios que presta, la eficacia en sus actuaciones, etc. Así por ejemplo las asociaciones andaluzas para el síndrome de Down se plantean objetivos de asistencia a las personas con síndrome de Down, sus familias, la relación con otras instituciones y la sociedad. Tienen como denominador común la potenciación del desarrollo integral de las personas con síndrome de Down para que adquieran el máximo grado de autonomía y calidad de vida, abordando la integración escolar, social y laboral. También se destaca el servicio de orientación a familias. Sin embargo están desigualmente tratados la relación con otras instituciones y el fomento de la investigación.

A nivel nacional es importante constatar la existencia de 6 grandes organizaciones que engloban a casi 2.000 instituciones. Estas organizaciones son:

COCEMFE: Confederación de minusválidos físicos (800 organizaciones)
CNS: Confederación nacional de sordos (50 ó 60)
FIAPAS: Federación de Asociaciones de padres de personas sordas (50 ó 60)
ASPACE: Asociación de parálisis cerebral (50 ó 60)
ONCE: Organización nacional de ciegos (más de 300 centros)
FEAPS: Federación Española de Asociaciones en favor de las personas con retraso mental (17 federaciones, 500 Asociaciones y 120.000 familias)

Todas ellas coordinadas por el CERMI: Consejo Español de Representantes de minusválidos. El cual a su vez se relaciona a nivel internacional con la Confederación Internacional "Disabled people".

Las Organizaciones para el síndrome de Down también se coordinan de manera parecida. Las andaluzas se coordinan por Andadown, las catalanas, por la Fundación Catalana, etc. Todas ellas se coordinan por el organismo nacional, llamado FEISD: Federación Española de instituciones para el síndrome de Down. El cual, a su vez se relaciona a nivel europeo con la EDSA: European Down's Syndrome Association, y finalmente a nivel internacional con la FIDS: International Down's Syndrome Federation.

Una estructura parecida puede observarse entre las asociaciones para sordos, destacando los centros existentes en Sevilla, Málaga, Granada y Cádiz.

El papel más importante, a nuestro juicio, lo tienen las asociaciones locales, pues pueden ofrecer servicios a sus afiliados de manera directa, aunque en bastantes casos, las organizaciones coordinadoras regionales están teniendo cada vez más importancia.

Es importante destacar también la existencia de agrupaciones no coordinadas y que establecen sus acciones sólo a nivel local. Es de suponer que la vinculación con federaciones regionales podría ser positiva.

Hemos observado un menor número de asociaciones que atienden problemas de tipo social. Las que existen pueden dividirse en asociaciones con autonomía económica, dependientes de servicios sociales y de población gitana. En líneas generales, y según los datos consultados, sería deseable la existencia de más asociaciones.

El listado de asociaciones es mayor que el ofrecido en estas líneas, así podríamos tener en cuenta la existencia de otras instituciones de apoyo como: el Real patronato de prevención y de atención a personas con minusvalía, Bancos y cajas de ahorros, empresas privadas y la propia Fundación ONCE, fundada en 1988, con el propósito de ayudar a otros colectivos.

Nuestro propósito, como quedó de manifiesto al principio de este trabajo, no es realizar una exposición completa de todas las existentes, sino elaborar un esquema que clarifique la red de asociaciones y federaciones existentes con objeto de analizar algunos parámetros organizativos. En la clarificación de estos parámetros nos ha servido el debate planteado por algunos autores sobre la conveniencia o no de que estas instituciones ofrezcan servicios.

4. Aspectos organizativos de las instituciones de apoyo

Los aspectos organizativos que vamos a considerar son: a) los fines de las instituciones sociales de apoyo a la diversidad, b) Los servicios que se prestan, c) El estilo de la dirección y d) situación actual de las asociaciones.

El primer aspecto es el más importante, pues constituye la razón de ser de las asociaciones y los que nutren el día a día de padres y profesionales. La primera constatación al intentar conocer los fines o propósitos, es que asociaciones con una misma misión, tienen diferencias en la explicitación de sus fines. Lo que nos lleva a pensar en distintos enfoques de fondo y distintas prácticas.

Siguiendo a AZÚA, P. (1995), la misión de una asociación es la de mejorar las condiciones de vida de las personas con discapacidad y la de sus familias, en base a tres ejes:

1) Calidad del servicio: Un servicio bien organizado, con un buen procedimiento y con calidad en la atención que se presta. Todo ello basado en ciertos valores, que básicamente pueden apoyarse en "desear para los demás lo que deseamos para nosotros".
2) Eficiencia y eficacia: Rentabilizar los recursos con una buena formación para los profesionales.
3) Comunicación: En el sentido de vertebrar la propia organización y estar presentes en la opinión pública. El autor alienta a que se tomen medidas en lo concreto para modificar actitudes y comportamientos sociales, no sólo con declaraciones genéricas. Así cita como ejemplos: el derecho a la información en televisión de las personas sordas, actuaciones en los colegios de arquitectos para eliminar barreras arquitectónicas, etc.

En las asociaciones tienen especial importancia la defensa de derechos. Estos son: Derecho a la educación, a ser protegido, a la expresión sexual, a la libertad, a vivir en la comunidad, al matrimonio, a vivir en un entorno sin barreras, al trabajo, a una remuneración digna, al voto, a la atención médica (en las mismas condiciones que los demás ciudadanos) y a un sistema de prestaciones digno.

La defensa de la dignidad de las personas con discapacidad constituye el eje principal de las actuaciones. Aun existiendo acuerdo en lo esencial no existe unanimidad en las intenciones y servicios que se prestan en las asociaciones. Sin embargo, puede ser útil realizar una exposición completa de los servicios que pueden ser comunes en las instituciones sociales de apoyo a la diversidad educativa, en los que se podría estar de acuerdo, en la intención de ofrecer un apoyo completo. Estos servicios son:

1. Apoyo y orientación a familias.
2. Lenguaje-Comunicación.
3. Educación temprana.
4. Asesoramiento al centro escolar.
5. Habilidades sociales.

6.   Autonomía y calidad de vida.
7.   Ocio y deporte.
8.   Integración socio-laboral: Orientación, formación, adaptación del puesto de traba-
     jo, autoempleo, bolsas de empleo y prestaciones.
9.   Administración y gestión.
10. Comunicación con la sociedad: reivindicación, concienciación y derechos.
11. Formación continua de profesionales.
12. Nuevas tecnologías.
13. Tercera edad.
14. Investigación.

Para los propósitos de este trabajo es importante analizar los fines y servicios de una organización como la ONCE, que cuenta con cerca de 54.000 afiliados y atiende a alrededor de 420.000 personas con ceguera o deficiencia visual. Esta organización cuenta con 24 centros específicos, 33 equipos de atención básica, 17 delegaciones territoriales, 16 direcciones administrativas, 5 centros de recursos educativos y 33 tiendas de exposición de aparatos especiales. Los fines de la ONCE son:

1.   Prevención, detección temprana y diagnóstico de la deficiencia visual.
2.   Preparación de estadísticas y registros que permitan la planificación.
3.   Atención educativa.
4.   Formación y capacitación profesional.
5.   Promoción profesional y ocupacional, colocación y empleo.
6.   Producción y distribución de depósitos bibliográficos y política de promoción
     cultural en general.
7.   Investigación sobre instrumentos auxiliares, técnicas de tratamientos específicos y
     otros aspectos de naturaleza similar.
8.   Orientación y rehabilitación en situaciones que puedan afectar a la deficiencia
     visual.
9.   Mentalización social.

Entre los servicios ofrecidos podemos destacar los realizados a través del depar-
tamento de servicios sociales: cooperación institucional, tiflotecnología: líneas braille, sintetizadores de voz, anotadores parlantes, programa de macrotipos, etc. Y los ofrecidos en la sección de educación: atención temprana, apoyo a la enseñanza integrada, capacitación profesional, educación de adultos, técnicas de trabajo intelectual, nuevas tecnologías, becas y ayudas.

El debate existente sobre la conveniencia de ofrecer servicios en las asociaciones, nos permite extraer algunos aspectos importantes para la organización de estas instituciones. Extraer estos aspectos puede ser más útil que decantarse por una u otra opción. Más aún cuando somos conscientes de que en la mayoría de los casos si no se ofrecen en estas instituciones no se ofrecen en otras. La incapacidad que presentan muchas instituciones públicas para atender las necesidades de las personas con discapacidad es manifiesta. Algunos de los aspectos organizativos que destacamos son:

1. El ritmo de actualización de las instituciones. Las instituciones formales tienen un ritmo de actualización con respecto a las nuevas demandas sociales excesivamente lento,

mientras que las asociaciones suelen adelantarse, empujar y ejemplificar. Tal vez la tendencia correcta podría situarse en una mayor colaboración entre asociaciones e instituciones formales.

2. El problema de la burocracia. Este problema exigiría una reducción de la burocracia en las instituciones formales, al mismo tiempo que un aumento en la sensibilidad y en los valores. Nuevamente las asociaciones pueden ayudar en esta dirección incrementando su colaboración y señalando caminos.

3. La formación de profesionales. En las asociaciones se conoce el problema muy bien y saben que de no hacerlo ellos no lo hace nadie. Se debería avanzar para propiciar que el conocimiento sea compartido y que las posibilidades de aprendizaje de otros profesionales se vayan produciendo.

4. La cuestión económica. A las asociaciones les resultan excesivamente caros los servicios. Tal vez se deban incrementar las medidas con las que se puedan compartir también dichos gastos.

5. La gestión y administración. A medida que la asociación evoluciona y aumenta sus servicios se hace más compleja la gestión, por lo que se apunta a la necesidad de crear nuevas estructuras en las asociaciones, tales como delegaciones.

6. Las subvenciones. En ocasiones las subvenciones pueden revertir en las propias personas o en la estructura. Tal vez deba reglamentarse el uso de dichas subvenciones.

Todas estas consideraciones requieren de un análisis más profundo e individualizado, ya que lo que puede ser bueno para una asociación puede no serlo para otra. Además, como se dijo al principio de este trabajo, las asociaciones también atraviesan distintas etapas en su evolución, en las que determinadas formas de actuación o de gestión podrían ser útiles en su actual momento y no tanto en sucesivas etapas.

El rumbo de las asociaciones está marcado por un equipo directivo, para el que ESCANERO, I. (1996) sugiere un estilo participativo y democrático y no autoritario y jerárquico. Este estilo conlleva, a juicio del autor el apoyo a los colaboradores, el respeto mutuo, la capacidad de reflexión, la firmeza, el orden, la sinceridad, etc. Tal vez, podría añadirse la capacidad de trabajo, de lucha social y de resistencia, ya que las dificultades por las que se atraviesa hacen pensar más en un maratón que en una prueba de velocidad.

La situación actual de las asociaciones es definida por algunos autores como de crisis. Sin embargo también percibimos un momento de auge. Ya dijimos que el legado social para el nuevo siglo está lleno de contradicciones, de las que no están exentas las instituciones de apoyo a la diversidad. En lo que sí estamos de acuerdo es en el dinamismo en el que están inmersas, como ocurre en la sociedad en general. Este dinamismo puede ser deseado por las propias instituciones si en su proceso de evolución mejoran las instituciones públicas. Podemos comprender mejor estas consideraciones si nos fijamos en los siguientes puntos:

a) En la medida en que el sector público asuma paulatinamente unas responsabilidades, que le son propias, las instituciones de apoyo deberán ir cambiando sus objetivos.

b) En la medida en que se consensue un modelo de política social, las asociaciones pueden progresar en una determinada línea. Es importante conseguir que cada vez que cambie el gobierno no cambie el modelo de política social.

c) En la medida en que los profesionales de las asociaciones aumenten la comprensión del problema y su sensibilidad, ofrecerán la eficacia que se les pide en armonía con el entusiasmo y los valores, que también se requieren.

d)   En la medida en que las asociaciones se coordinen mejor, a través de sus federaciones, en lugar de competir pasarán a colaborar, con la consiguiente mejora de sus servicios. Unas pueden aprender de otras.

e)   En la medida en que exista una definición clara del tipo de colaboración que se pide a los socios y a los ciudadanos, la participación será más fácil.

f)   En la medida en que la ética fundamente las acciones de padres y profesionales se evitarán comportamientos de cierto protagonismo.

Una vez definida, al menos en algunos aspectos organizativos, la situación actual, nos arriesgamos a sugerir algunas tendencias para el futuro.

Conclusiones: acciones para el futuro

En este último apartado exponemos algunas reflexiones que pudieran servir de referencia a algunas instituciones. Estas reflexiones no ignoran la idiosincrasia de cada institución. Son ideas generales apoyadas por las sugerencias de otros autores. Las hemos denominado "acciones para el futuro", con intención de clarificar dichas referencias generales. Pero sabemos que el futuro lo determina cada persona con sus posibilidades de actuación y sus creencias a nivel local. Estas acciones son:

1.   Evaluación de la formación de profesionales. Entendiendo la evaluación como estrategia de mejora de la calidad.
2.   Conexión entre instituciones:
    2.1. formales y no formales
    2.2. locales y regionales

En el primer caso la iniciativa debe partir de las instituciones no formales, que pueden proponer actividades concretas de acercamiento. En el segundo caso deben ser las regionales las que les propongan a sus asociaciones locales actividades de coordinación de servicios, de investigación, etc.

3.   Mejorar el lenguaje, condicionante de las actitudes. Algunas asociaciones no han cambiado aún su denominación, manteniendo una postura incoherente. Por ejemplo: FEAPS, significa Federación de atención a personas subnormales, y ASNIMO, significa asociación de niños mongólicos.

4.   Identificar necesidades como punto de partida de los programas de formación de profesionales. Una mejor definición de las necesidades actuales y futuras de los colectivos, podría mejorar la planificación en relación a la formación de nuevos profesionales. Por ejemplo, para la prevención, para la inserción laboral, etc.

5.   Formación de profesionales y concienciación sobre 3ª edad con discapacidad. Los avances en todos los campos, permiten apuntar nuevas necesidades de la población con discapacidad de la tercera edad.

6.   Mayor participación de las propias personas con discapacidad en decidir su futuro y en defender sus derechos.

7.   Aumentar la dedicación a prevenir problemas sociales.

8.   Establecer condiciones de compromiso con los voluntarios. Existen tareas que pueden hacer los voluntarios y tareas que deben hacer los técnicos.

9.   Fomentar la existencia de profesionales en la gestión.

10. Aumentar la vida asociativa y la presencia social.

El siglo XX nos ha dejado unas instituciones y unas leyes, con las que es posible encaminarnos hacia el futuro con optimismo. Recordemos que el origen se encuentra en las familias de personas con discapacidad, que siguen luchando por la dignidad de sus hijos. En el futuro tendremos instituciones más complejas, más modernas y esperemos que una sociedad más sensible e imaginativa. La búsqueda del consenso entre Escuela y Familia, la determinación del mejor apoyo y de estrategias hacia la normalización serán actividades a las que no será ajeno ningún ciudadano.

La sociedad está agradecida a las personas que hacen posible estas instituciones y nos recuerdan que para ayudar no es necesario necesitar ayuda. Pero la esperanza debe acompañarse de acciones. En el futuro nos seguirán acompañando las estas palabras:

"Al considerar quién cambia la sociedad, algunos han dividido el mundo en tres grupos: los que pueden tolerar el estrés y las tensiones de la vida cotidiana; dicen poco y constituyen la población media. Los que no pueden tolerar el estrés y las tensiones de la vida cotidiana; gritan mucho y son nuestros líderes. Y los que no pueden tolerar el estrés y las tensiones de la vida cotidiana y susurran; ellos son nuestras víctimas. En general, la sociedad ha exigido que las familias de la infancia discapacitada se limiten a susurrar" (SCHLEIFER, 1981).

Bibliografía

ARNÁIZ, P. y DE HARO, R. (Eds.) (1997). *10 años de integración en España: análisis de la realidad y perspectivas de futuro*. Universidad de Murcia.

AZÚA, P. (1995). "Desarrollo de servicios para personas con retraso mental". VERDUGO, M. A. *Personas con discapacidad. Perspectivas psicopedagógicas y rehabilitadoras*. Madrid. Siglo XXI.

CONSEJERÍA DE SALUD. JUNTA DE ANDALUCÍA. (1998). *Guía de Asociaciones de Ayuda Mutua y Voluntariado*. Dirección General de Salud Pública y Participación.

CUNNINGHAM, C. y DAVIS, H. (1983). *Trabajar con los padres: marcos de colaboración*. Madrid. Siglo XXI.

ESCANERO, I. (1996). *Los servicios educativos en las instituciones. Cómo desarrollar una gestión moderna y eficaz*. Madrid. ONCE.

FINE, J. B. (1996). "Base de poder popular: un determinante para asegurar la igualdad de oportunidades educativas para los discapacitados". FRANKLIN, B.M. *Interpretación de la discapacidad. Teoría e Historia de la educación especial*. Barcelona. Pomares-Corredor.

ILLÁN, N. (Coord.). (1996). *Didáctica y organización en Educación Especial*. Archidona. Aljibe.

LÓPEZ MELERO, M. y GUERRERO LÓPEZ, F. (1991). *La Integración escolar. Caminando hacia el siglo XXI*. Departamento de Didáctica y Organización Escolar. Universidad de Málaga.

MEC. (1997). *Centros educativos y calidad de la enseñanza*. Propuesta de actuación. Documento Comunidad escolar.

MEC. Real Decreto 28-4-1995. Nº 696/1995. *Ordenación de la educación de los alumnos con necesidades educativas especiales*.

MIÑÁN, A. (Coord.). (1997). *Educar a las personas con síndrome de Down*. Asociación síndrome de Down. Granada.

MIÑÁN, A. y CRUZ, P. (1998). "La diversidad enriquece a los profesores". *II Congreso Andaluz síndrome de Down*. Andadown. Jerez de la Frontera. Cádiz.

ONCE (1992). *La Once hoy*. Altair. Toledo.

ONCE. *Guía de servicios sociales, educativos y culturales*.

PUIGDELLÍVOL, I. (1998). *La educación especial en la escuela integrada. Una perspectiva desde la diversidad*. Barcelona. Graó.

SÁENZ, O. (1995). *Deontología profesional del universitario*. Lección inaugural. Facultad de Ciencias de la Educación. Universidad de Granada.

EVALUACIÓN DE LAS ORGANIZACIONES DE EDUCACIÓN SECUNDARIA OBLIGATORIA

JAVIER CALVO DE MORA MARTÍNEZ
Departamento de Didáctica y Organización Escolar. Universidad de Granada

Introducción

Las tendencias de la educación escolarizada son, por una parte, ampliación de la demanda de educación y, por otra parte, nuevo perfil profesional del profesorado. Respecto a la demanda de escolarización se observa la existencia de un significado centrado en el *consumo de educación* que se manifiesta en más contenidos académicos y extra académicos, más horas de permanencia de los estudiantes en los centros, más competencias educativas de las escuelas, más calidad de la acción educativa, más dedicación a las situaciones particulares de los estudiantes, entre otras demandas. Y, al final de todo ello, lo que importa es el boletín de calificaciones, es decir, que cada escolar apruebe los cursos y promocione entre su grupo de iguales. Por otro lado, la denominada sociedad del conocimiento ha cambiado el perfil profesional de cada docente en el sentido que el profesorado tiene que producir conocimiento y no sólo impartirlo, tiene que actuar de acuerdo a una estética tal que atraiga la atención de sus escolares, ha de lograr el éxito académico de la mayoría y, sobre todo, tiene que entretener a sus educandos para que éstos perciban la escuela como un lugar agradable.

Estas dos tendencias se encuentran ante dos resistencias. Por una parte, la organización del trabajo del profesorado conserva las relaciones pretéritas referidas a la transmisión de información, selección prematura, débil participación de individuos no profesionales y la consideración del horario laboral de cada docente centrado en el tiempo de enseñanza. Por otra parte, la organización de la Administración educativa conserva, a su vez, las prácticas propias de tutelaje sobre los centros educativos y el profesorado. Dicho tutelaje significa control de la práctica escolar mediante diversos mecanismos: Primero, construcción de la legitimidad mediante pactos con organizaciones sindicales, que actúan corporativamente, por un lado, y, por otro, conservando un marco de actuación centrado en las masas y no en los individuos o, en su caso, en realidades particulares que presentan una identidad singular. Segundo, la persistencia en diseñar y prescribir la práctica escolar a partir de supuestos teóricos, técnicos o ideológicos ajenos a cada realidad escolar, con otras palabras, la elaboración de las decisiones, en política educativa, persisten en la conservación del principio de *minoría ilustrada*. Tercero, la movilidad y adscripción del profesorado se basa en criterios más técnico-administrativos que de índole educativa y organizativa. Con otras palabras, la planificación y ordenación de los recursos humanos no se apoya en criterios cualitativos —que requerirían un diseño técnico más complejo de la Administración educativa— sino en criterios fácilmente computables que simplifican el proceso de adjudicación del destino del profesorado. Cuarto, los criterios de asignación de recursos materiales en las escuelas no obedecen siempre a la necesidad o demandas específicas, sino al cumplimiento de la reglamentación jurídica; es decir, se pueden solicitar aquellos recursos predeterminados en la legislación y no otros que son objeto de necesidad, por ejemplo, nuevos materiales de enseñanza, nuevas formas de agrupamiento de estudiantes, cambios en la distribución de espacios, entre otras innovaciones.

Así pues, se advierte una contradicción entre las tendencias y las prácticas educativas. También una doble moral implícita en la declaración manifestada en los principios educativos y la acción escolar. Y donde las contradicciones o la doble moral emergen con mayor facilidad es en la educación secundaria. Por diversos motivos. Primero, los estudiantes han superado las etapas de iniciación y socialización escolar —educación infantil y primaria— de tal manera que las diferencias académicas entre esta población son más evidentes. Segundo, el difícil equilibrio entre un nivel educativo identificado por un doble y simultáneo carácter terminal y propedéutico es una fuente de conflictos y dilemas entre el colectivo docente de cada centro escolar. Tercero, la integración de tres culturas profesionales anteriormente bien deslindadas, por un lado, la cultura denominada *pedagogista* de los maestros de EGB, por otro lado, la cultura práctico-profesional propia de FP de primer grado y, tercera, la cultura académica y literaria instalada en BUP. La interpretación de estos tres problemas hay que afrontarla desde una perspectiva más particularista que generalista, es decir, hay que centrarse en casos singulares y situaciones concretas donde se presentan significados particulares a cada uno de esos problemas; ello requiere soluciones propias y decisiones pertinentes a cada realidad escolar. Y por tanto, una ampliación del protagonismo político de cada colectivo docente, inscrito en su centro escolar, y una disminución del protagonismo de la Administración educativa y de las organizaciones corporativas que actúan de apoyo. Esta doble moral se define como retórica, donde sólo es posible la exposición de discursos educativos sin concreción práctica.

La solución a este problema no es la autonomía e independencia de las escuelas tal y como se pretende desde una posición conservadora; porque la consecuencia es evidente: las diferencias entre centros educativos "excelentes" y "mediocres" se enfrenta al principio de igualdad. La solución es la búsqueda de un nuevo equilibrio de poder entre cada Centro escolar y la Administración educativa, nueva relación política entre el profesorado y los responsables de la política educativa, en definitiva, nuevas reglas de juego, nuevas relaciones sociales, nueva organización del trabajo en las escuelas y nuevos procesos de selección y remuneración del colectivo docente.

1. Reestructuración y reorganización

La reestructuración se refiere a los cambios en las posiciones de los diferentes agentes del sistema educativo y de las escuelas, y la reorganización hace refencia a los cambios en las relaciones sociales y en las reglas de funcionamiento.

Para Hallinger, Murphy y Hausman (1992) una reestructuración es una reparación del sistema. Para March y Olsen (1989) la reorganización significa cambiar el entramado de relaciones entre los individuos, la institución y las instituciones que conforman el ambiente de los centros escolares. Las acciones de reestructuración del sistema educativo son: a) descentralización de la organización, gestión y gobierno de la escolarización; b) creación de nuevos roles y responsabilidades en las organizaciones escolares; c) transformación del proceso de enseñanza-aprendizaje en las aulas; d) participación de los estudiantes en las organizaciones. Al descentralizar un sistema educativo se crean nuevas relaciones de poder entre las diferentes partes comprendidas desde diferentes perspectivas: por una parte, las culturas correspondientes a macro-estructuras (Administración educativa) y micro-estructuras (centros escolares); por otro lado, cambios en el proceso de toma de decisiones inherente al sistema educativo; cambio en la ideología educativa, más orientada hacia una visión liberal-pluralista y *relativista* de la educación escolar. Así, la evaluación de las organizaciones escolares se puede encarar desde dos vertientes: evaluación de contraste (assessment) entre los resultados escolares (rendimientos escolares) correspondientes a cada centro escolar y evaluación de caso único (ethnographic evaluation) cuyo objeto es describir e interpretar la identidad cultural del centro educativo. Ambas metodologías son compatibles con la idea de descentralización del sistema.

El aprendizaje de nuevos roles y responsabilidades es otra característica de la reestructuración. Por ejemplo, los gestores del sistema educativo cambian una actuación de prescripción y dirección de la práctica escolar por otra de ayuda al profesorado mediante disposición de recursos y otras facilidades para desarrollar su trabajo. Cada docente, responde de su trabajo basado en el aprendizaje del estudiante, en los resultados académicos de este colectivo; pero, a su vez, el colectivo de estudiantes no presenta un perfil de pasividad ante el aprendizaje sino una acción apoyada por procesos de resolución de problemas, auto-aprendizaje, investigación e innovación:

"En esa sociedad del futuro, configurada progresivamente como una sociedad del saber, la educación compartirá con otras instancias sociales la transmisión de información y conocimientos, pero adquirirá aún mayor relevancia su capacidad de ordenarlos críticamente, para darles un sentido personal y moral, para generar actitudes y hábitos individuales y colectivos, para desarrollar aptitudes, para preservar en su esencia adaptándolos a las situaciones emergentes, los valores con los que nos identificamos individual y colectivamente" (LOGSE, BOE, 4 Octubre 1990).

Este cambio en los roles y responsabilidades requiere un proceso de aprendizaje lento y arduo porque supone adoptar nuevos comportamientos no experimentados ni tampoco explícitos en una teoría *ad hoc*. Hay que aprenderlos por ensayo y error, imitación y emulación o competición entre colegas, reflexión en la acción y otros procesos propios del aprendizaje profesional centrado en el aprendizaje experimental; pero, el problema del cambio, es el conflicto resultante entre individuos y grupos que representan diferentes intereses no siempre coincidentes con los expresados en los cambios demandados. Ésta es una de las justificaciones de la lentitud en los cambios de roles y responsabilidades. Por otra parte, la reestructuración del proceso de enseñanza y aprendizaje requiere adoptar una visión diferente del aula y del trabajo de los docentes. Éstos han de ampliar su perfil profesional al trabajo político en las escuelas; es decir, el aula no es un lugar aislado de la realidad del centro escolar, sino, al contrario, una realidad social que manifiesta las peculiaridades de cada organización; esto es, el trabajo en el aula evidencia la cultura de la organización del centro escolar y, por ello, el colectivo docente tiene que empeñarse también en el trabajo de la gestión del centro. El trabajo académico del colectivo docente, que se localiza en el aula, se modifica de la transmisión de información a la comprensión del proceso de aprendizaje de cada estudiante; las derivaciones de una reestructuración de este tipo son: disminución del número de estudiantes en cada aula; aumento de recursos de aprendizaje; personal de ayuda al docente; compensaciones laborales, entre otras decisiones. La última característica de cualquier proceso de reestructuración del sistema educativo es ampliación de la participación de estudiantes y otros agentes sociales no profesionales, en los procesos de toma de decisiones. El significado de la participación es la capacidad de exponer demandas y necesidades de aprendizaje, recursos necesarios para el estudio de las asignaturas, explicación de las dificultades de aprendizaje, condiciones para realización de actividades extraescolares y definición clara de los criterios respecto a las exigencias de aprendizaje, entre otras referencias que justifican la participación.

Una propuesta de valoración de centros de educación secundaria obligatoria (ESO) se fundamenta en las cuatro características de reestructuración (descentralización, roles y responsabilidades, procesos de enseñanza-aprendizaje y participación de estudiantes y otros agentes sociales no profesionales) que sustentan las decisiones posteriores sobre categorías organizativas e indicadores, y que se exponen en el esquema I.

Esquema I

DESCENTRALIZACIÓN Nuevas relaciones de poder entre macro y microestructuras; cambios en los procesos de toma de decisiones; cambios en la ideología educativa.	ROLES Y RESPONSABILIDADES Administración educativa: ayuda al profesorado; Docentes: comprensión del aprendizaje; estudiantes; resolución de problemas e investigación.
PROCESO DE ENSEÑANZA-APRENDIZAJE Ampliación del trabajo docente al trabajo político en las escuelas. Aula como un lugar integrado en la organización del centro escolar. Cambios en los recursos utilizados por el colectivo docente.	PARTICIPACIÓN DE ESTUDIANTES: Exposición de demandas. Recursos necesarios para el estudio de asignaturas. Condiciones para la realización de actividades extraescolares. Criterios respecto a las exigencias de aprendizaje.

Se observan interrelaciones e interinfluencias en las cuatro características descritas; así, la definición de descentralización es una causa y consecuencia de la participación de estudiantes y, a su vez, los cambios en roles y responsabilidades son causa y consecuencia del proceso de enseñanza y aprendizaje. El proceso didáctico se define en relación a la participación de los estudiantes y a la inversa también es verdadera la correspondencia. Sea una u otra interrelación e interinfluencia la idea principal del esquema anterior es, de nuevo, la definición del modelo organizativo en las escuelas españolas: participación en la gestión. Con otras palabras, nuestro modelo de organización incluye un proceso de reestructuración, es decir, cambios en las relaciones de poder entre cada escuela y la Administración educativa; nuevos roles y responsabilidades; una visión del aula integrada en la organización escolar y participación de los estudiantes en los procesos de toma de decisiones educativas.

El concepto reorganización enfatiza cambios en las relaciones sociales. El cambio del perfil profesional del docente se aproxima a características psicopedagógicas abandonándose ciertas características académicas. De igual modo, cambia el perfil político del docente tendiéndose al compromiso y responsabilidad por la organización de la escuela y las decisiones políticas, por ejemplo, la elaboración del proyecto de centro y, por lo tanto, mayor implicación de los docentes en la toma de decisiones curriculares mediante el afianzamiento del rol técnico y político debido al dominio de nuevos términos —evaluación formativa, diseño curricular, grupos flexibles, etcétera—, una mayor responsabilidad en la toma de decisiones y rendimiento de cuentas. Todo ello se manifiesta en acciones sociales nuevas para cada docente: más diálogo con los estudiantes; más explicaciones a sus familias; nuevas reivindicaciones a la Administración educativa; situaciones de incertidumbre profesional; necesidad de intercambio de ideas y experiencias con otros pares; entre otras relaciones. Por otra parte, estas competencias han de acompañarse de cambios en la situación político-laboral: mayor capacidad de decisión en la política educativa de las escuelas; disminución del número de estudiantes a su cargo; nuevos recursos educativos; capacidad para resolver conflictos de disciplina (vandalismo y violencia) en las escuelas; relación con personal de apoyo; disposición de guías didácticas generales; informes e investigaciones sobre la organización de las clases y el desarrollo del liderazgo; elaboración de guías e informes respecto a la evaluación del progreso de los estudiantes y posibilidad de relaciones con otras organizaciones para tratar problemas comunes, por ejemplo, el absentismo escolar. Todo esto constituye una nueva agenda en el trabajo cotidiano del docente: pasar de enseñante que controla el contenido de su asignatura a educador que ha de controlar el contexto social y cultural de cada estudiante y su proceso de aprendizaje y el control del contexto organizativo donde se desarrolla su actividad profesional.

En otros colectivos se aprecia esta demanda de cambio en su agenda educativa. Así, el colectivo de estudiantes y sus familias también cambian sus relaciones de meros espectadores a protagonistas comprometidos en el proceso educativo. Este concepto clave (compromiso) significa colaboración con el colectivo docente para mejorar el aprendizaje; cooperación con los docentes en el desarrollo de actividades formativas; formación de procesos de auto-evaluación y auto-crítica con el objeto de delimitar la contribución individual a la comprensión de los hechos o las acciones educativas y la incorporación de nuevas responsabilidades en los procesos organizativos, por ejemplo, mayor integración en las escuelas, preocupación por los intereses colectivos de mejora de las condiciones de aprendizaje de sus pares, entre otras acciones. El mismo discurso cabe atribuir a la Administración educativa: las relaciones sociales de colaboración y cooperación con los docentes; ayuda a la mejora de condiciones de trabajo en las escuelas; evaluación institucional; distribución de recursos; nuevas compensaciones salariales y laborales, son, entre otros, algunos de los nuevos indicadores a incluir en la agenda de los responsables de la Administración. También, en este marco de nuevas relaciones con las familias y los estudiantes se crean nuevos contratos que se extienden más allá del ofrecimiento de un servicio público.

El reto de esta Reforma de las escuelas secundarias es construir un nuevo marco de relaciones sociales. Por un lado, hay que aprender nuevos roles o competencias de los cuatro colectivos implicados en el proceso educativo; esto es, una definición práctica de las actuaciones del profesorado, Administración educativa, familias y estudiantes. La consecuencia para la evaluación de las organizaciones escolares es evidente: los interesados en la mejora de la organización, (y por tanto, individuos susceptibles de participación en el proceso evaluativo) son los cuatro colectivos mencionados. El esquema II señala los límites de la acción evaluativa, que impele a cualquier evaluador/a la consideración de informaciones procedentes de todos o algunos representantes de los cuatro colectivos.

Esquema **II**

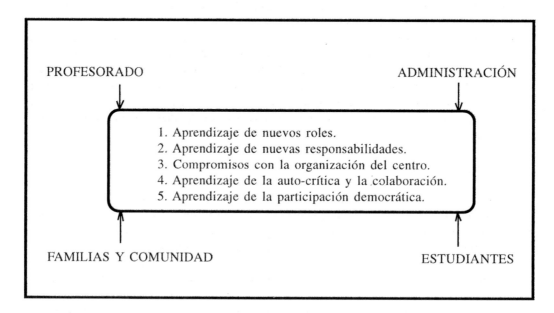

PROFESORADO   ADMINISTRACIÓN

1. Aprendizaje de nuevos roles.
2. Aprendizaje de nuevas responsabilidades.
3. Compromisos con la organización del centro.
4. Aprendizaje de la auto-crítica y la colaboración.
5. Aprendizaje de la participación democrática.

FAMILIAS Y COMUNIDAD   ESTUDIANTES

Al indicar las nuevas relaciones sociales no se ha propuesto una definición expresa de las mismas; más bien, la evaluación de las organizaciones ha de facilitar y mejorar las relaciones peculiares en cada centro y no prescribirlas mediante un modelo normativo de organización. Con otras palabras, la gente se relaciona entre sí de forma particular y singular, sin necesidad de aplicar un modelo de relación social. Y esta forma peculiar se aprende mediante un proceso complejo de asentimiento ante situaciones observadas, ensayos y error, acuerdos y negociaciones e institucionalización de experiencias con éxito, como si se tratase de un ejercicio de memorización de relaciones que forman una estructura en el pensamiento colectivo de los miembros de una organización.

Ambos conceptos, reestructuración y reorganización, se relacionan. El primero es una propuesta teórica realizada por los responsables de la política educativa, el segundo, es una realidad práctica protagonizada por los integrantes o interesados en la organización de cada centro escolar. La relación entre los dos conceptos puede calificarse como complementaria o contradictoria. En el primer caso se enjuicia una realidad adecuada a los supuestos de la Reforma, en el segundo caso, las contradicciones ocultan otras realidades que denotan resistencias a la Reforma educativa. Esta segunda circunstancia es frecuente en los procesos de cambio en las culturas de las organizaciones; por ello, es necesario exponer las categorías de análisis de los centros de educación secundaria y sus indicadores correspondientes, para localizar en ese terreno la evaluación de este tipo de centros educativos.

2. Categorías de análisis de los centros de educación secundaria

El análisis de los centros de educación secundaria se apoya en la definición de categorías, entendidas como campos conceptuales que comprenden una parte de la realidad social de las organizaciones escolares. La construcción de categorías, en este trabajo, se ha realizado con revisión de literatura sobre las organizaciones y con las propuestas de reestructuración mencionadas en el epígrafe anterior. Las categorías seleccionadas son: (1) Sagas organizacionales; (2) Fundación de la educación secundaria; (3) Trabajo profesional de los docentes y (4) Trabajo político en las escuelas. La definición de cada categoría es como sigue: dificultades a la participación democrática en las escuelas, en principio, se justifica por la existencia de sagas o grupos formalmente establecidos que temen perder sus posiciones en la organización; los supuestos fundacionales de la Reforma que requiere una reconstrucción de la realidad escolar; la incertidumbre a adoptar nuevas formas de trabajo profesional se incluye en la tercera categoría y, en cuarto lugar, la débil compensación al colectivo docente y sus negativas a ampliar su profesión a actividades de política educativa en las escuelas.

Sagas organizacionales

Para Clark, B. (1972) una saga es una comprensión colectiva de una competencia única en un grupo formalmente establecido; la certeza de la autoridad sobre ciertos asuntos que identifican a un colectivo respecto a responsabilidades concretas. Tanto la autoridad como la responsabilidad definen las sagas, respectivamente, en un plano racional (ciertos procedimientos que conducen a fines) como irracional y afectiva (la consciencia de pertenencia a un grupo o un clan) que suscitan cierta seguridad y confianza personal en la creencia de sentirse incluidos en una realidad estable fácilmente controlable y predecible. La pertenencia a una saga se manifiesta mediante compromisos expresados simbólicamente que denotan un vínculo normativo que —dice Clark— "está enraizado en la historia: demandan un cumplimiento único y está constituido y cohesionado por sentimientos del grupo". Los tipos de sagas son tan diversos como grupos existen; por ejemplo, las sagas de los *profesores académicos* de matemáticas o de literatura de Bachillerato; los *maestros* del ciclo superior que se incorporan a la secundaria; los *profesores prácticos* de Formación Profesional son algunos casos tópicos. Otros, menos visibles, son los grupos de interés que justifican la propiedad de un espacio en la organización atribuyéndose una identidad; por ejemplo, el *grupo progresista* y el *grupo conservador.* Todos estos grupos, sea cual sea su carácter, intentan apropiarse de la evaluación de la organización. En los primeros intentos de negociación del contrato observarán la necesidad de conservar el poder y la evaluación es un buen asidero para ese propósito. Pero por otro lado, el evaluador no debe olvidar que los procesos de reestructuración y reorganización se interpretan por el declive de unas sagas y la emergencia de otras; por ejemplo, una propuesta de participación democrática conlleva el abandono de privilegios para los docentes que sustentan su poder en el dominio de los contenidos académicos y rechazan adoptar posiciones centradas en una cultura del aprendizaje, tal como se estudiará más tarde. Pero se observan otras situaciones más sutiles; por ejemplo, una saga de *profesores progresistas* rechaza la participación democrática porque se pueden evidenciar las contradicciones implícitas en esa retórica, es decir, su *progresismo* no se observa en sus prácticas, en su comportamiento ético, sólo es un aditamento estético. Para este colectivo, una evaluación efectiva se interpreta como amenaza al status que representan y, por tanto, expresarán una fuerte oposición en el proceso del contrato de evaluación.

Fundación de la educación secundaria

La ampliación de la obligatoriedad es la característica fundacional más importante, que permite diferenciar dos vertientes de análisis: Primero, la fundación de un ciclo educativo de secundaria que intenta resolver dos problemas: la prematura e injusta selección de la población estudiantil y la solución a las discontinuidades en el sistema educativo en los períodos críticos de la escolarización de doce a catorce años. En estos dos períodos de edad, respectivamente, se observan abandonos en la escolarización; más en el segundo período de edad que en el primero. Segundo, una mejor distribución de la población estudiantil en las etapas pos-obligatorias con las ofertas de diferentes bachilleratos y la ampliación de las ofertas en formación profesional. Así, la fundación de la educación secundaria obligatoria supone integrar tres propuestas de formación dispersas e inconexas en el modelo anterior. La formación educativa propia de la Educación General Básica, la formación académica característica del Bachillerato y la formación práctica correspondiente a la Formación Profesional se integran en una etapa educativa constituida por dos ciclos formativos.

El cambio simbólico más importante en la Reforma es la evaluación:

"La evaluación deberá referirse tanto a cómo están aprendiendo los alumnos como a la revisión de los distintos elementos de la práctica docente en el ámbito del aula y en el conjunto del centro" (Materiales para la Reforma, Junta de Andalucía, 1994, 59).

La evaluación formativa prevalece sobre los balances o evaluación sumativa; la posibilidad de refuerzos de aprendizaje sobre la repetición de los procesos; la promoción sobre la selección y la ayuda sobre la sanción:

"Los criterios de evaluación establecen el tipo y grado de aprendizaje que se espera que los alumnos hayan alcanzado con respecto a las capacidades indicadas en los objetivos generales. El nivel de cumplimiento de estos objetivos en relación con los criterios de evaluación fijados no ha de ser medido de forma mecánica, sino con flexibilidad, teniendo en cuenta la situación del alumno, el ciclo educativo en que se encuentra y también sus propias características y posibilidades, además, la evaluación cumple, fundamentalmente, una función formativa, al ofrecer al profesorado unos indicadores de la evolución de los sucesivos niveles de aprendizaje de sus alumnos, con la consiguiente posibilidad de aplicar mecanismos correctores de las insuficiencias advertidas" (Real Decreto 134/1991. BOE Núm. 220 de 13-IX-1991).

La evaluación sumativa practicada por los docentes no es válida. La indicación hacia un cambio en las relaciones sociales, implícitas a la evaluación formativa, son una fuente de indicadores de evaluación; por ejemplo, los cambios organizativos o la reorganización inherente a esta práctica de evaluación nos señalarán anuencias y/o negaciones a trabajar con estos supuestos: posibilidades de individualización de la enseñanza, elaboración de un contrato didáctico, satisfacción del profesorado con la reforma son, entre otros indicadores, puntos de referencia para valorar la aceptación o rechazo de los supuestos fundacionales de la Reforma.

Trabajo profesional del profesorado

La teoría institucional de la organización expone que el trabajo de los profesores es independiente de la estructura organizacional; las actuaciones de certificación, delegación de actividades, secretos y rituales son tan privados que construyen un ambiente institucional propio de cada escuela o de cada grupo de docentes. De otra manera, cada escuela elabora su propio ambiente institucional donde los docentes se han conformado con una práctica que es difícil cambiar con una retórica externa. Dicha resistencia se aprecia en la elaboración de estructuras organizacionales basadas en la competición y el disenso contra las reglas técnicas de cooperación y consenso auspiciadas por la Administración educativa. Con otras palabras, una propuesta de reestructuración de la institución no se transfiere a un cambio de los procesos de reorganización debido a varias razones:

(a) El trabajo profesional del profesorado es tan diverso como miembros compongan un claustro docente; por ejemplo, el tipo de material curricular utilizado, los métodos de enseñanza, las decisiones evaluativas y la organización del aula son diferentes. Sólo se observa homogeneidad en la subcultura pedagógica de cada asignatura donde existe cierta identificación de los docentes como especialistas en una disciplina académica (Santee Siskin, J. 1991) que conservan procesos específicos de enseñanza. El lugar de los departamentos didácticos es una nueva subdivisión del trabajo profesional del colectivo docente, cuya pretensión de racionalización de la estructura organizativa contradice los procesos de cooperación y coordinación interdisciplinares o equipos docentes; es decir, no se puede obligar a un trabajador a una doble lealtad: el equipo docente y el departamento.

(b) La importancia del liderazgo docente o los procesos de influencia social en el aula cambian, por completo, el perfil profesional. Para Stodgill (1950,3) el liderazgo puede considerarse como el proceso de influencia en las actividades de un grupo organizado en la definición de metas y el compromiso para alcanzarlas. Para Pffefer, J. (1987) el liderazgo es una acción simbólica sobre los significados e interpretaciones de un grupo determinado; como requisito de la influencia y la definición de metas para actuar, desde un plano simbólico, sobre unos subordinados en la dirección de lo importante y relevante en la definición de la realidad que se enseña en cada disciplina académica. La búsqueda de cada docente es el logro de un acuerdo y un consenso sobre su asignatura y la identificación de los estudiantes con la misma. Pero el cambio simbólico de la Reforma preconiza lo contrario: la acción de liderazgo de los docentes se apoya en la búsqueda de autonomía personal y auto-conciencia de los docentes; lo que supone una reconstrucción respecto al trabajo profesional de los docentes.

Esta categoría, como es evidente, es una fuente de indicadores centrados en la formación inicial y permanente del profesorado en las escuelas. El aprendizaje de una nueva profesión o un cambio profesional requiere empeñarse en un proceso de investigación en la acción. La investigación en la acción toma sus entradas claves –sus cuestiones y problemas- de las percepciones de los docentes dentro de un contexto práctico y particular. Ello se apoya en episodios de investigación de acuerdo con las fronteras de un contexto local y las controla mediante experimentos de intervención; esto es, experimentos que apoyan la doble carga de control de hipótesis y cambios deseables en la situación laboral del profesorado.

La investigación acción participativa es una forma de investigación acción que implica a los prácticos, ambos como sujetos y co-investigadores. Ello se basa en la proposición de Kurt Lewin que defiende que las inferencias causales sobre el comportamiento de los seres humanos es más probable que sean válidas y asumidas cuando los seres humanos en cuestión participan en su construcción y control. De aquí que su meta sea la creación de un ambiente en el cual los participantes den y obtengan informaciones válidas, elijan con libertad y generen compromisos internos que resultan de su investigación.

Trabajo político en las escuelas

El trabajo político en las escuelas comprende dos características interrelacionadas; por una parte, las estructuras de gobierno; por ejemplo, la participación de la comunidad educativa en el Consejo Escolar. Por otra, los procesos y las relaciones sociales entre individuos y grupos que intentan alcanzar el poder para ejecutar o preservar sus intereses. Estas dos características se localizan en cuatro ámbitos de procesos de toma de decisiones en las escuelas: primero, la dirección y equipo directivo; segundo, Claustro y Consejo Escolar; tercero, departamentos y asociaciones voluntarias y cuarto, agrupaciones *informales* de individuos. El referente de las decisiones políticas en las escuelas son los recursos necesarios para desarrollar el proceso educativo: dinero, personal, conocimiento, espacios y tiempos e infraestructuras.

El entramado del trabajo político en las escuelas es muy complejo, tal y como se representa en el esquema III, porque las decisiones no siguen un orden jerárquico, más bien al contrario, se presentan varias inter-influencias de las decisiones en los cuatro ámbitos citados: primero, son los mismos individuos los que se incluyen en dos o más ámbitos. Así, un docente es miembro del Claustro, del Consejo Escolar y pertenece a un grupo informal (un grupo de interés político e ideológico); este sujeto no especializa sus decisiones, sino que, incluye todo su bagaje intelectual en las diferentes actuaciones políticas. Segundo, la inter-influencia se interpreta desde las contradicciones implícitas entre los diferentes órdenes citados; por ejemplo, algunas competencias del Consejo Escolar interfieren con otras estructuras políticas. Tercero, las dos características citadas, estructuras políticas y relaciones sociales, son objeto de inter-influencias porque en cada centro escolar se observa una interpretación singular del contenido jurídico de las estructuras políticas. La cuarta inter-influencia a considerar está determinada por los recursos. El tipo de escuela (rural o urbana), el tamaño del centro, las infraestructuras de cada escuela, los programas curriculares, características sociales y culturales de la población, los fondos económicos disponibles y las actividades extraescolares son recursos organizativos que influyen en las relaciones entre los cuatro ámbitos de participación política. En realidad, los recursos son la base de las relaciones en la participación política; todas las decisiones que se toman en las escuelas necesitan un apoyo evidente en recursos pertinentes para ejecutarlas, y no quedarse en meras intenciones o declaraciones retóricas. En este sentido, la responsabilidad de la Administración educativa encaja en la capacidad de suministrar recursos necesarios y suficientes para el funcionamiento y el desarrollo de la participación en los cuatro ámbitos mencionados, sobre todo en las escuelas públicas o dependientes de fondos públicos. El esquema que se construye a partir de los ámbitos de participación en el marco de las propuestas de reestructuración y realidades de reorganización es el siguiente:

Esquema **III**

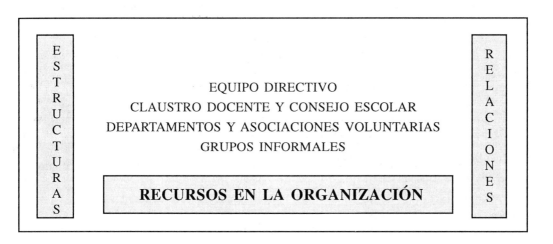

La interpretación del esquema III se describe en dos vertientes. Primero, las compatibilidades o contradicciones entre propuestas de reestructuración y reorganización responsabilizan a la Administración educativa, en cuanto que su responsabilidad es disponer los recursos necesarios para aplicar esta Reforma. Segundo, las relaciones micropolíticas son, también, una circunstancia que media entre reestructuración y reorganización. Ambas vertientes generan indicadores de evaluación de los centros de educación secundaria obligatoria, cuyo valor principal es observar facilidades y dificultades en el proceso de implantación de la Reforma.

Esta categoría incluye dos procesos: toma de decisiones y reglas de funcionamiento. Existe una tradición literaria que sostiene que la toma de decisiones se describe como un juego de poder en el que compiten grupos de interés entre sí por el control de los recursos. El poder es una característica presente en la vida de las organizaciones; así se habla de un poder legítimo en las posiciones de autoridad jerárquica. Este poder racional-legal se otorga debido al status y regula el acceso al proceso de toma de decisiones. Los centros escolares son realidades conformadas por un poder externo -Administración educativa- que delega cierta autonomía de gestión en poderes internos, con el objeto de mejorar el funcionamiento mediante la propuesta de reglas para la toma de decisiones. Esto es una expresión más de un poder legítimo, que delimita las fronteras de cada individuo y de cada unidad escolar, por ejemplo, las tareas de dirección y las competencias de los departamentos.

Las decisiones, en organizaciones fragmentadas tales como las escuelas, son una fuente de conflictos; porque los beneficios de un grupo suponen las pérdidas de otros, tal y como predica la teoría de juegos de suma cero. En este caso, no existen unas relaciones de poder equitativas debido a una fuerte división del trabajo (enseñar y aprender) que caracteriza el flujo de las decisiones. Otras veces —quizá la mayoría— el conflicto es endémico a las escuelas debido a su naturaleza de organización anárquica, que se caracteriza por una débil coordinación en la relación medios/fines y entre las diferentes unidades del centro escolar. En este caso, los diferentes grupos constituyen una jerarquía fuertemente competitiva donde las decisiones tienden a conservar el status posicional de la gente; por ejemplo, las decisiones que conciernen a horarios, distribución de espacios, propuestas curriculares o normas disciplinarias, entre otras. Así, la racionalidad instrumental de la Reforma se transforma en una realidad social caracterizada por el *caos* y la micropolítica, como se observa en el gráfico I.

Gráfico I

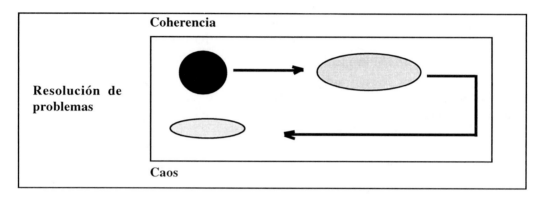

Las decisiones en las escuelas se *desplazan* desde la racionalidad implícita al proceso de resolución de problemas hasta el *caos*, representativo de un desorden, caracterizado por la subjetividad e idiografía. Los ejemplos de este caos son: la existencia de doble moral en las organizaciones; las acciones de los individuos no se corresponden con sus declaraciones; contradicciones entre decisiones; cambios permanentes; inconsistencias y variaciones en las decisiones adoptadas, entre otras eventualidades.

El contexto del trabajo político del profesorado, y otros miembros de la organización, se califica con el término caos, con connotación de dispersión, diversidad, heterogeneidad, contradicción y provisionalidad. En estas condiciones de incertidumbre es difícil hacer un trabajo político obligado al elaborar un proyecto de centro que planifica dos acciones complementarias: qué educación se quiere promover en la escuela y qué modelo de gestión es coherente con esa propuesta educativa. Cada proyecto de centro es una respuesta a demandas, preocupaciones e intereses educativos, bien procedentes de la Administración educativa bien de individuos con intereses localizados en su contexto social y cultural. La respuesta a esta demanda se plasma en el modelo de gestión del centro (cómo se van a tomar decisiones) definido por reglas de funcionamiento o reglas de juego que regulan la autoridad y responsabilidad de todos los interesados en la organización del centro escolar: quién puede acceder a un tipo de información; bajo qué condiciones puede realizarse una actividad; cuáles son los derechos y obligaciones de las personas; en qué tiempos y espacios se toman decisiones; en qué tiempos y espacios hay que hablar sobre ciertas cosas o callarlas; qué reglas de funcionamiento son susceptibles de negociación y cambios, entre otras.

Organización de la Administración educativa

El principio de la organización de la Administración educativa, a mi entender, es el conocimiento de cada realidad escolar a través de la evaluación de estas organizaciones. Con otras palabras, la razón de ser de la Administración educativa es construir una estructura y relaciones sociales que le permitan conocer cada realidad escolar para tomar decisiones políticas coherentes y acordes a las demandas, problemas y expectativas de cada centro escolar sustentadas en el principio de igualdad y compensación educativa. El esfuerzo del Plan de Evaluación de Centros (Junta de Andalucía, 1998) se localiza en la tradición del análisis político (policy analysis), definido por el Sr. Consejero de Educación y Ciencia en estos términos:

"Evaluar los centros docentes adquiere una importancia capital en la medida en que el sistema educativo ha alcanzado un grado de descentralización notable que otorga a los centros mayores márgenes de autonomía en todos los ámbitos de su actividad. Además, hemos de contar con el grado de participación creciente de la comunidad educativa en la gestión de los centros y también con la exigencia social de eficacia de los servicios públicos que se plantea en la actualidad y a la que la educación no puede ser ajena" (Pezzi Ceretto, M. 1998)

Este pensamiento es acertado porque la unión entre evaluación y análisis político facilita apoyar un proceso de toma de decisiones en realidades concretas, que discrimina entre los modelos expertos de gestión —como los modelos de calidad total necesarios en las burocracias modernas— y la dirección de principios educativos característica de los servicios de inspección y supervisión educativa cuya acción principal es la ayuda al cumplimiento de tales principios. Desde esta última aproximación a la mejora de las organizaciones escolares el Plan de Evaluación de Centros (PEC) pretende:

"... una finalidad básicamente formativa y concibe la evaluación como un instrumento para la mejora del centro. Pretende que en cada uno de los centros en donde se aplique el plan se valore su contexto, el nivel de adecuación de sus proyectos a las necesidades y posibilidades educativas, el grado de eficacia de su organización y funcionamiento, la calidad de los procesos didácticos desarrollados y el grado de satisfacción de los componentes de la comunidad escolar con los logros y resultados alcanzados, todo ello dirigido a llevar a cabo las actuaciones necesarias para orientar la mejora de estos proyectos y procesos (PEC o.c., 14)

Quiero señalar dos conceptos importantes expuestos en la cita anterior. Primero, se opta por una visión formativa de la evaluación y, segundo, el carácter instrumental de la misma. Ello indica que se adopta una visión pro-activa o de diagnóstico de una realidad, en este caso una organización educativa, que supone asirse al conocimiento mediante una selección previa —acertada o no— de las dimensiones del objeto de estudio. Esto acarrea evidentes ventajas e inconvenientes. Las ventajas son que sitúan a todos los interlocutores en las mismas dimensiones e indicadores (lo que se llama la estructura formal de una organización) y las desventajas son que se olvidan del conocimiento de las relaciones sociales, es decir, la existencia de conflictos, intereses ocultos, opciones de poder y, sobre todo, del conocimiento de la cultura de cada organización, que constituye el concepto decisivo para comprender las resistencias manifiestas en el desarrollo de una Reforma educativa. Con otros términos, al realizar un diagnóstico de la organización se puede concluir que se observa un débil funcionamiento del Consejo Escolar, por ejemplo, pero se ignora el porqué de este hecho.

Para resolver este problema propongo nuevos indicadores de evaluación que nos aproximan a la cultura de la organización de cada centro escolar. Así, la organización de la Administración educativa -y en concreto la Inspección educativa- tiene por objeto la comprensión y mejora de la cultura de un centro escolar que ayuda a promover procesos de cooperación y coordinación entre docentes y facilita o dificulta la integración y permanencia del colectivo docente, anima o retrae la participación en las escuelas, entre otras competencias centradas, sobre todo, en la construcción del concepto *organización que educa* (Calvo de Mora, J. 1994) cuyo significado es doble: por una parte, una cultura organizativa que ayuda a cada estudiante al aprendizaje de los contenidos académicos en las mejores condiciones y, por otra parte, una organización que ayuda a cada estudiante a aprender contenidos de relaciones sociales de solidaridad, participación, libertad, iniciativa y auto-responsabilidad.

3.1. Indicadores de evaluación de las organizaciones

Las categorías de análisis resultan harto ambiguas porque abarcan un campo de conocimiento muy amplio. Es necesaria una mayor precisión. Los indicadores son características permanentes de una realidad educativa, que adquieren un significado particular en cada organización.

En los primeros contactos, con los interesados en la organización del centro, se cometen algunos errores; uno de ellos es no saber cómo empezar y qué preguntar o qué observar. Para la solución de este problema se recomienda la utilización de indicadores que sirvan de primera aproximación a la realidad de cada organización con dos intencionalidades: qué tipo de conocimiento es necesario para valorar la organización del centro escolar y cómo se accede al mismo. La primera intencionalidad se expresa en los siguientes términos:

(1) Sagas organizacionales

Los indicadores correspondientes a las sagas organizacionales definen el propósito de observar la existencia de diferentes grupos en un centro escolar. Por un lado, interesa saber qué grupos docentes existen y qué identidad psicosocial representa cada grupo. Los tres indicadores que nos ayudan a esta descripción son:

Imágenes educativas. Una imagen es una representación simbólica de la realidad. Cada individuo representa la escuela como una factoría, enfatizando resultados o metas sobre cualquier otra consideración. Otra imagen es la representación de la escuela como una *jungla* donde predomina el poder de unos agentes educativos sobre otros minimizando los procesos democráticos y participativos. La tercera imagen utilizada para describir las escuelas es la idea mítica de la escuela como lugar de formación y educación exclusivas y el aula como el espacio privilegiado de actuación del docente.

La exploración colectiva es necesaria para realizar el *mapa ideológico* del centro escolar y la definición de hipótesis provisionales; por ejemplo, la heterogeneidad u homogeneidad ideológica entre los interesados o las aproximaciones o divergencias entre las ideologías expuestas.

Cambios en la situación administrativa y laboral del profesorado. Este indicador ofrece una información precisa respecto a las actitudes ante la Reforma y la repercusión en la situación administrativa; por ejemplo cambios de centro, desplazamientos, cambios en sus rutinas entre otras informaciones. La situación laboral ofrece información relacionada con la remuneración u otras acciones de compensación; por ejemplo, mayor/menor status profesional, mayor/menor reconocimiento social del docente, entre otras referencias.

Cambios en la situación personal. La satisfacción del profesorado ante la Reforma es el indicador más importante de los expuestos en esta categoría. El colectivo docente y otros colectivos ocupan bastante tiempo en intercambiar opiniones sobre la Reforma: aumento/ descenso del *nivel* educativo; seguridad/inseguridad personal en la nueva etapa educativa, certidumbre/incertidumbre personal, situaciones de *estrés* y otras percepciones que inciden en valoraciones privadas.

(2) Fundación de la educación secundaria

Los indicadores fundacionales señalan la interpretación y aplicación de las propuestas explícitas en la Reforma educativa. Es necesario conocer la responsabilidad y compromisos asumidos por el colectivo docente respecto a las directrices oficiales de la Reforma; qué y cómo realizan en la práctica diaria los aspectos fundacionales de la Reforma.

Obligatoridad de la educación. La ampliación de la obligatoriedad hasta los dieciséis años no es un asunto baladí; las consecuencias de esta decisión política son muy importantes para la población de estudiantes y para el colectivo docente. Para los primeros porque se prolonga la escolarización dos años más y para los segundos porque tienen que trabajar con un nuevo tipo de población.

Integración de tradiciones educativas. Al definir la categoría de fundación de la educación secundaria se ha escrito que las tradiciones pedagógica, académica y práctica correspondientes a EGB, BUP y FP respectivamente se integran en una etapa educativa. Con este indicador interesa apreciar qué conocimiento se tiene de dicha integración.

Selección, promoción y orientación escolar. El indicador más importante de esta categoría es la selección, promoción y la orientación escolar. La información obtenida nos permitirá apreciar los problemas que se presentan en la práctica de evaluación formativa desde diferentes perspectivas dominio del concepto de evaluación formativa; apreciación de los nuevos criterios de evaluación; destrezas y habilidades para diferenciar entre evaluación de conocimientos, comportamientos y habilidades de los estudiantes, entre otras informaciones inherentes al concepto.

(3) Trabajo profesional del profesorado

El trabajo profesional del docente caracteriza la acción individual en el aula y en la planificación de la enseñanza; la cultura colectiva del trabajo en equipo suscita reticencias y resistencias técnicas, políticas e institucionales, por ejemplo, especialización, status y compromiso institucional son algunos de los argumentos expuestos para rechazar la colaboración entre el profesorado. Así, los indicadores de evaluación de la organización adoptan como eje central la acción individual. Los indicadores que concretan esta categoría son los siguientes:

Homogeneidad/Heterogeneidad de la práctica profesional. El dualismo de este indicador se justifica porque en las formas o aspectos visibles cada docente tiende a actuar de acuerdo a estilos diferentes; pero en los aspectos no visibles (jerarquización en las relaciones sociales, poder del docente, endogamia, corporativismo, etcétera) se tiende a cierta homogeneización. En esta última característica hay que atender a los símbolos explícitos; por ejemplo, artefactos o dispositivos. Los artefactos incluyen objetos materiales y no materiales para comunicar información intencional o no intencional sobre la tecnología de la organización, creencias, valores, supuestos y formas de hacer las cosas. Otro símbolo que actúa de referencia homogeneizadora es el lenguaje del profesorado como miembros permanentes de la organización, que han elaborado un código sólo comprensible por dicho colectivo.

Formación permanente del profesorado. Este indicador presenta una cara cuantitativa y otra cualitativa. Por una parte, qué cursos o actividades de formación permanente realiza cada docente, por otra, el impacto de dicha formación en el aprendizaje y evaluación de la población escolar.

Relación del profesorado con las familias o el medio del alumnado. El perfil profesional del docente no concluye en el aula. El trabajo se amplía al conocimiento del medio social y cultural de cada estudiante; en concreto, las actitudes de sus familias hacia el aprendizaje escolar. Esta relación con el medio ofrece un conocimiento de las condiciones favorables/desfavorables para el estudio y permite al docente pensar en actuaciones de compensación.

Organización del aula. Este indicador se aborda desde diferentes perspectivas; en este trabajo se apela a la comunicación en el aula, como ingrediente básico para la integración de los estudiantes en la organización. Se entiende la comunicación como una actividad verbal simbólica constituida intersubjetivamente.

(4) Trabajo político en la organización

El modelo organizativo definido como autonomía de gestión indica la necesidad de elaborar proyectos educativos de centro con el objeto de crear, por un lado, la cohesión de la realidad escolar, y por otro, el desarrollo de propuestas educativas integradas en el contexto social y cultural del alumnado. Interesa conocer la capacidad de influencia de los directivos para elaborar y aplicar proyectos de centro; decisiones y acuerdos adoptados en el proceso, así como, los intereses de grupos formales e informales incluidos en cada proyecto y relaciones sociales establecidas en las escuelas.

Liderazgo del equipo directivo. Este indicador obtiene información de la capacidad de influencia del equipo directivo sobre otros miembros de la organización. *El interés del indicador es la definición práctica de la capacidad de gestión de los símbolos de las organizaciones; porque la cohesión (coordinación y cooperación) se localiza en la cultura de las organizaciones y los proyectos educativos, ni más ni menos, son desarrollos culturales con intencionalidades de mejora y progreso.*

Proceso de toma de decisiones. El flujo de las comunicaciones (arriba-abajo, abajo-arriba, horizontal) son algunos de los *sentidos* de las direcciones de las decisiones. Cada sentido obedece a un tipo concreto de información, por ejemplo, de abajo-arriba las propuestas, reivindicaciones, peticiones y reclamaciones son sus principales contenidos. También, en el proceso de toma decisiones se presta atención a los resultados de las mismas: los acuerdos escritos en libros de actas, el proyecto educativo de centro, horarios y distribución de espacios, son, entre muchos más, resultados que es necesario reconstruir con la ayuda de las personas que participaron en ese proceso de deliberación.

Grupos formales. Los grupos formales que interesa conocer en las escuelas secundarias son: Claustro docente, Consejo Escolar, Departamentos y Asociaciones voluntarias. El interés de este indicador es describir la identidad de cada grupo, los nexos que actúan de cohesión entre los miembros pertenecientes a cada uno de ellos, pero, también, la competencia entre estos grupos, las relaciones intergrupales.

Relaciones sociales y *clima* del centro. El clima es el conjunto global de condiciones objetivas que impiden o favorecen el trabajo. La escuela de pensamiento de las relaciones sociales se apoya en este concepto para justificar la productividad o no de una organización. Éste no es nuestro caso, porque la productividad es, en sí, poco precisa. Aquí, los conceptos disciplina, convivencia, consenso, conflicto son manifestaciones del indicador, pero sin plantearse sus consecuencias respecto al aprendizaje de los estudiantes, eludiendo una pretensión de causalidad entre clima de la organización y aprendizaje.

Grupos informales. Es éste, quizá, el indicador más complejo. Los grupos informales, por su propia naturaleza, son poco visibles para un observador novato en la organización.

Es necesario que alguien indique su existencia, los miembros constituyentes y el lugar habitual de encuentro. Este trabajo tiene éxito al final de la evaluación de la organización; el análisis de la información invita a una comprensión de la realidad social formada por grupos informales que influyen en las decisiones. Cada evaluador pregunta por qué ocurren las cosas, qué explicaciones se pueden ofrecer a ciertos acontecimientos o informaciones que resultan de la evaluación. En estas situaciones, se declara la existencia de grupos de presión internos que actúan "manejando los hilos" porque dominan las claves de la organización, la posición de cada individuo, los intereses de las personas, las debilidades de cada miembro de la organización u otras informaciones que les permiten dominar la situación. Otros grupos informales no presentan este matiz tan político, son los grupos de amistad sin más pretensión que una relación afectiva de integración y pertenencia a un grupo de pares. Éstos son muy numerosos y muy importantes en la formación de cohesión social en la organización.

4. Negociación del significado de indicadores

Las dinámicas de grupo y la investigación en la acción son dos estrategias relevantes para adoptar un acuerdo respecto a la selección de indicadores necesarios para la comprensión de una organización y, por otro lado, imprescindibles para otorgar un significado ampliamente aceptado de los indicadores. Mi interés se aproxima más al desarrollo de dinámicas grupales, por ejemplo, el desarrollo de jornadas de estudio en cada centro escolar tal que conciten la presencia de docentes adscritos a una o varias escuelas de características similares —y por ello se entiende que pertenezcan al mismo nivel y distrito escolar—. La justificación de este trabajo de dinámica de grupos es desarrollar comportamientos de colaboración con miras a formar profesores más comprometidos con el cambio educativo y capaces de mantener relaciones basadas en el intercambio y la reciprocidad.

Las fases de estos encuentros grupales son flexibles porque los indicadores propuestos obedecen a diferentes ámbitos de la relación social: el espacio, el tiempo, la afectividad y lo imaginario. Es decir, estos cuatro ámbitos se concretan en el concepto de creencias del profesorado respecto a la Reforma educativa. Las relaciones sociales espaciales ofrecen información de la interpretación de los indicadores más significativos a partir del espacio que ocupa el docente en la organización; es posible alcanzar un acuerdo sobre la importancia de un indicador, pero dotado de diferentes interpretaciones según el docente sea un directivo o ejerza sólo competencias de enseñanza. Las relaciones sociales centradas en el tiempo se refieren a diferentes evocaciones, reflexiones sobre experiencias, rutinas y otras acciones educativas aprendidas que influyen en la selección de indicadores y el significado atribuido a los mismos. También, el porvenir profesional es importante en la consideración de las relaciones sociales, en concreto, las expectativas personales y profesionales propician un filtro para la selección de indicadores. Las relaciones sociales más importantes son las afectivas porque en ellas se inscriben toda la gama de sentimientos imaginables y las teorías propias del colectivo docente; así mismo, los sentimientos entre grupos de iguales (aceptación y rechazo) inciden en la significación de los indicadores. Por último, las relaciones sociales imaginarias nos remiten a las utopías docentes y, a la conciencia del salto existente entre las condiciones reales y las condiciones ideales.

Estas cuatro tipologías de discursos, en relaciones sociales, se intercalan permanentemente en las dinámicas de grupos. Ello dificulta el logro de un consenso o acuerdo amplio en el contexto de cada organización educativa y, a su vez, la concreción en la definición de cada indicador. La superación de estos inconvenientes depende de la pericia o capacidad de las personas encargadas de gestionar el trabajo colectivo.

Bibliografía

CALVO DE MORA MARTÍNEZ, J (1994): "Localización del liderazgo en las escuelas". *Bordon.* 46(2):145-175.

CLARK, B. (1972): "The organizational saga in higher education". *Administrative Science Quarterly.* Volúmen 2, número 2 páginas 178-184.

CLARK, P.(1990): "Chronological codes and organizational analysis". En Hassard, J. Pym, D. (eds): *The theory and philosophy of organizations.* Routledge. Londres.

VARIOS (1998): Seminario de educación. Fundación alternativas. Madrid.

GOBIERNO DE CANARIAS. Consejería de Educación, Cultura y Deportes (1998): Plan de actuación del Instituto Canario de Evaluación y Calidad Educativa.

HALLINGER, P., MURPHY, J. y HAUSMAN, C. (1992): "Restructuring schools: Principals' perceptions of fundamental educational reform". *Educational Administration Quarterly.* Volúmen 28, Número 5, páginas 330-349.

INGRESOLL, R. M. 1994, "Organizational control in Secondary Schools". *Harvard Educational Review.* Volúmen 64. Número 2, páginas 150-171.

JUNTA DE ANDALUCÍA (1998): *Análisis del rendimiento de los alumnos de educación primaria.* Consejería de Educación y Ciencia. Sevilla.

JUNTA DE ANDALUCÍA (1998): *Plan de Evaluación de Centros. Informe Síntesis. Curso 1996-97.* Consejería de Educación y Ciencia. Sevilla.

LUJÁN CASTRO, J. y PUENTE AZCUTIA, J. (1996): *Evaluación de centros educativos. El plan EVA.* MEC. Madrid.

MARCH, J. G. y OLSEN, J. P. (1989): *Rediscovering institutions: The organizational basis of politics.* The Free Press. Nueva York.

MARCH, J. G. y OLSEN, J. (1976): *Ambiguity and choice in organizations.* Universitetsforlaget. Bergen (Noruega), páginas 314-336.

PFEFFER, J. (1987): *Organizaciones y teoría de la organización.* El Ateneo. Buenos Aires.

SANTEE SISKING, L. (1991):"Departaments as different worlds: Subject subcultures in secondary schools". *Educational Administration Quarterly.* Volúmen 27, número 2 páginas 134-160.

STOGDILL, R. M. (1950): "Leadership, membership and organization". *Psychological bulletin.* Número 47, páginas 1-14.

LA EVALUACIÓN EN EDUCACIÓN INFANTIL DESDE LA PERSPECTIVA DE LOS EQUIPOS DOCENTES

Mª LUISA ALMENZAR RODRÍGUEZ
ROSARIO RODRÍGUEZ SERRANO
Dpto. de Didáctica y Organización Escolar
Universidad de Granada. Grupo de Investigación ED. INVEST.

I. La evaluación en el proceso global de la acción educativa.

Tradicionalmente, siempre que se hablaba de evaluación nos referíamos a los alumnos. Sin embargo, a partir de la Reforma no se puede entender la evaluación como algo que sólo se refiere a los alumnos sino a todos los elementos que intervienen en el proceso educativo. Aspecto que puede constatarse a través de la normativa legal vigente. Así:

En la Ley Orgánica del Derecho a la Educación (1985) en su Art. 33 se afirma que "el Consejo Escolar del Estado hará un informe anual del Sistema Educativo". Con ello se manifiesta la intención (ya puesta en práctica en estos momentos) de evaluar todos los elementos del Sistema.

En el Diseño Curricular Base (1989) se afirma que la evaluación debe referirse al Sistema Educativo, al Proyecto Curricular, al Proyecto Educativo y a los procesos de enseñanza-aprendizaje, en este caso: a la validez de los objetivos, a la adecuación de los contenidos a las relaciones de comunicación y a los logros individuales y colectivos relativos a cada uno de los ámbitos del desarrollo de la personalidad infantil.

En la Ley de Ordenación General del Sistema Educativo (1990) en el Art. 55 se enumera, entre los factores que influyen en la calidad y mejora de la enseñanza: la evaluación del Sistema Educativo. En el Art. 62 se afirma que dicha evaluación se aplicará sobre los alumnos, el profesorado, los centros educativos y la Administración.

En el Real Decreto 819/93 por el que se aprueba el Reglamento Orgánico de las Escuelas de E. Infantil y Primaria, el título V trata de la evaluación interna y externa de los Centros docentes.

En la Ley Orgánica de la participación, evaluación y gobierno de los Centros (1995), el título III trata de la evaluación: de la función pública docente, del desarrollo profesional de los docentes, de la formación del profesorado, de la innovación e investigación educativa, de la función directiva e inspección y de los centros docentes.

La Orden del 21 de febrero de 1996 desarrolla la evaluación de los centros docentes sostenidos con fondos públicos. Su finalidad es mejorar la calidad de enseñanza. La evaluación interna se hará al finalizar cada curso escolar sobre los siguientes aspectos: El Proyecto Educativo; la Programación General Anual; la eficacia en la gestión de los recursos; los Proyectos Curriculares de etapa y ciclo; el proceso de enseñanza-aprendizaje y la evolución del rendimiento de los alumnos. La evaluación externa se realizará cada cuatro años y se hará sobre: la labor del director; la participación en la elaboración del Proyecto Curricular y del Proyecto Educativo así como sobre la calidad de dichos proyectos, el ambiente educativo, la atención a la diversidad, los resultados de los alumnos según posibilidades y la satisfacción y el funcionamiento de los diferentes sectores.

II. La evalucación de los alumnos de E. Infantil.

II.1. Los equipos docentes y la evaluación

Según la guía de la C.E.C. de la Junta de Andalucía, los equipos docentes son los responsables de confeccionar el plan de evaluación y por tanto deberán decidir sobre los siguientes aspectos: Cómo adecuar los criterios dados por la Administración a la realidad educativa del Centro; qué información se va a recoger en la evaluación inicial; qué aspectos se van a evaluar y qué instrumentos se van a utilizar para dicha evaluación. Todo ello deberá ser incluido en el P.C.C.

Este trabajo en equipo tiene como finalidad conseguir una línea de actuación conjunta que exige: participación y compromiso de todos, toma de decisiones en común, buen clima de relaciones personales y un alto grado de implicación.

Según el Reglamento Orgánico de las Escuelas de E. Infantil y Primaria dichos equipos docentes son: el Claustro, la Comisión de Coordinación Pedagógica, los Equipos de ciclo y los Tutores. Y las funciones de estos equipos con respecto a la evaluación son:

* El Claustro, establece los criterios para la elaboración del P.C.C. (en el que se incluye el plan de evaluación) y aprobar el P.C.C. y las sesiones de evaluación.
* La Comisión de Coordinación Pedagógica, dar las directrices generales para la elaboración del P.C.C. y proponer al claustro las secciones de evaluación.
* Los Equipos de Ciclo, hacer propuestas a dicha comisión relativas al P.C.C a través de sus coordinadores.
* Los Tutores, la coordinación y puesta en práctica del plan de evaluación de sus alumnos.

II.2 Evaluación y medición.

Podemos considerar la evaluación como una actividad valorativa e investigadora dirigida a los procesos de aprendizaje de los alumnos, a los procesos de enseñanza de los profesores y al Proyecto Curricular donde se inscriben esos procesos.

Por tanto, para evaluar hay que emitir juicios de valor. El juicio de valor exige siempre comparación entre lo que se quiere valorar y los criterios que se toman como referencia. Por ejemplo, para saber si un chico que pesa 70 Kg es grueso, tendríamos que recurrir a criterios de referencia como la edad y estatura según una tabla de peso y medidas óptimas. Los 70 Kg sólo son medición pero al aplicarle los criterios de referencia estaríamos haciendo evaluación. Como vemos, la medición es parte de la evaluación pero no es toda ella. Se puede medir y no evaluar pero toda evaluación necesita de medición. Esto que parece relativamente sencillo, aplicado a procesos de enseñanza-apredizaje es más complicado por la cantidad de elementos que intervienen.

Los datos cualitativos como interés, responsabilidad, dominio en el manejo de las tijeras etc. sólo se pueden valorar a través de la conducta manifiesta y dicha valoración va a depender también del número de veces que se manifieste esa conducta. Por tanto, por la medición (número de veces) constatamos la existencia de un rasgo o dato cualitativo.

II.3 Aprendizaje y evaluación.

Si el aprendizaje se define como proceso mediante el cual se producen cambios duraderos en la conducta, a través de los cuales se consiguen unas metas de acuerdo con nuestras posibilidades, la evaluación significa detectar si se han producido esos cambios y si las metas las hemos conseguido según posibilidades.

Ello implica que en evaluación hay que tener claro las metas u objetivos que orientan el cambio y las posibilidades que tenemos para alcanzarlo, teniendo en cuenta que el fin de la evaluación no es sancionar sino diagnosticar posibilidades, dificultades, fallos, metas conseguidas etc. Para orientar hacia la mejora y en este sentido la evaluación es formativa.

II.4. Modalidades y áreas de evaluación.

Según la Orden del 12 de noviembre de 1992 las modalidades de evaluación en E. Infantil son: inicial, continua y final.

La evaluación inicial coincide con el periodo de adaptación. Se hará al incorporarse el niño al centro e incluirá: Datos relevantes sobre su desarrollo proporcionados por los padres y en su caso, informes (médicos, pedagógicos etc) de interés escolar; datos de otros centros si los hubiere y datos conseguidos por el profesor tras la observación directa del grado de desarrollo de las capacidades básicas referidas a las áreas: cognitiva, sensoriomotriz, de lenguaje y afectiva. En este sentido la evaluación es integral.

En evaluación continua se analizarán los progresos y dificultades a lo largo del ciclo en relación con los objetivos didácticos y se concretarán en un informe que incluya los aspectos más relevantes.

La evaluación final se hará a partir de los datos de la evaluación continua como síntesis de todo lo conseguido. Incluirá observaciones relevantes sobre las capacidades expresadas en los objetivos en relación con las áreas y en su caso, las medidas de refuerzo y adaptación utilizadas.

II.5. Técnicas e instrumentos de evaluación.

Según la Orden citada anteriormente la técnica o estrategia principal de evaluación en E. Infantil será la observación directa y sistemática.

Según el D.C.B. de la E. Infantil los instrumentos de evaluación serán: el expediente personal del alumno, que recogerá datos administrativos, sociales, familiares, sanitarios, psicopedagógicos etc. El diario de clase, para recoger datos relevantes de cada jornada; los registros anecdóticos, para la observación incidental no programada sobre conductas espontáneas; las escalas de observación, para la observación programada de aspectos de la conducta que se quieren valorar.

Pero el principal instrumento de evaluación continua (momento a momento) en Educación Infantil es el juego, que pasamos a exponer a continuación.

II.6. La observación con técnicas de evaluación en E. Infantil

Las características singulares de la evaluación en la Educación Infantil son, fundamentalmente, tomar en consideración los logros que el niño alcanza en términos de estándares individuales y en situaciones que no interfieren en su espontaneidad, determinando las posibilidades y limitaciones de aplicación de las variadas técnicas e instrumentos con que en la actualidad se dispone para la evaluación en la acción educativa.

No tienen por tanto, cabida aquí las técnicas e instrumentos que se aplican simultáneamente a un grupo grande de alumnos en situaciones estructuradas al efecto, como son las que se emplean en la evaluación del rendimiento en los otros niveles de la enseñanza.

Tampoco podemos pensar en pruebas estandarizadas, salvo el caso de algunos test que, en forma simplificada, podrían aplicarse.

La utilización de procedimientos estadísticos que se incluyen en la evaluación en los otros niveles educativos, no tiene lugar en la evaluación que se realiza con los alumnos de E. Infantil, dado que, con la misma, sólo se busca constatar cómo va evolucionando el desarrollo de capacidades de cada niño y cuáles son las adquisiciones que alcanza, con el fin de emitir un juicio acerca del mismo, diagnosticar las dificultades que pudiera tener, o pronosticar las posibilidades de sus logros futuros.

No obstante, gran parte de las técnicas e instrumentos que se utilizan para la evaluación en los otros niveles educativos, tienen aplicación en el tema que nos ocupa, siempre que se los adapte a las características de estos niños y a la acción educativa que en la Educación Infantil se lleva a cabo. Tal es el caso de las pruebas orales, estandarizadas, por ejemplo algunos tests como el de la madurez para la lectoescritura de Lourenço Filho, el del dibujo de la figura humana de Goodenough, las pruebas de Piaget para constatar los niveles alcanzados por el niño en la estructuración de su pensamiento, así como las formas más sencillas de las que se usan para comprobar su lateralidad, son entre otros, instrumentos factibles de ser utilizados.

Igual ocurre con las sociométricas, el sociograma; dentro de las limitaciones que impone el nivel intelectual y socio-emocional de los niños de estas edades también puede aplicarse. Asimismo las entrevistas llevadas a cabo con los padres para completar la información acerca del niño que puedan obtener los maestros.

Pero, indudablemente, la técnica de mayor aplicación en la evaluación en Educación Infantil es la observación y los instrumentos más adecuados los registros. A través de la observación, es posible seguir paso a paso la conducta del niño sin interferir en su espontaneidad, ya que lo mismo puede realizarse en las situaciones en que normalmente se desenvuelven las actividades; y por medio de los registros se puede disponer de una contestación de los datos aportados por aquéllos que serán la base para la evaluación posterior. Existen distintas formas de registros, cada una de las cuales puede ser utilizada con mayor provecho según las circunstancias en que se realiza la observación.

Las formas de mayor aplicación en la educación infantil son, para las observaciones estructuradas, las listas de control y las escalas de calificación; para las observaciones incidentales, los registros anecdóticos.

Las escalas de valoración constituyen una técnica de observación que incluye un juicio de valor expreso (estimativo o numérico) sobre las conductas evaluadas. En su estructura básica son semejantes a las listas de control, pero no sólo se comprueba la presencia o ausencia de los rasgos de la lista, sino que se valora el grado en que el sujeto los posee o carece de ellos.

Es posiblemente uno de los instrumentos de observación infantil más utilizados: se presenta una lista de características generales o específicas al evaluador para que valore al niño con respecto a cada una de ellas. Un ejemplo clásico es la escala de *This is Believe* de Harvey (1988) en la que se plantea al profesor de Educación Infantil 28 rasgos para que valore de 0 - 6 puntos a los niños de su clase. En la escala se recogen aspectos tales como: cordialidad, agudeza, flexibilidad, tranquilidad, implicación, ingeniosidad, uniformidad, etc.

En función de lo que se quiere observar, a veces las técnicas señaladas resultan insuficientes. Se precisará entonces trabajar sobre instrumentos descriptivos de tipo gráfico. Serían los denominados Mapas descriptivos o Registros sobre diagrama.

Los relatos abren una nueva perspectiva de observación. El observador puede hacer un relato de lo sucedido, destacando lo que le ha parecido más llamativo del episodio observado.

En cuanto a los aspectos concretos a destacar del universo de datos que nos ofrecen las diversas situaciones en la escuela infantil (en qué cosas fijarse), hemos de recurrir a las diversas dimensiones y prioridades que configuran nuestro particular proyecto educativo. Basseda y otros (1984) señalan los siguientes aspectos a observar en los niños:

1. Aspectos relacionales.
2. Adaptación a la escuela.
3. Hábitos (personales y sociales).
4. Psicomotricidad (coordinación corporal, orientación y organización espacial, etc.).
5. Juego. Se trata de obtener información tanto sobre las formas de juego, como de incorporación y participación de cada niño en las diferentes situaciones del mismo así como el tipo de aquéllos a los que se dedican con más frecuencia (intereses lúdicos).
6. Lengua (utilización de la lengua en su vertiente de comprensión, como de producción o expresión).
7. Lógico-Matemático (relativo tanto a estos conceptos objeto de aprendizaje, como el desarrollo del razonamiento lógico).
8. Experiencias (actitudes, procedimientos y los contenidos de este ámbito),
9. Expresión artística (en sus dimensiones receptiva y expresiva).

III. El juego como instrumento de evalucación en Educación Infantil.

Introducción

Si los niños pequeños deben «aprender», tendríamos que hacernos la pregunta del cómo. Manjón nos daba la respuesta a principios de siglo *jugando*. El juego, dice, es la única asignatura del niño hasta los 4 años; la principal, de los 6 a los 9 (Manjón, 1923).

El juego, hoy, es instrumento de observación y evaluación en el desarrollo del niño. Por medio de él, el niño desarrolla sus «capacidades» como estructura de un proceso realizado por medio de juego - trabajo, juego - trabajo - proyecto.

De esta manera, el proceso de evaluación nos dará el "feed-back" sobre la acción desarrollada, la adecuación del proceso educativo, la calidad de las experiencias, la validez de las estrategias metodológicas...

Cada situación de aprendizaje es un proceso que tiende a alcanzar una meta: la evaluación es el medio para constatar si esta meta fue alcanzada; para ello es necesario que se halle claramente definida. La evaluación es una reunión de evidencias que nos conduce a determinar si realmente se han producido cambios y el grado en que han sido alcanzados.

La evaluación es un elemento curricular dependiente de los demás. Por medio de ella podemos establecer una regulación continua del proceso educativo. Previamente a cualquier tipo de intervención ha de recoger información referida a las circunstancias personales y sociales al momento evolutivo en que se encuentra el niño.

El objetivo de la evaluación, en Educación Infantil, será ofrecer información lo más real posible del proceso de desarrollo del niño a través de la utilización de recursos, juegos básicamente, que se ajusten a las necesidades de carácter individual y social.

III.1. El juego como medio de observaciones interaccionales.

El juego constituye una situación idónea para observar las interacciones personales entre los niños y también con el observador. Resulta la actvidad básica. Es el espacio en que el niño se manifiesta como es (inteligencia, afectos, motricidad, etc.). Por eso resulta de gran utilidad emplear el juego como esa situación idónea en la cual, y desde la cual, es posible observar a todos los niños.

Liebarman (1965) es uno de los autores que propone una técnica de evaluación del niño a través del juego: «La escala de inclinación lúdica». El contenido de esta escala se expresa en siete preguntas. Cada una de las cuestiones se puntúa de 1 a 5. Su principal inconveniente puede radicar en el alto nivel de interpretación que exige al evaluador. Su mayor virtud, que se recogen informaciones sobre la práctica totalidad de las dimensiones del desarrollo.
Van der Kooij (1986) analiza las estrategias de evaluación del niño pequeño a través del juego desde cinco perspectivas: el grado de creatividad, el grado de complejidad, la relación con la realidad, el nivel imaginativo y la dinámica cualitativa de la imaginación.

Silva y otros (1980) han desarrollado otro modelo de observación-evaluación de las actividades (lúdicas o de cualquier otro tipo) escolares de los niños pequeños. Se trata de observar las actividades que el niño realiza (espontáneas o planeadas) desde la perspectiva del parámetro multidimensional en el que se ha de mover la educación infantil (lo cognitivo, lo relacional, lo motor, lo afectivo). Centran la observación en los siguientes rasgos:

1. Nivel de concentración del niño en la actividad que le ocupa.
2. Complejidad de la secuencia de elementos que constituyen esa actividad o el conjunto de actividades encadenadas que el niño realiza.
3. Grado de participación inherente a la actividad desarrollada.
4. Grado de simbolismo incorporado a la actividad.
5. Contenido lingüístico de la actividad.

Otra aportación de interés es la que hace Braken (1983) referido a la «evaluación de la conducta infantil». Este autor plantea una observación referida a numerosas características:

1. La apariencia física del niño.
2. El peso y la talla (relacionada con el punto anterior).
3. Las anormalidades físicas.
4. Su cuidado general (aseo, higiene, etc.) y vestuario.

5.   Su lenguaje (capacidad verbalizadora, habilidades lingüísticas, etc.)
6.   Motricidad gruesa y fina.
7.   Nivel de actividad. Nivel de implicación, fogosidad, cansancio, flexibilidad en las actividades, etc.
8.   Atención y concentración en las actividades.
9.   Impulsividad.
10. Afecto. Reacción del niño a diversas condiciones cualitativas del entorno de la clase (alabanzas, frustraciones, peleas, regaños, éxitos o fracasos, presencia o ausencia de los adultos, etc.).
11. Ansiedad y tensión en las actuaciones.
12. Comprensión y capacidad de resolución de problemas.
13. La relación con los otros y sus reacciones respecto a ellos. Relaciones con los niños, con los adultos, etc.

III.2. El juego evaluador: fases para su selección.

III.2.1. Problemática

*   Revisión de la temática.
*   Selección de la edad 0 - 6 años.
*   Clasificación de los objetivos a alcanzar en función de las etapas de desarrollo.

III.2.2. Identificación de variables

*   *Variables dependientes* o de nivel de aciertos. General en los niños a través de la aplicación de los juegos.
*   *Variables independientes*. Hay que tener en cuenta:
    *   Medio físico, socio cultural y familiar de los niños.
    *   Edad.
    *   Sexo.
    *   Capacidad general.
*   *Variables extrañas:* Se considerarán aquéllas que surgen sin estar previamente planificadas y que ejercen su influencia en los resultados.

III.2.3 Metodología

III.2.3.1. Etapas

*   Reconocimiento claro de los objetivos a alcanzar de acuerdo con las edades.
*   Selección de los juegos.
*   Aplicación en el proceso de evaluación continua.

III.2.3.2. Técnicas

El juego utilizado como instrumento metodológico, teniendo en cuenta los contenidos del currículum y sus objetivos, junto con las unidades didácticas.

III.3.3. Análisis de datos

* Siguiendo este esquema, se ha llegado a la conclusión de que las pruebas son tanto o más válidas cuanto mayores son los niños.
* Se obtienen mejores resultados en tanto que las actividades han sido reiteradas previamente.

IV. Aspectos prácticos en los contenidos de la evaluación de la E. Infantil.

Sabemos que es objeto de la Educación Infantil en la reforma de nuestro sistema educativo el desarrollo de capacidades (objetivos generales) a través de la adquisición de habilidades (objetivos de área). De ahí que la evaluación en Educación Infantil implicará tanto los hechos y conceptos (contenidos nocionales), como procedimientos o estructuras encaminados a una meta o fin. En el diseño es equivalente a las destrezas que el niño ha de alcanzar.

No es objeto de la Educación Infantil la adquisición de contenidos y sí de procedimientos (habilidades, destrezas) a través de los esquemas de rutina - autodisciplina - conductas competentes - adquisición de hábitos (normalización), que nos lleva a los contenidos denominados de adquisición de normas, actitudes y valores.

Se sintetiza en una red conceptual:

* «Valor»: es una meta que mueve el comportamiento de la persona.
* «Actitud»: disposición no innata, pero sí una «predisposición» que hace que el sujeto reaccione de una forma determinada.
* «Norma»: es la pauta de conducta a seguir.

Por ello descubrimos que la evaluación es elemento-proceso en la práctica educativa. Su finalidad es orientadora en determinados aspectos de dicho proceso.

De ahí que «la evaluación no implica únicamente al alumno, sino también, y ante todo, al propio sistema escolar y, de acuerdo con los principios del diseño curricular, tiene por objeto «valorar las capacidades» expresadas en los Objetivos Generales, tanto de Etapa como de Área. Estas capacidades, por su naturaleza, no son directamente evaluables, pero sí lo son de forma indirecta» (Cuadernos para la Reforma).

IV.I. Objetivos a considerar en la selección de juegos en función de su naturaleza

Al seleccionar los objetivos hemos tenido en cuenta una serie de nociones básicas acerca de los mismos, pues no es objeto de este tema el abordarlos exhaustivamente. Igualmente nos centraremos en el período 0 - 3 años, por ser, hasta ahora, el menos estudiado.

De acuerdo con los aspectos del desarrollo a considerar (cognitivo, sensorio - motriz, lingüístico y afectivo), queda abierto a la iniciativa de los propios maestros el utilizar los juegos que se consideren más adecuados al tipo de evaluación que se vaya a aplicar.

Los objetivos a que nos vamos a referir son los siguientes:

* Tomar conciencia de su cuerpo.
* Descubrir y hacer uso de sus sentidos.
* Desarrollar el pensamiento cognitivo a través del juego simbólico.
* Desarrollar el lenguaje y la creatividad.

IV.2. Características como elementos evaluadores.

Creemos que todo tipo de juego o prueba que estimule a los niños sirve para mejorar los resultados de su evaluación. Todas las corrientes actuales llevan las experiencias infantiles a «hacer con las cosas» y es por lo que su selección como elementos evaluadores incita a que éstos sean más reales que comerciales.

Se pueden enumerar algunas características que apoyan su validez en este tipo de evaluación. Siguiendo a Zapata (1991), se pueden seleccionar si se atienen a las siguientes condiciones:

• Su similitud o identidad con otros.
• Que favorezcan, además, su creatividad en pro de un futuro «aprendizaje significativo».
• Que intenten resolver algún problema que le es específico.
• Que conlleve la adquisición de varios objetivos.
• Que tenga valor repetitivo, para varios usos progresivos.
• Que sean adecuados a la edad, respeten sus interes y desarrollo del juicio crítico.
• Que les permita actuar en la vida real o en situaciones imaginadas o, a su vez, que aúnen los dos criterios.
• Que permita el análisis cuando descienda a detalles, o la síntesis cuando las partes se combinen y formen un todo.
• Que desarrollen formas de pensamientos al ir, en su ejecución, utilizando distintos pasos.
• Que desarrollen la deducción, para inferir, describir, etc.

IV.3. Modelos de juegos

IV.3.1. Muñeco de nieve

1. *Centro de interés*: Cecilio y yo jugamos en la nieve.
2. *Área de conocimiento, de comunicación y representación*: desarrollo del pensamiento lógico.
3. *Edad:* tres años.
4. *Evaluación:* Valorar y comprobar el desarrollo de secuencias de tamaño y posición, a través de dos versiones: juegos encajables y de situación.
5. *Ampliación de posibilidades:*
   • Identificar colores y formas con objetos diversos del mismo color y forma.
   • Establecer relaciones.
   • Asociaición de objetos para reconocer el número tres.
   • Identificación de secuencias, en función de los tamaños, en un orden preestablecido.

IV.3.2. Los colores en el muñeco de nieve

1. *Centro de interés:* Cecilio y yo jugamos en la nieve.
2. *Área de conocimiento, identidad y autonomía:* Identificación y discriminación de colores.
3. *Edad:* tres años.

4. Composición: Seis bolas blancas de tela, rellenas de material blando (tres de ellas configuradas con ojos y boca); tres gorros (rojo, azul y amarillo) y tres botones (iguales colores); tres piezas triangulares de corcho que harán de nariz; tres bolsas (también roja, azul y amarilla); una bolsa grande en la que se introduce todo el material.

5. *Objetivos del juego*:

  - Identificación de los colores rojo, azul y amarillo.
  - Situar adecuadamente las prendas de vestir al muñeco (sólo gorro o bufanda).
  - Identificar y construir un muñeco de nieve (juego simbólico).
  - Evaluación: Comprobar:
  - Si asocian e identifican cada color en las prendas de vestir.
  - Si identifican las formas redondas.
  - Si asocian el color blanco del muñeco con la nieve.

IV.3.3. Vestimos a Cecilio

1. *Centro de interés*: Cecilio y yo jugamos en la nieve.
2. *Área de identidad y autonomía*: Identificación y utilización de las prendas de vestir.
3. *Edad*: Tres años y medio.
4. *Composición:* Muñeco elaborado con tela blanca, relleno de material blando, reproduciendo la mascota de los Campeonatos Mundiales de Sierra Nevada (1995)
5. *Objetivos del juego*:
  - Identificar la ropa específica de los deportes de invierno.
  - Utilizar material de la vida práctica (bufanda, gorro, etc.).
  - Situar las prendas de vestir adecuadamente a través del muñeco.
  - *Evaluación:* Comprobar:
  - Si sitúa adecuadamente las prendas de vestir.
  - Si es capaz de ponérselas con acierto a sí mismo o a un compañero.

Conclusiones

1. A partir de la Reforma hay que entender la evaluación como algo que se refiere a todos los elementos del Sistema Educativo.
2. Los equipos docentes son los responsables de confeccionar el plan de evaluación de los alumnos.
3. El objetivo de la evaluación en Educación Infantil será ofrecer información lo más real posible del proceso de desarrollo del niño a través de la utilización de recursos que se ajusten a las necesidades de carácter individual y social. Así todo profesor puede interiorizar limitaciones, procesos y problemáticas del niño.
4. Los recursos evaluadores se han de apoyar en educación Infantil en la observación sistemática "alumno-profesor".
5. La evaluación se incorpora a todas las fases del proceso educativo (previa, durante, posteriormente).

6. Los padres han de participar en el proceso de evaluación recibiendo una información más de características cualitativas que cuantitativas en Educación Infantil.

7. Consideramos el juego como uno de los elementos más significativos y de fácil comprobación.

Bibliografía

BASSEDAS, E. y otros. (1984) *Evaluación y seguimiento en el parvulario y ciclo inicial.* Madrid. Aprendizaje. Visor.

BERTOLINI, P. FRABBONI, F. (1990) *Nuevas orientaciones para el currículo de Educación Infantil.* Barcelona. Paidós.

BESCHE, G. (1980). *Avec mes oreilles, et ma bouche, avec mes yeux, avec mes doigts.* París De l' école.

BOSCH, L. (1981) *Evaluación en el jardín de infantes.* Buenos Aires. El Colegio.

CHAUVEL, D. y otros (1983) *Le manuel de la maternelle.* París. Retz.

CHAUVEL, D. (1995) *Manuel de la maternelle.* Grande Setion. París Retz.

DAVID, M y otros. (1986) *La educación del niño de 0 a 3 años.* Madrid. Narcea.

GÓMEZ OCAÑA, C. (1989) *Evaluación en la educación infantil. Pedagogía de la Educación Infantil.* Madrid. Santillana.

GUTIÉRREZ RÍOS, E. (1971) «Como se educarán nuestros hijos». *Crítica.* N° 589. (Nov. de 1971).

HOHMANN, M. (1985) *Niños pequeños en acción.* México. Trillas.

HORAK, S. (1994) *1000 jeux d'eveil pour les tout-petits (0- 3 ans).* París. Casterman.

IBÁÑEZ SANDÍN. C. (1992) *Niños felices en la Escuela Infantil.* Madrid. La Muralla.

KOOIJ, R. y otros. (1986). «Situación actual de la investigación sobre el niño y el juego. *Perspectivas* (Vol XVI, número 1. pág 51 a 68).

MERINO, Celia y otros. (1995) *El niño de cero a tres años.* Madrid. Escuela Española.

MIGUEL, M de. (1988) *Preescolarización y rendimiento académico.* Madrid. Cide.

MOREAU DE LINARES. L. (1993). *El jardín maternal.* Buenos Aires. Paidós.

OLERON, C. (1987) *El niño su saber y su hacer.* Madrid. Morata.

PÉREZ YUSTE, R. (1993). *La evaluación en la educación infantil.* En educación infantil personalizada. Madrid. Rialp.

PUGMIRE STOY, M. C. (1996) *El juego espontáneo.* Madrid. Narcea.

SÁNCHEZ JARA, A. (1991) *Llévame contigo. Juegos infantiles como apoyo didáctico.* México. Trillas.

SOLER FIERREZ, F. (1992) *La educación sensorial en la Escuela Infantil.* Madrid. Rialp.

WINNICOTT. (1979) *Realidad y juegos.* Barcelona Gedisa.

ZABALZA, M. (1996). *La calidad en la educación infantil.* Madrid. Narcea.

ZAPATA. O. (1988) *El aprendizaje por el juego en la etapa maternal y preescolar.* México. Pax.

INNOVACIONES EN EDUCACIÓN ESPECIAL
Algunos puntos para la reflexión

JOSÉ LUIS GALLEGO ORTEGA
FERNANDO PEÑAFIEL MARTÍNEZ
Departamento de Didáctica y Organización Escolar
Universidad de Granada

La Educación Especial es tal vez el espacio educativo que ha experimentado los cambios más profundos en nuestro sistema escolar. Se ha pasado de un planteamiento claramente segregador a un posicionamiento abiertamente integrador, sin que por ello debamos admitir que la cuestión está cerrada y mucho menos resuelta.

Es a partir de mediados de siglo cuando comienza a plantearse en diferentes países europeos la posibilidad de integrar a alumnos con algún tipo de deficiencias en instituciones educativas. Razones de solidaridad, justicia e igualdad a nivel social, así como otras de índole más específicamente educativa amparan estos planteamientos desde diferentes perspectivas (UNESCO, 1.993: 30). Una integración realizada en condiciones adecuadas beneficia no sólo a alumnos con deficiencias, que aprenden mejor en interacción con otros niños y a través de conductas de imitación, mejoran tanto aspectos cognitivos como socioafectivos, sino también a alumnos "normales", en los que se desarrollan actitudes de respeto y solidaridad, e igualmente participan de la individualización de la enseñanza y de los apoyos que conlleva la integración (MARCHESI Y MARTÍN, 1.990).

Al profesorado ordinario y al de educación especial, compensa en cuanto que su contacto aumenta los niveles de competencia profesional. Ya que la necesidad de atender al alumnado con deficiencias en el ámbito ordinario actúa como factor de innovación y renovación educativa, y beneficia al propio sistema educativo y a la sociedad en general, que a través de la integración escolar se convierte en una sociedad más abierta y tolerante.

Si entendemos que la escuela es reflejo de la sociedad en que está inserta, y que a su vez puede y debe ser avanzadilla para crear en la población actitudes diferentes, no nos puede caber duda sobre la necesidad de que en ella se dé respuesta al amplio abanico social que tiene una sociedad plural. Si en la sociedad no es teóricamente admisible que se defina un modelo social con explícita exclusión de determinados sectores sociales, tampoco es admisible que se defina un sistema educativo con explícita exclusión de una parte de la población (FERNÁNDEZ, 1.997: 70).

Si entendemos el centro educativo como el punto de referencia para el desarrollo de la persona, —entendido éste como el desarrollo que capacita a toda persona para su incorporación a la vida adulta con garantías de éxito en los aspectos cognitivos, afectivos y sociales— no se puede concebir un punto de encuentro educativo en el que se limita, de alguna forma, la posibilidad de interactuar con niños y niñas con otras características, capacidades o intereses, llámese aula ordinaria, centro específico,...

Planteamientos contrarios a este proceso integrador surgen como consecuencia de entender la escuela a modo de institución que prepara a niños/as para afrontar una sociedad basada en la competitividad y por tanto alejada de una realidad más inmediata y demandada por esta en la que pretenden valores como la convivencia, tolerancia, responsabilidad, participación,... La mayoría de los miembros de la Comunidad Educativa —profesores, padres y alumnos— no dudan del acierto que supone la escolarización de alumnos con necesidades específicas en los centros escolares. La preocupación y los debates surgen sobre el cómo se ha de hacer y con qué recursos, materiales o personales, se disponen para dicha tarea.

No cabe duda del avance social y escolar que la integración ha supuesto. Gracias a ella muchas niñas y niños han salido a la calle, se han escolarizado en centros, participan de actividades con otros niños,... Sus padres, a veces principales protagonistas, han roto con miedos, recelos, escrúpulos y tabúes, han realizado un mayor esfuerzo por aceptar, admitir y reconocer la problemática y han mostrado una seria preocupación a la hora de colaborar, contribuir y participar de forma directa en su educación. El resto nos hemos familiarizado con su presencia, con sus conductas y, como no, habituado con su fisonomía. El beneficio social ha sido considerable.

A nivel escolar, la presencia de alumnos con deficiencias en los centros ordinarios y en las aulas ordinarias ha provocado una serie de desajustes, de tensiones, que han puesto de manifiesto muchas incongruencias del sistema y de nuestra propia práctica educativa. Nos ha forzado a reflexionar sobre el para qué de la escuela y el cómo intervenir desde un nuevo modelo. El posicionarnos ante los problemas de la integración ha hecho posible que podamos hablar de diversidad, que veamos necesaria una escuela de la tolerancia y que relativicemos una escuela de los contenidos ante una escuela de la vida y para la vida.

Cuando de reflexionar sobre las innovaciones en la Educación Especial se trata, hemos de convenir en que los mayores cambios, transformaciones e innovaciones en este campo concreto pasan por situarse en torno al tema central ya apuntado: la integración de niños y niñas con necesidades educativas especiales en la Escuela ordinaria.

Ésta es la reflexión que haremos en este artículo y para ello hemos ordenado nuestra exposición en torno a diez puntos básicos en los que, a nuestro modo de ver, convergen las innovaciones educativas en el ámbito de la Educación Especial.

1. Conductismo vs. Constructivismo

La teoría conductista del aprendizaje, especialmente vigente en la década de los -70, sirvió para fundamentar a nivel psicopedagógico una determinada manera de entender la enseñanza y una peculiar forma de concebir el aprendizaje escolar. A partir de ella, la Ley General de Educación (1970) organiza nuestro sistema educativo de acuerdo con esos planteamientos. El resultado es un currículo cerrado, cuyos contenidos, de marcado carácter conceptual, están previamente seleccionados y el papel del profesor se limita básicamente a la transmisión de los mismos. Además se plantean una serie de objetivos, los cuales son contemplados como metas a alcanzar por todos los alumnos y, consiguientemente, se expresan en términos de conducta observable y medible, de tal manera que la evaluación consistirá fundamentalmente en comprobar cuáles son los aprendizajes que el alumno ha sido capaz de adquirir.

En la actualidad no es precisamente el enfoque conductista quien informa la actual reforma del sistema educativo, sino que lo hacen un conjunto de principios y postulados que han adquirido entidad al amparo de lo que se denomina enfoque o planteamiento constructivista de la enseñanza y del aprendizaje. Así, la LOGSE (1990), inspirada en este enfoque constructivista, organiza de forma diferente nuestro sistema educativo y establece un currículo común para todos los alumnos, que informado por distintas fuentes (epistemológica, sociológica, pedagógica, psicológica), trata de cumplir dos funciones principales: 1) establecer las intenciones del sistema educativo, 2) orientar la práctica docente.

Este nuevo currículo escolar, de carácter abierto y flexible, es considerado como una condición básica para la integración de niños con necesidades educativas especiales (n.e.e.). Y ello porque desde esta perspectiva los elementos que conforman el currículo adquieren una nueva dimensión o sentido, que facilita la integración de todos los alumnos en la Escuela única y común. Los objetivos se expresan en términos de capacidades (no en términos de conducta); los contenidos están contemplados desde una perspectiva conceptual, procedimental y actitudinal (no exclusivamente conceptual); las actividades deben adquirir el carácter de significativas y funcionales para los alumnos, implicar algún tipo de actividad (manipulativa-mental) y evitar el excesivo culto a la memoria. Las actividades no están únicamente en función de los contenidos, sino en sintonía con las Finalidades educativas y los intereses y necesidades del alumno. La evaluación, por último, ya no consistirá en comprobar exclusivamente los aprendizajes de los alumnos, sino que además deberá de servir para analizar todo el proceso educativo. El profesor, en fin, tendrá encomendadas otras tareas (constructor, dinamizador ... curricular) y no sólo transmisor del conocimiento preestablecido o prescrito.

A partir de aquí el currículo se entiende como el conjunto de objetivos, contenidos, métodos pedagógicos y criterios de evaluación de cada uno de los niveles, etapas, ciclos, grados y modalidades del sistema educativo que regulan la práctica docente (LOGSE, 1990). Sobre la base de esta definición es posible precisar algunas consideraciones de interés para el tema que nos ocupa (MORENO, 1990; GALLEGO, 1991; GALLARDO y GALLEGO, 1993):

a)   El currículo actual establece el marco para la reflexión y el debate, dado que encierra «problemas educativos», los cuales se plantean y resuelven desde opciones educativas.

b)   La reflexión y el debate sólo es posible desde planteamientos abiertos y flexibles como el que se postula, donde el profesor, como miembro de un equipo educativo, participa activamente de dichos debates.

c)   Plantearse el qué, cuándo, cómo enseñar, y qué, cuándo, cómo evaluar, no es más que preguntarse por el currículo escolar, para tratar de dar respuesta a estas cuestiones, y en definitiva a las necesidades educativas que plantean nuestros alumnos.

d)   Este planteamiento convierte al currículo en el elemento idóneo para la investigación educativa, en la medida en que propicia los contextos de colaboración adecuados.

e)   Finalmente, este concepto amplio de currículo permite y favorece la integración de niños con necesidades educativas especiales (n.e.e.), al convertirse en un instrumento dinamizador del propio proceso de la integración.

La vieja teoría según la cual el único factor determinante de los aprendizajes escolares está en las informaciones del profesor y en las actividades que los alumnos realizan en las aulas, no puede ser defendida en la actualidad. Serán más bien todo un conjunto de estímulos los que incidan, orienten, guíen ... al alumno. Y todo ello resulta imprescindible a la hora de elaborar el currículo escolar.

Por tanto, si el currículo cumple y valida sus funciones puede convertirse en uno de los instrumentos más potentes para la innovación educativa, por cuanto otorga al profesorado un importante papel tanto en el diseño como en el desarrollo del mismo, al tiempo que, como señala MARTÍN (1989), permite poner en marcha determinadas decisiones curriculares que aseguran su viabilidad en los centros.

El enfoque constructivista, pues, postula e informa un tipo de currículo común para todos los alumnos de un mismo tramo de edad cronológica, el cual debe admitir las modificaciones necesarias para adaptarse a los alumnos a quienes se dirige, lo que implica la no contemplación de currícula especiales, porque es probable que, de acuerdo con RODRÍGUEZ (1990), la escuela que necesitamos sea una escuela generadora de valores, la única tal vez verdaderamente integradora.

La Tabla I señala las características más significativas de ambos enfoques (Conductismo/Constructivismo).

Tabla I

CONDUCTISMO	CONSTRUCTIVISMO
- Modelo tecnicista	- Modelo procesual
- Preocupado por los resultados fundamentalmente	- Ocupado en el análisis del proceso educativo
- Persigue conductas observables y medibles	- Desarrollo integral en función de las capacidades individuales
- El alumno añade información a la que ya posee	- El alumno reorganiza sus informaciones (conflicto cognitivo)
- Currículo de carácter cerrado	- Currículo de carácter abierto
- Metodología trasmisiva	- Metodología colaborativa e investigadora
- Parte de lo que el alumno no sabe	- Parte de lo que el alumno ya sabe
- Potencia el aprendizaje memorístico	- Memoria comprensiva
- Rol pasivo del profesor	. Rol activo del profesor
- La evaluación se entiende como el control sistemático del logro de los objetivos de un programa dado, de acuerdo con criterios previamente establecidos	- La evaluación se concibe como una actividad valorativa e investigadora, que abarca procesos de enseñanza y procesos de aprendizaje

2. Adiestramiento-Instrucción vs. Educación

Concebir la educación como un proceso general de adiestramiento o instrucción del alumnado es limitar considerablemente las posibilidades que ofrecen los procesos de enseñanza-aprendizaje. La formación integral del alumno persigue una educación global de las personas y no sólo una habilitación o adiestramiento en la adquisición de determinadas destrezas escolares. Esta educación integral, global de los alumnos exige hacer realidad dos principios esenciales: normalización educativa e integración escolar.

En relación al marco legislativo, es esencial hacer referencia al Real Decreto 334/85, núcleo fundamental de la integración escolar puesto en marcha por la Administración Educativa y que se centraba en tres grandes pilares que iban a constituir los principios básicos de dicho proceso (SÁNCHEZ Y TORRES, 1.997: 27). A saber:

* Normalización, por él hay que entender la tendencia a utilizar, siempre que sea posible, los recursos ordinarios, y los recursos extraordinarios en el ambiente más normalizado posible, y sólo en casos excepcionales apartar al alumno del contexto escolar ordinario. La asunción de este principio por el profesorado supone la aceptación de las diferencias del alumno y el ver lo que aporta al proceso de aprendizaje. Es decir, ver posibilidades y no impedimentos. En base a la normalización social se integra en los centros ordinarios. El preámbulo del R.D. 334/85 afirma que la aplicación del principio de normalización en el aspecto educativo, se denomina integración escolar. Normalizar, integrar, es un proceso, una tendencia. Es la convicción de que sin dejar de darle al alumno con deficiencias lo que real y específicamente necesita esto se haga en los contextos menos restrictivos posible, y usando los recursos ordinarios en la medida en que favorezcan el desarrollo del alumno. Tan mala aplicación de este principio es el tener a un/a alumno/a con leves deficiencias en aula específica o centro específico, como el tener al alumno gravemente afectado en el aula ordinaria sometiéndolo a las mismas exigencias curriculares y con la misma metodología. En ningún caso hemos de confundir normalización con normalidad, es decir, querer convertir a una persona con diferencias en normal, o tratarlos como tales. Normalizar es aceptar las diferencias.

* Sectorización. Implica acercar los recursos educativos allí donde está la necesidad. Consiste en planificar la oferta educativa aplicando la normalización geográfica, y en base a estudios de necesidades. Este principio ha llevado a los centros ordinarios profesorado especialista en Pedagogía Terapéutica y Audición y Lenguaje. Ha creado equipos especializados de sector, y ha dispuesto que sean éstos los que vayan de forma itinerante por los centros, y no que los alumnos con deficiencias vayan a ellos. El principio de sectorización es consecuencia de una mayor valorización educativa del hecho de socialización del niño, de todos los niños, incluidos los deficientes. Socialización que sólo se puede dar en contextos próximos al familiar como vecinos, compañeros, amigos. La aplicación conjunta del principio de sectorización y normalización nos lleva a sustituir, en la medida de lo posible, los centros específicos por aulas específicas en centros ordinarios, y con ellas aproximamos la respuesta educativa especializada a la necesidad. Además posibilitamos la normalización (aunque sólo sea del recorrido entre la casa y el colegio, del uso de los patios, de los pasillos, de los tiempos de recreo, de actividades de ocio,...).

* Individualización de la enseñanza. Principio pedagógico imprescindible en todo proceso de enseñanza-aprendizaje, y cuánto más, cuando estamos trabajando con alumnado que por definición se aparta significativamente de los procesos estandarizados de desarrollo, de conducta, de control, etc. El principio de individualización en integración, no nos puede

llevar a un individualismo tal que imposibilite los procesos de socialización. Con los alumnos con deficiencias hay que adecuar los procesos a sus posibilidades, ritmos y características, pero sin perder de vista que estamos en un contexto social y que la socialización de los deficientes es uno de los grandes objetivos en la integración. No entender la individualización didáctica dentro del procesos de normalización nos puede llevar a que prioricemos lo especializado e individualizado sobre lo grupal y normalizado, (entendiendo como tiempos útiles para el alumno sólo los que pasa con el especialista y en tratamiento individualizado y los tiempos en clase ordinaria como pérdidas de tiempo que hay que «tributar» por eso que llaman «integración»), o a que trabajemos en el aula ordinaria con dos enseñanzas paralelas. Ante esta concepción de la individualización y de la enseñanza es mejor el modelo de centros específicos y aulas específicas. El principio de individualización nos tiene que llevar a un aula ordinaria con una única enseñanza, pero con la amplitud suficiente de situaciones educativas y actividades que permitan que cada uno se posicione en su zona de desarrollo próximo.

Desde esta perspectiva, el binomio adiestramiento/educación parece insuperable. Pero si la escuela es una Institución social con funciones eminentemente educativas, debe estar organizada para ofrecer los contextos, medios e instrumentos necesarios que permitan atender las necesidades educativas, cualquiera que sea la causa que las genera (personales, escolares, sociales) e independientemente del tipo de necesidad educativa que se presente (permanente o temporal).

Cierto que las circunstancias personales, familiares y sociales condicionan la escolaridad de los alumnos, porque:

a)   el acceso, escolarización y duración de la escolaridad están determinados por la clase social a la que se pertenece.
b)   el éxito o fracaso escolar no sólo depende del esfuerzo y capacidad individual, sino que también está condicionado por las circunstancias socio-culturales del entorno.

Pero la escuela, lejos de buscar la instrucción y el adiestramiento de sus alumnos, ha de perseguir la formación integral de los mismos, la educación. Para ello debe admitir dos caracteres básicos que la delimitan:

1)   Un carácter preventivo, evitando que las dificultades de aprendizaje puedan aparecer en los alumnos.
2)   Un carácter compensador de las posibles desigualdades socioculturales.

Qué duda cabe que toda instrucción supone un cierto grado de adiestramiento, pero reducir un plan de enseñanza al simple adiestramiento del alumno supone despersonalizarlo (GARCÍA FERNÁNDEZ, 1986).

Aceptar, no obstante, el doble principio criterial de normalización educativa e integración escolar no debe conducir a la fácil y errónea tentación de:

-    Unificar y uniformar la acción educativa sin respetar las diferencias individuales.
-    Homogeneizar las valoraciones diagnósticas iniciales, los tratamientos educativos y los modelos/criterios de evaluación.
-    Convertir al alumno "diferente" en alumno "normal".
-    Aparcar a los alumnos "diferentes" en las aulas ordinarias por cuestiones de moda pedagógica "fundamentada".

En la Tabla II se recogen algunos de los rasgos más significativos de lo que acabamos de exponer.

Tabla II

ADIESTRAMIENTO	EDUCACIÓN
- Formación de automatismos	- Realidad dinámica y cambiante
- Reduccionismo didáctico	- Heterogeneidad didáctica
- Invariabilidad de los resultados	- Pensamiento divergente. Creatividad e iniciativa en las respuestas

3. Diseño curricular de Educación Especial vs. currículum ordinario

Tradicionalmente los alumnos de EE han tenido su propio currículo, un currículo marginal, segregador que dificultaba enormemente la incorporación de aquéllos al currículo ordinario. Ese Diseño Curricular (DC) propio de la EE abarcaba un conjunto de aprendizajes, expresados en términos de conducta y secuenciados longitudinalmente, según criterios de dificultad de adquisición.

El Instituto Nacional de Educación Especial (1983) ha definido dicho DC como el conjunto de habilidades, actitudes y conocimientos que han de promoverse a través del aprendizaje, según métodos, actividades y materiales apropiados para un mejor y específico desarrollo de la personalidad del alumno y su máxima cooperación en la sociedad en la que vive y en el que se implican padres, profesores y todos los miembros de la comunidad. Este DC, elaborado para aquellos alumnos que no pueden seguir las enseñanzas del sistema educativo ordinario, constituía una alternativa, una guía-marco desde la que diseñar los Programas de Desarrollo Individual (PDIs), la cual no estaba exenta de una cierta flexibilidad.

Paralelamente con este DC coexistía en el ámbito educativo el denominado currículo normativo, propuesto para aquellos alumnos que son considerados susceptibles de seguir las enseñanzas del sistema educativo ordinario. Este planteamiento (currículum especial vs. currículum ordinario) se entiende hoy superado por la idea que postula y proclama la necesidad de una enseñanza comprensiva, una enseñanza que se caracteriza por realizar una misma y única propuesta curricular para todos los jóvenes y niños de un mismo tramo de edades, sin que ello suponga renunciar a una progresiva diversificación.

Esta consideración del currículum admite sucesivos niveles de concreción para adaptarse a la diversidad del alumnado del centro educativo. Dos son, pues, los principios básicos que sustentan esta nueva concepción curricular: 1) Comprensividad y 2) Diversidad. Ambos principios, como subrayan los Decretos de Enseñanza, no constituyen principios antagónicos sino complementarios. La educación, que se pretende integradora y no discriminadora, debe asumir el compromiso de dar respuesta a la complejidad de intereses, problemas y necesidades que se dan en la realidad educativa. Esta perspectiva será fecunda en la medida en que contribuya a compensar desigualdades y a hacer efectivo el principio de igualdad de oportunidades.

La integración escolar sólo es posible desde un planteamiento curricular abierto y flexible (centrado fundamentalmente en los procesos educativos) y no desde un currículum cerrado (preocupado y ocupado en conseguir objetivos de conducta).

Las principales características de lo que sería un currículo cerrado y abierto-flexible se exponen en la Tabla III.

Tabla III

CURRÍCULO CERRADO	CURRÍCULO ABIERTO
- Elaborado por expertos de máxima confianza para la administración educativa	- Participación del profesorado en la elaboración del currículo ordinario
- De caracter obligatorio para todo el alumnado	- De carácter flexible y abierto. Susceptible de adaptaciones
- Característico de Sistemas educativos rígidos y centralizados	- Propio de un Sistema educativo descentralizado
- Expresión de los objetivos en términos de conducta observable y medible	- Objetivos expresados en términos de capacidades
- Priman los contenidos conceptuales	- Importancia equilibrada de tres tipos de contenido: conceptuales, procedimentales y actitudinales
- Uniformidad en la intervención educativa	- Potencia la heterogeneidad en la intervención docente
- La evaluación se identifica con el control del aprendizaje de los alumnos	- Carácter global, formativo, continuo, integrador y contextualizado de la evaluación educativa
- Los profesores tienen como principal misión la "consumición" del currículo prescrito por la Administración educativa	- Los profesores como protagonistas en las tareas de elaboración y diseño del currículum
- Dicotomía entre las pretensiones curriculares de la Administración educativa y las actitudes innovadoras del profesorado	- Fomenta la investigación educativa

4. Programa de Desarrollo Individual vs. Adaptaciones Curriculares Individualizadas

Un adecuado planteamiento de la EE exige de entrada una referencia al sistema educativo ordinario. Frecuentemente, señala GARCÍA GARCÍA (1986: 22), "el sistema educativo normal es generador de inadaptación, fracaso y deficiencia. En consecuencia, el problema fundamental de la Educación Especial es solamente la Educación (sin adjetivos). · No tiene sentido crear, potenciar maestros especiales, aulas especiales, centros especiales, como solución para los niños especiales que precisamente genera el sistema educativo normal".

En el marco del DC de EE, los alumnos con n.e.e. recibían una atención de acuerdo con una programación o plan de trabajo específico al que se denominó Programa de Desarrollo Individual (PDI). El PDI era un proyecto psicopedagógico unipersonal e intransferible, que VIDAL y PONCE (1989) definen como el conjunto de objetivos, actividades, materiales y modelo didáctico que los alumnos deberían alcanzar y realizar en un tiempo previamente determinado y cuya finalidad es la adaptación del proceso de enseñanza-aprendizaje a las necesidades educativas especiales que un alumno presenta. En el PDI debían quedar reflejados los objetivos, los contenidos, las actividades, los recursos y materiales didácticos, la temporización y la metodología que ha de utilizarse en función de las n.e.e. que presenta el alumno a quien se dirige.

Las Adaptaciones Curriculares Individualizadas (ACIs), sin embargo, no surgen a partir de un DC específico o especial, sino que emanan del mismo currículum ordinario y su finalidad consiste en atender las dificultades de aprendizaje que los alumnos puedan presentar a lo largo de su proceso educativo o en un determinado momento de su escolaridad.

En general, las adaptaciones curriculares pueden ser entendidas como una estrategia de actuación docente para el tratamiento de la diversidad en el aula (GALLEGO, 1991). Nos encontramos, pues, ante una estrategia doble: 1) una estretagia de planificación educativa, 2) una estrategia de intervención docente, y, en consecuencia, un proceso global de atención a las necesidades de aprendizaje de cada alumno. En este sentido, sólo en último término las adaptaciones son un producto, una programación que contiene objetivos y contenidos diferentes para unos alumnos, estrategias de evaluación diversificadas, posibles secuencias o temporizaciones distintas y organizaciones escolares específicas (CEJA, 1992).

Se dice que un alumno tiene una dificultad de aprendizaje si (BRENNAN, 1988: 34):

a)	Tiene una dificultad significativamente mayor para aprender que la mayoría de los niños de su edad; o
b)	Tiene una incapacidad que le impide u obstaculiza hacer uso de medios educativos como los generalmente ofrecidos en las escuelas, dentro del área de la autoridad local correspondiente a los niños de su edad.

Se trata, pues, de un concepto amplio, susceptible de matizaciones. SALVADOR MATA (1997: 47) define las dificultades de aprendizaje como "la discrepancia entre las capacidades reales del alumno y las exigencias de un currículum concreto. Las dificultades de aprendizaje se conciben como una forma de diversidad, referida a la capacidad de aprendizaje que se proyecta en varios componentes: capacidad cognitiva, intereses y motivación. De otra forma, las necesidades educativas especiales, en el contexto escolar, se concretan en las denominadas dificultades de aprendizaje".

Las dificultades de aprendizaje vienen siendo consideradas como un continuo, en los márgenes del cual se situarían: a) los alumnos a los que habitualmente y de modo especial atiende el profesor mediante actividades de refuerzo, y aquéllos cuya atención precisa de otras medidas extraordinarias, por cuanto los recursos ordinarios del centro educativo no son suficientes para satisfacer sus necesidades educativas. Como es lógico estas medidas extraordinarias para la atención a la diversidad serán más o menos significativas, precisando de un mayor nivel de adaptación curricular según los alumnos.

La ausencia de dificultades importantes hace que las medidas habituales de individualización de la enseñanza sean suficientes para responder a las necesidades del alumnado. Pero cuando las dificultades de aprendizaje son permanentes y generales las adaptaciones significativas resultan imprescindibles.

En el ámbito de las adaptaciones curriculares conviene, asimismo, distinguir entre adaptaciones de acceso al currículum (aquéllas que posibilitan el desarrollo curricular —recursos humanos, técnicos y materiales, y la organización y optimización de los mismos— y adaptaciones del currículum propiamente dicho (aquéllas que afectan a los elementos curriculares).

Las diferencias fundamentales entre ambos conceptos (PDI/ACI) se recogen en la siguiente tabla:

Tabla IV (Garrido y Santana, 1993)

P.D.I.	A.C.I.
- Es producto de una escuela elítista y homogénea	- Es producto de una escuela comprensiva, para la diversidad
- Supone una integración en exceso limitada	- Supone una integración total
- Parte del principio de que existen dos tipos de Educación: General, Específica	- Parte del principio de que sólo hay un tipo de Educación
- Parte de dos currículos diferentes: general y específico	- Sólo admite un currículo para todos, con adaptaciones individualizadas
- Supone una dicotomía entre el profesor tutor y el profesor de Educación Especial	- Supone un trabajo en equipo entre el profesor tutor y el especialista
- Propicia un lenguaje diferente entre los dos tipos de profesores	- Los dos se atienen al mismo lenguaje
- Dificulta el desarrollo del programa educativo dentro del aula ordinaria	- Facilita el desarrollo de las adaptaciones individuales dentro del aula ordinaria

5. Educación Especial vs. necesidades educativas especiales

La Educación Especial se ha venido considerando como una modalidad de enseñanza paralela, cuando no al margen, del sistema educativo ordinario. Los alumnos con deficiencias físicas, psíquicas y sensoriales eran escolarizados en los denominados Centros Específicos o aulas especiales dentro de los centros ordinarios. Existía un pensamiento según el cual los alumnos con dificultades de aprendizaje importantes estarían incapacitados para seguir el currículum común ordinario del resto de los alumnos, por lo que era necesario escolarizarlos en los centros o aulas específicas de EE.

Acorde con este pensamiento, tradicionalmente la EE se utilizaba para designar el tipo de educación que recibían los alumnos con deficiencias físicas, psíquicas y sensoriales. Existe, sin embargo, una concepción actual muy distinta con respecto al significado que la EE encierra. Así, en la actualidad, la EE hace referencia al conjunto de recursos materiales y personales con que cuenta el sistema educativo para atender las necesidades educativas especiales (n.e.e.) que los alumnos pudieran presentar.

La denominación de n.e.e. no es restrictiva sino que comprende a todos aquellos alumnos que en algún momento de su proceso educativo pueden necesitar algún tipo de ayuda pedagógica especial, ya sea de carácter temporal, permanente, de flexibilización escolar, etc. En este sentido, adquiere pleno sentido el reconocimiento de las necesidades educativas del colectivo de alumnos más capaces, también denominado superdotados.

BRENNAN (1988: 36) entiende que hay una necesidad educativa especial cuando una deficiencia (física, sensorial, intelectual, emocional, social o cualquier combinación de éstas) afecta al aprendizaje hasta el punto que son necesarios algunos o todos los accesos especiales al currículo, al currículo especial o modificado, o a unas condiciones de aprendizaje especialmente adaptadas para que el alumno sea educado adecuada y eficazmente. La necesidad puede presentarse en cualquier punto en un continuo que va desde la leve hasta la aguda; puede ser permanente o una fase temporal en el desarrollo del alumno.

Para este autor la educación especial es la combinación de currículo, enseñanza, apoyo y condiciones de aprendizaje necesarias para satisfacer las necesidades educativas especiales del alumno de manera adecuada y eficaz. Puede constituir la totalidad o parte del currículo total, puede ser impartida individualmente o junto con otros y puede constituir la totalidad o parte de su vida escolar.

En definitiva, las n.e.e. tratan de superar esa visión negativa que ha venido encerrando el término EE, poniendo el énfasis en las necesidades educativas que un alumno pueda presentar.

El Real Decreto 334/85 propugnaba una integración progresiva por cursos e implantada sólo en aquellos centros que voluntariamente solicitaban ser experimentales de integración. Ello originó varios problemas tales como el no poder cumplir el principio de sectorización, en los primeros años, ya que la ubicación de los centros autorizados de integración (C.A.I.) no estaba organizada ni planificada. No hubo especialización de los centros por deficiencias, convirtiéndose en generalistas de la integración y un profesor tutor podía encontrarse un año atendiendo a un alumno con síndrome de Down y a uno hipoacúsico y al curso siguiente a un alumno con parálisis cerebral y a uno con deficiencia media, severa o profunda. Los proyectos de integración no fueron auténticos proyectos de centro. Partían, en muchas ocasiones, de intereses o motivaciones muy concretas e individuales, que eran aprobadas por el Claustro pero no asumidas como eje de trabajo del centro. Eran proyectos añadidos al plan de centro y lo asumía el profesorado al que se asignaba una clase donde se integraban alumnos (SÁNCHEZ Y TORRES, 1.997: 31).

Aproximadamente a principio de la década de los 80 se pone de moda el proceso de integración en los centros ordinarios y ésta, por equivocación, se entiende como sinónimo de atención educativa. Por ello se pensaba que los niños y niñas que no estaban en integración no estaban educativamente atendidos. Los padres de niños afectados se impusieron como meta el integrar a sus hijos en estos centros y despertó una moda que provocó que en muchas ocasiones se integraran alumnos con problemas más graves que las posibilidades de atención que ofertaban los centros.

Se confundió normalización con normalizar y no pocos padres y madres esperaban que en situación de integración sus hijos e hijas superasen los problemas y fuesen «normales». Las lógicas decepciones generaron enfrentamientos con el profesorado y con toda la institución educativa.

La aplicación de estos tres principios señalados anteriormente, desde 1.985 y su evolución, tanto en la teoría como en la práctica, nos lleva a la necesidad de interpretarlos a la luz de los actuales parámetros de la integración escolar, es decir desde las necesidades educativas especiales.

Entendidas como los recursos, humanos y materiales, que va a poner en marcha el Sistema Educativo para garantizar y/o favorecer que todos los alumnos consigan los objetivos de la educación, el término n.e.e. en contraposición con el de Educación Especial (E.E.) aporta a la teoría y a la práctica de la integración algunas notas distintivas. Es el término normalizador y no discriminatorio que pone el acento en los recursos a utilizar para responder a las necesidades (INFORME WARNOCK, 1.978).

La detección de los problemas no se usa para categorizar, sino como punto de partida para determinar recursos y organizarlos. Se conciben las diferencias como un continuo, desde las leves y transitorias hasta las graves y permanentes. Por tanto, no hay límite entre normalidad y especificidad, hay un continuo de diferencias y necesidades y un continuo de recursos. Se acentúa el carácter interactivo y relativo de las necesidades educativas de un alumno, ya que dependen tanto de las características personales de éste y del entorno sociofamiliar en que se encuentra, como de las características del contexto educativo y de la respuesta que se le ofrece. Además, no se pueden establecer con carácter definitivo. Da cabida a todos los alumnos, no sólo a los que presentan deficiencias graves y permanentes.

Cualquier alumno es susceptible de n.e.e. en un momento determinado y tendrán que ponerse en juego los recursos educativos pertinentes. Concepción de los recursos no sólo como mayor número de profesores, más material o como eliminación de barreras arquitectónicas, sino como una mayor preparación del profesorado, una capacidad para elaborar conjuntamente un proyecto de centro, una adaptación curricular, una voluntad de unificar criterios metodológicos, de evaluación y de trabajar en equipo. Estos últimos recursos darán sentido a los primeros. (Dirección General de Ordenación Educativa y Formación Profesional, 1.994: 4).

La Tabla V recoge las diferencias fundamentales entre E.E. y n.e.e.

Tabla V (Gallardo y Gallego, 1993)

Educacion Especial	Necesidades Educativas Especiales
- Término restrictivo cargado de múltiples connotaciones peyorativas	- Término más amplio, general y propicio para la integración escolar
- Suele ser utilizado como "etiqueta" diagnóstica	- Se hace eco de las necesidades educativas, permanentes o temporales de los alumnos
- Se aleja de los alumnos considerados como normales	- Las n.e.e. se refieren a las necesidades educativas del alumno y, por tanto, engloban al término E.E.
- Predispone a la ambigüedad, arbitrariedad, en suma, al error	- Nos situamos ante un término cuya característica fundamental es su relatividad conceptual
- Presupone una etiología estrictamente personal de las dificultades del aprendizaje y/o desrrollo	- Admite como origen de las dificultades de aprendizaje y/o desarrollo una causa personal, escolar o social
- Tiene implicaciones educativas de carácter marginal, segregador	- Con implicaciones educativas de marcado carácter positivo
- Conlleva referencias implícitas de currículos especiales y, por tanto, de Escuelas Especiales	- Se refiere al currículum ordinario e idéntico sistema educativo para todos los alumnos
- Hace referencia a los PDIs., los cuales parten de un Diseño Curricular Especial	- Fomenta las adaptaciones curriculares y las adaptaciones curriculares individualizadas, que parten del Diseño Curricular Ordinario

6. Ley General de Educación (1.970) vs. LOGSE (1.990)

La práctica educativa defendida por el modelo de escuela promulgado por la Ley General de Educación del 70 supuso para el profesorado un prototipo de escuela eminentemente homogeneizadora. Con frecuencia generó desintegración del alumnado que no seguía el ritmo medio de la clase y que no se asimilaba la multitud de contenidos que suponen los currícula escolares. En esta situación de enseñanza-aprendizaje es donde introducimos a los deficientes en las aulas ordinarias y surgen preguntas en torno a: «¿para qué? aquí estamos aprendiendo a multiplicar. ¿Puede aprender?, no pues no le encuentro sentido a que esté en clase, mejor sería que fuese a apoyo, para que le enseñen a su nivel», entre otras,...

Este desfase entre prácticas homogeneizadoras y modelo educativo necesario para la integración de alumnos con necesidades educativas provocó en unos casos el fracaso de ésta y en otros la evolución hacia prácticas más acordes con un modelo distinto de atender la diversidad de los alumnos. Un paso clave y clarificador es el explicitar en cada situación los objetivos/contenidos a conseguir, las orientaciones y propuestas metodológicas, criterios de evaluación y recursos de los que se disponen, organización y planificación de las aulas de apoyo y aula ordinaria. En definitiva, para qué se pone al alumno en situación de interactuar en gran grupo.

La no-delimitación entre ambos ha generado en los centros escolares graves conflictos sobre prioridades en el uso, organización y optimización de los medios y recursos a utilizar. En los centros, junto con los alumnos con deficiencias físicas, psíquicas y sensoriales, se encuentran alumnos con problemas de aprendizaje generados por déficit social o problemas metodológicos – dispedagogías - que, desde el punto de vista social y moral, generan mayor problemática al profesorado que los primeros, porque a veces pueden suponer un fracaso del propio docente y de la propia estructura del sistema. La escasez de recursos para atender ambas situaciones y la falta de un modelo organizativo claro no ha beneficiado la implantación de la integración escolar de este tipo de alumnos.

Con la introducción del término necesidades educativas especiales, el alumnado con problemas de aprendizaje se etiquetaba como alumno de integración versus deficiente, con la finalidad de creación y/o mantenimiento de aulas de educación especial. Este problema ha generado merma en los recursos destinados al auténtico alumnado de integración y al mantenimiento de la homogeneidad metodológica del aula ordinaria.

Toda esta situación ha supuesto en los profesores, especialmente los tutores, un enfrentamiento con unos problemas para los que no estaban preparados. La formación inicial no sólo ignora esta realidad, sino que a veces es generadora de situaciones conflictivas y la puesta en marcha de proyectos de integración no se acompañó con programas válidos de formación.

Para nosotros, la formación es el primer paso para provocar una actitud positiva hacia el alumnado, implica un proceso serio de innovación y es capaz de mejorar la práctica docente. Con todo ello, es lícito pensar que en esta actitud del profesorado, antes mencionada, nos podemos encontrar con posturas diferentes referentes al «no» y «sí» a la integración. Una somera reflexión sobre ellas permite establecer diferentes agrupamientos del profesorado en torno a actitudes hacia la integración. Actitudes que van desde un NO intolerante hasta un SÍ profesional, pasando ambos por bastantes matices (PEÑAFIEL Y OTROS, 1.998: 104). Así, por ejemplo, tendríamos:

*   Por un lado, el NO como actitud intolerante. Significa segregar a los diferentes; el NO como comodidad; el NO porque no sé atenderlos; el NO porque no aprenden, entorpecen a los demás; el NO por resistencia a los cambios; y el NO por estrés.
*   Por otro, el SÍ por afecto, por benevolencia, tolerancia; el SÍ pero haciéndolo muy difícil, gasta demasiada energía, se «quema»; el SÍ ideológico, pero sin compromiso profesional; y por último el SÍ profesional, el único deseable y correcto.

Todo ello nos sugiere que el nuevo modelo educativo debe implicar un nuevo modelo de formación, en el que se asuma que la educación de alumnos/as con necesidades educativas especiales no es tarea individual y puntual sino que es imprescindible que confluyan dos tipos de actuaciones: el compromiso de todo un centro, a través de su proyecto educativo y el trabajo coordinado de todos los profesionales que intervienen con un mismo alumno. En múltiples ocasiones no se ha producido este trabajo en equipo, y el alumno con necesidades educativas especiales ha pasado de un profesor a otro sin garantías de continuidad y sin la existencia de un plan conjunto de actuación.

Ello supone también un grado de participación y colaboración de los padres en el proceso educativo de los alumnos con deficiencias, pues este hecho determina un factor primordial para su posterior desarrollo. La escuela debe de ser un espacio integrador y abierto en donde los padres puedan ejercer su derecho a participar, que no inmiscuirse, en el desarrollo educativo de su hijo y, por tanto, en el logro real de la integración. Esta participación se ha de dar tanto en la toma de decisiones sobre la escolarización, que legalmente está recogida, en la LODE - artº 4.b - y en la LOGSE - artº 37.4 -, aunque, es verdad no ha estado suficientemente reglamentada, como en el proceso de formación del alumno, compartiendo con la escuela los objetivos propuestos y entrando en el reparto de tareas, responsabilidades y obligaciones. En ambos casos se necesita una normativa clara, así como voluntad de los profesionales para hacer real dicha participación (NAVAS, 1.998: 81).

Hemos visto algunos inconvenientes de la trayectoria llevada a cabo en los proyectos de integración educativa. Ello no debe llevar a conclusión negativa sobre la misma, sino todo lo contrario, como decíamos al principio conseguir el proceso de normalización escolar - llamado integración -. Éste ha sido el impulsor de un gran avance e innovación en la normalización social y el revulsivo para poner en tela de juicio la práctica educativa homogeneizadora que nos permita sustituirla por otra más diversa que pueda afrontar la formación de los jóvenes en el milenio entrante.

6.1. De la Educación Especial a la Atención a la Diversidad.

El concepto de educación especial aparece con la Ley General de Educación (1.970) como el compromiso social de dar atención educativa a los niños y niñas con deficiencias. Dentro de un contexto psicológico conductista y sociológico de sociedad con gran valoración de la técnica, se crea una red especializada para atender a los deficientes que se concreta en la atención en los Centros Específicos de E.E. y en aulas específicas en centros ordinarios (FERNÁNDEZ, 1.997: 78). Se caracteriza por:

* Ser un sistema paralelo al Sistema Educativo ordinario.
* Pone énfasis en determinar el déficit del niño o niña, medirlo, cuantificarlo y en poner la etiqueta de alumno. A partir de la etiqueta se pone en marcha el proceso educativo.
* Se desarrolla un programa específico para el alumno (Programa de Desarrollo Individual -P.D.I.-) que tiene como referencia áreas neuropsicológicas y curriculares.

El término de integración aparece normativamente en 1.985, cuando el nuevo marco social se está cuestionando la Ley de Educación del 70, cuando la enseñanza eminentemente instruccionista se había sustituido por la enseñanza de ciclos y niveles básicos de referencia (R.D. 69/81 y R.D. 710/82) y se cambian los criterios de repetición, priorizando los aspectos sociales sobre los instructivos o de conocimientos y se organiza la enseñanza por ciclos.

* Es un término intermedio, hay que entenderlo como transición de un modelo escolar desintegrador a otro que no necesite integrar por estar todos dentro.
* Implica añadir, sumar, unir la educación especial a la ordinaria.

*   Sigue etiquetando:

-    al alumno, al que es «normal» y al que es de «integración».
-    a los grupos, unos con alumnos de integración y otros no.
-    a los centros, unos de integración, otros no.

*   Es un paso importante para la normalización.
*   La situación de integración depende de muchas circunstancias y es revisable.

Por último, hacemos referencia al concepto de atención a la diversidad. Se da en el marco conceptual de la L.O.G.S.E., en el que el fin de la educación es el desarrollo de capacidades en los ámbitos afectivo, cognitivo y social.

Las clases no son diversas por estar escolarizados alumnos de integración, las clases son heterogéneas porque la sociedad es heterogénea, porque el hecho de ser diferentes es una realidad y un derecho. Los alumnos llamados de E.E. son unos más dentro de esta diversidad.

*   Es un término preciso y global.
*   Se basa en el continuo de recursos que hay que poner en funcionamiento para atender al continuo de necesidades.
*   El diagnóstico intenta detectar las incongruencias entre situación y estilo de aprendizaje del alumnado y propuesta curricular y metodología, para hacer propuestas en todos los aspectos tendentes a ajustar el proceso enseñanza-aprendizaje a ese alumno en concreto, o grupo de alumnos.
*   Al alumnado con n.e.e. graves y permanentes hay que atenderlo dentro del marco global del centro de afrontar la diversidad. La atención a la diversidad debe de impregnar el Proyecto de Centro y toda la práctica educativa.
*   Para ser posible han de producirse cambios de actitudes y metodológicos en el profesorado ordinario.
*   El profesorado ordinario y el trabajo en equipo es la clave de éxito de la atención a la diversidad.

Por ello concluimos con un término que nos parece más adecuado en función del nuevo modelo educativo propuesto por la LOGSE, como es el de «escolarización». Todos los niños y niñas tienen derecho a escolarizarse en un sistema educativo que tenga como norma dar respuesta a la diversidad y que tenga organizados los recursos educativos para dar respuesta a todas las necesidades, siempre que sea posible dentro de los centros ordinarios, y en el contexto que mejor favorezca el desarrollo afectivo, cognitivo y social del individuo.

En esta respuesta cabe la doble escolarización en centro ordinario y centro específico, buscando en cada contexto educativo las situaciones de aprendizaje que más favorezcan el desarrollo de cada individuo en cada momento. Va a ser en el tipo de respuesta educativa en donde se va a producir un alto grado en la mejora de alumnos con necesidades especiales y por consiguiente un vehículo en la propuesta de innovación educativa (PEÑAFIEL, 1.998: 41-42).

Si bien en el marco de la educación especial y de la Integración a cada alumno que se etiqueta como sujeto especial, se le diseñaba un Programa de Desarrollo Individual, es decir, un documento escrito en el que se describen y concretan las intervenciones educativas que se consideran adecuadas para un determinado sujeto durante un determinado período de tiempo, desarrollado interdisciplinarmente en orden a valorar sus capacidades, establecer metas y objetivos, determinar los servicios especiales necesarios, orientar la forma de escolarización más adecuada y procurar los procedimientos de evaluación, seguimiento y control del mismo, desarrollando preferentemente áreas neuropsicológicas para hacer posible el acceso al currículum ordinario. En el marco de la atención a la diversidad lo que procede es adaptar el currículum, que en algunos casos será individual. Partiendo del currículum ordinario, y entendido éste como desarrollo de capacidades, hemos de hablar de continuo de adaptación del currículum, que desde el marcado por la Administración en los decretos de educación, se concretan en el Proyecto Currricular de cada centro, en la programación de cada ciclo, en la adecuación de ésta al alumnado, a cada grupo, a cada subgrupo de alumnos y por fin a cada alumno.

En este proceso se va individualizando la enseñanza y poniendo en funcionamiento, en cada momento, los recursos necesarios (materiales, metodológicos y humanos) en función de las necesidades educativas de cada alumno o grupo de alumnos, así aparecen alumnos que presentan necesidades educativas más especiales y por tanto recursos más especiales. En algunos casos serán transitorias las necesidades y los recursos, y afectarán sólo a las vías de acceso al currículum (adaptaciones metodológicas, adaptaciones de los contenidos), en otros casos serán necesidades más graves y permanentes y habrá que intervenir en los objetivos.

Por último, y para finalizar, como hemos citado anteriormente, la formación del profesorado va a ser la pieza clave para una educación de calidad. Formación que debe de empezar por revisar la inicial ya que, en la mayoría de los casos, desde la misma Facultad no se propicia el contacto con esta realidad, se ha disociado la formación del profesorado ordinario y la del profesorado de pedagogía terapéutica, sin plantearse que es sobre el ordinario sobre el que recaerá gran parte del peso de la formación del alumnado con necesidades especiales.

Bibliografía

ALBERICIO, J. J. (1.991): Educar en la diversidad. Madrid. Bruño.

BARROSO, E. De. (1.991): Respuesta educativa ante la diversidad. Actas del Congreso Iberoamericano de Educación especial. Amarús: Salamanca.

BRENNAN, W. K. (1988): El currículo para niños con necesidades especiales. Madrid: MEC-S.XXI.

COLL, C. (1988): Comprensividad y diversidad. Cuadernos de Pedagogía, n° 158, 61-63.

DIRECCIÓN GENERAL DE ORDENACIÓN EDUCATIVA Y FORMACIÓN PROFESIO-NAL (1.994): La atención educativa de la diversidad de los alumnos en el nuevo modelo educativo. Sevilla. Servicio de Publicaciones.

EVANS, P. y otros (1989): Alumnos con dificultades de aprendizaje en la Educación Primaria. Madrid: MEC.

FERNÁNDEZ GÁLVEZ, J. De D. (1.997): "Teoría y práctica de la integración educativa". En Sánchez, A. y Torres, J. A.: Educación Especial I. Madrid: Pirámide.

FERNÁNDEZ, J.; PEÑAFIEL, F., DOMINGO, J. y NAVAS, J. L. (1.998): Psicología y Pedagogía. Sevilla: MAD.

FORTES, A. (1994): Teoría y práctica de la integración escolar: los límites de un éxito. Málaga: Aljibe.

GALLARDO, J. R. y GALLEGO, J. L. (1993). "Hacia una nueva concepción de la Educación Especial: Las necesidades educativas especiales". En GALLARDO, J. R. y GALLEGO, J. L. (Coords.), *Manual de logopedia escolar. Un enfoque práctico*. Málaga: Aljibe.

GALLEGO, J. L. (1991): La Educación Especial desde la LGE hasta la LOGSE. Madrid: Escuela Española nº 3.051, 11.

GALLEGO, J. L. (1991): "Las Adaptaciones Curriculares". Madrid: *Escuela Española* nº 3.059, 7.

GALLEGO, J. L. (1992): "Papel y funciones del profesor en la Reforma". Madrid: *Escuela Española* nº 3.101, 11-12.

GARCÍA, FERNÁNDEZ, J. A. (1986): Psicodidáctica y organización del aprendizaje para deficientes en régimen de integración. Madrid: UNED.

GARCÍA, GARCÍA, E. (1986): La Integración Escolar: Aspectos Psicosociobiológicos. Madrid: UNED.

GARRIDO, J. y SANTANA, R. (1993): Adaptaciones curriculares. Madrid: CEPE.

GONZÁLEZ MANJÓN, D. (1993): Adaptaciones curriculares. Guía para su elaboración. Málaga: Aljibe.

HEGARTY, S. y otros (1988): Aprender juntos. La integración escolar. Madrid: Morata.

ILLÁN, N. (Coord.) (1996): Didáctica y organización en Educación especial. Málaga: Aljibe.

INEE (1983): Diseño Curricular para la elaboración de Programas de Desarrollo Individual. Madrid: MEC-INEE.

MARCHESI, A. y otros. (1.986): Apoyo a los alumnos con NEE. Madrid. Servicio de Publicaciones del MEC.

MARCHESI, A. y MARTÍN, E. (1.990): Desarrollo psicológico y Educación III. Madrid: Alianza.

MARTÍN, E. (1989): "Currículum e innovación educativa". En AYERBE, P. y GARAGORRI, X. (Eds.): *Innovación y reforma educativa*. Universidad del País Vasco- ICE.

MINISTERIO DE EDUCACIÓN Y CIENCIA (1.995). Alumnos con Necesidades Educativas Especiales y Adaptaciones Curriculares. Madrid: Servicio de Publicaciones del MEC. CNREE.

MORENO, J. M. (1990): Diseño curricular de un centro educativo. Madrid: Alhambra-Longman.

MUNTANER, J. y FORTEZA, Mª D. (1.995): La atención a la diversidad: un reto para la Educación Secundaria Obligatoria. pp. 33-45. En XII Jornadas Nacionales De Universidades Y Educación Especial, Integración Escolar. Desarrollo Curricular, Organizativo Y Profesional. Granada: Departamento de Didáctica y Organización Escolar. ICE.

MUNTANER, J. y ROSELLO, Mª R: (1.997): Adaptaciones Curriculares individualizadas. 263-272. En TORRES, J. A. y SÁNCHEZ, A. Educación Especial. Tomo 1. Madrid: Pirámide.

PEÑAFIEL MARTÍNEZ, F.; SOLA MARTÍNEZ, T. y TORRES MARTÍN, C. (1.998): Las adaptaciones curriculares como garantía de atención a la diversidad. En II Jornadas Andaluzas sobre Organización y Dirección de Instituciones Educativas. Granada: Grupo Editorial Universitario.

PEÑAFIEL, F., DOMINGO, J.; FERNÁNDEZ, J. Y NAVAS, J. L. (1.998): Como intervenir en educación especial. Resolución de casos prácticos .Granada: Adhara

PEÑAFIEL, F.; DOMINGO, J. y MUÑOZ, M. L. (1.998):Concreción de las necesidades educativas especiales ante la LOGSE. En Peñafiel, F. y Otros: Las adaptaciones curriculares como respuesta a las necesidades educativas especiales. Granada: Adhara.

RODRÍGUEZ, J. A. (1990): El Proyecto educativo. Elementos para su diseño. Madrid: Alhambra-Longman.

SALVADOR MATA, F. (1998): Didáctica de la Educación Especial. En SOLA, T y LÓPEZ, N. (Coords.): Aspectos didácticos y organizativos de la Educación Especial. Granada: Grupo Editorial Universitario.

SALVADOR MATA, F. (1994): Didáctica Especial (proyectos curriculares en glotodidáctica). Granada: Universidad.

SALVADOR MATA, F. (1997): Desarrollo curricular organizativo y profesional en contextos de integración. En SÁNCHEZ, A. y TORRES, J.A. (Coords.): Educación Especial I. Madrid: Pirámide.

SÁNCHEZ PALOMINO, A. y TORRES GONZÁLEZ, J. A.: Educación Especial I y II. Madrid: Pirámide.

SOLA, T y LÓPEZ, N. (1998): Aspectos didácticos y organizativos de la Educación Especial. Granada: Grupo Editorial Universitario.

SOLÉ, I. y COLL, C. (1993): Los profesores y la concepción constructivista. En COLL, C. y otros (Eds.): El constructivismo en el aula. Barcelona: Graó.

UNESCO (1.983): Terminología de la Educación Especial. París: Ibedata

VIDAL, J. G. y M. M. PONCE (1989): Manual para la confección de Programas de Desarrollo Individual (PDI). Madrid: EOS.

WANG, M. C. (1995): Atención a la diversidad del alumnado. Madrid: Narcea.

WARNOCK, H. M. (1.978) Report of the Committe of Enguiry into the Education of Handicap Children and Young People. London: Her Majesty's Stationery Office

DESARROLLO PROFESIONAL DEL DOCENTE EN ORGANIZACIÓN Y GESTIÓN DE CENTROS: ELABORACIÓN DE DOCUMENTOS CURRICULARES

NATIVIDAD LÓPEZ URQUÍZAR
CRISTINA MORAL SANTAELLA
TOMÁS SOLA MARTÍNEZ
Departamento de Didáctica y Organización Escolar. Universidad de Granada.

PRIMERA PARTE: DESARROLLO PROFESIONAL DEL DOCENTE EN ORGANIZACIÓN Y GESTIÓN DE CENTROS

1. Introducción

Para comenzar exponiendo este taller tomamos como punto de partida la opinión de diversos autores como Hargreaves (1994), Day y Pennington (1993), De Vicente (1993), Marcelo (1989, 1994), etc., quienes indican que los procesos de desarrollo profesional están unidos estrechamente a los procesos de desarrollo y mejora escolar. El centro es considerado la unidad básica del cambio, el centro del movimiento de mejora escolar (Escudero, 1989; Moreno, 1992); el profesor es considerado un profesional responsable capaz de emitir juicios sobre los problemas de la enseñanza, capaz de dirigir y alcanzar unos propósitos morales y sociales pues posee autonomía en su actuación (Contreras, 1997). Para conseguir una mejora de la calidad de la enseñanza y modificar las estructuras tradicionales que permitan la consolidación de los cambios y mejoras, se hace referencia a la necesidad de trabajar a fondo los procesos de desarrollo profesional del profesorado dentro de los centros escolares (CEJA, 1997a, 1997b).

Estas ideas están basadas en la creencia de que el profesor tiene el "poder" para transcender de la dependencia de las innovaciones y reformas que constantemente le llegan desde fuera, pues es un profesional autónomo. El profesor consigue este grado de autonomía y poder para transcender a las dependencias de las normas externas que llegan desde fuera, debido a que se mantiene en un estado de aprendizaje constante apoyado en procesos de reflexión y de indagación para buscar el significado particular de las innovaciones y reformas externas. Fullan (1996), describe el desarrollo profesional como "una suma total de las experiencias de aprendizaje formales e informales a lo largo de la carrera de los profesores... Los procesos de desarrollo profesional son vistos así como dependientes de una combinación entre las oportunidades para el aprendizaje y el grado en que el profesor manifiesta una motivación expresa para implicarse en los procesos de aprendizaje" (326). Pero según Fullan (1996), las oportunidades para el aprendizaje están directamente determinadas por cómo el centro escolar está organizado estructural y normativamente para facilitar un desarrollo profesional continuo. Por tanto, la motivación intrínseca para el aprendizaje depende de una serie de creencias personales pero, a la vez, también depende de una serie de limitaciones externas que determinan este estímulo interior.

La construcción de la estructura y condiciones que hacen posible el desarrollo y crecimiento del profesorado apoyándose en la promoción de procesos indagadores sobre su propia práctica, es un compromiso que posee cada vez mayor aceptación dentro de los ámbitos relacionados con la formación permanente del profesorado. La forma tradicional de formación basada en la asistencia a cursos de formación impartidos desde el CEP, no se concibe como única alternativa de formación. Ahora se estimula a los centros a que creen las condiciones que les permitan sentar las bases para llevar a cabo una indagación constante sobre la que construir los procesos de desarrollo profesional y mejora escolar (CEJA, 1997ª, 1997b).

Figura N° 1: Definición de los procesos de desarrollo profesional.

2.   El desarrollo profesional y las nociones de "autenticidad" y "motivación intrínseca" del profesor

Hecha esta introducción que nos sitúa dentro de los márgenes que ahora se utilizan como referencias básicas para construir procesos de desarrollo profesional en los Centros escolares, pasamos a explicar con detenimiento uno de los grandes aspectos que determinan de forma decisiva la concepción que tenemos sobre el desarrollo profesional del profesor: la noción de "autenticidad".

Como ya es bien conocido, el concepto de desarrollo profesional redefine la vieja idea de la educación en-servicio para abarcar la creencia de que el profesor indaga continuamente sobre su práctica, viendo a los profesores como aprendices adultos. El concepto de desarrollo profesional del profesor asume que los profesores son unos "prácticos reflexivos", poseedores de un conocimiento práctico que constantemente se reconstruye a través de procesos de reflexión sobre la práctica en un diálogo entre colegas (Villar, 1995). En el pasado se consideraba que el desarrollo profesional, o la educación en-servicio, suponía dirigirse a los profesores de forma individual y suponía que la presentación de un conocimiento o tema era suficiente para que los profesores lo usaran en sus centros y aulas. Por el contrario, y como señala Villar (1995), el concepto del desarrollo profesional actual representa una idea mucho más amplia, pues no sólo tiene como propósito que los profesores mejoren su práctica en clase, sino que también supone construir una cultura más colaborativa en la escuela, donde los profesores sean estimulados y apoyados para aprender de los otros y para introducirse en un proceso de reflexión constante, lo cual les lleva a un proceso de aprendizaje tambien constante.

Los conceptos de motivación intrínseca para el desarrollo profesional y autenticidad del profesor son conceptos muy valiosos para explicar el tipo de desarrollo que se debe pretender en todo proceso formativo desde los centros escolares (Grimmett y Neufeld, 1994). Pero debido a que los profesores pueden ser estimulados de distintas maneras, conviene delimitar claramente lo que entendemos por una buena motivación para el desarrollo profesional. En la Tabla Nº 1, se muestra cómo la motivación puede ser concebida desde una forma tradicional, alternativa y auténtica.

TIPO/CARACTERÍSTICA	MOTIVACIÓN	IMPLICACIÓN
Tradicional Se hace lo que se recompensa	Ganancia extrínseca	Calculada
Alternativa Proporciona una recompensa profesional pero no guarda relación con cuestionarse qué es bueno para los alumnos	Ganancia intrínseca	Personal
Auténtica La recompensa te la proporciona el saber que has actuado correctamente con los alumnos	Propósito moral	Moral

Tabla Nº 1: Formas de motivación tradicional, alternativa y auténtica (Grimmett y Neufeld, 1994, p. 5).

Tradicionalmente, la forma de concebir la motivación del profesor ha sido la de considerar que los profesores hacen lo que se les recompensa, por lo tanto es un tipo de motivación extrínseca. Cuando el profesor se esfuerza por estar menos controlado por factores externos y ser menos dependiente de condicionamientos extrínsecos, busca otro tipo de recompensa. Esta forma alternativa de motivación es intrínseca e implica un proceso personal. Pero las formas tradicionales y alternativas de motivación no definen al profesor como un agente autónomo. Grimmett y Neufeld (1994), citando a Sergiovani (1992), consideran que para definir al profesor como un agente autónomo hay que hacer referencia a formas morales de motivación e implicación. Estos autores la llaman motivación auténtica y se produce cuando los profesores se esfuerzan, no en hacer lo que la organización recompensa, ni lo que ellos mismos encuentran intrínseca y personalmente satisfactorio, sino lo que es bueno e importante para los alumnos en un contexto particular y con unas circunstancias concretas. Esta motivación es esencialmente moral y significa una lucha por lo que es necesario para la mejora del aprendizaje. La motivación auténtica implica creación y construcción así como descubrimiento, originalidad, e incluso oposición a las reglas que la sociedad reconoce como válidas moralmente. La motivación auténtica implica a la vez ser poseedor de una mente abierta y flexible para poder construir un significado compartido mediante una comunicación y conversación sostenida dentro de los centros escolares (Lambert, 1995; Emery, 1996; Zimmerman, 1995).

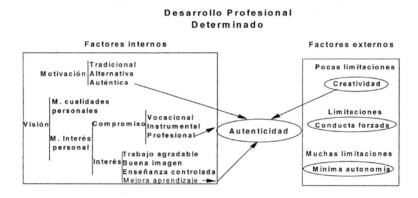

Figura Nº 2: Factores internos y externos determinantes de los procesos de desarrollo profesional y del logro de la autenticidad profesional en los profesores.

La lucha por la autenticidad representa el esforzarse por resolver día a día los dilemas de la práctica y reconstruirla diariamente, para lo cual el profesor debe hacerse consciente de los criterios que usa para valorar los efectos positivos o negativos de su práctica y las condiciones macro y micro-nivel que influyen en ella, pues la actuación del profesor no tiene lugar en un vacío social (Woods, 1994). Así, el desarrollo del profesor debe ser considerado dentro de un esquema de fuerzas y acontecimientos sociales, donde existen distintos grupos con distintos intereses que tienen una visión particular de qué es un desarrollo profesional deseable. Podríamos concretar esta idea haciendo referencia a una serie de factores externos e internos que determinan los procesos de desarrollo profesional y el logro de esa motivación auténtica para el desarrollo profesional.

Los modelos de enseñanza destacados por Woods (1994) son especialmente interesantes para comenzar a exponer los factores internos que determinan el desarrollo profesional, pues con ellos se muestran distintas visiones de lo que es la enseñanza y por lo tanto distintas formas de entender los procesos de desarrollo profesional. Los modelos son, entre otros, los siguientes:

— El modelo de "Cualidades Personales": Las cualidades personales son consideradas factores decisivos para llevar a cabo una enseñanza efectiva, aunque nunca queden totalmente definidas. Los criterios de efectividad y los sistemas de control en los resultados son esenciales en este modelo.

— Modelo de "Interés Personal": Este modelo gira en torno a una serie de factores internos que guardan relación con el compromiso y el interés personal del profesor hacia el desarrollo profesional:

a) Dentro del compromiso del profesor se pueden distinguir tres tipos: compromiso vocacional (amor a la enseñanza), compromiso instrumental (mejora del salario, vacaciones, trabajo agradable, etc.) y compromiso profesional (enseñanza reflexiva, realización profesional).

b) Respecto a los intereses del profesor se pueden destacar: el conseguir un ambiente agradable de trabajo que evite el estrés, un trabajo autónomo que le permita mantener una buena imagen personal y establecer un cierto rigor, control en la instrucción para reducir la carga cognitiva que supone la enseñanza y mejora del aprendizaje. Cuando el interés abarca la mejora del aprendizaje, sin más, llegamos realmente al concepto de autenticiad profesional, siendo además el punto de referencia básico sobre el que construir los procesos de desarrollo profesional.

Pero la búsqueda de la autenticidad no sólo viene determinada por unos factores internos, relacionados con conceptos como son la motivación, el interés o el compromiso, sino también por una serie de factores externos que limitan en distintos grados la actuación del profesor:

* Existen pocas limitaciones sobre el profesor y por lo tanto existen muchas oportunidades para el aprendizaje y para el desarrollo profesional, con lo cual la enseñanza del profesor es creativa, personal y auténtica.

* Las limitaciones fuerzan a los profesores a modificar su enseñanza en un camino determinado. El desarrollo aquí consiste en definir las estrategias y habilidades que son necesarias para alcanzar los límites impuestos.

* Las limitaciones son tan elevadas que impiden y restringen las oportunidades para llevar a cabo la enseñanza con un mínimo de autonomía, lo cual induce al estrés. Los profesores así experimentan regresión más que desarrollo.

Las limitaciones o factores internos y externos que acabamos de comentar impiden que los cambios y mejoras sean adoptados por los profesores a partir de una reflexión interna propiciada por una motivación auténtica, lo cual repercute indiscutiblemente en la calidad de la enseñanza que imparte un centro, pues impide que:

A) Los profesores sean capaces de construir un significado particular y personal de las mejoras y reformas que se pretenden llevar a cabo, ajustando su conocimiento práctico profesional.

B) La cultura de la indagación y la visión del profesor como investigador entre de lleno a formar parte de las vidas de los profesores de los centros como un hábito o rutina más de su práctica profesional diaria, para asimilar los cambios y las mejoras propuestas.

Pasamos a continuación a explicar estos dos aspectos que son esenciales para que las mejoras y cambios entren de lleno a formar parte de la vida de los centros y avanzar así en los procesos de desarrollo profesional.

3. Desarrollo profesional como un proceso de aprendizaje constructivista

Profundizando en los aspectos que son esenciales para producir un desarrollo profesional en los profesores y comenzando por el apartado referido al tema de la construcción de un significado particular de las reformas y mejoras que se intentan poner en práctica en los centros escolares, hay que hacer referencia a la visión que proporciona el trabajo de Lambert, Walker, Zimmerman, Cooper, Gardner y Slack (1995) en el cual los procesos de desarrollo profesional son entendidos como procesos de aprendizaje constructivista. La construcción de un conocimiento o teoría personal de las mejoras que se intentan poner en práctica, es esencial para conseguir institucionalizar los cambios dentro de los contextos particulares donde los profesores actúan.

Para tener una visión general de lo que significa este aprendizaje constructivista, comenzamos indicando que según Walker y Lambert (1995), el constructivismo es una teoría que explica los procesos de aprendizaje y los procesos de construcción del conocimiento. Mackinnon y Scarff-Seatter (1997) consideran que el constructivismo es la teoría del conocimiento y la teoría de cómo se comienza a conocer. La teoría del conocimiento, originariamente articulada por Piaget (1964), es esencialmente biológica en su naturaleza: un organismo encuentra una experiencia o un acontecimiento nuevo y busca asimilar esa nueva experiencia a su estructura cognitiva existente, ajustando estas estructuras y acomodándolas a la nueva información. Las estructuras cognitivas, o esquemas, son formados y reformados basándose en las experiencias, creencias, valores, historias socioculturales y percepciones primeras. Los esquemas son las construcciones básicas de significado que los individuos utilizan para interpretar, comprender y comenzar a conocer. El crecimiento y el desarrollo son el reflejo de una serie de procesos de discrepancia —o desequilibrio— que se producen en los esquemas cuando se perciben estímulos externos.

Hace unos años, la escuela era encasillada bajo la metáfora que la describía como una empresa o fábrica enfatizándose los aspectos de producción y uniformidad. En los años 80 la metáfora de la escuela como una comunidad de aprendices emerge, fundamentada sobre la imagen del aprendizaje constructivista. Los principios del aprendizaje constructivista, según Lambert (1995), al igual que otros autores como Richardson (1997) o Winitzky y Kauchak (1997), hacen referencia a:

— un aprendizaje cooperativo que proporciona las bases para la construcción social y democrática del conocimiento,
— un conocimiento que se construye dentro del aprendiz,
— un aprendiz que posee un sistema de creencias previo para acomodar y reformular los nuevos conocimientos a su base de conocimiento originaria,
— una comunidad de aprendices,
— un aprendizaje entendido como una actividad social que es mejorada mediante una indagación compartida, y
— un aprendizaje sustentado en procesos reflexivos para la construcción de conocimiento y significado.

La búsqueda y construcción del significado es así definida como un proceso constructivista. El aprendizaje constructivista debe además ser considerado una empresa social, pues para que el aprendizaje ocurra es vital la existencia de una comunidad. Una comunidad educacional entendida como un medio para la búsqueda de significado y definida por medio de cualidades naturales y ecológicas. Para crear comunidades educacionales que funcionan como sistemas ecológicos sociales, los miembros de estas comunidades trabajan interdependientemente los unos con los otros. Los ciclos ecológicos en los que se implican los miembros de una comunidad requieren un flujo de información y feedback, procesos en espiral que son esenciales para trabajar el desequilibrio que causa el romper con las viejas suposiciones y construir un nuevo significado (Lambert, 1995b).

Así los procesos recíprocos que nos disponen a construir un significado ocurren dentro de un contexto de relaciones y tienen como propósito: a) evocar el potencial de una comunidad en un ambiente de verdad, b) reconstruir —o romper— con las viejas suposiciones o mitos, c) construir significado de nuevos símbolos o imágenes, y d) elaborar esquemas de acción que construyan nuevas conductas como, por ejemplo: nuevos esquemas de planificación, nuevos sistemas para la construcción curricular, nuevas formas de evaluación, etc. Éstos son procesos en espiral que se construyen unos sobre otros en un círculo de vuelta atrás sobre ellos mismos. Las nuevas acciones son un medio a través del cual los cambios son puestos en práctica en un proceso de investigación acción que, además de permitir el desarrollo profesional de los profesores, permite la emancipación y el desarrollo de la organización escolar (Suber-Skerritt, 1996).

La construcción de significado también está determinada por el contexto donde se realizan los procesos de construcción de significado. Por esto Lieberman (1996) hace referencia a la necesidad de promover y estimular en todo momento la conexión de las nuevas teorías y cambios que se pretenden llevar a cabo en los centros a los contextos particulares en que trabajan los profesores. Sin esta conexión los profesores no construyen un significado particular de los cambios y mejoras que se intentan llevar a cabo en los centros, impidiendo que la puesta en práctica de estos cambios sean verdaderos momentos de aprendizaje y de desarrollo profesional en los profesores, en definitiva, momentos para que los profesores construyan y reconstruyan su teoría personal acerca de la enseñanza.

Así, cuando Lieberman (1996) habla de la necesidad de llevar a cabo el aprendizaje de los nuevos e innovadores contenidos por parte del profesor dentro de los contextos particulares, está aludiendo a la importancia del conocimiento situacional y contextual que los profesores utilizan para llevar a cabo su tarea, conocimiento destacado por el trabajo de Grossman (1990). Para que el conocimiento del profesor sea útil debe ser basado y fundamentado en el conocimiento del contexto-específico. Este conocimiento se construye de: a) un conocimiento del distrito en que el profesor trabaja, incluyendo el conocimiento de las oportunidades, limitaciones y expectativas que el distrito proporciona en relación al desarrollo de su tarea como docente, b) un conocimiento del escenario escolar, incluyendo la cultura escolar y otros factores contextuales de nivel escolar que afectan a la instrucción, y c) un conocimiento de los estudiantes.

Para establecer una unión entre la teoría o cambio que se intenta llevar a cabo y el contexto particular donde se va a poner en práctica, también hay que hacer referencia a los distintos tipos de utilización del conocimiento por parte del profesor. Según Eraut (1994) el conocimiento puede ser usado de distintas formas:

— *Replicación:* El profesor puede usar el conocimiento mediante un proceso de réplicación, cuando el conocimiento se construye en forma de reglas o rutinas para llevar a cabo una tarea repetitiva, por tanto, no necesita ningún tipo de reorganización, sólo necesita ser —replicado— tal cual es.

— *Aplicación*: Cuando se busca una aplicación y utilización del conocimiento recibido a distintos escenarios, por lo tanto se requiere algo más que una mera replicación pues el conocimiento debe ser aplicado a distintos contextos.

— *Interpretación*: Para explicar esta forma de utilización del conocimiento se emplean términos como "comprensión" y "juicio", términos que son la base de un conocimiento profesional. La comprensión se considera un modo interpretativo de usar el conocimiento.

— *Asociación*: El conocimiento de uso asociativo es considerado semi-inconsciente e intuitivo, e implica la utilización de metáforas e imágenes. Este modo de conocimiento sirve para transportar las ideas teóricas a la práctica mediante imágenes.

Las mejoras y los conocimientos innovadores no deben ser transladados a los centros escolares sin más mediante procesos de replicación o aplicación, olvidando que para conseguir que un conocimiento sea realmente útil para el profesor se necesita activar el conocimiento contextual de los profesores. Una vez activado este conocimiento contextual y aplicando modos de utilización del conocimiento interpretativos y asociativos, las propuestas de mejora y cambio pueden llegar a formar parte del conocimiento práctico de los profesores. Sólo así un contenido innovador puede llegar a ser realmente útil para la profesión docente y llegar a formar parte de la teoría personal de los profesores mediante procesos de teorización y de toma de consciencia metacognitiva (Eraut, 1994; Cox, 1996).

4. La cultura de indagación y el profesor investigador fundamentos para el desarrollo profesional

La reforma de la enseñanza pretende fomentar en las escuelas un aprendizaje activo, constructivista y basado en la resolución de problemas. Para conseguir alcanzar estas metas se necesita que los profesores tomen consciencia y den un significado particular a estos nuevos planteamientos sobre enseñanza y aprendizaje. El trabajo de Szabo (1996), donde se hace referencia a los problemas que conlleva reestructurar diversas escuelas bajo estos nuevos planteamientos, indica que "los fallos y problemas con los que se enfrenta este movimiento de reestructuración es la falta de una robusta cultura de indagación dentro de las escuelas y en los distritos escolares" (p. 76). Los grandes factores determinantes de este problema según Szabo (1996) residen en que la cultura de la escuela se sustenta sobre el vacío existente entre el pensamiento y la acción. Además, según esta autora, existen pocas oportunidades para que los miembros de la comunidad escolar construyan un significado y un compromiso sobre las nuevas propuestas, por lo tanto esto les impide utilizar las nuevas estructuras con un propósito realmente interesante para alcanzar las metas que ellos previamente tienen establecidas y pretenden llevar a cabo.

En las escuelas con una cultura de indagación el pensamiento y la acción son coordinados, los problemas de la unión de la teoría y la práctica son trabajados como objetivo prioritario y básico, y los procesos generativos, constructivos y reflexivos son tenidos en cuenta como algo sostenido, sistemático y planificado. Así, los miembros de la comunidad escolar construyen un significado compartido que les permite ser capaces de diseñar, desarrollar, evaluar y revisar las nuevas estructuras (Cochran-Smith y Lytle, 1993).

La introducción del rol del profesor investigador, tiene un efecto positivo en la mejora de la práctica del profesor como señala la investigación de Hahn (1991), indicando lo que ocurre cuando la investigación comienza a ser una parte regular de la vida de los profesores y queda institucionalizada en el centro escolar como una rutina más:

— La enseñanza de los profesores es transformada en un camino importante, pues los profesores comienzan a ser teorizadores, a articular sus intenciones, a valorar sus suposiciones, y a encontrar conexiones con su práctica.

— Los profesores comienzan a buscar recursos que puedan enriquecer su profesión, pues con la información que tienen no les basta. Ellos realizan una observación sistemática a lo largo de períodos de tiempo prolongados, lo cual les permite obtener un profundo conocimiento.

— Los profesores comienzan a ser más críticos, siendo lectores responsables que usan los resultados de la investigación y no la aceptan sin más. Valoran así de una forma personal el currículum, los métodos y los materiales.

Pero para que la investigación del profesor sea asociada como una tarea más de su actividad profesional, como algo que queda institucionalizado a los contextos particulares donde ellos trabajan, se debe propiciar un contexto adecuado para que se consigan estos propósitos. Ciertos elementos del ambiente de la escuela contribuyen a la efectividad de los proyectos de investigación acción. Los proyectos tienen más éxito cuando el clima de la escuela estimula la comunicación y la experimentación y cuando los administradores apoyan el proyecto. Lambert y Gadner (1995), sugieren que los profesores necesitan una atmósfera en la cual ellos sean libres de identificar problemas para la indagación, experimenten con soluciones y expresen sus ideas compartiéndolas con los colegas y administradores. Esta libertad comienza desde la administración, reconociendo una autoridad colegiada más que jerárquica. Así, la administración no sólo debe proporcionar a los profesores la libertad para experimentar, sino que también debe reconocer y legitimar sus proyectos de investigación y asegurar su continuación en el futuro. El soporte administrativo puede tener la forma de recurso como el tiempo, asistencia técnica, material necesario para que el proyecto de investigación suceda, etc. (Szabo, 1996; Cochran-Smith y Lytle, 1996).

Que el profesor se implique en tareas de desarrollo profesional requiere un esfuerzo considerable, pues el esfuerzo por innovar requiere ser compaginado con su tarea académica, llevando a cabo al mismo tiempo actividades de indagación y de reflexión sobre su propia práctica. Existen reacciones en contra de simplemente añadir la investigación como una carga más del trabajo de los profesores (Louis, 1992). Por ello sería interesante conseguir la institucionalización de la investigación del profesor para hacer de la indagación una parte integral de la vida profesional de los profesores. Crear como llaman Cochran-Smith y Lytle (1993) «comunidades de investigación», para que el desarrollo profesional del profesor, utilizando procesos de indagación constante sobre la práctica, quede implícito dentro de las estructuras organizativas, temporales y estructurales del centro.

La institucionalización de la cultura de indagación supone la creación de comunidades de indagación que dispongan las estructuras organizativas necesarias para que los grupos de profesores trabajen juntos charlando sobre su trabajo, aprendiendo de los otros y llevando a cabo usos curriculares e instruccionales. Supone, además, romper con los viejos hábitos y creencias y construir una cultura más funcional, que se aleje de las "rutinas defensivas organizativas" que destaca Argyris (1993). La organización y los individuos deben ser conscientes de que ellos pueden aprender de la reflexión e investigación acerca de sus acciones y propósitos. Pero, ¿cómo avanzar desde una cultura rutinaria que entiende la enseñanza como un proceso mecánico a una cultura de la indagación que considera la enseñanza como un proceso de resolución de problemas?, ¿cómo pasar de unos patrones culturales que propician el aislamiento, la fragmentación, las posturas defensivas e inflexibles, a unos patrones culturales que propician la coordinación, la visión holística y sistemática, los procesos generativos y reflexivos? Szabo (1996) resume los hábitos y patrones culturales que el movimiento de reestructuración llevado a cabo en California intenta poner en práctica para conseguir una cultura de indagación poderosa que apoye el cambio y la mejora constante, en los siguientes elementos: pensamiento holístico, ciclos de investigación acción, discurso generativo, trabajo en comunidad y fomento de la capacidad de cambio (Tabla Nª 2).

---

1. Pensamiento Holístico y Visionario.
   * Desarrollar una claridad en los propósitos e ideas constantemente
   * Usar esos propósitos e ideas para cambiar las estructuras tradicionales
   * Identificar y trabajar desde los criterios que expresan los propósitos e ideas en la acción
   * Considerar y trabajar con el poder potencial de todo el sistema

2. Ciclos de Investigación-Acción.
   * Invitar a la búsqueda y definición de problemas
   * Examinar las acciones y las prácticas rigurosamente
   * Generar feedback, descubrimientos y significado
   * Formular y llevar a cabo estrategias para la mejora
   * Usar las relaciones de «coaching» y el diálogo crítico

3. Discurso Generativo.
   * Desarrollar comprensiones compartidas
   * Incluir diversos apoyos y puntos de vista
   * Cuestionar las creencias y suposiciones asumidas como axiomas
   * Considerar las perspectivas y acciones como provisionales y siempre abiertas a revisión
   * Valorar las preguntas más que las respuestas
   * Crear la estructura para la interacción y dejar el tiempo necesario para apoyar este discurso

4. Trabajar en Comunidad.
   * Compartir el poder y compartir la responsabilidad
   * Crear las estructuras y los procesos para conseguir el trabajo compartido
   * Construir relaciones y buscar una verdad mutua a través de un trabajo colaborativo
   * Actuar teniendo en cuenta los puntos de vista personales de la gente

> **5. Trabajar la Capacidad de Cambio**.
> * Focalizarse en los problemas locales e identificar las cuestiones de gran interés
> * Conectar con las perspectivas y experiencias exteriores y adaptarlas a las necesidades locales
> * Experimentar y actuar en el riesgo y el desafío
> * Reconocer que el aprendizaje significativo implica un cambio personal

Tabla N° 2: Hábitos de una cultura de indagación (Adaptados de Szabo, 1996).

5. Condiciones estructurales que facilitan el desarrollo de una cultura de indagación

Para Lambert (1995a), al igual que para De Vicente (1993), el contexto necesario para producir el desarrollo profesional en el profesor se basa fundamentalmente en conseguir que el profesorado del centro adopte una postura distinta a la forma en que concibe su formación y desarrollo. Cuando los profesores de la escuela comienzan a descubrir el potencial de trabajar colaborativamente y desafiar juntos su profesión, es el momento en que se crea un contexto adecuado para conseguir un desarrollo profesional constante. Es el momento en el que los profesores de un centro comienzan a dar un nuevo significado a su trabajo, a salir del aislamiento que les caracteriza, y comienzan a cambiar los modelos y estructuras de relación adoptando las formas de grupos de investigación, «coaching» a pares, equipos de planificación, trabajo cooperativo y en grupo, utilización de reuniones informales, etc. (Izquierdo, 1993; Fabra, 1992; Martí, 1992).

Fullan (1996) destaca la importancia de modificar los patrones o modelos de relación para poder adoptar las formas de indagación y de innovación que permitirán el desarrollo profesional de los profesores. Es necesario romper con una serie de suposiciones establecidas y adoptar un nuevo sistema de relaciones fundamentado sobre una perspectiva ecológica que requiere una total participación de todos los miembros de un centro (Lorenzo, 1994). El romper con viejas suposiciones es difícil y para ello se requiere introducirse en un proceso recíproco, basado en una búsqueda constante por comprender, no sólo por describir o defender tu postura, sino también para crear e imaginar nuevas posibilidades, dentro de la «comunidad crítica» a la que hace referencia el trabajo de Lambert (1995a).

Figura N° 3: Condiciones facilitadoras de una cultura de indagación en los centros.

A continuación destacamos algunas condiciones estructurales que deben ser tenidas en cuenta para propiciar "comunidades críticas" donde se pueda producir un desarrollo profesional basado en la indagación y la reflexión del profesor:

A- Normas de colegilidad y comunicación abierta
B- Oportunidades y tiempo para una indagación sistemática
C- Liderazgo constructivista

A- Normas de colegialidad y comunicación abierta

Actualmente la práctica privada y aislada tiende a ser remplazada por una comprensión compartida de los problemas, que permita la construcción de significados mediante procesos colaborativos. El personal de un centro construye así una serie de normas para trabajar en una nueva cultura que apoya la investigación del profesorado (Szabo, 1996). Sin embargo, aunque el éxito de una escuela descansa en los hábitos de un trabajo compartido, estos patrones de trabajo colaborativo, indagador y reflexivo no son típicos de las escuelas en general.

Cochran-Smith y Lytle (1993) destacan como elemento esencial para construir una comunidad que favorezca la investigación del profesor, el desarrollo de hábitos de comunicación entre los miembros de la comunidad escolar y una charla propiciadora de la descripción, la discusión, y el debate sobre la enseñanza. A través de la charla entre los profesores se construye y reconstruye el conocimiento y la verdad como un proceso público. En la conversación espontánea, los participantes construyen sobre las ideas de otros que pertenecen a diferentes grados, niveles, áreas y materias. Así se provoca una discusión desde perspectivas que provienen de distintos contextos.

La investigación sobre el desarrollo profesional ha destacado el papel de la conversación que se produce entre los profesores como estrategia reflexiva y como instrumento de gran valor para producir el cambio en la estructura de conocimiento del profesor. Emery (1996) expresa a través de su investigación, que la conversación entre los profesores centrada en aspectos relacionados con una práctica innovadora, constituye una prometedora alternativa para promover el cambio, pues permite una confrontación y reconstrucción del significado y la búsqueda de una verdad compartida.

B. Oportunidades y tiempo para un indagación sistemática

El tiempo es un factor crítico en la formación y el mantenimiento de las comunidades de aprendizaje para la investigación del profesor y para su desarrollo profesional (Cochran-Smith y Lytle, 1993). La enseñanza es una profesión en la que casi resulta imposible, o es extraordinariamente difícil, encontrar el tiempo suficiente para recoger datos, y es casi imposible encontrar tiempo para reflexionar sobre los datos recogidos, leer sobre temas que preocupan, o compartir experiencias con colegas.

Desde una visión «socio-política» del tiempo como destacan Hargreaves (1996) y Gimeno y Pérez (1993), hay que considerar que los administradores no dejan tiempo para otros propósitos que no sean los meramente formales, y dejan a los profesores poca flexibilidad en el uso del tiempo. El apoyar las comunidades para el desarrollo profesional del profesor supone distribuir algún tiempo durante el día escolar para que el profesor reflexione sobre su práctica. Las tareas de desarrollo profesional del profesor, como son las propuestas de investigación, de realización de proyectos de innovación, las propuestas de formación en centros, la realización se seminarios de trabajo, etc., no pueden ser consideradas simplemente tareas adicionales y añadidas a las tareas diarias que debe realizar el profesor. El tiempo debe ser organizado de forma distinta, ya que es un factor crítico en la formación del profesor y el mantenimiento de las comunidades de aprendizaje y de desarrollo profesional.

C. Liderazgo constructivista

Generalmente los conceptos tradicionales de liderazgo han estado referidos al tema de direccionalidad e influencia, para explicar el «poder» del líder escolar (Reitzug, 1994). La tarea básica del líder escolar queda concebida como la dirección de un curso de acción determinado para el logro de unas metas, mediante una influencia sutil (Walker, 1995). Palabras como diseñar, fomentar, invitar, persuadir, influenciar, son términos típicos utilizados para definir la tarea de liderazgo (Lambert, 1995b). Rost (1991), en un análisis extenso de los escritos referidos al liderazgo desde 1900 hasta 1990, describe la imagen del líder como la persona de reconocido prestigio por la comunidad, con una cierta capacidad para la influencia, y que tiene como propósito lograr efectivamente la organización del grupo para conseguir unas metas determinadas relacionadas con aspectos de eficacia y calidad.

Pero ahora el líder escolar tiene como papel el dar «poder» a los profesores para que evalúen sus metas y en qué condiciones estas metas son útiles, más que dirigirlos o manipularlos hacia metas organizativas determinadas (Reitzug, 1994; De Vicente, 1993b). Ahora se habla de un liderazgo constructivista, el cual surge de una forma de concebir el liderazgo bajo esta función de dar poder a la comunidad de profesores propuesta por Foster (1994) y Lambert, D., Zimmerman, Cooper, Lambert, M., Gardner y Slack (1995). Se propone así un tipo de liderazgo constructivista, surgiendo de la idea de liderazgo como un proceso recíproco y fundamentado en la idea de que la comunidad educacional es la constructora del significado. Esta característica es el corazón de la teoría constructivista del liderazgo, considerando al adulto dentro de una comunidad que puede trabajar junta para construir el significado y el conocimiento. El profesor se entiende como el profesional que tiene el "poder" para construir conocimiento, conocimiento que surge dentro de una comunidad educacional (O'Halon, 1996).

TRADICIONAL	CONSTRUCTIVISTA
Fragmentado	Coordinado, colaborativo
Dependiente	Potenciador de capacidades
Competitivo	Cooperativo-complementario
Dominado por agencias externas	Dirigido por miembros de centro
Centralizado	Descentralizado
Trabajo en paralelo	Trabajo en redes
Basado en expertos	Construido y facilitado
Entrenamiento	Conversación, conexión
Orientado al servicio	Orientado al apoyo
Relaciones no igualitarias	Relaciones recíprocas

Tabla Nº 3: Características de un liderazgo tradicional frente a un liderazgo constructivista (Lambert, 1995b, p.99).

SEGUNDA PARTE: ELABORACIÓN DE DOCUMENTOS CURRICULARES

1. Bases Teóricas

Para abordar esta temática, hemos de hacer una serie de puntualizaciones previas que hacen referencia a la terminología específica empleada para denominar lo que, en términos generales, vamos a llamar Proyecto de Centro.

Presentamos una serie de definiciones que, con carácter general, configura el elemento conceptual que nos ocupa.

> *«Es el ajuste de unas actividades del profesor y de los alumnos a un correcto esquema educacional».*
> Rodríguez Díeguez, J. L. (1985: 11)

> *«Supone la realización de una serie de tareas, operaciones, en orden a obtener determinados resultados.»*
> Escudero Muñoz, J. M. (1980: 15)

> *«Proyecto didáctico-educativo específico desarrollado por los profesores para un grupo de alumnos concreto en una situación concreta y para una o varias disciplinas.»*
> Zabalza, M. A. (1988: 15)

Esta expresión significa una concreción educativa que ha de llevar a cabo la comunidad de educadores de cada centro escolar.

En el MEC (1989) se define el Proyecto de Centro como: «documento que plantea los grandes objetivos del centro que orienta e inspira todas las acciones, formas de organización y coordinación, organigrama, reglas de funcionamiento, vinculación con la comunidad, etc.» Por tanto este documento abarca más aspectos que los estrictamente curriculares e implica la contextualización en el entorno específico para dar respuestas reales a las exigencias del mismo de acuerdo con sus características.

Según Sánchez, S. y otros (1993: 64), «*el Proyecto Educativo de Centro es un documento con indicaciones generales que recoge y define las aspiraciones e intencionalidades de la comunidad educativa y establece las bases sobre las que ha de desenvolverse el proceso de enseñanza-aprendizaje. Estas aspiraciones afectan tanto al currículum (Proyecto Curricular de Centro) como a la organización de la escuela*».

Para De Pablo y Otros (1992), el Proyecto Educativo de Centro viene a enmarcar la filosofía del centro, las reflexiones acerca de las grandes líneas ideológicas que subyacen a su propuesta educativa, los aspectos organizativos que harán viable lo anterior, las relaciones internas y externas, etc., es decir, es un documento de carácter general que recoge los aspectos mencionados.

Barberá, V. (1989) coincide con los anteriores en que el Proyecto Educativo constituye el planteamiento explícito de la comunidad educativa del centro, acerca del tipo de escuela que desea, cuáles son los fines que persigue, cuál el tipo de alumnos que desea formar, etc. Este autor mantiene que la expresión Proyecto Educativo es afín a otras expresiones que ya circulaban en los medios escolares anteriormente, tales como: carácter propio de centro e ideario educativo, etc.

En las Cajas Rojas del MEC (1992) se define como *«documento que recoge las decisiones asumidas por toda la comunidad escolar respecto a las opciones educativas básicas y a la organización general»*

En el Real Decreto 819/1993 de 28 de Mayo, por el que se aprueba el Reglamento Orgánico de las escuelas de Educación Infantil y colegios de Educación Primaria, se establece, en los artículos 75 y 76, aspectos de desarrollo del Proyecto Educativo de Centro:

El equipo directivo elaborará el Proyecto Educativo del Centro de acuerdo con los criterios establecidos por el Consejo Escolar y las propuestas realizadas por el Claustro, finalmente el Consejo Escolar lo aprobará y evaluará.

El punto de partida del Proyecto Educativo de Centro serán las necesidades específicas de los alumnos, las características del entorno escolar y el centro; fijará objetivos, prioridades y procedimientos de actuación que incluirá los siguientes elementos y acciones:

---

a) Características del centro y entorno.
b) La definición de las notas de identidad del centro.
c) Las finalidades legales como elemento básico de formación de los alumnos.
d) Los objetivos generales o específicos para el desarrollo de las capacidades de los alumnos.
e) La Organización general del centro.
f) La articulación de los diferentes elementos que constituyen la estructura organizativa y funcional que garanticen la consecución de los objetivos propuestos en el Reglamento de Convivencia (RC).
g) La colaboración entre los distintos sectores de la comunidad educativa y los servicios del municipio.
h) Las condiciones de participación responsable del alumnado.

El proceso de elaboración habrá de ser progresivo y lento, para que se vaya consolidando un estilo nuevo de trabajo colaborativo organizando los elementos personales en diferentes comisiones de trabajo que elaborarán los distintos apartados del Proyecto de Centro en los tiempos y condiciones que la normativa legal establece.

Aportamos nuestra propia definición de Proyecto centrándonos en la perspectiva de la escuela:

Proyecto de Centro, es el documento en el que se plasman los principios pedagógicos básicos así como las grandes coordenadas (objetivos, contenidos, estrategias metodológicas, organizativas y evaluadoras) en torno al cual ha de funcionar y regirse un centro en función de las Finalidades Educativas que se prescriben.

2. Referencia curricular

Desde el punto de vista de la teoría general de Diseños Curriculares, reconocemos que nos ubicamos en el segundo nivel de concreción del currículum.

Recordemos que los Diseños Curriculares Base, tanto del MEC como de la Junta de Andalucía, aparte de ser prescriptivos, se presentan como modelos amplios y flexibles para que sus principios conceptuales, metodológicos y organizativos puedan adaptarse a las realidades concretas de cada centro escolar.

El documento debe ajustarse a los siguientes criterios:

* Respetando la legalidad	Prescriptivo
* De acuerdo con el contexto	Realista y flexible
* Centrado en las características de los destinatarios	Pluralista e intercultural

Los niveles de competencia de elaboración del documento por parte del centro y sus órganos quedan determinados por las indicaciones de los documentos de la Reforma, así como por las propias leyes: Constitución Española (Art. 27), LODE (Título III), LOGSE, LOPEGCE.

Así como los documentos que las desarrollan en forma de Reales Decretos y Órdenes Ministeriales, teniendo en cuenta la Declaración Universal de los Derechos Humanos, la Declaración Universal de los Derechos del Niño y la Ley Orgánica de Protección Jurídica del Menor.

a) En primer lugar, hay que precisar las aspiraciones, y las Finalidades Educativas, el carácter propio del centro y, en definitiva, definir la identidad del mismo. Marcar estas líneas generales es competencia y responsabilidad del Consejo Escolar, en donde se encuentran representados los distintos estamentos implicados en la educación. Aquí se formulan los Objetivos Generales del Centro, que siempre tienen presentes las Finalidades Educativas y las prescripciones legales.

b) En segundo lugar, la plasmación de estos principios básicos en cada una de las etapas, ciclos, áreas es responsabilidad del profesorado y corresponde al Claustro la elaboración de esta parte del documento, que incluye los Objetivos Generales de etapa, los Objetivos de Área y los Contenidos de Área, (**¿Qué enseñar?**); la secuencialización de objetivos y contenidos (**¿Cuándo enseñar?**) así como la metodología y materiales curriculares (**¿Cómo enseñar?**). A partir de aquí se plantean los criterios de evaluación referidos al Qué, Cómo y Cuándo y promoción del alumnado.

3. Proyecto de Centro: elementos

Los elementos configuradores del Proyecto de Centro, que constituye los tres grandes bloque o apartados en que se divide, son:

* **Proyecto Educativo que comprende**:
    — Finalidades Educativas.
    — Análisis de la realidad.
    — Objetivos de Formación para el Centro.
* **Proyecto Curricular de Centro que abarca**:
    — Proyecto Curricular de las Etapas.
    — Proyecto curricular de Ciclo.
    — Planificación de Áreas.
* **Reglamento de Organización y Funcionamiento que incluye**.
    — Organización general del centro.
    — Órganos de Gobierno y Gestión.
    — Regulación de derechos y deberes.
    — Actividades complementarias.
    — Servicios propios del centro.

3.1. Proyecto Educativo de Centro

Es el instrumento que concreta la acción educativa en un centro marcando las pautas de todo el proceso de su desarrollo y que se recoge en el llamado Plan Anual de Centro. Realizada la evaluación pertinente, tanto del diseño como del desarrollo, se sintetiza en un documento de análisis, al final de curso, llamado Memoria, que es el documento referencial en torno al cual se establecen los planes de mejora y las modificaciones necesarias para el Proyecto de Centro del curso escolar siguiente.

Finalidades Educativas

Ya hemos aludido, en diferentes ocasiones, a las Finalidades Educativas. Éstas se pueden definir como las intencionalidades que, con carácter general, se prentenden conseguir en un centro y que configuran un modelo educativo determinado.

Se apoyan en dos grandes pilares: el contexto real y las prescripciones legales. Por tanto, exige un análisis de la realidad y un conocimiento profundo de la legislación vigente.

FINALIDADES EDUCATIVAS	
ANÁLISIS DE LA REALIDAD	— Conocimiento del entorno — Conocimiento del centro — Conocimiento del alumnado
REFERENTES LEGALES	— Derechos y deberes de los alumnos — Constitución Española — Estatuto de Autonomía de Andalucía — LODE — LOGSE — Decretos de Educación Infantil, — Primaria y Secundaria — Otros Decretos y Órdenes

IMPLICA

* Justificación y explicitación
* Estudio del contexto real
* Determinación de principios y valores básicos de la opción educativa
* Propósitos colegiados y consensuados institucionalmente en orden al aspecto pedagógico, convivencial, organizativo, administrativo, etc.

Las Finalidades Educativas deben de hacer referencia y estar presentes en los cinco ámbitos siguientes:

— Plan de Organización. La organización del centro debe de estar configurada de tal manera que garantice en todo momento la consecución de las finalidades.

— Proyecto Curricular de Etapa. En las programaciones de etapa, relativas a las áreas y los ciclos, deben establecerse las estrategias necesarias que permitan la consecución de la finalidad.

— Plan de Orientación Escolar. Los programas de Orientación Educativa deben confluir con los otros elementos en las finalidades formuladas.
— Formación del profesorado. Las mismas finalidades deben incluir pautas de formación del profesorado, para la mejora de su práctica escolar.
— Plan de Evaluación del Proyecto: Las finalidades educativas han de ajustarse a un criterio evaluativo indicador del nivel de consecución de las mismas, teniendo como referencia: la detección de la situación inicial, el seguimiento de los procesos formativos, instrumentos evaluadores y el establecimiento de planes de mejora para el curso siguiente.

Análisis de la realidad

Evidentemente, si hemos de armonizar y coordinar diferentes elementos para que todos y cada uno de ellos cumplan su cometido, es imprescindible reflexionar sobre la eficacia de las interconexiones de acuerdo con el contexto en que han de moverse y al que han de referirse.

El análisis de la realidad lo enmarcaríamos en tres grandes apartados: el entorno, el centro y el aula.

a) El entorno. Este análisis tiene como finalidad el conocimiento de los condicionantes geográficos, socioeconómicos, políticos y culturales que determinan un tipo de población, unas relaciones específicas y unos modos de convivencia que repercuten favoreciendo o frenando los logros educativos.

En este apartado la reflexión se centraría en los siguientes aspectos:

DETERMINANTES SOCIOECONÓMICOS	DETERMINANTES CULTURALES
— Característica general de la zona — Tipo de vivienda — Calidad de vida — Población original — Tipo de trabajo — Niveles de instrucción y formación	— Nivel cultural general — Organismos culturales de la zona — Servicios e infraestructuras — Asociaciones culturales — Movimientos culturales — Agrupaciones deportivas o de ocio

b) El Centro. Las variables que determinan el estudio del centro se pueden recoger en los siguientes epígrafes:

* Situación geográfica.
* Características propias del centro.
* Situación administrativa y especialización del profesorado.
* Peculiaridades del edificio y distribución de espacios.
* Equipamientos y recursos.
* Diferentes servicios escolares.
* La ratio.
* Peculiaridades pedagógicas del centro.
* Existencia y colaboración de las APA.

Se pueden estudiar todas estas variables desde dos grandes perspectivas utilizando la terminología de Lorenzo Delgado, M. (1993: 195), la «*estructura abiótica*» y la «*estructura biótica*», denominados tradicionalmente análisis del carácter estático y del carácter dinámico del centro respectivamente.

En la estructura «abiótica» analizaríamos: el edificio con sus diferentes dependencias, grado de conservación, distribución y destino, dotación de recursos y materiales, así como el número de unidades de cada una de las etapas.

En la estructura «biótica», se estudiarían las personas y sus relaciones (profesores, alumnos y padres).

El profesorado, desde el claustro, se organiza en torno a dos funciones fundamentales coordinadas por el Equipo Directivo, «la de gestión y gobierno», y la de «coordinación técnico pedagógica».

A su vez la comisión de gestión y gobierno se apoya en las «comisiones informativas y de asesoramiento» y en la «comisión económica».

El Equipo Técnico de Coordinación Pedagógica se apoya en: los equipos docentes, seminarios de discusión y formación y el servicio de orientación y tutorías.

El alumnado: Respecto a los alumnos, aparte de la reflexión previa sobre la población escolar, que ya queda configurada en el análisis del centro, habría que considerar los siguientes aspectos:

— Foro escolar.
— Distribución por niveles, ciclos y aulas.
— Grado de absentismo.
— Desfases escolares.
— Procedencia familiar de los alumnos.
— Características laborales de la familia.
— Dispersiones de los domicilios familiares respecto a sus lugares de trabajo y al centro.
— Nivel cultural.
— Número y tipo de alumnos con necesidades educativas especiales.
— Diversidad social.

Los padres: Recordemos que los padres pueden participar en el centro a través de sus representantes en los órganos colegiados de gobierno, bien desde las APAs o a título particular.

El marco de participación de los padres queda refrendado por la Constitución Española (art. 27.5), la Ley Orgánica del Derecho a la Educación (arts. 15 y 19; 27 y 29; 41 - 44; 56 - 58) y en la LOGSE (art. 2.b. y Adicional 30. 2).

Los órganos de participación de los padres en el centro son el Consejo Escolar, la Comisión Económica y cuantas comisiones el centro haya estimado oportuno crear.

Otra forma de participación de los padres en la dinámica, conocimiento, apoyo a las actividades y potenciación de la educación es mediante la creación y funcionamiento de la escuela de padres.

Los Objetivos.

Los objetivos del proyecto constituyen la fase o aspecto fundamental del mismo, puesto que canalizan, centran y fijan todo el quehacer escolar.

Tienen su fundamento en la realidad que se acaba de analizar, a la cual deben de ajustarse porque, de no ser así, carecerían de sentido. Por otra parte y a partir de ellos, se han de armonizar todos los demás elementos y las estrategias a seguir tanto desde el punto de vista organizativo como metodológico.

Los objetivos se pueden definir como la materialización y concreción de las finalidades educativas. En cada curso escolar habrán de formularse, y recogerse, por tanto en el Proyecto Educativo de Centro, los objetivos concretos que se pretenden conseguir.

Como ejemplo ilustrativo valga la situación siguiente: En un centro situado en una zona marginal o de deprivación social, acogido a los planes de integración o ubicado en una zona de Actuación Educativa Preferente, cuyas características, ya conocidas (análisis de la realidad), exigen plantearse una transformación educativa o de mejora (finalidades educativas), vendrían oportunos dos objetivos:

— Potenciar la participación de los padres e incorporación a la vida y a la dinámica escolar.
— Posibilitar, mediante valores y normas, disminuir el nivel de agresividad entre los escolares.

Estos dos objetivos, junto con otros, habrán de servir de elemento de confluencia de todas las actividades del centro, en todos los niveles y en todos los ciclos y por tanto aparecerán claramente representados en los correspondientes diseños curriculares de aula, junto a, y alrededor de, los objetivos didácticos, con los que jamás deberán confundirse.

Estos objetivos del Proyecto Educativo habrán de referirse, siguiendo la terminología de Lorenzo Delgado, M. (1993: 414), a los siguientes ámbitos:

— «Al ámbito pedagógico.
— Al ámbito económico-administrativo.
— Al ámbito humano y de servicios.
— Al ámbito institucional».

3.2. Proyecto Curricular de Centro

Constituye el elemento que explicita el Proyecto Educativo de Centro y permite la aplicación a la realidad concreta, manteniendo la coherencia interna y garantizando la continuidad. Constituye un conjunto de propuestas relacionadas entre sí por el equipo docente y que se ajustan a las prescripciones contenidas en los decretos de enseñanza.

Para configurar el concepto de Proyecto Curricular recurrimos a definiciones que formulan diferentes autores:

« Representa señales, trazos representativos de las cosas pero separados de ellas. Se entiende tanto la acción de diseñar como de sus resultados» Hernández, P. (1989: 11)

«... tiene como finalidad determinar las experiencias educativas que la educación obligatoria ha de garantizar a todos los alumnos sin distinción, dejando al mismo tiempo un amplio margen de maniobra para las adaptaciones y concreciones que exige una enseñanza individualizada y respetuosa de la diversidad» (COLL, C. 1988).

«Propuesta concreta de un currículum organizado de los objetivos, contenidos, métodos educativos y de las estructuras de enseñanza-aprendizaje, que constituyen el currículum escolar» Barberá Albalat, V. (1988: 4).

Gimeno Sacristán, J. (1981), lo considera como un conjunto de relaciones que previsiblemente se establecerán entre profesores, alumnos, materiales, contenidos, tiempo y objetivos pretendidos.

La Administración Educativa, a través de sus documentos, elabora y ofrece sus propias definiciones:

«propuesta concreta de un currículo: organización de los objetivos, contenidos, métodos educativos y de las estructuras de enseñanza-aprendizaje que constituyen el currículum escolar» MEC (1992: 4).

«Es una parte esencial del Proyecto de Centro y por tanto, de la renovación educativa pretendida por la Reforma. El Proyecto Curricular de Centro implica las siguientes operaciones:

a)	*Establecer los objetivos generales del centro para una etapa general y contextual ligados por ciclos.*

b)	*Seleccionar y secuenciar contenidos significativos.*

c)	*Determinar la metodología didáctica que primará en el centro.*

d)	*Seleccionar y secuenciar los procedimientos.*

e)	*Elaborar principios en los que se basará la evaluación»* MEC (1992: 5).

«El Proyecto Curricular de un Centro y de cada una de las áreas y etapas o niveles, se concibe como un capítulo del Proyecto de Centro. Formula en términos válidos para la acción educativa, los principios, contenidos en su carácter propio o en la legislación básica y otros datos de referencia de la comunidad humana en la que está inserto el centro escolar» MEC (1992: 5).

Para el MEC (1989: 51) el Proyecto Curricular de Centro *«es un conjunto de decisiones articuladas que permiten concretar el Diseño Curricular Base y las propuestas de las Comunidades Autónomas con competencias educativas, en proyectos de intervención didáctica, adecuadas a un contexto específico».*

Esta concreción la realizan los equipos docentes, ya que ellos son los profesionales preparados para este cometido. La razón de ser del Proyecto Curricular de Centro está en formar parte del Proyecto de Centro, siendo además el conjunto de decisiones que en este último se toman respecto al qué, cómo y cuándo enseñar y evaluar.

La función básica de los Proyectos Curriculares de Centro es garantizar la progresión adecuada y la coherencia en la enseñanza de los contenidos educativos a lo largo de la escolaridad.

El Real Decreto 819/1993, de 28 de mayo, se dedica a desarrollar el Proyecto Curricular de Centro en los artículos 71 al 79 inclusive. Se regula que sea la Comisión de Coordinación Pedagógica la que dinamice la elaboración y supervise la redacción del mismo, para cada una de las etapas educativas que se impartan en el centro, de acuerdo con el Currículo Oficial y los criterios establecidos por el Claustro.

Los Proyectos Curriculares de cada etapa incluyen las directrices generales y las decisiones siguientes:

a) La adecuación de los Objetivos Generales de la Educación Infantil y Primaria al contexto socioeconómico y cultural del centro y a las características de los alumnos teniendo en cuenta lo establecido en el Proyecto Educativo de Centro.

b) La distribución de los objetivos, contenidos y criterios de evaluación de las diferentes áreas.

c) Las decisiones de carácter general sobre metodología didáctica, los criterios para el agrupamiento de alumnos y para la organización espacial y temporal de las actividades.

d) Criterios generales sobre la evaluación de los aprendizajes y promoción de los alumnos.

e) Orientaciones para incorporar, a través de las distintas áreas, la educación moral y cívica, la educación para la paz, la igualdad de oportunidades entre los sexos, la educación ambiental, sexual, para la salud, la educación del consumidor y la vial.

f) Criterios y procedimientos previstos para realizar las Adaptaciones Curriculares apropiadas para los alumnos con necesidades educativas especiales.

g) Materiales y recursos didácticos que se van a utilizar, incluido los libros para uso de los alumnos.

h) Criterios para evaluar y revisar los procesos de enseñanza y la práctica docente de los maestros.

i) La programación de las actividades complementarias y extraescolares.

El documento a que estamos haciendo referencia consta de dos partes perfectamente diferenciadas: la que se refiere a principios generales, finalidades y carácter (PE) y aquella otra que hace referencia a la aplicación en ciclos y áreas de estos principios en función de la ley (PC).

En el cuadro adjunto marcamos las diferencias entre ambos apartados del documento de acuerdo con los siguientes criterios: elementos que lo integran, responsables de su elaboración, proceso de elaboración, vigencia y amplitud.

ASPECTOS DIFERENCIADORES ENTRE P.E.C. Y P.C.		
VARIABLES DIFERENCIADORAS	PROYECTO EDUCATIVO DE CENTRO	PROYECTO CURRICULAR
ELEMENTOS QUE LO INTEGRAN	* Principios educativos generales * Carácter propio * Análisis del contexto socio-económico y cultural, organización y gestión del centro	* Objetivos y contenidos de cada etapa * Estrategias docentes, criterios y técnicas de evaluación
RESPONSABLES DE SU ELABORACIÓN	* La comunidad educativa refrendada en el Consejo Escolar	* Competencia del Claustro
PROCESO DE ELABORACIÓN	* Puede ser breve (1 O 2 cursos)	* Más lento de elaborar
VIGENCIA	* Podrá ser útil varios años	* Debe ser revisado cada año
AMPLITUD	* Puede reducir a escasas páginas	* Debe dar lugar a documentos más amplios

3.3. Reglamento de Organización y Funcionamiento

(ROF), esta expresión no induce a confusión con respecto a los términos anteriores, pero es importante analizarlo en función de su contenido y de su pertenencia al Proyecto de Centro.

Es un instrumento que ordena el funcionamiento interior del centro y los aspectos organizativos concretos. Plasma la normativa vigente relativa al gobierno y a la organización y regula la realización del conjunto de sus actividades educativas. Su finalidad consiste en garantizar la aplicación y desarrollo del Proyecto Curricular de Centro.

En el cuadro siguiente se presentan las coordenadas de dicho documento:

ASPECTOS	BASES LEGAL	RESPONSABLE

— Organización:
  * docente
  * educativa
  * escolar
— Órganos de gobierno y gestión:
  * descripción
  * composición
  * funcionamiento
— Regulación de:
  * derechos
  * deberes
— Actividades complementarias
— Servicios propios del Centro
	— L.O.D.E.
	— Normativas y Disposiciones legales
		— Propone el titular del Centro
		— Aprueba el Consejo Escolar

3.4. Plan Anual de Centro

El Plan Anual de Centro, se identifica con el Proyecto de Centro, pero hace referencia sólo a la puesta en práctica de las líneas tanto generales como específicas que se determinan en el Proyecto Educativo, en el Proyecto Curricular y en el ROF a lo «largo de un curso escolar». Y es este desarrollo y todas sus incidencias lo que se recoge en la «Memoria Anual de Curso», que a su vez sirve de referente para establecer las propuestas de mejora que se han de tener en cuenta para la elaboración del Plan Anual de Centro subsiguiente.
Existen diferentes concepciones respecto al Plan Anual de Centro, planteadas desde diferentes perspectivas, que pueden apreciarse en las siguientes definiciones.

> «Si el proyecto es una suma de intenciones..., el plan será su descripción y sistematización.»
> Barberá Albalat, V. (1989: 62)
> «Fase inicial que consiste en la explicación de medios y recursos, y previsión de tipo de situaciones educativas»...
> Escudero Muñoz, J. M. (1980: 17)
> «Es una síntesis de una situación concreta, a partir de
la que se fijan los objetivos, se establecen interdependencias, se determinan los medios,

se estiman los plazos y se estudian los recursos económicos para alcanzar las metas.»
«Un conjunto de disposiciones tomadas con vistas a la
ejecución de un proyecto con unos objetivos claros a conseguir.»
Froufe Quinta, S. y Romero Muñoz, A. (1988: 8)
«Conjunto de procesos psicológicos básicos a través de
los cuales la persona visualiza el futuro, hará un recuerdo de fines y medios y construye
un marco de referencia que guíe sus acciones.»
Escudero Muñoz, J. M. (1988: 51)
«Será la descripción y sistematización del proyecto que
es una suma de intenciones. Será un proyecto de trabajo estructurado, posible, adaptado
..., para llevar a termino los objetivos fijados.»
«Es una descripción y sistematización del Proyecto
Educativo del Centro, el cual pretende alcanzar el curso escolar de que se trate y se
especifica las condiciones de partida, los medios de que se dispone,
las estrategias y la evaluación.»
Barberá Albalat, V. (1988: 36)

4. Aspectos metodológicos

En este apartado del proyecto se presentarán las metodologías, tanto las de carácter general que hacen referencia a:

— carácter de individualización,
— carácter de socialización,
— metodologías investigativas,
— métodos de proyectos,
— proyectos de trabajo,
— trabajo globalizado,
— metodologías innovadoras,

como las de carácter específico. Por ejemplo, la metodología que habrá de utilizarse para el aprendizaje de la lectura o para el cálculo, o aquella otra que habrá de emplearse para la enseñanza de los idiomas, conocimiento del medio, desarrollo de la psicomotricidad, la socialización, etc., es decir, aquéllas que hacen referencia a las diferentes asignaturas, materias, áreas o parcelas de aprendizaje.

5. Aspectos estructurales y organizativos

En este apartado habrán de consignarse los aspectos organizativos y de funcionamiento que, evidentemente, tienen relación con el apartado anterior y que se vertebran a través de las unidades básicas de temporalización.

Los ámbitos sobre los que versan estos aspectos son:

— El organizativo propiamente dicho.
— El técnico didáctico.
— El económico-administrativo.
— El institucional.

Tal vez, el elemento más destacable sea el relativo a la «temporalización» que recogerá: entradas, salidas, servicio de comedor, jornada única, jornada partida, horario de utilización de los servicios y espacios comunes (comedor, biblioteca, laboratorio, campos de deportes, etc.), horarios de tutoría, atención a los padres, seminarios de formación del profesorado, atención a los alumnos con necesidades educativas especiales, etc.

También aparecerá el tiempo de dedicación semanal a cada una de las áreas o especialidades en función de la normativa legal y el acuerdo del Claustro.

Cabría incluirse en este apartado el calendario de actividades-complementarias-extraescolares que habrán de realizarse a lo largo del curso para cada ciclo o etapa.

6. ¿Cómo elaborar el Proyecto Educativo de Centro?

6.1. Planteamientos previos

Sin duda alguna, la elaboración del Proyecto de Centro es responsabilidad conjunta de todos los elementos implicados en la educación. El Consejo Escolar, órgano máximo de gobierno y gestión del centro, marcará las líneas generales para la elaboración de dicho documento. Por tanto es competencia y responsabilidad del director convocarlo a tal efecto. El contenido de trabajo de esa sesión del Consejo Escolar, será la organización en grupos de trabajo para reflexionar sobre los distintos grandes apartados objeto de estudio y conocimiento del centro: profesores, padres y alumnos.

El conjunto de los profesores-claustro, asumirá las responsabilidades de marcar las líneas pedagógico-didácticas que informarán todo el Proyecto.

Los padres, mediante sus representantes legales en el Consejo Escolar procedentes o no de la correspondiente Asociación de Padres, aportarán las indicaciones respecto al ámbito de su competencia.

Los alumnos presentarán en el Consejo Escolar las sugerencias que consideren oportunas para que mejoren el Proyecto de Centro de acuerdo con sus necesidades.

Para distribuir estas responsabilidades, se crean las comisiones correspondientes, cuyo contenido de trabajo está en fijar los objetivos propios del área de su competencia, debidamente priorizados, así como las líneas de trabajo.

La primera comisión que entrará en funcionamiento, bajo las indicaciones del Equipo Directivo, será aquella cuyo campo de trabajo consiste en el análisis de la realidad. Es imprescindible centrar ese análisis en los siguientes aspectos:

— Ideario o carácter propio del centro.
— Posibles colaboraciones: asociación de vecinos, servicios sociales, servicios de salud, parroquia, centros lúdico-deportivos, etc.
— El nivel sociocultural del entorno.
— Nivel de aspiración e intereses de los padres respecto a la propuesta educativa.
— Conocimiento de la población escolar.

La obtención de estos datos, que son básicos, se puede realizar bajo diferentes metodologías. La más adecuada y que ha dado grandes resultados en este tipo de indagaciones en los centros es la etnográfica, utilizando, como instrumento de recogida de datos, la entrevista o la encuesta mediante un cuestionario elaborado al efecto.

A partir de esta información se darán las indicaciones pertinentes a cada una de las comisiones para que asuman, organicen y presenten el trabajo correspondiente al campo o sector de su responsabilidad.

7. Las Comisiones de Trabajo

Las comisiones se constituirán en el seno de los sectores correspondientes: Claustro de profesores, APAs o colectivo de padres y alumnado.

Existirán tantas comisiones como se consideren oportunas dependiendo de los contenidos temáticos a estudiar o tratar, la calidad de la eseñanza, disciplina escolar, participación de los padres, actividades complementarias (intraescolares, extraescolares, lúdica y deportivas), evaluación y promoción, formación del profesorado, orientación y tutorías, relaciones con el exterior, económica y de gestión, materiales y recursos, redacción de documentos, etc.

Una vez tratados y reflexionados los asuntos propios de cada comisión se presentan las propuestas correspondientes ante el Equipo Directivo, quien se encargará de tamizarlas y adecuarlas a todas y cada una de las partes de la elaboración del PEC.

Este análisis permitirá la formulación de las Finalidades Educativas que configurarán el modelo educativo propio de ese centro, de acuerdo con el contexto y las pretensiones de los distintos sectores implicados, explicitados en el trabajo de las comisiones. Estas finalidades se presentarán al Consejo Escolar para su modificación si fuere necesaria, y aprobación.

A partir de estas Finalidades Educativas, el Consejo Escolar nombra «comisiones internas» cuyo objeto de trabajo se dirige a permitir la formulación de los objetivos del Proyecto Educativo de Centro, que el Equipo Directivo estudiará y formulará la redacción que presentará a la aprobación del Consejo Escolar.

En este momento, entran en funcionamiento las comisiones de redacción de documentos: Proyecto Educativo, Proyecto Curricular y R.O.F. Plan Anual de Centro. Queda pendiente el trabajo de la comisión de la Memoria que se desarrollará al final del curso, cuando el Proyecto Educativo haya sido objeto de desarrollo a lo largo del curso escolar; aunque durante el mismo habrá ido tomando las notas necesarias para incorporar al documento, en su redacción definitiva al final del curso.

Bibliografía

ABALO, V. y BASTIDA, F. (1994). *Adaptaciones Curriculares: Teoría y práctica*. Escuela Española: Madrid.

ÁLVAREZ, M. (1992). "Función del proyecto educativo". *Aula de innovación educativa*, 1, 49-51.

ARGYRIS, C. (1993). *Knowledge for action*. San Francisco: Jossey-Bass.

BARBERÁ, V. (1988). *Proyecto educativo. Plan anual de Centro. Programación docente y memoria*. Escuela Española. Madrid.

BARBERÁ, V. (1988). *Proyecto Educativo*. Escuela Española: Madrid.

BLANCO, R. y otros (1992). *Alumnos con necesidades educativas especiales y Adaptaciones Curriculares*. MEC: Madrid.

CEJA (1997a). *Decreto 194/1997, de 29 de julio, por el que se regula el Sistema Andaluz de Formación del Profesorado*. BOJA, N° 92.

CEJA (1997b). *Orden de 11 de agosto de 1997, por la que se regula la organización y el funcionamiento del Sistema Andaluz de Formación del Profesorado. BOJA*, n° 93.

COCHRAN-SMITH, M. y LYTLE, S. (1993). *Inside, Outside. Teachers research and knowledge*. New York: Teachers College Press.

COCHRAN-SMITH, M. y LYTLE, S. (1996). "Communities for teacher research: Fringe or forefront?" En M.W. McLaughlin y I. Oberman (Eds.), *Teacher learning. New policies, new practices*. New York: teachers College Press, 92-114.

COLLO, C. (1988). *Conocimiento psicológico y práctica educativa. Introducción a las relaciones entre psicología y educación*. Barcanova. Barcelona.

CONTRERAS, J. (1997). *La autonomía del profesor*. Madrid: Morata.

DAY, C. y PENNINGTON, A. (1993). "Conceptualising professional development planning: a multidimensional model". *JET, International Analyses of Teacher Education*, 251-260.

DE PABLO, P. (1992). *Diseño del currículum en el aula. Una propuesta de autoformación*. Mare Nostrum. Madrid.

DE VICENTE, P. S. (1993). *Proyecto Docente e Investigador de Acceso a Cátedra*. Granada.

EMERY, W. G. (1996). "Teachers' critical reflection through expert talk". *Journal of teacher education, 47* (2), 110-119.

ERAUT, M. (1994). *Developing professional knowledge and competence*. London: The Falmer Press.

ESCUDERO MUÑOZ, J. M. (1980). *Cómo formular objetivos operativos*. Cincel: Madrid.

ESCUDERO, J. M. (1989). La escuela como organización y el cambio educativo". En Q. Martín-Moreno Cerrillo (Coord.), *Organizaciones educativas*. Madrid: UNED, 313-348.

FABRA, M. L. (1992). "El trabajo cooperativo: revisión y perspectivas". **Aula, 9**, 5-12.

FOSTER, W. F. (1994). *Preparing adminsitrators for ethical practice: State of the art*. New Orleans: Paper presented at the annual meeting of the A.E.R.A.

FROUFE QUINTA, S. (1988). *Proyecto Pedagógico: Diseño y Práctica*. Gráficas Puerto: Huelva.

FULLAN, M. G. (1996). *The new meaning of educational change*. London: Cassell, (primera edición 1991).

GIMENO SACRISTÁN, J. (1981). *Teoría de la enseñanza y desarrollo del currículum.* Anaya: Madrid.

GIMENO SACRISTÁN, J. y PÉREZ GÓMEZ, A. (1993). "El profesorado de la Reforma". *Cuadernos de Pedagogía, 220*, 95-99.

GONZÁLEZ, M. A. y SABATE, J. (1991). *La integración de alumnos con necesidades educativas especiales. Ciclo Superior de E.G.B.* MEC: Madrid.

GRIMMETT, P. Y NEUFELD, J. (1994). "The struggle for authenticity in a changing educational context". En P. Grimmett y J. Neufeld (Eds.), *Teacher development and the struggle for authenticity. Professional growth and restructuring in the context of change*. New York: Teachers Coollege Press, 1-15.

GROSSMAN, P. (1990). *The making of a teacher: teacher knowledge and teacher education*. New York: Teacher's College Press.

HAHN, J. (1991). *Institutionalizing teacher research: There is no subsitute for local knowledge*. Chicago: Paper presented at the annual meeting of the A.E.R.A.

HARGREAVES, A. (1996). *Profesorado, cultura y postmodernidad*. Morata: Madrid

HERNÁNDEZ, P. (1989). *Diseñar y enseñar. Teoría y Técnicas de la Programación y del Proyecto Docente*. Narcea: Madrid.

IZQUIERDO, C. (1993). "La reunión de profesores". *Cuadernos de Pedagogía*, **210**, 77-79.

LAMBERT, L. (1995). "Leading the conversations". En L. LAMBERT, D. P. ZIMMER-

MAN, J. E. COOPER, M. D. LAMBERT, M. E. GARDNER y P. J. F. SLACK (Eds.) *The constructivist leader.* New York: Teachers College Press, 83-103.

LAMBERT, L. (1995a). "Constructing school change". En L. LAMBERT, D.P. ZIMMER-MAN, J. E. COOPER, M. D. LAMBERT, M. E. GARDNER y P. J. F. SLACK (Eds.), *The constructivist leader.* New York: Teachers College Press, 52-83.

LAMBERT, L (1995b). "Toward a theory of constructivist leadership". En L. LAMBERT, D. P. ZIMMERMAN, J. E. COOPER, M. D. LAMBERT, M. E. GARDNER y P. J. F. SLACK (Eds.), *The constructivist leader.* New York: Teachers College Press, 28-51.

LAMBERT, L. y GADNER, M. E. (1995). "The school district as interdependent learning community". En L. LAMBERT, D. P. ZIMMERMAN, J. E. COOPER, M. D. LAM-BERT, M. E. GARDNER y P. J. F. SLACK (Eds.), *The constructivist leader.* New York: Teachers College Press, 134-159.

LAMBERT, L., ZIMMERMAN, D. P., COOPER, J. E., LAMBERT, M. D., GARDNER, M. E. y SLACK, P. J. F. (1995). *The constructivist leader.* New York: Teachers College Press.

LIEBERMAN, A. (1996). "Practices that support teacher development: Transforming conceptions of professional learning". En M. McLaughlin y I. Obermna (Eds.), *Teacher learning. New policies, new practices.* New York: Teachers College Press (185-202).

LORENZO DELGADO, M. (1993). "La estructura del Centro Escolar". En LORENZO DELGADO, M. y SAENZ BARRIO, O. *Organización Escolar. Una Perspectiva Ecológica.* Marfil. Alcoy.

LORENZO DELGADO, M. (1994). *Organización escolar. La construcción de la escuela como ecosistema.* Madrid: Ediciones Pedagógicas.

LOUIS, K. S. (1992). "Reestructuring and the problem of teachers" work. En A. LIEBER-MAN y K. J. REHAGE (Eds.), *The changing contexts of teaching.* Chicago: University of Chicago Press, 139-156.

MARCELO, C. (1989). *Introducción a la formación del profesorado. Teoría y Métodos.* Sevilla: Editorial Universidad de Sevilla.

MARCELO, C. (1994). *Formación del profesorado para el cambio educativo.* Barcelona: PPU.

MARTÍ, E. (1992). "¿De qué depende la eficacia del trabajo en grupo?" *Aula, 9,* 16-19.

MACKINNON, A. y SCARFF-SEATTER, C. (1997). "Constructivism: Contradictions and confusions in teacher education". En V. Richardson (Ed.). *Constructivist teacher education. Building a world of new understandings.* London: Falmer Press. (38-57).

MEC, (1985). *Ley Orgánica del Derecho a la Educación (LODE).* Madrid.

MEC, (1989). *Libro Blanco para la Reforma del Sistema Educativo.* Madrid.

MEC, (1992). *Áreas Curriculares de Educación Primaria (CAJAS ROJAS).* Madrid.

MEC, (1992). *Proyecto Curricular.* Madrid.

MEC, (1993). *Real Decreto 819/93 de 28 de Mayo. Proyecto Curricular de Centro.* Madrid.

MORENO OLMEDILLA, J. M. (1992). "El inicio de una relación de asesoramiento con los centros educativos". En L. M. Villar (Coord.), *Desarrollo profesional centrado en la escuela.* Granada: FORCE, 136-142.

MUÑOZ, D. (1992). "La elaboración del proyecto educativo de centro". *Aula de innovación educativa. 1,* 53-57.

O'HANLON, C. (1996). "Is the difference between action research and quality development within or beyond the constraints?" En C. O'Hanlon (Ed.), *Professional development through action research in educational settings.* London: The Falmer Press, 73-88.

PIAGET, J. (1964). "Development and learning". *Journal of Research in Science Teaching*, **2** (3), 176-186.

PUIDELLIVOLL, I. (1993). *Programación de aula y adecuación curricular. El tratamiento de la diversidad.* Graó: Barcelona.

REITZUG, U. C. (1994). "A case study of empowering principal behavior". *American Educational Research Journal, 31* (2), 283-307.

RICHARDSON, V. (1997). "Constructivist teaching and teacher education: Theory and practice". En V. RICHARDSON (Ed.). *Constructivist teacher education. Building a world of new understandings.* London: Falmer Press. (3-15).

RODRÍGUEZ, J. A. (1988). *La integración escolar en el Ciclo Medio.* Popular. MEC: Madrid.

ROST, J. C. (1991). *Leadership for the twenty-first century.* New York: Praeger.

SÁNCHEZ, S. y otros (1993). *Manual del profesor de educación primaria.* Escuela Española. Madrid.

SOLA MARTÍNEZ, T. (1995). "Aspectos estratégicos, organizativos y funcionales en las Adaptaciones Curriculares". *En Actas XXII Jornadas de Educación Especial para Profesores Universitarios.* ICE: Granada.

SZABO, M. (1996). "Rethinking restruturing: Building habits of effective inquiry". En M. W. McLAUGHLIN y I. OBERMAN (Eds.), *Teacher learning. New policies, new practices.* New York: teachers College Press, 73-92.

VIDAL J. G. y Manjón, D. G. (1993). *Cómo enseñar en la Educación Secundaria.* Eos: Madrid.

VILLAR, L. M. (1995). "Enseñanza reflexiva". En L.M. Villar (Coord.), *Un ciclo de enseñanza reflexiva.* Bilbao: Mensajero, 21-49.

WALKER, D. (1995). "The preparation of constructivist leaders". En L. LAMBERT, D. P. ZIMMERMAN, J. E. COOPER, M. D. LAMBERT, M. E. GARDNER y P. J. F. SLACK (Eds.), *The constructivist leader.* New York: Teachers College Press, 171-190.

WALKER, D. y LAMBERT, L. (1995). "Learning and leading theory: A century in the making". En L. LAMBERT (Ed.), *The constructivist leader.* New York: Teachers College Press. 1-28.

WINITZKY, N. y KAUCHAK, D. (1997). "Constructivism in teacher education: Applying cognitive theory to teacher learning". En V. RICHARDSON (Ed.). *Constructivist teacher education. Building a world of new understandings.* London: Falmer Press. (59-84).

WOODS, P. (1994). "The conditions for teacher development". En P. GRIMMETT y J. NEUFELD (Eds.), *Teacher development and the struggle for authenticity. Professional growth and restructuring in the context of change.* New York: Teachers Coollege Press, 83-101.

ZIMMERMAN, D .P. (1995). "The linguistics of leadership". En L. LAMBERT, D. P. ZIMMERMAN, J. E. COOPER, M. D. LAMBERT, M. E. GARDNER, Y P. J. F. SLACK (Eds.), *The constructivist leader.* New York: Teachers College Press, 104-120.

ZUBER-SKERRITT, O. (1996). "Emancipatory action research for organizational change and management development". En O. ZUBER-SKERRITT (Ed.), *New directions in action research.* London: The Falmer Press, 83-106.

LA GESTIÓN DE UN CURRÍCULUM INTERCULTURAL: EL CASO DE MELILLA

ROSARIO ARROYO GONZÁLEZ
CÉSAR TORRES MARTÍN
Departamento de didactica y Organización Escolar. Universidad de Granada. Grupo de investiación ED. INVEST.

Introducción

A raíz de las visiones que ofrecen los tres paradigmas vigentes actualmente en la Organización Escolar: racional-tecnológico, interpretativo-simbólico y crítico, aparecen dos posturas dentro de la producción científica.

Una de ellas pretende integrar a esos tres paradigmas, argumentando (Sáez Carreras, 1989) como origen de esta perspectiva "recopiladora", que las tres visiones mencionadas son esenciales para explicar de forma íntegra la educación como fenómeno social que es.

La otra postura considera la existencia de un nuevo paradigma con una mayor capacidad definidora que supere y abarque al resto. En este sentido, se ha advertido otro posicionamiento más, el cual propone una nueva visión (siendo éste el origen del paradigma ecológico) que, al mismo tiempo, es diferente e integrador de todo lo complementario y compatible de las demás imágenes.

Es el nuevo **paradigma colaborativo** de Escudero (1992) o el **paradigma innominado, sumergido** o **enfoque comprensivo** de S. de la Torre (1992).

Por su parte, Lorenzo Delgado (1993a) argumenta que actualmente se puede hablar de un **paradigma ecológico**, considerándolo como una forma específica a la hora de explicar los caracteres de nuestra realidad más próxima, natural, social y cultural utilizando las categorías propias de la Ecología.

Precisamente, esta primera parte de la ponencia pretende describir aquellos aspectos que caracterizan a la escuela como un ecosistema, mostrando esa perspectiva ecológica como el escenario donde desarrollar el Currículum Escolar Intercultural.

1. La ecología humana en el origen del ecosistema

Siguiendo a Lorenzo Delgado (1993b), hasta llegar al aceptado concepto de **ecosistema** como la idea primordial que caracteriza hoy día a la Ecología, ha habido distintas disquisiciones y explicaciones sobre ésta.

El biólogo alemán Haeckel (citado por Fernández Pérez, 1984) es considerado como el padre de la Ecología, quien la definía en 1869 como el conjunto de conocimientos que hacen referencia a la economía de la naturaleza, la investigación de todas las relaciones del animal en su medio inorgánico y orgánico, sobre todo incluyendo su relación de amistad y hostilidad con los animales y plantas con los que se relaciona de una manera directa o indirecta.

Ya en 1972, Odum la describe como el estudio y función de la naturaleza en el bien entendido término de que el ser humano forma parte de ésta, es decir, un punto de vista en el que el ser humano toma partida en el dominio de la Ecología.

En la actualidad, el término ecosistema ha sido considerado como el pilar básico de la Ecología desde que Margalef (1982) retratara a ésta como la biología de los ecosistemas, es decir, como la ciencia que estudia la vida de las comunidades humanas, de los protagonistas que en ellas interactúan y de las relaciones que los seres humanos mantienen en el seno de sus grupos a nivel organizativo.

Esto mismo se hace extensible a la comunidad educativa, a la escuela y, aludiendo a esa última idea, a la organización escolar.

2. El paradigma ecológico

Esta nueva visión nace unida al crecido desarrollo que la Ecología ha ido alcanzando, convirtiendose en la ciencia base del nuevo paradigma.

Se trata de una manera específica de explicar aquellos fenómenos de nuestra realidad que son tanto próximos como remotos, de carácter natural, social y cultural con las propias categorías de la Ecología. A continuación se destacan las que pueden ser consideradas como las características que mejor definen a esta visión (Lorenzo Delgado, 1993b; 1995):

En primer lugar, surge como una síntesis de diversas ciencias y métodos de investigación también diferentes. Se trata, como todo paradigma, de una cosmovisión, otra manera de entender el carácter científico y social, además de todo lo que rodea a este conocimiento.

Por otro lado, hay que destacar también su rasgo interdisciplinar. Como dice Margalef, la Ecología es una ciencia de síntesis que combina materiales de distintas disciplinas con puntos de vista propios.

Una tercera característica es que se aproxima a la realidad desde un punto de vista global, de manera holística. Los elementos, los acontecimientos, todos los aspectos que participan en el ecosistema han de considerarse como un todo. Lo que verdaderamente tiene sentido es el ecosistema entero.

En cuarto lugar, muy relacionado con la característica anterior, el paradigma ecológico está basado en una noción interactiva de los fenómenos que se manifiestan en la realidad ya que, como veremos más adelante con los elementos del ecosistema, la acción de uno de los componentes del ecosistema influye en los demás. Es decir, que un elemento aislado no puede ser analizado si no se tiene en cuenta la interacción que mantiene con los demás elementos.

Una última característica, no por ello menos relevante, es que lleva implícita un nuevo concepto ético, en el que el ser humano es un componente más del mundo, quebrándose la tradicional visión de que éste ocupaba un privilegiado lugar en la naturaleza por ser un organismo distinto y superior. Pero esto no quiere decir que se infravalore al ser humano:

"El paradigma es netamente humanista ya que integra las relaciones del hombre con su medio del que forman parte necesaria los demás hombres. Es la ética del hombre auto-rrealizándose con los demás hombres y 'con toda la realidad en proceso, no sólo la realidad humana'. Es un apostar por toda la 'especie', por el hombre en su generalidad y diversidad junto a todo lo existente." (Lorenzo Delgado, 1995: 192).

3. La escuela como ecosistema social y humano

El desarrollo como persona de un sujeto pasa por las relaciones que mantiene con los demás seres humanos. Estas relaciones interpersonales se llevan a cabo desde diferentes niveles sociales, unos más próximos que otros.

El primer contexto social donde se desarrolla el ser humano es el entorno familiar, siendo éste el medio social más inmediato. Después de la familia, otro de los contextos más inmediatos para la persona, al que Bronfenbrenner (1987) denomina *microsocial*, es el aula.

Evidentemente, envolviendo a este entorno más inmediato o a ese contexto microsocial, encontramos otras estructuras sociales, otros medios sociales, que son considerados como más próximos. Éstos son, por un lado, el barrio y la población donde la persona reside y convive junto a su familia y amigos, recreándose en una cultura singular asociada a su grupo étnico; y, por otro, la escuela y el propio sistema escolar donde el mismo ser humano interactúa y crece junto a sus compañeros, en los códigos de clase social de la cultura dominante.

El siguiente cuadro trata de reflejar esta idea del desarrollo de la persona en los distintos contextos sociales y culturales en los que participa, considerando a la escuela como parte de ese florecimiento social y humano pluridimensional:

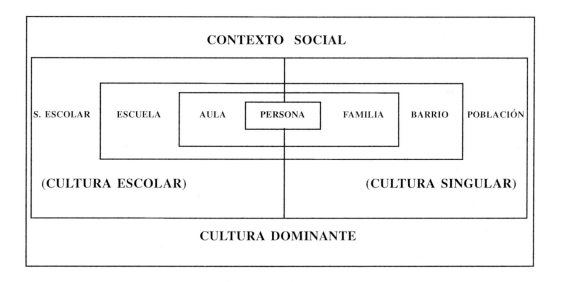

Cuadro 1. Torres Martín y Arroyo González

Como afirma Bronfenbrenner, hay otros ecosistemas en los que posiblemente nunca se llegue a entrar, pero las decisiones que allí se tomen o los hechos que allí se produzcan, pueden afectar y explicar otras acciones de los demás contextos sociales, de los demás, como él denomina, *mesosistemas* y *macrosistemas*.

A la hora de interpretar el centro educativo, el primer autor en utilizar la metáfora del ecosistema es Santos Guerra (1990) quien considera, entre otras cosas, que cada centro tiene su propia interpretación de los hechos, de los valores y de las teorías, según su propio contexto, donde los elementos que forman parte del sistema escolar adquieren sentido en sus interrelaciones con los demás elementos.

Así mismo, Escudero (1989) apunta una serie de características que podrían aplicarse a la escuela como ecosistema, y que a continuación se reflejan:

— Es una realidad socialmente construida.
— Tiene una cultura propia.
— Posee una estructura interna débilmente articulada.
— En su cultura prima el trabajo individual del docente.
— El cumplimiento formal de las tareas agota la mayor parte del tiempo disponible.

4. El ecosistema y sus elementos

Después de pretender dar a conocer aquellos aspectos que caracterizan, por un lado, al paradigma ecológico y, por otro lado, al ecosistema, es preciso identificar los componentes que se dan cita e intervienen en la vida del ecosistema escuela.

En 1959, Duncam establece los siguientes elementos como los componentes de ese ecosistema escuela, los cuales están interconectados entre sí, ya que, aludiendo a la idea y a los rasgos que caracterizan al paradigma ecológico, si se produce algún cambio en cualquiera de ellos, trascenderá en los demás:

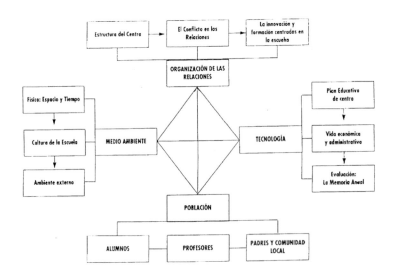

Cuadro 2. Duncam (1959)

En esta misma línea, Lorenzo Delgado (1995, 1997) da un paso más y complementa la anterior concepción de los componentes del ecosistema escuela, afirmando que es el **currículum** la dinámica que va a relacionar cada uno de los elementos entre sí.

El gráfico siguiente refleja esta concepción, donde el currículum es entendido como aquella actividad que alimenta a los componentes de esta visión ecológica de la Organización Escolar:

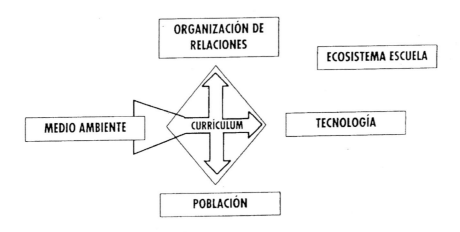

Cuadro 3. Lorenzo Delgado (1997)

Los contenidos mínimos de la Organización Escolar son los siguientes:

*Organización de las Relaciones:
— Estructura del Centro
— El conflicto de las Relaciones
— La innovación y formación centradas en la escuela

*Medio Ambiente:
— Físico: espacio y tiempo
— Cultura de la escuela
— Ambiente externo

*Tecnología:
— Plan de Centro
— Vida Administrativa y Gestión
— Evaluación: Memoria Anual

*Población:
— Alumnado
— Profesorado
— Padres y Comunidad Local

En cuanto a estos contenidos, es posible añadir algunos otros que no aparecen reseñados y que en los últimos años han adquirido una considerable relevancia dentro de la vida del ecosistema de las instituciones educativas.

Por un lado, en el caso de la Organización de las Relaciones, no puede olvidarse el **liderazgo**. En toda organización encontramos a una o varias personas que ejercen ese liderazgo, proyectando su modo de hacer y actuar, caracterizando de esta manera a la institución.

Por otro lado, en cuanto al Medio Ambiente, habría que destacar la significativa importancia que el *segundo tiempo pedagógico*[1] ha adquirido, como son las distintas **actividades extraescolares** que el centro educativo promueve y organiza.

Estos dos nuevos elementos, junto a los demás componentes del ecosistema escuela citados anteriormente, serán tratados de una manera concisa en los siguientes epígrafes, exhortando a profundizar más en la temática intercultural.

Antes de ello, el siguiente cuadro pretende sintetizar el contenido de este epígrafe, recogiendo los contenidos de la Organización Escolar, incluyendo los nuevos elementos mencionados anteriormente:

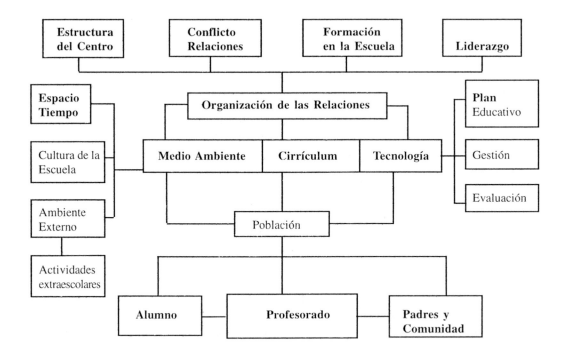

Cuadro 4. TORRES MARTÍN

[1] (TORRES, J. y otros, 1994: 23) *Segundo Tiempo Pedagógico: El trabajo en el segundo tiempo pedagógico se centra en aquellas **actividades** que el alumnado realiza en el centro o en el entorno próximo, pero **fuera del horario** considerado como **lectivo**. Son **actividades de tipo extraescolar** en las que se hace necesario el concurso de padres, alumnos, exalumnos, asociaciones de distintos tipos, Ayuntamientos, Diputaciones, etc.*

A continuación se va a tratar cada elemento de la Organización Escolar desde la perspectiva de un currículum intercultural, concretándose en las peculiaridades que caracteriza a la ciudad de Melilla.

5. La organización del currículum intercultural

Basándonos en el modelo organizativo presentado en los epígrafes anteriores, en estos apartados vamos a estudiar las especificidades de cada uno de sus componentes en un Currículum Intercultural concretado en una realidad social y educativa: Melilla, tratando de ser coherente con los presupuestos epistemológicos del currículum que pretende la integración de la teoría y práctica de la enseñanza, así como de los aspectos didácticos y organizativos, y sin renunciar a la transmutabilidad de sus conclusiones a otros contextos semejantes.

Nos vamos a detener en la forma de gestionar y organizar un Currículum Intercultural fundamentando nuestras propuestas en base a las prácticas educativas e investigadoras llevadas a cabo en una realidad multicultural concreta y en base a otras experiencias realizadas en otros contextos multiculturales con pretensiones de interculturalidad.

5.1. Organización de las Relaciones

Este es uno de los aspectos que debe ocupar mayor atención en la organización del Currículum Intercultural. Cada grupo étnico genera sus propios códigos comunicativos que es común que desconozcan los miembros de otras culturas. En contextos de diversidad étnica esta riqueza produce incomprensión y las susceptibilidades se agudizan. Por todo ello, es importante **planificar** las relaciones y el **intercambio fluido de la información** en **todos los códigos** comunicativos de las distintas culturas que integran dicho Currículum Intercultural; de ello depende el éxito o fracaso de esta propuesta educativa.

El tipo de relaciones que se establezcan en el Centro Educativo va a depender de:

5.1.1. La estructura organizativa del centro

El **organigrama** del Centro debe **incluir** el organigrama de las Asociaciones de Padres y Alumnos con los correspondientes cauces de comunicación entre unos y otros.

El organigrama debe ser **operativo,** donde la jerarquía signifique **responsabilidad** en el ejercicio de la funciones asignadas y la elección o aceptación de un cargo signifique **disponibilidad** hacia la Comunidad Educativa, **competencia** para ejercer las tareas encomendadas y **compromiso** con los valores de Currículum Intercultural.

A su vez, debería ser lo suficientemente **flexible y extenso** para dar oportunidad a todos los representantes de los distintos grupos étnicos que integran la Comunidad Educativa.

La **comunicación** entre las distintas unidades organizativas debe ser **constante, fluida y planificada**. En este sentido, juega un papel importante la implicación de personas (alumnos, profesores, padres u otros) con cierta formación intercultural y comprometidas con el Currículum Intercultural, que muestren competencias comunicativas en los diferentes códigos culturales de las etnias que integran la Comunidad Educativa. Éstos pueden desarrollar las funciones de **informadores interculturales** entre alumnos, profesores, padres, órganos de gobierno... y comprobar la coherencia y la concordancia de las actuaciones de las distintas formas organizativas con los objetivos del Currículum Intercultural.

5.1.2. Los conflictos multiculturales

Desde una dimensión social del concepto **conflicto, se puede definir** como una:

«...incompatibilidad entre personas y grupos, en los que se dan o perciben necesidades, intereses, y/o valores enfrentados, que pueden crear una situación de tensión con distintas posibilidades de resolución» (SÁNCHEZ FERNÁNDEZ y ARROYO GONZÁLEZ, 1998: 323).

Desde esta perspectiva, la **tensión** que crea el conflicto social puede ser **energía que dinamice** el cambio para llegar a una nueva situación de equilibrio grupal, si se logran superar los valores, intereses y/o necesidades que provocaron ese conflicto, redefiniéndolas y descubriendo otras nuevas. Esto significa alcanzar un **nivel superior de humanización**.

El Currículum Intercultural debe organizarse para atender y resolver los conflictos que plantean las situaciones educativas de diversidad étnica. Los más frecuentes son:

— Los conflictos entre los planteamientos teóricos y conceptualizaciones del Currículum Intercultural y las prácticas educativas en contextos multiculturales.
— Los conflictos entre los valores de los distintos agentes implicados en la educación que, por su pertenencia a distintos grupos étnicos, se pueden ver enfrentados en su jerarquía y contenido.
— Los conflictos entre intereses, a veces encontrados, de los distintos agentes educativos, profesorado, padres/madres, alumnos/as, personal de servicio y administración, que se pueden traducir en grandes contradicciones educativas, que afectan a las construcciones escolares, organización de los espacios y tiempos, formación de los profesionales de la enseñanza, representación y participación en los Centros Educativos de los distintos grupos étnicos, etc.
— Los conflictos entre las necesidades de formación del alumnado en contextos multiculturales, referidas al cambio de percepción para la valoración mutua y el progreso humano compartido, que se enfrentan con las exigencias de un Currículum Oficial, que prescribe unos contenidos, unos materiales y unas metodologías reproductores de los estereotipos que en la sociedad dificultan la convivencia de los distintos grupos étnicos.

— Los conflictos entre las preocupaciones del alumnado y padres más orientados a la integración y aceptación social frente a las preocupaciones de los profesionales de la enseñanza, que se orientan a que sus alumnos y alumnas dominen unas técnicas instrumentales, unos contenidos y hábitos propios de la cultura dominante.

La resolución exitosa de los conflictos pasa por la creación de **mecanismos que estructuren** las situaciones de encuentro entre los distintos agentes educativos del Centro Educativo, evitando, en todo momento, la improvisación o ausencia de fines educativos interculturales en dichos encuentros. Estos mecanismos pueden ser:

— Identificación de situaciones conflictivas en el Centro Educativo y en el aula.

— Análisis de los intereses, necesidades, preocupaciones, valores e intenciones que subyacen en los conflictos detectados.

— Jerarquización de las causas del conflicto en base a los valores del Currículum Intercultural aceptados por toda la Comunidad Educativa.

— Tomar decisiones de forma consensuada en base a los compromisos adoptados en el Currículum Intercultural.

— Asignar a los **líderes naturales las funciones mediadoras** para promover el diálogo necesario, que ponga en marcha los mecanismos mencionados en caso de conflictos entre los grupos o entre individuos, o entre un grupo y un individuo.

— Creación de una **Comisión de Resolución de Conflictos** ligada al Consejo Escolar, que oriente a toda la Comunidad Educativa para que opere de acuerdo con estos mecanismos.

5.1.3. La innovación intercultural y la formación centrada en la escuela

El diseño y desarrollo de un Currículum Intercultural fiel al Paradigma Ecológico es un fenómeno colectivo de cambio, ligado a un desarrollo profesional ecosistémico, por lo tanto, impensable fuera del Centro Educativo y de la Comunidad Educativa a la que sirve.

El proceso de cambio de la multiculturalidad a la interculturalidad en un Centro Educativo va unido al diseño y desarrollo del Currículum Intercultural en el que se tiene que implicar toda la Comunidad Educativa a través de sus representantes, y en el que el profesorado asume el protagonismo para su desarrollo profesional (ESCUDERO 1993).

Diseñar e implementar un Currículum Intercultural significa:

— **Propiciar una Cultura** o **Clima Escolar** en valores de dignidad universal, igualdad y equidad, identidad, diversidad y relativismo cultural, tolerancia y cambio.

— **Identificar un cuerpo de valores culturales** que formen el terreno común en su contenido y jerarquía.

— Desarrollar **procesos de clarificación** y **cambio de contenido** de los valores que son fuentes de **conflicto** en las distintas culturas implicadas en ese diseño intercultural.

— Orientado hacia valores fundamentalmente de **cambio** y otros nacidos del consenso de la Comunidad Educativa y las orientaciones oficiales.

Este proceso exige la articulación espacio–temporal de una serie de actuaciones, en las que se tienen que implicar todos los miembros de la Comunidad Educativa a través de sus órganos de participación y estructuración ya mencionados. Actuaciones que deberán ser coordinadas por un **orientador intercultural**, asumiendo las funciones de líder comunitario para el cambio intercultural. Estas actuaciones son:

* La **reflexión en torno a valores** por parte de todos los miembros de la Comunidad Educativa desde su propia cultura.

* **Comprensión del Currículum Oficial** desde los significados otorgados por los valores descubiertos en la propia Comunidad Educativa.

* **Toma de conciencia** de los valores del Currículum Intercultural y de aquellos otros con bajas frecuencias en los representantes de la Comunidad Educativa.

* **Elaboración de un plan** de acción educativo comunitario fundamentado en el sistema de valores consensuado por la Comunidad Educativa, y que contemple las orientaciones de los Currícula Oficiales.

* El **compromiso** de toda la Comunidad Educativa por realizar este diseño educativo, implicándose activamente para el desarrollo integral de todos, donde cada sector de la Comunidad Educativa (padres/madres, alumnos/as, profesores/as, personal de administración y servicios) asumen sus responsabilidades.

5.1.4. El liderazgo intercultural

Todo grupo humano se organiza de forma natural en torno a una persona que mantiene la unidad del grupo y lo dirige hacia unas metas explícitas o no. El liderazgo es una función colegiada porque suele contar con el apoyo de colaboradores dentro del grupo (LORENZO DELGADO, 1998).

El liderazgo natural se da igualmente en las distintas situaciones grupales de un Centro Educativo. Las personas que desarrollan funciones de liderazgo natural de las distintas agrupaciones de un Centro Educativo pueden, o no, desempeñar otras funciones de gobierno, coordinación, representación... de ese mismo u otro grupo dentro del Centro Educativo.

En el Currículum Intercultural la identificación de los líderes naturales es crucial porque ofrecen una alternativa de unidad y orientación a metas que, para determinadas personas, no es impuesta u obligada.

Ya hemos mencionado las funciones que asumen los líderes naturales en un Currículum Intercultural para atender y resolver conflictos. En el apartado anterior hemos mencionado la necesidad de un Orientador Intercultural cuyas funciones son las de un líder natural de toda la Comunidad Educativa, aceptado como tal por todos los miembros de todos los grupos étnicos, que integran esa Comunidad Educativa.

Esa persona, asesorada por un profesional de la Orientación Escolar conocedor del Currículum Intercultural, será la más apropiada para coordinar y propiciar la construcción de una Cultura de Colaboración en el Centro Escolar, asumiendo otras funciones como:

— Orientar a los equipos docentes, órganos colegiados y asociaciones de padres/madres y alumnos/as, en los procedimientos y técnicas de análisis de valores.

— Orientar al Claustro de Profesores en la formulación de objetivos y selección de contenidos culturales.

— Aplicación de dinámicas grupales para el intercambio de acuerdos, planificaciones y captación de nuevos valores.

— Elaboración de proyectos de investigación que comprenda la evaluación de experiencias interculturales realizadas en el Centro Escolar.

5.2. Contexto Educativo Intercultural

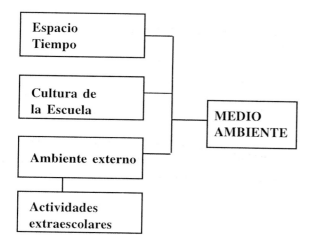

Es el ambiente donde tiene lugar el desarrollo de la vida comunitaria, donde interactúan todos los componentes del Currículum Intercultural. Este ambiente se estructura en torno a los siguiente elementos básicos:

5.2.1. El medio físico: espacio y tiempo

En el Currículum Intercultural, con respecto a la organización de estas dimensiones físicas, se aplicarán dos criterios básicos:

— Prever y proveer de **espacios** para el **encuentro comunitario** de los distintos individuos que integran la Comunidad Educativa: padres/madres, alumnos/as de distintos niveles educativos, personal de administración y servicios y docentes. Estos espacios deberán acomodarse para el trabajo en grupo en todas sus modalidades, la reflexión comunitaria, el diálogo, las celebraciones conjuntas y el encuentro informal.

— Utilizar todos los **espacios** del entorno que una Sociedad Multicultural suele ofrecer para las **experiencias de enseñanza–aprendizaje intercultural**. En el caso de Melilla: mezquita, sinagoga, iglesias, cuarteles, baños, Ayuntamiento, centros de la Comunidad Hebrea, tiendas hindúes, centros educativos, confiterías beréberes y occidentales, teterías musulmanas y cafeterías occidentales, barrios de población hebrea, beréber, gitana, etc., barrios donde coexisten diversos grupos étnicos.

— Articular **tiempos de trabajo**, de descanso y distensión comunitaria para todos, imprimiendo un orden flexible a las jornadas escolares del alumnado, a los horarios de los profesionales y a las iniciativas de participación de los padres/madres y otros miembros de la Comunidad, prestando a estas iniciativas la mayor atención e interés.

5.2.2. La cultura de la escuela

Desde el Paradigma Ecológico se sabe que cada Centro Educativo y cada aula generan una cultura propia que se constituye en marco dinámico y plural para la adaptación (Lorenzo Delgado, 1993b).

Cada escuela tiene, pues, una **cultura particular** determinada por los **valores** y **experiencias individuales** que cada persona aporta (Beare, Caldwell y Millikan, 1992). Ese bagaje en un contexto multicultural incluye los estereotipos, prejuicios y relaciones jerarquizadas y mercantiles que la sociedad y cada grupo étnico particular promueven con respecto a los otros.

El cambio de la cultura multicultural en la escuela a un cultura intercultural es posible en la medida que se modifique la forma de pensar y de actuar de los agentes implicados.

Por todo ello, **afianzar y clarificar los valores** que son fuente de significados puede ser la primera herramienta para un cambio de la cultura organizativa de la escuela que propicie la implantación de un Currículum Intercultural.

Vamos a ilustrar este epígrafe presentando una parte de las conclusiones de una investigación realizada en Melilla con la finalidad, entre otras, de identificar los valores del grupo étnico caracterizado como occidental y del grupo étnico caracterizado como islámico. Valores que van a estar presentes en la cultura de los Centros Educativos y que el Currículum Intercultural deberá contemplar para lograr sus objetivos:

"En Melilla, los grupos islámicos ordenan sus valores según frecuencias de la siguiente forma:

> *1-Valores de desarrollo: primando las cualidades personales.*
> *2-Valores vitales.*
> *3-Valores sociales.*
> *4-Valores intelectuales.*
> *5-Valores morales: primando la opción por el bien.*
> *6-Valores afectivos.*
> *7-Valores transcendentes: primando los valores religiosos.*
> *8-Valores productivos.*
> *9-Valores de cambio.*

En los últimos puestos los valores estéticos y geográficos.

Los grupos occidentales de Melilla ordenan sus valores según frecuencias de la siguiente forma:

> *1-Valores de desarrollo: destacando las cualidades personales.*
> *2-Valores sociales: destacando el grupo social.*
> *3-Valores vitales.*
> *4-Valores intelectuales.*
> *5-Valores afectivos.*
> *6-Valores morales: destacando la opción por el bien.*
> *7-Valores productivos.*
> *8-Valores de cambio.*
> *9-Valores geográficos.*

En los últimos puestos se encuentran los valores estéticos y transcendentes."(Arroyo González, 1998b: 433).

Estas diferencias no son sólo de jerarquías sino también de contenido, pudiendo sin embargo encontrar: un **terreno común** en valores compartidos sobre el que fundamentar la Cultura del Centro Educativo, así como **finalidades y metas** en valores que unan esfuerzos comunitarios de diversidad étnica y, como no, los valores en **conflicto** que habrán de ser trabajados curricularmente con estrategias educativas adecuadas (Arroyo González, 1998a).

5.2.3. El contexto multicultural

La definición del ambiente externo de un Centro Educativo es el fundamento sociopolítico e ideológico que justifica muchas de las decisiones organizativas y didácticas que se toman en el Centro y en el aula.

Tomando como ejemplo el caso de Melilla, su ambiente ha sido definido en los siguientes términos:

"La evidencia en Melilla de una realidad social y escolar teñida como rasgo más sobresaliente por el pluralismo cultural, interpela desde todos los vértices sociales hacia actitudes y modos de actuación acordes con los esquemas perceptivos y los conflictos de esta realidad, distinta a cualquier otra; difícil de pensar si no es inmerso en sus circunstancias y experiencias singulares. Es Melilla una ciudad totalmente distinta, donde determinados esquemas monoculturales y hegemónicos despliegan situaciones solapadas, frustraciones contenidas, conflictividad y, en el mejor de los casos, continuos ensayos de convivencia o mejor coexistencia que nunca se termina de aprehender, asimilar o integrar." (Arroyo González, 1997c: 5).

El contexto educativo de Melilla, en su dimensión multicultural, puede definirse en los siguientes términos, del total de la población que asiste a un centro educativo oficial (Arroyo González, 1993):

* El 65,02% es de origen hispano, con rasgos culturales que responden fielmente a la tradición europea occidental cristiana. Su lengua es el castellano, (lengua oficial); forman el grupo más numeroso, e históricamente han imprimido su sistema organizativo, social, político y religioso a la ciudad de Melilla.

* El 30,17% lo compone el colectivo beréber, con lengua propia, el *Tamazirth*, y religión preferentemente musulmana. Forman en su mayoría las bolsas de marginación y pobreza de Melilla.

* El 1,93% esta referido al grupo de religión hebrea o judía. Perfectamente integrados en el sistema social y económico de la ciudad, mantienen fuertes rasgos de identidad propia y cohesión étnica.

* El 1,14% es el grupo de gitanos. Bastante difuminado, disfruta de un cierto acomodo económico y conservan formas culturales propias, como ritos, cantos, etc.

* En el 0,06% hallamos el colectivo de origen hindú o indios. Se identifica en un sector muy específico del comercio de Melilla, siendo poco significativa su presencia a nivel social.

* Por último señalaremos individuos de procedencia interétnica, con una presencia del 2,45%, y suelen estar referidos a uniones entre musulmanes e hispanos. También los hay entre judíos e hispanos, pero son menos significativos. Es un grupo que aún no está bien

caracterizado, aunque de forma genérica se suele inclinar hacia formas culturales del colectivo dominante.

Este panorama social es el primer argumento para la necesidad de un Currículum Intercultural en los Centros Educativos y aulas de Melilla, reclamando otra forma de organización y funcionamiento didáctico de su centros.

5.2.4. *Las actividades extraescolares interculturales*

La legislación ofrece la oportunidad a la Comunidad Educativa para que utilice el Centro Educativo en tiempos fuera del horario lectivo. Estas actividades complementarias deberán formar parte del Currículum Intercultural como un elemento formativo más, reforzando sus objetivos interculturales. En la propuesta y organización de estas ofertas educativas tienen que participar los representantes de la Comunidad Educativa en forma de comisión que supervise y oriente su coherencia con los valores de dicha Comunidad.

En contextos educativos multiculturales, como es el caso de Melilla, se sugieren aquellas actividades extraescolares interculturales que contribuyan al **conocimiento mutuo de las culturas de los distintos grupos étnicos** para el enriquecimiento de toda la comunidad educativa, creando situaciones de aprendizaje no formal donde los componentes **sensoriales, emotivos, afectivos y estéticos** tengan protagonismo. En este tipo de actividades se pueden implicar de una forma más directa los padres y otros miembros de la Comunidad educativa.

Como posibles actividades extraescolares interculturales presentamos:

— Juegos populares de las distintas culturas de los diferentes grupos étnicos.

— Cursos de cocina de los distintos grupos étnicos, impartidos por los propios padres o madres.

— Conocer los diferentes atuendos de los distintos grupos étnicos, así como su distinta utilización en las ceremonias sociales y religiosas.

— Los símbolos y ritos religiosos, y su sentido para la vida de cada grupo étnico.

— Técnicas artesanas de los diferentes grupos étnicos: bordados, distintas formas de tejer, cerámica, cestería, etc.

— Maquetas de viviendas de los distintos grupos étnicos, sus gustos decorativos, distribución de los espacios, utensilios y muebles.

— Cuentos de los diferentes orígenes culturales.

Sería interesante que cada oferta finalizase con una actividad comunitaria: fiesta, exposición, convivencia, etc., donde el alumnado y padres pudiesen mostrar a la Comunidad lo aprendido, vivenciando y compartiendo los valores interculturales.

5.3. La tecnología del centro educativo

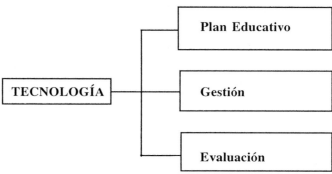

Este apartado se refiere a los procedimientos mínimos de funcionamiento de todo Centro Educativo, que incluye:

5.3.1. Los proyectos del centro intercultural

Se refiere a los documentos institucionales: Proyecto educativo de Centro y Proyectos Curricular de Centro, que deberán recoger todas las especificidades organizativas y didácticas que venimos comentando para el Currículum Intercultural.

5.3.1.1. El Proyecto Educativo Intercultural de Centro

El Proyecto Educativo Intercultural de Centro tiene que ser síntesis comunitaria y compromiso por los fines de la educación establecidos en la LODE, los objetivos del Currículum Intercultural y un sistema de valores comunitario:

A.- **Los fines de la educación establecidos en la LODE** (Ley Orgánica 8/1985 de 3 de Julio, Reguladora del Derecho a la Educación) y los **objetivos del Currículum Intercultural**.

B.- **Un sistema de valores**, fundamento, medio y meta de toda educación y que, en una opción intercultural, estará integrado por todos aquellos valores que emanan de las posiciones teóricas de la interculturalidad recogidas en sus objetivos (dignidad universal del ser humano, igualdad de oportunidades, distribución equitativa de recursos, diversidad, identidad y relativismo cultural, cambio y tolerancia) y por los valores que conformen el «terreno común» de las culturas que integran el contexto social en el que se inscribe el centro.

El Proyecto Educativo Intercultural de un centro tiene que marcar las **líneas organizativas** del mismo en función de las finalidades y para la captación de los valores comunitarios.

5.3.1.2. El Proyecto Curricular Intercultural de Centro

El proceso que nos conduce a la elaboración de un Proyecto Curricular Intercultural supone, en primer lugar, reformular todos los **objetivos** de nivel y de áreas del Currículum

Oficial en base al sistema de valores explicitados en los objetivos generales de cada Área Curricular del Proyecto Educativo Intercultural.

El Currículum Intercultural no pretende la adquisición de **contenidos**, sino que éstos son siempre el medio, pretexto y soporte para desarrollar hábitos, conductas, comportamientos, habilidades, competencias, operaciones, procedimientos, estrategias y actitudes que remitan al sistema de valores comunitario formulados en forma de objetivos. Sin embargo los contenidos son un elemento importante que es necesario seleccionar desde perspectivas culturales diferentes. Para ello la Comunidad Educativa deberá realizar un estudio profundo de la cultura de los distintos grupos étnicos con los que pretende hacer interculturalidad.

Los procedimientos de elaboración de estos documentos no van a ser muy diferentes a los de cualquier otro Centro Educativo, por lo que no nos detendremos más en este apartado, remitiendo al lector a la amplia bibliografía informativa al respecto (véase LÓPEZ URQUÍZAR y SOLA MARTÍNEZ (1995)).

5.3.2. *La vida administrativa y la gestión del centro intercultural*

Se trata de realizar las acciones oportunas para llevar a la práctica los objetivos marcados en el Proyecto Educativo y Curricular de Centro Intercultural.

En este sentido, tres **compromisos** son esenciales en la implementación del Currículum Intercultural:

— Que cada agente educativo (profesor, coordinador, jefe de estudios, presidente de la asociación de padres, etc.) **asuma**, plenamente y con responsabilidad, las funciones explicitadas en la legislación correspondiente y recogidas por los Estatutos de las Asociaciones y en los Planes de Centro.

— **Explicitar** en los Planes de Centro las funciones asignadas a otros agentes interculturales no especificados en la ley y nombrados a lo largo de esta ponencia, como son los líderes naturales: los informadores interculturales, los mediadores interculturales y el orientador intercultural, así como las funciones de la Comisión de Conflictos y de la Comisión de Actividades Extraescolares Interculturales.

— La **complicidad** de los órganos de gobierno con los docentes y los padres, de los padres con los docentes, de los docentes con el alumnado, padres y órganos de gobierno, etc., para perseguir, no intereses personales, sino los valores y objetivos marcados por el Plan de Centro.

5.3.3. *La evaluación intercultural: memoria anual*

Con respecto a la **Evaluación Intercultural**, señalar que ésta debe ser **cualitativa**, **criterial** y para **la toma de decisiones**.

Los **criterios**, pues, que determinan el aprendizaje intercultural son:

— La organización de éste como un proceso de aprendizaje social por la experiencia.
— La metacognición de las normas de comportamiento y de las diferencias culturales.
— La percepción de un clima que crea la necesidad de participar por la claridad de las tareas a realizar.

— La ausencia de factores de discriminación y la presencia de factores estructurales para conducir los conflictos.

La **función** de la evaluación en el Currículum Intercultural se puede resumir en los siguientes puntos:

a) La evaluación es un componente integral y constante en la implementación del Currículum Intercultural, y no debe ser considerada como una tarea secundaria o un momento de conclusión al final de un camino.

b) La evaluación no se limita a una estadística ni a una reflexión -escrita o verbal- sobre el resultado de las experiencias. Debe englobar un amplio abanico de posibilidades de expresión y de formas creativas que permitan profundizar en las experiencias, los descubrimientos, las decepciones, etc.

En definitiva, la evaluación del Currículum Intercultural debe encaminarse a constatar la adquisición de *competencias interculturales*, objetivo de gran complejidad porque comporta la evaluación simultánea de aspectos cognitivos, afectivos y de conducta. Sin embargo, las **dificultades** de la Evaluación Intercultural no dependen solamente de esta complejidad; existe una dificultad más específica y particular. Ésta surge del hecho de que por el Currículum Intercultural debe ser aprendido aquello que en un principio está oculto, es decir, **los valores a través de los diferentes códigos culturales**.

El **objeto** último de la Evaluación Intercultural es identificar la presencia de códigos culturales diferentes que expresen valores y desencadenen situaciones conflictivas. El desenvolvimiento productivo de ese conflicto reconducirá el proceso de aprendizaje intercultural, y esto sucede cuando se llega a romper los estereotipos y las interpretaciones preestablecidas identificadas en el origen del conflicto.

La implementación de un Currículum Intercultural sin fricciones, sin conflictos, puede indicar que las zonas neurálgicas de la interculturalidad no han sido aún abordadas.

Una evaluación focalizada en el conflicto cultural y las competencias interculturales, evidentemente, tiene que desarrollar un elenco de instrumentos de evaluación nada convencionales fruto de la propia acción investigadora del profesorado en su práctica.

En el Currículum Intercultural, la Memoria Anual es el informe del proceso interno y formativo que tuvo lugar en el Centro Educativo por parte de todos los agentes educativos.

5.4. La Población

Este componente organizativo está referido a la admisión, agrupamiento y promoción del alumnado; a los agrupamientos de los docentes y a las fórmulas de participación de los padres y de otros miembros de la Comunidad Educativa.

5.4.1. El alumnado

Con respecto al alumnado, el Centro Intercultural deberá marcar líneas organizativas relativas a la:

5.4.1.1. Admisión del alumnado:

El R.D. 2375/1985 del 18 de Diciembre, regula los criterios de admisión de los alumnos y alumnas en los centros públicos. Entre los más destacados para un Currículum Intercultural, señalar que en *la admisión del alumnado no podrá establecerse discriminación alguna por razones ideológicas, religiosas, morales, sociales de raza o de nacimiento.* (Art.4).

En caso de que no existan plazas suficientes para atender a todas las solicitudes, la ley establece criterios económicos mediante la renta anual (Art.8), la proximidad al domicilio (Art.9), la existencia de hermanos matriculados en el Centro (Art.10) para admitir unos alumnos o alumnas preferentemente a otros u otras. Otros criterios complementarios son la condición de emigrante, la existencia de minusvalías, la situación de familias numerosas y cualquier otra circunstancia que contemple el Centro con criterios objetivos (Art.11).

En un Currículum Intercultural es necesario tener en cuenta el hecho, más frecuente de lo deseable, de Centros que se convierten en receptores exclusivos de una determinada etnia.

En la ciudad de Melilla se puede observar, en base a análisis realizados, Centros de Enseñanza Primaria donde se concentran alumnos y alumnas de una de las siguientes etnias: de origen hispano u occidentales, hebreos y beréberes o islámicos (ARROYO GONZÁLEZ, 1997d: 73). La proporción de las distintas etnias señaladas en sus centros correspondientes suele ser del 89.4% al 77.6% de la población escolarizada en dicho Centro.

Qué duda cabe que el segregacionismo o concentración de una sola etnia en el Centro Educativo limita la consecución de los objetivos del Currículum Intercultural, uno de los cuales es *la consideración de la diversidad étnica como recurso didáctico* (ARROYO GONZÁLEZ, 1998b: 159) con el que se trata de reconocer la diversidad étnica en la sociedad, en el centro y en el aula, valorándola como fuente de enriquecimiento y empleándola didácticamente para el desarrollo y formación de personas plurales y abiertas. Para el logro de este objetivo se hace necesario la representación proporcional en el aula y en el Centro de todas las etnias que componen la Sociedad Multicultural, dentro de la cual se halla el Centro Educativo en relación ecosistémica. Esta diversidad expresada y vivida diariamente en las experiencias de enseñanza es el recurso didáctico más fructífero para la captación de valores de identidad, tolerancia, respeto, etc.

El segregacionismo plantea situaciones más graves desde las pretensiones educativas de la interculturalidad, cuando el Centro se ve obligado, aplicando los criterios establecidos en la ley, a admitir mayoritariamente a alumnos y alumnas pertenecientes a una etnia o etnias que, con respecto a los estereotipos y estructuras socioeconómicas de la Sociedad, sufren una situación de marginación. Esto sucede cuando el Centro Educativo se halla ubicado en zonas, barrios o distritos donde viven colectivos con escasos recursos económicos, que suelen compartir un mismo origen étnico, con una cultura diferente a la cultura dominante de la Sociedad. Es el caso de algunos núcleos de población beréber y gitanos en Melilla.

En estos casos, se están reproduciendo en el Centro Educativo los mismos valores y situaciones sociales que el Currículum Intercultural pretende erradicar. Este hecho se puede identificar en la ciudad de Melilla, afectando a dos centros de Enseñanza Primaria situados en el Barrio Musulmán Reina Regente - Batería Jota del Distrito nº 15 según el Mapa Escolar de Melilla (Arroyo González, 1995) y denunciado por autores como Fernández Enguita (1996); Pereda, De Prada y Actis (1996); Zabalza Beraza (1998), refiriéndose a otras realidades multiculturales del territorio español.

La implementación de un Currículum Intercultural está reclamando que la admisión de su alumnado en determinadas zonas debe hacerse en base a criterios prioritarios, no económicos o de proximidad domiciliaria, sino de una **representatividad étnica en proporciones próximas a la composición étnica de la Sociedad,** evitando el peligro de que el Centro Educativo se convierta en un Centro segregacionista de una determinada etnia marginada con la supuesta caída de la calidad de la enseñanza.

5.4.1.2. El agrupamiento del alumnado

El Currículum Oficial establece un agrupamiento graduado de los alumnos y alumnas en Etapas, Ciclos y Cursos tomando como criterio la edad. Partiendo de estos agrupamientos básicos, y dado el carácter flexible del DCB, el Centro Educativo tiene una importante autonomía a la hora de decidir criterios de agrupamiento horizontal dentro de las Etapas, Ciclos y Cursos, en función de las capacidades del alumnado (grupos homogéneos o heterogéneos); del número de discentes (gran grupo, grupo medio, grupo pequeño, individual) y de los objetivos instructivos (Phillips 6/6, Seminario, Mesa Redonda, etc.).

En un Currículum Intercultural, el criterio organizativo de agrupamiento del alumnado más acorde con sus objetivos es el **grupo-aula**, que se toma como referencia comunitaria para los alumnos y alumnas de distinta procedencia étnica.

El aula es la unidad de agrupamiento natural del alumnado en el Centro Educativo. En interculturalidad se debe aprovechar esta circunstancia para crear grupos unidos, cuyos miembros sean conscientes de su interdependencia, que se comprendan y se acepten unos a otros, aprendiendo a comunicarse abiertamente, tomando decisiones conjuntamente, resolviendo sus estereotipos, prejuicios y actitudes encontradas de una forma constructiva y siendo responsables (Beitborde, 1996). En Melilla se puede apreciar cómo el profesorado de Educación Infantil entrevistado pasaba gran parte del tiempo lectivo en situaciones de diálogo con el grupo-aula para favorecer competencias, principalmente comunicativas, entre su alumnado de distinta procedencia étnica (Arroyo González, 1997d: 88).

Otro criterio organizativo para el agrupamiento de los alumnos y alumnas, teniendo siempre como referencia el grupo-aula, es ofrecer al alumnado la máxima **variedad** de situaciones grupales acordes con todas las posibles experiencias didácticas que debe ofertar el Currículum Intercultural, para aprender distintas formas de vivir, percibir, pensar, expresarse, conocer, sentir, relacionarse, etc., favoreciendo el trasvase de ideas, valores, recursos, procedimientos, hábitos, etc. En este sentido, la **heterogeneidad** étnica de los agrupamientos es vital.

Por último, no debemos olvidar que uno de los valores prioritarios pretendidos por el Currículum Intercultural es la identidad cultural de las personas que la integran, principalmente del alumnado; en este sentido es importante respetar las **afinidades personales** que se producen en el aula o en otras situaciones de gran grupo. En un Currículum Intercultural, estas afinidades suelen producirse en base a la procedencia étnica de sus componentes, con los que los alumnos y alumnas, además de reafirmar su identidad, suelen encontrar un puente entre su cultura y la cultura escolar.

5.4.1.3. La promoción del alumnado

Los criterios de promoción que establece el Currículum Oficial afecta a todos los alumnos y alumnas por igual, y están referidos a la consecución de los objetivos mínimos de cada Etapa Educativa. La promoción o no de una etapa educativa a otra es el resultado de la evaluación sumativa que se realiza al final de un periodo de escolarización por prescripción legislativa.

La no promoción del alumnado es el hecho más evidente del fracaso escolar porque supone la permanencia de un año, o dos más, en una misma Etapa Educativa y se traduce en un desnivel cronológico con respecto a la edad de su compañeros.

Utilizando este criterio[2] para definir el fracaso escolar, se ha estudiado en Melilla y se ha podido comprobar que (Arroyo González, 1997c):

—El 61'95% del fracaso total del alumnado en Educación Primaria es de origen beréber, mientras que el 32'2% es de origen hispano, siendo la población de hispanos escolarizada casi dos veces superior a la de beréberes. La proporción de gitanos y hebreos de fracaso escolar en este nivel es del 1'63% y 0'37% respectivamente, mientras que los interétnicos aumentan su proporción al 3'74%.

—Los mayores índices de fracaso escolar en Educación Primaria se dan en colegios donde se concentra población beréber, con alguna excepción. Los menores índices de fracaso escolar se dan en colegios de altas concentraciones de población hispana o hebrea.

—Si bien el criterio de promoción de una etapa educativa a otra para todos los grupos étnicos en Melilla es el mismo se aprecia una fuerte variabilidad y contraste en cómo afecta el fracaso escolar a las distintas etnias:

—El grupo étnico menos afectado por las decisiones de no promoción es el hispano, en cualquier Etapa Educativa. Grupo que ostenta la cultura dominante en la sociedad melillense.

—El índice más alto de fracaso escolar con respecto a su población escolarizada en Educación Primaria afecta al grupo étnico caracterizado como beréber (31.52%) y le siguen los gitanos e interétnicos. Los que tienen un índice más bajo de fracaso escolar son los hispanos y occidentales (11.79%) y los hebreos con tan sólo un 4,62%.

—El índice más alto de fracaso escolar con respecto a su población escolarizada en Enseñanzas Medias afecta a la etnia de origen hebreo (33.3%), les sigue los gitanos, la etnia beréber, interétnicos y, por último, los hispanos (22.09%).

---

[2] Se define fracaso escolar como la población de alumnos que por causas bien intrínsecas o extrínsecas a su evolución en el Sistema Educativo presentan una edad cronológica más avanzada a la que le correspondería por el nivel educativo en el que se encuentra (Arroyo González, R. 1997d: 49).

El tratamiento igualitario, en cuanto a criterios de promoción, en un Currículum Intercultural es una **estrategia de asimilación** puesto que sus efectos no son homogéneos en las distintas etnias y, dentro de cada etnia, en las distintas Etapas Educativas. El Currículum Intercultural pretende superar las prácticas educativas de aculturación, asimilación estructural, amalgama y asimilación identificacional (GARRETA BOCHACA, 1996) porque en todos estos casos supone la pérdida de la identidad étnica para dar cabida a los sentimientos de pertenencia al grupo étnico dominante.

El Centro Educativo debe garantizar que todos los alumnos y alumnas pasen por todas las Etapas Educativas, ampliando sus conocimientos y competencias sociales y personales. Para ello, el Centro Intercultural deberá asegurar que estos **conocimientos y competencias sean representativos** de todas las culturas de los grupos étnicos escolarizados y no sólo de la cultura dominante.

Los **criterios para la promoción** en un Currículum Intercultural deberán ser la consecución de unas metas finales referidas a **valores comunes** cuyo logro puede ser expresado de tantas formas como grupos étnicos contemple el Centro y aplicando estrategias y ritmos de aprendizaje tan diversos como diferentes son las culturas que integran el Centro Educativo.

5.4.2. El profesorado

En primer lugar, señalar que un Currículum Intercultural está reclamando la necesidad de un **profesorado multiétnico** (HASELKORN, 1994), esto es, docentes de distintos orígenes étnicos formados adecuadamente para ser representantes en los distintos Centros Educativos de las etnias que integran la sociedad.

Desde la implantación de la LODE (Ley Orgánica 8/1985 reguladora del Derecho a la Educación) el profesorado se integra en:

— Estructuras de relaciones jerárquicas (GÓMEZ DACAL, 1985): Consejo Escolar, Equipo Directivo, Claustro.
— Estructuras verticales: Departamentos (LORENZO DELGADO, 1989) y Órganos de Coordinación Docente.
— Estructuras organizativas horizontales: Equipos Docentes (SALVADOR MATA, 1993) de Ciclo y de Etapa.
— Estructuras de apoyo técnico-pedagógico: Equipos Multiprofesionales de Orientación.

En un Currículum Intercultural cobra especial protagonismo el **Claustro de Profesores**, integrado por la totalidad de los docentes que prestan servicio en el Centro Educativo.

La implicación del claustro en el diseño e implementación de un Currículum Intercultural es fundamental para promover la experimentación e **innovación** necesarias, que permitan la atención a la diversidad étnica del Centro, coordinando los criterios de evaluación y las acciones tutoriales.

Una segunda estructura organizativa que asume protagonismo en la implementación de un Currículum Intercultural son los **Equipos Docentes** y **Departamentos** para asegurar la continuidad y coherencia formativa de los discentes de acuerdo con los objetivos interculturales. De la colaboración y coordinación del profesorado en estructuras verticales y horizontales depende:

— La creación de un **Ambiente de Aprendizaje Intercultural** en el Centro o clima afectivo (Bartolomé Pina, 1997) para la transmisión y modificación de actitudes acordes con los valores comunes de las distintas etnias implicadas en el Currículum Intercultural.

— La **selección y conexión de contenidos de las distintas culturas** de los grupos étnicos representados en el centro para formar el cuerpo de conocimientos en cada Área.

— La **elaboración de un material curricular** que evite la discriminación y prejuicios étnicos (Granados Martínez y García Castaño, 1997), y que refleje fielmente los valores interculturales: tolerancia, identidad cultural, relativismo cultural, cambio, libertad, universalidad de la dignidad humana, diversidad cultural, igualdad de oportunidades, distribución equitativa de recursos.

Por último, una de las demandas más urgentes del profesorado de Melilla es la necesidad de apoyos (Arroyo González, 1996: 252) **técnico-pedagógicos** para atender a los problemas instruccionales que les plantea la enseñanza de competencias comunicativas (Sánchez y Mesa, 1996) a alumnos y alumnas de distinta procedencia étnica.

5.4.3. Los padres y la comunidad local

La fórmula de participación de la Comunidad Educativa introducida por la LODE es el **Consejo Escolar**, es a su vez el máximo órgano de gobierno del Centro Educativo, y está compuesto por representantes del profesorado, de los padres, del alumnado, personal de administración y servicios y un representante del Ayuntamiento.

Este órgano tiene competencias en la toma de decisiones sobre la admisión de los alumnos y alumnas, en la resolución de los conflictos y en la aprobación y evaluación de los Proyectos del Centro. No es necesario insistir en la importancia de todos estos elementos (los conflictos del Currículum Intercultural se comentaran más adelante) para el diseño e implementación de un Currículum Intercultural. Sí es importante señalar la necesidad de que los miembros que componen el Consejo Escolar sean realmente **representación de la diversidad étnica** de la Comunidad Escolar. Para lograr esta representatividad étnica son decisivos tres tipos de actuaciones del Equipo Directivo y del profesorado, así como de otros miembros de la comunidad altamente comprometidos con el Currículum Intercultural:

— **Promover** la participación democrática de representantes de grupos étnicos no dominantes.

— **Proponer** candidaturas a las elecciones del Consejo Escolar de alumnos/as y profesores/as integradas por miembros de distintos orígenes étnicos.

— **Dar oportunidad** de salir elegidas a aquellas personas que socialmente tienen menos oportunidades políticas.

Este tipo de medidas debe presidir todas la actuaciones del Centro Escolar, dirigidas a la orientación y consolidación de las Asociaciones de Padres y Alumnos Interculturales.

El Currículum Intercultural propone **otras fórmulas de participación** de los padres y la Comunidad Educativa promovidas desde el Centro Educativo y encaminadas:

— A la **captación** de representantes de los distintos grupos étnicos que se comprometan con el proyecto intercultural y que puedan servir de puente para otros miembros de la Comunidad Educativa más reacios a esta nueva mentalidad educativa y social.

— A la **sensibilización** o toma de conciencia de su responsabilidad en la consecución de una convivencia intercultural en el Centro y la sociedad, que elimine las situaciones de discriminación y procure el desarrollo integral de todos, fomentando la identidad cultural de cada individuo.

— Al intercambio de **información** acerca del progreso del alumnado en el proceso de aprendizaje de valores interculturales.

— A la **colaboración** en actividades educativas enmarcadas en el currículum para el logro de objetivos interculturales en los alumnos y alumnas tal y como establece la Ley Orgánica 9/1995, de 20 de Noviembre, de la participación, la evaluación y el gobierno de los centros docentes (LOPEGCE). En el Art. 31, punto 2, se reconoce que son la organización y el funcionamiento de los centros los encargados de facilitar la participación del profesorado, padres y alumnado, en la elección, organización, desarrollo y evaluación de las **actividades escolares complementarias**, entendidas como tales las organizadas por los centros docentes de acuerdo con su proyecto educativo durante el horario escolar.

Mencionamos seguidamente algunas de estas fórmulas sin extendernos en su explicación:

— Establecer pasos recurrentes para la recepción-acogida (PALAUDARIAS I MARTÍ y FEU I GELIS, 1997).

— Tutorías, salidas o excursiones, sesiones de evaluación, reuniones informativas, fiestas comunitarias de las distintas etnias.

— Experiencias Globalizadas Multiculturales, organizadas para la participación de padres y distintos miembros de la Comunidad Educativa representantes de distintas culturas, tutores, docentes especialistas y alumnado de un Curso, Ciclo o Etapa educativa, en horas lectivas y/o de permanencia del profesorado en el centro; y en sesiones de reflexión-acción. Esta fórmula organizativa ha sido aplicada en Melilla para el logro conjunto de objetivos interculturales y el desarrollo de competencias y contenidos del Currículum Oficial (SÁNCHEZ FERNÁNDEZ y ARROYO GONZÁLEZ, 1995).

Bibliografía

ARROYO GONZÁLEZ, R. (1993): *Melilla: contexto de análisis y reflexión multicultural*, Emare, Melilla, 9, pág.: 49-76.

ARROYO GONZÁLEZ, R. (1995): *Descripción y análisis de una realidad multicultural para la elaboración de un currículum intercultural*, Memoria de Licenciatura, Universidad de Granada.

ARROYO GONZÁLEZ, R. (1996a): "De la integración de culturas al encuentro intercultural". En GARCÍA CASTAÑO, F. J. y GRANADOS MARTÍNEZ, A. (Coords): *Educación: ¿Integración o exclusión de la diversidad cultural?*, Laboratorio de Estudios interculturales, Granada, pág.: 137-149.

ARROYO GONZÁLEZ, R. (1996b): "Sistema de categorías para el análisis de realidades escolares en contextos multiculturales". En LORENZO DELGADO, M. y BOLÍVAR BOTÍA, A (Eds): *Trabajar en los Márgenes. Asesoramiento, formación e innovación en contextos educativos problemáticos*, ICE, Granada, pág.: 245-257.

ARROYO GONZÁLEZ, R. (1997a): "Educación Intercultural". En LOU ROYO, M.A. y LÓPEZ URQUIZAR, N (Coords.): *Bases psicopedagógicas de la Educación Especial*, Pirámide, Madrid, pág.: 327-342.

ARROYO GONZÁLEZ, R. (1997b): "Los valores en el Currículum Intercultural. Educando para la Tolerancia". En *Publicaciones, Escuela Universitaria del Profesorado de Melilla*, 25-26-27, pág.: 55-65.

ARROYO GONZÁLEZ, R. (1997c): *Encuentro de culturas en el sistema educativo de Melilla. Hacia un Currículum Intercultural*, Ayuntamiento de Melilla, Melilla.

ARROYO GONZÁLEZ, R. (1998a): "El Currículum Intercultural Islámico-Occidental. Una propuesta desde los valores de cada cultura". En PÉREZ PÉREZ, R. (Coord): *Educación y diversidad*, Servicio de Publicaciones, Universidad de Oviedo, pág.: 959-968.

ARROYO GONZÁLEZ, R. (1998b): *Propuesta de valores para un Curriculum Intercultural Islámico-Occidental en la Ciudad de Melilla*, Tesis Doctoral, Inédita, Universidad de Granada.

BARTOLOMÉ PINA, M. (Coord.) (1997): *Diagnóstico a la Escuela Multicultural*, Cedecs, Barcelona.

BEARE, CALDWELL y MILLIKAN, (1992): *Cómo conseguir centros de calidad. Nuevas técnicas de dirección*, La Muralla, Madrid.

BEITBORDE, M. L. (1996): "Creating Community in the Classroom: Modeling New Basic Skills in Teacher Education", *Journal of teacher Education*. 5(47), pág.: 367-374.

BRONFENBRENNER, U. (1987): *La ecología del desarrollo humano*, Paidós, Barcelona.

DE LA TORRE, S. (1992): *Proyecto Docente e Investigador*, Inédito, Barcelona.

DUNCAM, O. D. (1959): "Human Ecology and Population Studies". En HAUSER, Ph. y DUNCAM, O. D.: *The Study of Population*, University Press, Chicago.

ESCUDERO, J. M. (1989): "La escuela como organización y el cambio educativo". En MARTÍN-MORENO (Coord.): *Organizaciones Educativas*, UNED, Madrid.

ESCUDERO, J. M. (1992): *Innovación y desarrollo organizativo de los centros escolares*, II Congreso Interuniversitario de Organización Escolar, GID, Sevilla.

ESCUDERO, J. M. (1993): "La formación del profesorado centrada en la escuela". En LORENZO DELGADO, M. y SÁENZ BARRIO, O. (Dirs.): *Organización Escolar*, Marfil, Alcoy.

FERNÁNDEZ ENGUITA, M. (1996): *Escuela y etnicidad: El caso del pueblo gitano*, Laboratorio de estudios interculturales, CIDE, Granada.

FERNÁNDEZ PÉREZ, J. (1984): "Fronteras y relaciones de la ecología". En TAMAMES, R. (Dir.): *El libro de la Naturaleza*, Ediciones El País, Madrid.

GÓMEZ DACAL, G. (1885): *El Centro Docente. Líneas para la aplicación de la LODE*, Escuela Española, Madrid.

GONZÁLEZ, Mª T. (1993): "La innovación centrada en la escuela". En LORENZO DELGADO, M. y SÁENZ BARRIO, O. (Dirs.): *Organización Escolar*, Marfil, Alcoy.

GRANADOS MARTÍNEZ, A. y GARCÍA CASTAÑO, F. J. (1997): "Racialismo en los libros de texto. La transmisión sobre la diferencia en diferentes libros de texto de la Educación Primaria". En GARCÍA CASTAÑO, F. J. y GRANADOS MARTÍNEZ, A. (Eds.): *Educación: ¿Integración o exclusión de la diversidad cultural?*, Laboratorio de Estudios Interculturales, Granada, pág.: 307-316.

HASELKORN, D. (1994): "Shaping the profession that shapes America´s future", *Quality Teaching*. 4(1).

LEY ORGÁNICA 8/1985, de 3 de Julio, reguladora del derecho a la educación (BOE del 4 de Julio de 1985).

LEY ORGÁNICA 9/1995, de 20 de Noviembre, de la participación, la evaluación y el gobierno de los centros docentes (BOE del 21 de Noviembre de 1995).

LÓPEZ URQUÍZAR, N. y SOLA MARTÍNEZ, T. (1995): *Proyecto de Centro: programación de aula*, Adhara, Granada.

LORENZO DELGADO, M. (1989): "El profesor: departamentos y equipos docentes". En SÁENZ BARRIO, O. (Dir.): *Organización Escolar*, Anaya, Madrid.

LORENZO DELGADO, M. (1993a): *Proyecto Docente de Organización Escolar*, Inédito, Universidad de Granada.

LORENZO DELGADO, M. (1993b): "La organización de la escuela como ecosistema social". En LORENZO DELGADO, M. y SÁENZ BARRIO, O. (Dirs.): *Organización Escolar: una perspectiva ecológica*, Marfil, Alcoy.

LORENZO DELGADO, M. (1995): *Organización Escolar. La construcción de la escuela como ecosistema*, Ediciones Pedagógicas, Madrid.

LORENZO DELGADO, M. (1997): *La organización y gestión del centro educativo: análisis de casos prácticos*, Univérsitas, Madrid.

LORENZO DELGADO, M. (1998): "Liderazgo y Participación en los Centros Educativos", *V Congreso Interuniversitario de Organización de Instituciones Educativas*, Noviembre, Madrid.

MARGALEF, R. (1982): *Ecología*, Omega, Barcelona.

ODUM, E. (1972): *Ecología*, Interamericana, México.

PALAUDARIAS I MARTI, J. M. y FEU I GELIS, J. (1997): "La acogida del alumnado extranjero en las escuelas públicas. Una reflexión necesaria para favorecer la integración plural". En GARCÍA CASTAÑO, F. J. y GRANADOS MARTÍNEZ, A. (Eds.): *Educación: ¿Integración o exclusión de la diversidad cultural?*, Laboratorio de Estudios Interculturales, Granada, pág.: 35-48.

PEREDA, C.; DE PRADA, A. M. y ACTIS, W. (1996): *La educación intercultural a prueba: hijos de inmigrantes marroquíes en la escuela*, Laboratorio de Estudios Interculturales, CIDE, Granada.

PEREYRA, M. A. (1992): La construcción social del tiempo escolar, nº 206, *Cuadernos de Pedagogía*.

PIMENTEL, A. (1996): *Actas XI Congreso Nacional de Pedagogía: Innovación pedagógica y política educativa*, Sociedad Española de Pedagogía, San Sebastián.

REAL DECRETO 2.375/1985, del 18 de Diciembre, por el que se regulan los criterios de admisión de alumnos en los centros docentes sostenidos con fondos públicos (BOE del 27 de Diciembre de 1985).

SÁEZ CARRERAS, J. (1989): *La construcción de la educación: entre la tecnología y la crítica*, ICE, Universidad de Murcia.

SALVADOR MATA, F. (1993): "Profesorado: Departamentos y Equipos Docentes". En LORENZO DELGADO, M. y SÁENZ BARRIO, O. (Dirs.): *Organización Escolar: una perspectiva ecológica*, Marfil, Alcoy.

SÁNCHEZ, S. y ARROYO, R. (1995): "Taller de multicultura: una experiencia de concreción del Curriculum Intercultural en Educación Infantil", *Aula de innovación educativa*, 36, pág.: 53-59.

SÁNCHEZ, S. y ARROYO, R. (1998): "Los conflictos en las sociedades y contextos educativos multiculturales". En LORENZO DELGADO, M.; ORTEGA CARRILLO, J. A.; y SOLA MARTÍNEZ, T. (Coords.): *Enfoques en la organización y Dirección de Instituciones Educativas Formales y no Formales*, GEU, Granada, pág.: 323-334.

SÁNCHEZ, S. y MESA, M. C. (1996): *Educación y situaciones bilingües en contextos multiculturales. Estudio de un caso: Melilla*, Laboratorio de Estudios Interculturales, Granada.

SANTOS GUERRA, M. A. (1990): *Hacer visible lo cotidiano*, Akal, Madrid.

TORRES, J. y otros (1994): *Las actividades físicas organizadas en Educación Primaria*, Colección Materiales Didácticos "Faciedu", Granada.

VERA, J.M y LAPEÑA, A. (1989): *Manual de Gestión para Centros de EGB*, Escuela Española, Madrid.

ZABALZA BERAZA, M.A (1998): "Condiciones organizativas de lo escolar ante la diversidad". En PÉREZ PÉREZ, R; PASCUAL SEVILLANO, A y ÁLVAREZ GARCÍA, M.C (Coords): Educación y Diversidad, *Actas XV Jornadas de Universidad y Educación Especial*, Vol. I, pág.: 25-38.

PANEL DE EXPERTOS

GESTIÓN Y DIRECCIÓN DE CENTROS EN AMÉRICA LATINA

COOPERACIÓN INTERNACIONAL ESPAÑOLA EN MATERIA EDUCATIVA

Mª DEL ROSARIO FERNÁNDEZ SANTAMARÍA
Subdirectora General de Cooperación Internacional del Ministerio de Educación y Cultura

Introducción

La actuación del Ministerio de Educación y Cultura (MEC) en el ámbito educativo se engloba en los conceptos más amplios de promoción y difusión de la lengua y cultura españolas y en el de la cooperación internacional.

No somos la única Institución de la Administración española con competencias en estas áreas, pero sí tenemos un componente que nos diferencia de otras y éste es que nuestras acciones están dirigidas siempre al alumnado que cursa estudios en los sistemas educativos, fundamentalmente reglados. La actuación sobre ellos puede ser ejercida de forma directa, incluso con profesores funcionarios del MEC e impartiendo el sistema educativo español, o con presencia en otros sistemas educativos, basados en acuerdos bilaterales, con otros países, con los que se establecen intercambios de experiencia, profesores, expertos, investigadores, alumnos, etc., o por la pertenencia a Organismos Internacionales, donde se acercan las políticas, tratando incluso de armonizar los sistemas educativos, o por una clara acción de cooperación con terceros países, fundamentalmente en Iberoamérica, donde la experiencia española tiene una alta valoración, dadas nuestras comunes lenguas y culturas.

Seguidamente vamos a analizar con un cierto detalle los diferentes planes y enfoques en los que el Ministerio de Educación y Cultura actúa, a través de una de sus unidades especializadas en relaciones internacionales, la Subdirección General de Cooperación Internacional, dependiente de la Secretaría General Técnica.

I. Acción Educativa Española en el Exterior

Como ya se ha dicho, nuestra actuación se encuentra delimitada y se realiza fundamentalmente a través de los sistemas educativos reglados. Estamos convencidos de que el contacto con nuestra lengua y cultura en edades tempranas, adolescentes y primera juventud, constituye la base más sólida y duradera para despertar una sensibilidad y conciencia hacia lo español que fructificará después en todos los campos en los que España mantiene relaciones con el exterior.

Nuestra acción se realiza bajo diversos programas, siendo su soporte jurídico el Real Decreto 1027/93, de 25 de junio (BOE de 6 de agosto), por el que se regula la acción educativa española en el exterior, que a modo convencional puede clasificarse en dos grandes epígrafes: Acción educativa directa y Acción educativa indirecta.

I.1. Acción Educativa Directa

Bajo este epígrafe pueden englobarse todos los programas desarrollados con recursos humanos y materiales dependientes del MEC, y/o con presencia del sistema educativo español.

Con estas características se desarrollan los siguientes programas:

1.1. Centros docentes de titularidad del Estado español en el exterior:

Estos centros ofrecen las enseñanzas del sistema educativo español convenientemente adaptadas a las particularidades del entorno en que se encuentran. Su finalidad es doble: dar a conocer nuestro sistema educativo a ciudadanos de otras nacionalidades, al tiempo que atender la posible demanda de escolarización de españoles residentes en la zona donde se ubican. El aprendizaje de la lengua española y de la lengua del país deben tener un tratamiento preferente y deben aportar al alumno una visión integradora de las culturas española y propia del país.

La organización y funcionamiento de estos centros siguen unas pautas semejantes a las de los centros públicos en España, aunque la normativa que los regula establece algunas peculiaridades derivadas de sus características singulares. En algunos casos, se ha hecho necesaria una regulación específica de aspectos que en el Real Decreto 1027/93 quedaron sin precisar, remitiendo a su posterior desarrollo.

En todos estos Centros se está llevando a cabo la implantación de la L.O.G.S.E., con un calendario similar al que se sigue en territorio nacional, con algunas excepciones debidas a las especiales circunstancias del país. Esto conlleva una labor de planificación y gestión que pasa por acciones tales como la determinación de la estructura básica de los centros y la dotación de profesorado a través de concursos anuales de provisión de puestos o el establecimiento de criterios para la selección del alumnado.

En estos momentos se trabaja en la integración de currículos. Se están iniciando los trabajos para integrar en los programas españoles aquellas materias que a juicio de las autoridades educativas de cada país se consideren como esenciales, de forma que al término de los estudios, los alumnos puedan obtener no sólo la correspondiente titulación española, sino también la equivalente de los países donde los Centros se encuentran ubicados.

Esta es una de las medidas que se están adoptando con el objetivo claro de elevar la calidad de la educación en estos Centros y su consiguiente prestigio. La situación de partida es muy diversa, y responde casi siempre a los distintos motivos por los que los centros fueron creados.

Se acompaña como Anexo I desglose de Centros, con indicación de alumnado y profesorado.

1.2. Centros de titularidad mixta, con participación del Estado español:

El Estado español puede establecer convenios con personas físicas o jurídicas para la creación de centros de titularidad mixta, a través de fundaciones o sociedades reconocidas legalmente en los países respectivos. Dichos centros tienen un régimen económico autónomo, y su dirección es ejercida por funcionarios de la Administración española, cuya representación en la fundación y en los órganos rectores debe ser mayoritaria. Las normas de organización y funcionamiento se determinan en los convenios y en los respectivos reglamentos de régimen interior y las enseñanzas impartidas tienen validez en ambos países.

Con estas características existen, en estos momentos, el Colegio Español «Miguel de Cervantes» de Sao Paulo (Brasil), y el Colegio «Parque de España» en Rosario (Argentina).

Una parte del profesorado son funcionarios pertenecientes a los cuerpos docentes y se envía desde España y otra parte se contrata en el país. Las enseñanzas que se imparten se corresponden con el currículo del país, en el que se integran materias españolas, de forma que los alumnos puedan obtener al término de sus estudios la doble titulación.

Se acompaña como Anexo II desglose de estos Centros con especificación de alumnos y profesores.

1.3. Secciones españolas en Centros de titularidad de otros estados:

La existencia de Secciones españolas en centros docentes de titularidad extranjera es una de las modalidades que contempla el Real Decreto 1027/93, de 25 de junio -art 7-1c)- para el desarrollo de la acción educativa española en el exterior.

En el art. 23 del citado Real Decreto se señalan de modo muy general los aspectos básicos de estas secciones: impartir y difundir la cultura española en el contexto de una experiencia educativa intercultural en niveles no universitarios.

La experiencia española en el campo de las secciones puede considerarse amplia y rica. Se inició en 1981 con Francia, ampliándose posteriormente a otros países. Como consecuencia de la importante labor que desarrollan estas secciones en la difusión de la lengua y cultura españolas, este programa viene experimentando un aumento importante en los últimos años; así, se ha pasado de contar con 13 secciones españolas en centros de otros países durante el curso 1990/91, a las 25 del curso actual, pasando de atender en el curso 1990/91 a 1.247 alumnos, a los 4.851 alumnos del curso 1998/99, con un total de 67 profesores.

Los alumnos siguen el sistema educativo del país correspondiente con sus materias, opciones y horarios, a lo que se añade una enseñanza específica de lengua y cultura españolas y de Geografía e Historia de España. En general los profesores de estas materias españolas son enviados por el Estado español dentro del sistema de acuerdos bilaterales. Estos alumnos, además de someterse a pruebas relativas a las materias propias del sistema educativo del país extranjero, deben realizar pruebas específicas correspondientes a las materias españolas citadas anteriormente.

Se está trabajando también en tareas de integración de contenidos de los programas de lengua y cultura españolas en los programas del país, así como en la coordinación con los profesores de las materias que se imparten por docentes de los dos países.

Se acompaña como Anexo III relación detallada de estas Secciones.

1.4. Presencia española en las escuelas europeas:

Las escuelas europeas se crean en 1957 con la firma del «Estatuto de las Escuelas Europeas», a fin de contribuir al desarrollo de una Europa multicultural y plurilingüe, y para escolarizar a los hijos de los funcionarios de las instituciones comunitarias. La integración de España se produce en 1986. La enseñanza primaria se lleva a cabo en las lenguas de los estados miembros pero propiciando la adquisición de las otras lenguas y poniendo de relieve la dimensión europea. Las titulaciones adquiridas tienen validez en todos los Estados miembros. Como consecuencia, los alumnos que finalizan sus estudios en dichas escuelas pueden ingresar en las universidades de cualquier Estado miembro, en las mismas condiciones que los nacionales que posean títulos equivalentes.

En aquellas escuelas donde existe sección española, las enseñanzas de los ciclos de maternal y primaria se imparten en lengua española. En secundaria, las diferentes áreas se imparten, bien en español, bien en una de las lenguas vehiculares oficiales. En aquéllas en que oficialmente no está creada la sección española, se imparte español como lengua extranjera, pudiendo recibir los alumnos españoles, en algunos casos, clases de español como lengua materna.

El Estado español envía profesores funcionarios tanto a las escuelas europeas donde existe sección española (Alemania, Bélgica, Italia y Luxemburgo), como a aquéllas en las que no está creada oficialmente la sección, pero donde se imparte español como lengua extranjera (Alemania, Bélgica, Holanda y Reino Unido).

Se acompaña como Anexo IV relación detallada de estas Escuelas.

1.5. Programas específicos para hijos de residentes españoles: agrupaciones y aulas de lengua y cultura españolas:

La Administración española viene promoviendo, a través de convenios y acuerdos internacionales, la integración de las enseñanzas de lengua y cultura españolas en los centros docentes de distintos países, especialmente dirigida al alumnado español escolarizado en los sistemas educativos de los países donde residen. Dichas enseñanzas se imparten en los centros extranjeros en los que los alumnos españoles cursan los estudios reglados, como parte integrante del horario y, a veces, del currículo de los mismos. Esta situación es minoritaria, tanto por las dificultades provenientes de la suscripción de acuerdos, como por las organizativas derivadas de la dispersión del alumnado.

En los casos en que no puede llevarse a cabo esta integración, y también cuando el país de acogida no responde a lo establecido en la Directiva Comunitaria 77/486/CEE (hacerse cargo de la enseñanza de la lengua materna de los hijos de emigrantes residentes), la administración educativa española establece enseñanzas complementarias de lengua y cultura españolas fuera del horario escolar, en aulas habilitadas para ello, que se integran en una estructura organizativa denominada Agrupación de Lengua y Cultura españolas.

El periodo que abarca la planificación de estas enseñanzas es de diez cursos, articulados en tres niveles: inicial, de dos cursos académicos; básico y superior, de cuatro cursos cada uno. Está establecido que la escolarización no puede adelantarse a la obligatoria del país de residencia y que, si al término de los diez cursos, el alumno no hubiera superado los objetivos previstos, podrá, cumplidos determinados requisitos, permanecer un curso más en el aula.

El currículo, establecido por el MEC, se adaptará a la realidad lingüística de los residentes en cada país mediante la actuación de Comisiones Técnicas específicas para cada área lingüística.

Al frente de cada Agrupación hay un director, designado por el MEC, previo informe del Departamento de Asuntos Exteriores, de entre los profesores que constituyen el equipo docente. La participación de los padres se articula a través de una doble vía: por medio de los consejos de residentes españoles, ante la autoridad educativa competente; y, directamente, a través del contacto tutorial con el profesor y a través del representante de cada aula, elegido por el conjunto de padres de los alumnos. La regulación de estas enseñanzas complementarias se encuentra recogida en la Orden Ministerial de 11-11-94 (BOE de 17 de noviembre), modificada por la de 9-10-98 (BOE de 15 de octubre). La ordenación de dichas enseñanzas se recoge en la Orden Ministerial de 14 de abril de 1997 (BOE de 27 de mayo) que contiene el currículo de las mismas y en la que se incluyen, diferenciados por cada uno de los tres niveles establecidos, los objetivos, contenidos, metodología y criterios de evaluación.

Se acompaña como Anexo V relación detallada de estas enseñanzas.

1.6. Actividades desarrolladas con los países de Europa central y oriental: Secciones bilingües:

En virtud de lo establecido en el artículo 50 del Real Decreto 1027/1993, de 25 de junio (B.O.E. de 6 de agosto), y a fin de promover y desarrollar iniciativas y acciones de difusión del español en estos países, prioritariamente en el marco de las enseñanzas regladas, el Ministerio de Educación y Cultura tiene destinado un Asesor Técnico en las Embajadas españolas en Bulgaria, República Checa, Eslovaquia, Hungría, Polonia y Rumanía. La actuación en los países de este área europea se está potenciando paulatinamente, debido al interés creciente que en los mismos hay por la lengua y la cultura españolas y a los resultados enormemente satisfactorios que se están obteniendo, sobre todo al rendimiento escolar de los alumnos de nuestras Secciones Bilingües.

Estas Secciones españolas en Centros bilingües se crean en el marco de los Convenios de cooperación cultural, educativa y científica con los correspondientes países. En este curso 1998/99 estarán en funcionamiento doce: 4 en Eslovaquia, 2 en Bulgaria, 2 en la República Checa, 2 en Polonia, 1 en Hungría, y 1 en Rumanía. En estos centros, los alumnos reciben inicialmente una formación intensiva en español y cursan en esta lengua diversas asignaturas, por lo general de las áreas de ciencias sociales y de ciencias, durante cuatro cursos, que concluyen con las pruebas finales de bachillerato, siendo evaluadas en español algunas materias y pudiendo obtener, tras la superación de los exámenes, la doble titulación, las correspondientes del país, además de la equivalente española. Los resultados obtenidos son muy satisfactorios, no sólo por el conocimiento que adquieren los alumnos del idioma español, sino también porque estos alumnos constituyen un alumnado de élite en la universidad, extendiendo su demanda a todos los ámbitos universitarios, tanto en filologías como científicos y técnicos.

Para el desarrollo de este programa, los Departamentos de Educación de los citados países ofrecen plazas de profesores de enseñanza secundaria a licenciados españoles (28 en el curso académico 1998/99), que son seleccionados y contratados por las correspondientes Autoridades educativas de cada país, percibiendo unas retribuciones equivalentes a las de un profesor de enseñanza secundaria de dichos países y teniendo derecho a alojamiento y asistencia sanitaria gratuitos.

El Ministerio de Educación y Cultura contribuye al programa con las siguientes acciones:

-   Publicidad en el Boletín Oficial del Estado de las plazas vacantes en los distintos países
-   Envío de materiales didácticos a los centros.
-   Asignación de dos ayudas, una de ellas complementaria de las retribuciones que los profesores españoles perciben de las autoridades educativas locales y otra en concepto de gastos del viaje de ida y vuelta de éstos al centro de destino.
-   Organización de cursos de perfeccionamiento destinados al profesorado. Se organizan diversos cursos a lo largo del año por los Asesores Técnicos o en verano, en colaboración con Universidades, por el Departamento.
-   Organización de un «Viaje de estudios a España» destinado a los estudiantes más preparados del primer curso de las secciones bilingües y a los ganadores de las Olimpiadas de español que se organizan en cada país (el último viaje tuvo lugar del 13 al 23 de julio de 1998 y participaron en él 98 personas).
-   Elaboración de las pruebas escritas de Lengua y Cultura Españolas para los exámenes de Bachillerato, remisión de las mismas a los respectivos Ministerios de Educación, y participación en los tribunales de examen, de los que forman parte un Inspector de Educación y el Asesor Técnico.

Se acompañan en anexo VI estadísticas de estas secciones (ciudades donde existen secciones, número de alumnos de español y número de profesores españoles contratados). Festivales de Teatro: Como manifestación espontánea del alto nivel de los estudios de español en las Secciones Españolas de los Institutos Bilingües de estos países, surgieron y se han desarrollado ya cinco Festivales escolares de teatro español, en Praga (1994), Budapest (1995), Varsovia (1996), Bratislava (1997) y Valladolid (1998).

Ante la importancia y calidad que estos encuentros escolares de teatro vienen adquiriendo, el Ministerio de Educación y Cultura, consciente de la transcendencia que para el citado Programa de Apoyo a los estudios de español tienen estas actividades, propuso la celebración del V Festival en una ciudad española para la primavera del presente año. La ciudad elegida como sede de este V Festival fue Valladolid, cuyas Instituciones públicas se ofrecieron a acoger y facilitar el desarrollo del mismo.

La celebración tuvo lugar del 4 al 10 de mayo de 1998, registrando un alto grado de participación por parte de alumnos y profesores de los centros implicados en el Festival, contando, asimismo, con la colaboración de la Junta de Castilla-León, del Ayuntamiento y la Diputación Provincial de Valladolid.

Asimismo, colaboraron organismos españoles tales como la Agencia Española de Cooperación Internacional, el Instituto de Cooperación con el Mundo Árabe, Mediterráneo y Países en Desarrollo (M.A.E.), la Dirección General de Relaciones Culturales y Científicas del M.A.E., así como entidades privadas (Fundación Federico García Lorca, Caja España, Iberia). También han colaborado los Ministerios de Educación de Bulgaria, Eslovaquia, Hungría, Polonia, República Checa y Rumanía.

En el Festival se pudo comprobar el excelente nivel de español de todos los alumnos de países de Europa central y oriental participantes, prueba del éxito académico de los Institutos Bilingües, y asimismo lo positivas que resultan estas iniciativas, ya que todos los alumnos establecieron excelentes vínculos con los compañeros de los dos institutos de

Valladolid sede del evento y tuvieron una inmersión tan intensa en la vida y cultura españolas que muchos jamás la olvidarán.

El próximo Festival tendrá lugar en Sofía (Bulgaria) del 12 al 18 de abril de 1999.

1.7. Centros por Convenio:

El pasado 1 de octubre se publicó en el B.O.E. la Orden de 23 de septiembre de 1998 por la que se establecen las bases para la suscripción de convenios con las instituciones a que se refiere el artículo 7.1.d) del Real Decreto 1027/1993, de 25 de junio, por el que se regula la acción educativa en el exterior.

Esta posibilidad, que permanecía inédita y sin el necesario desarrollo normativo, que ahora ve la luz, permitirá el establecimiento de una red de centros docentes que facilite la formación de escolares españoles y extranjeros residentes fuera de España, de tal modo que este alumnado pueda obtener la titulación académica propia del lugar de residencia y la española.

Estos centros por Convenio aprovecharán las estructuras, instalaciones, organización y personal ya establecidos por las Instituciones educativas en cada país, lo que supondrá una promoción del sistema educativo español en el extranjero con un mínimo gasto público.

De acuerdo con la Orden anteriormente citada, el currículo de cada etapa educativa incluirá un porcentaje de enseñanza de las disciplinas determinadas por las autoridades educativas españolas en relación con la Lengua y la Literatura, la Geografía y la Historia españolas. Para ello se han establecido unas orientaciones generales, a las que deberán sujetarse las propuestas de currículo integrado que necesariamente debe acompañar a las solicitudes de los centros que deseen suscribir convenios de colaboración con la Administración española. Dichas orientaciones están contenidas en la Resolución de la Secretaría General Técnica, de 14 de octubre de 1998, (B.O. del E. de 30 de octubre) por la que se aprueban las orientaciones, los objetivos y los contenidos de las áreas de «Literatura Española» y de «Geografía e Historia de España» para los centros que deseen incorporarse a la red de centros españoles en países cuya lengua oficial sea el español.

Esta última Resolución se complementará con otra dirigida a los países de habla no española, que se encuentra muy avanzada y que se espera pueda publicarse en breve. Estas disposiciones permitirán ampliar considerablemente nuestra red de Centros en el exterior, con un bajo coste económico, ya que se trata de convenir con instituciones educativas ya implantadas en los países correspondientes, siempre que gocen de un gran prestigio y reúnan una serie de requisitos que se especifican en la citada Orden.

I.2. Acción Educativa Indirecta

Entendemos por acción educativa indirecta aquélla que se realiza por profesores de español o españoles sin vinculación directa con el Ministerio de Educación y Cultura y que son apoyados en su labor por Consejerías de Educación, Asesores Técnicos y Centros de Recursos, éstos sí dependientes del citado Departamento. Podemos denominarlos también: Programas de apoyo a las enseñanzas de español a través de sistemas educativos extranjeros. Dentro de estas actuaciones cabe destacar:

2.1. Asesorías Técnicas:

El Ministerio de Educación y Cultura, en consonancia con los objetivos generales que se propone el Estado español en materia de proyección cultural y lingüística, y dentro del marco de actuaciones que se realizan coordinadamente con el Ministerio de Asuntos Exteriores y con el Instituto Cervantes, considera de suma importancia promover y difundir el español, tanto por ser lengua oficial en 21 países, hablada por más de 350 millones de personas, cuanto por el rico y variado patrimonio cultural que transmite. Para ello y para atender la creciente demanda de español por parte de la población no española, ha creado la figura del Asesor Técnico de las Consejerías de Educación y Ciencia, que es seleccionado mediante concurso público de méritos.

El equipo de Asesores Técnicos, bajo la dependencia directa del Consejero de Educación y Ciencia, desempeña funciones de atención a las necesidades específicas de la acción educativa española en el exterior en el ámbito del país de destino; colabora con el profesorado en la adaptación de los currículos a la realidad del país; confecciona material y recursos didácticos complementarios; diseña, elabora y, en su caso, imparte cursos de perfeccionamiento para profesores extranjeros de español y para el profesorado español allí destinado. También debe facilitar información y asesoramiento sobre el ámbito educativo y cultural, colaborar en la elaboración de los programas de español y asesorar a los responsables educativos del país de destino.

2.2. Centros de Recursos didácticos

Tarea fundamental de los Asesores Técnicos es la gestión de los Centros de Recursos Didácticos de las Consejerías de Educación y Ciencia, los cuales ofrecen servicios de información, de distribución de materiales didácticos y de préstamo de materiales audiovisuales. Estos Centros constituyen un instrumento clave de la actuación de la Administración Educativa en el exterior para la promoción y apoyo a la difusión de la lengua y cultura españolas. En la actualidad existen en funcionamiento un total de 27 Centros distribuidos en diferentes países. Desde la Subdirección General de Cooperación Internacional se va a potenciar la coordinación de estos Centros de Recursos Didácticos, de manera que se consiga una intercomunicación fluida entre ellos, sobre todo en aquellos programas de formación que se consideren de mayor interés.

Es una actuación con un indudable efecto multiplicador. En los dos últimos cursos, el trabajo de estos Asesores se ha incrementado en aquellos aspectos que se relacionan directamente con la promoción y apoyo a la enseñanza del español en los sistemas educativos de los países correspondientes: asesoramiento a profesores, organización de cursos, elaboración de materiales didácticos, participación en actividades de difusión del español, promoción de la lengua a través de Internet, actuación con los auxiliares de conversación y potenciación de los intercambios y enlaces educativos. Especialmente significativa resulta la atención a los Centros de Recursos en los que se ofrecen publicaciones especializadas y todo tipo de material audiovisual.

Se acompaña anexo VII con el detalle de los Asesores Técnicos.

2.3. Cursos de verano para profesores extranjeros de lengua española:

A fin de dar cumplimiento a lo acordado en los convenios de colaboración cultural, educativa y científica firmados entre España y países de todo el mundo, el M.E.C. viene organizando cursos para un número determinado de profesores extranjeros de español, y así en el último verano de 1998, estos cursos alcanzaron a 543 profesores, que se distribuyeron en 11 cursos en los siguientes centros universitarios y Universidades, acogiendo a profesores procedentes de las áreas geográficas que se especifican en cada caso: Valladolid (África Subsahariana y Asia), Salamanca (Estados Unidos y Europa, curso general; Europa Oriental y Occidental, Curso Superior de Metodología), Complutense de Madrid (Estados Unidos), Granada (Europa del Este y países árabes), UIMP Santander (Europa Occidental), UIMP Cuenca (Marruecos), Zaragoza-sede de Jaca (Europa Oriental y Occidental), Instituto Universitario «Ortega y Gasset» de Madrid (Estados Unidos) y Oviedo (Estados Unidos).

Algunos de estos cursos se han organizado en colaboración con el Ministerio de Asuntos Exteriores, que en unos casos los subvenciona parcialmente (profesorado de países árabes, en Granada, y del África Subsahariana, en Valladolid) y en otros les da la difusión internacional requerida (Santander y Salamanca).

La realización de los cursos exige la preparación del texto de los correspondientes convenios entre el M.E.C. y las distintas Universidades, la revisión de los programas de los cursos para adecuarlos mejor a las necesidades de los participantes, la difusión de la información a través del M.A.E. y las Consejerías de Educación y Ciencia, la selección de los candidatos de los países donde no hay Consejería de Educación y Ciencia, y el envío de las listas de participantes a las distintas Universidades, procurando que, si se produce alguna baja, pueda ser repuesta esa candidatura con algún suplente, de manera que no queden plazas sin cubrir.

II. Relaciones Bilaterales

Las actividades de cooperación internacional bilateral se derivan de la aplicación de los convenios de cooperación educativa y cultural vigentes que el Ministerio de Educación y Cultura establece con los diferentes países, a través del Ministerio de Asuntos Exteriores. Tales actividades tienen su concreción y seguimiento en las comisiones mixtas que se celebran alternativamente en cada uno de los países firmantes. En estos momentos se mantienen convenios con 83 países (19 iberoamericanos, a los que nos referiremos en otro apartado).

El resultado de cada Comisión Mixta es un Programa de Cooperación Cultural y Educativa, en el que se enmarcan las acciones de cooperación internacional de carácter bilateral, como planes de actuación específicos que vienen desarrollándose normalmente en períodos bianuales en un proceso de incremento debido al interés e importancia de los mismos.

A continuación se resumen los programas de cooperación bilateral que se ejecutan en el marco de estos programas, estableciendo una clasificación de tres grandes zonas geográficas con las que se mantienen relaciones bilaterales más intensas y destacando en cada una los programas más característicos, aunque éstos se ejecutan como veremos prácticamente en todas las zonas:

II.1. Europa

1.1. Auxiliares de Conversación

Consiste en el intercambio de ayudantes de profesorado de lengua española, denominados Auxiliares de conversación, entre España y cada uno de los siguientes países: Alemania, Austria, Bélgica, Francia, Irlanda, Italia y Reino Unido, con el objeto de facilitar a los estudiantes o recién licenciados universitarios en las lenguas modernas en los países de acogida, el perfeccionamiento en estas lenguas, y, a su vez, como contrapartida, colaborar en la enseñanza de su lengua materna. El objetivo final es conseguir futuros profesores cualificados de lenguas extranjeras o ampliar colectivos con suficiente conocimiento de las mismas, así como proporcionar a nuestros centros españoles auxiliares nativos para realizar prácticas de conversación de las lenguas correspondientes.

Se divide en dos subprogramas:

a) Auxiliares de conversación españoles
    Para seleccionar a estos Auxiliares se realiza a una convocatoria pública, que se resuelve en el mes de junio-julio. La última apareció en el B.O.E. de 24.11.98.
    El número de solicitudes se aproxima a las 4.000, siendo prácticamente el 60% para el Reino Unido.
    En cada convocatoria se han adjudicado unas 470 plazas, con arreglo a la siguiente distribución:

Reino Unido:	200
Francia:	206
Alemania:	29
Italia:	10
Bélgica:	5
Irlanda:	5
Austria:	3

Las retribuciones de los Auxiliares españoles corren a cargo de las autoridades educativas de los países receptores.

b) Auxiliares de conversación extranjeros.
    El objetivo de este Programa es por tanto doble: apoyo a la enseñanza de lenguas extranjeras en España mediante la selección y adscripción de Auxiliares seleccionados por las autoridades educativas de otros países a los centros españoles propuestos por la Dirección General de Centros Educativos del Departamento, así mismo el perfeccionamiento del español, y el conocimiento de nuestra cultura.
    Se vienen recibiendo unos 440 auxiliares, con la siguiente distribución:

Reino Unido:	200
Francia:	183
Alemania:	25
Italia:	11
Bélgica:	5
Irlanda:	5
Austria:	4

Las bolsas que se abonan a estos auxiliares se hacen con cargo al presupuesto que para estos fines gestiona la Subdirección General, siendo éste de 360 millones.

1.2. Puesto a Puesto

El objetivo de este Programa es el perfeccionamiento de profesorado de lenguas a través del intercambio de profesores españoles de enseñanza secundaria, de escuelas oficiales de idiomas o de maestros especializados en el área de filologías modernas, con profesorado equivalente de Alemania, Francia y Reino Unido en régimen de partenariado. Estos intercambios «puesto a puesto» se realizan todos los años y la convocatoria aparece en el Boletín Oficial del Estado.

Los períodos de intercambio oscilan entre un trimestre del año escolar y un curso académico completo. Excepcionalmente, y con autorización de los Directores de los Centros, las estancias trimestrales pueden modificarse.

En el curso actual 40 profesores disfrutan del intercambio, de entre unas 135 solicitudes, con la siguiente distribución:

Países	n° de intercambios
Reino Unido	7
Francia	25
Alemania	8

1.3. Otros programas

1.3.1. Intercambio de profesores universitarios, científicos, investigadores y expertos:

Estos intercambios se ejecutan como consecuencia de los compromisos contraídos en los Programas de Cooperación Cultural sobre visitas de delegaciones de expertos en temas educativos.

Los mismos se llevan a cabo de acuerdo con los programas de actividades redactados por la Subdirección General de Cooperación Internacional.

La duración de estas visitas o estancias de investigación es variable, en función de los objetivos que se proponen en cada uno de ellos, y oscila desde una semana a un mes como máximo.

Tanto la preparación de estos programas como su gestión, se realiza en la Consejería Técnica de Relaciones Bilaterales, aunque la comunicación entre los Estados se hace, como es preceptivo, a través del Ministerio de Asuntos Exteriores.

1.3.2. Becas OTAN

La Convocatoria de becas del programa científico de la OTAN, que se hace pública anualmente en el B.O.E. por Resolución de la Secretaría General Técnica del Ministerio de Asuntos Exteriores, está destinada a Doctores.

Se establecen tres modalidades:
- Becas B «Junior», para Doctores sin una situación profesional establecida.
- Becas C «Senior», para personal científico investigador con situación profesional establecida.
- Becas D «Junior y Senior», para realizar investigación en España por parte de científicos o tecnólogos extranjeros de países del centro y del este de Europa.

La duración de las becas es variable, oscilando entre los tres y doce meses, lo mismo que la cantidad mensual a percibir por los becarios, según modalidad.

Las becas son adjudicadas por un Comité de selección, integrada por el Delegado de España en el Comité Científico del Tratado, cinco científicos y el administrador del programa, presididos por el Director General de Investigación Científica y Técnica del Ministerio de Educación y Cultura.

Una vez que la convocatoria se ha resuelto, se comunica a los beneficiarios la concesión de las becas, así como a los integrantes de la lista de reservas.

El pago de la beca se hace mensualmente al lugar en que está destinado el becario. Toda la gestión del Programa se lleva a cabo desde la Subdirección General de Cooperación Internacional.

1.3.3. Alumnos Premio

En colaboración con la Embajada Alemana en Madrid, y en aplicación de los Acuerdos adoptados en las sucesivas Comisiones Mixtas con dicho país, se viene realizando un intercambio de alumnos, cursando una invitación para una visita de 4 semanas de duración en el otro país, para alumnos españoles estudiantes de alemán y alumnos alemanes de lengua española.

Los alumnos tienen que haber cursado como mínimo dos años del idioma español/alemán segunda lengua y no poder tener menos de 16 años ni más de 18.

La convocatoria española se hace a través de circular enviada a los centros de secundaria que imparten alemán.

El Programa es de ámbito estatal para los dos países.

La parte española elabora el programa de cuatro semanas de duración que se desarrolla durante el mes de julio, para los alumnos alemanes, y corre con el coste de las actividades, en correspondencia con lo que hace la parte alemana con los alumnos españoles.

Un profesor designado por el Ministerio de Educación y Cultura coordina las actividades académicas y culturales y está con los alumnos durante todo el tiempo que dura la estancia.

1.3.4. Programa «Experimento controlado para la enseñanza precoz de las lenguas vivas».

Consiste en el intercambio de profesores con Francia, en los niveles iniciales, para la enseñanza precoz del francés en España y del español en Francia. El programa que se inició con el intercambio de 4 profesores, alcanza ya el número de 12.

1.3.5. Becas de la Embajada de Francia

La Secretaría General Técnica del Ministerio de Educación y Cultura hace pública anualmente la convocatoria de 10 becas ofrecidas por la embajada de Francia en nuestro país.

Estas becas se destinan a profesores españoles de lengua francesa de centros públicos universitarios o de educación secundaria y Escuelas Oficiales de Idiomas, que están investigando en temas de Lingüística o Literatura Francesa, Didáctica del Francés como lengua extranjera, traducción y terminología.

La selección de candidatos se hace en una Subcomisión Mixta hispano-francesa, que juzga los méritos y decide la adjudicación final de las becas.

La publicación de los beneficiarios se hace en el B.O.E.

1.3.6. Visitas de Delegaciones Extranjeras

Con motivo de las visitas a nuestro país, de altos mandatarios, celebración de cumbres bilaterales o eventos similares, en otros casos, relaciones bilaterales de alto nivel, se preparan programas especiales con temas y objetivos específicos a petición, bien de determinadas Embajadas, a través del Ministerio de Asuntos Exteriores, o bien de nuestro propio Ministerio.

Los programas que se elaboran en estos casos, deben contemplar, además de las propias actividades sobre temas educativos, visitas a centros, preparación de entrevistas con responsables de programas o áreas, con el material pedagógico de apoyo correspondiente y las actividades culturales que completan la visita.

En casi todos los casos la actividad comienza con la recepción de la personalidad que nos visita desde el primer momento que llega a nuestro país, hasta la despedida en el pabellón de autoridades del aeropuerto, con toda la infraestructura de apoyo que se necesita coordinar.

Este apartado, aun cuando se encuentre englobado bajo el epígrafe «Europa», abarca todo el ancho mundo, ya que es normal recibir visitas de autoridades chinas, coreanas, iraquíes, árabes, ...

II.2 Programas con Estados Unidos y Canadá

Los programas con Estados Unidos y más recientemente con Canadá presentan unas características específicas con respecto a Europa, que los diferencian netamente de éstos. Esta característica es fundamentalmente la de que se encuentran sustentados en acuerdos no con el Gobierno Federal, sino con cada uno de los Estados, por lo que los programas que se establecen pueden no ser los mismos.

Estos programas se reflejan en Memoranda firmados en Estados Unidos con los Estados de Washington, California, Nuevo Méjico, Tejas, Georgia, Alabama, Tennessee, Florida, Conneticut, Indiana, Illinois; con los Distritos de Dade (Florida) Montgomery (Maryland), Fairfax (Virginia), Washington D.C., y Chicago; con las escuelas de excelencia de UNIS (Nueva York), Indiana, Universitaria (Tennessee), Montgomery (Alabama), Atlanta Int. (Atlanta), Escuela Internacional de Orlando; y los Acuerdos de colaboración con Loussiana y Nueva York; en Canadá con Alberta, con un Instituto de Hostelería de Quebec, con Montreal para la creación de un Centro de Recursos y con la Escuela de excelencia académica Ashbury de Ottawa.

No todos los Memorandos recogen los mismos programas, los más comunes son los que vemos a continuación:

2.1 Programa «Profesores españoles bilingües visitantes en EE.UU».

El objeto del programa es la selección de maestros, profesores de enseñanza secundaria, o licenciados, que dominen la lengua inglesa y que reúnan, además, las cualificaciones apropiadas que en cada caso requiere el perfil de los puestos a desempeñar (aulas de escuelas elementales y secundaria), sean funcionarios o no. Los funcionarios públicos que resultan seleccionados se acogen a la situación de Servicios Especiales.

Su origen se remonta a 1986, fecha en la que el Ministerio de Educación español y el Departamento de Educación de California firmaron un Memorándum de Entendimiento, que se ha ido renovando sucesiva y periódicamente cada tres años, hasta el 31 de enero de 1997, fecha del actualmente vigente.

El programa respondía a la demanda generada en Estados Unidos por la creciente extensión del fenómeno multilingüe. El hecho de que el español fuera -y siga siendo- la segunda lengua en importancia en el estado de California llevó a las autoridades educativas del mismo a prestar una atención especial a la enseñanza de nuestro idioma.

Lógicamente la actuación española no se ha limitado en este tiempo a la mera satisfacción de las demandas educativas generadas por el bilingüismo en California y al apoyo administrativo al profesorado, sino que en torno a este núcleo básico, la Consejería de Educación española ha ido organizando planes de actividades encaminadas a consolidar y difundir la enseñanza de nuestra lengua; a reforzar los aspectos cualitativos de tal enseñanza y a ampliar sus ámbitos de influencia como «lengua de cultura».

Teniendo en cuenta todo ello, el plan estratégico acometido por nuestra Consejería de Educación en los dos últimos años, ha conseguido partiendo de los excelentes resultados del Programa de California, darle la proyección adecuada al mismo, de manera que ha implicado a otros Estados en el programa, además de iniciarse la proyección en Canadá, extendiendo también el ámbito de los compromisos a los programas de intercambio de profesores «puesto por puesto» y auxiliares de conversación, entre otros.

Las retribuciones que perciben los profesores en Estados Unidos, dependen de sus cualificaciones profesionales, del Estado y tipo de centro de que se trate.

En todo este proceso, el Ministerio de Educación y Cultura español, en cumplimiento de lo previsto en los Memoranda, abona los gastos de viaje y alojamiento en Madrid de los expertos designados por los Estados, Condados o Distritos escolares para realizar aquí la selección definitiva de los profesores preseleccionados.

Asimismo, planifica, organiza y gestiona todo el proceso de selección, colabora en la gestión de los visados y la tramitación de los Servicios Especiales para los seleccionados funcionarios.

Cabe destacar que en el mes de julio de 1998 se celebraron en Madrid, por primera vez, un curso/jornadas, en colaboración con la Consejería de Educación, preparatorio a fin de que los profesores seleccionados en el intercambio Puesto por puesto, los Auxiliares de conversación y los Profesores visitantes, en el caso de algunos Estados (en otros casos el curso es impartido en el Estado correspondiente) recibieran la información y orientaciones pedagógicas necesarias antes de iniciar sus actividades académicas en EE.UU.

La nueva convocatoria para el curso 99/2000 se encuentra recogida en el B.O.E. de 30-11-99.

2.2. Otros programas

2.2.1. «Puesto por Puesto»

El programa es similar al descrito dentro del apartado II.1. Europa, habiéndose destinado 5 plazas para Canadá y 16 para Estados Unidos.

2.2.2. Auxiliares de Conversación

Es un programa similar al descrito en el apartado II.1.1., con la diferencia de que en este caso no hay reciprocidad, por lo que las bolsas que se conceden a los auxiliares españoles enviados a Estados Unidos, se abonan con cargo a los presupuestos de la Subdirección General de Cooperación Internacional. La última convocatoria aparecida en el BOE de 24.11.98, anuncia 18 plazas para Estados Unidos.

2.2.3. Programas de apoyo a la difusión del español

Otra de las características de los programas que se realizan en Estados Unidos y Canadá es que en los citados Memoranda se recogen como programas de apoyo a la difusión del español en sus sistemas educativos, según hemos analizado en el apartado correspondiente a acción educativa indirecta.

II.3. Relaciones con Iberoamérica

La cooperación con Iberoamérica se considera de interés prioritario tanto por los lazos históricos como por ser el área donde la influencia española es más destacada constituyendo nuestra experiencia en educación su punto de referencia fundamental, especialmente en estos momentos en los que la mayoría de los países están inmersos en procesos de reforma.

Asimismo, España es el país que reúne las condiciones óptimas para servir de enlace con la Unión Europea.

Debido a lo anteriormente expuesto, la cooperación con Iberoamérica ha obtenido un considerable auge en los últimos años, tanto en la cooperación bilateral como la multilateral, a través de los programas institucionales y Organismos internacionales.

En este último aspecto conviene destacar la importancia de las Cumbres Iberoamericanas que se vienen desarrollando anualmente desde el año 1991. Como se comentará posteriormente, en ellas se han aprobado programas educativos de gran impacto e interés para la Comunidad Iberoamericana.

3.1. Programas Institucionales

Entendemos como programas institucionales aquéllos que son organizados y gestionados directamente por la Subdirección General. Son dos:

3.1.1- Programa de Cooperación Educativa con Iberoamérica

Su objetivo es el intercambio de experiencia en aquellos aspectos de la educación no universitaria que plantean problemas similares o están en período de implantación, como la utilización de las Nuevas Tecnologías de la Información y la Comunicación o la Formación Técnico Profesional.

El Programa se estructura en torno a los siguientes cursos: Educación de Adultos; Supervisión Educativa; Desarrollo Curricular; Formación del Profesorado; Educación Especial e Integración de Alumnos con necesidades especiales en los centros ordinarios; Nuevas Tecnologías de la Información y la Comunicación; y Formación técnico-profesional, recientemente introducido, en la convocatoria de 1998/99.

3.1.2- Programa de Cooperación Científica con Iberoamérica

Su objetivo es promover e incrementar las relaciones de Iberoamérica, en el ámbito científico. Se estructura en torno a las siguientes modalidades:

a)   Proyectos Conjuntos de Investigación, entre un equipo español y otro latinoamericano.

b)   Impartición de Cursos de Postgrado, por parte de profesores latinoamericanos en España o en Latinoamérica a cargo de profesores españoles.

3.2. Países y líneas de cooperación

España ha firmado convenios de colaboración con todos los países del continente Iberoamericano que se concretan en actividades específicas en las Comisiones Mixtas bianuales. En general los programas que se aprueban difieren de los que se suscriben con otras regiones, principalmente Europa, ya que no se trata de acuerdos recíprocos de colaboración, sino fundamentalmente de establecer líneas de colaboración por parte del MEC, prestando asistencia técnica diferenciada, en función de las necesidades manifestadas por los distintos países. En general puede decirse que los ámbitos en los que se solicita más la colaboración de España son:

- Apoyo a diseños curriculares (la Reforma del sistema educativo español está sirviendo de pauta a numerosos países).
- Formación de profesores y supervisores.
- Descentralización y autonomía en la gestión de Centros.
- Apoyo a la diversidad y educación especial.

III. Relaciones a través de Organismos Multilaterales

España se encuentra presente, a través del Ministerio de Educación y Cultura, en prácticamente todos los organismos internacionales educativos con amplia repercusión. Los hemos dividido en dos grandes regiones: Europa e Iberoamérica. Mientras éstos últimos tienen una clara proyección sobre la región referida, los identificados como europeos tienen en general una proyección mundial, aunque sus sedes se encuentran en Europa. Son éstos:

III.1. Europa

1.1. La Organización de las Naciones Unidas para la Educación, la Ciencia y la Cultura (UNESCO)

La UNESCO fue creada en la Conferencia de Londres de 1945, con el cometido de ocuparse de los problemas educativos y culturales de los países miembros durante el periodo de reconstrucción de la posguerra.

Sus objetivos básicos, definidos en el artículo I de su Constitución, son los de contribuir a la paz y a la seguridad estrechando, mediante la educación, la ciencia y la cultura, la colaboración entre las naciones, asegurando el respeto universal a la justicia, a la ley, a los derechos humanos y a las libertades fundamentales que la Carta de las Naciones Unidas reconoce a todos los pueblos del mundo.

Nuestro país ingresó en la Organización en 1953.

Las principales actuaciones de la UNESCO en las que participa el Ministerio de Educación y Cultura son las siguientes:

* Conferencias Internacionales de Educación: celebradas cada dos años en París.
* Conferencias Generales de Educación: Celebradas cada dos años en Ginebra, alternando con las anteriores y patrocinadas por la Oficina Internacional de Educación (BIE).
* Proyecto UNITWIN-Cátedras UNESCO: UNITWIN es un Plan internacional de acción para fortalecer la cooperación entre universidades y la movilidad académica. Se centra

en el establecimiento de acuerdos de hermanamiento y el establecimiento de otros vínculos entre universidades en disciplinas fundamentales, relacionadas principalmente con el desarrollo.

El UNITWIN actúa en dos sectores principales:

- Apoyo a las redes de educación superior.
- Cátedras UNESCO, en todas las disciplinas académicas.
  Prevé, asimismo, actividades en las siguientes esferas:
- Administración y gestión de la enseñanza superior y la formación de personal académico.
- Apoyo a las bibliotecas universitarias y científicas.
- Enseñanza superior a distancia.

Este programa fue impulsado por la 26ª Conferencia General de la UNESCO, celebrada en 1991. En dicha Conferencia se aprobó una resolución que instaba a los Estados miembros a intensificar su participación y contribución voluntaria en el programa, recordando que las Comisiones nacionales habrían de desempeñar un papel determinante en la elaboración, la coordinación y el seguimiento de dichas Cátedras.

El programa se inició en España con la Cátedra de Cálculo Numérico de la Universidad Politécnica de Cataluña, y ha continuado hasta la fecha con excelentes resultados.

* Programa de Escuelas Asociadas a la UNESCO: Abarca unas 122 escuelas en el Estado español (niveles de Educación Infantil, Educación Primaria, Educación Secundaria, Formación Profesional, Centros universitarios y Centros de Educación Musical y Ambiental que trabajan fuera del Sistema Educativo oficial), las cuales desarrollan sus actividades bajo la supervisión de una coordinadora nacional y una estrecha colaboración con la Comisión Nacional de la UNESCO.

El principal propósito del Programa es estimular el deseo de organizar programas especiales destinados a ampliar el conocimiento de los problemas mundiales y el espíritu de colaboración internacional, mediante el estudio de otros pueblos y culturas humanas, la defensa del medio ambiente y la promoción de la paz. De esta forma, se establecen redes interescolares interesadas en llevar a cabo trabajos y actividades experimentales, con el fin de elaborar métodos, técnicas, materiales y recursos didácticos que desarrollen una educación para la paz y la comprensión internacional.

Este programa en España ha asumido una responsabilidad particular en la convocatoria y organización de dos proyectos: «Mediterráneo» y «Linguapax». El primero está concentrado en el estudio del medio y el intercambio de información entre alumnos de países ribereños del mar Mediterráneo. El segundo pretende promover la comprensión y cooperación entre los pueblos a través de la enseñanza de las lenguas y literaturas extranjeras.

Las escuelas de cualquier nivel del Sistema Educativo y otras Instituciones afines que lo deseen pueden solicitar su adscripción y participación en este Programa. A estos efectos, cumplimentan un formulario de participación, donde expliquen los objetivos y la índole de las actividades que se proponen llevar a cabo. Dicha solicitud debe implicar un compromiso con una duración mínima de dos años, determinando un responsable en el Centro. Las solicitudes las canaliza la coordinadora estatal y las presenta a la UNESCO, quien debe dar su aceptación.

* Campus Educativo de verano de Gdansk (Polonia): Desde 1991, se han celebrado durante el verano campos educativos para la enseñanza de la lengua española en la ciudad de Gdansk (Polonia). A tal efecto, diez profesores y diez alumnos españoles conviven durante un mes, régimen de internado, con alumnos y profesores polacos.

1.2. La Organización para la Cooperación y el Desarrollo Económico (OCDE).

La OCDE, en la que se integran los 29 países más desarrollados del mundo, tiene una orientación fundamentalmente económica, y la educación forma parte de sus áreas de trabajo en cuanto factor de desarrollo.

Los programas relacionados con la Formación Profesional, la Formación Permanente, la transición de la formación inicial a la vida activa, los estudios de las políticas educativas de los distintos países y la elaboración de indicadores estadísticos constituyen las bases fundamentales de su actividad.

En cuanto a la cooperación educativa en el seno de la OCDE, ésta se puede dividir en los siguientes apartados:

Actividad regular:

* Comité de Educación:
* Su cometido es el de analizar y discutir las propuestas de actividades y ocuparse de la debida ejecución de las mismas. Sus sesiones se celebran dos veces al año.
* Participación en el Programa Descentralizado de Construcciones Escolares (PEB).
* Participación en el Centro Europeo de Investigación Educacitva (CERI).

Proyectos:

* El Ministerio de Educación y Cultura viene participando en los siguientes proyectos:
* proyecto sobre Financiación de la Educación Permanente.
* Programa Internacional sobre estadísticas e indicadores de la Enseñanza (INES).
  Dicho proyecto, en virtud del tipo de indicadores que se abordan, se divide en cuatro redes de trabajo (A, B, C y D), participando el MEC en dos de ellas:

Red A: se dedica a la obtención de indicadores internacionales de la Educación, en base a los resultados de los alumnos (plan cuatrienal que recibe la denominación de Proyecto PISA).
Red C: su actividad se concentra en la elaboración de indicadores internacionales de la Educación sobre procesos escolares y personal educativo.

Participación en encuentros internacionales:

Conferencias y seminarios sobre un tema determinado, bien al hilo de los proyectos que se vienen desarrollando o de cualquier otro que se considere prioritario dentro del marco de las políticas educativas de los Estados miembros.

1.3. Consejo de Europa

Fundado en 1949, el Consejo de Europa fue la primera organización política europea establecida tras la 2ª Guerra Mundial, gracias a la idea lanzada por Winston Churchil.

Sus objetivos principales radican en la protección y el fortalecimiento de la democracia pluralista y los derechos humanos, el promover el saber de una Europa con identidad cultural y el favorecer el progreso económico y social.

España firmó la Convención Cultural Europea en 1957, estrato previo por el que pasan todos los países antes de su integración plena, ingresando como miembro de pleno derecho en 1977.

Las principales manifestaciones de la actuación del Consejo de Europa en el ámbito educativo y cultural, a través de las cuales nuestro país canaliza la cooperación, son las siguientes:

Conferencia Permanente de Ministros de Educación de los países miembros:

El Consejo de Europa organiza periódicamente conferencias de Ministros especializados. Las Conferencias relativas al ámbito educativo se celebran desde 1959 cada dos años. En ellas se aprueban las líneas directrices a seguir y los proyectos para un periodo de tiempo determinado.

La más reciente, hasta el momento, tuvo lugar en Kristiandsand (Noruega) en el mes de junio de 1997. La siguiente, se prepara para el año 2000 y tendrá lugar en Polonia. Consejo de Cooperación Cultural (CDCC).

Adquiriendo la consideración de Comité Director que actúa bajo la autoridad del Comité de Ministros, sus funciones radican en coordinar, orientar y estimular la cooperación entre los Estados miembros, trazar el marco general de actividades a emprender en el ámbito de la educación, la cultura y la protección del patrimonio y establecer, a partir de las proposiciones del Secretario General del Consejo de Europa y en coordinación con el Comité de Ministros, el Proyecto de Programa de actividades de Educación, Cultura y Patrimonio, aprobarlo y asegurar su ejecución. Sus sesiones tienen lugar una vez al año.

- Dependientes del CDCC existen en la actualidad cuatro Comités:
- Educación
- Educación Superior
- Cultura
- Patrimonio

Comité de Educación

Es un Comité de Expertos encargado de emprender, orientar y seguir las actividades intergubernamentales en el ámbito educativo previstas en el Programa del CDCC, a quien igualmente somete sus propuestas de actividades. Evalúa asimismo los resultados de las mismas y formula las propuestas necesarias para su mejor difusión y explotación. Prepara, igualmente, los contenidos de las Conferencias de Ministros de Educación. Sus sesiones tienen lugar dos veces al año.

En la actualidad, en el seno del Consejo de Europa se trabaja a través de las siguientes líneas marco:

* Políticas lingüísticas para una Europa multilingüe y multicultural:
* Íntimamente ligado con este Proyecto de lenguas, cabe destacar la fundación en 1994 de un Centro de Lenguas Vivas en Graz (Austria), como lugar de encuentro de especia-

listas de lengua de toda Europa y como centro de documentación e investigación en dicha área.
*   Seguridad, democracia, cohesión social y políticas educativas.
*   Educación para una ciudadanía democrática.
*   El aprendizaje y la enseñanza de la Historia de la Europa del siglo XX.
*   La Dimensión Europea de la Educación escolar, donde se encuadran las actividades de Formación continua del Profesorado» y el concurso «Europa en la Escuela».

III.2. Iberoamérica

2.1. Organización de Estados Iberoamericanos (OEI)

Fundada en 1957, está compuesta por los siguientes países: Argentina, Bolivia, Brasil, Colombia, Costa Rica, Cuba, Chile, Ecuador, El Salvador, España, Guatemala, Guinea Ecuatorial, Honduras, México, Nicaragua, Panamá, Paraguay, Puerto Rico, República Dominicana, Uruguay y Venezuela.

España forma parte de la OEI desde su fundación.

La Sede central de la OEI se encuentra en Madrid (España) existiendo tres oficinas regionales en Chile, Colombia y Argentina.

Asimismo existen otras Oficinas de Gestión Subregionales en Iberoamérica.

Finalidad de la OEI:

El desarrollo y el intercambio educativo, científico, tecnológico y cultural de los Estados Miembros con el objeto de contribuir y elevar el nivel cultural de sus habitantes como personas, formarlos integralmente para la vida productiva y para las tareas que requieren el desarrollo integral y fortalecer los sentimientos de paz, democracia y justicia social.

Objetivos prioritarios:

Contribuir a fortalecer el conocimiento, la comprensión mutua, la integración, la solidaridad y la paz entre los pueblos iberoamericanos a través de la educación, la ciencia, la tecnología y la cultura.

Fomentar la educación como alternativa viable y válida para la construcción de la paz, mediante la preparación del ser humano para el ejercicio responsable de la libertad, la solidaridad, la defensa de los derechos humanos y los cambios que posibiliten una sociedad más justa para Iberoamérica.

Colaborar con los Estados Miembros en la acción tendente a que los sistemas educativos cumplan el triple cometido siguiente:

-    Humanista, social y de democratización y productivo.
-    Contribuir a la difusión de las lenguas española y portuguesa, así como a su conservación y preservación en las minorías culturales en otros países residentes.
-    Promover al mismo tiempo la educación bilingüe para preservar la identidad cultural de los pueblos de Iberoamérica expresada en el plurilingüismo de su cultura.

La OEI cumple sus objetivos por medio de la organización de congresos, conferencias y seminarios.

La colaboración en la preparación de textos y de material de enseñanza.

El fortalecimiento de servicios de información y documentación.

El fomento de intercambio de personas en el campo educativo, científico, tecnológico y cultural.

La cooperación con los Ministerios de Educación de los países iberoamericanos.

La estimulación y apoyo a la investigación científica y tecnológica.

En los últimos años, la OEI ha ejercido un papel fundamental en la redacción, organización y gestión de los programas educativos aprobados en las Cumbres: Proyecto Ibermade, Proyecto Iberfop y Programas de Alfabetización de Adultos.

La OEI se organiza en:

- Asamblea de Ministros, que se reúne cada cuatro años en el país que ostenta la Presidencia del Consejo Directivo y que aprueba las líneas programáticas del cuatrienio. Consejo Directivo integrado por los Ministros de Educación de los respectivos países, que se reúne cada dos años para aprobar los programas y presupuestos.

  El Ministro de Educación y Cultura de España ha sido designado Presidente del Consejo Directivo, en la Asamblea celebrada en noviembre de 1998 en Santiago de Chile, y en consecuencia será sede de la próxima Asamblea en el año 2.002.
- Secretaría General, órgano ejecutivo de la Asamblea, a quien corresponde la ejecución de la programación.

Actividades programáticas:

La programación de la Organización para el próximo cuatrienio deberá estar enmarcada dentro de tres grandes líneas programáticas:

1- Promoción de las capacidades vinculadas al desarrollo social, cultural y económico.

2- Fomento de la cultura de la convivencia y ciudadanía en Iberoamérica.

3- Fortalecimiento de la identidad cultural en los procesos de integración en Iberoamérica.

2.2. Convenio Andrés Bello

El Convenio Andrés Bello se suscribe el 31 de enero de 1970, por los países del Pacto Andino: Venezuela, Ecuador, Perú, Bolivia y Chile. Con posterioridad se incorpora España, en 1982, Panamá, y más recientemente Cuba.

Finalidad del CAB: Contribuir al desarrollo integral de los países miembros, mediante la promoción, el apoyo y la realización de esfuerzos mancomunados en los campos de la educación, la ciencia, la tecnología y la cultura.

Objetivos: Fomentar el conocimiento recíproco y la fraternidad entre las naciones integradas.

Contribuir al logro de un adecuado equilibrio en el proceso de desarrollo educativo, científico, tecnológico y cultural.

Realizar esfuerzos conjuntos en favor de la educación, la ciencia, la tecnología y la cultura para lograr el desarrollo integral de sus naciones.

Aplicar la ciencia y la tecnología a la elevación del nivel de vida de sus pueblos.

Son tres las entidades creadas por el Convenio:

- Instituto Internacional de Integración (III), La Paz (Bolivia).
- Instituto Andino de Artes Populares (IADAP), Quito (Ecuador).
- Instituto de Transferencias de Tecnologías Apropiadas para sectores marginales (ITA-CAB), Lima (Perú).

En los aspectos administrativos y operativos el Convenio funciona mediante una Secretaría Ejecutiva con Sede en Bogotá y Secretarías Nacionales en cada país. En España se ubica en el Ministerio de Educación y Cultura, Subdirección General de Cooperación Internacional.

Su órgano máximo es la REMECAB: Reunión de Ministros del Convenio Andrés Bello, que tiene lugar cada dos años y donde se aprueban los presupuestos y programas para el bienio.

Programas:

Actualmente España cofinancia los siguientes Programas del Área de Educación, la Ciencia y la Tecnología:

Área de Educación:

- Fortalezas y debilidades de los mecanismos de integración educativa de los países del Convenio.
- Estudio sobre el estado actual de las equivalencias de la Enseñanza Básica y Media en los países del Convenio.
- Libro sobre los grandes educadores de los países del Convenio.
- La Enseñanza de la Historia en los países del Convenio, desde la perspectiva del proceso de integración iberoamericana.
- Estudio sobre la situación educativa de los países del Convenio.
- Capacitación docente a distancia, a través de la Televisión Educativa Iberoamericana.

Área de Ciencia y Tecnología:

- Programa de recursos vegetales del Convenio.
  Subproyectos: . Especies vegetales promisorias.
                 . Aplicación del cultivo in vitro.
- Programas de Administración de la Ciencia y la Tecnología.
  Subproyectos: . Elaboración de módulos para formación en gestión de ciencia y tecnología.
  . Boletín del Área de Ciencia y Tecnología (SECABCYT)

Se ha llevado a cabo la evaluación de la organización y funcionamiento del Convenio marcándose para los próximos años unas nuevas líneas programáticas contempladas a la luz de la globalización, centrando al Convenio en un marco programático transversal y de gestión real, al mismo tiempo que se descentralizan los programas en las Secretarías Nacionales y se fomenta la cooperación con otros organismos internacionales como Unesco, OEI, etc.

2.3. Cooperación con la Oficina Regional para América Latina y el Caribe (UNESCO-OREALC)

La Oficina Regional para América Latina y el Caribe trabaja fundamentalmente en el Proyecto Principal dirigido a dicha región iberoamericana, cuyos fines son la alfabetización de adultos, abordar los problemas curriculares, la formación docente, y el establecimiento de nuevos métodos de enseñanza.

Dicho proyecto tiene como soporte a la REPLAD (Red Regional para la Capacitación, la Innovación y la Investigación en los campos de la planificación y la administración de la Educación Básica y de los programas de alfabetización), y tiene su origen en la «Declaración de Méjico» (1979).

España participa en el mismo desde 1982, contribuyendo desde entonces económicamente. Para el periodo comprendido entre 1996 y 2000, la cantidad aportada ha venido siendo de 36 millones de pesetas.

IV. Relaciones con la Unión Europea

El Tratado de la Unión Europea (T.U.E.), más conocido como Tratado de Maastrich, representa un cambio significativo en el proceso de cohesión de la Unión Europea, dado que incorpora determinadas materias como la educación en el ámbito de acción de la Comunidad.

Aunque en materia educativa corresponde a cada Estado miembro realizar su propia política y, por tanto, asumir sus propias decisiones, es subsidiaria la acción comunitaria.

Desde Maastrich existe un marco jurídico (artículo 126 del T.U.E.) que permite a la Comunidad proponer acciones de cooperación en el ámbito de la educación a nivel escolar y universitario, y en su artículo 127, para la realización de acciones a las que se refiere esta disposición en el ámbito de la formación profesional.

IV.1. Relaciones Institucionales

El Comité de Educación: Es el órgano técnico del Consejo. Prepara los trabajos del mismo, para ello se reúne una o dos veces al mes, y analiza los documentos que presenta la Presidencia o la propia Comisión.

Está compuesto por representantes de los quince países, más la Comisión, y la Secretaría del Consejo. Preside el país que ostenta la Presidencia de la Unión Europea.

Antes de la entrada en vigor del Tratado de Maastrich no había una auténtica política educativa, sí existía en el ámbito de la Formación Profesional y como consecuencia de dos sentencias del Tribunal de Luxemburgo, en determinados aspectos de la educación universitaria, por considerarla formación que prepara para el mundo laboral.

A partir de dicho Tratado, y fundamentalmente de sus artículos 126 y 127, la Unión Europea introduce entre sus objetivos la «política educativa».

Art 126: «La Comunidad contribuirá al desarrollo de una educación de calidad fomentando la cooperación entre los Estados miembros y si fuera necesario apoyando y completando la acción de éstos en el pleno respeto de sus responsabilidades en cuanto a los contenidos de la enseñanza y a la organización del sistema educativo, así como de su diversidad cultural y lingüística».

Art 127: «La Comunidad desarrollará una política de formación profesional que refuerce y complete las acciones de los Estados miembros, respetando plenamente la responsabilidad de los mismos en lo relativo al contenido y a la organización de dicha formación».

A lo largo de las sesiones del Comité de Educación se van conformando las posiciones comunes de los países y en caso de plantear reservas algún país, éstas vuelven a analizarse en COREPER, previo a los Consejos de Ministros.

Los documentos van preparados para la aprobación por los Consejos de Ministros, donde suelen plantearse debates políticos, que normalmente no modifican el contenido de los documentos acordados en Comité o en COREPER.

Los actos jurídicos por los que se aprueban esos documentos suelen ser los llamados atípicos, es decir, no producen efectos jurídicos, pero sí políticos, pues representan un compromiso moral de aceptación e incorporación a sus políticas. Adoptan normalmente la forma de: Recomendaciones (acto indirecto para armonizar políticas) y más corrientemente de Conclusiones o Resoluciones.

No es normal que adopten la forma de Directiva, tan sólo se produjo una en 1977 (77/486/CEE) relativa a la escolarización de hijos de trabajadores migrantes.

Para aprobar los programas educativos se recurre a decisiones.

Los programas educativos son uno de los contenidos prioritarios en los temas que debate el Comité y por tanto el Consejo de Ministros.

El último programa educativo aprobado, el Sócrates, lo fue por la decisión n° 819/95 del 14-3-95.

La presidencia española se inicia con el lanzamiento en España del Programa Sócrates y con un vuelco en los trabajos del Comité, presentando una propuesta sobre «la participación en los Centros educativos como factor de calidad». Es considerado como el primer documento que tras la aprobación de los programas va a tener una auténtica incidencia en las políticas europeas.

Este camino fue seguido por otras Presidencias con aportaciones como:

- Resolución sobre multimedia educativos (Italia, 1er semestre 96)
- Eficacia en la escuela (conclusiones) y medidas destinadas a proteger a la infancia de la pedofilia (Irlanda, 2° semestre 96).
- Seguridad en los centros educativos. Conclusiones (Holanda, 1er semestre 97).
- Evaluación de la calidad de la enseñanza primaria y secundaria (conclusiones) y Declaración sobre la lucha contra el racismo (Luxemburgo, 2° semestre, 97).
- Propuestas sobre los programas de nueva generación y sobre empleo (Reino Unido, 1er semestre 98).

Es estos momentos vuelve a ser tema prioritario la generación de los nuevos programas Sócrates y Leonardo.

El Consejo de Ministros: se reúne cada seis meses, bajo la Presidencia del país correspondiente. Aprueba los documentos elaborados por el Comité, lo que constituye, como se ha dicho, un acto político.

Cada vez se introducen más los Consejos Informales, que se celebran en el país correspondiente, de los que no se levanta acta y donde los Ministros exponen libremente sus opiniones sin compromiso político. Tienen otro objetivo que es el de estrechar lazos en un ambiente más relajado.

Además se vienen produciendo reuniones bajo la iniciativa de los Ministerios PECOS, para dar continuidad al llamado diálogo estructurado, para su adhesión a la Unión Europea, ya que ésta ha comenzado y seguirá comenzando por los programas educativos. Asimismo se analizan y estudian las relaciones bilaterales.

Otras relaciones institucionales: El Ministerio de Asuntos Exteriores convoca la Comisión Interministerial de Asuntos de la Unión Europea (CIAUE), donde se unifican criterios y posturas comunes:

El MEC se dirige a las Comunidades Autónomas, directamente para conformar la posición española.

Internamente hace lo mismo con los Gabinetes de los cuatro altos cargos afectados.

IV.2. Programas Educativos

El primer programa educativo que se crea es el Arión en 1976; consiste en la organización de visitas para administradores y expertos educativos a un país de la Unión.

Programa Erasmus en 1987, programa que busca fomentar la dimensión europea en la universidad.

Eurídice, Lingua en el 89. Petra, etc.

El vuelco importante viene con la creación de los dos grandes programas Sócrates y Leonardo, por las decisiones 819/95/CE y 94/819/CE, respectivamente.

2.1. Progama SOCRATES

Consideraciones Generales: El programa Sócrates es un programa comunitario para la cooperación transnacional que abarca todos los sectores educativos. Viene a englobar una parte de los programas ya existentes cuya implantación podría considerarse como satisfactoria y además eleva a la categoría de acciones dentro del programa otras actividades que de forma más incipiente se habían emprendido como «acciones piloto».

El resultado es un Programa ambicioso, global que pretende abarcar prácticamente todos los «agentes» que intervienen en el proceso educativo, lo que le confiere una complejidad impuesta por la propia del sistema.

Los objetivos más destacados del programa son:

a) el desarrollo de la dimensión europea,
b) la mejora cuantitativa y cualitativa del conocimiento de las lenguas,
c) la promoción de una cooperación amplia e intensa entre los Centros de enseñanza,
d) la movilidad e intensificación de relaciones entre profesores y estudiantes,
e) el reconocimiento de títulos y períodos de estudios,
f) fomentar la enseñanza abierta y a distancia,
g) promover los intercambios de experiencias y de información.

Novedades que contiene: Aparte de la característica ya reseñada de globalidad, que contempla todas las facetas educativas cabe señalar:

-   En relación con el Capítulo I - ERASMUS:
    Sólo un 10% de los estudiantes universitarios han podido beneficiarse del Programa ERASMUS en su versión anterior, por lo que se busca un nuevo modelo que permita

que aquellos estudiantes que no puedan acogerse a las becas de movilidad puedan ser beneficiarios asimismo del Programa. Se concibe para ello el llamado «Contrato Institucional», que firma la Universidad con Bruselas. De esta forma se compromete la Universidad como un todo y ya no los Departamentos de forma individual y ese compromiso comprende varias actuaciones conjuntas para las que se recibirá la ayuda global, siendo el propio Centro Universitario quien establezca las prioridades.

Entre estas actividades se encuentra la de la difusión de la dimensión europea dentro de la Universidad, a través de los programas de las diferentes disciplinas y la mejora de las lenguas comunitarias.

En relación con el capítulo II - COMENIUS

Todo el capítulo significa una novedad, ya que es la primera vez que acciones dirigidas a la escuela se incorporan como programas. Hasta ahora se trataba de «acciones piloto».

En este capítulo, en la búsqueda de los objetivos generales, se destaca especialmente el fortalecimiento de la dimensión europea, por medio del establecimiento de asociaciones de Centros de al menos tres Estados miembros. Asimismo cumple una clara función social, dedicando la segunda acción a poblaciones de gitanos e hijos de emigrantes y de profesiones itinerantes o estacionales. Para ello pone el refuerzo en la adquisición de la lengua del país de acogida, junto con el mantenimiento de la del país de origen. Introduce métodos pedagógicos interculturales por lo que la riqueza de la acción se extiende a todos los alumnos.

La actualización de competencias presenta otra novedad, y es que esta acción hasta ahora dirigida sólo a docentes, se amplía también a todo tipo de personal educativo, incluso al administrador de la educación. Aquí se pone el acento fundamentalmente en el carácter transnacional, apoyando el desarrollo de asociaciones.

En relación con el Capítulo III - «Acciones transversales»

* La acción I es una transposición del actual Programa LINGUA que dado su objetivo «promoción de la competencia lingüística en la Comunidad» ha gozado siempre de preeminencia.
* La acción II - promoción de la enseñanza abierta y a distancia, representa otra novedad, tratando de favorecer ésta con la utilización de las tecnologías de la información y de la comunicación.
* Finalmente la acción III favorece los intercambios de información a través de redes ya establecidas como EURYDICE, NARIC, Programa ARION y otras medidas dirigidas a la educación de adultos.

El programa fue aprobado para el cuatrienio 95-99. La incorporación de los países de Europa central y oriental (PECOS) a la Unión Europea se inicia a través de los programas educativos, y así entre 1997 y 1998 se han incorporado: Chipre, Rumanía, Hungría, Polonia, Chequia y Eslovaquia.

Presupuesto:

El presupuesto total del Programa inicial fue de 850 millones de ecus para todo el periodo de implantación, habiendo sido suplementado en diciembre de 1997 con 70 millones más.

La propia decisión fija los porcentajes mínimos que se destinarán a cada capítulo, estableciendo:

-   Para el capítulo I ERASMUS: mínimo del 55%
-   Para el capítulo II COMENIUS: mínimo del 10%
-   Para el capítulo III Medidas transversales: mínimo del 25%

Evaluación: La primera evaluación demuestra las fortalezas y debilidades del Programa:

Fortalezas:

- Gran éxito, sobre todo en Comenius. De 1995 a 1996 se han quintuplicado las solicitudes.
- No sólo ha beneficiado a los alumnos, sino a toda la comunidad educativa.
  Con carácter general se están consiguiendo los objetivos marcados, «dimensión» europea y ciudadanía, mejora de la calidad, movilidad, etc.

Debilidades:

- Desde el principio se constata la escasez de la financiación. Especialmente en Erasmus, acción 2, las becas disminuyen cada año, al tiempo que aumenta el número de participantes. Ello lleva a suponer que sólo afecta a las clases sociales más favorecidas. Por tanto no se consigue el objetivo de igualdad de oportunidades.
- En Erasmus la acción 1, por el contrario, cuesta trabajo su introducción.
- Igualmente es insuficiente el presupuesto en Comenius Acción I.
- Se detecta una gran rigidez en la asignación de recursos a cada Capítulo y en la asignación a los países por las acciones descentralizadas.
- No ha habido coordinación con Leonardo.
- Las Agencias nacionales presentan estructuras distintas y no todas funcionan igual. Además se multiplican las Agencias en el interior de los países.
- La infraestructura de la Agencia Central es escasa.

El nuevo programa Sócrates

En enero de 1999 está prevista la adjudicación de la evaluación global del programa, cuyos resultados influirán en el enfoque que se dé a la gestión para la 2ª fase del mismo. Esta nueva fase está prevista con una duración de 7 años (según fue aprobado en el Consejo de Ministros de Educación de la Unión Europea el pasado 4 de diciembre). El presupuesto adjudicado es provisionalmente de 1.550 MECUS, ya que el Parlamento debe posicionarse sobre ese presupuesto.

La estructura del nuevo programa Sócrates es la siguiente:

Acción 1: COMENIUS (Educación escolar)
Acción 2: ERASMUS (Educación superior)
Acción 3: GRUNDTVIG (Educación de adultos)
Acción 4: LINGUA (enseñanza y aprendizaje de lenguas)

Acción 5: Educación abierta y a distancia
Acción 6: Observación e innovación
Acción 7: Acciones conjuntas
Acción 8: Medidas de acompañamiento

Novedades con respecto al programa 1995-99: El programa Sócrates 2000 pretende la racionalización de las acciones agrupando algunas que tenían carácter independiente en la fase anterior. La principal novedad es el reforzamiento y ampliación de las acciones destinadas a la educación de adultos y formación a lo largo de toda la vida (6% del presupuesto) y a la utilización de las nuevas tecnologías de la información y la comunicación mediante la movilidad real y virtual.

Se encomienda la coordinación con Leonardo al Comité de Educación. En general los países reclaman un aumento de la descentralización.

2.2. Programa LEONARDO

El Leonardo es el programa educativo europeo destinado a la formación profesional.

La fase 1995-99 se aprobó mediante Decisión 94/819/CE de 6 de diciembre de 1994, aparecida en el Diario Oficial de las Comunidades Europeas el 29 de diciembre de 1994.

Los objetivos del programa son:

a)   La mejora de la calidad y la innovación en los sistemas europeos de formación profesional.
b)   El desarrollo de la dimensión europea en la formación y orientación profesionales.
c)   Promover la formación a lo largo de toda la vida para una mejor inserción de los trabajadores en el empleo y facilitar la realización personal.
d)   Ofrecer a los jóvenes dos años o más de formación profesional además de su escolarización obligatoria.
e)   Fomentar acciones de formación profesional en favor de las personas adultas sin una cualificación suficiente.
f)   Promover una mejor valoración social de los sistemas de formación profesional.
     Su presupuesto fue de 860 MECUS.
     El nuevo programa Leonardo se divide en 4 Capítulos:

Capítulo I: mejora de los sistemas de Formación Profesional:
a)   Proyectos Piloto. Dirigidos a mejorar la formación profesional inicial y continua, así como el fomento de la igualdad de oportunidades.
b)   Programa de estancias e intercambios entre países de la U.E. Dirigidos a jóvenes en formación profesional inicial, trabajadores e intercambio de formadores.

Capítulo II: mejora de Acciones de Formación Profesional relativas a la cooperación universidad-empresa:
a)   Programas de estancias e intercambios transnacionales.
b)   Estancia de estudiantes universitarios y licenciados en empresas.
c)   Intercambios entre empresas y universidades, intercambio de responsables en formación de empresas.

Capítulo III: Medidas de acompañamiento:

Análisis y estudios estadísticos. Creación de redes de información, seguimiento y eva-luación, vínculos telemáticos, correo electrónico. Seguimiento y evaluación de las medidas. El Ministerio de Trabajo y Asuntos Sociales y el Ministerio de Educación y Cultura están representados en el Comité Leonardo. Por primera vez se discute y aprueba en el Consejo de Educación.

Novedades respecto al programa 1995/99:

El programa Leonardo 2000 introduce como principal novedad la potenciación de los proyectos pilotos y de movilidad. Se refuerzan los proyectos multiplicadores y de difusión aplicados principalmente al concepto de educación permanente. Se considera especialmente interesante el fomento de los centros de segunda oportunidad para luchar contra la exclusión social y el paro.

La movilidad virtual se institucionaliza en el programa de cara a la difusión de nuevas prácticas y resultados.

2.3. Programa TEMPUS

El programa Tempus nació con el fin de promover asistencia práctica y de aprovechar la experiencia para favorecer el desarrollo de la promoción de los recursos humanos, ayu-dando en la reestructuración de los sistemas educativos, políticos y económicos de los países de la Europa central y oriental, así como posteriormente a los integrantes de la antigua Unión Soviética.

Se creó por Decisión 90/233/CEE de 7 de mayo de 1990, modificada por Decisión 92/240/CEE de 28 de abril de 1992.

La segunda fase del programa se creó por Decisión 93/246 de 29 de abril de 1993, modificada por Decisión 96/663 de 21 de noviembre de 1996.

Tempus Phare y Tempus Tacis son dos partes dentro de Tempus, que deben considerar-se programas paralelos, pero separados a efectos administrativos y presupuestarios.

Tempus Phare se centra en la cooperación con Albania, Bulgaria, República Checa, Estonia, Hungría, Letonia, Lituania, Polonia, Rumanía, República Eslovaca y Eslovenia.

El presupuesto utilizado en el periodo 90/95 es de 518,81 MECU.

Tempus Tacis centra la cooperación con Armenia, Azerbaijan, Bielorrusia, Georgia, Kazaklistan, Kyrgyzstán, Moldavia, Federación Rusa, Ucrania, Uzbekistán y Mongolia.

El presupuesto utilizado en el periodo 90/95 es de 48,247 MECU.

En este tiempo, el programa Tempus ha facilitado las adaptaciones curriculares para acercar los sistemas educativos superiores y facilitar las homologaciones de títulos. También la reforma en la gestión y administración de las universidades y los avances de integración en los programas comunitarios.

En el Consejo de Ministros de 4-12-98 se ha aprobado la 3ª fase. Tendrá una duración de 6 años y se destinará a los países Phare no asociados (Albania, Bosnia-Herzegovina y Macedonia) y a los nuevos Estados independientes Tacis (repúblicas de los antiguos estados soviéticos).

Es deseo compartido por todos el avanzar hacia una «casa común europea de la edu-cación».

El presupuesto que se adjudicará a Tempus III procederá de los fondos generales Phare y Tacis, destinados a cada país, aún sin determinar.

La participación de España en Tempus ha sido muy positiva. Las universidades españolas han participado en más de 300 proyectos y España en su conjunto ha estado presente en un 22% de los proyectos financiados desde su inicio, y que significa la participación de un 73% de las universidades españolas.

La movilidad de profesores y estudiantes españoles ha representado más del 29% de los intercambios.

2.4. Las Agencias Nacionales

En la decisión que aprueba el programa Sócrates se establece en el apartado 3 del art 5 que para la ejecución del mismo los Estados establecerán las estructuras y mecanismos adecuados en el ámbito nacional.

La decisión, de acuerdo con lo que establece el art 189 del Tratado, es un acto jurídico que obliga a sus destinatarios en todos sus elementos.

Las estructuras pasan a ser identificadas como Agencias Nacionales, desde la constitución del Comité Sócrates. Las Agencias deben ser financiadas por los Gobiernos de los Estados miembros.

La gran complejidad de funciones a realizar y la escasez de medios humanos en el MEC, además de la rigidez en los procedimientos de distribución de fondos de la CEE, conocida por la experiencia anterior en la gestión de los programas Arión y Lingua, movieron a decidir convenir con una organización externa.

La Agencia gestiona económicamente las acciones descentralizadas de los capítulos II y III. Existe la Agencia Erasmus, residenciada en el Consejo de Universidades.

Actividades de la Agencia:
- Tareas de información constante. Sólo por teléfono unas 50 llamadas por día.
- Organización de seminarios y reuniones, con colaboración del MEC, o Comunidades Autónomas.
- Reuniones con las Administraciones educativas, la Comisión Europea, otras Agencias, etc.
- Gestión de unos 3.000 contratos financieros/año con los beneficiados.
  Las acciones Comenius I pasan de 364 en 1995 a 1.700 en 1997. Comenius pasa de 555.000 Ecus a 2.445.799 en 1998.
  Lingua pasa de 73.765 en 1995 a 2.294.328 en 1998.

V. Programas Educativos Aprobados en las Cumbres Iberoamericanas

A partir de 1991 comienzan a celebrarse anualmente Cumbres de Jefes de Estado y de Gobierno Iberoamericanos, tratando de estrechar relaciones de todo tipo dentro del gran espacio que constituyen todos los países integrantes de la comunidad Iberoamericana.

Hasta el momento se han llevado a cabo ocho Cumbres Iberoamericanas de Jefes de Estado y de Gobierno; y, entre ellas es importante destacar las celebradas en Madrid, en 1992 y en Bariloche, en 1995, porque en ambas se aprobaron programas de cooperación en el ámbito de la educación.

La V Cumbre de Bariloche se centró en la educación como factor de desarrollo social y en ella además de aprobarse varios programas educativos, merece la pena resaltar el hecho de que se marcaron las líneas de cooperación para los programas derivados de las Cumbres, con el fin de garantizar la participación financiera de al menos tres países y el apoyo posterior de por lo menos siete países.

Aprobados en la Cumbre Iberoamericana de Madrid en 1992:

1- La Televisión Educativa Iberoamericana (TEI)

El programa se aprobó con el objetivo de utilizar las nuevas tecnologías para rentabilizar y potenciar los recursos disponibles para la formación docente, la capacitación profesional y la educación básica de la población adulta.

En el mes de julio de 1998 se celebró el V aniversario de la creación de la TEI. En los primeros años el programa fue financiado casi en exclusiva por España. En la actualidad, Argentina, Venezuela, Colombia, Panamá, Costa Rica y España realizan aportaciones económicas al programa, mientras la participación de México se centra en la cesión de estudios y gastos de programación. Chile, El Salvador y la República Dominicana han iniciado su participación.

En cuanto a la producción de programas de formación del profesorado, se han continuado emitiendo los programas FORCIENCIAS y «Del clavo al ordenador»; asimismo, la OEI ha producido un vídeo sobre educación en valores que también se ha emitido.

2- Programa de Alfabetización y Educación Básica

El Programa de Alfabetización y educación básica de adultos está encaminado a erradicar el analfabetismo en los países que por sus especiales circunstancias tienen una alta tasa del mismo, y a elevar los niveles de formación básica, iniciando a sus destinatarios en algún tipo de capacitación profesional que les permita su incorporación efectiva al mundo del trabajo.

En la Cumbre de 1992 se aprobó la implantación del programa en la República Dominicana y El Salvador. En la mencionada Cumbre, se encomendó a la OEI la gestión de los programas, corriendo a cargo del MEC la financiación española. La dirección técnica corresponde al Departamento y es responsabilidad de la Subdirección la coordinación de todas las partes implicadas.

El Salvador

El programa terminó en diciembre de 1996, habiendo cumplido muy satisfactoriamente sus objetivos con un número aproximado de 66.000 adultos atendidos. Por ello, el Ministerio de Educación salvadoreño solicitó la ampliación del programa para el trienio 1997-9 con el fin de llegar a todo el país hasta el III nivel de Educación Básica, asumiendo la parte salvadoreña el 75% de los gastos. El Programa ha merecido una Mención de Honor en el Premio Internacional de Alfabetización «Rey Sejong» de la UNESCO en julio de 1998.

República Dominicana

El programa terminó en septiembre de 1997 y, durante la visita del Presidente del Gobierno al país en octubre de 1996, se decidió ampliar el programa a todo el país durante el trienio 1998-2000 con los siguientes objetivos:

.   Elevar los niveles educativos en todo el país de la población que no ha concluido la Educación Básica, mediante cursos especiales para los ciclos posteriores a la alfabetización.
.   Contribuir a la construcción del subsistema de Educación de Adultos en la República Dominicana.

Los resultados de ambos programas han sido valorados muy positivamente por lo que se decidió ampliarlos a Nicaragua en 1996 y a Honduras en 1997.

A partir de 1997 los programas han pasado a realizarse por acuerdo bilateral.

Nicaragua

El programa es financiado por el ICI y en enero de 1997 se nombró por parte del MEC al codirector español.

En octubre de 1997 fue nombrada una nueva codirectora contratada por el ICI para continuar el programa de alfabetización que pretende llegar a 4 departamentos, elegidos por el Ministerio nicaragüense, y alfabetizar a 11.000 personas.

.   El programa se está desarrollando muy satisfactoriamente porque ha sabido aprovechar la experiencia de El Salvador, de modo que su puesta en marcha ha resultado muy ágil.

Honduras

El programa es cofinanciado por el ICI y la Junta de Extremadura, asumiendo el MEC los gastos del codirector español, nombrado en comisión de servicios.

Sus objetivos son entre otros:
.   Reducir en un 25% el analfabetismo de la zona.
.   Fortalecer las estructuras técnico-administrativas de la Educación de Adultos a nivel central, departamental y local.

3- Programa de Becas Mutis:

El objetivo del programa es proporcionar becas para la realización de estudios de postgrado, especialmente en aquellas materias relacionadas con los problemas del desarrollo.

En la quinta convocatoria del programa 1997/98 se han ofertado 200 nuevas becas, de ellas 180 se han destinado a candidatos iberoamericanos portugueses para realizar estudios de doctorado en universidades españolas y las 20 restantes a candidatos españoles para realizar estudios de postgrado en universidades iberoamericanas y portuguesas.

Argentina y Méjico también han convocado becas Mutis.

Aprobados en la Cumbre Americana de 1995 y consolidados en la Cumbre Iberoamericana de 1996.

Como en los restantes programas aprobados en las Cumbres, la financiación española corre a cargo del Instituto de Cooperación Iberoamericana, correspondiendo la gestión a la OEI y la dirección técnica al Ministerio de Educación y Cultura.

4- Programa IBERMADE

El programa tiene como objetivo la formación de administradores y gestores de la educación, según los niveles de responsabilidad de los cargos que desempeñan y participan España, Argentina, México, Portugal y Colombia.

5- Programa IBERFOP

El programa tiene como objetivo el diseño de modelos de Formación Profesional adaptados a las necesidades específicas de cada país. La dirección técnica del programa corresponde a la Dirección General de Formación Profesional y Promoción Educativa de este Departamento.

En junio de 1997 se constituyó el Comité Ejecutivo, integrado por representantes de los Ministerios de Argentina, Chile, España y México.

Venezuela y Perú se incorporaron al programa a finales de 1997.

El programa finaliza en 1998 y en la actualidad se está estudiando su posible continuidad.

VI. Relaciones entre la Unión Europea y América Latina y el Caribe

1. Programa Alfa

La actual cooperación entre la UE y América Latina y el Caribe se traduce básicamente en el programa Alfa (América Latina, Formación Académica), aprobado en 1994 y desarrollado por la Dirección General I.B. Es un programa de cooperación universitaria con dos ejes:

- Cooperación en materia institucional (subprograma A)
- Movilidad de posgraduados y estudiantes (subprograma B).

Se articulan mediante la formación de redes entre universidades y otras instituciones de enseñanza superior de la Unión Europea y América Latina.

La primera fase del programa arrancó en marzo de 1994 con un presupuesto global de 32 MECUS. Se acaba de aprobar la segunda fase, dotada de una cantidad adicional de 53 MECUS (la Unión Europea pone 42) para un periodo de 6 años.

El programa viene prestando un apoyo importante a la calidad de la enseñanza superior, y por tanto a sus procesos de integración regional y de desarrollo económico y social, pero sin embargo tiene algunas carencias:

1) No tiene previsto promover la cooperación entre la universidad y la empresa. Por tanto no prevé períodos de prácticas.
2) Tampoco prevé becas para profesores, administradores, etc. para visitas a otros países. Estos dos aspectos sí están recogidos en el programa TEMPUS.
3) No contempla la financiación de proyectos de investigación.

Las instituciones españolas en la primera fase, han estado presentes en el 70% de las redes constituidas y como coordinadores en más de un 30% de los proyectos.

2. Próxima Cumbre Unión Europea-América Latina y el Caribe

Está previsto que se celebre en junio de 1999 en Brasil una Cumbre UE-ALC. La Unión Europea es el mayor donante en América Latina, pero con diferencia negativa si lo comparamos con otras regiones. Por ello uno de los objetivos de la próxima cumbre es incrementar los recursos financieros para programas con América Latina.

En esta Cumbre están identificadas tres áreas temáticas: esfera política, esfera económica y comercial, y la esfera educativa, cultural y humana.

Se piensa que el área que aportará mayores éxitos es la educativa. Apoya esta tesis la importancia que se da a este área en el grupo de Río, Mercosur, o los países del grupo San José. En el precedente de esta Cumbre, la U.E.-Asia, celebrada en Bangkok en mayo de 1996, con diez países asiáticos y los quince de U.E., los acuerdos alcanzados se vertebraron sobre los ámbitos señalados, obteniendo los mayores éxitos el educativo, por ser de valor estratégico, poco conflictivo y capaz de concitar acuerdos.

Para determinar el programa o programas a proponer, conviene tener en cuenta los comunitarios ya existentes, fundamentalmente Sócrates y Leonardo.

Igualmente los derivados de las Cumbres Iberoamericanas, para no establecer competencias.

Hay que tener en cuenta también la existencia de ALFA, que no contempla la educación primaria, la secundaria, de adultos, formación profesional, a distancia, etc.

Se debe realizar un doble proceso de reflexión: 1º examinar aspectos e iniciativas de cooperación en materia de educación con otras áreas (PECOS, Estados Unidos) o en el interior de la propia U.E. que podrían ser extrapolables al caso latinoamericano. 2º internamente en España distinguiendo las que debemos reservar al ámbito de las Cumbres Iberoamericanas y cuáles al de la U.E.-ALC.

Por ello España debe adelantarse haciendo propuestas. Ya existe una propuesta italiana de creacion de una universidad eurolatinoamericana.

No es oportuno proponer la creación de un fondo especial porque provocaría reacciones hostiles por parte del resto de los socios de Europa.

Hay que trabajar sobre la base de instrumentos ya existentes.

España debe ser la animadora de todo el proceso.

Debemos buscar:

-   Líneas de actuación
-   Medios para esos objetivos
-   Deslindar el espacio geográfico
-   Título
-   etc.

En todo ello se está trabajando.

ANEXO I

CUADRO GENERAL
CURSO 1998-1999

PAÍSES	CENTROS	ALUMNOS										PROFESORES						
		EI/EP			ESO/BUP/COU			FP			LE2	TOTAL	FUNCIONARIOS			CONTRATADOS		INTE-RI-NOS	TOTAL
		ESP.	EXTR.	TOTAL	ESP.	EXTR.	TOTAL	ESP.	EXTR.	TOTAL			MA.	SEC.	T. FP	ESP.	EXTR.		
ANDORRA (1)	9	519	411	930	538	466	1.004	-	-	-	-	1.934	63	53	-	2	4	7	129
COLOMBIA	1	254	178	432	150	155	305	-	-	-	-	737	21	18	-	-	5	1	45
FRANCIA	2	72	25	97	158	16	174	64	3	67	-	338	6	21	1	1	4	3	36
GUINEA ECUAT.	1	17	164	181	6	94	100	-	-	-	-	281	4	-	-	2	8	2	16
ITALIA	1	83	109	192	41	73	114	-	-	-	-	306	11	15	-	1	4	2	33
MARRUECOS	11	537	1.509	2.046	288	954	1.242	8	108	116	363	3.767	99	81	8	3	31	21	243
PORTUGAL	1	350	185	535	273	85	358	-	-	-	-	893	22	24	-	2	3	11	62
REINO UNIDO	1	225	2	227	183	-	183	-	-	-	-	410	10	11	-	3	7	1	32
TOTAL 8	27	2.057	2.583	4.640	1.637	1.843	3.480	72	111	183	363	8.666	236	223	9	14	66	48	596

CLAVES: (1) Los inmuebles donde están ubicados los Centros de E. Infantil y E. Primaria son propiedad del Estado andorrano.
(El resumen general de claves utilizadas se incluye al final del libro)

ANEXO II

CUADRO GENERAL
CURSO 1998-1999 (1)

CENTROS		ALUMNOS								PROFESORES					
		EI/EP			ESO/BUP/COU			LE2	TOTAL	FUNCIONARIOS		CONTRATADOS		INTE-RI-NOS	TOTAL
		ESP.	EXTR.	TOTAL	ESP.	EXTR.	TOTAL			MA.	SEC.	ESP.	EXTR.		
COLEGIO "PARQUE DE ESPAÑA" ROSARIO (ARGENTINA)		-	-	-	3	278	281	-	281	-	4	-	29	-	33
C.H.B. "MIGUEL DE CERVANTES" SAO PAULO (BRASIL)		227	670	897	128	417	545	730	2.172	13	9	5	108	-	135
TOTAL	2	227	670	897	131	695	826	730	2.453	13	13	5	137	-	168

CLAVES: (1) Los datos corresponden al curso 1998.
(El resumen general de claves utilizadas se incluye al final del libro)

ANEXO III

CUADRO GENERAL

CURSO 1998-1999

PAÍSES	SECCIONES	CENTROS	ALUMNOS							PROFESORES				
			EI/EP			ESO/BUP/COU			TOTAL	FUNCIONARIOS		CON-TRA-TADOS	INTE-RI-NOS	TOTAL
			ESP.	EXTR.	TOTAL	ESP.	EXTR.	TOTAL		MA.	SEC.			
ALEMANIA	2	2	1	173	174	11	299	310	484	–	1	–	–	1
ESTADOS UNIDOS	2	6	34	924	958	36	429	465	1.423	2	5	–	–	7
FRANCIA	12	22	179	476	655	359	872	1.231	1.886	16	23	–	4	43
HOLANDA	3	3	–	–	–	1	276	277	277	–	–	–	2	2
ITALIA	7	7	–	–	–	2	779	781	781	–	8	–	6	14
TOTAL 5	26	40	214	1.573	1.787	409	2.655	3.064	4.851	18	37	–	12	67

CLAVES: (El resumen general de claves utilizadas se incluye al final del libro)

ANEXO IV

ESCUELAS EUROPEAS	ALUMNOS										PROFESORES		
	SECCIÓN ESPAÑOLA				LENGUA ESPAÑOLA OTRAS SECCIONES								
					MA-TER-NA	LE2						SE-CUN-DARIA	TOTAL
	MA-TER-NAL	PRI-MA-RIA (2)	SE-CUN-DARIA (3)	TOTAL		LENGUA III (4)	LENGUA IV (5)	LENGUA V (6)	TOTAL	TOTAL	MAES-TROS		
ALEMANIA MUNICH	–	31	11	42	–	56	60	–	116	158	1	1	2
ALEMANIA KARLSRUHE (1)	–	–	–	–	–	71	77	13	161	161	–	1	1
BÉLGICA BRUSELAS I	42	242	270	554	–	200	163	–	363	917	9	15	24
BÉLGICA BRUSELAS II (1)	–	–	–	–	–	204	145	17	366	366	–	(7) 3	3
BÉLGICA MOL (1)	–	–	–	–	–	39	54	18	111	111	–	1	1
HOLANDA BERGEN (1)	–	–	–	–	26	62	30	–	118	118	(8) 2	1	3
ITALIA VARESE (1)	–	–	–	–	38	85	57	–	180	180	1	2	3
LUXEMBURGO LUXEMBURGO	42	106	70	218	–	127	117	–	244	462	8	8	16
REINO UNIDO CULHAM (1)	–	–	–	–	–	99	15	–	114	114	–	1	1
TOTAL 9	84	379	351	814	64	943	718	48	1.773	2.587	21	33	54

CLAVES: (1)   No existe Sección española.
           (2)   A efectos estadísticos se cuenta como Primaria el curso 1º Secundaria.
           (3)   A efectos estadísticos no se cuenta como Secundaria el curso 1º Secundaria.
           (4)   Alumnos que cursan de 2ª a 7ª de Secundaria.
           (5)   Alumnos que cursan de 4ª a 7ª de Secundaria.
           (6)   Alumnos que cursan de 6ª a 7ª de Secundaria.
           (7)   Incluye Director de la Escuela.
           (8)   Incluye Directora Adjunta de Primaria.
           (El resumen general de claves utilizadas se incluye al final del libro).

ANEXO V

CUADRO GENERAL

CURSO 1998-1999

PAÍSES		AGR.	AULAS	ALUMNOS					PROFESORES					
				LENGUA Y CULTURA ESPAÑOLAS					FUNCIONARIOS		CONTRATADOS		INTE-RI-NOS	TOTAL
				NI	NB	NS	CR	TOTAL	MA.	SEC.	ESP.	EXTR.		
ALEMANIA		3	60	319	615	537	–	1.471	15	–	–	–	4	19
AUSTRALIA (1)		–	9	147	191	96	–	434	4	–	–	–	2	6
BÉLGICA		1	35	334	663	436	–	1.433	14	–	–	–	–	14
ESTADOS UNIDOS		1	5	216	419	329	–	964	7	–	–	–	3	10
FRANCIA		5	158	1.081	1.265	965	–	3.311	32	–	–	–	2	34
HOLANDA (2)		1	18	46	136	201	–	383	7	–	–	–	–	7
LUXEMBURGO (3)		1	4	17	31	38	–	86	1	–	–	–	–	1
REINO UNIDO		2	27	234	502	510	–	1.246	8	1	–	–	3	12
SUIZA		7	195	1.794	3.452	2.991	–	8.237	65	–	16	–	–	81
TOTAL	9	21	511	4.188	7.274	6.103	–	17.565	153	1	16	–	14	184

CLAVES: (1) Los datos corresponden al curso 1998.
(2) Dependiente de la Consejería de Educación y Ciencia de Bélgica.
(3) Depende de la Consejería de Educación y Ciencia de Francia.
(El resumen general de claves utilizadas se incluye al final del libro)

ANEXO VI

PAÍSES	CENTROS	ALUMNOS			PROFESORES
		SECCIÓN BILINGÜE	OTROS (ELE)	TOTAL	
BULGARIA	Sofia	661	–	661	1
	Varna	216	–	216	1
REPÚBLICA CHECA	Praga	246	–	246	4
	Brno	114	70	184	2
REPÚBLICA ESLOVACA	Bratislava	206	35	241	3
	Nitra	151	17	168	3
	Košice	62	19	81	2
	Trstená	22	143	165	1
HUNGRÍA	Budapest	386	78	464	5
POLONIA	Varsovia	164	315	479	4
	Cracovia	67	102	169	1
RUMANIA	Bucarest	400	974	1.374	1
TOTAL	6	12	2.695	1.753	4.448	28

(El resumen general de claves utilizadas se incluye al final del libro)

ANEXO VII

RESUMEN ESTADÍSTICO

CURSO 1998-1999

PAÍSES EN LOS QUE EXISTE CONSEJERÍA DE EDUCACIÓN Y CIENCIA		PAÍSES EN LOS QUE NO EXISTE CONSEJERÍA DE EDUCACIÓN Y CIENCIA		ASESORES TÉCNICOS		
				MA.	SEC.	TOTAL
ALEMANIA				–	4	4
ARGENTINA				1	–	1
AUSTRALIA				–	3	3
BÉLGICA				–	2	2
BRASIL				–	4	4
		BULGARIA		–	1	1
CANADÁ [1]				–	2	2
		REPÚBLICA CHECA		–	1	1
		EGIPTO		–	1	1
		REPÚBLICA ESLOVACA		–	1	1
ESTADOS UNIDOS				–	21	21
FRANCIA				1	4	5
GRECIA [2]				–	1	1
HOLANDA [3]				–	1	1
		HUNGRIA		–	1	1
IRLANDA [4]				–	1	1
ITALIA				–	3	3
MARRUECOS				–	15	[5] 15
NUEVA ZELANDA [6]				–	1	1
		POLONIA		–	[7] 1	1
PORTUGAL				–	1	1
REINO UNIDO				–	9	9
		RUMANIA		–	1	1
SUECIA [8]				–	1	1
SUIZA				–	2	2
TOTAL	18	TOTAL	7	2	82	84

CLAVES: (1)   Dependiente de la Consejería de Educación y Ciencia de Estados Unidos.

            (2)   Dependiente de la Consejería de Educación y Ciencia de Italia.

            (3)   Dependiente de la Consejería de Educación y Ciencia de Bélgica.

            (4)   Dependiente de la Consejería de Educación y Ciencia de Reino Unido.

            (5)   Incluye 2 Profesoras cedidas al Colegio Real de Rabat.

            (6)   Dependiente de la Consejería de Educación y Ciencia de Australia.

            (7)   Profesor titular de Universidad.

            (8)   Dependiente de la Consejería de Educación y Ciencia de Alemania.

            (El resumen general de claves utilizadas se incluye al final del libro)

LA EDUCACIÓN SUPERIOR A DISTANCIA...
UNA PERSPECTIVA CURRICULAR Y ORGANIZATIVA
PARA AMÉRICA LATINA

LUCÍA E. CASTRO DE GONZÁLEZ
Directora Académica Newport University – Ecuador. (Venezuela-Colombia-Ecuador)

La Educación a Distancia en América Latina, principalmente en Venezuela-Colombia y Ecuador, viene desarrollando modelos Interactivos de formación donde el manejo del tiempo y el espacio han permitido validar esquemas curriculares y organizativos.

Los procesos de globalización han constituido un conjunto de condicionamientos económicos, sociales, culturales, ideológicos y educativos ... entre los países ... Por ejemplo, en el plano educativo, EE.UU y las Universidades a Distancia (Newport University entre otras) vienen desarrollando posibilidades académicas y profesionales, generando investigaciones con nuevas propuestas que inciden en el avance de la ciencia y la tecnología, así como de las ciencias humanas.

La educación a distancia se ha integrado en el mundo académico, en la realidad, tratando de satisfacer necesidades en los países (principalmente en Venezuela Colombia y Ecuador) y en los estudiantes, ha generado un Modelo Curricular de Estudio Individual Guiado. Los alumnos de diferentes países buscan formular soluciones por medio de sus trabajos académicos, articulando los procesos de aprendizaje a través de SYLLABUS[1] con los procesos educativos de carácter regional, nacional e internacional. El Estudio Individual Guiado, destaca los valores del estudio independiente y autoformativo, donde permite el afianzamiento de virtudes como: la equidad, la libertad, la confianza, la justicia, el respeto, la cooperación, la creatividad y la innovación en la autoeducación, fomenta la independencia de los estudiantes y el aprendizaje a través de los Medios de Comunicación (fax, teléfono, couriers, grupos y círculos de Interacción participativa académica y social, estudio a través de la página Web.

La filosofía del método de Estudio Individual Guiado como perspectiva curricular se adecua a las formas de vida del hombre actual, donde se instaura el respeto y la aceptación del individuo que pone en juego su potencial y creatividad y en donde el alumno desarrolla un rol protagónico en su aprendizaje autodirigido.

---

[1] Guías de estudio individual

La situación vivida en el sistema de Estudio Individual Guiado, independiente de su ubicación geográfica, permite al estudiante interactuar entre los diferentes países. La adaptación a esta óptica de estudio requiere e implica un compromiso de quien aprende todo el proceso: desde la identificación de sus objetivos como persona hasta los objetivos de aprendizaje a través de su propia experiencia de aprendizaje significativo cuyos principios pedagógicos son parte del gran marco conceptual de esta clase de estudio.

La comunicación con el alumno se realiza por medio de Guías Individuales (Syllabus) los cuales, junto con la tutoría, facilitan los procesos de aprendizaje. Los estudiantes reciben orientación y asistencia académica cuando la requieran y a lo largo de todo el plan de estudios mediante consultas con los tutores personales asignados o a través de grupos de estudio virtual de la página Web de Newport University.

La utilización intensiva de medios de comunicación es un elemento condicionante de la educación a distancia, ya que esta actividad informativa permite interactuar entre los países.

La presencia masiva de las telecomunicaciones acabó con las distancias y ha hecho posible la globalización. El aumento significativo de la información ha permitido un nuevo espacio de aprendizaje denominado "espacio virtual" donde el papel del tutor y del alumno están muy relacionados con el aprendizaje interactivo.

La socialización y la interacción del conocimiento significan integrar con el trabajo el pensamiento, es proyectar y comunicar a la comunidad los nuevos conocimientos y valores.

Los estudiantes a distancia constituyen grupos de estudio (CIPAS) donde los alumnos consiguen apoyo junto con el aprendizaje, comparten angustias, dudas y o desmotivaciones y a su vez mantienen una sana competencia y se estimulan para alcanzar metas académicas.

En esta interacción la socialización que se vive con la transmisión de un conocimiento y los valores como adaptación al medio del estudiante genera asimilación de costumbres y normas, las cuales día a día van teniendo una evolución vertiginosa debido a la influencia de las telecomunicaciones.

La realidad que estamos viviendo confirma una vez más la necesidad de reforzar la educación superior a distancia con las telecomunicaciones para enfrentar el cambio acelerado de los fenómenos sociales y educativos.

Consecuentemente con lo anterior el modelo de Educación a Distancia en América Latina se compromete con un tipo de estudiante que trabaja o está dedicado a actividades que le impiden estudiar dentro del marco presencial.

Las dimensiones espacio y tiempo pierden su carácter tradicional y se expanden para lograr que la educación sea posible en cualquier lugar y momento y para ampliar su ámbito de influencia en la sociedad.

Los métodos de enseñanza y tutoría están en función de las posibilidades de los estudiantes y los modos de aprendizaje conformados en gran parte por personas que tienen otras obligaciones además del estudio y un equipo de valores muy distinto del estudiante de tiempo completo. Estas personas buscan insistentemente una conexión entre el conocimiento que imparte la universidad y la situación laboral o personal que va impulsando a estudiar nuevamente.

El Estudio Individual Guiado se debe realizar dentro del contexto social y económico del país ya que ellos hacen parte del proceso de producción y extensión cultural y se enlazan íntimamente con la vida de la sociedad en la cual opera la Educación a Distancia; en este sentido, "es también una comunidad de aprendizaje no sólo de los alumnos sino de todos los miembros" (Lorenzo Delgado 1996).

Esta es la parte cultural de los procesos sociales y psicológicos que intervienen en la emisión y percepción de los lenguajes, los cuales a la vez que comunican a la sociedad guardan íntima relación y se influyen mutuamente. "Los sistemas sociales se producen a través de la comunicación y una vez que se han desarrollado los sistemas sociales éstos determinan la comunicación entre sus miembros" (Berlo, 1969).

Construcción y administración de un sistema de organización en educación a distancia Red Newport University (Venezuela-Colombia-Ecuador)

La Red Regional América Latina (Venezuela, Colombia, Ecuador) ha creado unidades especiales denominadas centros de apoyo académico y administrativo en cada uno de los países para el manejo de los programas denominados STUDY CENTERS. Se han establecido los mismos procedimientos administrativos propios para esta modalidad, con una reglamentación académica adecuada a las características de los programas definiendo sistemas y registros para los estudiantes con unas unidades de estudio denominadas Syllabus y diseñadas para la educación a distancia, estableciéndose los mismos mecanismos de Planeación y Evaluación Institucional.

En 1976 y con base en la experiencia equilibrada Newport University (USA) inicia la organización el desarrollo de un sistema de "Universidad a Distancia", donde todos sus programas de estudio han sido revisados, evaluados y aprobados por el departamento de educación del estado de California (Council for Private Post Secundary and Vocational Education). El principio organizativo que, por una parte, constituye una aplicación a nivel internacional (28 Study Centers), es el elemento que da sentido a la organización como un sistema donde cuatro grandes principios constituyen el trabajo en equipo "la confiabilidad, la confianza, la transparencia de poder y el alineamiento" (Venezuela, Colombia y Ecuador), interconectado entre los Study Centers, y comunicado por un sistema de RED en la que cada uno supervisa y controla así mismo porque está implicado en un proyecto común.

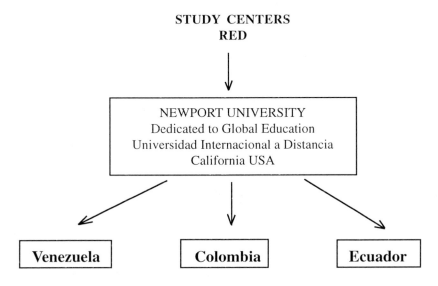

STUDY CENTERS
RED

NEWPORT UNIVERSITY
Dedicated to Global Education
Universidad Internacional a Distancia
California USA

Venezuela   **Colombia**   **Ecuador**

Características del Modelo

1. El modelo respeta la Autonomía de los países y los derechos de frontera

Se crea una "Universidad a Distancia", estableciendo un sistema de Educación a Distancia, el cual ingresa a los países por medio de convenios entre los países y las universidades de la región.

2. Definición y características académicas de cada uno de los programas académicos

La universidad ha establecido los programas y su reglamentación académica, mediante la participación de los órganos de dirección quienes definen en sus estatutos los programas de Bachelor, Maestrías y Doctorados. Así mismo la universidad realiza los estudios de base para determinar la factibilidad interna y externa de los programas en cada uno de los países.

3. El control de calidad es responsabilidad primaria de la Regional Newport para América Latina.

El modelo supone que cada Study Center es responsable y debe velar por la calidad académica de los programas que ofrece la universidad. La supervisión y seguimiento de estos programas se hace desde la Regional Newport University - América Latina.

4. El Modelo propicia la cooperación entre los países

La Cooperación Interinstitucional es uno de los supuestos subyacentes del modelo. Se busca que por medio de los Study Centers se realicen acuerdos para la ejecución conjunta de programas en cada uno de los países, la utilización conjunta de las bibliotecas, laboratorios, aulas, materiales y medios de comunicación con el fin de aprovechar la especialización de cada institución y evitar duplicaciones innecesarias.

Con el desarrollo de la Educación a Distancia se busca que los países y las regiones participen en la organización y ejecución de los programas que ofrece la universidad en cada país.

5. El Modelo cuenta con un sistema de Investigación evaluativa

La Regional América Latina ha establecido una unidad de Investigación Educativa que ha venido haciendo un seguimiento y monitoreo permanente del proyecto. El objetivo central es recoger información sobre el desarrollo del proyecto de Educación a Distancia de los países (Colombia, Venezuela y Ecuador).

El proceso evaluativo que se ha tomado es el de la Evaluación Interactiva ya que es compatible con el sistema de formación interactiva. D. C. Kinsey (1981) proporciona un marco preliminar en el que se ofrece una forma de organizar la planificación de evaluaciones prácticas, por lo tanto, el proyecto educativo debe ser evaluado y sometido a una revisión permanente donde cada Study Center como sujeto activo debe preguntarse cuál es el resultado de logros alcanzados, cuáles los efectos y qué nuevas posibilidades reales tiene su quehacer y las oportunidades que enfrenta. La evaluación interactiva debe estar orientada a la solución de problemas concretos de cada uno de los países definidos de la comunidad educativa. Del análisis de la evidencia se puede redefinir el problema y encontrar soluciones.

Otra situación interesante de la Evaluación Interactiva es el complemento cuantitativo y cualitativo de evaluación, que contribuye a corregir los inevitables riesgos presentes en cualquier método. Una alternativa posible ha sido la Triangulación (Cook y Richard, 1986), donde se pueden recolectar datos que permitan mejorar cualitativamente el quehacer educativo.

La autoevaluación de los programas de Newport University (Venezuela-Colombia-Ecuador)

1. Marco teórico

La acreditación surgió en los Estados Unidos dentro de un contexto cultural. Su origen se remonta al año 1901, a raíz de un debate entre el Presidente Eliot de la Universidad de Harvard y el Presidente Warfield de Lafavette College. El debate se orientó a evaluar o acreditar la calidad del egresado del "high school" aspirante a ingresar en la educación superior. La discusión generó el nacimiento del primer "College Board" el cual estableció las medidas de competencia o capacidades del estudiante, mediante los "trance examinations" exámenes de admisión de los cuales se debía dar constancia pública. En 1910, 25 instituciones del nordeste de Estados Unidos se adhirieron al sistema. Luego muchas otras lo copiaron o lo adaptaron.

En 1906, varias asociaciones universitarias, creadas desde 1887, reunidas en Williamstown, Massachusets, acordaron desarrollar actividades de autoevaluación y acreditación institucional para intercambiar ideas sobre la calidad institucional.

Las décadas de los años 50, 60 y 70 presentan una evolución progresiva dentro de un ambiente socioeconómico y cultural donde es evidente la autonomía frente al gobierno y la visión de forjar los destinos de la nación a través de la educación. Como metodología de acreditación siguieron los parámetros que se presentan a continuación:

a) Determinar un mínimo de requerimientos para autorizar el funcionamiento de instituciones post-secundarias, hecho que vino a constituirse como un primer nivel para la acreditación.

b) Otorgar la acreditación institucional, a través de agencias regionales, de conformidad con estándares de calidad preestablecidos.

c) Otorgar la acreditación especializada o por programas a través de corporaciones de acreditación especializadas en determinadas áreas de conocimiento.

La institución que aspire a acreditarse debe cumplir las siguientes etapas:

a) **Un auto-estudio** o autoevaluación, durante un tiempo no inferior a 18 meses, actividad en la cual participan profesores, administradores, miembros de la junta de gobierno y estudiantes, a fin de identificar debilidades y fortalezas de la institución. Esta evaluación amerita especial importancia por parte de los acreditantes.

b) **Una visita** de expertos, integrada por un grupo de académicos, seleccionados por la emisión acreditante, con conocimiento de la institución, para evaluar la coherencia entre la autoevaluación y la realidad institucional, a través de entrevistas, visitas a las diversas dependencias, consultas y estudio de documentos. Se tienen como referencia los estándares de acreditación aceptados por la asociación de instituciones que conforman el cuerpo académico.

c) **Un proceso de revisión**, a cargo de la comisión central de la agencia acreditante, para verificar el informe del grupo evaluador y estudiar las recomendaciones, a fin de confirmarlos o para solicitar mayor información.

Según la naturaleza de la institución o del programa objeto de evaluación, la comisión emite las decisiones finales. Si se trata de un aspirante nuevo, que se presenta por primera vez, la decisión puede otorgarse, así:

a) *Sin condiciones,* para lo cual la institución dispone de cinco años para una evaluación.

b) *Por un mínimo de tres años,* con el compromiso de adelantar un informe de seguimiento o una visita dentro de un tiempo fijado, de conformidad con las recomendaciones establecidas por la comisión.

c) *Postergación de la decisión de acreditación,* hasta tanto no se complemente la información requerida.

d) *Aplazamiento de la decisión,* a fin de que la institución corrija debilidades notables e informe a la comisión dentro de los términos establecidos. Durante este lapso la institución aspirante ostenta su "status" de candidata a la acreditación.

e) *Negación de la acreditación,* permitiendo a la institución su "status" de candidata, hasta cuando esté preparada para una nueva evaluación, dentro de un término fijado.

f) *Cancelación de la candidatura de la institución,* por ausencia de los requerimientos mínimos. Ante esta decisión procede la acción de apelación, según las normas que regulan el debido proceso.

Cuando se trata de instituciones que van acreditadas, las decisiones de la comisión pueden ser: reafirmación de la acreditación sin condiciones: remoción de la lista de las instituciones acreditadas: y remoción de los miembros de la agencia acreditante.

2. Estándares de Calidad

El proceso de acreditación parte de la conformación de estándar. De conocimiento público, fijados con previo estudio, discusión y revisión por parte de los miembros que integran la agencia regional de acreditación. Los estándares sirven a las instituciones como indicadores de calidad y a los evaluadores como medición de los logros.

Los estándares mínimos, que debe comtemplar toda institución aspirante a ser acreditada, son:

1. Tener claramente enunciada su misión, con metas y objetivos coherentes con las expectativas y aspiraciones de la educación superior.
2. Poseer una junta de gobierno que incluya miembros representativos de la sociedad.
3. Demostrar que todos sus ingresos son utilizados para cumplir sus programas y propósitos.
4. Contar con un número suficiente de profesores, con experiencia reconocida, títulos y

5.   calidades académicas, que garanticen el desarrollo de los programas, y además, que haya un porcentaje notable de dedicación exclusiva a la institución.
6.   Ofrecer uno o más programas de educación postsecundaria que satisfagan necesidades sociales sentidas e identificadas.
7.   Ofrecer, además de los programas propios de su especialización, otros programas sobre educación en artes liberales, humanidades, con contenidos específicos.
8.   Disponer de biblioteca, apoyos de enseñanza aprendizaje y centro de informática.
9.   Ofrecer servicios adecuados para el estudiante y programas de desarrollo.
10. Garantizar procesos equitativos de admisión.
11. Proporcionar oportunamente al cuerpo acreditante toda la información sobre la institución.

Es preciso recordar que en décadas pasadas la acreditación centraba su interés en el diseño de estándares y en la comprobación de su cumplimiento por parte de la institución.

Por esta razón se daba más importancia a mediciones de tipo cuantitativo. En la actualidad, se está dando mayor énfasis al planteamiento de las metas o propósitos de la institución, por considerar que esta estrategia refleja claramente el concepto de calidad de educación y los criterios desde los cuales es entendida. Dicha tendencia es defendida por Federick Crosson en su obra titulada *The Philosophy of Acreditation* publicada en 1998.

En la actualidad, cuatro estándares comunes conforman el formato general de evaluación de cualquier universidad:

1.   Propósitos claros y enunciados públicamente, o sea la misión.
2.   Organización eficiente de los recursos humanos, financieros y físicos para lograr sus propósitos.
3.   Estar logrando sus propósitos.
4.   Poder continuar logrando sus propósitos.

De lo expuesto, podemos concluir que la acreditación es un modo de concebir la acción educativa Su filosofía, según Simmons, se puede sintetizar en tres postulados: "Toda acción educativa está dirigida hacia la excelencia humana y, si bien la excelencia parece ser un concepto abstracto y no medible, pueden establecerse indicadores de calidad que deben ser estudiados y verificados en la práctica, a través de distintas formas de evaluación. Por tanto, la acción educativa está esencialmente vinculada a procesos y productos que pueden ser evaluados por la comunidad universitaria".[2]

3. Elementos del Sistema[3]

El sistema de evaluación está compuesto por tres elementos básicos interrelacionados que deben ser entendidos como los ejes alrededor de los cuales gira la acción de obtención de información y formulación de juicios sobre el programa. Los tres elementos son:

---

[2]   Citado por FERRO BAYONA, Jesús. "La acreditación en los Sistemas de educación Superior de los Estados Unidos y Canadá". En: *Simposio sobre acreditación universitaria -Memorias* - ICFES. Santafé de Bogotá 1994. p. 88.

[3]   TORRES, Guillermo, 1994. El número entre paréntesis que antecede a cada uno de los componentes básicos se constituye en el código que identifica el componente en las diversas matrices que hacen operativo el sistema de evaluación. Función similar cumplen las letras que, más adelante, identifican a cada uno de los procesos.

— COMPONENTES BÁSICOS
— PROCESOS ACEDÉMICOS
— EFECTOS DE LOS PROGRAMAS

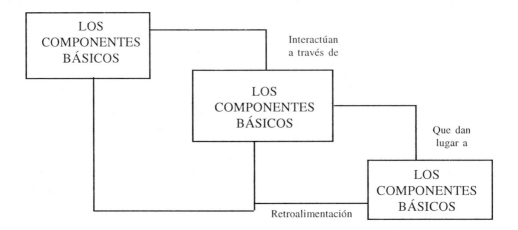

La relación fundamental entre estos tres elementos se puede establecer de la siguiente manera:

Lo anterior significa que los tres elementos guardan una estrecha relación entre sí. Aunque en este diagrama la vinculación entre los elementos puede aparecer como lineal, sin embrago en las matrices que se desarrollan posteriormente se apreciará que las relaciones entre los elementos son complejas.

En los siguientes numerales se plantea, paso a paso, la conformación del sistema de evaluación. En primer lugar se explica el significado de cada uno de los elementos y posteriormente se introducen las diferentes matrices que conforman la estructura funcional del sistema propiamente dicho.

4. COMPONENTES BÁSICOS

Se entiende por componentes básicos los factores que determinan un tipo específico de desarrollo académico de una institución universitaria. Dependiendo de la calidad y la clase de interrelación de estos elementos entre sí, los programas universitarios serán caracterizados de una u otra manera, desarrollando unos determinados procesos que concurren a ciertos efectos.

Una primera aproximación al significado de los componentes se presenta a continuación teniendo en cuenta que posteriormente (en cada una de las submatrices) se trabajará sobre una referencia más operacional.

Los componentes básicos considerados para el sistema son los siguientes:[**]

** El número entre paréntesis que antecede a cada uno de los componentes básicos se constituye en el código que identifica el componente en las diversas matrices que hacen operativo el sistema de evaluación. Función similar cumplen las letras que, más adelante, identifican a cada uno de los procesos.

4.1. Políticas institucionales

Hacen referencia a los pronunciamientos que definen la filosofía y las orientaciones académicas fundamentales del programa en sus diferentes niveles. Se constituyen en su expresión teleológica. Marcan el rumbo del deber ser del programa y lo identifican a la vez que lo diferencian de otros programas universitarios similares.

4.2. Cultura institucional.

Se relaciona con todas las representaciones (sistemas de creencias) y prácticas concretas que dinamizan el desarrollo del programa en su accionar cotidiano. La cultura institucional simboliza un modo de ser del programa como tal, de sus miembros y de la proyección a la comunidad. La cultura muestra el programa real y concreto que puede o no coincidir con lo planteado en el deber o las políticas. Esta cultura puede asumir diferentes manifestaciones dependiendo de los ámbitos institucionales que se tomen como referencia:
unas pueden ser las representaciones y las prácticas a nivel local y otras a nivel regional. En el mismo sentido se podrían encontrar diferencias en el nivel directivo en relación con el nivel operativo.

Las políticas y la cultura conforman el cauce que enmarca el desarrollo académico institucional. La tensión que existe entre el deber ser (políticas) y el ser (cultura) modula y modela la realidad institucional.

4.3. Planes de estudios.

Está conformado por el conjunto de áreas y asignaturas, organizadas con un sentido específico y relacionadas con los tópicos fundamentales y actualizados de la administración pública, que deben cursar los estudiantes con el propósito de obtener el título de tecnólogos o profesionales. El plan debe caracterizarse por su claridad en cuanto a la finalidad buscada como respuesta a las necesidades del contexto, la adecuada definición de áreas y asignaturas, la relación entre ellas, la determinación de un marco de referencia para la definición de las áreas prioritarias de investigación y los tópicos básicos que serán objeto de los procesos de extensión.

4.4. Tutores.

Son los agentes educativos encargados de dinamizar el desarrollo de procesos académicos tomando como referentes básicos las políticas y el plan de estudios. Son los responsables directos de orientar al estudiante en diversos ámbitos de tal manera que se forme como profesional de la Educación Superior a Distancia.

4.5. Estudiantes. Proceso de estudio individual guiado.

Son las personas debidamente matriculadas en el programa con el propósito de cursar los planes de estudio y formarse en los campos de Administración de Empresas, Ingeniería, Computación, Educación, Conducta Humana, Psicología. Su formación se desarrolla a través de la participación en los diversos procesos de carácter académico. Desde un punto de vista institucional los estudiantes juegan un papel activo pues la calidad de su formación constituye, en último término, la meta del desarrollo institucional.

4.6. Recursos y materiales educativos.

Son los recursos de tipo administrativo financiero así como los materiales de tipo académico (módulos, libros, documentos, elementos, audiovisuales, hardware, software) cuyo empleo por parte de tutores y estudiantes hace factible, agiliza y cualifica el desarrollo de los procesos académicos. En la modalidad de educación a distancia los recursos y los materiales se constituyen en factores de primer orden para un adecuado aprendizaje de los estudiantes y desarrollo institucional.

De las características y calidad de cada uno de estos componentes así como de las interrelaciones que asuman en el desarrollo de los diversos procesos académicos dependerá, en gran medida, la calidad de la acción universitaria.

4.7. Procesos académicos.

Se entiende por procesos académicos las interacciones que con determinado sentido compartir, criticar y generar conocimiento (procesos tutoriales), acrecentar el conocimiento (procesos investigativos) o proyectar el conocimiento al contexto de la universidad (procesos de extensión) se constituyen en la razón de ser del programa universitario.

El desarrollo de cada uno de estos procesos implica, en primera instancia, la definición, por parte de la institución, de una política y unos propósitos sobre el sentido que debe tener cada proceso, y en segunda instancia, una forma particular de interacción de los seis componentes mencionados en el numeral anterior.

Los procesos tutoriales (para el caso concreto de un programa a distancia), los procesos investigativos y los procesos de extensión son considerados no solamente para las normas legales sino también por la discusión que se da alrededor del de ser de la universidad, como los procesos básicos que dinamizan y contribuyen al crecimiento de las instituciones de educación superior.

A continuación se presenta una aproximación inicial sobre el significado de cada uno de estos procesos.

4.8. Procesos tutoriales.

Se refieren a los desarrollos académicos orientados por los tutores y con el propósito básico de compartir conocimientos que contribuyen a la formación de los estudiantes en el área del conocimiento.

4.9. Procesos investigativos.

Tienen relación con las acciones académicas orientadas a la producción, sistematización y difusión de conocimientos sobre diferentes temas de estudio. Ejemplo: Senior paper/ Project.

4.10. Procesos de extensión.

Aluden a las acciones de proyección del contexto comunitario de los saberes y experiencia generadas y/o apropiadas por programas académicos y temas afines. La extensión busca la integración explícita entre la universidad y la comunidad.

Aunque se han presentado de manera separada, sin embargo en la práctica estos procesos se dan a partir de múltiples interrelaciones. Éstas constituyen el ser total de la universidad como proyecto social y académico en los diferentes países.

4.11. Efectos.

Al hablar de efectos se hace mención a los productos de carácter académico derivados del desarrollo de los procesos tutoriales, investigaciones y de extensión.

Para efectos de este sistema de evaluación se tendrán en cuenta dos tipos de efectos.

Resultados de los Procesos Académicos

Hacen referencia a la eficiencia y a la efectividad de los programas en términos del logro de los objetivos y las metas académicas que se ha propuesto tanto para el conjunto de los procesos como para cada uno de ellos en particular. Estos resultados se plantean en términos de eficiencia interna y externa.

Impacto de los Procesos

Se refiere a los efectos finales y más duraderos de los procesos académicos desarrollados por los programas. La evaluación de impacto supera el ámbito de los programas como tal para mirar sus aportes en aspectos tales como las contribuciones al conocimiento, los cambios producidos en los egresados, así como los producidos en el medio.

5. Objetivos de la Autoevaluación

— Formular un diagnóstico del Modelo Curricular y Organizativo de Newport University (Venezuela – Colombia y Ecuador).
— Institucionalizar un Modelo de Autoevaluación Institucional de manera permanente.
— Utilizar los resultados en términos de coadyuvar procesos de planeación institucional, elaborar planes de desarrollo y preparar la evaluación con destino a la acreditación.

6. Etapas de la Autoevaluación

6.1. Revisión del Modelo de Evaluación de la Calidad de la Educación Superior.

Un modelo de autoevaluación Institucional Programa América Latina – Formación Académica (ALFA). Comisión de las Comunidades Europeas, Red Universitaria de Evaluación de la Calidad (RUECA) Coordinador Pedro Municio con el fin de iniciar el análisis de las Bases del Modelo para ser adoptado al Modelo Curricular y Organizativo de Newport University.

6.2. Etapa Externa o Coevaluación por parte de los pares.

Esta etapa contemplará el apoyo y asesoría de consultores externos y expertos en la implementación de estos procesos, que permitan a la institución un trabajo progresivo, teniendo presente los criterios que han establecido los Consejos Nacionales de Acreditación de cada uno de los países.

6.3. Etapa de Certificación y Acreditación.

7. Universo y Población

Se tendrá presente a todo el personal directivo, tutores y estudiantes de Newport University de Venezuela, Colombia y Ecuador.

A modo de reflexión

Una revisión rápida del Sistema a Distancia en América Latina Señala entre los aspectos más relevantes para una buena organización los siguientes:

Nivel de políticas. Existen confusiones que han de guiar la consolidación y desarrollo entre los países (Venezuela – Colombia – Ecuador).

A nivel de estrategia, a pesar de que los programas a distancia han desarrollado sus propias estrategias, éstas no han sido internacionalizadas como unidades de criterio entre los países.

A nivel de consolidación del sistema, ante el gran impulso de la Educación a Distancia en América Latina, todavía no se ha logrado la mencionada consolidación institucional ni internacional.

A nivel de divulgación, existe una notable falla en los sistemas de divulgación e información del Sistema de Educación Superior a Distancia entre los países aunque el aprendizaje a Distancia trasciende fronteras, todavía hay distorsiones sobre los logros alcanzados.

A nivel de aspectos legales. Dentro de las normas que rigen la Educación a Distancia, se presentan vacíos especialmente en Ecuador, que es indispensable llenar. La falta de estas normas legales causa incertidumbre y dificultad en el desarrollo de los programas.

A nivel de autoevaluación, el esfuerzo ha sido considerable y significativo; es una estrategia que día a día se consolida en Colombia principalmente. Sin embargo, es indispensable que se apoye más los procesos administrativos y académicos de los programas académicos, se institucionalicen esquemas evaluativos propios del sistema.

La Educación Superior a Distancia en América Latina – Venezuela – Colombia – Ecuador tendrá éxito en la medida en que responda a una adecuada planificación, administración y organización eficiente, a una aceptación e institucionalización compatible con las políticas, objetivos y valores de cada uno de los países, generando un verdadero aprendizaje a Distancia que trascienda las fronteras.

Bibliografía

Proyecto Institucional, Newport University, Venezuela – Colombia – Ecuador, Venezuela 1990.

America Assembly of Collegiate Schools of Business Accreditation Council Policies Procedures and Standards, en la versión española de RODRÍGUEZ FLÓREZ, Carmenza, Corporación Universidad Piloto de Colombia. Santafé de Bogotá D.C. Noviembre 1993.

BERNAL ALARCÓN, Hernando. *La Filosofía de la calidad total aplicada a la Eduación. Un manual de reflexión sobre el tema.* Publicaciones Violeta, INC.

Áreas y Criterios de autoevaluación para la acreditación. Documento de la Corporación de Universidades del Sur Occidente Colombia. 1994.

BORRERO, Alfonso, S. J. Director Ejecutivo ASCUN. *Autoevaluación y Acreditación de Instituciones de Educación Superior.* Seminario Autoevaluación y Acreditación AS-CUN – ICFES – Universidad del Norte, Barranquilla. Noviembre 18 – 19, 1993.

BORRERO, Alfonso, S. J. La asociación Colombiana de Universidades – ASCUN – y los sistemas nacionales de acreditación e información. *Antecedentes y Propuestas. Seminario autoevaluación y acreditación de Instituciones de Educación Superior* ASCUN – ICFES – Universidad del Norte. Barranquilla. Noviembre 18 – 19. 1993.

HAYMAN, John. *Investigación y Educación.* Paidós Educador, Barcelona 1981.

ICFES – ECETEX – Bogotá SIGLO XXI – *Estudio Nacional de recursos humanos para el Siglo XXI* – Sector: Santafé de Bogotá, D.C. Educación. 1993.

La calidad de la Educación Universitaria y el desarrollo de una tradición de escritura y lectura ICFES. Santafé de Bogotá, D.C. 1991.

La calidad de la educación, La nueva legislación y sus perspectivas hacia el XXI, Asociación Javeriana de Investigación Educativa. Ventana Editorial Ltda. Santafé de Bogotá, 1994.

Ley 30 De 1992.

LYONNNET, Patrick. *Los Materiales de la Calidad Total.* Ed. Díaz de Santos, S.A. Madrid, 1989.

MARIÑO, Hernando, *Gerencia de la Calidad Total,* Tercer Mundo Editores, 6ª. Ed. Santafé de Bogotá, D.C. 1991.

MONCAYO JIMENEZ, Edgar y OTROS. *La Educación Publica como patrimonio de la ciudad.* Misión debota SIGLO XXI. Documento de Trabajo. Santafé de Bogotá, D.C. 1992.

OROZCO SILVA, Luis Enrique. Acreditar. El tiempo. *Suplemento Especial Educación Superior.* 1C. 29. Septiembre, Santafé de Bogotá, D.C., 1993.

ORTIZ ROZO, J. Alirio, *Guia general para la autoevaluación de la Universidad.* Universidad INCCA de Colombia, Santafé de Bogotá, 1994.

PEREZ GUTIERREZ, Luis – Director del ICFES. *Intervención en el Seminario de Autoevaluación y acreditación de Instituciones de Educación Superior.* ASCUN – ICFES – Universidad del Norte. Barranquilla, Noviembre 18-19. 1993.

Propuesta preliminar para la acreditación universitaria. Asociación Dominicana de Rectores de Universidades, Inc (ADRU). Santo Domingo, R.D. Marzo 1983.

Prospectiva de la Educación Superior – ICFES- Subdirección de Planeación. Bogotá, D.E. Abril 1984.

RANDOLPH, W. Alan y Posner, Barryz. *Gerencia de Proyectos - Cómo dirigir exitosamente equipos de trabajo.* MACGRAW-HILL. Editora Luz M. Rodríguez A. Santafé de Bogotá D.C. 1994.

Recomendaciones de una posible reglamentación de la Educación Superior en la República Dominicana. Asociación Dominicana de Rectores de Universidades, INC. (ADRU) Santo Domingo, R.D. Marzo 1983.

RIESTRA, Miguel A. *Los procesos de Acreditación Seminario Autoevaluación y Acreditación* ASCUN – ICFES - Universidad del Norte. Barranquilla. Noviembre 18- 19, 1993.

SIMMONS, Haward y RIOS de BETANCOURT Ethel. *Ponencia sobre acreditación.* Seminario sobre Acreditación Universitaria. Santiago, Chile, Diciembre 4- 6. 1991.

Simposio sobre la Acreditación Universitaria Memorias – ICFES. Santafé de Bogotá, 1994.

ARIAS DE BARRERO, María Teresa, *Simposio de la Evaluación*, Bogotá, octubre 1984, p.p. 5 – 38.

ASOCIACIÓN COLOMBIANA DE FACULTADES DE INGENIERIA – ACOFI – *Aportes a la conceptualización sobre calidad y calidad educativa.* (Documento preliminar de trabajo). Santafé de Bogotá, mayo de 1991. Pp. 1-13.

BELTRAN, Yolima. *Alcances de la acreditación.* En: XIII Reunión Nacional de Facultades de Ingeniería. Santafé de Bogotá, D.C. 1993, p.1.

DE MIGUEL, Mario. MORA, José G. RODRIGUEZ, Sebastián. *La Evaluación de las Instituciones.* Secretaria General 1991, p.40.

FACUNDO, Angel. ROJAS, Carlos. *La Calidad de la Educación: cómo entenderla y cómo evaluarla.* Bogotá, Fundación para la Educación Superior – FES, 1990. p.p. 8-10.

Autoevaluación de Programas Academicos: Propuesta basada en la productividad institucional. Santafé de Bogotá, D.C., 1994.

OROZCO, Luis E. *La acreditación al servicio de la calidad de la Educación Superior.* En: XIII Reunión Nacional de Facultades de Ingeniería. Santafé de Bogotá, 1993, p.p. 3-4.

OROZCO, Luis E. *La acreditación de las instituciones de educación superior en Colombia, a la luz de la experiencia latinoamericana.* Santafé de Bogotá, 1993. P.p. 6-17.

PEREZ GUTIERREZ, Luis M. *Intervención en el Seminario de Autoevalucación y Acreditación de Instituciones de Educación Superior* ASCUN – ICFES – Universidad del Norte. Barranquilla, noviembre 18-19, 1993.

Propuesta preliminar para la Acreditación Universitaria. Asociación Dominicana de Rectores de Universidades. Inc. (ADRU). Santo Domingo R.D. marzo, 1983.

RESTRA, Miguel Angel A. *Los Procesos de Acreditación.* Seminario Autoevaluación y Acreditación ASCUN – ICFES-, Universidad del Norte, Barranquilla, noviembre 18-19, 1993.

Acreditación Universitaria en America Latina – Antecedentes y Experiencias, 1993. Centro Interuniversitario – CINDA-

OROZCO Luis Enrique. *La Acreditación Integral al servicio de la calidad de la Educación Superior Propuesta Metodologica.* ICFES – Sep. 22 y 23 de 1994.

ICFES: *Plan Básico de la Educación Superior* – 1980.

PÉREZ GUTIÉRREZ, Luis. *Nuevos Estilos de Universidad.* Imprenta Nacional de Colombia, Santafé de Bogotá, 1993, 233 ps.

OUCHI, William, *Teoría Z.* Editorial Norma. Santafé de Bogotá, 1993. 296. Ps.

ECO, Humberto, *Como se hace una tesis – Tecnicas y Procedimientos de investigación, estudio y escritura*, Ed. Gedisa Barcelona. 1994.

Seminario de profundización II – Calidad total aplicada a la Universidad. Santafé de Bogotá D.C., Octubre, 1994.

"UNA MIRADA A LOS PROBLEMAS EDUCATIVOS EN ARGENTINA: EL PROCESO DE INNOVACIÓN EN LAS INSTITUCIONES ESCOLARES A PARTIR DE LA LEY FEDERAL DE EDUCACIÓN"

LUIS PORTA VÁZQUEZ
Universidad Nacional de Mar del Plata. Argentina.

1. Introducción

Pretendemos dar una mirada a la reforma educativa en Argentina, a su implementación en el ámbito de todo el país y organizar un análisis de cuáles, a nuestro entender, son los problemas primordiales que debe afrontar la *"Reforma"*, en el marco de la gestión institucional de la escuela.

Reconocer estas problemáticas y asignar nuevos roles y funciones a los actores de la institución escolar, que tienen como centro una escuela autónoma y flexible, que fomenta espacios innovadores, son las nuevas perspectivas que la teoría educativa está planteando. *La cuestión fundamental reside en los espacios de la práctica y en la legitimación de una gestión institucional que promueva acciones innovadoras para poder dar respuesta a esa teoría a la que hacíamos referencia y, de esta manera, transformar el espacio de la escuela en un espacio participativo, democrático y flexible.*

2. El contexto de la Reforma

En la mayoría de los casos las Reformas Educativas son procesos de adecuación de los sistemas educativos que se producen cada cierto tiempo. En realidad, todo depende del contexto sociohistórico, de los intereses políticos e ideológicos de los grupos que la impulsan, de las concepciones pedagógicas, y de su alcance. *"Las reformas educativas inciden, de forma más o menos intensa y explícita, en las diversas funciones sociales de la escuela: preparación para el trabajo, formación de los futuros ciudadanos, control ideológico y social, igualdad de oportunidades y selección escolar, etc. (...) Las Reformas son un termómetro excelente para ver de qué manera el Estado reordena su poder y control sobre el sistema educativo".* (CARBONELL, 1996: 225).

Los procesos de Reforma e innovación están rodeados de ambigüedades y contradicciones, y sus efectos son difíciles de medir, al menos a corto plazo. No pretendemos "medir" los efectos de la reforma argentina, sino organizar algunas líneas de análisis que nos permitan a largo plazo evaluar sus resultados.

Jaume Carbonell establece diez causas y razones para explicar las iniciativas reformistas en el campo de la educación. En ese ámbito nosotros hemos agregado una que en el caso de los países latinoamericanos, y Argentina en especial, aparece como fundamental. Ellas son:

— Divorcio general entre la escuela y el entorno; y desajustes más localizados entre el sistema educativo y los cambios económicos, sociales, tecnológicos y culturales.

— Revisión por parte del Estado de los mecanismos de control, regulación y cohesión social, mediante la inculcación reactualizada y retórica de los valores de igualdad, progreso, eficacia, etc.

— Necesidad de adecuar la instrucción y la educación escolar a las transformaciones del modo de producción y a las nuevas exigencias del mercado laboral.

— Mejorar la calidad de la enseñanza y el rendimiento escolar del alumnado, para así mejorar, también, la competencia internacional.

— Cambios demográficos derivados de la explosión de la escolarización de masas, del descenso de la natalidad, de los desequilibrios territoriales y del nuevo paisaje multiétnico.

— La experimentación o la generalización de nuevos modelos pedagógicos, concepciones de enseñanza y aprendizaje, estrategias metodológicas y formas de selección, organización y transmisión del conocimiento escolar.

— Presión colectiva, producto tanto del descontento general de grupos sociales como del malestar más específicamente escolar y docente.

— Porque existe la ilusión regeneracionista y mesiánica de la educación como instrumento de progreso económico y social y de compensación de las desigualdades de oportunidades.

— Cambios políticos relevantes -del sistema de partidos, de gobierno y/o de ministro- que a menudo se traducen en alguna iniciativa legislativa o experimental en el terreno de la educación.

— El estado de crisis permanente de la escuela y de fracaso continuo de las reformas, bien sea en el diagnóstico de la realidad, en su concepción teórica o bien en la aplicación en la vida diaria de las escuelas y las aulas.

— La aplicación en los países latinoamericanos de las políticas educativas del Banco Mundial. Esto implica, generalmente, la reforma total del sistema educativo (legislación, estructura, contenidos, etc.) sin la participación de todos los actores de la educación.

Las reformas pueden poner énfasis más en los aspectos externos y que afectan al conjunto social —la relación de la escuela con el mercado de trabajo o las políticas que promueven la escolarización masiva y la igualdad de oportunidades— o en los aspectos internos, relativos a la intervención docente, a las formas de enseñar y aprender, o a las relaciones educativas en el seno de la institución escolar (CARBONELL, 1996: 222). Veremos más adelante cuáles son los ejes sobre los que se apoya la reforma educativa argentina y cuáles los déficits que debe afrontar.

Cuadro N° 1

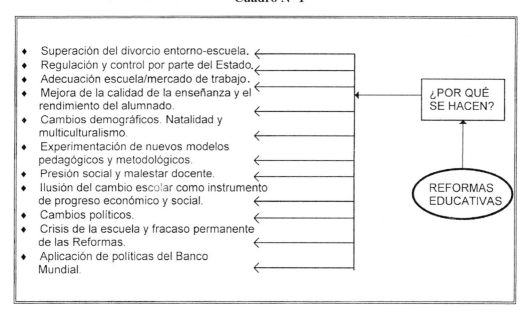

- ◆ Superación del divorcio entorno-escuela.
- ◆ Regulación y control por parte del Estado.
- ◆ Adecuación escuela/mercado de trabajo.
- ◆ Mejora de la calidad de la enseñanza y el rendimiento del alumnado.
- ◆ Cambios demográficos. Natalidad y multiculturalismo.
- ◆ Experimentación de nuevos modelos pedagógicos y metodológicos.
- ◆ Presión social y malestar docente.
- ◆ Ilusión del cambio escolar como instrumento de progreso económico y social.
- ◆ Cambios políticos.
- ◆ Crisis de la escuela y fracaso permanente de las Reformas.
- ◆ Aplicación de políticas del Banco Mundial.

¿POR QUÉ SE HACEN?

REFORMAS EDUCATIVAS

3. La Reforma en marcha

El antiguo nivel medio en la educación en nuestro país es lo que ahora conocemos como Educación General Básica y Educación Polimodal. Los especialistas, en este nivel, con el diagnóstico de *"crisis educativa"*, como así también sus más variados actores, toman nuevo significado y se actualizan ante la efectividad de la puesta en marcha de la Ley Federal de Educación (n° 24.195), en el ámbito de todo el territorio argentino.

El cuestionamiento de la escuela, tanto en su función socializadora como culturizadora, y el debate en torno a la eficiencia y calidad de la educación impartida -actualizada en la agenda de la sociedad despues de ser difundidos los resultados de la evaluación de calidad realizada por el Ministerio de Educación de la Nación-, nos proponen nuevos desafíos para la investigación educativa en su intento por hacer un aporte positivo a la renovación y mejoramiento de las prácticas pedagógicas escolares.

Es necesario resignificar algunas de las principales problemáticas del campo educativo a la luz tanto de las investigaciones realizadas en estos últimos años como de las políticas educativas vigentes y de los procesos desencadenados en el sistema educativo en general, y en las instituciones escolares en particular.

La *Ley Federal de Educación* modifica la estructura del sistema educativo y extiende la obligatoriedad escolar a diez años. Esto llevó a que la administración central de educación (Ministerio de Educación y Cultura de la Nación) **transfiriera todas las escuelas a las jurisdicciones** a las que éstas pertenecían (Ministerios de Educación de cada una de las provincias del país). Ello obliga a la jurisdicción a hacerse cargo de la financiación del sistema educativo y a atender las demandas de los diversos actores que lo componen.

A través del cuadro siguiente (ver cuadro n° 1), podemos observar el esquema educativo vigente hasta 1993 en Argentina, por medio del cual se establecían ocho años de escolaridad obligatoria y la separación tajante entre educación primaria y educación secundaria (no obligatoria); mientras que en la Reforma actual se modifica la estructura general, un año de preescolar y se constituye la Educación General Básica (tres ciclos de tres años cada uno), obligatoria, que permite aumentar la obligatoriedad en diez años e integrando a ésta, dos años de educación secundaria, lo que en la práctica nos lleva a hablar de *"primarización de la educación"* (plantel directivo único, un mismo establecimiento educativo, distribución por áreas del currículum, etc.).

Cuadro N° 2

ESQUEMA ANTERIOR		LEY FEDERAL DE EDUCACIÓN	
0/5 años (N O)	EDUACIÓN INFANTIL	0/5 años (N O)	EDUCACIÓN INFANTIL
5/6 años (O)	PREESCOLAR	5/6 años (O)	EDUCACIÓN INICIAL
6/12 años (O)	EDUCACIÓN PRIMARIA	6/15 años (O)	EDUCACIÓN GENERAL BÁSICA. (EGB)
13/18 años (N O)	EDUCACIÓN SECUNDARIA	16/18 años (N O)	EDUCACIÓN POLIMODAL
	FORMACIÓN TERCIARIA O UNIVERSITARIA		FORMACIÓN TERCIARIA O UNIVERSITARIA
	FORMACIÓN CUATERNARIA		FORMACIÓN CUATERNARIA

REF: (N O): No obligatorio. (O): Obligatorio

La puesta en marcha de este modelo educativo en Argentina, prácticamente común a toda latinoamérica, se ha realizado sin la convocatoria real de sectores importantes involucrados en el proceso de enseñanza-aprendizaje (docentes, sindicatos, universidades, etc), que no se reconocen partícipes de dicho cambio. A esto, podemos sumar otros inconvenientes como el financiamiento educativo, el sueldo de los docentes, la infraestructura, la reforma curricular, la capacitación en docencia y en gestión, etc. Esta política lleva a diversos actores educativos a reconocer desde la práctica otras problemáticas a las que la Reforma Educativa no da respuestas concretas.

4. Implementación de la Reforma en Argentina

En el marco normativo de la Reforma Educativa, ésta se ha implementado en todo el país, ajustándose algunas provincias de acuerdo a sus necesidades y posibilidades de financiamiento. De manera muy esquemática podemos citar las principales políticas que se han desarrollado desde el Ministerio de Educación de la Nación para poder dar respuesta a la puesta en marcha:

— **Marco legal-institucional:** Habiéndose puesto en marcha los mecanismos de control: el Consejo Federal de Educación de la Nación (formado por todos los ministros de Educación de cada una de las provincias que componen el país) y otros organismos fiscalizadores del proceso de implementación de la Reforma Educativa.
— **Marco financiero:** Desde el Congreso de la Nación se estableció, por ley, porcentualmente cómo, debe ir aumentando el presupuesto educativo año a año, para poder responder a este cambio.
— **Marco de la infraestructura:** Se establecieron a través del Consejo Federal de Cultura y Educación de la Nación las pautas necesarias para el mejoramiento de la infraestructura escolar de todo el país por medio de una Resolución-Acuerdo entre todos los Ministros de Educación de las provincias de Argentina. Esto incluye puesta a punto de los edificios escolares, tecnología, mobiliario, etc.
— **Marco curricular:** Se realizó la reforma íntegra del currículum (CBC)[1] para todas las áreas que componen la Educación Inicial, la Educación General Básica y la Educación Polimodal (incluyendo los CBO y los TTP)[2]. Además se concertaron los contenidos mínimos comunes para la formación del profesorado en todas las áreas disciplinares. Este proceso implicará la reforma curricular en todas las Universidades que formen docentes.
— **Marco administrativo/organizacional:** La reforma normativa obligó a llevar adelante modificaciones en el ámbito administrativo-organizacional, ya que poner en marcha el nuevo ciclo de la EGB obligatorio (3° ciclo) implicó que coordinadores de ciclo debieran hacerse cargo de esta implementación.
— **Marco de la formación profesional:** Podemos en este apartado desarrollar las modificaciones en:

* Formación Inicial: El profesorado para la enseñanza primaria (anterior) se forma en Institutos Superiores de Formación Docente (nivel terciario), no dependen de

[1] Son los Contenidos Básicos Comunes. Lineamiento básico que deben cumplir en principio las provincias, rescatando la regionalización en el proceso de concertación de contenidos, que luego llegarán a los establecimientos educativos para la construcción del PEI (Proyecto Educativo Institucional), en el que intervienen todos los actores de la comunidad educativa.
[2] Son los Contenidos Básicos Orientados, por los que cada institución debe optar cuando elige una especialización para sus alumnos y construye el PEI; mientras que los Trayectos Técnicos Profesionales serán las pasantías que los alumnos deberán realizar en forma de redes comunitarias y que se incluyen curricularmente en los contenidos de la escuela. Esta etapa -Nivel Polimodal- todavía no está en marcha debido a que solamente se ha puesto en funcionamiento el Tercer Ciclo de la EGB y escalonadamente se pondrá en marcha el resto.

las Universidades. Aquí puede citarse la Reforma Curricular para la formación docente y la concertación de ciertas actividades en conjunto con las Universidades nacionales.

* Formación continua: Se creó la Red Federal de Formación Docente Continua para la capacitación de los docentes y directivos de todos los niveles de enseñanza. Se establecieron circuitos de capacitación, de acuerdo con el papel que cumple cada uno en la institución educativa. Generalmente estos cursos de capacitación estuvieron a cargo de docentes e investigadores de las universidades nacionales, previa llamada a concurso público por parte del Ministerio de Educación de la Nación. Asímismo se ha priorizado la formación de redes de investigación y la capacitación en investigación-acción, investigación-reflexiva, investigación desde la práctica educativa, etc.

* **Marco didáctico-pedagógico:** Desde la filosofía de la Reforma se priorizan modelos pedagógicos y administrativos innovadores, que partan desde las necesidades básicas de la práctica y que sean la resultante de un proceso investigativo participativo, colaborativo y reflexivo de la comunidad educativa.

Cuadro N° 3: Aspectos básicos de la Reforma Argentina

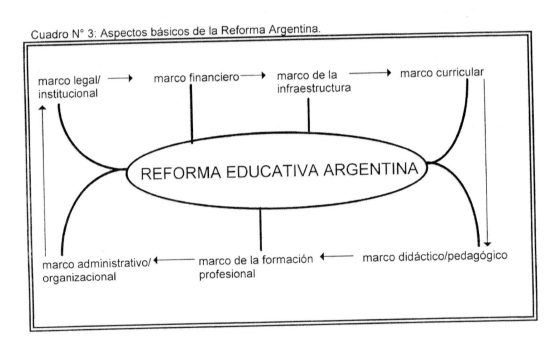

Cuadro N° 3: Aspectos básicos de la Reforma Argentina.

De esta manera, hemos explicitado los que, a nuestro entender, son los puntos claves con los que la reforma ha comenzado en Argentina desde el año 1993. Cabe destacar que estas modificaciones estructurales en los sistemas educativos de nuestros países se corresponden con los alineamientos del Banco Mundial, quien otorga líneas especiales de créditos para poder afrontarlas.

5. Los déficits de la Reforma

En el punto anterior establecimos cuáles son los alineamientos básicos con los que la reforma educativa se ha asentado en Argentina. En este punto, vamos a tomar los marcos que estructuraron el análisis anterior para puntualizar cuáles todavía no están resueltos y que pueden reconocerse como "distorsiones"[3] del modelo neoliberal en el que se inserta la Reforma:

— **Marco legal-institucional:** Los integrantes de los mecanismos de control que se han constituido, responden en su mayoría a decisiones de corte estrictamente políticas.

— **Marco financiero:** Más allá de haberse establecido el marco regulador que financia la educación por parte del Congreso de la Nación, éste no se ha respetado, ya que desde hace dos años consecutivos el presupuesto educativo no ha sido aumentado. Ello implica que los sueldos docentes (uno de los puntos más débiles de la reforma), no hayan sido elevados a los niveles que realmente les corresponde por la función profesional que cumplen.

— **Marco de la infraestructura:** A pesar de los acuerdos existentes, al no haber sido aumentado el presupuesto correspondiente, no ha habido un aumento sustancial en el mejoramiento de la infraestructura edilicia, aunque sí se ha dotado a todos los establecimientos educativos de sistemas informáticos, que son resultado de los préstamos otorgados por el Banco Mundial.

— **Marco curricular:** Desde la implementación estrictamente práctica, la reforma curricular no se ha consultado con los verdaderos actores de la educación (docentes, universidades, sindicatos) durante el proceso de construcción. Un conflicto importante lo constituye la integración por áreas de las disciplinas y la reforma curricular en las universidades formadoras de docentes.

— **Marco administrativo/organizacional:** No se ha modificado la selección para el acceso a los cargos administrativos y de gestión de las instituciones educativas, las capacitaciones brindadas han comenzado recientemente, con lo que se produce un gran desfase temporal entre el inicio de la reforma y la puesta en marcha de capacitaciones específicas para este personal, clave en el proceso de innovación educativa. La ubicación del tercer ciclo de la EGB en los establecimientos de educación primaria (en su mayoría)[4] trastocó los límites de la anterior escuela primaria, que preparaba a los niños en los conocimientos básicos.

— **Marco de la formación profesional:** En el marco de la formación profesional, podemos señalar:

---

[3] El término distorsiones corresponde a la pedagoga argentina Adriana Puiggrós, quien organiza su análisis en torno a la crisis del modelo neoliberal en educación y cómo puede Argentina, sobre todo a través de un proceso de concertación, modificar este esquema en el que está inserta la educación.

[4] Administrativamente otras escuelas han implementado lo que se denomina "articulación", donde una ex-escuela primaria articula con la ex-secundaria los últimos dos años del tercer ciclo de la EGB.

* Formación Inicial: La concertación entre Institutos de Formación Docente y Universidades efectivamente no se ha realizado, más allá de organizar algún curso o seminario de capacitación. Por otro lado, no existe una fuerte formación básica en aspectos organizativos y directivos de centros educativos, la reforma curricular en las universidades es un proceso muy lento, producto del funcionamiento propio de estas instituciones.

* Formación continua: La Red Federal de Formación Docente Continua para la capacitación de docentes y directivos de todos los niveles de enseñanza, administrativamente no está funcionando, por lo que las certificaciones de las capacitaciones realizadas por los docentes no tienen hasta el momento acreditada su validez académica. La formación de redes de investigación y de capacitación en investigación-acción, investigación-reflexiva, investigación desde la práctica educativa, etc. es solamente una propuesta teórica que no ha llegado a su concreta implementación.

* **Marco didáctico-pedagógico:** Los modelos pedagógico-didácticos que pregona la filosofía de la Reforma se centran hasta el momento en un análisis teórico que no responde a las necesidades de la práctica real de los actores de la educación.

6. El papel de la organización y la gestión en la Reforma

La organización de la escuela es, también, una construcción ideológica y social que tiene que ver más con imperativos de aspecto ético que de orden técnico y pedagógico. Así, la forma en que se organiza un centro —desde la concepción del tiempo y el espacio hasta los canales de intercambio y participación— expresa una visión de la calidad de vida y de la convivencia, de la democracia, de la homogeneidad-diversidad cultural, como también la priorización de unos determinados valores y funciones educativas. Por eso, las instituciones escolares son extraordinariamente complejas, diversas y contradictorias. Todas las escuelas se parecen mucho, pero a la vez, tienen su autonomía y su singularidad (CARBONELL, 1996: 135).

En la medida en que el centro escolar es una organización en la que interactúan elementos funcionales, personales y materiales ha sido considerado como un ecosistema, ya que las distintas piezas del engranaje escolar están interrelacionadas y sólo tienen sentido en sus interconexiones.

Pero la crisis de la escuela y de sus funciones de socialización, se evidencia también en sus formas organizativas. Se dice que las escuelas no han conseguido adaptarse a las exigencias de las organizaciones modernas, que no disponen de la potencia suficiente para llevar adelante las tareas múltiples y crecientes que se le han encomendado, ni para liderar los procesos de reforma educativa. Otros análisis atribuyen la debilidad organizativa al relajamiento del régimen disciplinario y de los roles de autoridad tradicionales. Se habla de ambigüedad y de indeterminación de los objetivos culturales y estructurales, de vacío institucional, de ineficacia en el funcionamiento y en la dirección escolar y de debilidad y anarquía organizativa. En todos los casos, la medicina que se prescribe es siempre la misma: reforzar el control burocrático mediante una mayor regulación y uniformidad administrativa y curricular. Pero hay otros diagnósticos de la crisis y también otras terapias muy diferentes que buscan dar una respuesta participativa y democrática a la crisis organizativa de la escuela (CARBONELL, 1996: 136).

"Durante mucho tiempo la escuela reclamó un papel más relevante en la toma de decisiones sobre su organización y gestión. La Ley Federal de Educación otorga a cada unidad educativa derechos y obligaciones que sustentan ese rol protagónico, en tanto responsables por el tercer nivel de especificación: el institucional. Pues bien, las reglas de juego han cambiado y con ellas tambien se modifican las funciones de los actores que participan de este proceso" (NUEVA ESCUELA: 1997, 1).

La transformación educativa en Argentina demanda a los directivos ocuparse prioritariamente de los aspectos pedagógicos a partir de una mirada integradora y global; la cuestión reside en cómo se hace, y se corre el riesgo de la **burocratización**. De ahí, la importancia que debe asignarse a la capacitación de todo el personal de gestión del establecimiento para, de ésta manera, *abandonar el modelo burocrático para pasar al paradigma de la autonomía y la participación*. El papel de los directivos es no encarar sus tareas como meros administradores sino como artífices de una tarea integral.

A nuestro modo de ver, la temática está centrada en dos ejes fundamentales: **el papel de los profesionales en la transformación educativa** (y dentro de éstos la prioridad de la gestión/administración escolar) y **la calidad de la capacitación** para poder resolver problemáticas de la práctica desde miradas teóricas.

7. Conclusiones

Con la implementación de la nueva estructura educativa se legitima una gestión institucional que promueve acciones innovadoras que exigen o requieren prácticas o estrategias transformadoras para dar respuestas a los problemas desde la misma escuela. En este contexto, el eje de la gestión deja de ser *"ver si se está cumpliendo"*, para pasar a *"ver si se está aprendiendo"* y, si no se está aprendiendo, *"ver qué está pasando"* y *"qué podemos hacer para mejorar"*.

La pregunta fundamental es ¿cómo pueden los directivos conducir un modelo de gestión innovador? En este sentido es útil que los directivos propicien ámbitos donde:

* Se potencien y capitalicen las experiencias de todos los actores del sistema.

* Las personas puedan indagar sobre la realidad y seleccionar otras instancias de intervención.

* Revisar enfoques teóricos que rigen las actividades pedagógicas, para poder dar otros encuadres a los problemas.

* Aprovechar de manera intensiva la capacidad y el talento de las personas.

* Estimular la creatividad y la imaginación como herramientas básicas.

* Actuar de estímulo, guía y conductor de los docentes.

Estos ámbitos de encuentro sólo serán posibles cuando los directivos estén altamente capacitados para desarrollar su tarea. En el caso de Argentina sería necesario, entre otras cuestiones:

— Implementar cursos de capacitación que realmente lleven a los directivos a liderar y administrar el centro educativo.
— Modificar la formación inicial del profesorado, introduciendo sobre todo la variable de la investigación en el proceso de formación.
— Modificar la normativa referida al acceso al cargo de gestión, pasando a un sistema de oposición y antecedentes.
— Recomponer la problemática salarial docente.
— Organizar una "real" reforma del sistema administrativo/organizativo de los centros escolares.

Bibliografía

AAVV (1997): *"Actas de las I Jornadas Andaluzas de organización y Dirección de Instituciones educativas"*, Editorial GEU-Universidad de Granada, Granada.
AAVV (1998): *"Actas de las II Jornadas Andaluzas de organización y Dirección de Instituciones educativas"*, Editorial GEU-Universidad de Granada, Granada.
CARBONELL, J. (1996): *"La escuela: entre la utopía y la realidad"*, Eumo-Octaedro, Barcelona.
CARR, W. (1996): "¿En qué consiste una práctica educativa?": *Una teoría para la educación*, Ediciones Morata, Madrid.
DUSSEL, Inés (1997): "El normalismo en la escuela media": *Currículum, humanismo y democracia en la enseñanza media*, CBC-FLACSO, Buenos Aires.
FERNÁNDEZ, Lidia (1998): *"El análisis de lo institucional en la escuela. Un aporte a la formación autogestionaria para el uso de los enfoques institucionales"*, Paidós, Buenos Aires.
GRUPO GICIS (Investigación en CCSS) (1998): *"Análisis prospectivo en metodología y formación del profesorado en Ciencias Sociales"*, Informe de Avance, Secretaría de Investigación y Desarrollo Tecnológico, Universidad Nacional de Mar del Plata.
KEMMIS, S. (1996): "La teoría de la práctica educativa": CARR, W.: *Una teoría para la educación*, Ediciones Morata, Madrid.
Ley Federal de Educación, n° 24.195, Buenos Aires, 1993.
MORAL SANTAELLA, Cristina (1998): "Nuevos planteamientos y metáforas para entender la formación del profesorado": *Formación para la profesión docente*, Editorial GEU, Granada.
PINEAU, Pablo: "Pedagogía y docentes: la conformación de los campos y la constitución de los sujetos": *La escolarización de la Provincia de Buenos Aires*, CBC-FLACSO, Buenos Aires.
POPKEWITZ, Thomas (1996): "Estudio comparado de las prácticas contemporáneas de reforma de la formación del profesorado en ocho países: configuración de la problemática y construcción de una metodología comparada": *Modelos de poder y regulación social en pedagogía*, Ediciones Pomares Corredor, Barcelona.
PUIGGRÓS, Adriana (1995): "Reflexiones sobre la crisis de la educación": *Volver a educar. El desafío de la enseñanza argentina a finales del siglo XX*, Ariel, Buenos Aires.
Revista Zona Dirección, MEC; Buenos Aires, varios números, 1997/98.

¿PODREMOS INTERRUMPIR EL MITO DE SÍSIFO? ACCIONES EN EL MARCO ORGANIZATIVO ESCOLAR EN LA TRANSFORMACIÓN EDUCATIVA ARGENTINA

SONIA BAZÁN
Universidad Nacional de Mar del Plata. Argentina.

1. Una mirada hacia atrás

Ésta es una aproximación a los caminos recorridos y vueltos a recorrer por quienes emprendemos desde dentro de la transformación educativa en Argentina. Nuestro país posee una extensa y a la vez interrumpida tradición en logros obtenidos por la educación pública. Ya a finales del siglo XIX los sectores dirigentes de nuestro país consideraron ésta como un objetivo central. La finalidad dentro de esta visión no era la democratización del acceso al poder o a los resortes de control pero sí significó un primer estadio en la nivelación de oportunidades y en la obtención de un sector que progresivamente aumentó en el número de población alfabetizada. La ley 1420 de 1883 es la que estableció la laicicidad, gratuidad y gradualidad de la educación. Aun así, con estos inicios, la historia del siglo XX en nuestro país, como en toda América Latina, plagada por los golpes militares, trajo la interrupción del proceso en pos del crecimiento y maduración en todas y cualquier área del desarrollo social, económico, político y educativo de la población.

Desde 1983 Argentina retoma el camino democrático, un camino lleno de obstáculos; uno de ellos el autoritarismo, rasgo propio de los regímenes militares que caló en todos los sectores de la sociedad. La institución escolar fue uno de los más claros exponentes, se podría detallar esta afirmación desde la gestión y el diseño curricular. Así, a principios de la década de los 80 la sociedad argentina se cuestionaba también sobre la situación de las instituciones educativas.

La necesidad de reorganización desde lo pedagógico y organizativo se superpone en la década de los 90 con las necesidades políticas de reordenamiento de gastos del Estado y privatizaciones, coyuntura en la que se inscribe la Ley Federal de Educación (1993) puesta en marcha a partir de 1996 y cuyos alineamientos han sido explicados en el trabajo anterior (ver Luis Porta).

2. A modo de ejemplo

En nuestro país, como efecto de la Ley Federal de Educación se produjo una descentralización de las instituciones educativas, las que fueron derivadas a los gobiernos provinciales. Cada uno de los 23 estados provinciales debe ocuparse del financiamiento y reordenamiento de sus instituciones escolares, controlando a la vez las instituciones municipales y privadas que existan dentro de su jurisdicción.

En este trabajo desarrollaré un caso referido a una escuela secundaria estatal. En la ciudad de Mar del Plata existen 24 escuelas secundarias estatales dependientes de la Provincia de Buenos Aires. Las mismas están distribuidas en distintas zonas de la ciudad. En este caso particular me detendré en las acciones seguidas por quienes integran el equipo directivo y docente de la Escuela de Educación Media N° 19 de la ciudad de Mar del Plata (Argentina).[1]

Recordemos que Argentina está en su proceso de aplicación de la Ley Federal de Educación desde el año 1996 y hasta ese año la escuela secundaria o media consistía en cinco años no obligatorios. En el caso a describir seguiremos los efectos de la Reforma Educativa sobre la puesta en marcha de su Proyecto Educativo Institucional (PEI). Este centro educativo fue fundado en 1991 como escuela secundaria y a partir de 1996 se absorvieron los dos primeros años de la anterior secundaria, los que fueron convertidos en los dos últimos años de EGB. De esta manera el anterior nivel medio quedó reducido a tres años de la actual **Enseñanza Polimodal**.

3. La Reforma Educativa desde el contexto escolar

3.1. ¿Qué nos dice la historia de la institución seleccionada?

El centro que tomamos como ejemplo es una escuela fundada en 1991, en base a terrenos que habían sido donados para ese fin en el año 1874 por el fundador de la ciudad de Mar del Plata, miembro de una de las familias terratenientes del país. En 1982 (vísperas del retorno a la democracia en nuestro país), se organizó una Comisión Popular de la Educación con el objetivo de emprender acciones para que las autoridades correspondientes decidieran fundar escuelas en barrios de la zona sur de la ciudad.

Se realizaron entonces las gestiones de recuperación de la donación y la puesta en marcha de la construcción de dos edificios que funcionarían como escuela primaria, centro de adultos (1990), y una escuela secundaria (1991).

En momentos de la fundación la escuela contaba con siete aulas, de las cuales cinco estaban destinadas para primer año y dos para segundo, además de una batería de servicios de aseo. Es necesario señalar que en el mismo año quedó constituida la Cooperadora de la escuela organizada por los padres de la institución.

En el primer año de actividades de la matrícula alcanzó a 230 alumnos, con funcionamientos en turno de mañana (7:45-12:45 h.) y tarde (13:15-18:15h.). En el segundo año, ya con 12 divisiones habilitadas, seis primeros, cuatro segundos y dos terceros, el número de matrícula ascendió a 420 alumnos.

---

[1] Información facilitada por el equipo directivo de la EEM-N°19 para la consecución del presente trabajo.

Desde el punto de vista de la infraestructura edilicia, sí es preciso señalar que se priorizó el funcionamiento de aulas sobre los espacios necesarios para Dirección y Preceptores, las que se habilitaron en dos cerramientos de aluminio construidos para este fin. Desde el inicio la escuela contó con un gabinete psicopedagógico que atiende desde entonces serios problemas de violencia y drogadicción que afectan a los alumnos de la escuela. Con respecto a los profesores que concurren al establecimineto se detectó falta de pertenencia de la mayoría de ellos, debido a la escasa carga horaria en el establecimiento (situación que se describirá más adelante).

Para el año 1993, el número de alumnos alcanzó los 620, con 17 divisiones. En este año se constituyó también el Centro de Estudiantes. Desde el punto de vista de la gestión se crea el cargo de Regente de Estudios llamándose a concurso para cubrir la plaza.

En 1994, el número de alumnos era de 730, con 20 divisiones. La construcción se realizó en tres etapas desde el inico a esta fecha y se contó con los subsidios del Gobierno de la provincia de Buenos Aires y el aporte de la Cooperadora. En el invierno de este año, los alumnos realizaron dos protestas - o sentadas: negación de ingresar en el establecimiento sentados en la entrada, por la falta de calefacción en el edificio. Se despide a la primera promoción de alumnos que finaliza su quinto año.

La puesta en marcha de la Reforma Educativa causa el desdoblamiento de la escuela: se forma el tercer ciclo de EGB, en base a 7° de primaria, 1° y 2° de secundaria. Para lograr la adecuación entre los dos ciclos de EGB y Polimodal se crea el cargo de Coordinador de tercer ciclo.

En 1996, se recibió por parte de la Secretaría de Acción Social de la Nación un subsidio por valor del equivalente a 2 millones de pesetas o 15.000 dólares, para la construcción del Laboratorio de Computación.

La puesta en marcha de la institución junto a la aplicación de la Ley Federal nos sitúa ante una revisión de los rumbos por los cuales continuar y en un desarrollo atento de las estrategias de organización, tanto en lo referente a la estructura como a la intervención. De esta manera en base al PEI original, la gestión directiva propuso a todo el equipo docente por intermedio de los coordinadores de área elevar proyectos para decidir cuáles serían las modalidades a desarrollar en el futuro Nivel Polimodal (anteriores 3°, 4° y 5° de secundaria).

3.2. ¿Cuál es el contexto de acción?

Desde el área en la que actué, se trabajó con el equipo psicopedagógico con el que realizamos una encuesta para obtener un diagnóstico del contexto en que se halla nuestro centro. Contexto que, a grandes rasgos, puede describirse como una zona del cordón urbano, con serias problemáticas detectadas a lo largo de los años de funcionamiento de la institución:

— **Entorno familiar:** familias de sectores sociales medio-bajo, alto nivel de desocupación, subocupación, trabajo no reglamentado -en negro-, alcoholismo, delincuencia, violencia.

— **Rasgos de alumnos:** sexualidad precoz, altos índices de embarazos adolescentes, marginalidad económico-social, delincuencia juvenil, violencia familiar, trabajo clandestino, alcoholismo y drogadicción, discriminación por zona de residencia, no acatación de normas.

— **Características de la zona:** La escuela está ubicada al sudoeste de la ciudad, a unos cinco kilómetros, en lo que llamaríamos área suburbana, con espacios de barrios en formación y con villa de emergencia que linda con la escuela.

Entre estas características propias de la zona, reconocidas por el equipo directivo y docente, la encuesta realizada a alumnos de tercer, cuarto y quinto año y a sus padres arrojó resultados para nosotros sorprendentes, ya que ellos reconocen las características del contexto y ven en la continuidad de la educación la posibilidad de superar esa situación económico-social. Recordemos que nuestro país en la actualidad tiene alrededor del 20% de desocupación y muchos de nuestros alumnos se ven afectados por esa situación.

4. ¿Cómo lograr la adaptación para llegar al Proyecto Curricular Institucional (PCI)?

La transformación curricular según queda determinado en la reforma educativa argentina pasa por estadios que van desde un mayor nivel de generalidad a uno de mayor especificidad. Acordados los Contenidos Básicos Comunes (CBC) por el Consejo Federal de Cultura y Educación[2] según las demandas sociales, diseños curriculares vigentes y el trabajo de especialistas y docentes convocados, se enviaron estos materiales a cada una de las jurisdicciones. Cada provincia debe incorporar CBC en sus diseños curriculares y reformular de acuerdo a ellos sus programas.

En otra etapa, cada una de las instituciones educativas elaborará su Proyecto Curricular Institucional (PCI) y como fase final cada docente desarrollará las distintas estrategias para llevar a cabo el proyecto de aula segun lo acordado en el PCI. Este proceso se puso en marcha desde 1996 y en 1999 se comenzará a ver en marcha en la Educación Polimodal.

Observamos aquí cómo la descentralización también afecta a la transformación curricular, manifestándose en los tres niveles de especificidad: nacional, provincial y municipal, pero que centra la acción determinante en el trabajo que cada institución realizará. En este sentido, los protagonistas serán centralmente los docentes de cada una de las instituciones. Todo esto prescrito desde las normas legales que exigen una aplicación inminente y frente a las cuales los docentes se encuentran mal preparados para una rápida acción.

Se reconoce por parte del plantel docente la importancia del reconocimiento de la autonomía que se otorga a cada centro pero a la vez la sensación de desánimo es muy fuerte y a veces paralizante ya que las contradicciones entre marco legal y realidad son aún muy fuertes. Si tomamos en cuenta que el proyecto institucional necesita del compromiso que permita cumplir con las exigencias de planificación, desarrollo y evaluación esenciales para su existencia, no se cuenta con los mecanismos que aseguren las posibilidades de reflexión, espacios de discusión y logros de consenso para tal fin.

En suma, desde la política educativa actual se prescribe una autonomía que permite la participación de quienes son los responsables de la transformación educativa, pero no se crean las instancias que permitan la construcción democrática de PCI.

---

[2] CFCyE, conformado por el Ministro de Educación de la Nación y los Ministros de Educación de cada una de las 23 provincias, más el Secretario de Edcuación de la Ciudad de Buenos Aires.

Cuadro 1. Niveles de especificidad de la transformación curricular (CFC y E)

Mayor Nivel de
Generalidad

CBC ACORDADOS POR EL CFCyE

DISEÑOS CURRICULARES
PROVINCIALES-CIUDAD DE
BUENOS AIRES
cada provincia incorpora los CBC para
reformular sus programas

Proceso
permanente
de revisión y
actualización

PROYECTOS INSTITUCIONALES
cada escuela elabora su proyecto
institucional

PROYECTO DE AULA
cada docente desarrolla
disitintas estrategias de
trabajo

Mayor nivel de especificidad

5. ¿Quiénes llevarán a la práctica la transformación curricular?

El nuevo rol del profesor exige a la vez una puesta al día de la actualización, el reconocimiento de la necesidad de adaptación a nuevas realidades pero ante todo las posibles acciones van totalmente conectadas con las condiciones laborales de los equipos docentes de cada establecimiento. Detectemos ahora cuáles son las posibilidades reales que los profesores tienen para concretar proyectos, acciones y evaluaciones desde el trabajo colaborativo. Aquí nos encontramos con más de una dificultad.

Para hacer una comparación de la situación en Argentina, retomemos la metáfora que ilustra la organización escolar tradicional: el *"cartón de huevos"*; aquí los actores desempeñan un trabajo aislado e individualista. Esta situación provoca que no se vea ni se comprenda lo que hacen los colegas.

Desde el marco de la Reforma se incentiva teóricamente el trabajo en equipo, pero en la práctica no es posible desde ningún punto de vista, ya que los profesores no cuentan con horas para este fin. En el caso tratado aquí, la dirección ofrece e impulsa que se generen espacios para organizar trabajos de equipo, incluso en horario escolar. Para esto, deben sacrificarse horas de clase y liberar a los alumnos de los centros ya que no existe la figura de profesor de guardia. En este sentido, reconocemos en este centro una autonomía externa y también una autonomía interna, las condiciones legales existen pero no ocurre lo mismo con las condiciones reales, entendiendo por éstas la preparación de los docentes y el reconocimiento desde el aspecto salarial.

Los docentes reciben su sueldo sólo y exclusivamenete de sus horas frente a alumnos, aquéllos que deciden pasar a la práctica en el trabajo colaborativo lo hacen destinando horas fuera de horario de trabajo o los fines de semana. El resultado es obvio: en este contexto, una respuesta escasísima.

Con respecto a las estrategias laborales es necesario reconocer que en Argentina persiste el problema del profesor-taxi, ya que es ínfima la cantidad de docentes que trabajan con dedicación exclusiva en cada centro. El acceso a las plazas no es por concurso sino por un listado oficial que considera títulos, perfeccionamiento y antigüedad entre otros items, por medio del cual los docentes de educación secundaria acceden a asignaturas de un determinado curso, no a centros. Un docente trabaja al menos en dos o tres centros, algunos llegan a tener hasta diez escuelas y a trabajar en los cuatro turnos de funcionamiento: mañana, tarde, vespertino y nocturno.

Desde el aspecto salarial, se puede establecer como indicación general un salario básico de aproximadamente 700 pesetas (5 dólares) por hora cátedra, que aumenta según antigüedad, ruralidad y presentismo. De lo señalado hasta aquí, se deriva que el pluriempleo es moneda corriente en el ámbito docente y, sin querer olvidar la vocación, el problema aquí es también el reconocimiento de la **profesionalización de la actividad docente** en lo referente a la participación en la distribución salarial. Situados aquí, cabe preguntar cuántos son los docentes que se sienten convencidos de la necesidad de romper las paredes del *"cartón de huevos"*. Y aquéllos que las rompen, ¿por cuánto tiempo lo hacen?

Así pues, reconocemos que desde los aspectos estructurales, cuando se hacen necesarias las estrategias operativas de intervención, y ante la pregunta de cuáles son los recursos con que disponemos en los centros, observamos que existen serias dificultades en capacitación, tiempo, espacio, recursos económicos e infraestructura. Cabe entonces la pregunta ¿Qué nos hace continuar?

En este ámbito reconocemos el papel fundamental del equipo de conducción que no claudica en reconocer el compromiso y la promoción del desarrollo profesional del personal docente, en una posición a la vez de reconocimiento de autonomía del cuerpo docente en cuanto al compromiso en las tareas de innovación curricular. Esta estrategia se ve plasmada a través de acciones de pequeños grupos de trabajo que se proyectan y llevan a la práctica los objetivos planteados. La estrategia es, por tanto, una apuesta a la incorporación voluntaria, constante y creciente del resto de los docentes. El desafío aquí es cómo desde la gestión de cada centro educativo se pueden generar espacios y tiempos que permitan a quienes de modo voluntario están dispuestos a recurrir al trabajo colaborativo para diseñar proyectos de trabajo que permitan hacer frente tanto a las nuevas propuestas de la reforma educativa como a la adecuación de las demandas por parte de los alumnos. El beneficio no se medirá en términos salariales sino en la posibilidad de una práctica docente cotidiana con resultados favorables, provechosos y la opción de romper con el trabajo solitario propio de nuestro contexto laboral.

6. Desde el PEI al PCI. ¿Cómo hacerlo?

Con un ciclo de vida interrumpido por la reforma y dispuestos a reiniciar el camino, los docentes y equipo directivo se aprontan desde 1997 a la implementación de la Educación

Polimodal. En primer lugar debía optarse por la/s orientación/es que podría tener la institución, no en modo caprichoso sino con la correspondiente fundamentación y acorde al PEI. Del análisis de todos los elementos disponibles durante los años de actividad de la institución y de la tarea que los coordinadores de los departamentos llevaron a cabo junto a algunos profesores voluntarios, se llevó a cabo un diagnóstico orientador. También se tuvo en cuenta para esto la formación de los profesores y se recurrió a registrar cuáles eran las expectativas de los profesores con mayor carga horaria en la institución. Es decir, se tuvieron en cuenta la realidad y expectativas tanto de alumnos, como de padres y profesores.

Con este diagnóstico, desde el área de Ciencias Sociales por ejemplo, se construyó la propuesta de un Polimodal con Orientación en Ciencias Sociales y Humanidades, especialidad: *"Trabajo y Calidad de vida. Investigación y servicio, para conocer y transformar"*. Los objetivos generales en esta modalidad se dirigen a lograr que los alumnos:

— reconozcan los múltiples procesos que conformaron la realidad social de la que son parte,
— a través de la investigación y el trabajo sociocomunitario estén preparados para proponer mínimas estrategias de acción y analizar críticamente la situación que les rodea.

Podríamos esquematizar lo anteriormente dicho de la siguiente manera:

Cuadro 2. GESTIÓN COLABORATIVA

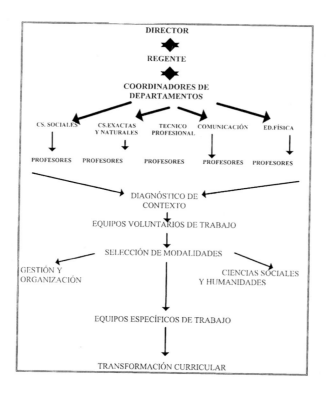

No se trata de promover trabajos donde los alumnos cumplan funciones que puedan convertirse en acciones de caridad, sino en la posibilidad de conocer para transformar y poder relacionarse con las distintas instituciones que existen fuera del ámbito escolar que puedan interesarse en intervenir desde sus formaciones específicas. Por ejemplo, desde la universidad promoviendo pasantías junto a profesionales de Derecho, Trabajo Social, Periodismo, Sociología, Psicología, entre otras áreas de conocimiento que muestren a los alumnos las posibilidades desde el campo laboral.

En síntesis, el Proyecto Curricular del centro que seguimos en este caso se encuentra en un estadio de formulación de aspectos generales (Gairín, 1997: 22) y más allá de las prescripciones ya se reconoce por parte de algunos docentes la necesidad de contar con este elemento que estructure las prácticas. Se reconoce por parte de ellos que, dadas las circunstancias que los rodean, por el momento no son todos los que están trabajando en su consecución pero la apuesta desde el equipo directivo es mostrar desde pequeñas realizaciones una opción antes que una obligación.

7. ¿Cómo nos organizamos para trabajar?

Si tenemos en cuenta la cultura del profesorado en Argentina, producto de toda una historia y de las condiciones propias de la coyuntura actual, debemos reconocer que uno de los obstáculos más importantes es la dificultad de lograr el convencimiento y la concienciación de que el trabajo en la construcción del PCI redundará en bien de todos los miembros de la comunidad educativa. Es necesario un cambio en la cultura del profesorado, es necesario tiempo, y también es necesario un cambio en las condiciones laborales. En el caso estudiado existe la estructura de apertura para las innovaciones pero todo depende, por el momento, de la voluntad de algunos profesores.

La descentralización en la organización de las instituciones promueve el trabajo en relación a la historia y características propias de cada centro, pero lo que ocurre en nuestro caso es que un mismo profesor se encontrará forzado en alguna instancia a participar de cada uno y de todos los centros en los que trabaja. Si tenemos en cuenta los aspectos del diagnóstico institucional observamos una aguda fragilidad en el sistema relacional (Gairín, 1997: 72), ya que el grado de participación, el nivel de comunicación, la eficacia de las decisiones se empañan ante una latente situación de conflictos multifacéticos. Ésta es la causa fundamental por la que la gestión directiva ha optado por comenzar a trabajar con equipos de trabajo reducidos.

La formación sobre los aspectos de la reforma se organizó en un plan de encuentros obligatorios para cada docente que se realizó fuera de los horarios de clase y en muchos casos en sábado. Este ciclo de encuentros sirvió para establecer un código común respecto a los nuevos conceptos propios de la Reforma Educativa, pero no avanzó sobre la formación en didáctica. Si a esto agregamos que la mayoría de los profesores queda desconectada de las actividades y avances en el campo científico de las materias específicas, queda a la vista otra brecha que deberá ser subsanada por el potencial comunicativo del equipo directivo y los coordinadores de área. Es decir, *los aspectos estructurales de capacitación y tiempo se encuentran íntimamente conectados y a mi entender deben ser los primeros en atenderse.*

Pasemos ahora a la consideración de **estructura espacial**. En este aspecto, podemos señalar que se cuenta con los espacios suficientes para el desarrollo de innovaciones curriculares pero cuando analizamos el aspecto de los recursos es donde los docentes se encuentran limitados. En la primera sección del artículo señalamos que los esfuerzos de mejora de recursos se centran en el equipamiento informático, pero son titánicos los esfuerzos por organizar una biblioteca y es prácticamente inexistente la posibilidad de acceso a libros por parte de los alumnos.

Los mecanismos de la gestión directiva apuntan a reforzar los canales de comunicación que se han creado desde el origen de la institución, ya que los mismos son plausibles de debilitamiento por todas las circunstancias hasta aquí descritas.

Cuadro 3. Organización de mecanismos de la gestión directiva

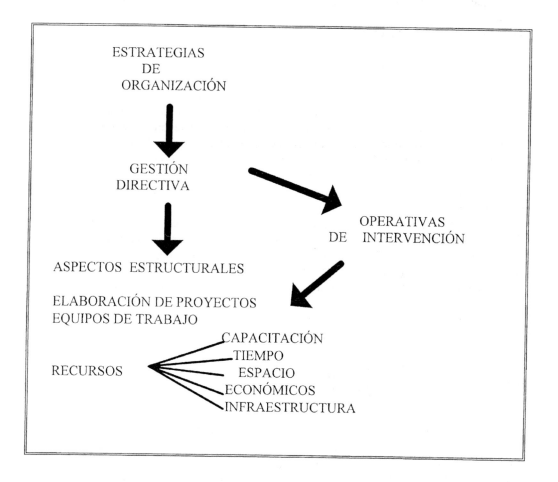

Las estrategias elegidas, son producto del trabajo de la gestión directiva y los coordinadores de área, quienes por lecturas individuales y también a través de los materiales proporcionados por el Ministerio de Educación de la Nación trabajan en el esfuerzo de adaptación de la teoría a la práctica.

8. Conclusiones ¿Rodará la roca hacia abajo nuevamente?

En el marco de la actual Reforma Educativa argentina existen algunos aspectos primordiales a los cuales atender y de los que depende el éxito de esta puesta en marcha. A mi entender son los siguientes:

* **la descentralización**: la atribución de competencias a los niveles administrativos provinciales y municipales implica a la vez cambios en los ámbitos normativos y políticos. La transferencia de responsabilidades en cuanto a la gestión y cumplimiento de políticas diseñadas en los lineamientos generales de la Reforma suponen una nueva tarea para los equipos directivos de los establecimientos educativos argentinos y a la vez para los equipos docentes de cada establecimiento.

Sería importante que esta descentralización así enunciada desde lo legal, se corresponda con una descentralización en la misma escuela otorgando la posibilidad de selección y concentración del profesorado, administración de recursos y que supere la mera descentralización en lo referente a legislación, control formal y financiamiento de las instituciones educativas desde los gobiernos provinciales (Gairín, 1996: 220). En suma, es esencial que los objetivos de descentralización no sean meramente un efecto de las políticas gubernamentales que, escudadas en esta definición, dejan a cada estado provincial y a cada institución en particular librados a su suerte para lograr llevar a cabo los procesos de adaptación y transformación educativa. La autonomía no está garantizada por el sólo hecho de ser enunciada desde la normativa del sistema educativo.

Como hemos revisado a través del caso expuesto, este centro que desde su fundación se proclamó como promotor de una educaión abierta a la comunidad, participativa, creativa y tolerante, y que a través de su corta pero concreta historia institucional trata —con las estrategias que conoce— impulsar las propuestas que colaboren en la formación de su identidad y en logros de acciones educativas. Pero el reconocimiento de estas acciones proviene solamente de un grupo de profesores y padres. Por tanto, una de las tareas será la de construir vías de actuación que convoquen a todos los protagonistas.

* **la formación docente**: Si a la descentralización le sumamos las características del sistema educativo argentino y su efecto sobre la débil atención al desarrollo profesional, existe, al contrario de los objetivos propuestos en la Reforma, el peligro de disminuir la calidad de la educación como servicio público y como respuesta a las necesidades sociales actuales.

En la actualidad, el equipo directivo de la escuela consta con algunas herramientas para establecer normas internas de cumplimiento irreversible, aunque éstas no redundan en procesos de innovación y cambio. Es muy difícil en la coyuntura actual romper con el individualismo de los profesores que aunque puedan reconocer las ventajas, se ven imposibilitados por la falta de tiempo real para reflexionar activamente sobre sus prácticas y métodos de enseñanza.

Los recursos humanos que cumplirán nuevas formas de responsabilidades en el programa de Diseño Curricular y de enseñanza en el aula deberán ser preparados correctamente desde la formación inicial para desenvolverse en estas nuevas tareas.

* **la relación calidad de trabajo-calidad de educación**: La dirección desde el origen de la institución es promotora de participación, innovación coherente con los planteamientos del PEI. Aquí, la dificultad estriba en que no todo el profesorado que llega a la escuela está preparado para trabajar con modelos autónomos, sino que en sus prácticas demandan un modelo autocrático de dirección. Este desajuste, provoca continuos conflictos o en muchos casos una limitación a cumplir con el "dictado" de clases, entrega de documentación anual y nada más.

El ejercicio de este nuevo modelo de dirección participativa demanda también la preparación de los directivos. En este sentido, se realizan en Argentina programas de capacitación a distancia donde trabajan asesores externos de gran prestigio internacional, pero nuevamente la falta de tiempo para la introspección y la reflexión señala otro desfase entre **formación, actualización y acción.**

En síntesis, los resultados que al momento se obtienen en la transformación educativa están en íntima relación con la situación histórica, socio-cultural y técnica propia de nuestro país.

Recordemos la situación laboral de gran parte del cuerpo docente que, en su transitoriedad diaria por la escuela, en muchos casos se ve privado de participar en la estructuración de propuestas de planificación a nivel institucional. En muchos casos también, se invierte el proceso, cada profesor mantiene el nivel de planificación particular y lo lleva a cada uno de los centros en donde trabaja. De esta manera, queda invertido el sentido de acción docente-identidad particular de cada centro. Desde la actual estructura de organización laboral, tampoco se puede exigir que cada profesor se comprometa, incorpore y actúe reflexivamente en cada una de las instituciones donde trabaja. Por lo anteriormente señalado, una de las mayores preocupaciones de los docentes y también del equipo directivo es que se agilicen las posibilidades de concentración horaria en los establecimientos que cada uno seleccione o que cada director convoque, para que así al menos se cuente con un espacio físico fijo donde poder llevar a cabo —por pequeñas que sean— las propuestas de los profesores actuantes.

La realidad del centro que se analizó en este caso, está en conexión directa con la situación por la que atraviesa el Sistema Educativo argentino y la dinámica que caracteriza a esta institución es seguramente muy diferente a la de otros centros. Una vez indicados los rasgos generales del funcionamiento de esta institución es necesario reconocer los esfuerzos de quienes siguen bregando por interrumpir el mito de Sísifo y sentir que han establecido una base sólida desde la cual seguir la construcción e innovación, pero sin volver a comenzar una y otra vez con distintos marcos legales, distintos profesores, en base al esfuerzo individual y muchas veces también familiar. Imaginar un equipo dedicado a un centro solamente, donde el compromiso pueda sentirse y donde la valorización de la profesión docente sea la moneda corriente son las utopías de muchos de quienes llevan adelante esta ardua tarea de la transformación educativa en Argentina.

Bibliografía

AAVV (1997). *Actas de las I Jornadas Andaluzas de Organización y Dirección de Instituciones Educativas*, GEU-Universidad de Granada, Granada.

AAVV (1998). *Actas de las I Jornadas Andaluzas de Organización y Dirección de Instituciones Educativas*, GEU-Universidad de Granada, Granada.

GAIRÍN, Joaquín (1996). *La Organización Escolar: contexto y texto de actuación*, La Muralla, Madrid.

GAIRÍN, Joaquín (Ed.) (1997). *Estrategias para la gestión del Proyecto Curricular de Centro Educativo*, Síntesis, Barcelona.

GRUPO GICIS (Investigación en Ciencias Sociales) (1998). *Análisis prospectivo en metodología y formación del profesorado en Ciencias Sociales*. Informe de Avance. Secretaría de Investigación y Desarrollo Tecnológico, Universidad Nacional de Mar del Plata.

LEY FEDERAL DE EDUCACIÓN, n° 24.195, Buenos Aires, 1993.

LORENZO DELGADO, Manuel (1994). *El liderazgo educativo en los centros docentes,* La Muralla, Madrid.

MINISTERIO DE EDUCACIÓN Y CULTURA (1997/98), *Revista Zona Dirección*, Buenos Aires, números varios.

VILLAR ANGULO, Luis (Coord.) (1995). *Un ciclo de enseñanza reflexiva. Estrategias para el diseño curricular,* Mensajero, Bilbao.

INCIDENCIAS DE LOS PROYECTOS EDUCATIVOS INSTITUCIONALES EN LA EDUCACIÓN COLOMBIANA

MARTA OSORIO MALAVER
Universidad de Colombia

La estructura y funcionamiento del Sistema Educativo en Colombia, parte de la constitución de 1991 con dos políticas bien definidas que son el Planeamiento Educativo y el Financiamiento Educativo.

El Planeamiento educativo se encarga del plan sectorial de educación que involucra a su vez el sector oficial y privado, la modalidad de formal y no formal. Dentro de los niveles de la educación formal están los niveles de: Preescolar, básica y media vocacional y educación superior. (ver cuadro 1)

El financiamiento educativo maneja el presupuesto sectorial de educación en cada una de las modalidades y niveles. Tanto el Planeamiento educativo como el financiamiento educativo constituyen una estructura político administrativa de orden nacional llamada Ministerio de Educación Nacional (MEN), que delega funciones en los departamentos a través de la Secretaría de Educación departamental y ésta a su vez en los municipios en las Secretarías de Educación Municipal.

En el MEN se encuentran en primera instancia las oficinas de control interno, jurídica, inspección y vigilancia así como la de calidad educativa. En una segunda instancia aparecen las dependencias de investigación y desarrollo pedagógico de dirección general de organización escolar.

El sistema normativo de la educación colombiana está constituido a partir de 1991 por dos cuerpos de ley, el primero la "Carta Magna de Colombia" que promulga los principios y normas, plantea elementos orientadores para la identificación del horizonte, de la sociedad, y la cultura. El segundo por "las leyes y decretos" que desarrollan y reglamentan las disposiciones constitucionales que se refieren específicamente al tema Educativo.

A partir de la constitución política de Colombia de 1991 se genera una serie de cambios y transformaciones que normatizan el sistema educativo colombiano iniciando con el planteamiento del Congreso de la República que fija cómo el Estado, a través del Presidente de la Nación, podrá delegar en el Ministro de Educación, en los Gobernadores y en los Alcaldes, el ejercicio político de planear, ejecutar, inspeccionar, y vigilar la educación.

La ley General de Educación (Ley 115 de 1994), recoge tales planteamientos, los descentraliza funcionalmente hasta los microespacios (las instituciones educativas), que operacionalizan tales requerimientos a través de los Proyectos Educativos Institucionales (PEI) en cada una de las comunidades educativas.

Los Artículos 168, 169, 170 de la ley en mención plantean: «El estado ejercerá a través del Presidente de la República, la suprema inspección y vigilancia de la educación». (Ley General de Educación, Ley 115 de 1994, capítulo IV. Respecto al papel de los Gobernadores y Alcaldes, afirma la ley que éstos deben regular la educación dentro de su jurisdicción, en los términos que fija la Ley 60 de 1993, en la cual se dictan normas orgánicas sobre la distribución de competencias, dirección, financiación y administración de la Educación Estatal, apoyándose en las Secretarías de Educación Departamental y Municipal.

En síntesis, el Sistema Educativo Colombiano, a partir de la Constitución Nacional de 1991, ha generado nuevas condiciones que han orientado las políticas educativas en la implementación de un nuevo enfoque administrativo y pedagógico del servicio educativo. Los componentes fundamentales de la reestructuración han estado relacionados con las estrategias de participación ciudadana, el mejoramiento de la calidad de la educación y el fortalecimiento de la legitimidad institucional.

El Plan de apertura económica y social iniciado en la administración del Presidente Virgilio Barco (1986-1990), consolidado en la administración del presidente César Gaviria (1990-1994), generó nuevos retos al Sistema Educativo Colombiano, abrió espacios a la participación del sector privado e inició un proceso activo de modernización de las actividades escolares.

La presente administración del Presidente Andrés Pastrana ha heredado del anterior gobierno del Dr. Samper Pizano los procesos de transformación del llamado «Salto Educativo», para que sea consolidado.

El Salto Educativo es el nombre que el Presidente Samper le dio al compromiso asumido para el mejoramiento de la calidad de la educación. Se trata de superar en poco tiempo y de forma integral una de nuestras grandes debilidades, la precaria formación de nuestro potencial humano. La educación que reciben los colombianos dista mucho de ser la mejor. Esta circunstancia ha limitado sin duda alguna las posibilidades de crecimiento de nuestra economía, y el logro de avances significativos en las condiciones de bienestar de nuestro pueblo.

Para alcanzar estas impostergables metas, el Salto Educativo, preparado por el MEN y por el Departamento de Planeación, dispuso de un conjunto de acciones orientadas a lograr la eficiencia, la cobertura y la calidad de la educación, que han sido complementadas por el artículo 72 de la Ley General de Educación, que propone el Plan Decenal de Desarrollo Educativo, el cual debe incluir las acciones correspondientes, para dar cumplimiento a los mandatos constitucionales y legales sobre la prestación del servicio educativo; el primer Plan Decenal se elaboró para el período de 1996 al 2005, e incluye los requisitos de eficiencia, cobertura y calidad.

El Plan Decenal tiene carácter indicativo, es evaluado y revisado permanentemente, y considerado en los planes nacionales y territoriales de desarrollo. El Plan Nacional Decenal de Educación 1996-2005 tiene como propósito general convertir la educación en un asunto de todos los colombianos haciendo que la educación sea el eje del desarrollo humano social, político, económico y cultural de la Nación, y garantizar la vigencia del derecho a la educación. Se tiene como metas lograr que la educación sirva para el establecimiento de la democracia, el fomento de la participación, formar ciudadanos que utilicen el conocimiento científico y tecnológico para contribuir al desarrollo sostenible del país, afirmar la unidad y la identidad nacional dentro de la diversidad cultural, generar una movilización

Nacional de opinión por la educación, organizar todos los esfuerzos de grupos sociales en el nuevo sistema nacional, ofrecer a todos los colombianos una educación de calidad en condiciones de igualdad, alcanzar metas en materia de cobertura del sistema educativo.

El Plan Decenal da alineamientos a los planes sectoriales, es decir, a los planes educativos departamentales, a los planes educativos municipales y a los planes educativos locales. Esto ha dado lugar a los siguientes principios que orientan la acción educativa:

— La educación debe ser la causa del progreso económico, social y cultural que genere equidad, tolerancia e integración entre todos los colombianos.
— La educación debe constituirse en lo más importante. El medio debe ser el Plan Decenal por virtud del cual la educación deja de ser política de un gobierno para transformarse en Política de Estado tal como lo promulgó la Constitución Nacional.
— El Plan Decenal debe consolidar el sistema político democrático para la construcción de un verdadero estado social de derecho y así fortalecer la sociedad civil y la convivencia ciudadana.

El Plan Decenal debe responder a los desafíos de la modernidad como son: Construir una economía moderna, equitativa, competitiva, fundada en la sostenibilidad del ambiente. Reconocer la diversidad étnica, cultural del país. Apropiarse creativamente en lo más avanzado, en el ámbito mundial, de la ciencia, la tecnología y el conocimiento. Incorporar al proceso educativo las nuevas funciones de la educación derivadas de la globalización de la economía, el vertiginoso cambio tecnológico y la planetarización de la cultura. Es modernizar la educación y ponerla a tono con las demandas de la época.

Una de las finalidades del Plan Decenal es asegurar la continuidad y desarrollo del proceso de reforma educativa iniciada con la constitución del 91.

El Plan Decenal quiere integrar armónicamente todas las actividades educativas que realizan el estado y los particulares. Este propósito se dirige a construir un sistema nacional de educación que integre y coordine todas las formas de educación formales y no formales, incluido áquellas que tienen lugar dentro y fuera de la institución escolar ya sean realizadas por el sector oficial o por el privado.

Quiere también garantizar la vigencia del derecho a la educación, lo cual significa asumir la educación como un derecho inamovible, inherente y esencial de la persona, que debe ser garantizado y protegido por el Estado como un servicio público que cumple una función social, permitiendo el acceso al conocimiento, la ciencia y demás bienes y valores de la cultura.

Todos los aspectos requeridos en el plan Decenal de educación tienen su concreción en el PROYECTO EDUCATIVO INSTITUCIONAL, que es el eslabón más cercano a la realidad.

Se propone el PEI. Para que los diversos estamentos de una institución educativa asuman una posición frente al proceso de Educación, ya que la existencia del proyecto sólo tendrá efectos positivos en la medida en que cada estamento de la comunidad participe en su formulación y desarrollo: Las posiciones de todos los miembros de la comunidad educativa deben quedar incluidas en la formulación del Proyecto Educativo Institucional. De esta forma se quiere analizar la operacionalización de todo el proceso planificador existente en las políticas de gobierno y consagradas en el Plan Decenal de educación.

¿Qué es un proyecto educativo institucional?

El Proyecto Educativo Institucional es el proceso de reflexión y enunciación que realiza una comunidad educativa, orientado a explicitar la intencionalidad pedagógica, la relación entre el individuo y la sociedad, la concepción de educación en que se sustenta la misma.

El PEI tiene características que le imprimen una relativa autonomía estructural y funcional al sistema educativo colombiano, como incidiendo en los planes nacionales de desarrollo que desde 1970 a 1999 han existido.

De acuerdo con el artículo 73 de la ley 115 de 1994 y el capítulo tercero del decreto 1860 (artículos 14-17) el PEI contiene un conjunto de artículos básicos que se pueden categorizar en los siguientes componentes:

Componente Teleológico. Comprende los principios que orientan la acción educativa, los fundamentos de la acción educativa (filosóficos, psicológicos), los fines del establecimiento y los objetivos generales del PEI.

Componente Pedagógico. En relación con este componente podemos ubicar los siguientes aspectos: las estrategias pedagógicas que guían la labor de formación de los PEI, las acciones pedagógicas relacionadas con respecto a: La educación para el ejercicio de la democracia, la educación para el uso del tiempo libre, educación sexual, educación para el aprovechamiento y conservación del medio ambiente, educación para la formación en valores humanos, planes y programas de estudio.

Componente de Organización y Regulación. Comprende la organización de asociaciones como el reglamento o manual de convivencia, organismos del gobierno escolar y funciones del mismo, funciones de los recursos disponibles y previstos, criterios de la gestión administrativa, análisis de la situación institucional, sistema de matrículas y pensiones, recursos humanos, físicos, económicos, tecnológicos, definición de pagos y renovación de matrículas.

Componente Investigativo. Este componente comprende los siguientes aspectos: Procedimiento para relacionarse con otras instituciones, tales como: medios de comunicación masiva, las agremiaciones, los sindicatos, las instituciones comunitarias, estrategias para articular la institución educativa con las expresiones culturales regionales. Investigación sobre el contexto social y cultural, investigación sobre ofertas y demandas educativas de la región.

Como se observa, la construcción del PEI exige una permanente investigación sobre las situaciones y necesidades del educando de la comunidad, de la región y del país, y de las condiciones sociales, económicas y culturales del entorno. El estado asigna un rubro para las funciones de promover, estimular, y realizar investigaciones correspondientes en cada plantel, en cada municipio, y en cada departamento. En síntesis, en cada uno de los anteriores lugares se hace un diagnóstico de la situación educativa a fin de establecer los planes de desarrollo, teniendo en cuenta las necesidades, intereses, recursos, presupuesto de cada institución.

Al asumir el PEI con responsabilidad deben encontrarse las claves del quehacer de la escuela volcada sobre la comunidad, entrelazada con lo cotidiano como lo propio de cada institución.

En el Segundo Foro Educativo Nacional y Primera Feria Pedagógica, «Escuela Siglo XXI», se planteó el alcance y sentido de las experiencias obtenidas a través de la elaboración y aplicación de los PEI, en los planteles educativos tanto a nivel urbano como rural. El conocimiento de los procesos referidos es altamente significativo para la motivación de la praxis educativa en torno a los procesos innovadores. Se abre ahora una nueva posibilidad de proyectar estas innovaciones hacia la comunidad educativa en otros contextos, en los que cada experiencia bien valorada puede ser tomada como paradigma. Para obtener la validez de aplicación de cada una de estas experiencias, es necesario confrontar, indagar, interrogar, a fin de descubrir en la cotidianidad la pertinencia de una posible adaptación, porque es justamente en la comunidad y en la escuela en donde se descubren las claves buscadas para el éxito de cada experiencia.

Una experiencia significativa es aquélla que se refiere a nuevos enfoques conceptuales, a cambios metodológicos, la creación de procesos que mejoran la calidad de vida de los estudiantes en una institución. La experiencia significativa permite confrontar la praxis desde la reflexión, con la participación de todos los estamentos de la comunidad educativa, de esta forma se pueden canalizar al interior de las instituciones las experiencias pedagógicas, el reinventar de forma crítica la vida de la institución, el sistematizar la cotidianidad, el permitir evaluar constantemente los PEI, el lograr que los educandos vean el mundo de una forma más crítica.

Compartir los progresos de los PEI a nivel nacional es reconocer la creatividad para resolver problemas cotidianos en la Escuela y demostrar cómo desde las dinámicas sociales la educación sí está cambiando significativamente para aportar de manera decisiva y crítica en la construcción de un país mejor.

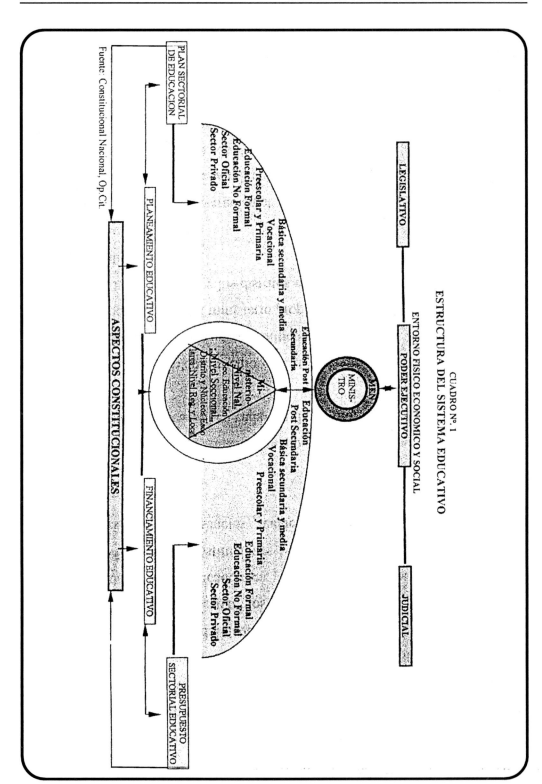

CUADRO N.º 1
ESTRUCTURA DEL SISTEMA EDUCATIVO

LEGISLATIVO

ENTORNO FISICO ECONOMICO Y SOCIAL

PODER EJECUTIVO

JUDICIAL

MINIS-TRO

PLAN SECTORIAL DE EDUCACION

PLANEAMIENTO EDUCATIVO

ASPECTOS CONSTITUCIONALES

FINANCIAMIENTO EDUCATIVO

PRESUPUESTO SECTORIAL EDUCATIVO

Preescolar y Primaria
Vocacional
Educación Formal
Educación No Formal
Sector Oficial
Sector Privado

Básica secundaria y media

Educación Post Secundaria

Educación Post Secundaria

Básica secundaria y media
Vocacional
Preescolar y Primaria
Educación Formal
Educación No Formal
Sector Oficial
Sector Privado

Mi-
nisterio
Nivel Nal.
Sec. Educación
Nivel Seccional
Distrito y Núcleos Edno
Area Nivel Reg. y Local

Fuente: Constitucional Nacional, Op Cit.

Bibliografía

ALADANA VALDEZ, Eduardo, (1995). *Planeación*, Ed. MDEU Unidad editorial, Roxana, Ma. y Jones.

ARIAS, R. J.; BUSTOS, C. F. y CUÉLLAR, C, J. R. (1994): *Lineamientos Generales de Educación*. Segunda versión. Santa Fe de Bogotá. D. C. MEN/División de Currículo y Diseño Metodológico.

BUSTOS COBOS, Félix. (1995): *Los Proyectos Pedagógicos y los PEI*, Ed. Invitro. Bogotá.

CONSTITUCIÓN POLÍTICA DE COLOMBIA, 1991.

LEY GENERAL DE EDUCACIÓN. LEY 115 de 1994.

HERRERA, Marino y LÓPEZ, Marielsa (1993): *Conceptualización y Metodología para la Gestión de Instituciones Escolares en el ámbito local: El Proyecto de Plantel: Características, fases, herramientas. Programa de formación de Recursos Humanos en Gerencia Educativa.* Serie: Módulos Institucionales Nº 6 Caracas (Venezuela: CINTERPLAN-OEA).

MINISTERIO DE EDUCACIÓN NACIONAL, PNUD-UNESCO, *Reflexión sobre los Proyectos Educativos Institucionales*, Bogotá 1994.

PRESIDENCIA DE LA REPÚBLICA, DEPARTAMENTO NACIONAL DE PLANEACIÓN (1994-1998): *El Salto Social, Plan Nacional de Desarrollo, Ley de Inversiones.*

LOS PROYECTOS EDUCATIVOS INTEGRALES: UNA ALTERNATIVA PARA LA GESTIÓN DIRECTIVA

Mª LOURDES DOUSDEBÉS VEINTIMILLA
Ecuador

Ha sido preocupación del Ministerio de Educación y Cultura encontrar una alternativa para corregir aquellos factores que mantienen la crisis de la educación en general y la gestión de los directivos en particular.

Se han recibido sugerencias desde los diferentes organismos internacionales como la UNESCO, el BID, el BIRF, la OREALC, y también de varios sectores educativos del mismo país, por ejemplo de las universidades; sin embargo, no existe una fórmula que permita solucionar el problema educativo en su totalidad.

El Ecuador es un país pluriétnico y pluricultural. Tiene más de doce étnias, cada una con su propio idioma, costumbres, territorios y problemas. Esta diversidad genera también diversidad de sistemas educativos como el Hispano y el Intercultural Bilingüe.

La Constitución Política que está vigente desde el 10 de agosto de 1998, abre una puerta cuando prescribe ser una política del Estado el sistema de rendición de cuentas; la descentralización y desconcentración de la educación; la interculturalidad, desburocratización del aparto ministerial, como mecanismos para mejorar la calidad de la educación ecuatoriana.

Textualmente dice en el art 68: "El Sistema Educativo Nacional de Educación incorporará en su gestión estrategias de descentralización y desconcentración administrativas, financieras y pedagógicas. El padre de familia, la comunidad, los maestros y los educandos participarán en el desarrollo de los centros educativos".[1]

Se ha visto que una posible solución a los problemas educativos la constituyen los Proyectos Educativos Integrales, más conocidos en España como los PEC; por eso, planteamos en este trabajo el PEI como una alternativa para la gestión de los directivos; consideramos que es una estrategia de planificación que permite vislumbrar los escenarios a largo plazo, para orientar la gestión administrativa y académica a través de la cualificación de procesos y la consecución, aprovechamiento y administración de los recursos humanos,

---

1. Constitución Política del Estado, art. 68, Quito, 1998.

técnicos y financieros, aspectos éstos que suponen un desafío para quienes están al frente de la gestión directiva[2]. Es decir, el PEI es un proceso continuo y sistemático de construcción, adecuación, articulación y contextualización de un proyecto administrativo y currícular emprendido por los actores sociales de la gestión educativa como herramienta que da sentido a todo lo que ocurre en la institución y además porque permiten:

a.- La participación activa de los padres de familia, profesores, alumnos y directivos para determinar los problemas, analizar los factores que inciden en la gestión, formular respuestas, hacer seguimiento y evaluación, y fundamentalmente para rendir cuentas. Para la rendición de cuentas incorpora un sistema de información, de tal manera que el control social se convierta en un derecho de los ciudadanos.

b.- Involucra la realidad escolar en su dimensión y complejidad dentro de los ecosistemas nacionales y universales.

c.- Privilegia enfoques globales insistiendo en la relación que todos los aspectos institucionales tienen entre sí.

d.- Nace de la experiencia y la participación de los actores sociales en la institución educativa.

e.- Como instrumento de cambio garantiza la coexistencia de diferentes estrategias para el mejoramiento de la gestión de los directivos, rompiendo la mentalidad de planificación a corto plazo, que se ha constituido en un parche para mantener la crisis de la gestión directiva.

f.- Como instrumento de cambio también asigna responsabilidades a la comunidad, impulsa la democracia, el pluralismo, la paz, el respeto a la dignidad de la persona.

g.- Facilita la autonomía escolar, la relación escuela – entorno y la integración de los miembros de la comunidad. Rompe con la excesiva centralización y burocratización del Ministerio de Educación, especialmente en los aspectos pedagógicos y administrativos, y permite combinar la descentralización y la desconcentración con diferentes modelos de gestión para que sean las necesidades locales las que marquen las pautas a seguir.

Estructura del PEI

El Modelo operativo de los Proyectos Educativos Institucionales responderá a la siguiente estructura:

I.- Objetivos del PEI

Estos objetivos deben introducir verdaderas innovaciones en la gestión de los directivos, por lo que estarán encaminados a: motivar a los actores sociales para que participen activamente en el proceso de gestión; establecer mecanismos de información que faciliten la toma de decisiones; analizar alternativas para que la gestión sea factible y efectiva en su aplicación; comprobar la eficacia de la gestión y rendir cuentas.

---

2. Mera, Edgar y Dousdebés María de L. "LOS PEI, Proyecto de Reforma Curricular para la educación de Adultos", DINEPP, Quito, 1996.

II.- Sectores de Gestión

Debemos diferenciar dos grandes sectores de gestión: el sector administrativo y el sector académico. El primero, que permitirá mejorar las operaciones administrativas, de recursos y servicios promoviendo formas de organización ágiles, sencillas y adaptables al cambio para lograr la descentralización, desconcentración y la autonomía en el manejo financiero y de recursos, asignando responsabilidades en función de las distintas instancias directivas y ejecutivas.

El sector de gestión académica que constituye uno de los pilares para la consecución del proyecto de vida de los estudiantes y se relaciona directamente con la calidad de la formación.

III.- La Evaluación

Es necesario definir la naturaleza de la evaluación en relación con los elementos constitutivos del PEI y definir criterios, indicadores, estructura y procesos evaluativos, en función de los resultados esperados en los diferentes sectores de gestión mencionados.

IV.- Metodología de Elaboración del PEI

Que debe contemplar los fines, principios, estrategias, pautas de normatividad, objetivos y procesos educativos que conducen a faciliatr la gestión de los directivos de los centros educativos, orientando las acciones para el desarrollo académico y estableciendo modelos de gestión integral.

Bibliografía

ARROYAVE, Jaime y CORRETES NAVARRETE, Jorge. *Algunos elementos para la elaboración del Proyecto Educativo Institucional*. PEI. Santa Fé de Bogotá, 1994.

BERGER, Ramón. Fenomenología del Tiempo y Prospectiva, 1994.

CADENA, Félix y MATINIC, Sergio. *Sistematización de experiencias. Proyectos educativos. Metodología educativa*. Chile, CREAAL, 1988.

CONSTITUCIÓN POLÍTICA DE LA REPÚBLICA DE ECUADOR. Quito, 1998.

DE ZUBIRÁN SAMPER, Miguel y Julián. *Informe de la Consultoría sobre Reforma Curricular en Ecuador*. Quito, 1996.

DE ZUBIRÁN SAMPER, Miguel y Julián. *Resultados del trabajo sobre Proyecto Educativo Institucional para la reforma Educativa de Ecuador*, Quito, 1996.

DOCUMENTOS DE REFORMA CURRICULAR. MEC, Ecuador 1998.

LORENZO DELGADO, Manuel. *La Organización y Gestión de los Centros Educativos*, Universitas, Madrid, 1977.

MERA, Edgar y DOUSDEBÉS, Lourdes. *El Proyecto Educativo Institucional. Reforma Curricular de Educación de Adultos*. MEC. Ecuador. 1995.

El Proyecto Político y Pedagógico del U.N.P. de Colombia, 1997.

Plan de Trabajo 1998-2002, Secretaría de Desarrollo Social. Documento sobre políticas de Educación. MEC. Ecuador. 1998.

LA DIRECCIÓN DE CENTROS EDUCATIVOS EN AMÉRICA LATINA: LA SITUACIÓN EN ECUADOR

CONRADO PÉREZ RUBIANO
República del Ecuador. San Francisco de Quito

> *"Muchas cosas que necesitamos pueden esperar,*
> *los niños no. Es hoy cuando sus huesos*
> *se están formando, generándose su sangre,*
> *desarrollándose su cuerpo. A él no*
> *podemos decirle mañana. Su nombre es hoy."*
> *GABRIELA MISTRAL*

El Sistema Educativo Ecuatoriano atraviesa por una profunda crisis. Quizás la más compleja de los últimos tiempos. El modelo educativo vigente y los componentes del proceso "enseñanza, aprendizaje" no han sido renovados en sus conceptos, métodos y técnicas dando como resultado que el sistema, en su conjunto, sea deficiente. Si a esta situación le agregamos la ausencia de una cultura de autoevaluación y de rendición de cuentas a la sociedad, el resultado será la falta de credibilidad en la calidad y en los beneficios de la educación para la sociedad.

Otro factor que hace más crítico el problema educativo es el económico. Los fondos educativos destinados a la educación son limitados.

El presupuesto se ha visto afectado en su cuantía, oportunidad y destinación por diferentes aspectos, así:

1. El elevado índice de repetición de años exige mayores recursos. Nuestros alumnos utilizan, en promedio, 7,7 años para completar la primaria. Sobre un total de 500.000 niños matriculados en 1er grado, sólo 300.000 completan con regularidad sus seis (6) años de primaria.

La gravedad del problema se manifiesta en un simple hecho: si relacionamos el número de niños matriculados en primer grado con los niños de edad apropiada (6 años), como promedio en el país, se obtiene una tasa bruta de escolaridad de 1,86. Es decir, que aproximadamente el 50% de los niños matriculados en primer grado excede la edad considerada apropiada para estar en dicho grado.

En Ecuador, aproximadamente el 81% de niños que ingresan a la primaria terminan el 6° grado. Este porcentaje incluye el 9% de los niños que han repetido el año. La deserción tiene consecuencias significativas en lo pedagógico, en los comportamientos y en lo económico.

2. Generalmente en nuestras áreas rurales la deserción ocurre a la edad en que por diferentes causas los niños deben trabajar (entre 10 y 12 años).
    Muchos padres creen erróneamente que los niños contribuyen más con el hogar trabajando que asistiendo a la escuela. En la mayoría de las circunstancias la deserción se presenta después de varias repeticiones.
3. La baja calidad de la educación se manifiesta, de igual manera, en el momento de aplicar exámenes de ingreso en las universidades. Los años de escolaridad en el nivel de secundaria no preparan en lo técnico, lo psicológico y en lo personal a la juventud que aspira a continuar una carrera profesional.
4. El material de apoyo como textos, guías didácticas y módulos instruccionales es escaso, costoso y deficiente en cuanto a cantidad, calidad y contenidos.
5. La injusticia del sistema y de las políticas educativas se materializa en el deficiente equipamiento para el sector rural. El 50% de las escuelas sólo dispone de un maestro para todos los grados. El material es escaso. El 60% de los establecimientos rurales son oficiales (fiscales en el caso de Ecuador). Los salarios son bajos, las bonificaciones no motivan al maestro y las alternativas para complementar el salario no existen.
    Frente a éste panorama los estamentos políticos, económicos y sociales se limitan a calificar la educación de "mala calidad".
6. La formulación de políticas educativas refleja los criterios temporales de los grupos de poder que ocupan las dependencias del Ministerio de Educación y Cultura. En este orden de ideas, la planificación es corto placista, sin sentido de continuidad e incoherente frente al sector educativo y aún entre dependencias.
7. Los intentos fallidos por descentralizar la gestión administrativa han fortalecido la tramitomanía y congelado los proyectos de reformas que en cada gobierno son modificados, adicionados, complementados y vueltos a reformar para beneficio de la burocracia oficial, fieles guardianes del status quo.
8. Si observamos el panorama general de la educación a lo largo del último quinquenio encontraremos como denominador común que en Ecuador la educación ha sido concebida como política de Gobierno y no como política de Estado. La turbulencia política ha conducido a que cada gobierno haya pretendido dar su toque personal y por supuesto ha presentado su propia reforma. Así tenemos que en el año 1993 la Reforma Curricular toma el sentido de Reforma estructural y pretendía dar prioridad a los valores y el desarrollo del pensamiento.

En 1994 el nuevo ministro habla de "Reforma Curricular Consensuada" en que incluso participan actores de más allá del sector. Se consagra la educación básica, el currículo flexible adaptable a las diferentes localidades. El alumno es el protagonista central y se exalta la interculturalidad.

Se identificaron flaquezas en el desarrollo de la inteligencia, limitaciones en metodología y un Ministerio de Educación falto de liderazgo.

Al final del mandato la reforma se desinfló. Nunca se llevaron a la práctica los ejes transversales y la acción integral se limitó a caminar al ritmo de la dinámica de la burocracia. Nada pasó. De 1995 y 1996 sólo podemos decir que arrancó con acuerdos y consultas para vislumbrar el siglo XXI sobre la base de políticas de estado. El Proyecto educativo, en este lapso, brilló pero fugazmente. La afanosa búsqueda de la calidad creó expectativas. Se lanzaron proyectos "nuevos" focalizando las reformas bajo el criterio de las visiones integrales. Las reformas curriculares han fracasado en América Latina, esta es la más cruda realidad.

Era preciso oxigenar el Consejo Nacional de Educación y descentralizar la capacitación mediante un decidido apoyo sin mayor injerencia politiquera. A las puertas del siglo XXI la esperada "Reforma Curricular" aún está en deuda con el país.

9. En el campo de la legislación educativa la sociedad civil ha reclamado la sustitución de una montaña de leyes, decretos, resoluciones y normas por instrucciones sencillas, ágiles y modernas que hagan coherente el sistema, den sentido de orientación y faciliten la gobernabilidad con una visión a largo plazo sobre la base de un país en paz consigo mismo, con la naturaleza y con los vecinos.

Las fuentes de legislación educativa se encuentran en la ley de educación y la ley de carrera docente.

La primera fue aprobada en 1983 y reglamentada en 1985, es decir, dos años de desgaste. Allí se contempla lo relacionado con: los principios generales, estructura del sistema educativo, organización y administración, régimen escolar, docentes y administración, bienes y recursos.

En cuanto a la ley de Carrera Docente y Escalafón del Magisterio Nacional, que fue publicada en Agosto de 1990, hasta la fecha ha sido reformada al menos en cuatro ocasiones, siempre en aspectos salariales, reglamentos, aprobación de estatutos, publicación de reglamentos, nombramientos, autorizaciones. Ecuador, al igual que la mayoría de países de América Latina, es experto en hacer leyes para luego crear los medios para no cumplirlas o simplemente "violarlas" o "vetarlas".

10. Poco más de 1700 escuelas atienden a una media de 80.000 niños indígenas en el sistema de educación conocido como intercultural bilingüe (lenguas quichua, shuar, achuar, siona, awapip, y huar). Evidentemente esto ha sido un logro de las comunidades indígenas. Sin embargo, de los casi 3.000 docentes que atienden estas acciones, el 25% carece de formación docente o son simples bachilleres bilingües que han tratado de afirmar la identidad de los pueblos indígenas a través de la recuperación de las lenguas y su cultura. Al formular un diagnóstico de los logros y limitaciones, la realidad muestra enormes vacíos en la gestión administrativa ya que se ha pretendido convertir, por arte de magia, a "viejos dirigentes sociales en burócratas del sector público".

En el campo docente el panorama es sombrío. Precisamente como resultado de algunos cuestionamientos de la UNESCO, a partir de 1997 se ha iniciado un plan de recuperación del sistema educativo a través de una propuesta curricular que además de representar una declaración de principios, incluyó programas de estudio fundamentados en un sistema de conocimientos que integra la reflexión, la investigación, la aplicación, la socialización y la invención. Sin embargo, un proyecto de esta magnitud exige recursos intelectuales, metodológicos, instrumentales y materiales que significan inversiones y decisiones políticas y económicas de envergadura. Un aspecto importante en la dimensión étnica es la interculturalidad como atributo exclusivo de la educación indígena y reducido al tratamiento segmentado de las diferencias étnicas en el interior del país.

11. En Ecuador, la realidad es que nadie rinde cuentas a nadie en razón a que no existe un contrato social sobre lo que ofrecemos y lo que realmente damos.

No hay comunicación sincera, amplia y confiable entre los Rectores, los Docentes y la Sociedad Civil que permita concertar métodos, sistemas, procedimientos o formas para la "Rendición de Cuentas".

La función del docente en Ecuador

En los años recientes la sociedad reconocía al maestro como símbolo de autoridad. Hoy se ve con respeto pero sin protagonismo, sin presencia social.

¿A qué se debe esta situación?

A la imagen estereotipada producto de su necesidad de emplear diferentes formas de presión por una justa remuneración que irremediablemente se materializa en paros, huelgas, protestas y marchas, muchas veces distorsionados por los medios de comunicación.
Los maestros son conscientes de ello pero consideran que se trata de la última alternativa para obtener alguna forma de reconocimiento. Esto ha derivado en un progresivo deterioro de la imagen de los educadores, directivos docentes y en general del sistema educativo nacional. Su liderazgo se debilita progresivamente.
En Ecuador, durante muchos años se ha hablado y se seguirá hablando de la "revalorización social de la labor del magisterio". Se ha pretendido motivar a los maestros a través de discursos en los que se plantea una preocupación que más allá del concepto "salarios" hace referencia a la integralidad de las condiciones laborales en las que se desarrolla el trabajo educativo y que determinan la salud docente.
En la provincia verde de Ecuador, Esmeraldas sobre el Océano Pacífico, ocho de cada diez escuelas tienen instalaciones con alto riesgo de derrumbarse.
De 1992 a 1996, ha habido un descenso significativo en la asignación presupuestaria para educación y cultura desde un 19.2% (1992) hasta el 14.3 (1993). En relación con el PBI, en 1992 este gasto representó el 3.1% y en 1996 sólo representó el 2.7%. La crisis que agobia el sector se refleja en el hecho de que el 69.2% de los gastos de inversión se financian mediante crédito externo. Si pretendiésemos alcanzar el valor medio del gasto actual de América Latina y el Caribe, Ecuador debería elevar progresivamente la participación en el PBI hasta el 6.5% en el año 2.000. En las actuales circunstancias esto no es una formulación económico-financiera sino una ingenuidad.
Ecuador necesita maestros bien remunerados, altamente capacitados, muy responsables y eficientes, positivamente motivados y entregados a su misión. Ecuador se ha acostumbrado a la injusticia frente a sus maestros.

GESTIÓN ACADÉMICA Y ADMINISTRATIVA DE LAS INSTITUCIONES EDUCATIVAS

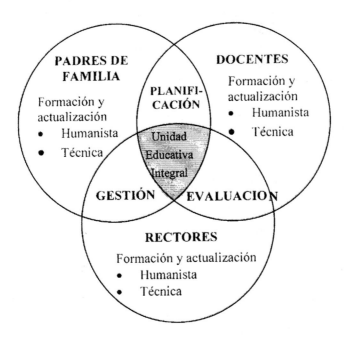

Situación actual. Formas de organización

— Los padres de familia no conocen los reglamentos y no se preocupan por ello.

— Los Rectores se acogen a los reglamentos.

— Los Docentes consideran que los rectores no cuentan todas las verdades en las asambleas participativas por temor a perder el "poder". Casi impera la ley del silencio. Las quejas de los docentes se quedan en los pasillos.

— Los rectores plantean que las asambleas son buenas pero que los docentes no se comprometen ya que esto significa dedicar más tiempo a la institución educativa y menos a los alumnos.

— Los Rectores sostienen que en el momento en que un padre se involucra en el ámbito administrativo la gestión se complica. El padre debe dedicarse a su rol y sólo debe ser informado de forma general.

"Nosotros creemos que somos autónomos y que al integrarse los padres nos afectará en la toma de decisiones".

Consideramos que el padre debe capacitarse como "padre" y como "maestro" en la casa. La mayoría no estamos preparados como maestros.

— Los padres consideran que nunca les informan en qué se emplean los fondos, cómo se utilizan, ni saben quién controla. Sólo se les invita cuando hay la necesidad de aportar económicamente y únicamente se ofrecen datos generales. Los informes de gestión son acomodados.

— Para los docentes, un buen docente es el que tiene vocación y mística.

— Para el rector, el docente es el único responsable de todo el proceso.

— Para los padres el docente es el que realmente educa.

— Para los padres de familia la evaluación de los docentes se ubicaría en rangos máximos entre bueno y malo. Si soy malo, piensa el docente, es porque no me capacitan, me actualizo a pesar de las trabas y limitaciones.

— Para los padres y los rectores los maestros tienen espíritu de equipo en términos de solidaridad gremial, se protegen, se cobijan entre sí. Los formalismos y los sindicatos no permiten que se tomen decisiones que beneficien a todo el contexto educativo.

— En lo gremial, el consenso general es que los docentes han perdido su rol por orientaciones politiqueras. Se habla de varias "uniones nacionales" de Educadores. En Ecuador 3 de cada 10 habitantes son estudiantes, es decir, que en el país tenemos aproximadamente 3,300.000 estudiantes frente a 130.000 maestros. Aproximadamente el 46% de los estudiantes universitarios en Ecuador provienen de estratos altos, el 44% de estratos medios y el 10% de estratos bajos.

Bibliografía

FUNDACIÓN ECUADOR. *La Crisis Educativa*, Quito, 1997.

FUNDACIÓN EL COMERCIO, *Educación,* Año V, N° 64, 66, 69, 70. Feb. Nov. 1997.

UNIVERSIDAD TECNOLÓGICA EQUINOCCIAL. *Propuesta Metodológica para formación de Rectores, Docentes y Padres de Familia.* Proyecto PROA, Conrado Pérez R. y Mónica Uriguen, Quito, 1997.

VALDIVIESO, M. A. *Proyecto de Autonomía Escolar*, Fundación Ecuador–Departamento Técnico, Guayaquil, 1997.

MINISTERIO DE EDUCACIÓN Y CULTURAL DE ECUADOR. *Dirección Nal. De Planeamiento de la Educación–Proyecto* EB-PRODEC. *Plan Estratégico de la Educación Ecuatoriana 1997– 1998.* Quito, 1997.

PANEL DE EXPERTOS

PROBLEMÁTICA PROFESIONAL DE LOS EQUIPOS DIRECTIVOS EN ADNALUCÍA

ANÁLISIS DE MARCO LEGAL REGULADOR DE LA FUNCIÓN DIRECTIVA

ANTONIO SÁNCHEZ RODRÍGUEZ
Presidente de CSI-CSIF de Andalucía, Profesor de EE.MM y Abogado

1. Introducción

La función directiva en el sistema educativo y los problemas que en torno a ella surgen pueden ser analizados desde diversos puntos de vista y en distintos momentos de su evolución. Yo, en esta breve intervención, haré mi análisis desde una perspectiva jurídica, es decir, a través de las normas que regulan la función directiva en el ámbito educativo. Por tanto, me remontaré a las causas últimas de los problemas profesionales.

En coherencia con el punto de vista desde el que hoy me ocupo de la función directiva, sitúo mi análisis en un tiempo concreto: el anterior al nacimiento de los problemas. Este momento, el de la elaboración de la norma, es, sin embargo, determinante para que surjan o no los problemas y, en el primer caso, para su cantidad e intensidad.

Me limito a la figura clave del equipo directivo: el director.

Por otra parte, supongo que la causa de mi presencia aquí es mi condición de dirigente de CSI*CSIF. Por ella intentaré impregnar, en la medida de lo posible, mi análisis de ciertos matices sindicales, esto es, de defensa de las condiciones de trabajo de los docentes. No obstante, mis opiniones no han de ser consideradas siempre postura oficial del sindicato, sino fruto de la reflexión personal de quien les habla.

Para terminar esta introducción, dada la naturaleza de este acto, el análisis habrá de ser, de forma necesaria, breve y tendrá, por ello, la pretensión de suscitar algunas cuestiones para que ustedes, si lo creen conveniente, profundicen en ellas.

2. Breve reseña histórica

2.1 La Ley orgánica del estatuto de centros docentes (LOECE)

En un breve repaso a nuestra historia educativa reciente resulta llamativa la evolución de la figura del director. La Loece optó por un modelo profesional y especializado, entendiendo que la cualificación para el desempeño de las funciones que tiene asignadas este puesto de trabajo, tan importante para el funcionamiento del sistema educativo, no se adquieren por el simple hecho de ser elegido. Así el Estatuto de Centros proclamó que la autoridad del director será en todo caso la propia de este cargo, y remitió al reglamento la regulación del procedimiento por el que la Administración seleccionará y nombrará al director. Esta norma, por imperativo de la Ley, debería respetar diversos principios entre los que destacan:

a)   el nombramiento entre profesores numerarios de Bachillerato, y
b)   la aplicabilidad de los principios de mérito, capacidad (establecidos por la Constitución en el art. 103.3) y publicidad.

Conviene recordar que la regulación del director por la LOECE fue declarada conforme a la Constitución en la sentencia del Tribunal Constitucional de 13 de febrero de 1981.

2.2 La Ley orgánica del derecho a la educación (LODE)

Una de las grandes novedades de la LODE es la sustitución del modelo profesional de director por un modelo electivo, con el que se pretendía, junto a otros elementos, lograr una enseñanza democrática —ha de hablarse de enseñanza para la democracia, no de enseñanza democrática— y que, sin embargo, a pesar de las proclamaciones de la Ley, es desvirtuado o rebajada su pureza. En efecto, para la ley, todo profesor puede ser director. La norma sólo exige determinados requisitos de antigüedad en la docencia y en el centro. Después se vio que también era preciso poseer la suficiente habilidad para hacerse con el apoyo de padres y alumnos, más que con el de profesores, para poder ser elegido director por el Consejo Escolar.

Pero en seguida la ley establece[1] que el director, además, ha de ser nombrado por la Administración Educativa competente. El precepto aludido puede tener como fin establecer el control administrativo sobre el cumplimiento de los requisitos personales y procedimentales exigidos para el acceso al puesto de director.

El modelo, en apariencia, sólo electivo, se desvirtúa más, con la facultad de destituir al director que la ley reserva a la Administración[2]. La Lode usa de forma errónea el verbo cesar, pues al ser intransitivo uno puede cesar, es decir, dejar de desempeñar un empleo o cargo, pero no puede ser cesado sino destituido[3]. El cese lleva implícita la nota de normalidad[4] y la destitución la de alteridad. Así, una persona, diferente al destituido, con potestad, destituye a éste. Los únicos requisitos que la LODE establece para esa eventual destitución son el informe razonado previo —del que no se afirma que sea vinculante— del Consejo Escolar, y la audiencia del director. Sólo existe un motivo para la posible destitución, pero que es amplio e indeterminado: incumplimiento grave, por el director, de sus funciones.
¿Por qué la Ley reserva a la Administración esas cautelas intervencionistas? Sólo cabe pensar que aquéllas suponen el reconocimiento implícito de que la cualificación es imprescindible y que puede ser elegido quien no sirva. Es decir, que en el fondo creen mejor el

---

1 Confr. el art. 37.1 de la LODE.
2 Confr. el art. 39 de la LODE.
3 Fernando Lázaro Carreter, El dardo en la palabra, Barcelona, 1997, págs. 560 y 648.
4 Se produce siempre el cese por la concurrencia de las causas ordinarias previstas en la norma o por el transcurso del tiempo establecido para el desempeño de un empleo o cargo. La nota característica de la dimisión es la voluntariedad del que dimite.

modelo profesional que el electivo y se reservan una tutela para la menor edad o incapacidad que atribuyen a la comunidad escolar.

La Ley —art. 37.4— se ocupa de un fenómeno marginal, pero importante: la designación administrativa del director en los casos en que no haya candidatos. Este recurso ha tenido que ser utilizado por la Administración de manera abundante[5]. Ahí quedan las designaciones de directores, por telegrama, en los inicios de las vacaciones veraniegas. El designado era auxiliado por sus amigos para formar el equipo directivo, porque nadie quería integrarlo, o designaba a su vez a quien creía conveniente.

Por otra parte, ¿quién no sabe cómo les ha ido a muchos de los que en ciertos institutos se presentaban como candidatos y resultaban elegidos? Algunos dedicaron buena parte de la retribución complementaria a la compra de tranquilizantes.

¿Qué pasó con la bondad de la LODE para que no existiese espíritu participativo en el profesorado? Lo cierto es que la Administración educativa detectó el problema, se quejó amargamente y criticó la incomprensión sufrida por los directores de parte de sus compañeros[6], en lugar de hacer un análisis sobre las razones de ésas y otras actitudes de los profesores. Sí adoptó alguna medida provisional —sirva como ejemplo la obligación de todo docente de ser candidato a representante del profesorado en el consejo escolar, que estuvo vigente en alguna Comunidad Autónoma— y otras más duraderas que llevaron a la promulgación de la Ley 9/1995.

Por otra parte, digno de reprobación es el segundo supuesto en el que también designa al director la Administración, cuando el candidato no alcanza mayoría absoluta.

3. La Ley orgánica de la participación, la evaluación y el gobierno de los centros docentes (9/1995)

La Ley 9/95 opta para el director por un modelo mixto entre el electivo y el profesional. Parece que después de tantos cantos a la democratización de la enseñanza y de la necesidad ineludible para ella de la elección del director, la Ley Pertierra corrige y por tanto desvirtúa aún más el sistema electivo.

En efecto, se introduce un sistema censitario respecto al voto pasivo. Ya no todo profesor —al margen de los requisitos de antigüedad, en el cuerpo y en el centro— puede ser director. Sólo podrán aspirar a serlo los que estén en un censo: para ello es preciso estar acreditado.

La Ley —el art. 19— establece los requisitos exigidos para estar acreditado. No obstante, para su concreción realiza una amplia y peligrosa remisión a la regulación reglamentaria, con un sólo límite, el principio de objetividad —apartado segundo—. Por ello la

---

5 Según el informe del Consejo Escolar de Andalucía correspondiente a 1994, los nombramientos de directores de Instituto por el Delegado provincial pasaron del 47% en el curso 1992-93 al 60% en 1993-94. Sin embargo, en el territorio del Ministerio, según el informe del Consejo Escolar del Estado correspondiente a 1996, la evolución es del 48.96% de nombramientos en el curso 1992-93 al 32.53% en 95-96. Parece producirse una inversión de la tendencia con la entrada en vigor de la Ley 9/1995, que fortalece al director y lo incentiva económicamente.

6 Confr. Informe del Consejo Escolar de Andalucía, correspondiente a 1994, pág. 184 y ss., donde, además de avanzarse las líneas maestras de la reforma Pertierra y reconocer la necesidad de revisión del modelo previsto en la LODE, se afirma que no se entiende bien que una sociedad que desea progresar en sus indicadores de calidad de vida, en donde la profesionalidad y la exigencia personal son tan definitivas para cualquiera de sus integrantes, no sea igualmente valorada por sus compañeros la persona que desee dirigir su centro.

remisión a la potestad reguladora de la Administración no deja de ser un cheque en blanco para que ésta configure este proceso en la forma que crea oportuna, que no tiene por qué ser la conveniente.

Entre las exigencias para ser acreditado, llama la atención, de forma especial, una —la establecida por el apartado 2.b del art. 19— cuyo cumplimiento no es obligado sino de carácter alternativo con la fijada en el apartado 2.a del mismo artículo.

Se trata de la valoración positiva de la labor docente en el aula. Quien juzgue dicha labor, amparado por la Administración y por la Ley, podría estar realizando una intromisión en la intimidad del evaluado y una vulneración de su libertad de cátedra. En efecto, esto último es lo que se puede producir si el docente, juzgado en el ejercicio de su profesión para obtener una evaluación positiva, debe adaptar sus enseñanzas a determinadas instrucciones, directrices o simplemente gustos de quien juzga. Téngase en cuenta, además, la discrecionalidad y la politización aplicada por la Junta de Andalucía en el proceso de selección de un amplio sector de los inspectores que ha accedido a la inspección educativa de forma, al menos, extraña, cuando no anómala.

Por otra parte, resulta sorprendente que el candidato a director habrá de someterse a examen ante el consejo escolar con un temario formado por su programa, sus méritos y los de su equipo, y las condiciones en que todos ellos obtuvieron su acreditación.
Ahí es nada. Profesionales que han de someterse a juicio sobre aspectos técnicos y personales ante la limpiadora del Instituto, un conductor de autobús o un médico. Esto es, ante personas sobre las que existe la presunción iuris tantum —mientras no se demuestre lo contrario— cuando no iuris et de iure —por tanto indestructible— de ignorancia absoluta sobre lo que van a juzgar. Es decir, para ser director hay que pasar unos trámites que no dudo en calificar de humillantes.

Sobre las competencias del director en la Ley 9/95 son destacables dos principios. El primero de ellos —establecido, sobre todo, por el apartado b) del art. 21, y en menor medida por el d)—supone un gran cambio, ya que tras la entrada en vigor de esta Ley corresponde al Director representar a la Administración educativa.

El segundo es el papel preponderante e intervencionista, incoherente con las proclamaciones del derecho a la participación, atribuido al director en determinados aspectos de la vida académica —a) designa al Jefe de Departamento con el único requisito de que tenga la condición de catedrático; sólo si hay varios profesores con dicha condición, o ninguno, elevará la propuesta realizada por los profesores del departamento para que por último nombre el Delegado Provincial; b) ostenta la potestad de destituir al Jefe de Departamento, mediante informe razonado, con sólo oír al claustro y al que se va a destituir—.

Llama, además, la atención en esta materia que, en Andalucía, no se exija, en caso de que no existan profesores con la condición de catedrático en el departamento, que el jefe sea del Cuerpo de Profesores de Enseñanza Secundaria. Por tanto, aunque parezca increíble, puede ser Jefe de Departamento —y, por tanto, quien dirija y coordine sus actividades— un maestro y los dirigidos unos profesores con titulación superior.

4. Conclusión

He reseñado los elementos más destacados relativos a la dirección extraídos del marco normativo vigente, del que se extrae un catálogo que sin ser exhaustivo nos muestra:
• Unas condiciones de acceso a la función directiva disuasorias para muchos buenos profesionales.

- En demasiados casos, la regulación de su figura está convirtiendo al director en el elemento del sistema que hace el trabajo sucio a la inspección y buena parte de ésta al político. Así la dirección contribuye al deterioro de la enseñanza y de la convivencia en el centro al consentir o apoyar ciertas actitudes que causan el malestar y humillan al profesor.
- El que el director sea la "cara" de la Administración en el Instituto, junto con sus facultades y otros elementos ya expuestos, hace casi imposible cohonestar el principio electivo del director con el principio de autonomía de los centros. Es difícil encontrar cierta coherencia pero, en cualquier caso, el principio que nos ocupa sí ayuda a entender qué está pasando en muchos centros docentes debido a las difíciles relaciones del triángulo en cuyos vértices están, respectivamente, el sector no docente (padres y alumnos), el director y los profesores. Y no digamos cuando el triángulo se convierte en cuadrilátero con la aparición de la Administración, representada por algunos inspectores.
- La injerencia del medio social que el director debe soportar, cuando no apoyar, para mantenerse en el puesto.
- El intervencionismo, tolerado por muchos directores, en aspectos docentes por legos en la materia, que da más votos del sector no docente, pero que provoca en el profesorado rechazo, pasividad, desidia y desilusión.
- La insuficiencia de medios económicos y humanos, no ya para atender a las necesidades habituales y clásicas en la vida de un centro, sino para atender nuevas funciones cada vez más necesarias y cuyo ejercicio es absolutamente impropio de los profesores.

Todo ello, necesitado de una amplia reforma normativa y de un cambio radical en las actitudes por parte de la Administración, hace difícil el desempeño eficaz de la función directiva para que el centro funcione de manera adecuada. Se está dando una prevalencia a derechos puramente instrumentales y a elementos accesorios del sistema. Así se está produciendo la falta de efectividad del derecho fundamental de todos a la educación —el derecho a aprender—, que fue hace veinte años y es el objetivo fundamental, en materia educativa, de nuestra Constitución.

PROBLEMÁTICA PROFESIONAL DE LOS EQUIPOS DIRECTIVOS EN ANDALUCÍA

ANTONIO PÉREZ CASANOVA
Director del C. P. Inmaculada del Triunfo. Granada

Crisis de directivos

La carestía de candidatos para ocupar cargos directivos en los Centros Escolares es, sin duda, síntoma inequívoco de que existe una problemática en el funcionamiento de los Centros, que descompensa la balanza entre los incentivos que, por una parte, pueden tener y las responsabilidades y obligaciones que, por otra, son inherentes a los cargos.

Los principales rasgos que determinan el modelo de dirección en la LODE: electividad, no profesionalidad y temporalidad, pese a recibir correcciones positivas por parte de la LOPEGCE, en cuanto a: propiciar una mayor preparación de los candidatos, establecer incentivos profesionales y económicos y dotarles de mayor autonomía organizativa y decisoria, no han conseguido desequilibrar la balanza, en la que continúa pesando más el rechazo al cargo que la aspiración a él.

El Director se sitúa entre dos fuerzas: por un lado representa a la Administración que paga; por otro, representa a la Comunidad Educativa que lo elige. Esto conlleva consecuencias tales como que prevalezca el rol de compañero y que la dirección se tome con carácter de provisionalidad.

Problemáticas concretas en Centros de E. Infantil y Primaria

Hay problemáticas comunes en los Centros Educativos que debilitan la capacidad de ilusión del profesorado en general y, más concretamente, de los Equipos Directivos.

Las funciones elementales del directivo que deben ser: coordinar, distribuir funciones de participación, informar, prever, guiar, proponer objetivos, etc., quedan, en muchas ocasiones, relegadas por otras funciones menos relevantes, que corresponderían a un personal subalterno o de servicios inexistente.

Cobertura de bajas

La función prioritaria que ocupa al Jefe de Estudios es ponerse cada mañana ante el puzle de los horarios y proveer las sustituciones por ausencias del profesorado.

En las reuniones de directivos, éste suele ser el tema estrella. La impresión es de que la Reforma se está llevando a cabo con mucha más voluntad que dinero. Se alcanzan funciones y objetivos nuevos a costa de dejar al descubierto otros que ya estaban instalados.

Quienes ostentamos cargo directivo desde hace tiempo, partimos nuestra historia profesional en dos mitades: La primera mitad, cuando las bajas se cubrían urgentemente, mediante una llamada de teléfono. De la 2ª mitad, permanece la angustia de tantísimas jornadas en las que lo prioritario ha sido y es: tapar huecos, repartir niños, prescindir de apoyos y refuerzos educativos siempre inciertos.

Mantenimiento, reparaciones y reformas

Es negativo que dos instituciones, Ayuntamiento y Delegación de Educación, sean quienes intervengan respectivamente, uno en el mantenimiento de los Centros; otra, en las obras y servicios de reforma. El refrán de que "el uno por el otro, la casa sin barrer" es, por desgracia, lo cotidiano; y hace de la reiteración y machaconería una cualidad del Director, tan esencial como odiosa.

Relaciones con las familias y violencia

Es permanente la preocupación de los Equipos Directivos para evitar el desencuentro con las familias. Al reconocimiento de la autoridad del maestro, que encontraba en la familia el refuerzo y el apoyo a sus decisiones, ha seguido una época en que la sobreprotección para con el niño se manifiesta en una actitud de defensa de comportamientos que la Escuela sanciona. Son lamentables las situaciones de agresiones a profesores que estamos viviendo.

La violencia no es un problema desdeñable porque está en la sociedad, en la familia, en los medios de comunicación... La violencia existe también en el Colegio y es preocupante porque es creciente.

La Escuela, que tiene el deber inexcusable de dotar de instrumentos para la comprensión, la interpretación y la expresión, mediante el conocimiento sistemático y disciplinado, recoge hoy el reto de transmitir los mensajes éticos y los valores que la sociedad desprecia. Se le asigna el papel de institución socializadora por excelencia. Sin embargo, la transversalidad no se fundamenta en áreas de conocimiento, sino en ámbitos de vida; por tanto, no corresponde sólo a la Escuela "atravesar" e "impregnar" con estos valores todos los actos del proceso de enseñanza-aprendizaje.

Es paradójico que mientras que la Escuela pierde autoridad y colaboración de las familias, está asumiendo funciones que no le corresponden.

Sería prolijo continuar enumerando problemáticas de atención a la diversidad, de infraestructura, dotaciones, servicios, etc., porque todo ello es solamente el escenario que, aunque importante, es secundario con relación al problema esencial que no es otro que el modelo de enseñanza vigente a través del Sistema Educativo.

Dice el profesor Óscar Sáenz Barrio en un artículo que guardo celosamente: "Los objetivos de vanguardia del vigente sistema educativo privilegian al carácter socializador, emancipatorio, democrático, igualitario, solidario, interdisciplinar, ecológico, tolerante y otras luminarias por el estilo; pero no apuestan decididamente por algo tan simple como es la formación cultural exigible para la vida moderna. La instrucción es objeto de una desatención especial".

La incapacidad para el esfuerzo como fuente de problemáticas

El actual sistema educativo promueve impulsivamente la búsqueda de iguales resultados como paradigma de la igualdad de oportunidades. Hace bandera de la enseñanza comprensiva, ya desechada en otros países. No cambia apenas las materias a enseñar; pero sí el cómo se pretende enseñar y sobre todo cómo se pretende evaluar el rendimiento del proceso educativo; lo que una gran mayoría del profesorado lamenta como promoción automática y caída de niveles.

Precisamente en un momento histórico en el que nuestro contorno se caracteriza por una incesante batalla por la calidad de la enseñanza, se ignora o perturba el juego de la diferente capacidad individual o de la diversidad de esfuerzos, traducidos en niveles de competencia bien distintos.

Completa esta inercia a la mediocridad la consolación del aprobado por decreto. El alumno que suspende un curso, se ve premiado al tener, por ley, aprobados ya los siguientes. Por tanto, el fracaso escolar se diluye en las estadísticas. No disminuye; sino que, disimulado, pasa a la clandestinidad.

Ante esta tesitura, la falta de esfuerzo, la incapacidad para el trabajo continuado, para la atención, la carencia de voluntad y de autodisciplina, son semillas que germinarán con todo su apogeo en los cursos de Secundaria. Aprobar no es aprender; promocionar no significa haber alcanzado los objetivos propuestos.

Se ha pensado en el igualitarismo como forma inequívoca de ampliar la cultura y, por tanto, las oportunidades de desarrollo personal a todos los sectores sociales; pero se ha caído en el error de bajar el nivel del agua de la piscina para que puedan caber en ella quienes saben nadar, quienes desean nadar y quienes no saben o no quieren. Entran al mal baño muchos más, sin duda; pero se les impide el baño idóneo a quienes lo merecen por capacidad, por actitud o por esfuerzo.

La auténtica igualdad de oportunidades ha de consistir en ofrecer a todos los ciudadanos los mismos medios para que puedan desarrollar adecuadamente sus capacidades.

Las muestras de problemáticas enumeradas son simplemente árboles que dificultan ver el bosque. Lo verdaderamente grave es la indigencia cultural que están produciendo los sistemas educativos.

Deseo finalizar mi intervención citando textualmente las palabras del profesor Óscar Sáenz: "En vísperas de un nuevo siglo, si de verdad queremos preparar a las nuevas generaciones para un mundo real y no de fantasía, la Comunidad Educativa, los políticos y la sociedad en general, tendrán que olvidarse de los árboles que ocultan el bosque, y centrar su preocupación en un nuevo modelo educativo. Esto no es tan difícil; basta con despertar del semisueño y abrir los ojos a la realidad. La LODE y la LOGSE son unas buenas leyes de educación, para un país que no existe".

LA DIRECCION: SUEÑO Y RETO
(Reflexiones desde la vivencia)

ANTONIO FERNÁNDEZ JUÁREZ
Director del I.E.S. "Padre Manjón". Granada

1. El Director

El Director de un Centro de Educación Secundaria es el **gestor de una empresa delicada** y compleja: delicada, porque destina su acción a educar a personas que se encuentran en una edad crítica, decisiva; compleja, porque la componen conjuntos cuyos intereses y expectativas no siempre son coincidentes.

Es **la imagen pública de la enseñanza**, de la política educativa: pocos conocen personalmente a los inspectores, delegados o directores generales, en una sociedad en la que, por eficaz que sea un equipo, tanto padres como alumnos o abastecedores quedan verdaderamente satisfechos cuando han sido atendidos por el Director.

El Director es el que verdaderamente **conoce** el día a día y los complejos entresijos de **la práctica educativa** porque en él confluyen intereses, personas y medios. Es el que debe hacerla funcionar, procurar su mejor imagen, resultados satisfactorios y, todo ello, desde una capacidad de maniobra mínima, más aparente que real.

Es el **colchón** que debe amortiguar todos los golpes y adaptarse para llenar todos los huecos. **Precisa dar respuesta a** las demandas de **la Comunidad** e ilusionar a cuantos la configuran:

Un Centro educativo es una fábrica de sueños y un proyecto de hombres para un mañana por hacer. Es el lugar donde los padres buscan hacer realidad los primeros y sustanciales pasos de sus anhelos paterno-filiales y donde sus hijos, los alumnos, acuden con un interés muy diverso —no siempre en la línea de los padres—, muy personal y de difícil uniformidad.

Para satisfacer esta compleja y delicada demanda, el Director posee unos medios humanos y materiales otorgados desde el ámbito de la Administración a tenor de unas posibilidades presupuestarias que difícilmente se ajustan a las necesidades reales de su Centro. De aquí las **frecuentes dificultades de relación** entre los directores, gestores "de base", y los gestores de niveles superiores (Delegación, Consejería).

2. El proyecto de dirección y la razón de ser Director

Por ser los Centros fábrica de sueños, el Director y su Proyecto sólo tienen sentido desde la pretensión de materializar un sueño. La docencia, más que profesión, es vocación. Desde la vocación se valoran otras cosas, además de lo estrictamente material. Precisamente por ello hay proyectos y directores: porque cada uno tiene unas ansias internas de realización vocacional a las que pretende dar forma desde la Dirección. Los proyectos pueden ser muy diversos en su definición concreta, pero tienen de común el hecho de su proyección ilusionada. **El mío**, en concreto, **aspira a convertir el Centro en el verdadero segundo hogar y a lograr que la cultura vivida, sentida, disfrutada, sea algo necesario, inherente a la vida de mis alumnos**, de aquí el papel predominante que otorgo en el Proyecto de Dirección a las Actividades Culturales.

3. La misión del Director

Es tan compleja como el Centro que gestiona, pero, en aras de la brevedad, entiendo que puede reflejarse en las siguientes cuestiones:

* Las relaciones públicas:

La tarea educativa exige cualificación, profesionalidad, esfuerzo y algo especial, ilusión, afecto hacia lo que se hace, confianza en su validez y trascendencia. Si el Director está convencido de ello y su proyecto es educativo, debe procurar, en primer lugar, transmitir y contagiar ilusión, implicar a todos en una tarea en la que la propia satisfacción de lo bien hecho tenga también un valor de remuneración.

Debe cuidar con esmero la **atención al PROFESORADO**: desde su recepción en el Centro hasta estar pendiente de cualquier necesidad material que exija su trabajo o pueda mejorarlo. Debe conocer cuanto hace para comentarlo, valorarlo y reconocerlo (incluso las deficiencias, si las hay, para propiciar sutilmente su desaparición) y, siempre, debe repartir optimismo y entrega.

Debe **estar abierto a LOS ALUMNOS** y ser fácilmente accesible porque así conocerá sus dificultades y demandas y, desde el conocimiento, podrá arbitrar las soluciones convenientes. Transmitir ilusión a los jóvenes resulta más fácil ya que, por naturaleza, están más próximos a ella, pero frecuentemente son presa de la frustración y también hay que estar ahí para inyectar confianza y optimismo.

LOS PADRES están especialmente interesados por las calificaciones. A veces no ven más allá de ellas. Una relación permanente y un diálogo constante permite un trabajo conjunto en un proyecto común y la comprensión de que lo verdaderamente importante en estas edades es la consecución de una sólida formación instrumental y de unas maneras, actitudes y valores que orienten y conduzcan su vida y su formación posterior.

El PERSONAL DE ADMINISTRACIÓN Y SERVICIOS está especialmente maltratado en su remuneración. Con frecuencia se ve presa de ese concepto peyorativo que se aplica al término "funcionario". Como no hay posibilidad de incentivación económica y su trabajo es más mecánico y material, implicarles con ilusión en la tarea resulta más difícil, pero no imposible. Doy fé de ello. También sería deseable que las Organizaciones Sindicales, que tan esquisitamente velan por sus derechos, colaboraran además a responsabilizarles en el cumplimiento de sus responsabilidades. Un mal ejemplo puede, a veces, ser lesivo para el conjunto.

* La distribución de las tareas y el control de su ejecución.

La clave del funcionamiento de un Centro es una buena **organización**. Si las tareas están asignadas, tienen un responsable. Y, si lo tienen, se realizan. La labor del Director en este sentido es decisiva en una múltiple vertiente: para distribuir de forma adecuada cada tarea procurando tener en cuenta aptitudes, capacidades y habilidades; para seguir después su cumplimiento y para reconocer, por fin, el trabajo hecho. A veces se acaba desilusionando a excelentes colaboradores simplemente por no reconocer su disponibilidad, su dedicación o su interés.

* Ser el canalizador de las expectativas materiales y educativas de la Comunidad Escolar.

Tanto las necesidades como los proyectos de los profesores se suelen exponer al Director.

Conviene prestar un especial esmero: para resolver cuantas cuestiones puedan ser atendidas, para justificar las que no sean viables y para prestar atención y elogiar cualquier iniciativa que pueda ser de interés para el Centro y la mejor formación de los alumnos.

Cuando se demuestra con hechos que las cosas funcionan y que se crece en actividad, muchas personas, más de las previsibles, se sienten impulsadas a colaborar y a aportar valiosas sugerencias. Todo ello debe ser atendido con esquisitez, incluso lo no viable, para hacerlo entender sin herir sensibilidades y dejar el campo abierto para cualquier otra iniciativa posterior.

* Crear un "estilo educativo", recogido en el Proyecto de Centro.

Cada Instituto, a tenor de su localización, de su contexto, su tradición y de la problemática y expectativas del grupo social al que pertenece su alumnado, debe configurar un Proyecto Educativo que responda a su peculiaridad y que debe estar recogido en su Proyecto de Centro.

Si así se hace, se produce una coincidencia entre la oferta y demanda educativas y ello, porque genera satisfacción, disminuye la frustración y el rechazo a la actividad educativa.

Y, al contrario, incrementa los efectos positivos y el aprovechamiento.

El "estilo educativo" es pues esa adecuación a las peculiaridades y características propias que, con el tiempo, imprimen carácter, se asocian al Centro y vienen a ser como su sello personal.

* Ser la imagen del Centro: predicar con el ejemplo.

Difícilmente se puede exigir trabajo, rigor, actividad, modales,... si no se predica con el ejemplo. Puede parecer baladí, pero puedo constatar que el ejemplo arrastra, que he comprobado cómo las personas abandonan la pasividad y quieren alinearse en la actividad y cuánto respeto y comprensión se genera, incluso para aceptar errores coyunturales, siempre que la línea sea clara, abierta y responsable.

4. **Dificultades:**

* Existe una DIFICULTAD NATURAL, inherente a los destinatarios: LAS **ENSE-ÑANZAS MEDIAS**, como todo lo intermedio afectan a situaciones cambiantes, complejas y delicadas. En Enseñanza primaria hay niños; en la Universidad, adultos. En las Medias, los que empiezan niños y acaban adultos; seres que, además, hay que preparar para la vida y para acceder a estudios postobligatorios. Las Medias implican, por tanto, un conocimiento y un trato personalizado, como en la Primaria, pero también el rigor, trabajo y exigencia propios de estudios superiores. Además, la juventud actual adolece de un defecto no compartido con generaciones precedentes: desconoce el valor de las cosas y no está acostumbrada al esfuerzo y la privación. Exige derechos y, con frecuencia, elude deberes.

La **SECUNDARIA es**, además, **obligatoria**. Este hecho supone un gran logro social. Pero conlleva nuevas dificultades: las procedentes de aquellos alumnos que, no aspirando a estudios postobligatorios, carecen de interés y niegan su disposición y colaboración.

Y el Director tiene que establecer el orden en esta orquesta.

* **HAY OTRA COYUNTURAL**, pero importante: llevar a cabo EL PROCESO DE CAMBIO DE SISTEMA EDUCATIVO (L.O.G.S.E.) con profesionales que, con frecuencia, no aceptan la filosofía del cambio: ni educación por enseñanza, ni educación obligatoria para quien la rechaza.

* **UN CENTRO de Educación Secundaria ES UNA ENCRUCIJADA** entre los padres, que piden soluciones y resultados, los profesores, requeridos a una entrega creciente pero frustrados por el escaso reconocimiento de una Administración que no se exige en igual medida, y los alumnos, cada día más pasivos y renuentes.

* **EL DIRECTOR**, a un tiempo educador, gestor y administrador, tiene que hacer malabarismos. Y, EN SU CENTRO, **ES EL REPRESENTANTE, la imagen accesible, DE ESA ADMINISTRACIÓN** que le limita y retrasa presupuestos y que le dice que es autónomo, pero le exige justificaciones y burocracia sin par, difícilmente justificables. Y tiene que defender la imagen de esa Administración denostada por los trabajadores y que luego le trata más como un desconocido que como un colaborador: hay que arrancarle las concesiones materiales, de numerario, de personal... en unas Delegaciones donde, más que un colaborador, parece el visitante incómodo que siempre pide.

* El Director es el **JEFE DE UN PERSONAL QUE LE VIENE DADO en cuantía y calidad** pero sobre el que no tiene atribuciones ni laborales ni económicas.

Referente al **presupuesto**, su parquedad apenas deja ya cabida a la gestión. Y luego, desde la aprobación del destino de cada partida hasta las liquidaciones que tiene que hacer —por partidas, además— le impiden una capacidad real de maniobra en aras de un proyecto diferenciado.

Capacidad de gestión y autonomía la tienen quienes pueden contratar, quienes tienen capacidad de otorgar complementos de productividad, quienes disponen de un presupuesto real que gestionar. Podría decirse que el Director de un Centro Público es menos Director que el de un Centro Privado, que sí posee autoridad real y verdadero poder (incentivos, contratos, etc.).

* Para afrontar toda esta problemática, **LA COMPENSACIÓN ECONÓMICA** que recibe provoca hilaridad. Cualquier otro profesional que lleva a cabo semejantes tareas de gestión duplica o triplica sus haberes.

No es de extrañar, por tanto, que frente a una situación tan exigente y tan poco reconocida en términos reales, se caiga en el cansancio, la frustración y el abandono. Sin ser agorero, presumo que en un futuro no lejano, si no cambian las condiciones, a la Administración le va a costar trabajo encontrar directores como ya empieza a costar en algunos sitios encontrar profesores.

* Hay, además, una delicada cuestión que merece un estudio detenido: si **el Director es un gestor temporal**, con muy limitados poderes reales de gestión, como se ha comentado con anterioridad, su nómina apenas se diferencia de la de sus compañeros y, pasado un tiempo, vuelve al Claustro en idénticas condiciones a las que tenía con anterioridad, difícilmente se implicará en situaciones difíciles o problemáticas que sólo le van a granjear problemas posteriores. Por tanto, dará largas sin complicarse la vida en exceso.

Por otro lado, si se piensa en un nombramiento permanente sería en extremo delicado y, desde luego, nunca debería ser un nombramiento político o vinculado a relaciones políticas.

Al final volvemos al punto inicial: la única capacidad "ejecutiva" real que le queda es su ejemplo, su entusiasmo y su empuje como líder y este hilo de Ariadna es tan débil y está tan castigado por Eolo que corre el riesgo de romperse al menor envite.

5. **Compensaciones**:

* **La romántica**, de intentar llevar a cabo un proyecto educativo. No cabe duda de que, para quienes hemos elegido el campo de las Medias, es un reto profesional. Lo que occurre es que la dificultad del día a día acaba por disiparlo.

* **No permite anquilosarse**; la actividad, la exigencia y la vitalidad diaria que requiere obliga a cargarse de energía constantemente. No queda tiempo para el abandono.

* Tiene, como la educación, grandes **satisfacciones humanas**: reconocimientos y afectos de compañeros, alumnos y padres.

* Tiene, imcluso, la satisfacción de **poder liberarse** y retornar un día a la bucólica situación de dejar los problemas del Centro en el Centro y preocuparse sólo de sus clases, su familia, o sus lecturas.

En síntesis, como, creo, ha podido traslucirse a través de cuanto acabo de decir, la Dirección es una permanente lucha entre la búsqueda del proyecto y la dificultad del día a día: se quiere pero apenas se puede, se hace acopio de energía y, de inmediato, las dificultades abaten. Y esta romántica lucha entre el querer y el difícilmente poder, entre el empuje y la dificultad acaba por abatir los más sólidos proyectos y los sueños más ambiciosos.

El **Director es**, en síntesis, **un jefe sin poder real, un gestor sin presupuesto y**, eso sí, **un buscador de sueños**, enamorado de una nobilísima, utópica vocación, que, en tan proceloso vuelo, pronto acaba fundiendo la cera de sus alas.

El vuelo fue corto pero, sin duda, mereció la pena.

COMUNICACIONES

INCIDENCIA DE VARIABLES ORGANIZATIVAS EN LAS PERCEPCIONES DEL AMBIENTE DE AGENTES EDUCATIVOS

CARLOS HERVÁS GÓMEZ
Universidad de Sevilla. Dpto. de Didáctica y Organización Escolar y M.I.D.E.

1. El Ambiente de Clase

Durante los anteriores 30 años, a nivel internacional se ha manifestado un gran interés en la conceptualización, valoración, e investigación de las percepciones de las características psicosociales del ambiente de aprendizaje de clase en los niveles de primaria, secundaria, y universidad (Chávez, 1984; Fraser, 1986, 1989, 1994; Fraser and Walberg, 1991). Los instrumentos de ambiente de clase se han usado en una variedad de investigaciones como variables predictoras y criterios.

Algunas de las recientes líneas de investigación de ambiente de clase que están en desarrollo implican: investigar las relaciones entre el conjunto de influencia de la clase y otros ambientes como el centro educativo, y la familia, sobre los resultados de los alumnos (Moos, 1991); incorporar el ambiente de clase como un factor en un modelo multi-factorial de productividad educativa (Fraser, Walberg, Welch and Hattie, 1987); evaluar e investigar las relaciones interpersonales entre profesor-alumno en clase (Wubbels and Levy, 1993); incorporar ideas de ambiente de aprendizaje dentro de la formación del profesorado (Fraser, 1994); investigar los cambios en el ambiente de clase durante la transición desde la escuela elemental al instituto (16-18 años) (Midgley, Eccles and Feldlaufer, 1991); e incorporar la evaluación de ambiente de clase en los esquemas de valoración del profesor (Heroman, Loup, Chauvin and Evans, 1991).

En la revisión que Fraser (1994) realizó sobre Ambiente de clase y centro aparecida en el "Handbook of Research on Science Teaching and Learning" (Gabel, D.L., ed., 1994), afirmaba en el apartado de tendencias recientes y direcciones futuras que:

> *"Consecuentemente, se necesita un nuevo instrumento de ambiente de aprendizaje para ayudar a los investigadores a valorar el grado en el que el ambiente particular de clase es consistente con la epistemología constructivista...". (527).*

También Ben-Chain, Fresko and Carmeli (1990) en la introducción de su artículo sobre "Comparación de las percepciones de profesores y alumnos del ambiente de aprendizaje en clases de Matemáticas" afirmaban que:

"Aunque numerosos estudios de ambiente de clase se han llevado a cabo durante la pasada década empleando este tipo de cuestionario, solamente muy pocos han examinado específicamente clases de Matemáticas". (415).

El ambiente de clase es el resultado de la interacción de los siguientes factores: 1) tipo de relaciones profesor-alumno que existen en el aula; 2) interacción entre los alumnos; 3) relaciones entre los profesores; y 4) las características del aula, número de alumnos, y experiencias previas.

2. Objetivos, problemas e hipótesis de la Investigación

Con esta investigación tratamos de elaborar y validar un instrumento para medir el ambiente de aprendizaje de clase (CACES) no utilizado hasta ahora en España, a partir de su aplicación a una muestra de clases de Matemáticas de Educación Secundaria de la provincia de Sevilla. Este trabajo retoma una línea de investigación iniciada hace años sobre el ambiente de aprendizaje en el aula que utiliza cuestionarios e inventarios de medición del clima de clase (Fernández, 1987; Fraser, 1986, 1987, 1994; Idiris and Fraser, 1997; Kesner, Hofstein and Ben-Zvi, 1997; Medina, 1988; Villar, 1992).

Los objetivos concretos que planteamos en este trabajo de investigación son los siguientes:

1.- Elaborar y validar un instrumento de diagnóstico, el Cuestionario de Ambiente de Clases de Educación Secundaria, para valorar el ambiente de aprendizaje en clases de Matemáticas de centros de Educación Secundaria (CACES).
2.- Describir el ambiente de clase que tienen los alumnos en función de variables demográficas (sexo); variables organizativas (tipo de centro: público o concertado; estrato; zona); y variables curriculares (1º, 2º, 3º y 4º de ESO, 1º y 2º de Bachillerato).
3.- Contrastar y analizar las diferencias en el ambiente de aprendizaje en clase de Matemáticas de centros de Educación Secundaria: ESO I, ESO II y Bachillerato en función de variables demográficas (sexo); variables organizativas (tipo de centro: público o concertado; estrato); y variables curriculares (curso; ciclo), al valorar el ambiente de aprendizaje de sus clases en función de distintas dimensiones.

En consecuencia, pretendíamos dar respuesta a la siguiente cuestión:

¿Cuál es el ambiente de aprendizaje en clase de Matemáticas de centros de Educación Secundaria: ESO I, ESO II y Bachillerato en función de variables demográficas (sexo); variables organizativas (tipo de centro: público o concertado; estrato); y variables curriculares (curso; ciclo), al valorar el ambiente de aprendizaje de sus clases de acuerdo a las ocho dimensiones del cuestionario de ambiente de clase de Matemáticas de Educación Secundaria (CACES)?

A raíz del problema que nos hemos planteado anteriormente se generan las siguientes hipótesis de investigación:

I. Existen diferencias significativas en las medias de grupos de estudiantes según el género (hombre vs. mujer), curso (1º, 2º, 3º y 4º de ESO, 1º y 2º de Bachillerato), tipo de centro (público vs. concertado), estrato (1 a 6), ciclo (I ciclo, II ciclo, y bachillerato), en cada una de las dimensiones del Cuestionario de Ambiente de Clases de Matemáticas de Educación Secundaria (CACES) Ideas Previas, Motivación, Rol del Profesor, Relaciones de Comunicación, Actitudes y Valores, Destrezas Cognitivas, Control Compartido, y Reflexión, en función del género (hombre vs. mujer), edad (1=<30; 2=30-39; 3=40-49; 4=>50), experiencia docente (1=<5; 2=5-9; 3=10-14; 4=>15), de la zona (1=urbana; 2=rural) de los Profesores de Matemáticas de Educación Secundaria.

II. Se pueden establecer factores que agrupen los items del CACES, y establecer correlaciones entre las distintas dimensiones del CACES en base a las respuestas al citado cuestionario de los alumnos/as de una muestra de clases de Educación Secundaria.

Dibujadas y escrutadas todas las hipótesis menores, en este estudio se han encontrado 449 subhipótesis.

3. Metodología

3.1. Muestra

Los sujetos del presente estudio han sido 2.860 alumnos que durante el curso 96/97 se encontraban cursando sus estudios en centros de Educación Secundaria de la provincia de Sevilla. Para seleccionar la muestra de nuestro estudio seguimos dos criterios: el tipo de centro (público o concertado), y el nivel educativo (primer ciclo, segundo ciclo, o bachillerato).

En esta elección se pretendía, por una parte, que estuviesen representados los distintos tipos de centros, y, por otra parte, se perseguían dos objetivos: que fueran aulas tanto de centros urbanos como rurales, y que fueran aulas correspondientes a los diferentes ciclos educativos (primer ciclo, segundo ciclo, o bachillerato). El cálculo del tamaño de la muestra se hizo por un procedimiento de muestreo estratificado con afijación proporcional, descrito por Azorín (1972: 127). El tamaño de la muestra resultó del siguiente modo: 82 clases de centros públicos y 45 clases de centros concertados.

A continuación ofrecemos en la Tabla 1, los datos correspondientes al total de alumnos y clases de la muestra estudiada:

	ESO I	ESO II	Bachillerato	Totales
	Alumnos-Clases	Alumnos-Clases	Alumnos-Clases	Alumnos-Clases
Centros Públicos	245 - 10	549 - 25	878 - 47	1672 - 82
Centros Concertados	556 - 20	345 - 12	287 - 13	1188 - 45
Totales	801 - 30	894 - 37	1165 - 60	2860 - 127

Tabla 1. Datos correspondientes al total de alumnos y clases de la muestra estudiada

En resumen, hay que señalar que con respecto a los alumnos la muestra estudiada ha estado compuesta por 2.860 alumnos/as que cumplimentaron el Cuestionario de Ambiente de Clases de Educación Secundaria (CACES), distribuidos en 127 clases de centros de Secundaria de Sevilla capital y provincia.

3.2. Diseño y procedimiento de la investigación

La fuente de recogida de datos ha sido el cuestionario para valorar el ambiente de aprendizaje de las clases de Matemáticas de Educación Secundaria. Por lo tanto, los datos de las percepciones del ambiente de aprendizaje de clase de los alumnos se obtendrán del cuestionario CACES que estudia las percepciones de los siguientes constructos: Ideas Previas; Motivación; Rol del Profesor; Relaciones de Comunicación; Actitudes y Valores; Destrezas Cognitivas; Evaluación; y Reflexión.

La secuencia del proceso de investigación está representada por los siguientes pasos:

1.- Construir y validar en el contexto escolar español un instrumento, el "Cuestionario de Ambiente de Clase de Educación Secundaria" (CACES).
2.- Llevar a cabo el análisis estadístico del "Cuestionario de Ambiente de Clase de Educación Secundaria" (CACES).

3.3. Instrumentos de recogida de datos

Fundamentalmente en esta investigación hemos utilizado instrumentos escritos en la forma de cuestionarios. El instrumento CACES está compuesto por 56 items que se agrupan en ocho dimensiones o escalas según la distribución que aparece en el Cuadro 1. El cuestionario (CACES) definitivo quedó compuesto por las siguientes dimensiones e items:

Dimensiones y ejemplos de items	Items						
IDEAS PREVIAS. Ejemplo: 1. Adquiero y manejo un vocabulario específico y básico de "términos matemáticos".	1	**9**	17	25	33	41	49
MOTIVACIÓN. Ejemplo: 2. El profesor reconoce en público cuándo hago algo bien.	2	**10**	**18**	26	34	42	**50**
ROL DEL PROFESOR. Ejemplo: 3. El profesor potencia los debates sobre las distintas estrategias planteadas por los alumnos en la resolución de problemas.	3	**11**	**19**	27	35	**43**	51
RELACIONES DE COMUNICACIÓN. Ejemplo: 4. No hablo con mis compañeros sobre cómo resolver los problemas.	**4**	12	20	28	**36**	**44**	52
ACTITUDES Y VALORES. Ejemplo: 5. El trabajo es monótono, rutinario y carente de sentido.	**5**	13	**21**	29	37	45	**53**
DESTREZAS COGNITIVAS. Ejemplo: 6. No soy capaz de interpretar, representar y organizar la información contenida en un problema.	**6**	14	22	**30**	38	46	54

CONTROL COMPARTIDO. Ejemplo: 7. No decido con quién trabajo.	**7**	15	23	31	**39**	47	55
REFLEXIÓN. Ejemplo: 8. Me doy cuenta de lo que sé y de cómo aprendo las cosas.	8	16	24	32	40	48	**56**

Cuadro 1. Items correspondientes a las diferentes dimensiones del Cuestionario de Ambiente de Clases de Matemáticas de Educación Secundaria (CACES).

3.4.- Análisis de datos

El análisis de los datos recogidos se ha llevado a cabo a partir del análisis estadístico de los mismos, utilizando para ello el paquete estadístico SPSS para Windows (versión 6.0.1). Se han realizado análisis de la varianza de un factor para las diferencias en las percepciones de los alumnos y profesores de Educación Secundaria en las dimensiones del instrumento. Para determinar si las diferencias observadas en las puntuaciones de las dimensiones eran estadísticamente significativas, se aplicó la prueba de Scheffé. Para estudiar la dimensionalidad del instrumento y comprobar la estructura conceptual que subyace a los mismos, se llevó a cabo un análisis factorial de todos los items. Tras comprobar la bondad de las medidas de adecuación en la matriz de correlaciones (índice de Kaiser-Meyer-Olkin, test de Bartlett, etc.), se realizó el análisis siguiendo el método de extracción de factores denominado componentes principales, seguido de una rotación varimax. La fiabilidad del instrumento en cada una de sus dimensiones se calculó a través del índice de fiabilidad alfa de Cronbach.

4.- Resultados

Como puede apreciarse en la Tabla 2 y en la Figura 1, la puntuación más alta en las medias de las puntuaciones obtenidas en cada una de las dimensiones del CACES por los alumnos en función del tipo de centro, tanto en los centros públicos como concertados, corresponde a la dimensión Rol del Profesor (25.13; 25.32), seguida de la dimensión Relaciones de Comunicación (25.07; 24.27). Destaca así, la percepción de los alumnos hacia clases en las que el Rol del Profesor es alto, mientras que se detecta un bajo grado de Evaluación, control compartido entre los alumnos y el profesor en sus clases. En líneas generales, la percepción del ambiente de clase de los alumnos de los Centros Públicos es más positiva que la de los alumnos de los centros concertados.

Dimensiones	Medias	
	Centros Públicos	**Centros Concertados**
1.- Ideas previas	23.39	22.96
2.- Motivación	22.66	22.19
3.- Rol del profesor	25.13	25.32

4.- Relaciones de comunicación	25.07	24.73
5.- Actitudes y valores	22.81	22.97
6.- Estrategias	24.29	24.50
7.- Evaluación	21.49	21.32
8.- Reflexión	24.05	23.45

Tabla 2. Medias de las puntuaciones obtenidas en cada una de las dimensiones del CACES por los alumnos de Educación Secundaria Obligatoria en función del tipo de centro: centros públicos y centros concertados.

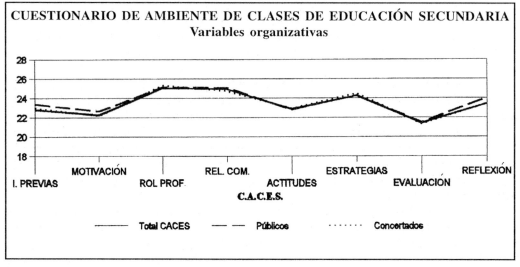

Figura 1. Medias totales y medias en función del tipo de centro: centros públicos, centros concertados, para cada una de las dimensiones del Cuestionario de Ambiente de Clases de Educación Secundaria.

Respecto a los centros públicos (Figura 2), en Primer Ciclo, la puntuación máxima recae en la dimensión Reflexión (25.51), seguida de la dimensión Ideas Previas (25.09). El valor mínimo se sitúa en la dimensión Evaluación (21.07). En Segundo Ciclo, la dimensión Rol del Profesor obtiene el valor más alto (26.58), seguida de la dimensión Relaciones de Comunicación (25.35), mientras que la dimensión Evaluación obtiene el valor mínimo (22.13). En Bachillerato, la dimensión que obtiene mayor puntuación es Relaciones de Comunicación (24.8), seguida de Rol del Profesor (23.9), mientras que la dimensión Ideas Previas obtiene el valor mínimo (21.21).

Es también interesante señalar que las medias obtenidas por los alumnos de los centros públicos en las dimensiones supera a las puntuaciones medias totales, en todos los casos excepto en la dimensión Actitudes y valores, que obtiene una puntuación de 22.81 a nivel de los centros públicos mientras que la media total es de 22.86.

Presentamos a continuación la representación gráfica mediante un diagrama de barras, correspondiente a estos resultados:

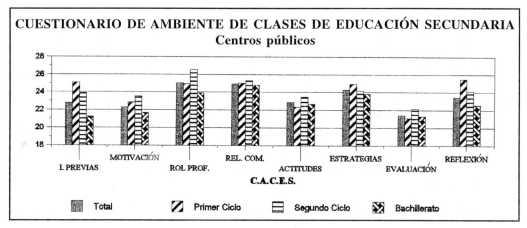

Figura 2. Media totales y medias de cada una de las dimensiones del CACES en función de estrato (primer ciclo, segundo ciclo y bachillerato) de los centros públicos

En los centros concertados (Figura 3), en Primer Ciclo, la puntuación máxima recae en la dimensión Rol del Profesor (24.98), seguida de la dimensión Estrategias (24.61). El valor mínimo se sitúa en la dimensión Evaluación (20.79). En Segundo Ciclo, la dimensión Relaciones de Comunicación obtiene el valor más alto (25.02), seguida de la dimensión Estrategias (24.55), mientras que la dimensión Evaluación obtiene el valor mínimo (21.26). En Bachillerato, la dimensión que obtiene mayor puntuación es la de Rol del Profesor (26.46), seguida de Relaciones de Comunicación (25.52), mientras que la dimensión Evaluación obtiene el valor mínimo (21.92).

En la Figura 3 se incluye la representación de estos resultados correspondientes a las puntuaciones medias obtenidas por los alumnos de los centros concertados en cada una de las dimensiones del CACES, y en función de los distintos ciclos.

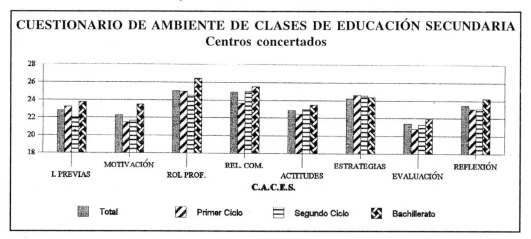

Figura 3. Medias totales y medias de cada una de las dimensiones del CACES en función de estrato (primer ciclo, segundo ciclo y bachillerato) de los centros concertados

5. Conclusiones e implicaciones

En relación con las hipótesis testadas, se aceptó la hipótesis fundamental:

I.   Existen diferencias significativas en las medias de grupos de estudiantes según el gé-
     nero (hombre vs. mujer), curso (1º, 2º, 3º y 4º de ESO, 1º y 2º de Bachillerato), tipo
     de centro (público vs. concertado), estrato (1 a 6), ciclo (I ciclo, II ciclo, y bachille-
     rato), en cada una de las dimensiones del Cuestionario de Ambiente de Clases de
     Matemáticas de Educación Secundaria (CACES) Ideas Previas, Motivación, Rol del
     Profesor, Relaciones de Comunicación, Actitudes y Valores, Destrezas Cognitivas, Control
     Compartido, y Reflexión, en función del género (hombre vs. mujer), edad (1=<30;
     2=30-39; 3=40-49; 4=>50), experiencia docente (1=<5; 2=5-9; 3=10-14; 4=>15), de la
     zona (1=urbana; 2=rural) de los Profesores de Matemáticas de Educación Secundaria,
     excepto en algunas hipótesis menores.
II. Se pueden establecer factores que agrupen los items del CACES, y establecer correla-
     ciones entre las distintas dimensiones del CACES en base a las respuestas al citado
     cuestionario de los alumnos/as de una muestra de clases de Educación Secundaria.

No se ha podido mostrar la relación entre la estructura teórica del CACES y la empírica
por medio del análisis factorial.

Las implicaciones que se derivan de nuestra investigación las podemos constatar en
distintos ámbitos; así, nos encontramos que tiene implicaciones en las siguientes áreas,
campos o ámbitos de actuación: Curricular; Instruccional; Formación del profesorado; Investigación; y Sistema escolar. Algunas de estas implicaciones sobre todo a nivel curricular
son:

•   La utilización del Cuestionario de Ambiente de Clase de Matemáticas de Educación
    Secundaria (CACES) es una técnica de análisis de la realidad del aula eficaz a la hora
    de informarnos acerca de aspectos metodológicos como: el conocimiento de las ideas
    previas de los alumnos; la propia metodología; las relaciones de comunicación profe-
    sor-alumnos o entre los alumnos que ocurren en el aula; etc.
•   A nivel del currículum, podemos determinar cuáles son los contenidos que generan
    ambientes de clase positivos y cuáles no a partir de la aplicación del cuestionario
    CACES, por lo tanto, podemos llevar a cabo selección de contenidos que sean perti-
    nentes con la tipología de alumnos de esa clase.
•   Un mayor conocimiento de los alumnos nos hace adaptar el currículum, reflexionar
    sobre él, de forma que no ofertemos respuestas educativas disociadas de los conoci-
    mientos previos, contexto e intereses de los alumnos.
•   La utilización de cuestionarios de ambiente de clase, hacen que los profesores dejen de
    centrarse en la materia (algo bastante común a los profesores de matemáticas en secun-
    daria), a reflexionar sobre qué peso tienen en la materia las ideas previas, los alumnos
    que tiene, sus opiniones acerca de la clase, sus dificultades...; y todo esto genera una
    dinámica de reflexión e indagación sobre su propia práctica que resulta muy positiva
    tanto a nivel individual como departamental.

Bibliografía

AZORÍN, F. (1972). *Curso de muestreo y aplicaciones*. Madrid: Aguilar.

BEN-CHAIM, D.; FRESKO, B. AND CARMELI, M. (1990). "Comparison of Teacher and Pupil Perceptions of the Learning Environment in Mathematics Classes". *Educational Studies in Mathematics, 21,* 415-429.

CHÁVEZ, R. (1984). "The use of high inference measures to study classroom climates: A Review". *Review of Educational Research, 54*(2), 237-261.

FERNÁNDEZ, R. (Coord.) (1987). *El Ambiente. Análisis Psicológico*. Madrid: Pirámide.

FRASER, B. J. (1986). *Classroom Environment*. London, England: Croom Helm.

FRASER, B. J. (1987). *The study of learning environments. Volume 2*. Perth: Curtin University of Technology.

FRASER, B. J. (1994). "Research on classroom and school climate". In D. Gabel (Ed.), *Handbook of research on science teaching and learning* (pp. 493-541). New York: Macmillan.

FRASER, B. J. AND WALBERG, H. J. (Eds.) (1991). *Educational environments: Evaluation, antecedents and consequences*. London: Pergamon Press.

FRASER, B. J., WALBERG, H. J., WELCH, W.W. AND HATTIE, J. A. (1987). "Syntheses of educational productivity research". *International Journal of Educational Research, 11,* 145-252.

HEROMAN, D., LOUP, K., CHAUVIN, S., AND EVANS, L. (1991). *Student perceptions of the learning environment, on-the-job assessments of tecahing and learning*. Paper presented at annual meeting of the A.E.R.A., Chicago, IL.

IDIRIS, S. AND FRASER, B. J. (1997). "Psychosocial environment of agricultural science classrooms in Nigeria". *International Journal of Science Education, 19*(1), 79-91.

KESNER, M., HOFSTEIN, A. AND BEN-ZVI, R. (1997). "Student and teacher perception of industrial chemistry case studies". *International Journal of Science Education, 19*(6), 725-738.

MEDINA, A. (1988). *Didáctica e Interacción en el Aula*. Madrid: Cincel-Kapelusz.

MIDGLEY, C., ECCLES, J. S. AND FELDLAUFER, H. (1991). "Classroom environment and the transition to junior high school". In B. J. Fraser and H. J. Walberg (Eds.) *Educational environments: Evaluation, antecedents, and consequences* (pp. 113-140). Oxford, England: Pergamon Press.

MOOS, R. H. (1991). "Connections between school, work, and family settings". In B. J. FRASER AND H. J. WALBERG (Eds.) *Educational environments: Evaluation, antecedents, and consequences* (pp. 29- 53). Oxford, England: Pergamon Press.

VILLAR, L . M. (1992). "El ambiente de aprendizaje de clase: teoría e investigación". En A. VILLA y L. M. VILLAR (Coords.) (1992). *Clima organizativo y de aula*. Servicio Central de Publicaciones. Vitoria, Gasteiz: Gobierno Vasco. 13-41.

WUBBELS, T. AND LEVY, J. (Eds.) (1993). *Do you know what you look like? Interpersonal relationships in education*. London: The Falmer Press.

LIDERAZGO E INNOVACIÓN EN LAS INSTITUCIONES EDUCATIVAS: EL JEFE DE ESTUDIOS EN LOS "NUEVOS" CENTROS

LORENZO ALMAZÁN MORENO
ANA ORTIZ COLÓN
Universidad de Jaén

1. Introducción

En cada sociedad se ha generado, después de una serie de acumulación de experiencias, la necesidad de un sistema educativo diferenciado y especializado (edad, maduración, dominio cultural, intereses, etc) desde sus especificidades internas. Un sistema educativo generado desde la sociedad, basado en la intervención, que ampara y rige los procesos de ayuda al desarrollo de los individuos. El sistema Educativo establece los centros escolares como los lugares donde se producen conexiones de estímulos, tanto internos como externos, al estar interrelacionados con el entorno, del que reciben influencias positivas y negativas. Para Coleman y Collige (1991) la mejora de la escuela depende de la influencia de los factores externos e internos y ambos son igualmente importantes. Como factores externos señalan: los administrativos, profesionales, sociales y familiares. Para mejorar la escuela indican que debe de realizarse un cambio en las relaciones entre los tres protagonistas centrales: profesores, estudiantes y padres.

La entrada en vigor de las nuevas leyes: L.O.D.E., L.O.G.S.E., y L.O.P.E.G.C.E. han cambiado algunas normas, como la elección del Equipo Directivo de los centros escolares no universitarios. Si la elección de los Directores escolares está considerada un tema crucial en el desarrollo de las Instituciones Educativas en nuestro país, como lo demuestran los numerosos estudios realizados sobre la importancia que tiene la dirección en la calidad educativa de los centros (García Hoz, 1979; CSIC, 1981; OCDE, 1989), no se le ha dado el suficiente realce a la importancia del Jefe de Estudios en el desarrollo organizativo e innovador del centro escolar. Las serias transformaciones que están realizándose en las Comunidades Escolares de Andalucía donde el eje organizativo, coordinador y dinamizador gira sobre la figura del Jefe de Estudios, nos lleva a la reflexión en la presente comunicación.

2. Los nuevos centros escolares en la Comunidad Autónoma Andaluza

El desarrollo normativo de la LOGSE ha traído consigo cambios en los centros educativos, tanto en los de Primaria, como en los de Secundaria. Estos cambios vienen provocados por la propia implantación de la ESO, por un lado, y por la ubicación de la misma en los respectivos centros. La entrada en vigor, en el presente curso escolar en Andalucía, del Tercer Curso de la Educación Secundaria Obligatoria, ha sido el detonante de serios problemas organizativos. La variedad actual de centros (por el alumnado que atienden) hace que el desarrollo de la Ley presente problemáticas diferenciadas en base a la tipología de centros que aparecen:

1. Centros específicos de Educación Infantil
2. Centros de Educación Infantil y Primaria
3. Centros específicos de Primaria
4. Centros específicos de Educación Secundaria Obligatoria
5. Centros de Primaria y Primer Ciclo de Secundaria (adscrito a un IES)
6. Centros de Primaria y Secundaria (adscrito a un IES)
7. Centros de E.S.O. y Bachillerato
8. Centros de ESO, Bachillerato, Ciclos Formativos, Programas de Garantía Social, Programas de Diversificación Curricular, ESA (algunos con menos elementos)
9. Centros específicos de Educación Especial
10. Otros centros

Ante esta diversidad de centros se configuran organizaciones escolares muy diferentes, las cuales van a presentar problemas distintos que requieren soluciones también distantas.

2.1. A "nuevos centros" nuevos problemas

A pesar de que se han construido bastantes centros nuevos, sobre todo IES, se han seguido utilizando, con mínimas transformaciones arquitectónicas, los centros escolares ya existentes. Antiguos centros de EGB se han transformado en centros de E. Infantil y Primaria y otros, han sido transformados en centros de Educación Secundaria Obligatoria exclusivamente. Preguntados los profesores de los centros de Primaria (el curso pasado tenían también el 1er ciclo de ESO) por la nueva situación organizativa del centro, manifiestan, en general, que ha mejorado y que se ha simplificado en gran medida. Como ejemplos concretos dan los siguientes:

* El horario escolar del centro se ha unificado (entradas y salidas de alumnos)
* El horario de recreo es único (antes se diferenciaba con la ESO)
* Los alumnos, al ser más pequeños, presentan menos problemas, sobre todo de disciplina
* Al quedar menos alumnos y profesores, todo se simplifica
* El profesorado de los centros, en general, es suficiente (quedan suficientes horas libres para poder realizar otras funciones educativas en el centro)
* Han mejorado en cuestión de espacios
* Los problemas de disciplina prácticamente han desaparecido
* Necesidad de revisión del R.O.F. para adaptarlo a las nuevas circunstancias.

La ampliación de la escolaridad obligatoria hasta los dieciséis años, con la Etapa de ESO, ha sido una de las transformaciones mayores de la LOGSE (comparada con la L.G.E.), junto a la generalización y democratización de la enseñanza. En la Comunidad Autónoma Andaluza la Educación Secundaria dejó de tener una finalidad concreta para pasar a ser un nivel que cubre a poblaciones mucho más variadas con desiguales destinos académicos, sociales y laborales (Gimeno 1987). Los I.E.S. son espacios de comunicación, relación e intercambio entre profesores, profesores-alumnos, y alumnos entre sí, con una diversidad de motivaciones e intereses que a su vez enriquecen y mejoran las relaciones que tienen lugar en el centro y en el aula.

Si hacemos incidencia en el carácter obligatorio de la ESO, se precisa una serie de adaptaciones en los centros, que es necesario tener presente máxime cuando la transformación histórica no ha generado aún la cultura necesaria para implantar un estilo coherente desde el punto de vista educativo. Los nuevos centros de ESO exclusivamente y los que imparten esta Etapa educativa junto al Bachillerato, Alumnos con Necesidades Educativas Especiales, Ciclos Formativos, Programas de Garantía Social, Programas de Diversificación Curricular, E.S.A., etc., han experimentado un profundo cambio que en cierto sentido les ha cogido desprevenidos (aunque estuviera previsto desde hace tiempo).

El primer ciclo de la ESO (12-14 años) pasa de los actuales centros de Primaria a impartirse en los centros de E. Secundaria, siendo este paso una marca de las discontinuidades más significativas de todo el sistema educativo. Por un lado, nos encontramos con un alumnado entre doce y dieciséis años que viene a modificar las edades de referencia de acceso a los institutos, por otro, este alumnado que accede a los institutos es el más joven de los I.E.S., pasando en unos meses de ser los referentes de sus anteriores centros de Primaria, con las connotaciones que ello conlleva. Para Youngman (1986, en Gimeno 1997, 64): *" en la transición a secundaria ocurren alteraciones en los siguientes aspectos: cambio de centro, de relaciones sociales, de las materias, grado de dificultad de éstas, alteración de lo que la familia espera de la nueva situación, una mayor aproximación a lo que va a ser el destino que orienta la vida del estudiante y más independencia personal"*.

En estos centros educativos se han detectado, entre otros, los siguientes problemas:

* Alumnado joven ante la resolución de conflictos
* Diferencias significativas, respecto a la tutoría, entre primer y segundo ciclo y otras enseñanzas
* Atención al alumnado con N.E.E. en el caso de institutos de integración
* Adaptación de espacios (al compartir espacios alumnos de 12 años con otros de más de 20)
* Adaptación del tiempo (el alumnado pasa 6 horas continuadas en el centro a diferencia de su experiencia en Primaria)
* El grupo de alumnos del 1er ciclo está atendido por el profesorado del cuerpo de maestros y por el cuerpo de profesores de secundaria
* Falta de experiencia de los profesores de secundaria en el trato de alumnos con 12 años
* Convivencia, en los mismos centros, de profesores con culturas escolares distintas
* Prácticas de enseñanza distintas, produciendo alteraciones entre profesor y alumno (relación maestro-alumno diferente al del profesor de secundaria-alumno)
* Profesorado de los IES no tiene experiencia en cuanto a la vigilancia de los recreos, presentándose como una nueva actividad

* Plantillas de profesorado, en algunos casos, insuficientes en los IES para atender el 1er ciclo
* Falta de espectativas académicas por parte de algunos alumnos que acceden a E.S.O.
* Convivencia en el centro, de enseñanzas obligatorias y no obligatorias, ante la oferta formativa en los IES
* Necesidad de revisión del R.O.F. ante la nueva situación planteada.

3. El Jefe de Estudios elemento personal clave del Equipo Directivo

Si consideramos que el Equipo Directivo es el eje en torno al cual debe girar toda la organización de un centro educativo, tendremos que considerar la extraordinaria importancia que requiere la selección de sus miembros, ya que el éxito o fracaso de la institución va a depender, en gran parte, del talante, interés, profesionalidad y vocación de los componentes de su equipo directivo (Almazán L., Torres, J. A. 1997). Los nuevos Reglamentos, así como la práctica diaria han dado un papel preponderante al Jefe de Estudios, de ahí la importancia que tiene la elección de la persona que vaya a desempeñar esa función, que consideramos de vital trascendencia para la marcha de un centro. La cantidad de funciones que le dan los Reglamentos Orgánicos (ejercer por delegación, sustituir, coordinar, elaborar, organizar, coordinar, fomentar, participar, favorecer, etc.), haciendo hincapié en los aspectos de coordinar todas las actividades tanto académicas como extraescolares, nos lleva a pensar que su actividad es más la de un dinamizador de la vida del centro que la de un verdadero gestor. La necesidad de ser una persona con capacidad para coordinar y organizar a individuos distintos y con motivaciones e intereses distintos, evitar conflictos y ser capaz de solucionarlos y dinamizar la acción educativa, nos demuestra el alcance que puede tener una buena elección.

4. El Jefe de Estudios y la calidad educativa

En la actualidad se ha cambiado la premisa de "una escuela para todos a una escuela de calidad". Tanto la LODE como después la LOGSE, han dado coherencia a este tipo de centros educativos en los que tienen cabida nuevos conceptos: Proyecto Educativo, calidad, integración, democratización, participación, colaboración, autonomía....Toda acción educativa busca en último término la mejora y por descontado mayores niveles de calidad. La calidad de la educación es un concepto que hoy debe vincularse a la adecuación y a la mejora del sistema respecto a la dinámica que se establece en los ámbitos cultural, social, individual y de proyección de los individuos (Gento, S. 1996). Por tanto, la calidad de la enseñanza favorece el acercamiento educativo y social. El reto educativo no es ya de carácter cuantitativo sino cualitativo. La calidad de la educación que se imparte en nuestros centros nos ha llevado a reflexionar sobre el papel que representa actualmente el Jefe de Estudios en esta faceta, para nosotros elemento clave en la estructura organizativa del centro escolar, independientemente del tipo de estudios que se imparta. El nivel de calidad de un centro educativo vendría dado, si éste orienta su actividad hacia los siguientes criterios (Garrido y otros, 1995: 20):

* "Favorecer al máximo el desarrollo personal de los alumnos y su acceso a la cultura, sin discriminación por razón alguna
* Adaptarse a las peculiaridades e intereses de los alumnos, incluidos aquellos que tienen necesidades específicas

- Generar respuestas válidas para una sociedad democrática, socialmente compleja y tecnificada
- Compensador de desigualdades, favoreciendo el máximo desarrollo de todos
- Prepara para la vida activa, adulta y profesional".

5. El Jefe de Estudios y los procesos de innovación

Este concepto de calidad hay que asociarlo al de innovación educativa. Desde esta perspectiva, entendida como cambio permanente, es desde donde se le deben de dar respuestas a las nuevas y cambiantes exigencias (intereses y necesidades) que debe satisfacer el sistema educativo (Torres, J. A. y Almazán, L.: 1996). El concepto de innovación incluye dos factores mayoritariamente reconocidos por todos los autores: el de novedad y el de mejora de esa realidad (Salvador Mata, 1997). Entre las novedades de los IES, en este curso, se encuentra la integración escolar. Integración que precisa de un cambio en todos y en cada uno de los elementos que integran el centro. En este sentido es un proyecto de innovación educativa, ya que este cambio en profundidad, sólo será posible si los profesores buscan una mejora del currículo y de la organización del centro. La función del Jefe de Estudios será decisiva si pensamos que los cambios que se deben de dar afectarán al desarrollo curricular y al mismo tiempo a la estrctura organizativa. Por otro lado, estos cambios de alguna manera van a desembocar en una mejora profesional puesto que implicarán una preparación acorde con las nuevas circunstancias.

6. El Jefe de Estudios y el clima escolar

La CEJA en su guía para realizar el Reglamento de Organización y Funcionamiento de los Centros Educativos (1992), indica la necesidad de que en los centros escolares se cree un clima que favorezca el diálogo, entendimiento, cooperación y solidaridad. Un clima positivo de trabajo y diálogo va a condicionar, en gran parte, no sólo la mayor participación de todos los elementos personales sino también una mayor calidad de esa participación, ya que el clima que reina en los centros no es el más idóneo en un sistema educativo (Escudero, 1990; Villar, 1988). Si consideramos el clima del centro como un eje vertebrador de la dinámica organizativa, estamos con el profesor Medina cuando afirma que *"el clima social del centro está influenciado por el estilo de relaciones sociales que permite y fomenta el poder político, concretado en el desarrollo legislativo"* (Medina, A. 1993: 9). Ante la nueva organización de los centros se va a configurar un clima social nuevo en cada una de las estructuras que se forman en base a: las relaciones sociales, características de los elementos personales, el contexto, la comunicación, la cultura escolar, las características arquitectónicas, la organización del tiempo y los espacios, etc. La capacidad del Jefe de Esudios para generar ilusión en el trabajo, dinamizar y movilizar a sus compañeros, buscar la eficacia en cuanto a fines y objetivos propuestos, así como en ser capaz de priorizarlos de manera coherente es una tarea que precisa personas emprendedoras.

Bibliografía

ALMAZÁN, L. y TORRES, J. A. (1997): *"El equipo directivo como dinamizador de la colaboración participativa"* en LORENZO, MATA, CARRILLO (coord): Organización y dirección de instituciones educativas. Granada. Grupo Editorial Universitario y COM.ED.ES.

CEJA (1992). Guía para la realización del Reglamento de Organización y Funcionamiento de los Centros Educativos. Consejería de E. y C. Sevilla.

COLEMAN, P., COLLIGE, J. (1991): "In the web: Internal and External Influences Affecting School Improvement". School Effectiveness and School Improvement, 2, 4, 262-285.

ESCUDERO,J. M. (1990). El centro como lugar de cambio educativo. La perspectiva de la colaboración. Actas del I Congreso Inter-Universitario de Organización Escolar. Barcelona.

GARRIDO, P. y OTROS (1995): Planificación de las actividades directivas de los centros docentes. Madrid. Escuela Española.

GENTO PALACIOS, S. (1996): Instituciones Educativas para la calidad total. Madrid. La Muralla.

GIMENO SACRISTÁN, J. (1997): La transición a la educación secundaria. Madrid. Morata

MEDINA, A. y SEVILLANO, Mª L. (1993): El clima social del centro educativo. Guía Didáctica. Madrid.U.N.E.D.

SALVADOR MATA, F. (1997). "Desarrollo Curricular, organizativo y profesional en contextos de integración", en SÁNCHEZ, A. y TORRES, J. A. Educación Especial I: Una perspectiva curricular, organizativa y profesional. Madrid. Pirámide.

TORRES, J. A. y ALMAZÁN, L. (1996): "La calidad de la enseñanza: Un reto para la Educación Secundaria" en Jaenseñanza, nov 1996. Jaén. Servicio de Publicaciones de la Delegación Provincial de Educación y Ciencia.

VILLAR ANGULO, L. M. (1988)."Evaluación del clima institucional", en IV Seminario Modelos de Investigación Educativa. Santiago de Compostela. Julio de 1988.

YOUNGMAN, M. (ed.) 1986. Mid-Chooling transfer: problems and proposals. Windsor. NFER-Nelson (en Gimeno 1997) pág 64.

PARTICIPACIÓN DE LOS ALUMNOS EN LA ORGANIZACIÓN E INTERACCIONES EXISTENTES ENTRE ALUMNADO Y PROFESORADO EN LA ESCUELA DE MAGISTERIO DE ALBACETE, UCLM, EL CASO DE LA ESPECIALIDAD DE EDUCACIÓN FÍSICA

PEDRO GIL MADRONA
Universidad de Castilla-La Mancha

1. Introducción

De la Orden (1991) señala cinco características de lo que son las escuelas eficaces, donde destaca en una de ellas la importancia del clima en el rendimiento tanto de la clase como de la institución escolar, por lo que el clima de clase, clima de centro, como el clima organizativo, estando este último con el campo de la gestión y la administración educativa, forman el contexto específico del medio de la institución teniendo una incidencia directa en el producto educativo.

La presente comunicación está referida a la evaluación de la participación de los alumnos en la organización e interacciones existentes entre alumnado y profesorado en la Escuela de Magisterio de Albacete en la Especialidad de Educación Física, tesis doctoral del autor que fue defendida en Madrid en noviembre de 1997.

2. Investigación evaluativa. Estudio evaluativo

La idea que ha inspirado la investigación ha sido la de obtener información de los diferentes sectores implicados de un centro específico de formación de profesores a propósito del Plan de Estudios o Currículum que conforma su formación inicial a fin de tener un conocimiento del mismo en diferentes momentos de su implementación. El estudio evaluativo llevado a cabo es una investigación evaluativa, en tanto que es una evaluación aplicada, donde la finalidad es el conocimiento para ayudar a mejorar la práctica (Gil Madrona, 1997).

El estudio se ha orientado a través de un modelo de evaluación mixto entre el propuesto por Stufflebeam, modelo CIPP (Stufflebeam y Shinfield, 1987) (Evaluación del Contexto, Entrada, Proceso y Producto), que define la evaluación como el proceso de identificar, obtener y proporcionar información útil y descriptiva del valor y mérito de las metas, la planificación, la realización y el impacto de un programa para servir de guía en la toma de decisiones, solucionar los problemas de responsabilidad y proponer la comprensión de los fenómenos implicados.

Así como el propuesto por el Profesor Pérez Juste (1995) (Evaluación Inicial o el Programa en sí mismo; Evaluación del Proceso o el Programa en su Desarrollo; y Evaluación final o el Programa en sus logros y resultados), quien orienta la evaluación de los programas hacia su eficacia, desde perspectivas pedagógicas, quien hace hincapié en los momentos inicial y procesual, para conseguir una mejora del educando y del educador, actuando sobre las dimensiones ambientales, organizativas, técnicas y sobre los programas mismos.

En todo caso y dado que se han tenido en cuenta las opiniones de profesores, alumnos y maestros de prácticas, así como dirigentes del Centro, el modelo es *humanístico*, pero dado que también se apoya en datos sobre el rendimiento de los alumnos resulta *eficientista* ya que analiza los logros y resultados del Currículum, es por ello que podemos hablar de un **modelo holístico** en su ánimo de conseguir una valoración global del Plan de Estudios.

ESQUEMA DE LA INVESTIGACIÓN EVALUATIVA DEL CURRÍCULUM DEL MAESTRO ESPECIALISTA EN EDUCACIÓN FÍSICA.

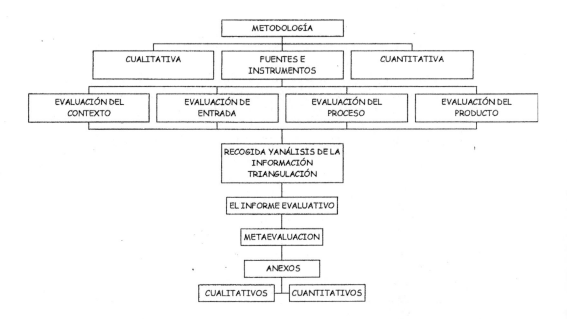

A estos efectos la metodología empleada ha tenido un carácter mixto, cuantitativa-cualitativa realizando el análisis a través de un proceso de triangulación, tanto de las fuentes consultadas como de los procedimientos utilizados para recoger la información, en todo caso ha sido esencial para esta tarea el apoyo de los programas informáticos SPSS, EXCEL y AQUAD.

Los instrumentos manejados para la recogida de la información han sido cuestionarios, entrevistas individuales, entrevistas grupales, análisis de las memorias de prácticas y expediente Académico de los alumnos. Por su parte las fuentes consultadas han sido: los profesores que imparten clases a lo largo de todo el Currículum, los alumnos que han cursado la especialidad de Educación Física y los maestros tutores de los alumnos en los Centros de Enseñanza durante la realización del práticum, las notas finales en cada una de las asignaturas, así como la consulta bibliográfica sobre el origen del actual Plan de Estudios de la especialidad de Educación Física de la Escuela de Magisterio de Albacete.

3. Evaluación de producto

La evaluación del proceso ha estado orientada para recoger información sobre el funcionamiento general de la Escuela de Magisterio. Así, en esta comunicación presentaremos la participación de los alumnos en los órganos de decisión de la Escuela, las relaciones personales y el clima en la organización, el ambiente de convivencia entre todos los miembros que forman la Escuela e intervienen en el Currículum de la formación inicial del maestro especialista en Educación Física.

3.1. Nivel de participación del alumnado de la especialidad de Educación Física en la organización de la Escuela de Magisterio

La Participación de los alumnos en el Centro como organización. Cuando se les pregunta a los alumnos sobre su grado de participación en el centro y organización del mismo, en los órganos de gestión y de decisión, en la elaboración de los programas de las asignaturas, su participación en la toma de decisiones en la Escuela y si consideran que sus derechos están defendidos y protegidos, podemos observar que, salvo en el apartado de la protección de sus derechos, en el resto de cuestiones el alumnado considera que su participación es "muy poca" y "poca", sus opiniones son "muy poco" consideradas, de igual forma que hay "muy poca" participación en la organización de la Escuela.

Participación de los alumnos en el centro como organización

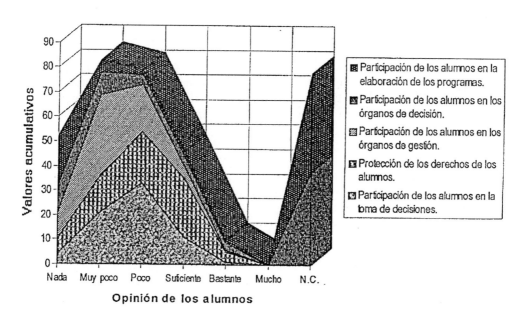

Opinión de los alumnos

Una valoración muy parecida encontramos en las respuestas de los profesores sobre la participación de los alumnos en la Escuela. En la siguiente gráfica se muestran las opiniones de los profesores y las de los alumnos superpuestas, por lo que se encuentran en porcentajes y observamos que son muy coincidentes. Podemos apreciar que ambas opiniones, de los alumnos y de los profesores, son muy coincidentes.

Grado de participación del alumnado en la escuela

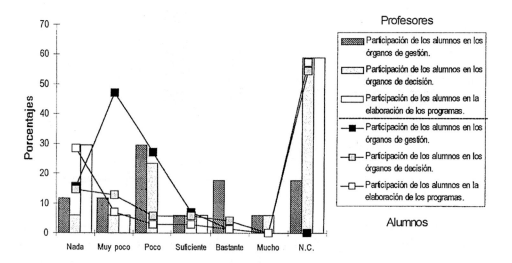

3.2.1.- *Estimación del clima organizacional del Currículum de la especialidad de Educción Física.*

Con relación al Clima dentro de la organización, se ha preguntado a los profesores sobre si se favorece el clima en el aula, y sobre la importancia que se da a la comunicación entre los miembros de la clase. En el siguiente gráfico están expresadas las contestaciones en forma de porcentajes, pues se interponen las contestaciones de los alumnos y las de los profesores.

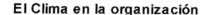

El Clima en la organización

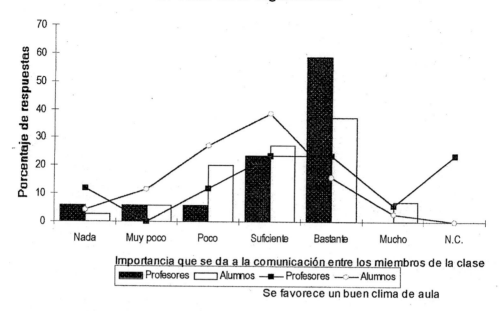

Importancia que se da a la comunicación entre los miembros de la clase

Profesores ☐ Alumnos —■— Profesores —○— Alumnos

Se favorece un buen clima de aula

Sobre si se favorece un buen clima en el aula, tanto profesores como alumnos coinciden en reflejar que *"sí"* se favorece el clima, pues predomina el *"suficiente"* en el alumnado, y el *"suficiente"* y *"bastante"* entre el profesorado. En la importancia que conceden a la comunicación entre los miembros del grupo-clase, profesores y alumnos también coinciden, señalando como máximo valor el *"bastante"* seguidos del *"suficiente"*.

3.2.3. Naturaleza de valoración de las relaciones personales entre todos los miembros de la Escuela de Magisterio que inciden en el Currículum, Plan de Estudios, de la especialidad de Educación Física

Se trata de analizar la naturaleza de la valoración sobre las relaciones personales entre los miembros de toda la Escuela de Magisterio implicados en el Plan de Estudios de Maestro Especialista en E. Física. Esta pregunta se hace tanto a los alumnos como a los profesores, valorándose la cooperación, la competitividad, la empatía, la autonomía, el rechazo, la dependencia, la pasividad, la actividad, la igualdad, la amistad y la profesionalidad. Resultados obtenidos que pasamos analizar a continuación:

Donde se observa que la cooperación es valorada como *"suficiente"*, la competitividad es valorada como *"poco"* y *"suficiente"*, la empatía mayoritariamente como *"suficiente"*, y la autonomía entre *"bastante"* y *"mucho"*. En el rechazo hay una contraposición, pues hay un grupo de profesores que consideran que *"no hay"* tal rechazo y otro grupo que piensan que hay *"bastante"* rechazo. En la dependencia se opina que hay *"muy poca"*. También se piensa que hay *"poca"* pasividad, *"bastante"* actividad, *"suficiente"* igualdad, *"suficiente"* amistad y *"bastante"* profesionalidad.

Los alumnos estiman que en la Escuela de Magisterio, y en concreto en la especialidad de Educación Física, las relaciones existentes son buenas, aunque bien es cierto que existen "*varios grupillos*" aunque el trato con los compañeros es amigable, a pesar de haber existido cierta competitividad entre el alumnado.

"*Yo considero que de todas las facultades de aquí en Albacete, la de Magisterio es en la que más relación hay. La verdad es que tendríamos que distinguir entre la especialidad de Educación Física y las demás especialidades de la Escuela. Hay mucha relación en nuestra especialidad, si bien es cierto que hay muchos grupillos en clase*". (José Luis, entrevista grupal, alumno).

3.2.4. Nivel de relaciones e interacciones existentes entre el alumnado y el profesorado dentro de las aulas

Hemos comparado y superpuesto las opiniones de los alumnos y los profesores, por lo que las tendencias aparecen en porcentajes. Examinando el grado de libertad con el que los alumnos exponen sus opiniones, el diálogo entre profesores y alumnos, el proceso de aprendizaje, el interés del profesorado por el alumnado, y las ayudas que solicitan los alumnos al profesorado.

Cuando analizamos las respuestas recogidas podemos conjeturar cómo los dictámenes de los alumnos están mayoritariamente valorados entre "*poco*" y "*suficiente*", mientras que la valoración mayoritaria del profesorado se encuentra entre "*suficiente*" y "*bastante*".

Por lo que vemos cómo el grado de libertad con el que los alumnos exponen sus opiniones es valorado por los profesores como "*bastante*", mientras que los alumnos consideran que su libertad para exponer sus pensamientos y opiniones sólo es de "*suficiente*". Respecto al diálogo que se mantiene en el proceso de enseñanza-aprendizaje por parte de los profesores y los alumnos, los alumnos vierten sus opiniones entre "*poco*" y "*suficiente*", mientras que la tendencia del profesorado es mayoritariamente de "*bastante*", seguido de un grupo también numeroso que piensan que es "*poco*" y "*suficiente*". El grado de interés del profesorado por los alumnos, es calificado por los profesores de "*suficiente*" y "*mucho*", por el contrario los alumnos colocan su consideración entre "*poco*", "*muy poco*" y "*suficiente*". Y la proporción de ayudas que solicitan ante sus dudas los alumnos a los profesores apreciamos cómo hay una mayor coincidencia y similitud en la contestación, pues ambos grupos vienen a manifestar que es "*suficiente*", seguidos a distancia por las opiniones de "*poco*" y de "*bastante*".

Los alumnos señalan que si bien los profesores escuchan sus ideas, sin embargo éstas no las aceptan, ni son tenidas en consideración.

Te escuchan, pero no están de acuerdo en aceptar tus ideas, quizás porque ellos no las vean adecuadas" (Rosa, entrevista grupal, alumna).

Bibliografía

DE LA ORDEN, A. (1991) "El éxito escolar" *Revista Complutense de Educción* 2 págs.13-25. Madrid.

GIL MADRONA, P. (1997) "*Diseño y aplicación del Currículum de la formación inicial del maestro especialista en Educación Física en la Escuela de Magisterio de Albacete, UCLM*" Tesis doctoral. UNED. Inédita.

PÉREZ JUSTE, R. (1995) "Evaluación de programas educativos", en Medina Rivilla, A. y Villar Angulo, L. M. (Coord.) "*Evaluación de Programas educativos, Centros y profesores*". E. d. Universitas, S. A. Madrid.

STUFFLEBEAM D. L. y SHANKFIELD, A. J. (1987) "*Evaluación sistemática. Guía teórica y práctica*". E. d. Paidós-M.E.C. Barcelona.

UNA REFLEXIÓN CRÍTICA SOBRE LA ENSEÑANZA DE LA ORGANIZACIÓN ESCOLAR

Mª J. CARRASCO
J. M. CORONEL
Mª L. FERNÁNDEZ
S. GONZÁLEZ
R. ROMERO
Universidad de Huelva. Dpto. de Educación

I. Introducción

Una disciplina ha de ser entendida como reconstrucción que ha de manifestarse en propuestas flexibles de metas, contenidos y de procedimientos que orienten la práctica. Hasta nosotros han llegado algunas aportaciones que se enmarcan, fundamentalmente, en el ámbito de los contenidos. En 1984 se celebró en Madrid el "I Encuentro de profesores de Organización Escolar de Escuelas Universitarias de Formación del Profesorado de EGB" con el único propósito de analizar la situación que por entonces atravesaba la asignatura. Allí se pusieron de manifiesto las divergencias existentes, sobre todo en la selección de los contenidos, pero fue un foro muy importante de reflexión y propuestas de mejora que, desgraciadamente, no tuvo continuidad. Desde esta comunicación abogamos por la recuperación de ese tipo de encuentros.

Algunos autores como Juan Manuel Moreno (1978; 22-23), Óscar Sáenz (1985; 33-34), Manuel Álvarez et al. (1988), Joaquín Gairín (1990; 535), Carda (1992 cit. por Sáenz, O. 1993; 30) han realizado estudios acerca del contenido de la Organización Escolar.

A pesar de ser reconocida la importancia del propio proceso de su enseñanza, las revistas publican pocos artículos sobre el tema, los académicos prefieren inclinar el contenido de los debates y exposiciones en el campo de la teoría o investigación más que el propiamente docente. De todos modos, parece que progresivamente se le viene prestando algo más de atención por parte de la literatura (Bogotch, 1995; Coronel, López, y Sánchez, 1994; Fulmer y Frank, 1994; Levin, y Bosetti, 1995; Sabirón y otros, 1992). Nos parece una tarea necesaria y apremiante el estudio de la enseñanza de la Organización Escolar en sí mismo y como medio de contribución a la reconstrucción de este complejo y apasionante campo de estudio.

Por último es preciso reseñar los esfuerzos que se están realizando desde el punto de vista colectivo, como puede ser la institucionalización de los Congresos bianuales de Organización Escolar así como las aportaciones que emanan desde la Universidad de Granada con la creación de la denominada "Comunidad científica de profesores universitarios de Organización Escolar" con el profesor Lorenzo Delgado al frente.

Nosotros, desde la Universidad de Huelva, estamos llevando a cabo un amplio proceso de reflexión con el principal objetivo de mejorar nuestra docencia en esta disciplina.

II. La Organización escolar en el Currículum Formativo de los Futuros Maestros en la Univesidad de Huelva

La asignatura de Organización Escolar, atendiendo a los nuevos planes de estudios ya reformados y en funcionamiento desde este curso 98-99, aparece en las titulaciones de Maestro en las diversas especialidades contempladas en esta Universidad.

Comenzando por los estudios correspondientes al primer ciclo tenemos que en todos los títulos de Maestro (Infantil, Lengua Extranjera, Educación Física, Educación Especial y Primaria) aparece bajo la denominación **Organización del Centro Escolar**, como materia troncal, asignándosele un total de 4'5 créditos. La ratio está alrededor de cien alumnos por aula separados en turnos de mañana y tarde. A todos estos condicionantes hay que unirles el del profesorado que está constituido por un equipo de cinco personas (dos Profesores Titulares y tres Asociados).

Con ese contexto condicionante y durante el curso 97-98 pensamos que podría ser interesante realizar un estudio acerca de la asignatura para así poder comprender y desarrollar posibles estrategias de mejora. Para ello nos pareció lo más idóneo comenzar desde la perspectiva del alumnado. Sobre la conveniencia de su aparición en primer curso puede haber opiniones divergentes, lo que sí nos parece digno de comentario es la asignación de tan sólo 4'5 créditos para el desarrollo de una asignatura que consideramos fundamental en la formación de cualquier profesional vinculado con el trabajo en los centros educativos. Queremos hacer constar, igualmente, la presencia dentro de los planes de otra asignatura troncal denominada *Sociología de la Educación* (4 créditos), vinculada al área de conocimiento Sociología, en cuyos descriptores aparece el contenido: «Sociología de la Organización Escolar», por las posibles conexiones con ciertas temáticas y enfoques susceptibles de llevarse a cabo.

En la especialidad de Educación Especial, aparece como asignatura troncal *Aspectos Didácticos y Organizativos de la Educación Especial* (6 créditos). Como su propio nombre indica, se trata de complementar desde ambos puntos de vista y no exclusivamente desde una u otra perspectiva aunque, como todos sabemos, dependerá en gran medida de quien asuma la docencia en concreto.

La escasez de créditos otorgados a la Organización Escolar parece paliarse en alguna medida, muy poca, con la inclusión del Prácticum y algunas asignaturas optativas en tercer curso como *Evaluación de los Centros Educativos* (4 créditos), en la especialidad de Educación Física, y *Dirección y Gestión de Centros Educativos* (4 créditos) en el título de E. Primaria. No llegamos a entender del todo las razones para no incluirlas en la totalidad de las especialidades, ni tampoco por qué, por ejemplo, los maestros especialistas en educación física o educación infantil no tendrán oportunidad de conocer cuestiones vinculadas con la dirección escolar, ¿no les tocará a ellos ser directores alguna vez?

III. Los Alumnos y el Contexto

El trabajo pretende contribuir a reflexionar sobre el análisis de la propia práctica docente como eje vertebrador de la docencia, dando la oportunidad de plantearnos nuestro papel en este contexto profesional un tanto decepcionante que nos dibuja el profesor García Calvo (1990):

«Es inherente a la Universidad y demás Instituciones Pedagógicas el amortiguar la curiosidad y pasión de entender en los estudiantes, el desviarlos hacia fines impuestos desde Arriba, el convertir sus actividades en trabajo, el someterlas a la examinación perpetua, el vaciarlas de sentido en sí al someterlas a un destino, Título o Colocación, y en una palabra, el aburrir al personal» (G. Calvo, 1990;15).

Los alumnos universitarios cada día se muestran más escépticos acerca de la utilidad de la Universidad en relación a su futuro profesional, de los conocimientos aprendidos y su aplicabilidad o utilidad posterior; en no pocas ocasiones parecen asumir la acción homogeneizante de la propia institución universitaria.

Los alumnos son un elemento clave a considerar en el análisis de la situación en que estamos implicados. Los principales protagonistas y destinatarios de la actividad docente y los que dan sentido a nuestra propia labor de enseñanza.

En general, y siempre con las típicas excepciones, los alumnos que acceden desde primer curso a la Facultad para iniciar sus estudios de Magisterio en las distintas especialidades provienen directa y recientemente de la Enseñanza Secundaria. La asignatura de Organización Escolar en estos estudios aparece en primer curso de la diplomatura.

Gran parte de este colectivo se ha matriculado sin tener muy clara la decisión adoptada, entre otras razones por las limitaciones existentes a la hora de ofertar titulaciones en esta Universidad, y se encuentran con la asignatura de Organización Escolar, nada más comenzar sus estudios. Esta variable tiene consecuencias importantes en el planteamiento y desarrollo curricular de la misma, a todos los niveles.

Si eludimos la acción homogeneizante, podemos observar ciertos matices dignos de mención sobre todo en aquellas especialidades como Educación Física, Educación Infantil y Educación Especial; el alumno de Educación Física suele estar más sensibilizado por las cuestiones técnicas vinculadas al ejercicio de su profesión y presta menos atención a los aspectos estrictamente pedagógicos. Suele existir un porcentaje alto de alumnos matriculados porque les gusta la Educación Física, no la profesión docente. En relación a los que cursan la especialidad de Educación Infantil o Educación Especial suele existir más interés y sensibilidad pedagógica hacia los niños, en primer lugar. La asignatura de Organización Escolar tiene el reto planteado de ampliar dicha sensibilidad e interés hacia la Escuela como campo de estudio y lugar de trabajo.

En general, la falta de experiencia y conocimiento se deja notar incluso en el tipo de actividades y experiencias que demandan (el conocimiento experiencial es para ellos un componente clave de la asignatura: se inclinan muy favorablemente hacia aquellas actividades que incluyen información visual en forma de vídeos, películas o situaciones reales o simuladas).

Esta situación que comentamos afecta a la Organización Escolar en el ámbito de la docencia en esta Universidad, desde el punto de vista de la formación de los profesores, con un planteamiento de la enseñanza para la formación inicial, orientado a conocer las instituciones escolares como espacios profesionales actuales o futuros, en los que interesa saber desenvolverse, conocer los mecanismos de funcionamiento e integrarse profesionalmente.

De todas las características en relación con los alumnos universitarios merece especial atención, por su influencia en el diseño de la materia, la referida a la edad de los mismos, en el sentido de que el alumno universitario es un aprendiz adulto, con connotaciones o rasgos específicos (derivados de su adultez) en su forma de adquirir el conocimiento. Pero no es menos cierto que dentro del abanico de edades nos encontramos con los más jóvenes. Encontrarse con la asignatura en primer curso es una variable que necesitamos explorar desde el punto de vista de sus limitaciones y sobre todo de las posibles ventajas que pueda conllevar ésta.

IV. Desarrollo de la experiencia

Puesto que pensábamos (sólo a niveles intuitivos, y a través de la experiencia de los cursos anteriores), que durante las primeras semanas del mismo, nuestros alumnos y alumnas permanecían ante la asignatura con una actitud más bien pasiva, a la espera, «en guardia»... Como también, y sin constatar por ningún medio objetivo, apreciábamos que a partir de estas primeras semanas mencionadas, el cambio de actitud se hacía visible: se cuestionaban afirmaciones nuestras, se quería saber más de determinados aspectos, se manifestaban dudas... Y siguiendo la filosofía de Stenhouse (1987) acerca de la investigación educativa (a diferencia de la investigación sobre educación), en el sentido de que todo compromiso con la acción educativa servirá para mejorar su práctica, está claro que nuestro interés se concretaba en conocer, profundizar o desenmascarar qué pensamientos o ideas se escondían detrás de aquella pasividad inicial, puesto que cuanto antes la erradicásemos, dispondríamos de mayores posibilidades de motivarles hacia el conocimiento de la Organización Escolar.

Nos interesaba concretamente averiguar de una forma objetiva lo que subjetivamente ya habíamos apreciado: si, a juzgar por las manifestaciones externas del alumnado parece que aumenta el interés hacia la asignatura ¿será que aprecian su importancia, una vez la conocen mejor?; si parece que lamentan que ésta acabe, ¿es posible que piensen que se necesita más tiempo?; ese aburrimiento visible inicial, ¿será por la abstracción y desuso habitual de la legislación?; ¿es el profesorado que se la presenta inadecuadamente?

Es así como emergen de forma casi espontánea los aspectos a investigar: la importancia que se le da a la asignatura, el tiempo que se le dedica, la necesidad del estudio de la legislación y el binomio teoría-práctica. La cuestión radica en conocer **cómo** varía el valor que le concede el alumno a cada uno de los apartados anteriores a lo largo del cuatrimestre. Necesitamos, pues, conocer **qué** piensa al principio del mismo y **qué** piensa al final y elaboramos un cuestionario (pretest), cuyas respuestas serían comparadas al final del cuatrimestre con otro de similares características (postest), y que abordase las mismas cuestiones. Se inicia con una pregunta que aclare la relación de alumnos y alumnas con nuestra asignatura por si hubiese que eliminar a algunos de la muestra: no nos interesa para nuestro estudio aquellos que ya la han cursado o los que ya traen una opinión formada por conocimientos ajenos.

Decidimos que el primer día de clase nos sería muy útil para saludarles, darnos a conocer, desmitificar el aula universitaria y proponerles que a la próxima clase deberían venir acompañados imprescindiblemente del programa de la asignatura previamente leído y analizado. Así se hizo y el segundo día de clase se les pasa el cuestionario. Creímos necesario informarles someramente de lo que perseguíamos con el mismo, se les dijo que simplemente nos interesaba saber si cambiaba su opinión respecto de la asignatura cuando la hubiesen cursado. Antes hubieron de aclararse algunos párrafos del programa de los que los alumnos manifestaron dudas y que eran debidas, en su mayoría, a cuestiones semánticas: «estructura administrativa», «órganos de gobierno», «CEPs u EOEs»... Quizá sea interesante añadir que durante la cumplimentación de este cuestionario hubo que tranquilizar a más de uno que manifestó cierta duda respecto a la utilidad de unas repuestas que ellos daban sobre algo que desconocían, aclarándoseles que era precisamente eso lo que queríamos: conocer qué pensaban cuando el conocimiento era insuficiente respecto de la asignatura.

El cuestionario segundo y último se les pasó al finalizar el cuatrimestre. Su contenido se corresponde totalmente con lo planteado al comienzo del mismo, prácticamente el cambio reside en el uso de los tiempos verbales. Respecto al cuándo, nos pareció que el mejor momento era antes del examen (para no perder población) y una vez desarrollados todos los temas; concretamente se eligió el día concertado con alumnos y alumnas para resolver dudas y al mismo tiempo presentar una visión global y sintetizadora de la Organización del Centro Escolar.

V. Valoración de los cambios producidos

Es conveniente aclarar que es prácticamente el mismo número de alumnos el que se somete al pretest y al postest, y que es superior al 90% de los encuestados el número de los que han asistido con regularidad a clase. Analizamos los cambios en relación a los aspectos estudiados:

Los Contenidos

Es notable el aumento que se produce al finalizar el curso en afirmar (señalar que al principio sólo se «supone») la importancia que tiene la Organización para el desarrollo de la profesión. Ha contribuido al incremento el hecho de unirse al «sí» los que al comenzar la asignatura suponían que «algo» o «poco». El casi 1% que pensaba que no servía para nada ha desaparecido, así como el 1.16% que no contestó.

El tiempo

Como era de esperar, en el pretest la mayoría del alumnado no sabía si sería o no suficiente el tiempo estimado para el desarrollo de la asignatura. Este mismo número de alumnos es el que después afirma no disponer de tiempo suficiente.

La legislación

Es en esta cuestión donde menos cambios se observan. Una mayoría de alumnos y alumnas (65.7%) «supone» al principio que será necesario, aumentando ligeramente al final (70.74%), cuando lo aseguran.

Relación teoría-práctica

Disminuye el número de alumnos que consideraban en un primer momento que predomina la teoría sobre la práctica, aumentando el que pensaba que habría menos teoría que práctica así como los que pensaban que estarían igualadas.

VI. Conclusiones

Ante el análisis anterior podemos aventurarnos a afirmar que dado que alumnos y profesores coincidimos en considerar muy importante para el desarrollo profesional los contenidos de la Organización Escolar y que carecemos del tiempo suficiente para ello, parece obligado plantearnos un estudio sobre las posibilidades reales, a nivel académico o legal, de aumentar los 4.5 créditos que en la actualidad tiene designados.

Por otra parte, y ante la duda que nos surge a veces acerca de la posible abstracción del estudio de la legislación educativa, alejarnos de dicha incertidumbre, puesto que alumnos y alumnas sostienen su necesidad.

Y aún nos queda una tarea pendiente: no estamos de acuerdo ante la respuesta de que existe más teoría que práctica en la asignatura; nosotros pensamos que las dos por igual, si cabe, se trabajan más los aspectos prácticos que los teóricos. Podemos concluir pues, que algo está fallando: o estamos equivocados cuando planteamos cuestiones prácticas que el alumno ve como teóricas, (es decir, hacemos un planteamiento erróneo o que incita al error), o bien no son tantas cuestiones prácticas las que trabajamos como nos parece a nosotros, o bien los alumnos no saben diferenciar claramente qué es una actuación metodológica práctica y qué es una actuación teórica. En esos dilemas nos encontramos en este momento.

Una vez transcurridos dos meses del inicio del presente curso, hemos introducido las primeras modificaciones en la docencia de la Organización escolar, fruto del contraste de las percepciones del alumnado con las nuestras. Concluimos aquí en la reafirmación de la necesidad de seguir trabajando como grupo que reflexiona, investiga y trabaja colaborativamente, para conseguir una progresiva optimización de la práctica docente que redunde en los auténticos protagonistas de nuestra actividad: nuestros alumnos.

Bibliografía

ACTAS del I Encuentro de profesores de Organización Escolar de Escuelas Universitarias de Formación del Profesorado (1984). Madrid. Documento fotocopiado.

ÁLVAREZ, M. (1988) *El equipo directivo. Recursos técnicos de gestión.* Madrid: Popular.

BOGOTCH, I. (1995) *Teaching and learning in educational administration: A theoretical argument.* Annual meeting of the AERA, New Orleans.

CORONEL, J. M.; LÓPEZ, J. Y SÁNCHEZ, M. (1994) *La metodología del estudio de casos: una aplicación a la enseñanza de la Organización Escolar.* Comunicación al IV CIOE, Santiago de Compostela.

FULMER, C. y FRANK, F. (1994) *Focusing on teaching and learning in educational administration.* Annual meeting of the AERA, New Orleans.

G. CALVO, A. (1990) Desengaños acerca de universidad, enseñanza e investigación. *Revista de Enseñanza Universitaria, 1* (1) 13-23.

GAIRÍN, J. Y ANTÚNEZ, S. (1989) *Organització de centres. Experiéncies, propostes i reflexions.* Barcelona: Grao.

GAIRÍN, J. (1990) *El contenido de la Organización Escolar. En la formación práctica de los profesores.* Actas de II Symposium sobre Prácticas Escolares, Pontevedra 527-540.

LEVIN, B. y BOSETTI, L. (1995) *Ideas on teaching educational administration.* Annual meeting of the AERA, San Fco.

MORENO, J. M. (1978) *Organización de centros de enseñanza.* Zaragoza: Edelvives.

SABIRÓN F. Y OTROS (1992) *Una propuesta para la docencia en «Organización Escolar».* Comunicación al II CIOE, Sevilla.

SÁENZ, O. (1985) "Organización Escolar". En. Sáenz, O. et al. *Organización Escolar.* Madrid: Anaya. 7-48.

SÁENZ, O. (1993) "Perspectivas actuales de la organización". En Sáenz, O. Lorenzo, M. *Organización escolar: Una perspectiva ecológica.* Alcoy: Marfil

STENHOUSE, L. (1987) *La investigación como base de la enseñanza.* Madrid: Morata.

INICIATIVAS PARA FOMENTAR EL NIVEL DE PARTICIPACIÓN DE LOS ALUMNOS EN LOS DIFERENTES ÁMBITOS DEL CENTRO ESCOLAR

JUAN TORRES GUERRERO
ENRIQUE RIVERA GARCÍA
CARMEN TRIGUEROS CERVANTES
JUAN ALBERTO TORRES CAMPOS
Universidad de Granada. Facultad de Ciencias de la Educación. Departamento de Expresión Musical, Plástica y Corporal

1. Introducción

De los elementos personales que conforman la comunidad educativa, son los alumnos el colectivo más numeroso y al que se le supone el centro de la institución. A este colectivo se le ha otorgado derechos de participación, teniendo ésta para ellos además una dimensión formativa.

Consideramos que la participación de los alumnos en los ámbitos de la gestión y decisión es un buen aprendizaje para su introducción al funcionamiento de las instituciones democráticas, como una experiencia en el ejercicio autónomo de sus derechos y como contexto para el aprendizaje de valores de tolerancia, de diálogo, de solidaridad y de otras actitudes cívicas. La escuela como contexto de aprendizaje puede ser un buen lugar de entrenamiento de los valores de participación democrática.

Los alumnos participan realmente cuando se sienten atraídos por intereses concretos e inmediatos. Un sistema de participación de los alumnos en que no se debatan y decidan asuntos de interés práctico o reivindicativo suele tacharse de convencional, vaciándose de contenido y convirtiéndose en una estructura muerta y nada operativa.[1]

El límite madurativo, hay que situarlo en el momento en que las relaciones sociales cobran cierta perdurabilidad, cuando los intereses infantiles superan la etapa egocéntrica y constatan la existencia de los demás como seres desligados del yo en el plano de igualdad. Éste se encuentra a partir de los 9 a 10 años, si bien la participación con plenitud no será

---

1 Álvarez, M. (1988). El equipo directivo. Recursos técnicos de gestión. p. 66. Madrid: Ed. Popular.

posible hasta después de transcurrida la adolescencia, cuando el alumno tiene la personalidad básicamente estructurada.[2]

Los profesores y órganos directivos tienen un papel muy importante que desempeñar
tanto en la constitución como en el funcionamiento de estructuras de participación. Es claro
que si el profesorado y los padres no apoyan, es difícil que lleguen a desarrollarse como
sería deseable.[3]

2. Marco Conceptual

2.1. Fundamentación legal de la propuesta de participación del alumnado

El punto de partida de nuestra investigación ha sido indagar en el marco legal que
fundamenta la participación de los alumnos en los centros.

Recogiendo lo establecido en el artículo 27 de la Constitución española, apartado 5, en
el que proclama el derecho a la participación de los sectores implicados en la gestión del
conjunto del sistema educativo, y lo enuncia en los siguientes términos:

*«Los poderes públicos garantizan el derecho de todos a la educación, mediante una
programación general de la enseñanza, con participación efectiva de todos los sectores
implicados».*

En el apartado 7 del mismo artículo expresa:

*«Los profesores, los padres y, en su caso, los alumnos intervendrán en el control y
gestión de todos los centros sostenidos por la Administración con fondos públicos, en
los términos que la ley establezca».*

Posteriormente la LODE (1985), explicitaba estos derechos referidos a los alumnos
como sigue:

6.1. Se reconoce a los alumnos los siguientes derechos básicos:[4]
*e) Derecho a participar en el funcionamiento y en la vida del centro de conformidad
con lo dispuesto en la presente Ley.*
*7.1. Los alumnos podrán asociarse en función de su edad, creando organizaciones de
acuerdo con la Ley y con las normas que, en su caso, reglamentariamente se establezcan.*
2. Las asociaciones de alumnos asumirán, entre otras las siguientes finalidades:
*a) expresar la opinión de los alumnos en todo aquello que afecte a su situación en los
centros.*
*b) Colaborar en la labor educativa de los centros y en las actividades extraescolares
y complementarias de los mismos.*
c) Promover la participación de los alumnos en los órganos colegiados del centro.

---

2 Sarramona, J. (1980). Investigación y estadística aplicada a la educación. p. 166. Madrid: CEAC.
3 Martín Bris, M. (1988). Organización escolar. p. 110. Madrid: Escuela Española S.A.
4 Fernández Dacal, G. (1986). El centro docente, líneas para la aplicación de la LODE. p. 269-270. Madrid:
Escuela Española.

Continuando con nuestra fundamentación legal, hacemos referencia a una norma posterior, el Real Decreto sobre Derechos y deberes de los alumnos R.D. 1543/1988, en el que se indica:

Art. 6.1 Los alumnos tienen derecho...
...La preparación para participar activamente en la vida social y cultural.
... La participación en la mejora de la calidad de la enseñanza.

2.2. Fundamentación Curricular

Para fundamentar en el currículo escolar nuestra propuesta de participación de los alumnos, hemos elegido la Etapa de Educación Secundaria Obligatoria, verificando qué tratamiento recibe la participación en los diferentes elementos del currículum.

El Decreto 106/92, por el que se establecen las Enseñanzas correspondientes a la E.S.O. en Andalucía, considera en su Introducción que este tipo de Enseñanzas aborda...*un cambio profundo y general del Sistema Educativo, por cuanto afecta tanto a la reordenación de la estructura del sistema, como... con una concepción más participativa y adaptada al medio.*

Continúa...*Tal formación plena ha de ir dirigida al desarrollo de su capacidad para ejercer, de manera crítica y en una sociedad axiológicamente plural, la libertad, la tolerancia y la solidaridad así como para intervenir autónomamente en el proceso de desarrollo de nuestra sociedad.*

En el Anexo I del Decreto, y referido ya a los elementos curriculares en los aspectos Introductorios, aclara que ...*La educación consiste en un conjunto de prácticas o actividades ordenadas a través de las cuales un grupo social ayuda a sus miembros a asimilar la experiencia colectiva culturalmente organizada y a preparar su intervención activa en el proceso social.* Continua... *La educación escolar tiende a desarrollar en los alumnos las capacidades y competencias necesarias para su participación activa en la sociedad (...) (...) Se produce, básicamente, como resultado del aprendizaje que tiene lugar a través de la continua interacción con el medio.*

Estas intenciones quedan plasmadas en los objetivos de Etapa, formulando la participación en el objetivo c) *Relacionarse con otras personas e integrarse de forma participativa en actividades de grupo con actitudes solidarias y tolerantes, libres de inhibiciones y prejuicios.*

3. Nuestra propuesta

Es evidente, que el marco legal y el curricular dan un soporte legislativo y académico al tema de la participación de los alumnos, sin embargo, esta participación no está generalizada en la mayoría de los centros escolares. Al analizar 38 Proyectos de Centro de las provincias de Granada y Jaén solo en dos de ellos había constituida legalmente la Asociación de Alumnos, lo que nos da una idea del escasa vertebración de los alumnos y sus implicaciones en diferentes tareas de gestión, curriculares o extraecolares.

Para conocer el grado de conocimiento que sobre aspectos participativos tienen los futuros docentes, que en un futuro tendrán implicaciones en la Educación Primaria y en Secundaria, hemos realizado una indagación sobre sus creencias, pensamientos, ideas previas, cuya metodología y resultados más relevantes exponemos a continuación.

3.1. Muestra

La Muestra de nuestra investigación la han formado 156 estudiantes de Magisterio y Psicopedagogía de la Facultad de Ciencias de la Educación de Granada y de la Escuela Universitaria María Inmaculada de Antequera. Los estudiantes de Magisterio cursaban todos ellos 3er curso de las diferentes especialidades y los estudiantes de Psicopedagogía estudian 1er del Segundo Ciclo.

3.2. Metodología seguida

Para obtener la información, hemos utilizado la metodología de Buzz-sesión. Este método permite recopilar un máximo de información en poco tiempo al dividir un gran grupo en unidades restringidas para permitir la expresión más rápida y fácil de la información. La Buzz-sesión realizada, ha consistido en la discusión durante 15 minutos de manera intensa del tema propuesto en grupos de cuatro personas, sin ningún tipo de presentación especial, ni intervención en la discusión de otras personas. Al finalizar el tiempo debían leer sus conclusiones.

En nuestro caso las propuesta sometidas a debate por los estudiantes han sido las siguientes.

a) ¿Qué iniciativas tomaríais para fomentar la participación de los alumnos/as a nivel curricular y a nivel de gestión en los centros?

b) ¿En que aspectos de la vida del centro podrían participar los alumnos?

Sus deliberaciones y conclusiones quedaron plasmadas en una hoja de registro, a continuación de cada epígrafe de las preguntas formuladas.

4. Análisis de los resultados

De las respuestas de los participantes en este trabajo, señalamos las más significativas y aquéllas que han sido reflejadas con mayor frecuencia.

Para la organización de sus respuestas hemos utilizado el modelo que propone Álvarez, M. (1988)[5] , que distingue tres niveles de interés en la participación de los alumnos. Lúdico, curricular y de gestión, esquematizando las actividades de intervención y las estructuras que las canalizarían.

5 Álvarez, M. (1988). Op. cit. p. 66.

Las respuestas han sido las siguientes:

CUADRO 1

NIVEL DE INTERÉS	ACTIVIDADES E INTERVENCIÓN	ESTRUCTURAS

NIVEL LÚDICO	-ACTIVIDADES EXTRAESCOLARES:
	  DEPORTIVAS
	  CULTURALES
	-DIRECCIÓN DE TALLERES
	-ORGANIZACIÓN DE FIESTAS
	-CAMPAÑAS DE SOLIDARIDAD
	-INTERCAMBIOS CON
	OTROS CENTROS
		ASOCIACIÓN
		DE ALUMNOS
		ASOCIACIÓN
		DEPORTIVA
		ASOCIACIÓN
		CULTURAL
		ORGANIZACIÓN NO
		GUBERNAMENTAL
		JUNTA DE
		DELEGADOS

CUADRO 2

NIVEL DE INTERÉS	ACTIVIDADES E INTERVENCIÓN	ESTRUCTURAS
NIVEL DE GESTIÓN	-PUNTO DE INFORMACIÓN -BIBLIOTECA -AULA DE INFORMÁTICA -FOTOCOPIADORA -RECEPCIÓN DE VISITANTES -SECRETARÍA -COMEDOR ESCOLAR -CAFETERÍA -INSTALACIONES DEPORTIVAS -APOYO SANITARIO -EVALUACIÓN DEL CENTRO -BUZÓN DE PROPUESTAS -CONSERVACIÓN DEL CENTRO	CONSEJO ESCOLAR JUNTA DE DELEGADOS ALUMNOS ELEGIDOS RESPONSABLES COMISIONES DELEGADAS SOCORRISTAS ASOCIACIÓN DE ALUMNOS

CUADRO 3

NIVEL DE INTERÉS	ACTIVIDADES E INTERVENCIÓN	ESTRUCTURAS
NIVEL CURRICULAR	PARTICIPACIÓN EN LA PROGRAMACIÓN GENERAL REUNIONES PERIÓDICAS: ALUMNOS-PROFESORES-PADRES TUTORÍAS DINÁMICAS PROPUESTAS ABIERTAS PARTICIPACIÓN EN LA EVALUACIÓN ANÁLISIS DE LA METODOLOGÍA CUESTIONARIOS PERIÓDICOS GRUPOS DE APOYO A ALUMNOS CON N. EDUCATIVAS ESPECIALES	ASAMBLEAS JUNTA DE DELEGADOS DELEGADOS DE CURSO CONSEJO ESCOLAR COMISIONES DE ALUMNOS ASOCIACIÓN DE ALUMNOS DEFENSOR DEL ALUMNO BUZÓN DE SUGERENCIAS

5.- Conclusiones

De entre las propuestas realizadas por los participantes en la investigación y de nuestra interpretación de las mismas, formulamos las siguientes conclusiones:

- Tenemos un marco legislativo que apoya y promociona la creación de estructuras de participación de los alumnos en los Centros.
- Los Decretos de Enseñanza para Andalucía explicitan en los objetivos de Etapa de Educación Secundaria esta actitud de participación en actividades de grupo con actitudes solidarias y tolerantes, libres de inhibiciones y prejuicios.
- No hay una gran experiencia en temas de participación referidos fundamentalmente a los ámbitos de gestión y en el ámbito curricular.
- Las mayores iniciativas presentadas están en el ámbito lúdico, donde sí hay mayor experiencia en participación, sobre todo en estructuras de organización de actividades extraescolares.
- El número de Asociaciones de Alumnos en centros de Secundaria sigue siendo mínimo.
- Habría que considerar el aprendizaje de la participación democrática de los alumnos como un objetivo marco de la escuela. Para ello, es necesario:
  - Fomentar las iniciativas de intervención de los alumnos.
  - Incrementar el número de estructuras de participación de los alumnos.

Estimamos que si los pensamientos y creencias de los futuros docentes continuasen y se acrecentasen en su futuro laboral, la educación solidaria, libre y democrática de nuestros futuros ciudadanos está garantizada.

Bibliografía

ÁLVAREZ, M. (1988). *El Equipo Directivo. Recursos Técnicos de gestión.* Madrid: Editorial Popular.

CONSEJERÍA DE EDUCACIÓN Y CIENCIA (1992). *Decreto de Enseñanzas de Andalucía. Documento de Aspectos Generales.* (1992). BOJA 56. (9-6-92). CEJA.

FERNÁNDEZ ENGUITA, M. (1993). *La profesión docente y la comunidad escolar: crónica de un desencuentro.* Madrid: Ediciones Morata S.L.

GÓMEZ DACAL, G. (1986). *El centro docente, líneas para la aplicación de la LODE.* Madrid: Escuela Española.

MARTÍN BRIS, M. (1988). *Organización escolar.* Madrid: Editorial Escuela Española.

SARRAMONA, J. (1980). *Investigación y estadística aplicada a la educación.* Madrid: CEAC.

TORRES, J.; RIVERA, E.; TRIGUEROS, C.; Y ARRÁEZ, J. M. (1993). *Documento de Organización y Secuenciación de contenidos.* Sevilla: CEJA.

EL ASESORAMIENTO INTERNO COMO PRÁCTICA DE APOYO EN LA ORGANIZACIÓN EDUCATIVA

ENRIQUE JAVIER DÍEZ GUTIÉRREZ
Universidad de León

El número de docentes asignados a los Departamentos de Orientación en el ámbito de gestión del MEC ha pasado de 1.670 en el curso 1995/1996 a 2.425 en el curso 1996/1997. Esto supone un aumento de un 45% durante el presente curso: 312 nuevos profesionales de la especialidad de psicología y pedagogía se han incorporado a los departamentos de orientación de los centros de secundaria a raíz de las últimas oposiciones. Y la previsión del MEC, si no se recortan aún más los presupuestos en educación, es dotar de departamento de orientación a todos los centros, a medida que vayan impartiéndose las nuevas enseñanzas derivadas de la LOGSE. La importancia clave que tienen estos datos en el desarrollo actual de la reforma puede ser crucial, ya que de hecho todo este contingente humano de reciente incorporación, empapado en los patrones de la actual reforma (exigidos en las actuales oposiciones), se puede convertir en agente de desarrollo e implementación de la atención a la diversidad en los centros de secundaria, en la medida en que su acción no se limite sólo a lo individual (orientación académica y profesional del alumnado, detección de necesidades educativas y problemas de aprendizaje en los alumnos, prevención de problemas de aprendizaje, adaptaciones individualizadas, etc.), sino que se afiance en la dimensión organizativa de su función (colaboración y asesoramiento en el diseño de proyectos curriculares, apoyar la función tutorial, asesoramiento al profesorado en materia de organización, agrupamiento y dinámica de grupos, facilitación a los docentes de estrategias de trabajo en el aula sobre desarrollo de capacidades -aprender a pensar, aprender a aprender, habilidades metacognitivas de autorregulación y autorreflexión-, intervención en las decisiones sobre evaluación, potenciar las relaciones y la comunicación del centro con otras instituciones del sistema educativo y del entorno social, etc.), que potencien una auténtica cultura de atención a la diversidad en la dinámica global del centro.

Se ha pasado de la concepción del niño/a "deficiente", centrada en el déficit, al alumno con necesidades educativas especiales (Warnock, 1978), centrada en sus posibilidades. Esto ha supuesto un cambio no sólo conceptual, sino un proceso de sensibilización de toda la comunidad educativa que ha dado a la organización educativa una complejidad sin precedentes. Se ha evolucionado así de la Educación Especial concebida como sistema educativo segregado, y al margen del sistema, a la Atención a la Diversidad mediante el programa de integración escolar. La responsabilidad se comparte, se amplía y se diversifica cuando se pasa de la individualidad de la persona al contexto familiar, escolar y social, tanto desde el punto de vista de la génesis de una conducta como desde la respuesta educativa a la misma. Se establecen así un conjunto de medidas, todas ellas encaminadas a mejorar la respuesta educativa a estos alumnos con necesidades educativas especiales. Se concibe así la Atención a la Diversidad, ya no como la educación de un determinado tipo de alumnos, sino como el conjunto de recursos y ayudas pedagógicas puestas a disposición del sistema educativo para que éste pueda responder adecuadamente a las necesidades que presentan los alumnos. Pero, enlazando con esta filosofía de la integración, se intenta dar un paso más allá avanzando hacia la filosofía de la inclusión, que no es otra idea que la expresada en la frase "una educación para todos". Una verdadera escuela integradora ha de ser una escuela para todos. Esta nueva concepción de la escuela que propone el movimiento anglosajón de escuelas inclusivas, que en nuestro contexto hace referencia a las denominadas escuelas comprensivas o integradoras, plantea un modelo de escuela diferente en el que tengan acogida y respuesta educativa todos los alumnos, sean cuales fueren sus características personales, psicológicas o sociales (con independencia de si tienen o no discapacidades). Se avanza así en la idea de desarrollar un sentido de comunidad y apoyo mutuo dentro del sistema ordinario.

Así en la Conferencia Mundial sobre Educación para Todos celebrada en 1990 en Jomtien (Tailandia) se produce un movimiento hacia la educación inclusiva, cuyo objetivo consiste en reestructurar las escuelas para responder a las necesidades de todos los alumnos. Esta misma orientación inclusiva fue uno de los rasgos importantes de la Declaración de Salamanca de principios, política y práctica de las necesidades educativas especiales de 1994, donde se pone de relieve que las escuelas con una orientación inclusiva son "el medio más efectivo de combatir las actitudes discriminatorias, creando comunidades de bienvenida, construyendo una sociedad inclusiva y alcanzando la educación para todos; además, proporcionan una educación eficaz a la mayoría de los niños y mejoran la eficacia y, en último término, la relación coste-efectividad de todo sistema educativo" (pg. XI).

Dentro de esta filosofía, entendemos que todo proceso educativo es un proceso integrador. Desde que el profesor entra en el aula está atendiendo a la diversidad, está integrando, puesto que tienen que afrontar las diferencias del grupo de alumnos con el que trabajan y atender a la individualidad de cada uno. Por eso, el proceso de concreción del currículum es una forma progresiva de adaptación curricular, que cada vez se va adaptando más: inicialmente a las características de una sociedad y una cultura determinada (decretos mínimos), de una comunidad autónoma, de un centro (proyecto educativo), de un grupo de alumnos (programación de aula) y de cada alumno, en definitiva. Trabajar educativamente supone por tanto, atender a la diferencia, trabajar con cada alumno de forma diferenciada y apoyando a cada uno en sus necesidades educativas (algunas de la cuales serán especiales en determinados alumnos).

Y es aquí donde entra la figura del orientador, en los aspectos estructurales y culturales de su función como asesor interno de la organización educativa, que puede convertirse en un elemento dinamizador y potenciador de una cultura de colaboración y autoformación entre los diferentes sectores de la comunidad educativa, facilitando la posibilidad de que esto coadyuve de modo significativo a la mejora de la atención a la diversidad. Si, en secundaria, son fundamentalmente los profesores quienes tienen que responder al desafío de la diversidad, es a ellos a los que ha de ir encaminado esencialmente el proceso de asesoramiento y ayuda en su labor educativa, pero sin olvidar que en el mismo participa toda la comunidad educativa. Me coloco aquí en la perspectiva de entender la figura del orientador y sus funciones en la línea del liderazgo, el asesoramiento y la formación permanente, elementos que han aparecido en el estudio de los factores asociados al cambio educativo desde la década de los setenta, como ingredientes clave en el impulso y dinamización de los procesos de innovación curricular y organizativa. Tal como plantea **Nieto Cano** (1996), la evolución de perspectivas y modelos tanto de liderazgo, de asesoramiento, como de formación continua ha venido apartándose últimamente de los matices gerencialistas e intervencionistas de los modelos eficientistas (aunque hoy parece estar de nuevo retomándose desde la perspectiva de las "escuelas eficaces" y de los modelos de "excelencia"), para poner énfasis en un denominador común: la orientación facilitadora, no sustitutiva, que debe presidir toda relación de ayuda. Considerado de esta manera se puede decir que "los líderes son individuos que trabajan para motivar y asistir a otros a hacer las cosas de una forma reflexiva y perfectiva en la línea de lo pretendido o lo deseable" (**Cox, French y Loucks-Horsley**, 1987, 5).

Tradicionalmente se ha entendido que la labor del orientador debía centrarse en la atención de forma directa al alumnado que presenta problemas. De esta forma, a raíz de la primera evaluación en secundaria (en el mejor de los casos, de la evaluación inicial) se llenan los despachos de orientación con citas previas, como si de una consulta clínica se tratara, para atender a los alumnos/as que en la evaluación se determinó que tenían algún tipo de problema. Esta concepción sustenta, como refleja **Santos Guerra** (1994, 135), la falsa expectativa de "pensar que el orientador es quien va a resolver los problemas que existen, sobre todo en lo que concierne a los alumnos problemáticos, difíciles o desmotivados. El profesor considera que no es él el cliente del profesional sino el alumno. Por eso, cuando le pide que atienda a un alumno no considera lógico que vaya el orientador a observar la dinámica del aula. Lo que ha de hacer el orientador es conseguir el diagnóstico y realizar una intervención terapéutica que devuelva al aula recuperado al alumno". En definitiva, considerar el departamento de orientación como un taller de reparaciones donde se manda al alumno para que vuelva en perfecto estado tras la revisión y ajuste pertinentes, al margen del contexto real donde ha surgido el problema, de forma urgente y puntual y por un profesional que no interviene habitualmente con el alumno a lo largo de la vida cotidiana en el aula.

Creo que no debe ser este el planteamiento de base de las funciones de los Departamentos de Orientación en un IES. "No se reduce, pues, la función de los servicios de orientación ni a la terapia de problemas individuales sólo indirectamente relacionados con el proceso de enseñanza aprendizaje, ni a orientación vocacional o profesional, dos polos que en el pasado han catalizado en buena medida la actuación de los profesionales que han intervenido en el ámbito educativo" (**Alonso Tapia**, 1995, 50).

La perspectiva que propongo deriva de un enfoque centrado en la comunidad. Seguimos en este planteamiento expuesto aquí las propuestas de **Davinson** (1990), **Bassedas y otros** (1991), **Alonso Tapia** (1995), **Sánchez Miguel y Ochoa de Alda** (1995) y otros autores, que están trabajando en esta línea. Más que repetir los modelos con tendencia psicologicista e individualista, la dinámica que entiendo ha de ser planteada desde un principio en los Institutos de Secundaria sería la de entender que el orientador es un profesional al servicio de la comunidad educativa que constituye el centro. No se trata de que el orientador se dedique al sector del alumnado problemático únicamente, ni sólo al alumnado. Se trata de ayudar y asesorar a la comunidad educativa, para que ésta desarrolle el proceso de enseñanza-aprendizaje de forma globalizadora e individualizada, ajustando la práctica educativa a las necesidades de cada alumno y facilitándole las ayudas necesarias para que puedan progresar en la consecución de los objetivos educativos. La función del orientador es la de ayudar a que la institución logre sus objetivos, pero desde una perspectiva crítica. Es decir, facilitando a la propia comunidad educativa mecanismos de autorreflexión crítica permanente sobre su propia práctica educativa que les permita mejorarla de forma consciente y compartida. "La intervención psicoeducativa se define como la actividad de apoyo y asesoramiento que los psicopedagogos pueden brindar a los profesores, centros, familias y alumnos con el fin último de conseguir un trato individualizado a estos últimos dentro de la vida escolar" (**Sánchez Miguel y Ochoa de Alda**, 1995, 38).

Desde este planteamiento, la función del orientador sería doble: Por un lado, asesorar a la propia comunidad sobre las formas en que debe ajustar su actividad para contribuir a que todos los alumnos progresen en la dirección esperada. Y, por otro lado, promover conjuntamente con los miembros de dicha comunidad y como miembro integrante de la misma las actuaciones necesarias para que ésta pueda cumplir con sus objetivos. Pero estableciendo como objetivo prioritario de actuación la mejora de pautas de actuación de los profesores -el contexto cotidiano- y, eventualmente, de los padres, y como modo principal de trabajo la actuación por programas.

Insisto en este aspecto de asesoramiento a la comunidad educativa, vinculándola fundamentalmente a la potenciación de una dinámica de colaboración conjunta entre todos los sectores de la comunidad educativa, pues la optimización del proceso de enseñanza-aprendizaje, su ajuste a las necesidades reales del alumnado, es una interacción que afecta a todo el contexto de un centro. "Una de las competencias básicas implicadas en el quehacer profesional de los psicopedagogos: la competencia para asesorar, para avanzar en la resolución conjunta de problemas" (**Sánchez Miguel y Ochoa**, 1995, 38). Asesoramiento en el sentido expuesto por estos autores, pero no quedándose en una perspectiva individualista (colaborar con el consultante, sea profesor, alumno, tutor, etc.), sino promoviendo dinámicas colaborativas de trabajo en equipo, algo difícil en los institutos de secundaria, tradicionalmente afincados en prácticas educativas individualistas o, cuando más, vinculados en cierta medida a los departamentos. Desde esta perspectiva el asesoramiento se convertiría en un proceso de resolución conjunta de problemas, en el que el asesor colabora con la comunidad educativa tanto en la conceptualización inicial del problema o problemas en los que han de ocuparse, como en la búsqueda de soluciones o en la valoración de los resultados (**Davidson**, 1990; **Bassedas y otros**, 1991; **Sánchez Miguel y Ochoa de Alda**, 1995).

Desde esta perspectiva de asesoramiento a la comunidad educativa es posible asumir que una organización, como es un centro escolar de secundaria, también es un agente de aprendizaje. Los centros escolares pueden llegar a convertirse en comunidades de aprendizaje donde todos sus componentes (directores, profesores, padres, alumnos) se desarrollan en y a través de su trabajo (**Mojkowski**, 1991). Esto significa que debemos aplicar a la organización supuestos similares a los que proponemos para el aprendizaje constructivo del alumnado o el aprendizaje adulto. De esta forma, el aprendizaje organizativo, desde una perspectiva cultural (**Díez Gutiérrez y Domínguez**, 1996), puede entenderse como un proceso de construcción idiosincrática ante necesidades que van surgiendo y donde los nuevos aprendizajes se van engarzando e integrando con las experiencias previas. Como defiende muy acertadamente **Nieto Cano** (1996), el aprendizaje organizativo es fundamentalmente un proceso de solución de problemas concretos por medio del cual se construyen significados y valores compartidos por los componentes de la organización, es decir, se reconstruye la cultura organizativa de ese centro. Una cultura que, así configurada, implica que los procesos de cambio que se cimienten en ese centro estarán asentados en la cooperación, el consenso, el compromiso y el apoyo mutuo. Y esto no es tanto una cuestión técnica o estratégica de plantear las relaciones interpersonales en la labor de asesoramiento, sino una cuestión de valor, porque lo que se plantea es la institucionalización de valores, creencias y presuposiciones compartidas que van a configurar una nueva cultura escolar de atención a la diversidad asumida por todos.

En este sentido, considero que la necesidad fundamental de nuestra labor como orientadores ha de ser articular las ayudas necesarias dirigidas a todos los sectores de la comunidad educativa implicados en el proceso de aprendizaje-enseñanza, para generar o potenciar un contexto de aprendizaje en el cual los alumnos desarrollen las capacidades personales establecidas en los objetivos educativos del centro. No se trataría tanto de conseguir que todo el alumnado llegara a unos niveles predeterminados de conocimientos, sino de facilitar el progreso hacia los objetivos señalados, tratando de que cada alumno llegara al máximo de sus posibilidades. Este sería el entendimiento correcto de la propuesta de atención a la diversidad como inclusividad.

Por tanto, la intervención del orientador debería tener dos características clave: Una, que los problemas que se produzcan en las aulas y en el centro no deben afrontarse como problemas exclusivos del alumno -lo que podría llevar primariamente a buscar ayudarle desde fuera del aula- sino como problemas del conjunto alumnos-profesores (y, eventualmente, padres). Y segunda, que el orientador debe tratar fundamentalmente de analizar las condiciones bajo las cuales los alumnos pueden progresar, análisis que debe considerar tanto los recursos con los que cuenta el alumno como las ayudas específicas que debe recibir y que los profesores deben facilitar para ayudar al alumno/a a afrontar de modo eficaz las exigencias derivadas de la actividad escolar.

En definitiva, se trata de que la labor del departamento de orientación vaya consolidando estructuras asumidas por la propia comunidad, que se mantengan y funcionen al margen del orientador de turno, y permanezcan (si son consideradas útiles por la comunidad educativa) aunque cambie el orientador o el equipo de orientación.

"Toda reforma educativa que no empieza por el profesorado nace abocada al fracaso. Y es ésta la situación actual. No se ha conseguido ilusionar a los profesores, ni hacerles partícipes de los nuevos planteamientos. Su identificación con los objetivos que se buscan es escasa. Y se hace muy difícil así su implantación en todo lo que no sea puramente cuantitativo" (**Saldaña**, 1997, 3). Por eso una de las principales funciones que puede desempeñar el departamento de orientación en secundaria es la de convertirse en agente dinamizador y motivador del profesorado, apoyándoles en su desarrollo profesional. Se convierte así en propagador de la reforma, en pivote fundamental de la dinámica de implicación del profesorado, en agente de cambio y de innovación, en facilitador de espacios y sistemas de relación, comunicación, reflexión, formación y trabajo conjunto del profesorado. Atendiendo, no sólo a los alumnos, sino dando prioridad, en un contexto de implantación de una reforma que supone importantes cambios, a una de las piezas fundamentales del proceso de enseñanza-aprendizaje, el profesorado; potenciando así el aprovechamiento de las oportunidades que ofrece la reforma, en vez del anquilosamiento en la protesta y el descontento por las condiciones negativas que conlleva.

No se trata de que el orientador tome sobre sí lo que es el trabajo de la comunidad educativa, sino de que ayude a ésta a hacer su trabajo. Los procesos de mejora escolar no son patrimonio de un elemento, sino que son un tipo de función genérica a la que contribuyen en términos de co-responsabilidad múltiples grupos o agentes (**Cox**, 1983; **Hall**,

1992). No suplantar, ni querer conseguir prontos resultados y "que se vean". "El concepto de apoyo educativo, en tanto ligado a la mejora de la escuela, se vincula a procesos de facilitación de la mejora de los procesos de enseñanza y aprendizaje a nivel de centro educativo, es decir, construidos sobre la base de la pluralidad de prácticas que definen la acción educativa en el marco institucional del centro escolar y a través de una relación no sustitutiva, sino cooperativa, con los profesores" (**Nieto Cano**, 1996, 227). En la medida en que esos cambios no impliquen real y efectivamente, sobre todo al profesorado, difícilmente son cambios que permanecerán. Se necesita fundamentalmente consolidar estructuras de funcionamiento asumidas por la propia comunidad educativa, al margen de quien sea el orientador en cada momento, o de cómo funcione temporalmente el Departamento de Orientación. Como plantean **Nieto y Portela** (1991), el factor de apoyo se configura como un elemento crucial para fomentar rasgos culturales que son indispensables a la viabilidad del cambio y, en consecuencia, para que éste llegue a formar parte y se inserte en las prácticas pedagógicas y organizativas del centro escolar. En definitiva, se trata de colaborar para crear aquellas condiciones que favorezcan procesos de aprendizaje relativamente autónomos para la organización.

Si las ideas del profesor sobre cómo enseñar no entran en conflicto con la realidad, no cambiará. No es suficiente con decirle que hay que cambiar, sino que tiene que descubrirlo él mismo. De ahí la importancia de analizar y resaltar con él la información que ponga de manifiesto la insuficiencia de su forma de actuar, al menos de la forma en que actúa en relación con los alumnos que han originado la demanda de ayuda. Si la labor de asesoramiento, como mantiene **Nieto Cano,** "resulta ser un proceso de interacción y de comunicación que se construye sobre la base de una relación de ayuda" (1996, 225), tan necesario es que tanto la respuesta que se ofrezca desde el Departamento de Orientación, como la solicitud de la ayuda por parte del profesorado se haga en términos de libre elección. Por eso, podemos ayudar al profesorado a descubrir la necesidad del cambio, pero no se puede forzar. El apoyo y la ayuda han de seguir a la demanda, nunca precederla. Pues, de lo contrario, lo que suelen generar es rechazo y el cierre de una posible vía de mejora.

En segundo lugar, es preciso tener en cuenta que las ideas de los profesores tampoco cambian, aunque las consideren inadecuadas, si no conocen una forma mejor de afrontar el problema. De ahí la importancia de presentar un modelo alternativo y de dar las razones por las que se supone que es más efectivo. Finalmente, es necesario tener también en cuenta que las pautas de actuación de un profesor tampoco cambian si el conocimiento de otras nuevas se quedan en un nivel teórico, conceptual. Es preciso que los profesores lleguen poco a poco a traducir en procedimientos, aplicados de forma flexible al tiempo que relativamente automática, las nuevas ideas sobre cómo actuar, lo que requiere tiempo y apoyo por parte de los orientadores.

Se estaría así generando un proceso de autoformación permanente dentro de cada organización educativa. En él, los orientadores harían la función de coordinadores, dinamizadores y asesores de la labor de formación, especialmente en los aspectos psicopedagógicos y metodológicos. Se podría llegar a formar una red permanente de formación, creando una coordinación continuada entre los departamentos de orientación de los distintos institutos de secundaria y los equipos de orientación de la zona, requiriendo la colaboración de otras instituciones formativas como los CPR, los ICE, las Universidades, etc. De esta forma, se partiría de las necesidades concretas de los centros, de la práctica educativa, en una práctica de formación en centros real, basada en sus demandas y contextos concretos y situados.

Este proceso de formación se podría denominar "en cascada". El Departamento de Orientación dinamizaría las estructuras de asesoramiento con el equipo de tutores del centro. Y éstos, a su vez, serían los encargados de coordinar y asesorar a los equipos de profesores de sus respectivos grupos/clases de alumnos. "Al cabo de más de 20 años de investigación, se considera que una política de delegación de poder o la flexibilización por la vía de la desregulación o no sobrerregulación es una alternativa razonable y útil desde la que plantear la mejora de los procesos de enseñanza-aprendizaje (**Fullan**, 1993; **Mojkowski**, 1991).

Cuando un profesor o un tutor, o un grupo de ellos, solicita la intervención del psico-pedagogo, la formulación que suelen hacer del problema encierra su propia incompetencia para darle solución (pudiendo sentirse cuestionado en cuanto a su valía profesional y adoptar una actitud defensiva, que puede traducirse en una actitud de reto: "a ver qué eres capaz de hacer tú"). Por regla general su frustración encierra una convicción absoluta de que el problema es irresoluble y esa posible actitud de desafío. Tal actitud puede hacer que el orientador sienta que se está atacando su propia competencia, valor que legítimamente puede tratar de defender. Y este es el hecho que puede "reconvertirse" en el principio de una relación de apoyo y asesoramiento que sea formativo para las dos partes, en la medida en que la relación adopta una perspectiva colaborativa.

En una situación de demanda de ayuda, el orientador no puede operar con la misma definición que presentan quienes demandan apoyo, puesto que si lo hiciera estaría aceptando esa imposibilidad y quedaría paralizado como ellos, o acabaría negando que el problema exista, porque en caso contrario tendría que asumir su propia incapacidad para dar una respuesta viable. Por ello, es imprescindible que encuentre otro tipo de definición que conlleve la posibilidad de solventar las dificultes, definiendo la situación problemática en términos que permitan buscar soluciones viables y pedir al profesorado que coopere para construir conjuntamente dichas soluciones.

Las tareas, por tanto, que se ha de plantear el orientador, cuando se le demanda ayuda con respecto a un alumno que tiene problemas, pasan por analizar y profundizar en los siguientes aspectos:

Identificar

*   Variables contextuales que pueden estar contribuyendo a generar o mantener modos de respuesta cognitiva, emocional o comportamental del alumno: evaluación de la enseñanza (2) y evaluación de la forma en que el profesorado evalúa a sus alumnos/as (1).

Evaluación del Modo en que el Profesorado Evalúa los Conocimientos y el Aprendizaje de sus Alumnos y Alumnas:

a.   **Criterios** en relación a los cuales el alumno no progresa (lo que se espera de él); es decir, las capacidades con respecto a las cuales tiene problemas, o no avanza en su consecución.
b.   **Tareas** mediante las que el profesor evalúa (muestran las demandas cognitivas, procedimentales y actitudinales en las que los alumnos pueden fallar).

Evaluación del Modo en que se Plantea la Enseñanza:

a.   Objetivos que se buscan.
b.   Conciencia de los alumnos sobre esos objetivos.

c.   Actividades que se realizan con preferencia.
d.   Mensajes que se dan a los alumnos antes, durante y después de las tareas.
e.   Metodología utilizada.
f.   Agrupación alumnado.
g.   Contexto social en que se desarrolla el aprendizaje (cooperativo/competitivo).

*   Variables personales con las que el alumnado afronta las actividades escolares (procesos de pensamiento y estrategias de control emocional, etc.): evaluación del nivel de competencia curricular (3) y de los determinantes motivacionales (4).

Evaluación del Nivel de Competencia Curricular del Alumno/a:

a.   Evaluación inicial de conocimientos, procedimientos y actitudes de los que parte.
b.   Evaluación de los procesos de aprendizaje del alumno (no sólo de los productos: comprende o no, resuelve problemas o no...; sino lo que el **sujeto hace** al tratar de comprender, resolver problemas, estudiar o tomar decisiones).

Evaluación de los Determinantes Motivacionales de la Falta de Progreso del alumno:

a.   Modo en que se definen las capacidades a desarrollar (si la percepción de las mismas se muestra como algo estable, difícilmente modificable por mucho que uno se esfuerce, las expectativas de progreso son nulas y generalmente provoca una ausencia de esfuerzo).
b.   Atribución del fracaso a la falta de capacidad.
c.   Valor que atribuye a las metas a conseguir (valor de lo que estudia y de las metas que persigue al hacerlo).

*   La evaluación es también acción educativa desde el comienzo. Por lo que habría que planificarla buscando que el alumno pueda construir la situación de evaluación como una actitud positiva. Habría que pasar:

*   De una situación de evaluación-juicio a una situación de evaluación-instrucción.
*   De una situación en que los objetivos de la evaluación no se hacen plenamente explícitos al alumno a una situación en la que se hace explícito al alumno que el objetivo es encontrar las ayudas que le hagan progresar.
*   De una evaluación centrada en los resultados a una evaluación centrada en el modo de aprender y en los procesos de cambio.
*   De una evaluación normativa, centrada en la comparación del sujeto con un grupo, a una evaluación referida a los progresos individuales respecto a sí mismo en cuanto a los criterios establecidos (criterial).
*   De una evaluación ausente de mensajes orientados a mostrar al alumno que puede aprender y cómo puede hacerlo, a una evaluación llena de mensajes realistas encaminados a mostrar al sujeto que es capaz, cómo y con qué ayudas.
*   Todo lo que aquí se viene analizando, repercutiría igualmente en la aplicación al Proyecto Curricular del centro, donde el orientador debería subrayar:

*   La necesidad de que al elaborar o actualizar dicho Proyecto, se especifiquen categorías de tareas de evaluación que informen del grado en que el alumno ha desarrollado

distintas capacidades cognitivas y del grado en que es capaz de usarlas en el contexto de los contenidos curriculares.

* La necesidad de que la enseñanza de estrategias de aprendizaje se integre como objetivo en el contexto de las distintas materias.
* La necesidad de establecer objetivos de tipo afectivo-motivacional.
* La necesidad de que se hagan explícitos los contextos y actividades específicamente diseñados para facilitar el desarrollo de capacidades de relación social.
* La necesidad de explicitar qué objetivos y actividades se van a diseñar para facilitar el desarrollo de la capacidad de decisión.

Trabajar con los tutores también desde un planteamiento de diversidad. No todos los tutores tienen las mismas necesidades, tienen la misma experiencia o los mismos recursos para desempeñar su labor...

Bibliografía

ALONSO TAPIA, J. (1995). *Orientación educativa. Teoría, evaluación e intervención.* Madrid: Síntesis.

BASSEDAS, E. y otros (1991). *Intervención educativa y diagnóstico psicopedagógico.* Barcelona: Paidós.

COX, P. L. (1983). "Complementary roles in successful change". *Educational Leadership,* 41 (noviembre), 10-13.

COX, P. L; FRENCH, L. C. y LOUCKS-HORSLEY, S. (1987). *Getting the principal off the hotseat: configuring leadership and support for school improvement.* Andover: The Regional Laboratory for Educational Improvement of the Northeast and Islands.

DAVIDSON, J. (1990). "The process of School Consultation: give and take". En E. Cole y J. Siegel. *Effective consultation in school psychology.* Toronto (Canadá): Hogrefe y Huber Publishers.

DÍEZ GUTIÉRREZ, E. J. y DOMÍNGUEZ, G. (1996). "La cultura de las organizaciones educativas: Base para el desarrollo de procesos de innovación y cambio". En Cantón Mayo, I. (Coord.). *Manual de organización de centros educativos.* Barcelona: Oikos-Tau.

FULLAN, M. (1993). *Change forces: probing the depths of educational reform.* London: Falmer Press.

HALL, G. E. (1992). "The local educational change process and policy implementation". *Journal of Research in Science Teaching,* 29, (8), 877-904.

HERNÁNDEZ DE LA TORRE, E. (1997). "El apoyo a la diversidad: apoyo externo como asesoramiento curricular y organizativo". En Marcelo, C., y López Yáñez, J. (Coords.) *Asesoramiento curricular y organizativo en educación* (254-266). Barcelona: Ariel.

MOJKOWSKY, C. (1991). *Developing leaders for restructuring schools.* Arlington: AASA Publications.

NIETO CANO, J. M. (1996). "Reconstruir el asesoramiento pedagógico como práctica de apoyo a los centros escolares". *Revista de educación,* 311, 217-234.

NIETO CANO, J. M. y PORTELA PRUAÑO, A. (1991). "Funciones, procesos y formación de apoyos externos e internos". En J. M. Escudero Muñoz y L. López Yáñez (coords.). *Los desafíos de las reformas escolares. Cambio educativo y formación para el cambio* (341-377). Sevilla: Arquetipo Ediciones.

SALDAÑA, J. (1997). Reforma y formación del profesorado. *Comunidad Escolar,* 3.

SÁNCHEZ MIGUEL, E. y OCHOA DE ALDA, I. (1995). "Profesores y psicopedagogos: propuestas para una relación compleja". *Aula de Innovación Educativa*, 38.

SANTOS GUERRA, M. A. (1994). *Entre bastidores. El lado oculto de la organización escolar*. Málaga: Aljibe.

ORGANIZACIÓN DEL CURRÍCULUM Y LA FORMACIÓN DEL PROFESORADO

BIENVENIDO MENA MERCHÁN
Profesor Universidad de Salamanca
MANUEL MARCOS PORRAS
Becario de la Universidad de Salamanca

El análisis curricular más reciente que gira en torno a la idea de la estructura de racionalidad, además de aparecer como enormemente rico y sugerente, resulta una más apropiada para la investigación en la búsqueda de nuevos grados de comprensión de lo que ocurre en el currículum y de todas las estructuras que lo explican (Escudero Muñoz, 1983). Los defensores del análisis sostienen que los alumnos, además de todos los agentes curriculares, participan, cultivan y actúan basados en su propia estructura de racionalidad que les capacita para aprender, vivenciar, relacionarse, etc. De igual manera, el profesor dispone de una estructura organizada de racionalidad, desde la cual es posible estudiar su figura con planteamientos renovadores ya que desde ella planifica, evalúa y se relaciona con sus alumnos y los compañeros. Respecto de su actuación este planteamiento ha ido trasladando su interés hacia la estructura y proceso del pensamiento y adopción de decisiones por parte de aquél. Frente al interés de otros planteamientos analíticos más preocupados por las conductas más externas del docente, en este análisis cobran mayor preocupación las razones que mueven al profesor y cuáles pueden ser las estructuras del pensamiento y decisión que subyacen a sus actuaciones exteriores. Pero nos interesa, principalmente, la perspectiva del profesor como dinamizador y conductor de la concreción de la propuesta curricular. Aunque debiera rechazarse la idea de que un enfoque sólido y coherente del currículum sea la panacea que resuelve los problemas, lo cierto es que el componente curricular constituye un elemento central de cualquier proceso de reforma educativa resultando un referente necesario e integrador para cuestiones tan decisivas como la puesta en funcionamiento de estrategias de formación inicial y permanente del profesorado. Además la formación permanente del profesorado y el desarrollo curricular se encuentran estrechamente ligados en forma circular y no solamente lineal ya que la formación del profesorado es imprescindible para el desarrollo e innovación del currículum y, al mismo tiempo, el desarrollo curricular está en la base del perfeccionamiento del profesorado.

Stenhouse, al considerar el currículum, afirma que éste debe tener un sentido educativo doble: debe educar a los alumnos, y en segundo lugar, debe de educar también a los profesores. Y, luego, afirma, "Los currícula no son simplemente medios de instrucción para mejorar la enseñanza, sino que son expresiones de ideas para mejorar a los profesores. Por supuesto tienen una utilidad en la instrucción de cada día...Pero el beneficio de los currícula para los alumnos no es tanto porque cambien la instrucción de cada día, sino porque mejoran a los profesores". De aquí que el análisis de uno u otro concepto deba y pueda realizarse "desde las interacciones, implicaciones mutuas y las reciprocas dependencias". Ciertamente que la formación del profesorado condiciona la propia conceptualización del currículum que el mismo debe dinamizar. Pero sucede que en nuestro país las condiciones estructurales son especialmente negativas respecto de la formación de profesores:

a) La formación inicial del profesorado está completamente llena de limitaciones. Es el caso de los profesores de Educación Infantil y Primaria y en Enseñanzas Medias y Universidad.

b) La formación profesional (psicopedagógica) es deficitaria en todos los casos.

c) Los cauces institucionales de acceso a la función docente son verdaderamente preocupantes.

d) El perfeccionamiento del profesorado es también deficiente. Apenas si existe de manera coherente.

e) La vía funcionarial, en último lugar y la ausencia de mecanismos de evaluación y control, añadidos a los procesos de erosión de la función docente, llevan a éstos a una peligrosa esclerotización.

Todos somos conscientes de que las deficiencias estructurales que se apuntan constituyen parte de un contexto que es el que precisamente debe ser transformado a partir de la innovación curricular que permite una concepción abierta del currículum.

Resulta evidente que el currículum debe ser concebido, hoy, de una manera dinámica, flexible, creativa y singular. Lo que César Coll (1987) denomina concepción constructivista del aprendizaje y de la intervención pedagógica. Esta concepción constructivista viene caracterizada porque sitúa la actividad mental del alumno en la base de los procesos de desarrollo personal del mismo. A través del aprendizaje significativo el alumno construye, modifica, diversifica y coordina sus esquemas de conocimiento, estableciendo así redes significativas que enriquecen su conocimiento del mundo físico y social, y potencian su crecimiento personal. La aplicación de ambos conceptos al aprendizaje escolar encierra ricas implicaciones curriculares en el sentido propuesto, especialmente en la función del profesor:

a) La exigencia de contar con el nivel de desarrollo del alumno para la planificación de la enseñanza.

b) La convicción de que el camino para promover el desarrollo personal pasa por el aprendizaje significativo de la experiencia social culturalmente organizada.

c) La necesidad de planificar la enseñanza de tal forma que favorezca al máximo el aprendizaje significativo respetando las leyes que rigen este tipo de aprendizaje.

d) La conveniencia de que la selección de los contenidos que van a componer el currículum sean planteados con sentido crítico, tanto desde el punto de vista socio-antropológico como desde la epistemología interna de las disciplinas o áreas del saber.

El alumno es quien construye, modifica, amplía o enriquece sus esquemas y, por consiguiente, es el responsable último del proceso. Pero corresponde al profesor, con sus actuaciones, quien determina que las actividades escolares lo posibiliten en mayor o en menor medida, que alcancen una mayor amplitud y que se orienten en uno u otro sentido. En otros términos, la concepción constructivista del proceso de enseñanza-aprendizaje postula que la tarea del profesor consiste en crear las condiciones óptimas para que el alumno construya unos esquemas de conocimiento lo más ricos y correctos posibles en la dirección marcada por las intenciones que presiden y guían la educación. Esta concepción de la función del profesor no se corresponde unívocamente con una metodología de la enseñanza. Lo fundamental es sintonizar con el proceso de construcción del conocimiento del alumno y encaminarlo en la dirección que señalan los objetivos y contenidos del currículum. Esta forma de entender el papel del profesor transforma el currículum en punto de obligada referencia para su actividad profesional. Pienso que los currícula constituyen los medios a través de los cuales los profesores desarrollan sus propias ideas y aprenden a trasladarlas a la práctica. Pero las capacidades y la nueva comprensión que se desarrolla así van más allá del propio currículum original.

En resumen, el currículum tiene que ser continuamente revisado a la luz del juicio crítico del profesorado. Esto no significa en absoluto que el currículum no tenga un especial significado. Muy al contrario, el currículum, si tiene valor educativo para el profesor, requiere del desarrollo de nuevas capacidades y habilidades que debe aprender para poderlo utilizar. Pero ese aprendizaje se realiza en la propia práctica. Para que un currículum pueda manifestar capacidad de mostrar esas ideas y formas de llevarlas a la práctica y a la vez dé lugar a que el profesor, a medida que aprende de él y con él pueda desarrollar sus propias ideas educativas, tiene que estar expresado de modo que no imponga un proceder rígido, sino abierto a la deliberación.

Bibliografía

ANDER-EGG (1994), *La planificación Educativa. Conceptos, métodos, estrategias y técnicas para educadores*, Librería Pedagógica, Madrid.

AREA MOREIRA, M. (1991), *Los medios, los profesores y el curriculum*, Sendai Ed., Barcelona.

BARNES, D. (1994), *De la comunicación al currículum*, Librería Pedagógica, Madrid.

COLL, C. y otros (1988), *El marco curricular en una escuela renovada*, MEC-Ed. Popular, Madrid.

COLL, C. (1989), *Psicología y currículum*, 4ª Ed. Laia, Barcelona.

CONTRERAS D. (1990), *Enseñanza, Currículum y profesorado*, Akal, Madrid.

ELLIOT, J. (1990), *La investigación-acción en la educación*, Morata, Madrid.

ESCUDERO MUÑOZ, Juan M. (1981), *Modelos didácticos*, Oikos-tau, Barcelona.

FERNÁNDEZ PÉREZ, M. (1994), *Las tareas de la profesión de enseñar. Práctica de la racionalidad curricular. Didáctica aplicable*, Librería Pedagógica, Madrid.

GERVILLA, A. (Coord.)(1988),*El currículum. Fundamentación y modelos*, 2ª Ed. Innovare, Málaga.

GIMENO SACRISTAN, J. (1981) *Teoría de la enseñanza y desarrollo del currículum*, Anaya, Madrid.

GIMENO SACRISTAN,J. (1985) *La pedagoga por objetivos: obsesión por la eficiencia*, 3ª Ed. Morata, Madrid.

GIMENO SACRISTÁN, J. (1988), *El currículum: una reflexión sobre la práctica*, Morata, Madrid.

GIMENO SACRISTÁN, J. y PÉREZ GÓMEZ, A. (1983), *La enseñanza: su teoría y su práctica*, Akal, Madrid.

GIMENO SACRISTÁN, J. y PEREZ GÓMEZ, A. (1992), *Comprender y transformar la enseñanza*, Morata, Madrid.

GRUNDY (1993), *Producto o praxis del curriculum*, Morata, Madrid.

LISTON, D. P. y ZEICHNER, K. M. (1994) *Formación del profesorado y condiciones sociales de la escolarización*, Coediciones Morata-Paideia, Madrid.

LOUGHKIN, C. E. y SUINA, J. H. (1987), *El ambiente de aprendizaje: diseño y organización* Morata-MEC, Madrid.

MARTINEZ SANTOS, S. (1989), *Estructura curricular y modelos para la innovación*, Nieva,Madrid.

DE PABLOS PONS, J. (Ed.) (1988), *El trabajo en el aula. Elementos didácticos y organizativos*, Alfar, Sevilla.

PÉREZ PÉREZ, R. (1994), *El currículum y sus componentes. Hacia un modelo integrador*, Librería Pedagógica, Madrid.

RODRÍGUEZ DIEGUEZ, J. L. (1985), *Currículum, acto didáctico y teoría del texto*, Anaya, Madrid.

RODRÍGUEZ DIEGUEZ, J. L. y BELTRAN DE TENA R. (1983), *La programación del curso escolar*, Escuela Española, Madrid.

ROMÁN M. y DÍEZ, E. (1994), *Curriculum y enseñanza. Una didáctica centrada en procesos*. Librería Pedagógica, Madrid.

STENHOUSE, L. (1987), *Investigación y desarrollo del curriculum*, 2ª Ed. Morata, Madrid.

TABA H. (1980), *Elaboración del curriculum*, 5ª Ed. Troquel, Buenos Aires.

WHEELER, D. K. (1976), *El desarrollo del Currículum escolar*, Narcea, Madrid.

ZABALZA, M. A. (1989), *Diseño y desarrollo curricular*, 3ª Ed. Narcea, Madrid.

ZABALZA BERAZA, M .A. (Coord.) (1990), *La formación práctica de los profesores*, Tirculo, Coruña.

EL TIEMPO Y EL ESPACIO EN LAS ACTIVIDADES DE FORMACIÓN PERMANENTE DEL PROFESORADO PARA EL DESARROLLO PROFESIONAL

SOLEDAD GARCÍA GÓMEZ
Universidad de Sevilla
PILAR SECO TORRECILLAS
Universidad de Cádiz

Presentación

Esta comunicación aborda el papel desempeñado por los elementos espacio y tiempo en una actividad de formación permanente del profesorado. Dicha actividad, desarrollada a lo largo de dos años y medio en el marco de un Centro de Profesores, pretendía favorecer los procesos de desarrollo profesional de todos los participantes en ella. La investigación etnográfica realizada sobre la misma, nos ha permitido conocer cómo el espacio y el tiempo se han configurado en verdaderos motores u obstáculos, sobre todo el tiempo, para que el profesorado del equipo haya iniciado procesos significativos de cambio en sus aulas.

Es conocido que las actividades de formación permanente que se vienen realizando en nuestro contexto de manera asidua desde la constitución de los Centros de Profesores (CEPs) en 1984 (en Andalucía dos años más tarde), y con anterioridad por medio de los Institutos de Ciencias de la Educación (ICEs), suelen caracterizarse, entre otros rasgos, por su escasa duración.

El Seminario que hemos llevado a cabo e investigado de forma simultánea ha contado con algunas características que le hacen algo sui-géneris entre la oferta habitual, como veremos a continuación, y ya se ha reseñado al destacar que se prolongó durante casi tres años.

En esta parcela de un trabajo más amplio (García Gómez, 1998), se analiza cómo el tiempo y el espacio se fueron configurando en esta actividad y cómo incidieron, de forma positiva o negativa, en sus complejos procesos de desarrollo profesional. Dadas las habituales características de este formato de intercambio de experiencias y conocimientos, en las páginas siguientes vamos a centrarnos en esta sucinta parcela, aunque su comprensión se vería facilitada y enriquecida si contásemos con más información. Nos centraremos pues en conocer el papel desempeñado por las denominadas "invariantes" de la organización (Antúnez, 1994) en este caso concreto, desde el punto de vista de los miembros de este peculiar Seminario.

El Tiempo y el Espacio en el Seminario Azahar

Con respecto al **tiempo** nos centraremos en saber cómo se distribuyó en el Seminario, cuántas reuniones se mantuvieron, con qué periodicidad, qué opinaban las maestras y los maestros del equipo sobre estas cuestiones, etc. De otra parte, está el factor espacio, habría que conocer dónde se celebraban las reuniones, en qué tipo de habitación, y porqué.

Desde un principio hubo un planteamiento bastante flexible con respecto a los días de reunión, optándose de forma colectiva por el miércoles como el más idóneo. La periodicidad de las sesiones sería quincenal. Esto fue así durante el primer curso y, al considerarse válido, se mantuvo durante el segundo y el tercer año. Una vez transcurrido el tiempo ¿cómo se valoraba esta periodicidad?

La mayoría de los participantes en el Seminario consideraba que había sido la mejor, quizás no la deseable, pero sí la factible. O sea, se entendía que hubiese sido mejor reunirse cada semana, pero se reconocía que no se disponía de tiempo suficiente como para que así hubiese sido. Por ello, se aceptaron las reuniones quincenales como la mejor opción.

"Que sean cada 15 días lo veo bien, creo que deberían ser más continuadas, aunque dudo también de nuestra disponibilidad de tiempo para asistir a más reuniones".

Había quien comentaba que daba igual cuál fuese la periodicidad de las reuniones, en el sentido de que no porque mediase más tiempo entre una sesión y la siguiente se aseguraba que las tareas a realizar se llevarían a cabo. Dado que todo se suele dejar para dos días antes de la reunión, si éstas se espaciaban más para contar con más tiempo, era previsible que se iban a seguir empleando los días previos a la reunión para preparar tales tareas.

"No porque haya más plazo aseguras que se trabaje, porque al final nos ponemos a hacerlo justo antes de la sesión, haya habido por medio una semana o dos ...".

A pesar de todo, hubo quien reclamó más flexibilidad ya que prefería que las reuniones se ajustasen en cada momento a las necesidades que se detectasen, según las temáticas que se estuviesen abordando. Esto conllevaba un serio problema, y es que no siempre se disponía de tiempo para poder modificar el día de reunión de una sesión a la siguiente. Había que combinar las posibilidades, intereses y dedicación de muchas personas con situaciones diferentes.

Con respecto al tiempo, hay otra cuestión a destacar, y es el dedicado a los trabajos a realizar entre sesiones. Así, la disponibilidad de éste no era percibida de igual manera por los integrantes del equipo según éstos trabajasen en el aula o en el CEP. Es curioso observar cómo los maestros consideraban que tenían menos tiempo para dedicar al Seminario que las maestras que trabajaban en los colegios; mientras éstas opinaban que quienes contaban con más tiempo eran los que trabajaban en el CEP. Algún maestro del equipo llegó a hacer una insinuación comprometida al respecto:

"[Las maestras de aula dicen que tienen problemas para hacer esto] porque no quieren complicarse un poco la vida, piensan que los del CEP tenemos las cosas muy sencillas y no es así, tenemos que priorizar. Porque el que yo esté aquí no es que no tenga nada que hacer, a ellas lo que les pasa es que tienen que dejar a sus niños y no les ponen sustitutos y no quieren hacerlo. Hay que mojarse al máximo. Para que nosotros vayamos a observar hay muchas cosas que tenemos que dejar detrás".

También en relación a la separación temporal entre sesiones hay que aludir a una reflexión bastante coherente y pragmática, que incidía en que hay que ser realistas y no comprometerse a más de lo que realmente se puede hacer, para no crear agobios, descompensaciones, frustración de expectativas, quejas de unos a otros, etc. Este Seminario implicaba mucho trabajo y todos sus miembros estaban comprometidos en muchos otros asuntos. Y es que se trataba de un trabajo voluntario y estas personas -por estar muy interesadas y volcadas en lo que hacían-, disponían de poco tiempo, el cual no podía ser cubierto exclusivamente con las tareas propias del Seminario.

Los ritmos de trabajo fueron percibidos de diferente manera según cada uno y según la fase del trabajo; se identificaron fases lentas y otras más ágiles, estimándose que el ritmo final había sido más rápido que el inicial. De todas formas, es difícil precisar qué hay que entender por rápido y lento, así como por inicial y final. La percepción del tiempo es relativa y, entre otras cosas, estaba muy vinculada a los intereses, a la motivación.

La duración total de este Seminario (más de dos años y medio) no fue vista en general como algo negativo o, al menos, excesiva; sin embargo, en los últimos meses había quien sentía que se estaba prolongando en demasía. En cierta medida, ya no se tenía un proyecto común que fuese el motor de las reuniones, que diese cohesión al equipo, que provocase la necesidad y las ganas de seguir; pasando a ser más bien el miedo o la desconfianza a qué hacer, cómo acabar, cómo retomar las necesidades e intereses de cada uno, lo que mantenía al equipo unido.

Una actividad con esta duración pasa, inevitablemente, por fases diversas que van marcando el ritmo y que son producto, entre otros factores, de la propia incidencia del tiempo -y todo lo que éste trae consigo- en las sesiones.

Así como la periodicidad fue más o menos negociada entre todos los asistentes al Seminario, del **lugar de reunión** nunca se habló, siempre se dió por supuesto al inicio de la actividad de que sería en las dependencias del Centro de Profesores. Al final del segundo curso mantuvimos algunas reuniones en el colegio donde se experimentaba una unidad didáctica, lo cual surgió como necesidad en el seno del Seminario ya que no estaba previsto, y fue un hecho puntual. Las reuniones se celebraron en su mayoría en el Centro de Profesores, pero cabría preguntarse ¿en qué lugar del CEP?

Al inicio de la actividad, en una amplia habitación muy iluminada y agradable que poco a poco fuimos dejando de ver "sin querer". Parece ser que al comenzar a verse el Seminario como algo "endémico" del CEP, fuimos siendo relegados a las habitaciones que quedaban libres los días de reunión, favoreciendo así a otro tipo de cursillos y actividades. Para hacer honor a la verdad, hay que decir que en determinados momentos el CEP estaba saturado de grupos de profesores en busca de una habitación donde reunirse, y que nuestro grupo solía ser el menos numeroso de los que demandaban algún espacio. Quedamos así asociados a un pequeño cuarto no especialmente adecuado para las reuniones, tal como quedó recogido en el acta de una sesión.

"Se comenzó la reunión en una de las salas pequeñas del CEP ... esta sala reúne condiciones de acogimiento para un equipo menos numeroso que el nuestro y llega a ser incómoda cuando la reunión se va alargando".

Volvamos a la "decisión" de que las reuniones fuesen en el CEP. Al preguntar a las maestras y los maestros del equipo acerca de este tema encontramos posicionamientos diversos. Para unos era el mejor sitio porque se utilizaban sillas de "mayores", se disponía de fotocopiadora, era un lugar equidistante para la mayoría (las minorías siempre salían perjudicadas), se disponía de material de grabación, de biblioteca, etc. Para otros, era preferible reunirse en los colegios donde trabajaban las compañeras denominadas "de aula".

"Yo me podría reunir en cualquier sitio, no me ha influido ni para bien ni para mal. Yo creo que el ambiente de trabajo y de comodidad, para mí son las personas con las que trabajo, el sitio me da igual".

"Creo que tiene ventajas el que las reuniones sean en el CEP, se tienen más comodidades que en un centro, en una clase te tienes que sentar en sillas de niños, creo que es más conveniente el CEP".

Resulta muy interesante un comentario realizado por una de las maestras quien indicaba que, queramos o no, para muchos (no se aludía a nadie en concreto) las instalaciones del CEP se identificaban con la Administración, y esto podía ser un "handicap" para que los profesores de a pie se sintiesen a gusto allí.

"Para la gente que estamos acostumbrados a venir por aquí esto no te impone, pero para mucha gente de aula esto no deja de ser la administración siendo todos los que están aquí maestros. Nosotros no lo vemos como administración pero sí existe la pared de separación".

Los maestros del equipo que trabajaban en el CEP comentaron que las reuniones en su lugar habitual de trabajo les traía problemas, porque debían atender otros menesteres: llamadas telefónicas, dudas del personal del CEP, visitas inesperadas, etc.

"El estar aquí tiene el inconveniente de que continuamente te reclaman y sales y entras de la reunión, ése es el inconveniente que yo le veo, que los que estamos en el CEP no podemos estar tranquilos en las reuniones".

Por otra parte, era la mayoría de quienes trabajaban en los colegios quien reclamaba que hubiese rotación de los lugares de reunión. Esto era justificado con argumentos relativos a la conveniencia de que cada cual estuviese en su ambiente, de conocer los centros, de que los demás maestros y maestras del colegio viesen a los miembros del Seminario "en carne y hueso", etc.

Algunas Sugerencias para la Formación Permanente

De los dos aspectos comentados, es el factor tiempo el que se revela como más novedoso y significativo en esta experiencia. Dos años y medio implicados en una actividad formativa con una periodicidad quincenal y en sesiones de tres horas no es algo muy habitual. Esta extensa duración ha reportado valiosos beneficios, y también ha traído consigo algunos problemas, a partir de los cuales se pueden realizar las siguientes sugerencias.

*   La preocupación por la organización escolar (Antúnez, 1994; Doménech y Viñas, 1997) debe trascender los contextos de aula y escuela para alcanzar a las actividades de formación permanente, que en modo alguno son ajenas a estos factores tan condicionantes de los procesos de enseñanza-aprendizaje.
*   La formación permanente del profesorado precisa que se tengan en cuenta estos factores para hacer viables los cambios y las propuestas de mejora que se predican (Hargreaves, 1997).
*   Las actividades formativas que se ofertan deben huir de la anticipada previsión de horas fijas para su desarrollo, que suelen ser pocas. Además, la necesaria periodicidad de las sesiones también son un obstáculo, pues a veces se "cortan" procesos interesantes que se posponen en el tiempo.
*   Es conveniente hacer un sistemático seguimiento de extensas actividades de formación, pues con el paso del tiempo se van configurando etapas que conviene conocer y tener en cuenta para realizar el seguimiento y mejora de aquélla.
*   El aprendizaje y el desarrollo profesional no son procesos que acometa el docente en soledad, precisa de los demás. Trabajar en equipo, formar parte de un grupo, ser

colaborativo, requiere de tiempo (Bonals, 1996; Hargreaves, 1997). Las relaciones se tejen poco a poco. Las grandes obras suelen requerir pasos pequeños y lentos.

* El espacio, el lugar de reunión también es importante, contiene numerosos significados que inciden en los estados de ánimo, en las relaciones personales, en las presiones, en las imágenes de cada quien, ...

* Los procesos de desarrollo profesional precisan extensos periodos de duración para asegurar su significatividad y valor para poder incidir en el trabajo cotidiano de los docentes.

Bibliografía

ANTÚNEZ, S. (1994): *Claves para la organización de centros escolares.* Barcelona: ICE de la Universidad/Horsori.

BONALS, J. (1996): *El trabajo en equipo del profesorado.* Barcelona: Graó.

DOMENECH, J. y VIÑAS, J. (1997): *La organización del espacio y del tiempo en el centro educativo.* Barcelona: Graó.

GARCÍA GÓMEZ, S. (1998): *El Seminario Azahar. Análisis de una actividad de formación permanente para el desarrollo profesional.* Málaga: Servicio de Publicaciones e Intercambio Científico.

HARGREAVES, A. (1997): *Profesorado, cultura y postmodernidad.* Madrid: Morata.

ANÁLISIS Y MODIFICACIÓN DE LOS FACTORES QUE DETERMINAN EL CLIMA DEL AULA

JUAN ANTONIO AMEZCUA MEMBRILLA
Mª. CARMEN PICHARDO MARTÍNEZ
Departamento de Psicología Evolutiva y de la Educación
Facultad de Ciencias de la Educación
Universidad de Granada

Uno de los problemas de mayor actualidad en relación con la escuela es el de la convivencia. El cambio que se está observando en la sociedad con respecto a los valores influye directamente en el aumento de la conflictividad y en el deterioro de la convivencia entre los distintos componentes de la comunidad escolar: alumnos, profesores y padres. De nuestras escuelas se ha erradicado el castigo físico como medida disciplinaria con los alumnos y esto ha sido un logro importante. Sin embargo, son muchas las agresiones de una u otra parte que se producen en el entorno escolar, por lo que se hace necesario tomar conciencia de esta realidad e intentar entre todos crear un clima, un lugar donde sea posible un desarrollo integral de la educación en su acepción más amplia y el logro de todos y cada uno de sus objetivos. Con demasiada frecuencia aparecen noticias en los medios sobre acontecimientos desagradables que las más de las veces se materializan en agresiones (verbales, cuando no físicas) a profesionales de la enseñanza que no hacen otra cosa sino cumplir con su deber, muchas veces en circunstancias poco propicias. Es un tema que preocupa y que la sociedad no puede ignorar. Recientemente, la Consejería de Educación ha presentado a la Comunidad Escolar el *Proyecto de Decreto sobre Derechos y Deberes de los Alumnos* con la finalidad de que Asociaciones de Padres, de Alumnos, Sindicatos, Claustros de Profesores y otras instituciones hagan las aportaciones necesarias para que el documento final alcance el máximo consenso entre todas las partes afectadas. El objetivo fundamental de la Consejería ha sido establecer un marco general que sirva de referencia para que los centros educativos establezcan sus Normas de Convivencia y concreten los Derechos y Deberes de sus alumnos, teniendo la responsabilidad última en este cometido el Consejo Escolar, órgano colegiado responsable de la aprobación de estas normas, así como de velar por su cumplimiento. En este sentido, las distintas instituciones y organismos implicados van sensibilizando a la sociedad para que participe y tome una postura consecuente frente al tema de la violencia en las aulas. Las centrales sindicales también van tomando iniciativas a través de jornadas, seminarios, etc., para implicar en el tema al profesorado y a los padres. Los propios alumnos también se posicionan activamente manifestando su desacuerdo con algunos de los principios que se recogen en la tabla de derechos y deberes.

Aquí no vamos a analizar la violencia física o agresiones graves que se dan entre los miembros de la comunidad escolar. Nuestro propósito es analizar aquellas conductas que no favorecen un clima de aula adecuado para que se desarrolle el aprendizaje: la disciplina del aula. Los problemas de disciplina se pueden definir como aquellas situaciones en las que las necesidades del grupo están en conflicto con las de los individuos que lo integran (Curwin et al., 1983). Cuando una persona se comporta de un modo que satisface sus necesidades y esta conducta impide al grupo satisfacer las suyas, se presenta un problema de disciplina. Plantear la solución de estos problemas no resulta difícil, la dificultad estriba en hallar la forma de llevarla a cabo. Es necesario establecer un clima donde tanto las necesidades del individuo como las del grupo se puedan satisfacer con el menor conflicto posible. Aquí el grupo se entiende formado por el profesor y sus alumnos, con las respectivas interacciones. Además, como sabemos, la educación formal implica la interacción de muchas variables. Una de estas es el ambiente en el que tiene lugar (Fraser, 1986). Las variables relacionadas con el ambiente del aprendizaje, según Ashman y Conway (1990), que denominan *variables ecológicas*, se refieren al clima del aula, uso adecuado del espacio y tiempo y la participación e interacción por parte de profesores y alumnos. Sin un ambiente tranquilo y cómodo es difícil que se dé cualquier aprendizaje y mucho menos el espíritu de colaboración y solidaridad que debemos despertar en nuestros alumnos. Conscientes de la necesidad de crear un clima escolar positivo, germen de convivencia pacífica y posibilitador de cualquier aprendizaje, nos vamos a centrar en el estudio y análisis de algunas de las causas que podrían justificar las conductas perturbadoras de ese clima, tanto por parte de los alumnos como de los profesores, a la vez que iremos planteando las estrategias que podemos utilizar para modificar esas situaciones.

Analicemos en primer lugar las causas de la indisciplina escolar inherentes a los alumnos y en segundo lugar las que pueden estar originadas en el propio profesor. Siguiendo a Fontana (1989), las causas de la indisciplina escolar inherentes a los alumnos podrían obedecer a las siguientes razones:

1. Factores Asociados con los Alumnos

1.1. Necesidad de captar la atención de las personas significativas

Todos los seres humanos, los niños más, necesitamos la atención de los demás, pues de esa manera conseguimos sentirnos importantes y estimados. Siempre se ha dicho que no hay peor cosa para el niño que sentirse ignorado por los que le rodean. Pues bien, la mayoría de los niños consiguen esa atención por medios naturales. Cuando necesitan ayuda la piden y la obtienen, a veces en exceso, y de una forma gradual y sistemática. Primero en su casa, luego en la escuela, van dándose cuenta de que no necesitan recurrir al alboroto para satisfacer su necesidad de atención. La obtienen dentro de unos principios socialmente aceptables de tolerancia, comprensión y respeto mutuos, lo que finalmente se convierte en pauta de conducta estable. Pero esto no siempre sucede así, a veces hay quien ha aprendido en su hogar a reclamar la atención a través de conductas agresivas y exigentes, conductas que le llevarán en la mayoría de los casos a reacciones de violencia y abierta confrontación con los demás. No sabe esperar su turno, no respeta normas, y el resultado de su conducta chocará de lleno con los patrones y valores que rigen en el colegio. La retroalimentación que recibe este tipo de alumnos no es satisfactoria, y su conducta imposibilita cada vez más el establecimiento de relaciones adecuadas con sus iguales y profesores. Se aburren. La pérdida de prestigio ante sus compañeros, el declive de la propia imagen y el permanente reclamo de la cordialidad perdida, producirán el efecto contraproducente de las continuas e impertinentes llamadas de atención, el histrionismo y el deterioro generalizado del buen ambiente.

Durante las dos últimas décadas, las investigaciones realizadas tanto en EE.UU. como en Gran Bretaña han puesto de relieve que la modificación de conducta es un sistema apropiado para el tratamiento de la llamada de atención perturbadora. Se parte del reconocimiento de que la conducta premiada tiende a repetirse, mientras que la que no se premia tiende a desaparecer. Desde este punto de vista, se hace necesario analizar la reacción del profesor y del resto de los compañeros frente al comportamiento difícil de uno de los alumnos. Según este modelo de intervención educativa:

- el profesor debe tener en cuenta la conducta del alumno, sus consecuencias y el contexto en el que se desarrolla, realizando un análisis funcional del repertorio conductual;
- se deben modificar las conductas no deseadas, reemplazándolas por conductas más adaptativas.

1. 2. El fracaso continuo genera problemas de conducta

Los alumnos que de una manera reiterada no rinden satisfactoriamente en clase manifestarán sentimientos negativos hacia el aula, el centro y hacia sí mismos. El fracaso repetido en clase genera en el alumno una actitud de hostilidad y rechazo hacia todo lo que tenga que ver su educación. Todo ello se traducirá en aburrimiento, que le llevará automáticamente a manifestarse molestando al profesor y a sus compañeros.

Como respuesta a esta problemática, el profesor debe conocer en profundidad las características peculiares de cada uno de sus alumnos. Cuando el planteamiento curricular es percibido por los alumnos como interesante y adecuado a sus necesidades es menos probable que se produzcan situaciones de aburrimiento y frustración. Entonces, el alboroto y la hostilidad hacia el colegio no tendrán cabida. Es necesario, antes que nada, realizar un diagnóstico preciso de la competencia curricular de estos alumnos, para poder luego ofrecerles un currículo interesante y apropiado. Esto implicaría un planteamiento del currículo que introduzca materias y actividades que desarrollen las habilidades de mayor utilidad práctica, eliminando los contenidos irrelevantes. Se podrían reducir así las situaciones que generan aburrimiento y comportamientos no favorables a un clima escolar positivo.

1.3. El fracaso continuo genera una percepción de sí mismo negativa

Una de las consecuencias más visibles del fracaso escolar es la configuración de un autoconcepto negativo (Byrne, 1984; Rosenberg, Schoeler y Schoenback, 1989). Las investigaciones más recientes han puesto de manifiesto la relación que existe entre autoconcepto académico y rendimiento escolar. En un estudio realizado con 1.235 niños de 11 a 14 años, en el que se analizaba el nivel predictivo de 24 variables sobre los rendimientos escolares, se pudo comprobar que las dos variables más predictoras eran de autoconcepto académico

(Amezcua, 1995). Un autoconcepto positivo hace que los alumnos se valoren como más competentes y eficaces en las tareas que han de realizar, lo que les permite ejecutarlas de una manera más eficaz. Por el contrario, un autoconcepto negativo les creará una sensación de impotencia que acabará derrotándoles frente a las tareas escolares (Marsh, 1987). El alumno, en este caso, dudará de sus posibilidades reales de realizar las tareas, lo que le llevará a proponerse metas de más bajo nivel, o bien, a buscar excusas para no afrontar las tareas. O puede también adoptar una actitud a la defensiva, respondiendo al fracaso de una forma irreal; es decir, o interpreta que es incompetente para realizar las tareas, o que éstas son demasiado difíciles.

Parte de la tarea del profesor en el tratamiento y prevención de los problemas de control en clase consiste en ayudar a los niños a desarrollar autoconceptos favorables, orientados al éxito. Para ello es necesario dar al alumno la oportunidad de experimentar en sí mismo la sensación del éxito académico, a través del elogio, la asignación de tareas acordes a su capacidad, la generación de expectativas positivas, el fomento del locus de control interno y la autodirección de la conducta. Todo ello facilitará que el sujeto modifique la percepción de sí mismo y sus relaciones con el colegio. Además, existen programas específicos para la modificación del autoconcepto y la autoestima. Machargo (1997) ha elaborado un programa para el desarrollo de la autoestima dirigido a alumnos de Primaria, Secundaria y Bachillerato de fácil aplicación por parte de los profesores tutores. Elexpuru (1992), después de aplicar un programa para la mejora del autoconcepto en niños de 8 a 11 años, obtiene resultados muy positivos en la modificación del autoconcepto académico en todos los casos estudiados. Por otro lado, los profesores juegan un importante papel en el desarrollo del autoconcepto de sus alumnos (Machargo, 1991, Goodnow, 1993, Oñate, García y Morales, 1998), hasta tal punto que el programa aplicado por un profesor obtiene mejores resultados que el llevado a cabo por personas ajenas a la escuela.

1.4. La inadaptación personal genera problemas de conducta

Un sentimiento de baja autoestima, como consecuencia de pertenecer a un hogar destruido, que reduce a la soledad a los niños, con un alto grado de autoritarismo, en el que se abusa física y psíquicamente, o el desajuste propiciado por el propio temperamento del niño pueden acarrear la inadaptación personal, haciendo a los niños más vulnerables a la depresión y a las tensiones, lo que determina formas de conducta irregulares en clase y que en el futuro pueden acarrear verdaderos trastornos de personalidad (Grolnick y Ryan, 1898; Hoffmann, Gerstein y Johson, 1998; Pettit, Bates y Dodge, 1997).

1.5. Aspectos sociales

Los temas de inadaptación personal referidos anteriormente tienen normalmente su origen en unas relaciones sociales insatisfactorias. Pero a su vez, los problemas personales pueden incidir en cómo se desarrollan las relaciones sociales. Y la escuela, por su gran responsabilidad en la socialización de los alumnos, puede desempeñar un gran papel y tener decisiva influencia.

Ante alumnos inadaptados, sea cual sea el origen de la inadaptación, el profesor puede recurrir al uso de técnicas adecuadas para la solución de los conflictos que se pueden presentar en el aula. Lo mejor en tales casos es aceptar la existencia del conflicto -no ignorarlo- y preparar a los alumnos para que lo resuelvan de forma creativa. Hay técnicas para ello: unas son las de representación de conflictos (dramatizaciones, títeres, técnica de congelación, inversión de papeles, decisiones rápidas...); otras, la lluvia de ideas, la toma rápida de decisiones, los cuentos de conflictos personales, la lectura de cuentos, escribir cuentos de hadas, etc.

1.6. Factores de personalidad

Los factores asociados con las emociones (extraversión-introversión, neuroticismo-estabilidad) pueden influir notablemente en las conductas y determinar decisivamente el clima del aula. Los sujetos extravertidos se sienten a gusto y gratificados cuando se relacionan socialmente; los introvertidos, por el contrario, prefieren la distancia social y la sobriedad en sus relaciones. El niño extravertido, más necesitado de estímulos, puede que se sienta incómodo en un entorno educativo que subraya la importancia del trabajo individual, rígido, inhibidor de la espontaneidad social..., y es fácil que sea desordenado y que a veces se muestre desafiante, en el intento de, espontánea e inconscientemente, romper la rigidez que lo encorseta, que lo reprime. Por el contrario, el niño introvertido que se ve inmerso en una clase rica en interacciones sociales, en un entorno escolar excesivamente estimulante, puede reaccionar con bruscas alteraciones emocionales.

La otra dimensión de personalidad, la de neuroticismo-estabilidad, tiene también incidencia decisiva en el clima del aula. Los niños más estables están bien adaptados y tienen una actitud positiva hacia la clase, hacia sus compañeros y hacia el profesor; los niños situados en el otro polo, los más neuróticos, puede que se muestren más inquietos, temerosos, reservados, y manifestar síntomas de ansiedad con más frecuencia e intensidad que el resto de sus compañeros.

Ante estos estados emocionales, el profesor ha de organizar las tareas escolares de tal forma que las reacciones emotivas no se disparen dando lugar a situaciones incontroladas que creen un clima indeseable. Siempre será preferible la anticipación, que el profesor disponga la clase de manera que evite la aparición de problemas de control, a la aplicación de soluciones disciplinarias, con frecuencia y de alguna manera lesivas.

1.7. El niño superdotado

Tradicionalmente se ha incluido dentro de esta categoría a niños con niveles de inteligencia muy superior a la normal para su edad (CI de 140 o más), asociada a alta creatividad y originalidad. Según Tourón y otros (1998), los estudios más recientes reflejan un bajo consenso respecto a la definición del sujeto superdotado: para unos, (Sternberg, 1986), la superdotación se restringe estrictamente a las capacidades intectuales; otros incluyen características distintas a las cognitivas, motivación y compromiso con la tarea (Renzulli, 1982). En lo que todos están de acuerdo es en que se trata de un constructo multidimensional.

Los problemas personales que se les pueden plantear a estos niños y que tienen una incidencia muy directa en el clima del aula son, por un lado, el aburrimiento y desmotivación por las tareas -cuando el nivel de exigencias es menor que sus necesidades de estimulación- y, por otro, el riesgo de que el profesor pueda sentir puesta en solfa su capacidad y/o su competencia profesional.

La tarea del profesor puede verse facilitada en el primer caso, cuando por falta de estimulación los alumnos se ven abocados al aburrimiento; cuando lo que sucede es que su propia estima profesional se siente herida, puede producirse un conflicto entre alumno y profesor, a veces de muy difícil solución. En cualquier caso, la atención educativa a la diversidad supone que los sujetos con necesidades educativas especiales deben ser atendidos de acuerdo con las características peculiares que presentan. Las medidas que deben adoptarse se refieren a la evaluación y estrategias de intervención educativa (agrupamiento, aceleración y enriquecimiento) que en buena parte se atribuyen a los Equipos de Orientación Educativa y a los Departamentos de Orientación.

1.8. Problemas de conducta

Nos referimos aquí a ese porcentaje pequeño pero significativo para el clima del aula de aquellos alumnos que presentan problemas serios de conducta. Estos niños son a menudo víctimas de circunstancias ajenas a ellos. Han vivido en un medio hostil, sin amor, sin apoyo y, además, han podido ser testigos de violencia física e incluso víctimas de ella. Si posteriormente en la escuela se les responde con la misma hostilidad, difícilmente encontraremos el camino de ayudarles. El primer paso y más importante, si queremos lograr su integración con el resto de la clase, es comprender los motivos ocultos que explican ese comportamiento.

Hasta aquí hemos analizado algunas de las causas de la indisciplina escolar inherentes a los alumnos. Pasemos ahora a describir brevemente las originadas en el propio profesor.

2. Factores Asociados con el Profesor

2.1. Personalidad

En relación a las causas relacionadas con el profesor, tendremos que referirnos, en primer lugar, a los aspectos relativos a su personalidad. Al igual que vimos diferencias en los niños respecto al modo de trabajo preferido, también los profesores muestran preferencias por los entornos donde se sienten más satisfechos. Un profesor extravertido desempeñará mejor su profesión en un entorno abierto y ruidoso, mientras al introvertido le ocurrirá todo lo contrario. Habrá profesores más seguros de sí y otros menos, tal vez a los primeros les importe poco que sus compañeros u otros adultos estén presentes durante el desarrollo de su clase y a los segundos les resulte más incómodo. Unos puede que se sientan mejor en primaria y otros en secundaria. Por tanto, corresponde a los responsables de la planificación escolar tomar en cuenta estas circunstancias o preferencias para, dentro de lo posible, que cada profesor pueda desempeñar su trabajo en el entorno más adecuado a su personalidad. Esto hará que, al sentirse más seguro, con menos ansiedad, el desempeño de su profesión sea más eficaz, con lo que establecerá interacciones con sus alumnos más equilibradas y satisfactorias, lo que seguramente contribuirá a crear un clima en el aula más adecuado.

2.2. Planificación de actividades y organización del aula

Otro aspecto importante que debe ser tenido en cuenta es la planificación de actividades y organización del aula. La falta de planificación por parte del profesor de las actividades puede contribuir a crear situaciones de descontrol en el aula. Por otro lado, la organización del aula es esencial también para crear el clima adecuado: disposición de las mesas, nivel de ruido, disponibilidad de material, etc.

2.3. Tipo de control que ejerce sobre sus alumnos

Dependiendo del control que ejerza el profesor sobre sus alumnos, se puede hablar de control autoritario, permisivo y democrático. En el primer caso, el profesor ejerce un control excesivo y arbitrario sobre sus alumnos, lo que origina un clima del aula excesivamente regulado desde el exterior, pero frágil, de tal manera que en ausencia del profesor los alumnos tenderán a generar un comportamiento demasiado descontrolado. Cuando se muestra muy permisivo, se da una ausencia total de control y de normas de referencia y ello dará lugar a un clima escolar poco favorable para el desarrollo del aprendizaje. Entre ambos extremos se sitúa el control democrático, basado en el consenso y respeto por las normas que dimanan del grupo. De los tres enfoques parece ser que la disciplina democrática es la más racional y menos coercitiva, dando lugar a un clima escolar caracterizado por la responsabilidad, trabajo cooperativo, cohesión grupal, etc.

Para terminar, hemos de señalar que el profesor ha de utilizar su capacidad de análisis para observar con detenimiento lo que sucede día a día en su aula y sacar provecho tanto de lo que sale bien como de lo que sale mal. Ha de prestar atención a lo que enseña, que ha de ser relevante; a sus alumnos, siempre diferentes; y a sí mismo, parte del esquema educativo y sujeto de conciencia, a quien la reflexión sobre el proceso convierte en profesional responsable, pero cuya sensibilidad y buen tacto lo harán maestro en el delicado arte de enseñar.

Bibliografía

ALBERICIO, J. J. (1991) : *Educar en la diversidad*. Madrid. Bruño.

ELEXPURU, A. I. (1992). "Un programa de intervención para la mejora del autoconcepto de los alumnos entre los 8 y los 11 años de edad". En I. Elexpuru; AM. Garma; M. Marroquín y A. Villa: *Autoconcepto y Educación*. Vitoria: Gobierno Vasco.

AMEZCUA M. J. A. (1995). *El Autoconcepto y rendimiento escolar en niños de 11 a 14 años*. Tesis Doctoral no publicada, Universidad de Granada.

ASHMAN, A. F. y CONWAY, R. N. F. (1990). *Estrategias cognitivas en educación especial*. Madrid: Santillana.

BYRNE, B. M. (1984). "The General Academic Self-Concept Nomological Network: A Review of Construct Validation Research". *Review of Educational Research*, 54 (3) 427-456.

CURWIN, R .L. y MENDLER, A. N. (1983). *La disciplina en clase. Guía para la organización de la escuela y el aula*. Madrid: Narcea.

FONTANA, D. (1989). *La disciplina en el aula*. Gestión y control. Madrid: Santillana.

FRASER, B. J. (1986). *Classroom environment*. Londres: Croom Helm.

GOODNOW, C. (1993). "Classrom belonging among early adolescent students: Relationships to motivation and achievement". *Journal of Early Adolescence,* 13, 21-43.

GÓMEZ, M. T., MIR, V. y SERRATS, M. G. (1995). *Propuestas de intervención en el aula. Técnicas para lograr un clima favorable en la clase*. Madrid: Narcea.

GROLNICK, W. S. y RYAN, R. M. (1989). Parent Sytles Associated With Children's Self-Regulation and Competence in School. *Journal of Educational Psychology.* 81, 143-154.

HOFFMANN, J. P., GERSTEIN, D. R. y JOHNSON (1998). "The effect of home environment on adolescent substance use and depressive". *Journal of Drug Issues,* 27, 851-877.

OÑATE, de, M. P. GARCÍA, M., MORALES, J. (1998). *Influencia de la percepción del clima social escolar y familiar en el autoconcepto. Repercusiones de un programa de intervención.* Pamplona: VIII Congreso Nacional del INFAD.

MACHARGO, S. J. (1991). *El profesor y el autoconcepto de sus alumnos. Teoría y práctica.* Madrid: Escuela Española.

MACHARGO, S. J. (1997). *Programa de actividades para el desarrollo de la autoestima.* Madrid: Escuela Española.

MARSH, H. W. (1987). "The big-fish-little-pond effect on academic self-concept". *Journal of Educational Psychology,* 79, 280-303.

PETTIT, G. S., BATES, J. E. y DODGE, K. A. (1997). "Supportive Parenting, Ecological Context, and Children's Adjustment: A Seven-Year longitudinal Study". *Child Development.* 68, 908-923.

STERNBERG, R. J. (1986). *Intelligence Applied: Understanding and Increasing your Intellectual Skills.* San Diego: Harcourt, Brace, & Jovanovich.

TANNER, L. N. (1980). *La disciplina en la enseñanza y en el aprendizaje.* México: Interamericana.

TOURÓN, J., PERALTA, F. y REPÁRAZ, CH. (1998). *La superdotación intelectual: modelos, identificación y estrategias educativas.* Navarra: EUNSA.

ANÁLISIS DE LAS PERCEPCIONES Y EXPECTATIVAS DE LOS DIRECTIVOS Y DEL PROFESORADO EN TORNO AL PROYECTO EDUCATIVO Y LA MEMORIA COMO MARCO Y GUÍA DEL CAMBIO EN PROCESOS DE TRANSICIÓN

EMILIO ÁLVAREZ ARREGUI
RAMÓN PÉREZ PÉREZ
Universidad de Oviedo

Introducción

Ante la situación actual de incertidumbre existente en la mayor parte de las instituciones educativas consideramos que es necesario seguir potenciando el establecimiento de unos marcos coherentes de actuación que les permitan dotarse de cierta proyección hacia el futuro a partir de su propia historia y de sus características contextuales. De ahí que entendamos que el establecimiento de planteamientos institucionales, con un claro respaldo de sus directivos y de las personas pertenecientes a la comunidad educativa en la que se inserta, es básico como guía para orientar y dar cohesión a sus organizaciones.

Dada la situación de cambio y las necesidades de adaptación de los centros ante los nuevos planteamientos, cada vez se ve como más necesaria por parte de los directivos la potenciación de unas perspectivas más pedagógicas y transformacionales, sus funciones y las de sus equipos tendrán que basarse al principio en el aglutinado de las distintas percepciones existentes en los centros, aunando el esfuerzo común y fomentando el trabajo en equipo. Creemos que a través de las perspectivas institucionales se podrá ir en la línea de construir verdaderas comunidades educativas y consolidar equipos docentes en función de proyectos educativos ajustados a dichos planteamientos. En este contexto presentamos de forma muy sintética un trabajo empírico en torno a las percepciones de los directivos y del profesorado en torno a dos documentos institucionales el Proyecto Educativo y la Memoria.

Ficha de la Investigación

El trabajo se realizó en la Universidad de Oviedo a partir de la selección de una muestra de 18 centros del Municipio de Oviedo que tienen grupos de alumnado en Educación Infantil, Primaria y Enseñanza Secundaria Obligatoria. La investigación se llevó a cabo a través de dos cuestionarios de opinión, uno para directivos y otro para el profesorado. El listado de ítems se estructuró sobre opciones diversas: unas invitaban a pronunciarse sobre la valoración que merecía su enunciado y en otros se dejaba libertad para expresar sus opiniones sobre los diferentes aspectos que se planteaban. También se categorizaron los comentarios de las respuestas abiertas con el fin de reducir la variabilidad de las respuestas y hacer posible un análisis estadístico de las mismas.

A grandes rasgos, podemos señalar que nuestro objetivo fue analizar las percepciones de los directivos y del profesorado en torno a la influencia que están ejerciendo los directivos en sus comunidades educativas a través del Proyecto Educativo y la Memoria a partir de su elaboración, utilización y difusión.

Dadas las limitaciones de espacio únicamente expondremos algunas conclusiones, gráficas, tablas y comentarios que sirvan de apoyo a nuestros argumentos.

Proyecto Educativo de Centro y Memoria.

Algunos de los datos, dimensiones y variables consideradas las incluimos en las tablas 1, 2, y 3.

OPINIÓN SOBRE EL PROYECTO EDUCATIVO	DIRECTIVOS		PROFESORADO	
	SÍ%	NO%	SÍ%	NO%
En un documento administrativo y burocrático	70,0	30,0	46,4	51,4
Con una mayor autonomía de los centros tendría mayor importancia	75,0	25,0	76,2	13,8
Facilita coordinar el trabajo entre familias, alumnado y profesorado	70,0	30,0	63,8	19,6
Propicia cauces de colaboración y coordinación entre el profesorado	94,0	06,0	72,5	21,0
Su realización la ha asumido prácticamente el equipo directivo	62,5	31,3	42,0	47,0
Al profesorado le ha supuesto una carga más que una ayuda	56,3	18,8	42,0	39,9
INCONVENIENTES PARA SU ELABORACIÓN	SÍ%	NO%	SÍ%	NO%
Cultura individualista del profesorado	68,8	25,0	50,7	41,3
Falta de tradición en la participación de los padres	75,0	25,0	60,9	23,9
Apatía de los diferentes sectores	75,0	25,0	58,0	28,3
Dificultades organizativas y de formación del equipo directivo	31,3	62,5	23,2	55,8
Objetivos, valores e intereses diversos entre los miembros de la comunidad	31,0	50,0	45,7	42,8
Diferentes niveles de formación y perspectivas de análisis	50,0	31,3	50,7	39,1
Falta de formación del profesorado en estos aspectos	56,3	31,3	48,6	39,9
Inoperancia o pasividad del Consejo Escolar	18,8	69,0	39,1	40,6
Inoperancia o pasividad del Claustro	12,5	62,5	40,6	49,3

Tabla 1: Porcentajes agrupados de los directivos y del profesorado sobre variables referidas a su opinión sobre el Proyecto Educativo y los inconvenientes encontrados en su elaboración.

UTILIDAD DEL PROYECTO EDUCATIVO

	DIRECTIVOS		PROFESORADO	
	SÍ%	NO%	SÍ%	NO%
Potenciar una cultura participativa entre todos los sectores	87,5	12,5	66,7	20,3
Orientar todos los demás documentos institucionales	81,3	18,7	74,6	11,6
Establecer criterios comunes que posibiliten una mejor acción educativa	87,5	12,5	79,7	15,9
Favorecer un buen clima de aprendizaje	75,0	25,0	63,8	24,6
Mejorar el aprendizaje del alumnado a nivel conceptual, procedimental...	43,8	31,3	60,9	23,2
Disminuir la conflictividad entre los diferentes sectores	62,5	25,0	42,0	31,9
Mejorar la difusión de expectativas del centro a la comunidad escolar	75,0	25,0	57,2	21,7
Mayor respaldo de la comunidad educativa hacia el director	37,5	18,8	37,7	30,4

Tabla 2: Porcentajes agrupados de los directivos y del profesorado sobre variables referidas a la utilidad del P. E.

IMPORTANCIA QUE SE LE CONCEDE A LA MEMORIA COMO AUTOEVALUACIÓN INSTITUCIONAL

	DIRECTIVOS		PROFESORADO	
	Nada Poco%	Bastante Mucho%	Nada Poco%	Bastante Mucho%
Es una exigencia administrativa y no una autoevaluación	50,0	50,0	60,0	40,0
Para el equipo directivo es un buen documento de autoevaluación	37,5	62,5	60,0	40,0
Refleja las actividades realizadas y los diferentes puntos de vista	25,0	75,0	38,0	62,0
La dirección sigue las exigencias de la Admón. con pocos cambios	56,3	43,7	33,5	66,5
La dirección selecciona aspectos sin consultar al profesorado	80,0	20,0	71,0	29,0
Lo concerniente al profesorado se decide en claustro, CCP, etc.	20,0	80,0	55,0	45,0
La dirección hace propuestas al Consejo Escolar y las incorpora	25,0	75,0	61,0	39,0
Es el documento guía para la elaboración de la Programación Anual	13,0	87,0	45,0	55,0
La dirección pretende que sea un marco de reflexión de lo realizado	25,0	75,0	43,0	57,0
La dirección da libertad al profesorado para hacerla individualmente	62,5	37,5	44,0	56,0
La dirección establece tiempos específicos a lo largo del curso	45,0	55,0	41,0	56,0
Se realiza al finalizar el curso de forma burocrática	87,5	12,5	61,5	37,0
La dirección colabora con todos los implicados en su realización	10,0	90,0	38,5	58,0
El profesorado tiene una actitud positiva hacia ella y le importa	68,0	32,0	72,5	25,5
Se incorporan las sugerencias de la Admón. para mejorarla	25,0	75,0	53,5	44,0
El director busca soluciones si se plantean necesidades de formación	20,0	80,0	53,5	44,2

IMPORTACIA DE LOS SIGUIENTES ASPECTOS PARA MEJORAR SU UTILIDAD

La actitud y los planteamientos organizativo-pedagógicos del equipo directivo	20,0	80,0	24,5	74,0
El apoyo y asesoramiento organizativo pedagógico del equipo directivo al profesorado	25,0	62,5	25,5	73,0
La actitud positiva del profesorado para su realización	10,0	90,0	14,5	84,1
La implicación del profesorado con las conclusiones	25,0	75,0	11,6	86,2
La actitud del resto de personas implicadas en su realización	25,0	75,0	22,5	75,0
¿Qué importancia se le da a la memoria en su centro?	38,0	68,0	58,7	40,0
¿Qué importancia le gustaría que tuviese?	00,0	100,0	14,5	84,1

Tabla 3: Porcentajes agrupados de los directivos y del profesorado sobre variables referidas a la importancia que ambos colectivos conceden a la Memoria de centro como autoevaluación institucional y qué aspectos podrían mejorarla.

Algunas Conclusiones

En el nivel conceptual, tanto los directivos como el profesorado destacan la importancia del Proyecto Educativo como un factor de calidad para su centro educativo y como marco de referencia para el desarrollo de planteamientos institucionales compartidos. Facilita la coordinación con la comunidad educativa, entre el propio profesorado y puede convertirse en un espacio compartido de ideas.

En la práctica los resultados no coinciden con sus percepciones ya que los directivos han elaborado la mayor parte de esos documentos y han dejado escaso margen de participación a los otros sectores, fundamentalmente a los padres, a la mayor parte del profesorado y al alumnado. Así, se entiende que ha sido una carga, más que una ayuda, para buena parte del profesorado.

Los datos aportados por la investigación confirman que numerosos directivos han elaborado sus Proyectos Educativos atendiendo a cuestiones burocráticas, ciñéndose estrictamente a la normativa y/o a los plazos impuestos desde la Administración Educativa. Y aunque le ven posibilidades para redundar en el beneficio del centro educativo, lo han desarrollado a partir de unas estructuras organizativas restrictivas en las que han intervenido, fundamentalmente, los órganos colegiados de manera formal.

Al achacar las dificultades encontradas en su elaboración a factores como la cultura individualista del profesorado, apatía de los demás sectores, falta de tradición en la formación de los padres, etc., desplazan su propia responsabilidad y no se plantean cómo han llevado adelante dicho proceso, su planificación, su puesta en marcha, los procedimientos para llevarlo a cabo y la forma de difundir la propuesta para su elaboración entre los diferentes sectores implicados. El problema que esto genera es que al no haber participado el profesorado desde las propuestas iniciales, los directivos han cerrado la posibilidad de incluir muchas de las propuestas de este colectivo, como lo ratifican sus comentarios en porcentajes superiores al 70%, de que puede ser un espacio compartido de ideas y que debe dotar de señas de identidad y de mayor autonomía a los centros.

Estamos convencidos de que los datos se agudizarían negativamente si todos los centros ya hubiesen terminado sus proyectos educativos cuando se pasaron los cuestionarios, ya que en algunos IES y centros concertados estaban en fase de elaboración. Esto lo ratifican las diferencias significativas encontradas, en el cuestionario de los directivos, entre los distintos tipos de centro y la consideración del Proyecto Educativo como documento administrativo, ver gráfica 1. En ella se aprecia que son los centros de Primaria (1) los que comentan que es claramente un documento administrativo. Estos centros son los que ya lo han realizado y por tanto ya tienen experiencia en torno al mismo, mientras que los centros concertados (2) y los IES (3), están desarrollándolo actualmente y tienen mayores expectativas sobre el documento.

Sobre los inconvenientes encontrados, otra de las dimensiones considerada, los directivos opinan que las dificultades no han venido tanto de los órganos colegiados, del Consejo Escolar, de su formación, ni de la organización que ha desarrollado para su elaboración, sino de la cultura individualista del profesorado 68,8%, de la escasa formación de éste 56,3% y de la falta de tradición en la participación de los padres 75%.

Parece que no inciden decisivamente o quieren enmascarar la diversidad de intereses, objetivos y valores de los diferentes sectores de la comunidad educativa, probablemente porque no han participado activamente en su elaboración ya que hay un dato contradictorio claro como es el de la falta de interés de los diferentes sectores, mucho más alto para los directivos 75% que para el profesorado 58%.

Resultan interesantes y diversas algunas de las soluciones dadas por los directivos, como reflejan algunas de sus contestaciones a la pregunta abierta: "informando y motivando para su realización", "intentando implicar a los diferentes sectores", "limitando la participación de la comunidad educativa y cediendo sus derechos al Consejo Escolar y a la Junta de Delegados", "elaborándolo como una exigencia administrativa y sin ningún tipo de implicación", "tomando acuerdos por mayoría simple sin buscar el acuerdo total", "dando un borrador muy elaborado por el equipo directivo", "eliminando el Proyecto Educativo como tal"......

Desde el profesorado también fueron muy significativas sus contestaciones: "no se hicieron propuestas ni se dieron soluciones ya que el planteamiento burocrático que se hizo del mismo no motivaba en absoluto", un 6,5% lo elaboró a través de un Proyecto de Formación en Centros, un 5,8% ratifica que se elaboró burocráticamente sin ánimo de cambio y para un 4,3% se hizo tan amplio que incluye todas las propuestas aunque sean contradictorias y no sirve como marco de referencia para posteriores actuaciones.

Sobre su utilidad (tabla 2), los directores/as consideran que potencia una cultura de participación, orienta los demás documentos institucionales, establece criterios educativos comunes, favorece la convivencia, disminuye la conflictividad entre los sectores y difunde las expectativas del centro hacia la comunidad educativa. Pero no parece, claramente, que pudiera incidir sobre el aprendizaje del alumnado ni en un mayor respaldo de la comunidad educativa al director/a.

Los comentarios de algunos directivos son muy explícitos y creemos que más acordes con la realidad diaria de sus centros cuando señalan que "en la práctica es inviable que padres y alumnado superen una participación meramente formal", "una buena solución sería eliminar el Proyecto Educativo como tal y seguir como estábamos", "si se pudiese vincular a todos los sectores implicados sería un buen documento pero en la práctica no lo lee casi nadie" y "no sabemos qué hacer con el Proyecto Educativo, en el fondo nos parece un documento inútil ya que lo que planteamos en ese documento después no se puede desarrollar por falta de recursos".

Otros comentarios de los directivos, en cambio, reflejan concepciones completamente diferentes en torno a la utilidad de este documento institucional: "es un buen documento para detectar deficiencias y elaborar a partir de él planes de mejora", "puede tener una gran utilidad si nos implicamos activamente en las revisiones del mismo y lo tomamos como referencia para establecer la dirección educativa del centro" y "permite aumentar cauces de participación si velamos por su difusión a la comunidad educativa y planteamos la elaboración de los documentos institucionales de forma participativa". Los datos aportados por las tablas parecen arrojar contradicciones y tienen una mayor relación con las opiniones aportadas en las preguntas abiertas que en las cerradas.

Pero a pesar de las dificultades, las expectativas sobre el Proyecto Educativo son buenas, ya que se considera que mejora la participación, establece criterios comunes y difunde las expectativas en la comunidad educativa, etc., si bien uno de los aspectos que ha constreñido, en gran parte su desarrollo, ha sido la falta de un liderazgo efectivo de los directivos, con ausencia de una visión clara de lo que se pretendía y por la efectiva ausencia de respaldo de la comunidad educativa. Situación ésta que ratifican los centros de Primaria que elaboraron con anterioridad sus Proyectos Educativos, confirmando la utilización burocrática del mismo, posteriormente a su realización.

Algunos comentarios del profesorado resultan muy ilustrativos: "los equipos directivos deben de asumir los planteamientos institucionales mayoritarios corresponsabilizándose en el funcionamiento del centro y creer en él", "la dirección debería de volver a replantearlo y reelaborarlo de nuevo con el claustro si se quiere que tenga alguna utilidad", "los directivos deberían liderar los procesos y mejorar su disposición y actitud ante este documento, motivando al profesorado y haciendo que se cumplan los acuerdos adoptados", "los directivos deberían procurar aunar esfuerzos y superar los individualismos, implicando a toda la comunidad educativa, difundiéndolo y comprometiendo a las familias", ...

Los datos reflejan una descompensación en el grado de implicación de los diferentes sectores al tener las mayores cuotas el equipo directivo y el profesorado; el resto de sectores tienen unos índices bajos o nulos de participación: los padres, 6,3%, el alumnado, 12,5%, el personal laboral, 6,3%, la Administración Educativa, 25% y la Administración Local 6,3%.

Sobre el peso que el/la director/a ha concedido a los diferentes sectores se vuelve a apreciar un sesgo hacia el equipo directivo, la CCP, los departamentos en secundaria y los apoyos externos, probablemente para desarrollarlo a nivel formal. No hay planteamientos institucionales ya que se ve un descenso del nivel de participación del Consejo Escolar al 56%, el profesorado en la misma magnitud y están prácticamente excluidas las AMPAS.

Sobre las posibles mejoras que se pueden aplicar al Proyecto Educativo hay contradicciones con los datos que se habían aportado anteriormente ya que aunque están dispersos se cree necesario que desde la dirección y el profesorado se aumente la participación, el compromiso y una mayor vinculación de los diferentes sectores con los planteamientos acordados tanto en el nivel comunitario como educativo.

El profesorado cree necesario estar más motivado para que se produzca un cambio de actitudes en torno a los documentos institucionales y al trabajo en equipo, también cree que sus directivos deberían desarrollar un liderazgo más instructivo y colaborativo que haga propuestas de revisión periódicas en el que participen todos los sectores implicados.

Algunos comentarios que ratifican estas propuestas son: "se deben de respaldar las decisiones directivas cuando hay propuestas institucionales coherentes", "se deben respetar otros criterios metodológicos e implicar en mayor medida a la inspección con las necesidades que surjan en función del Proyecto Educativo", "el P.E. debe de retroalimentarse con las nuevas propuestas que vayan surgiendo y vincularlo a la práctica docente evaluando de forma periódica su cumplimiento" y "difundiéndolo de forma periódica entre el profesorado antiguo, el nuevo y la comunidad educativa para que vayan haciéndose copartícipes de sus planteamientos".

A raíz de estas apreciaciones se ven posibilidades de desarrollo de los Proyectos Educativos en los centros. Creemos que existen expectativas positivas en torno a él si bien, hasta ahora, se ha desarrollado de una manera formal y administrativa y únicamente algunas de las personas que han participado en su elaboración son las que habrán percibido los aspectos positivos de su ulterior desarrollo.

En cuanto a la Memoria de Centro no tiene una utilidad clara como autoevaluación institucional; es un documento administrativo y su elaboración es rutinaria. Al igual que el Proyecto Educativo, es restrictiva dando más énfasis a la enumeración de las actividades realizadas que a la mejora de los procedimientos de trabajo y al cambio de actitudes.

Achacan la rutinización en la elaboración de este documento a factores externos, como la escasa importancia que le da la inspección educativa afirmando: "la administración educativa no la tiene en cuenta, por tanto es un documento inútil sino se evalúa", y a factores internos "el profesorado nunca tiene bastante tiempo para hacer las revisiones necesarias para la elaboración de la Memoria y me lleva mucho tiempo hacer las redacciones finales".

Aunque parece que no se elabora a final de curso de manera burocrática no están claros los tiempos para su realización ni tiene muy buena acogida su cumplimentación por parte del profesorado. Incorporan las sugerencias de la Administración en un 75%, probablemente referidas a aspectos técnicos o deficiencias, aunque siguen sus indicaciones para su elaboración en menor medida, 55%.

Para el profesorado, sus directivos no utilizan la Memoria coherentemente como instrumento guía en el desarrollo de las Programaciones Anuales y tiene escasa difusión a nivel de centro. Su impacto actual, en los centros, es bajo para el profesorado; más alto en los centros concertados de tamaño intermedio.

El profesorado cree en menor medida que es un documento administrativo, 40%, y considera que sus directivos no la utilizan como autoevaluación institucional, 60%, lo que ratifican con algunos comentarios como: "el equipo directivo la adapta a sus intereses y no la utiliza para solucionar las necesidades que se plantean en el centro", "debería de ser más reflexiva, abierta y menos burocrática para que pudiese servir para algo", "en ella no se refleja lo verdaderamente realizado y tiene una escasa difusión entre el profesorado ya que quien tiene mayor acceso a ella es el Consejo Escolar"....

También opinan que las propuestas que se hacen al Consejo Escolar son pocas o nulas, 61%, y se realiza de manera burocrática al acabar el curso, 61%, lo que probablemente influya en la actitud negativa en torno a ella por parte de este colectivo, 72,5%.

Las expectativas sobre la Memoria son buenas dada la gran importancia que les gustaría que tuviese a los directivos y al profesorado aunque actualmente está teniendo un desarrollo burocrático y sin un seguimiento específico a lo largo del curso para desarrollar propuestas futuras de actuación conjunta. Consideran que la actitud y los planteamientos del equipo directivo, 74%, y un mayor asesoramiento 73% mejorarían la actitud del profesorado, 84%, y generarían mayor implicación con las conclusiones, 86,2%. No creen que tenga importancia en los centros actualmente un 60,4% y le gustaría que tuviese mayor importancia a un 84,1%.

Su elaboración es mecánica y con menor asesoramiento del que creen proporcionar los equipos directivos lo que probablemente repercuta negativamente en la actitud de ambos colectivos sobre su realización y en su utilidad práctica como guía de las programaciones anuales que se desarrollan en el mes de septiembre.

Sobre el impacto actual de la Memoria para el centro, los concertados, centros con Primaria y Secundaria, consideran que bastante, los IES con porcentajes un poco menores y los centros de Primaria y con el primer ciclo de la ESO regular y poco, respectivamente. Si se considera la titularidad, se ve que en los centros concertados se da bastante importancia y en los públicos regular o poca.

A partir de los datos obtenidos creemos que son muchas las repercusiones negativas que tienen la elaboración y utilización burocrática y restrictiva de los documentos institucionales al no permitir aunar criterios en torno a unos programas y a unos objetivos compartidos. Esto conlleva la inexistencia de unos marcos de referencia de actuación con los que identificarse y a los que tiendan, realmente, los diferentes colectivos en sus comunidades educativas.

Para finalizar, diremos que los documentos institucionales deben propiciar la formación del personal vinculado a la organización y deberán ser difundidos en los diferentes sectores que conforman la comunidad educativa, tanto en sus aspectos fundamentales como en su alcance y exigencias. Se debe facilitar a todos los interesados la posibilidad de aportar sugerencias y opiniones acerca de los propios documentos, garantizando que las expectativas, motivaciones e inquietudes queden recogidas en ellos, estableciendo los mecanismos y redes de participación que permitan desarrollar el sentido de pertenencia, cooperación y corresponsabilidad tanto en el nivel personal como en el institucional. En definitiva, ir generando una cultura comunitaria que permita impregnarse de la misma a todos los sectores implicados.

Desde esta problemática apuntamos la necesidad de un liderazgo pedagógico-transformacional que canalice y aglutine la diversidad de propuestas existentes en los centros educativos en torno a planteamientos institucionales coherentes y compartidos. Desde nuestra posición creemos necesaria la promoción de un contexto pedagógico, vinculado al liderazgo pedagógico–transformacional entendido como calidad educativa y donde cobran sentido las propuestas institucionales como marcos de referencia para las actuaciones individuales y grupales en un marco más autónomo y comprometido.

Aunque, actualmente, se pueden hacer muchas críticas respecto a los documentos institucionales como el escaso rigor en su desarrollo, la falta de implicación de muchos sectores para llevarlos a cabo, la poca utilidad que le ve el profesorado etc., hay que tener en cuenta que los cambios en educación son lentos y el rápido proceso con que se han querido implantar no ha dado tiempo a que fueran asumidos por las comunidades educativas.

Desde esta perspectiva, al analizar los documentos institucionales y las influencias y relaciones de las variables organizativas con la calidad de la educación se deberá ir explicitando desde las propias comunidades educativas lo que se entiende por una buena organización, cuáles son los modos para conseguirla y cómo se pueden conseguir con ella las metas propuestas. De aquí que los directivos deberían ejercer nuevos estilos de liderazgo en función de las situaciones, tratando de elegir entre aquellas alternativas que prometan unos resultados más satisfactorios para el conjunto de su comunidad educativa, desde una perspectiva organizativa formal e informal, que provoque los menores efectos secundarios no deseados, que sea asumida por la mayoría de sus miembros y en torno a la utilización coherente de estos dos documentos institucionales claves como son el Proyecto Educativo y la Memoria.

Así entendida, la comunidad educativa es algo que se construye entre todos, desde una perspectiva de colaboración y de integración de los grupos formales e informales en un proyecto común; desde ese punto de vista la escuela se convierte en un foco cultural que se irradiará hacia toda la comunidad educativa. De ahí que no se deba considerar a padres y alumnos, como "clientes", sino como participantes en la toma de decisiones, que deben ser informados y consultados, aunque no tengan el mismo conocimiento y "poder" que el profesorado en orden a la toma de decisiones. Propugnamos la necesidad de promover el desarrollo de comunidades escolares asentadas en principios propios de las organizaciones democráticas y colaborativas, articuladas en torno a planteamientos institucionales compartidos y basados en la cooperación, y no en una filosofía de mercado que sólo pretenda la consecución de la eficacia y la competencia entre centros.

Bibliografía

ÁLVAREZ, M. (1996): "Los estilos de dirección y sus consecuencias. Bases para su configuración como estrategia de intervención". En AUTORES VARIOS. *Manual de organización de instituciones educativas.* Madrid. Escuela Española. (Págs. 303-346).

ANTÚNEZ, S. (1987): *El Proyecto Educativo de Centro.* Barcelona. Editorial Graó.

ANTÚNEZ, S. (1993): *Claves para la organización de Centros Escolares*. Barcelona. Editorial Horsori.

ANTÚNEZ, S. y OTROS (1992): *Del Proyecto Educativo a la Programación de Aula*. Barcelona. Editorial Graó.

BARBERÁ ALBALAT, V. (1989): *Proyecto Educativo, Plan Anual de Centro, Programación Docente y Memoria*. Madrid. Editorial Escuela Española.

BARDISA RUIZ, M. T. (1996): "Órganos unipersonales de gobierno: el director, jefe de estudios y secretario", en ISABEL CANTÓN MAYO (Coord.): *Manual de Organización de Centros Educativos*. Barcelona. Oikos-Tau. (Págs. 199-236).

BASS, B. M. (1988): "El Impacto de los Directores Transformacionales en la Vida Escolar", en ROBERTO PASCUAL (Ed.): *La Gestión Educativa ante la Innovación y el Cambio*. Madrid. Narcea. (Págs. 26-36).

BEARE, H. CALDWEEL, B. J. y MILLIKAN, R. H. (1992): *Cómo conseguir centros de calidad. Nuevas técnicas de dirección*. Madrid. La Muralla. (Págs. 92-142). (Original en inglés: *Creating an Excellent School* (1989). Londres. Routledge).

BERNAL, J. L. (1996): "El director en EEUU: hacia un rol más colaborativo", en *Organización y Gestión Educativa*. nº 2, Madrid. (Pág. 37).

BOLÍVAR, A. (1996): "Liderazgo, mejora y centros educativos". en A. MEDINA y J. M. MORENO (Eds.): *Actas de la VIII Reunión del Grupo Ademe*. Madrid: UNED.

BOLLAM, R. (1996): "Dirección eficaz para centros eficaces". En VILLA, A. (Coord.). *Dirección participativa y evaluación de centros*. Bilbao: Mensajero. (Págs. 403-416).

CANTÓN MAYO, I. (1996): *Manual de Organización de Centros Educativos*. Barcelona. Oikos Tau.

CARDONA ANDÚJAR, J. (1993): "Acción directiva y cambio institucional: Implicaciones formativas", en J. M. CORONEL LLAMAS, M. R. SÁNCHEZ MORENO Y C. MAYOR RUIZ (Eds.): *Cultura Escolar y Desarrollo Organizativo*. Mesa 4 del II Congreso Interuniversitario de Organización Escolar. Sevilla. GID Universidad de Sevilla. (Págs. 479-488).

CASANOVA, M. A. (1996): "Documentos Institucionales", EN ISABEL CANTÓN MAYO: *Manual de Organización de Centros Educativos*. Barcelona. Oikos Tau. (Págs. 375-425)

DE MIGUEL DÍAZ, M. et al. (1996b): *El desarrollo profesional docente y las resistencias a la Innovación Educativa*. Oviedo: Servicio de Publicaciones de la Universidad de Oviedo.

DE VICENTE, P. S. (1996): "Formación y evaluación basada en el centro. En A. VILLA (Coord.): *Evaluación de experiencias y tendencias en la formación del profesorado*. Bilbao: ICE de la Universidad de Deusto. (Págs. 289-322).

ESCUDERO, J. M. (1990): "El centro como lugar de cambio educativo: La perspectiva de colaboración". *Primer Congreso Interuniversitario de Organización Escolar*. Barcelona. (Págs. 189-221).

FULLAN, M. (1994): «La gestión basada en el centro: el olvido de lo fundamental», en *Revista de Educación*, nº 304. (Págs. 147-161).

GAIRÍN, J. (1996a): "La evaluación de los planteamientos institucionales". En A. VILLA (Coord.): *Dirección participativa y evaluación de centros*. Bilbao. Mensajero.

GAIRÍN, J. (1996): *Manual de organización de instituciones educativas*. Madrid. Ed.: Escuela Española.

GENTO PALACIOS, S. (1996): *Instituciones educativas para la Calidad Total*. Madrid. La Muralla.

GIMENO SACRISTÁN, J. (1995): *La dirección de centros: Análisis de tareas.* Madrid. Editorial: Centro de Publicaciones – Secretaría General Técnica. M.E.C.

HOPKINS, D. (1996): "Estrategias para el desarrollo de los centros educativos", en AUTORES VARIOS: *Dirección Participativa y Evaluación de Centros Docentes.* Ponencia presentada en el II Congreso Internacional sobre Dirección de Centros Docentes. Bilbao. Ediciones Mensajero. (págs.377-403).

IMMEGART, L. (1990): "El director como promotor de la evaluación de centros y del profesorado" En PASCUAL, R. Y VILLA, A. (Coords.). *La dirección, factor clave de la calidad educativa.* Bilbao. Mensajero.

LEITHWOOD, K. (1994): "Liderazgo para la reestructuración de las escuelas". *Revista de Educación,* N°.304.

LORENZO DELGADO, M. (1994): *El liderazgo educativo en los centros docentes.* Madrid. La Muralla.

MARTÍN BRIS, M. (1994): "La planificación técnica de centros", en *Nuestra Escuela.* N° 147. Madrid. (Págs. 8-11).

MARTÍN-MORENO, Q. (1996a): *Desarrollo Organizativo de los centros educativos basado en la comunidad.* Madrid. Editorial Sanz y Torres.

MEDINA, A. y GENTO PALACIOS, S. (1996): *Organización Pedagógica del Nuevo Centro Educativo.* Madrid. UNED.

MERINO MARTÍN, A. (1994): "Organos de coordinación docente: la Comisión de Coordinación Pedagógica", en *Acción Educativa,* n° 82. Madrid. (Págs. 20-22).

MESTRES, J. (1994): *Organización y gestión de centros educativos.* Barcelona. Praxis.

MINTZBERG, H. (1989): *Diseño de organizaciones eficientes.* Buenos Aires. Ed. El Ateneo.

MUNICIO, P. (1988): "La estructura y estrategia de los centros: sus aspectos culturales". En GID *Cultura escolar y desarrollo organizativo.* Sevilla. GID.

PALACIOS CAUDAL, L. (1994): *El Proyecto Educativo de Centro para Educación Infantil y Primaria.* Zaragoza. MIRA EDITORES.

PASCUAL, R. y A. VILLA (1990): *La dirección, factor clave de la calidad educativa.* Bilbao: ICE. Universidad de Deusto.

PÉREZ PÉREZ, R. (1996): "La participación de la comunidad: cultura participativa, derechos y deberes de los padres y otros sectores sociales", en ISABEL CANTÓN MAYO (Coord): *Manual de Organización de Centros Educativos.* Barcelona. Editorial Oikos-Tau. (Págs. 333-373).

PETERS, K. and SLEEGERS, P. (1997): "La percepción de tareas de los directores". En A. VILLA (Coord.). *Dirección participativa y Evaluación de centros.* Bilbao. Mensajero.

PLÁ, M. y OTROS (1996): "¿Qué tipo de director necesitamos para el cambio?" en AUTORES VARIOS: *Dirección Participativa y Evaluación de Centros Docentes.* Comunicación presentada en el II Congreso Internacional sobre Dirección de Centros Docentes. Bilbao. Ediciones Mensajero. (Págs. 213 –230).

REY, R. y SANTAMARÍA, J. M. (1992): *El Proyecto Educativo de Centro: de la teoría a la acción educativa.* Madrid. Escuela Española.

SANTOS GUERRA, M. A. (1990): *Hacer visible lo cotidiano. Teoría práctica de la evaluación continua de centros escolares.* Madrid. Akal.

SENGE, P. M. (1992): *La quinta disciplina. El arte y la práctica de la organización abierta del aprendizaje.* Barcelona: Granica.

TORRE, S. (1994): *Innovación curricular. Proceso, estrategias y evaluación.* Madrid. Dykinson.

VEENMAN, S. (1991): "Elección, selección y formación de los directores escolares en los Países Bajos. En PASCUAL, R. y VILLA, A. (Dirs.). *La dirección de centros educativos*. Vitoria: Servicio Central de Publicaciones del Gobierno Vasco. (Págs. 48-65).

VEENMAN, S. (1996): "El director de centros docentes como formador" en AUTORES VARIOS: *Dirección Participativa y Evaluación de Centros Docentes*. Ponencia presentada en el II Congreso Internacional sobre Dirección de Centros Docentes Bilbao. Ediciones Mensajero. (Págs. 557-578).

VILLA, A., AUZMENDI, E. Y VILLARDÓN, L. (1996b): *Los equipos directivos ante el uso de la evaluación. Creencias, actitudes y conductas directivas*. Bilbao. Mensajero.

ZABALZA, M. A. y GARCÍA, S. (1996): "El papel del liderazgo en la construcción de una cultura organizativa común". En *La Formación y los Recursos Humanos*. Madrid: Escuela Julián Besteiro. Secretaría Confederal de Formación. UGT. (Págs. 163-183).

CULTURA COLABORATIVA Y ORIENTACIÓN EN EDUCACIÓN INFANTIL: APROXIMACIÓN A UN ESTUDIO DE CASO

FERNANDO SÁNCHEZ LANZ
PILAR SECO TORRECILLAS
Universidad de Cádiz

1. Introducción

Aun después de transcurridos algunos años de los comienzos de la implantación de la LOGSE y de la generalización del uso de términos como "orientación" o "asesoramiento psicopedagógico", todavía nos encontramos en la actualidad con muchas y muy diferentes prácticas y definiciones de lo que es la orientación escolar o la acción psicopedagógica. Este exceso de definiciones no es sino la expresión de la indefinición conceptual y/o pragmática de lo que aquí y ahora se incluye dentro de ese ámbito. En este sentido, la actual presencia de diferentes perspectivas en el tratamiento de la acción psicopedagógica hace necesaria una reflexión profunda tanto de lo que corresponde al campo de estudio e investigación de la orientación como disciplina, como de lo que corresponde al marco de actuación profesional de los orientadores escolares. En el caso del presente trabajo, vamos a tratar de centrarnos en el estudio de la acción psicopedagógica concreta desarrollada por una orientadora en un centro de educación infantil que posee unas características organizativas y una cultura de trabajo colaborativa peculiares, lo que nos permitirá ir realizando reflexiones acerca de la orientación escolar al hilo de una realidad práctica, concreta y alternativa.

2. Descripción del contexto

El centro al que nos referimos tiene unas características un tanto especiales, en cuanto a que su modelo organizativo no se corresponde con la generalidad de los centros públicos de nuestro país. Se trata de la EIM Triquitraque de Puerto Real –Cádiz-, una escuela pública de titularidad municipal, lo cual constituye una de sus características más relevantes. Esta peculiaridad, unida a la no obligatoriedad de esta etapa en nuestro sistema educativo, permite que en este centro se desarrolle desde hace ya cinco cursos escolares un trabajo docente muy autónomo respecto de la administración central. Su línea de trabajo básica ha estado siempre enmarcada dentro de una perspectiva crítica de la enseñanza. Éstos son los antecedentes que definen al equipo educativo: todos y todas comparten la misma línea de trabajo, hablan el mismo lenguaje, y además cuentan con la posibilidad de desarrollar innovaciones con una autonomía absoluta.

A todo esto podemos añadir que el reducido número de profesores/as y de alumnado permite el establecimiento de unas relaciones mucho más cercanas. Así, las discrepancias, las divergencias están siempre centradas en el trabajo educativo. Un reflejo de todos estos aspectos que venimos comentando lo podemos encontrar en la estructura organizativa del centro: no existe la figura de director, sino que todas las responsabilidades son compartidas; todos los profesores rotan con su grupo de alumnos por todas las edades; las decisiones se toman en el seno del equipo educativo o en colaboración con los padres y madres (salvo algunas decisiones políticas que son impuestas, referentes a cuestiones económicas); todos los niños y niñas se pueden relacionar con todos los profesores de la escuela, al estar diseñados espacios tanto propios para el grupo edad como comunes para todas las edades; la escuela está abierta al medio manteniendo relaciones fluidas con las familias y con el barrio donde ésta se encuentra ubicada.

Junto al profesorado de esta escuela trabaja también una pedagoga del Gabinete Psico-pedagógico del Área de Educación del Ayuntamiento. Ésta realiza, entre otras, las funciones de coordinación entre las dos escuelas infantiles municipales de la localidad, aunque fundamentalmente su trabajo se centra en la orientación psicopedagógica de estos centros.

3. La acción psicopedagógica en la EIM Triquitraque

3.1. Metodología del estudio:

Comenzaremos la descripción del presente estudio comentando brevemente la metodología empleada. Al pretender realizar una descripción para la comprensión de una realidad educativa determinada desde la perspectiva de los protagonistas de su desarrollo, la metodología más adecuada es la propia de un estudio etnográfico. No queremos con esto decir que este trabajo consista en un estudio de caso completo. La naturaleza del mismo y la única pretensión de realizar una pequeña indagación en una realidad concreta, hacen que este trabajo diste bastante de la complejidad que tiene una investigación etnográfica completa.

Sin embargo, las técnicas empleadas para la recogida y el análisis de los datos sí que se corresponden con las habitualmente empleadas en los estudios de caso etnográficos, así como el proceso seguido para la elaboración de este informe a partir de los datos obtenidos.

Se realizaron dos entrevistas no estructuradas a una de las maestras de la escuela y a la orientadora.

3.2. Resultados obtenidos: Análisis de una práctica de orientación en una cultura escolar colaborativa.

Uno de los aspectos que más llaman la atención en los datos obtenidos a través de las dos entrevistas es la coincidencia existente entre las respuestas de la orientadora, sobre el sentido de sus acciones en la escuela, y las que nos proporcionó la maestra. En efecto, resulta bastante curioso que en un ámbito educativo como es el de la orientación escolar en el que a menudo se da una superposición de papeles, confusión o rivalidad entre las funciones de los orientadores y los docentes, nos encontremos con un centro en el que exista un acuerdo absoluto entre los roles a desempeñar por cada uno de los implicados en el proceso. Es muy frecuente oír entre el profesorado numerosas quejas relativas a la falta de validez práctica de los diagnósticos realizados por los equipos de orientación, o entre los orientadores lamentarse de la falta de capacitación profesional de maestros y maestras. Sin embargo en este caso no sólo hay acuerdo sino que sus formas de trabajo conjunto son consideradas las más adecuadas.

"María[1] nunca viene a la escuela a ver a un niño o a pasarle tests y esas cosas. Simplemente en las reuniones semanales que mantenemos, hablamos de los niños o situaciones de clase con las que estamos atascadas... Y entre todos buscamos soluciones y las ponemos en práctica" (ENTRE 02)[2].

"La verdad es que sin este equipo educativo no sería posible trabajar como lo hago aquí. Cuando voy a los colegios públicos, las maestras siempre me demandan que le solucione algo al niño o niña en cuestión. Me resulta muy difícil establecer otra relación. Sin embargo aquí, lo que hacemos lo hacemos en equipo" (ENTRE 01).

Ahora bien, este acuerdo que aparece entre las dos profesionales involucradas en el proceso de orientación no es fruto de una casualidad. Muy al contrario, parece responder a un esfuerzo colectivo por construir unas formas de trabajo colaborativo, en equipo, como consecuencia de la búsqueda de coherencia entre sus principios de partida y sus acciones prácticas cotidianas. De esta forma, las dos entrevistas aparecen continuamente salpicadas de referencias a la situación particular respecto a la administración de la que dispone el centro y que les ha permitido construir y mantener estas formas de trabajo.

"Pero esto que hacemos aquí no se puede generalizar. En los colegios la gente aparece y desaparece... En cuanto un grupo de maestras empieza a ponerse de acuerdo y a intentar trabajar de otra manera, las destinan a otro centro. Parece que la Delegación lo hace con toda la intención. Sin embargo aquí, las maestras de la escuela están aquí porque comparten un proyecto y quieren participar en él" (ENTRE 01).

"Nosotras es que ya veníamos de una cooperativa en la que no contábamos con ningún equipo de orientación o apoyo. Y nunca nos hizo falta. La verdad es que siempre nos pareció una barbaridad eso de buscar diagnósticos para los niños porque entendíamos que eso al final se convertía en una etiqueta que condenaba al niño y que no aportaba nada a tu trabajo con él en el aula. Así que cuando llegamos aquí y nos pusimos a trabajar con la pedagoga que compartía esta forma de ver a los niños con nosotros, todo salió muy bien" (ENTRE 02).

Pero pasemos ahora a ir describiendo un poco más en qué consiste el trabajo de la orientadora en la escuela. O mejor dicho, los trabajos; porque, como podremos ir viendo a lo largo de estas líneas, las funciones de la orientadora exceden con mucho las del trabajo vinculado al alumnado con problemas de aprendizaje y desarrollo. El siguiente fragmento de la entrevista, en el que responde a nuestras preguntas sobre las funciones que desempeña en la escuela, resulta bastante clarificador:

R:	Es difícil contar en una entrevista el trabajo que desempeño en Triquitraque. Por un lado, hago funciones de asesora curricular... pero no como la pedagoga que va a decirle a las maestras lo que tienen que hacer, sino como una más del equipo que puede ofrecer una visión más alejada de lo concreto del aula. Creo que sirvo como una visión complementaria del trabajo que realizan las maestras con los niños... Pero complementaria en el sentido de ofrecer otro punto de vista a la hora de reflexionar en equipo sobre lo que se está haciendo en la escuela...

---

1 Con el fin de garantizar la confidencialidad de las informaciones aportadas por las dos personas entrevistadas, escribiremos nombres ficticios: María hace referencia al nombre de la orientadora y Ana a la maestra.

2 Para identificar las entrevistas se ha empleado la siguiente nomenclatura: ENTRE 01 - entrevista mantenida con la orientadora. ENTRE 02 – entrevista mantenida con la maestra.

P: ¿Qué otras funciones desempeñas?

R: En esta misma línea, colaboro con los equipos de las dos escuelas infantiles municipales en una investigación-acción que desde hace... cuatro o cinco cursos... venimos desarrollando junto a otras maestras de educación infantil. Y esta investigación-acción ha sido como el punto culminante de una trayectoria de trabajo conjunto en Seminarios Permanentes... Creo que esto puede ser un buen ejemplo de otra de las funciones en las que más me implico, participando en la formación permanente de las maestras.

P: ¿Y aún hay más?

R: ¡Claro!... En realidad yo veo estas funciones como una misma cosa, pero como me has pedido que diferencie [risas]...

P: Bueno, qué más...

R: Está también el trabajo con niños o familias con problemas... aunque en esta escuela es muy distinto a la forma de trabajo en los colegios públicos. Yo creo que esta otra forma de trabajo es uno de los resultados más positivos de la investigación-acción que antes te contaba. Ahora hemos aprendido a hacer análisis de casos en equipo, de los casos... problemáticos... entre comillas... Hemos ido comprobando que los problemas no están en el niño o en su casa, sino que los presenta en la escuela con las actividades que les proponemos, y es aquí donde tenemos que buscar respuestas adecuadas para el niño" (ENTRE 01).

Con las opiniones hasta aquí vertidas comenzamos a disponer de elementos de juicio para ir configurando el modelo de orientación que en la práctica está definiendo este equipo educativo. Podemos destacar como uno de los aspectos más definitorios de este modelo, sobre todo por la redundancia con la que aparece en las entrevistas realizadas, la naturaleza fuertemente colaborativa de las relaciones establecidas entre la orientadora y las maestras. No es que la colaboración de por sí permita definir el rol de la orientadora en cuestión. Es la definición de cómo entienden la colaboración las profesionales del equipo educativo que estamos estudiando, y la descripción de cómo ésta ha sido construida, la que nos permite adentrarnos desde un punto de vista epistemológico en la propia naturaleza de la función orientadora desarrollada en la EIM Triquitraque.

Otra de las características que nos permite ir definiendo este modelo de orientación, es la función "de facilitadora de procesos" que desempeña la orientadora (Jiménez y Porras, 1997: 115), procesos que hacen referencia tanto al trabajo en el aula como al propio desarrollo profesional de las maestras. Esta forma de entender la orientación nos aleja radicalmente de la racionalidad técnica, tan imperante actualmente en nuestro sistema educativo, para ir adentrándonos en una racionalidad de carácter más interpretativo.

Pero además de la naturaleza colaborativa de la relación orientadora-maestra y de la delimitación epistemológica que venimos realizando, de las entrevistas se desprende también la diversidad de funciones asumidas por la orientadora, si bien, como vimos anteriormente, éstas son consideradas por ella como una única función, no concibiendo una labor de orientación que no implique simultáneamente y comprensivamente a todas. De esta forma, vemos cómo en esta escuela se está desarrollando una acción psicopedagógica por parte de la orientadora que responde muy bien a lo que podemos denominar "las tres funciones del futuro: liderazgo del cambio, formación e investigación" (Jiménez y Porras, 1997: 122).

Como hemos podido apreciar en los fragmentos de las entrevistas citados, la orientadora centra su intervención en procesos investigativos-formativos enfocados fundamentalmente a la innovación y el desarrollo profesional de las maestras. Incluso las labores de orientación más específicas que siempre se tienen que desarrollar con algún alumno/a o familia que presente una problemática determinada, son abordadas en colaboración con la maestra, siendo objeto de un proceso reflexivo que redunda en una mejora de la intervención educativa que las maestras desarrollan en sus aulas con todo el alumnado.

Pero esta forma de trabajo no está exenta de conflictos. A pesar de que actualmente parece existir, a nivel teórico, una amplia aceptación por formas similares de entender la acción psicopedagógica a la que aquí estamos analizando, no debemos perder de vista la conflictividad inherente al trabajo del psicopedagogo o psicopedagoga que en la práctica aparece en las escuelas. Y el caso que nos ocupa también nos arroja alguna información sobre los posibles conflictos que pueden surgir:

"Después de tantos años de trabajo juntas, no creo que existan diferencias en la formación que tenemos las maestras y yo para hacer de orientadora. Para trabajar en la escuela hace falta mucha formación, pero ésta no te la da sólo un título universitario sino que se necesitan años de trabajo con niños... Yo creo que para trabajar de orientadora o de maestra deberíamos tener la misma titulación" (ENTRE 01).

"Después de tantas cosas que hemos construido juntas, todavía resulta más duro entender que alguien por ser licenciada tenga un sueldo bastante superior al nuestro a pesar de que trabajamos en equipo y compartimos responsabilidades. A parte de eso... yo creo también que a A. le vendría muy bien tener algún año una clase a su cargo y ver lo que es eso. Y a nosotras nos vendría también muy bien estar un año sin la responsabilidad diaria de un montón de niños a tu cargo y poder hacer el trabajo de A. De esta forma todas veríamos las cosas desde la perspectiva de las demás. Lo que veo más difícil de resolver es lo de los sueldos, porque ya nos metemos con los convenios, los sindicatos... en fin..." (ENTRE 02).

En el caso que nos ocupa, los posibles conflictos que pueden aparecer cuando una misma persona desempeña papeles diferentes (conflictividad intra-rol) no son nombrados como algo relevante. Esto muy bien pudiera deberse a que estas distintas funciones han sido consideradas como necesarias por la orientadora y por el equipo educativo, no respondiendo en ningún caso a demandas o imposiciones de la Administración. Sin embargo, sí que son explícitas las referencias a posibles problemas con las superposiciones o diferenciaciones de funciones y a las diferencias salariales (conflictos inter-rol) de mayor o menor intensidad.

A pesar de que el origen y la posible resolución de estos conflictos escapan a las responsabilidades del equipo educativo de la escuela, no por ello podemos obviarlos. Nos topamos aquí con unas condiciones laborales y una visión del trabajo escolar bastante difícil de reorganizar, debido fundamentalmente a presiones externas al trabajo que se desarrolla en la escuela. En este sentido, parece que la conflictividad del rol del asesor es algo connatural al mismo, aunque las formas en que se materialicen estos conflictos difieran mucho en cada contexto escolar.

4. Conclusiones

Para finalizar, vamos a resumir algunas de las conclusiones que se pueden extraer de este pequeño estudio. Son conclusiones, lógicamente, muy vinculadas a la vivencia concreta del trabajo desarrollado en una escuela muy poco parecida, desde el punto de vista cultural-organizativo, al resto de las existentes en nuestro contexto educativo. Pero son precisamente estas diferencias con otros centros, debidas básicamente a la independencia que esta escuela tiene respecto de la Administración educativa, las que pueden hacer más relevantes estudios de este tipo.

Hemos podido apreciar cómo algunas de las opiniones vertidas en este estudio vienen a coincidir con los resultados de otras investigaciones. De esta forma, las referencias a la autonomía profesional de centros, orientadores y profesorado (Contreras, 1997) parecen ser una de las constantes que se consideran como condiciones necesarias para poder establecer unas culturas de trabajo colaborativo entre el profesorado y los profesionales de la psicopedagogía. Igualmente, la necesidad de tiempo para construir estas relaciones mediante la reflexión en la acción (Elliott, 1993), aparece como otro de los temas clave. Y esto es así porque el trabajo en equipo y la reflexión en la acción son formas de proceder profesionalmente muy difíciles de desarrollar. Actualmente, la generalización del uso de estos términos parecen hacernos pensar que en las escuelas se dan estas condiciones de trabajo, cuando lo que se está generando es una falsa colegialidad (Hargreaves, 1996) al ser algo impuesto por la Administración y no sentido como necesario por el profesorado.

Al mismo tiempo, resulta preciso resaltar la conflictividad connatural que presenta el rol del asesor psicopedagógico. Incluso en los centros educativos con culturas de trabajo realmente colaborativas en los que además el orientador u orientadora no es sentido por el profesorado como un representante de la Administración, aparecen conflictos entre los roles desempeñados por profesionales distintos que debemos tomar muy seriamente en consideración. Es verdad que los condicionantes de todo tipo que actualmente presenta nuestro sistema educativo no nos permiten vislumbrar soluciones a corto plazo, pero no debemos perder de vista que la equiparación en la cualificación profesional de los profesionales de la educación, en la distribución de responsabilidades y de retribuciones son cuestiones que no podemos pasar por alto para facilitar la construcción de prácticas de orientación realmente alternativas en nuestras escuelas.

Bibliografía

CONTRERAS DOMINGO, J. (1997): *La autonomía del profesorado*. Madrid: Morata.

ELLIOTT, J. (1993): *El cambio educativo desde la investigación-acción*. Madrid: Morata.

HARGREAVES, A. (1996): *Profesorado, cultura y postmodernidad*. Madrid: Morata.

JIMÉNEZ GÁMEZ, R. A. y PORRAS VALLEJO, R. (1997): *Modelos de acción psicopedagógica: entre el deseo y la realidad*. Archidona (Málaga): Aljibe.

RECURSOS RESIDENCIALES DE PROTECCIÓN DEL MENOR

ELENA CRUZ RUIZ
BEATRIZ FERNÁNDEZ RABOSO
MARÍA GARCÍA GUERRERO
CLARA ROMERO CANTAL

Marco legal

El Proyecto Marco de Recursos Residenciales se fundamenta en la Normativa Internacional, en la Normativa Estatal y en la normativa de la Comunidad Autónoma de Andalucía.

- En la legislación internacional, al igual que en la estatal, la institución de guarda en Centro de Protección se concibe como una medida protectora de carácter temporal, a ser posible, por el tiempo indispensable como alternativa a la situación de desprotección en la que puede encontrarse un/a menor y que sería una alternativa a las medidas de acogimiento familiar o a la adopción (Declaración de los Derechos del niño, 20 de noviembre de 1989).
- La legislación estatal admite la existencia de la guarda de los /las menores en Centros de Protección, a través de la figura de acogimiento residencial como medida protectora, dando primacía al interés del/la menor por encima de cualquier otro muy legítimo que sea (Constitución Española de 1978: artículos 20, 27 y 39).
- El Estatuto de Autonomía para Andalucía establece la responsabilidad exclusiva de la administración competente en materia de instituciones públicas de protección o tutela de menores, respetando la legislación civil, ejercitada a través de la Dirección General de Atención al Niño y de las Delegaciones correspondientes (El Estatuto de Autonomía Ley de Servicios Sociales de Andalucía).

Definición, funciones y objetivos de los recursos residenciales

Definición y Funciones

Los recursos residenciales de protección de menores son un instrumento consistente en la creación de un contexto de convivencia planificado que temporalmente se ofrece como alternativa al medio natural de la familia, cuando así lo determinan los intereses del menor.

Las funciones de este recurso se establecen mediante un criterio temporal:

- a corto plazo: acogimiento de emergencia en los casos que requieran una separación urgente del hogar familiar.
- a medio plazo: preparación para el retorno al hogar familiar, acogimiento o adopción (integración social, nuevas habilidades...)
- a largo plazo: trabajar en la emancipación e independencia personal.

Objetivos

Procurar un ambiente sustitutivo al de la familia durante el tiempo necesario para que se produzca el retorno o la medida más conveniente. La residencia se convierte en un medio de socialización.

Objetivos más específicos:

1.- *Promoción, estímulo y apoyo al crecimiento y desarrollo personal*
   - Desarrollo intelectual.
   - Desarrollo afectivo y emocional.
   - Desarrollo de habilidades instrumentales sociales y de autonomía personal.
   - Desarrollo físico saludable.

2.- *Integración social*
   - Favorecer las relaciones y vinculación familiar según aconsejen los intereses del menor.
   - Integración escolar.
   - Integración comunitaria.
   - Integración social en la propia residencia.
   - Inserción laboral para los que alcanzan la edad establecida.

Los objetivos deben tener en cuenta las necesidades individuales prioritarias en cada caso.
Clasificación y tipos de recursos residenciales:
- Diversificación de los tipos de recursos residenciales para dar respuesta a las diferentes necesidades.
- Las unidades de acogida inmediata contribuyen a que el proceso de atención tenga una respuesta rápida.

1.- *Centro de acogida inmediata*
- Acogen, con carácter de urgencia y por un corto periodo de tiempo, a menores entre los 0 y los 18 años que se encuentran en grave situación de desprotección o alto riesgo físico o psíquico.

   - Su capacidad máxima es de 25 plazas por centro.

Objetivos principales
- Dar respuesta inmediata a la necesidad de un acogimiento urgente.
- Realizar una evaluación interdisciplinar de cada caso.

- Realizar una intervención a corto plazo para alcanzar objetivos prioritarios o inmediatos.

2.- Residencias

Ofrecen al menor el alojamiento, la convivencia y la educación necesarios para su desarrollo, hasta que pueda producirse el retorno a su familia o la preparación para la independencia. Con un máximo de 35 plazas por Centro, la organización deberá asemejarse a una vivienda familiar normalizada.

Objetivos principales
- Ofrecer un contexto educativo de convivencia mientras se modifican las circunstancias que ocasionaron el acogimiento residencial.
- Diseñar y desarrollar un proyecto educativo individualizado.
- Preparación para un acogimiento familiar.
- Preparación para la emancipación personal.

Es necesario adecuar los aspectos arquitectónicos de estos centros para facilitar los objetivos de normalización e integración social.

3.- Casas

Núcleos de convivencia ubicados en viviendas normalizadas que siguen los patrones de unidades familiares de tipo medio. Distribución de espacios tradicional de una vivienda familiar, con una capacidad máxima de 8 plazas.

Cumplen las mismas funciones que las residencias, aunque permiten un espacio de convivencia más normalizado.

4.- Casas tuteladas

Dispositivos para jóvenes entre 16 y 18 años que facilitan el paso desde la adolescencia hasta la total independencia de la vida adulta por medio de programas específicos que desarrollen su autonomía personal y fomenten su integración socio-laboral.

Objetivos principales:
- Ofrecer un recurso puente entre las residencias y el entorno comunitario.
- Crear un entorno de mayor independencia, autonomía y responsabilidad.
- Desarrollar un plan individual de trabajo (con el objetivo de reinserción laboral o de continuidad de estudios).

5.- Centros específicos

Deberán existir centros específicos para menores con problemas de socialización; su función será atender a aquellos que presenten graves problemas de comportamiento o que deban recibir un tratamiento especializado durante un determinado espacio de tiempo para su posterior integración en los centros normalizados.

Definición de la población en riesgo social

Desamparo: Se produce por causa del incumplimiento o del imposible o inadecuado ejercicio de los deberes de protección, establecidos por las leyes para la guarda de los menores, cuando estos queden privados de la necesaria asistencia moral o material.

Si esta situación es detectada se procederá a la tutela o al acogimiento residencial, o bien a la guarda.

La FUNCIÓN DE GUARDA, conlleva el velar por los/as menores, mantenerlos/as en compañía de adultos, siendo estos modelos de referencia, alimentarlos/as, educarlos/as, y procurarles una educación integral.

La FUNCIÓN DE TUTELA, además de abarcar los aspectos anteriores implica que, la Administración asume la representación de los menores y la administración de sus bienes. Situación de Desprotección Infantil

Se pueden clasificar en 3 tipos:

1.- Imposible ejercicio de los deberes de la patria potestad: los niños no pueden recibir los cuidados y la atención necesaria, y resulta imposible que se modifiquen las condiciones que lo provocan. Estas pueden ser por orfandad, prisión de los padres o enfermedades incapacitantes de los padres.

2.- Incumplimiento de los deberes de protección. Ejemplo de esto es:

- El no reconocimiento del/a niña/o.
- El abandono total del/a niño/a.

3.- Inadecuado cumplimiento de los deberes de protección como por ejemplo:

- Maltrato físico, emocional y prenatal, abandono físico y emocional, abuso sexual, etc...

Coordinación de los recursos residenciales y el servicio de atención al niño

Los recursos residenciales de Protección de Menores son los instrumentos con los que cuenta el Servicio de Atención al Menor para ofrecerles a estos la protección que necesiten.

Criterios técnico – administrativos

- Admisión

Será el Servicio de Atención al niño, el encargado de proporcionar el hogar más adecuado en cada momento, dependiendo de los informes técnicos.

El menor deberá ser informado de las decisiones tomadas, así como de las condiciones y las características de la residencia.

El centro debe ser informado de la documentación personal, sanitaria, escolar, informes de evolución social, psicopedagógica, etc...

- Bajas

Según la evolución del niño menor el Servicio de Atención al niño tomará la decisión de finalizar con el acogimiento residencial.

- Traslados

Deberán estar justificados por la mejora de la calidad, de la atención al menor, basándose en los informes realizados por los profesionales.

- Coordinación

La supervisión supone:

Inspección que se lleva a cabo por lo menos cada 6 meses, supervisión de la planificación educativa y del funcionamiento general.

El Seguimiento y evaluación de casos

- Es un derecho que tiene el/la menor.
- Ha de basarse en una evaluación continua del caso.
- El seguimiento se estructurará en torno al plan global de intervención con el/a menor y la familiar.

La Gestión

Comprende los procedimientos administrativos, ya sean de carácter económico o de carácter general.

Definición de Menor en riesgo

El menor en riesgo social: el niño que en edad de crecimiento para una autoconsciencia plena, ve alterado su proceso de socialización produciéndose deficiencias en su desarrollo afectivo, moral, cultural y social.

Indicadores de Riesgo en los niños

Las características fundamentales de niños en riesgo son: no ser deseados por sus padres; ser rechazados por el nuevo cónyuge, ya sea de la madre o del padre; estar separados de sus padres; ser hijos de madre soltera; presentar algún déficit (psíquico, físico o sensorial); tener problemas de conducta, hiperactivos, etc...; desescolarización; trabajadores prematuros; desnutrición; etc...

Factores de Riesgo en la familia

Destacan las siguientes características: incultura de los progenitores; algún hijo institucionalizado; progenitor con enfermedad mental grave; desestructuración; familias monoparentales, en las que ni la economía ni las responsabilidades familiares son compartidas; conducta anómala en algún miembro de la familia (alcoholismo, drogadicción, delincuencia, prostitución....); etc....

Factores de riesgo del contexto

Insuficiencia de recursos; falta de vivienda; nacimiento y deficientes condiciones de habitabilidad.

Criterios de organización y funcionamiento

Ubicación, infraestructura y equipamiento

- Emplazamiento físico – social: El centro estará emplazado en zonas urbanas o rurales, saludables, normalizadas, socioeconómicamente bien comunicadas y de acceso fácil.
- Los diseños arquitectónicos de los Centros deben estar adaptados a los planes urbanísticos de la zona done se ubiquen. De igual forma tendrán que contar con una adecuada iluminación, ventilación y sistema de emergencia. Deberán permitir el funcionamiento de pequeñas unidades o grupos de 6 – 8 menores con sus propios espacios independientes que responden a una típica distribución familiar (habitaciones, comedor...). Estas unidades deberán ser el eje fundamental del trabajo educativo aunque existan zonas comunes como talleres.
- Se procurará evitar que el edificio tenga algún distintivo externo.
- Los centros se equipararán siguiendo un criterio normalizador en las decoraciones, teniéndose siempre en cuenta la edad de los/las niños/as. Los juegos, libros y materiales educativos son fundamentales para la estimulación de los/las niños/as.

Organización laboral

El trabajo en estos centros se desarrolla de muy diversas formas:

Recursos humanos

Los centros han de contar con una plantilla que garantice una atención adecuada a los/ las menores que favorezca una educación integral.

Los recursos deberán de estar en consonancia con el P.E.C. y los P.E.I. de cada recurso residencial.

En estos centros trabajan los siguientes profesionales: director; subdirector; educadores; monitores; personal de servicios y otros profesionales como psicólogos o pedagogos.

Sistemas de trabajo

Es necesario que impere el principio de centrarse en las necesidades de los/las menores a los que se atiende por encima de cualquier otro aspecto, siguiendo los siguientes criterios:

- Se intentará que al menos dos educadores/as estén presentes en los momentos en los que todos los/las menores estén en el centro.
- La asignación de los/las educadores/as a los grupos deberá ser lo más estable posible.
- Los turnos deberán de tener un solapamiento de media hora para que los/las educadores/as puedan intercambiar opiniones.
- Los turnos han de incluir los momentos de cenas y comidas y aseguran la adecuada atención a los/las menores en la cobertura de sus necesidades básicas.
- Durante los fines de semana los/las menores podrán salir del centro con algún monitor/ a para realizar actividades de ocio, deporte...
- El director del centro deberá tener un horario que posibilite el contacto y la relación con los/las menores, el equipo educativo y el personal en general.

Órganos de gestión

- Los órganos de gestión dependerán de la estructura y tipología de los centros.
- La Dirección será el órgano de gobierno unipersonal. El Equipo Educativo es el órgano de coordinación de la actuación educativa en las residencias. Compuesto por todo el personal de atención directa a los/as menores y presidido por el/la director/a. El Consejo de Centro es el órgano participativo en el que están representados, además del equipo educativo, el personal de administración y servicios, los/as menores, sus familias y los servicios territoriales.

Gestión económica

Se realiza una propuesta económica que se aprueba por el Consejo de Centro y que deberá garantizar que se cubran las necesidades de los/as menores, así como la conservación de los centros, de forma que se eviten interpretaciones sociales negativas debido a su aspecto descuidado.

La acción educativa

Pretende la formación integral de la persona para que pueda llegar un nivel óptimo de competencia social y a un adecuado desarrollo intelectual, afectivo y social.

Principios y directrices de acción educativa

- Principio de integración.
- Principio de normalización.
- Principio de individualización.
- Principio de sectorización.

Las directrices para la acción educativa son:
- Personalización: trabajar a fondo la dimensión personal-individual.
Los instrumentos fundamentales del trabajo personalizado son el proyecto educativo individualizado (PEI) y la tutoría.
- Participación: fomentar la dimensión relacional.
Los instrumentos fundamentales de la participación son la organización de la dinámica interna del centro y las programaciones grupales (PG).
- Articulación social: se ocupa de la relación del sujeto con su entorno inmediato.
Los instrumentos son los programas de desarrollo en el entorno.

Criterios generales

- Cada recurso residencial debe contar con un Proyecto Educativo de Centro (PEC).
- Se considera la vida diaria el medio donde se desarrolla la práctica de la acción educativa.
- Los recursos residenciales se dividirán en unidades de convivencia para conseguir un contexto más normalizador.

- La organización de la vida cotidiana garantizará: confianza y seguridad al niño/a; el ambiente será confortable y agradable...
- Los educadores/as se implicarán en las actividades de la vida cotidiana.
- La evaluación y seguimiento de los PEC contemplarán los principios de la acción educativa.
- Las técnicas y estrategias utilizadas deben definirse en la metodología de trabajo.
- Las estrategias de intervención educativa serán objeto de análisis. Reflexión e intercambio de experiencias.

Evaluación de los recursos residenciales

Es muy importante una evaluación de los recursos para conseguir una mejora de la intervención, lo que conlleva conocer el alcance de los cambios que se introducen y tener en cuenta los posibles factores que puedan influir en la calidad de la atención residencial.

El trabajo evaluativo debe convertirse en una aportación de datos para revisar y subsanar posibles deficiencias del programa.

Hay dos aspectos esenciales que deben ser evaluados: los resultados y el proceso.

El impacto o resultado.

Se pretende ver con ello los efectos de las medidas residenciales en los menores. Se evaluará no sólo los objetivos sino también aquellas cuestiones que están fuera de lo planificado.

Por tanto, se tratarán tres aspectos fundamentales:

1.- El desarrollo del/la menor. El proceso adecuado para ello sería una aplicación inicial que se repetiría en el momento de la salida del/la menor.
2.- Comportamiento del/la menor en los distintos contextos.
3.- Los efectos: Recoge las consecuencias posteriores al acogimiento en el hogar.

El proceso o implementación

Supone una evaluación del grado en el que el funcionamiento del programa es adecuado y coherente con lo establecido en la programación.

Esta evaluación debería atender a diversos aspectos, tales como aspectos de estructura (población atendida, tipo de personal empleado...), aspecto físico (espacio, mobiliario...), aspectos de organización (proyecto educativo, programaciones, técnicas de intervención...), aspectos de interacción y actividad (actividades programadas...)

La evaluación tendrá un valor diagnóstico, otro pronóstico y un tercero de mejora para la consecuente toma de decisiones.

Esta evaluación será supervisada por un equipo evaluador, el cual dará objetividad a dicha evaluación y tomará decisiones en cuanto a necesidades, modificaciones, etc. Finalmente remitirá los resultados a la Dirección General o estamentos oportunos.

Bibliografía

PEIRÓ, I., GREGORY, S. (1997). *La escuela ante los abusos y los malos tratos.* Teoría pedagógica para efectuar prevención y reeducación para situaciones de riesgo. Granada, Grupo Editorial Universitario.

CONSEJERÍA DE ASUNTOS SOCIALES (1998). Servicio de Atención al Niño; Área de Bienestar Social.

ENCUENTRO SOBRE LA PROBLEMÁTICA PSICOSOCIAL DE LA INFANCIA. *Abordaje desde los servicios sociales.* PRODENI, 1998, Granada.

ASOCIACIÓN SOCIOCULTURAL DE ADULTOS DE CARTUJA.

DIMENSIONES DEL PROCESO INNOVADOR. ¿ES POSIBLE EL DESARROLLO DE UN MODELO HOLÍSTICO DE INNOVACIÓN?

Mª MAGDALENA MONTIEL TRUJILLO
Universidad de Jaén

1. Modelo Holístico

Todo proceso innovador está mediado por una serie de dimensiones sustantivas y tangenciales. Ambas dimensiones mantendrán una relación recíproca y casi cíclica con la innovación, haciéndose manifiestas en cualquier modelo de innovación que se estudie.
Al afirmar que se puede desarrollar un modelo holístico de innovación partiendo de los modelos Sistémico-funcional, Heurístico y Generativo, nos fundamentamos en lo que tienen en común:

* El hecho de integrar las principales dimensiones presentes en cualquier innovación.
* Que resaltan el carácter procesual del cambio.
* Que reflejan un enfoque comprensivo por cuanto parten de la interacción de todas las dimensiones.

La innovación es un proceso que sigue una secuencia programada de fases que discurren desde la investigación teórica y el descubrimiento científico hasta la práctica docente, pasando por el desarrollo tecnológico e influencia socio-política-cultural, a través de sucesivas experimentaciones, encaminadas a la mejora y puesta a punto del producto. Y finalmente la internalización y difusión (como diría Havelock (1980)) por parte de los innovadores potenciales.

Según Fullan (1990) y otros investigadores, en cualquier modelo de innovación existen tres fases:

* Inicio o confrontación, según Escudero (1986).
* Utilización o desarrollo, según Escudero (1986).
* Evaluación.

A esta última sumaríamos la adopción, que sería la asunción de esa innovación como práctica cotidiana.

De esta manera tendríamos:

PROCESO DE INNOVACIÓN

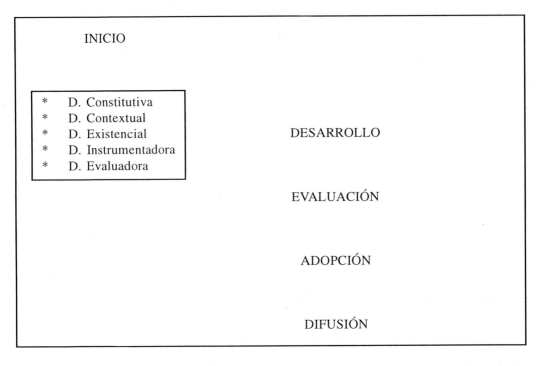

En la FASE INICIAL, todo proceso de innovación deberá plantearse la existencia de la *dimensión constitutiva o explicativa,* donde ante la presencia de una necesidad que hay que resolver, florecen las preguntas de cómo, porqué, y con qué se va a solventar el problema, teniendo en cuenta los conocimientos con los que se dispone y las variantes axiológicas, (entendiéndolas como los juicios de valor en nuestras convicciones, es decir, las valoraciones que realizamos desde el ángulo conceptual y judicativo).

Esta situación inicial irá acompañada de tensión, crisis, presiones internas y externas, percepción de la necesidad y diagnóstico del problema. La innovación en la educación requiere una fundamentación reflexiva, crítica y deliberada sobre qué cambiar, en qué dirección, cómo hacerlo y con qué política de recursos.

En primer lugar se deberá pensar y debatir sobre si nuestros proyectos de cambios son o no eficaces y si conectan o no con necesidades y demandas del sistema social.

Reflexionar en torno al grado en que los proyectos de innovación posibilitan prácticas y experiencias educativas de calidad, y valorar y revisar los planes y acciones de cambio a la luz de los criterios socio-culturales y políticos.

Con lo que pasaría a tenerse en cuenta la siguiente *dimensión contexto-cultural,* es decir, situar el problema en la realidad concreta en la que ha de resolverse, sin pasar por alto las variables sociopolíticas, culturales y personales del centro donde está sito.

El centro genera un clima relacional fruto de la estructura sociocultural que se establece en el mismo. Es un microsistema de encuentro, en el que interactúan y en no pocas ocasiones chocan diversos intereses profesionales, socio-políticos, laborales..., que producen una realidad que configura cada centro.

La tarea del centro se orienta al desarrollo de teorías y prácticas educativas innovadoras/reproductoras, de clarificación/implícitas..., según sea el sentido y orientación desde el que el centro asuma la teoría y la práctica de la enseñanza, generándose así climas promovedores o limitadores de la innovación.

Recordemos que el sistema educativo tiene dos funciones:

1. Una reproductora y transmisora de la cultura ya elaborada, (imagen reproductora).
2. Otra transformadora de la sociedad y creadora de cultura (imagen reconstructora).

Esta segunda, subraya que la función conservadora y transmisora del sistema educativo constituye una de las principales fuentes de resistencia y obstáculos a la innovación educativa.

El ideal básico de la ideología reconstructora es la creencia de que la escuela, debidamente organizada, puede ser una de las fuerzas más importantes para el cambio planificado de la sociedad. Las escuelas no se han limitado a ser un reflejo mecánico de la sociedad sino que siempre han estado en disposición de alcanzar determinados niveles de renovación cultural. Desde esta perspectiva, la escuela puede entenderse como un agente activo de cambio social.

Desde la perspectiva reproductora no es posible reforma alguna, sin una transformación radical de las instituciones sociales y políticas.

Cualquier proyecto de cambio educativo necesita encontrar un clima organizativo como condición indispensable para la incidencia efectiva y significativa de aquel en las prácticas y procesos educativos que pretende mejorar.

La escuela como organización, la dinámica del cambio educativo, y los profesores constituyen tres instancias que deben compenetrarse estrechamente. Así pues, las personas del centro, profesores y alumnos constituyen la *dimensión existencial*. Son los agentes potenciales del cambio, y los receptores del mismo. Como expone Escudero (1986), en el modelo Sistemático-funcional, la innovación tiene una efecto "boomerang" que partiendo del profesor vuelve sobre él mismo para repercutir en su crecimiento personal y profesional.

Toda innovación cobra concreción en virtud de un acto personal del docente, en cuanto representa una modificación de su comportamiento profesional.

Para que una innovación tenga posibilidades de ser adoptada, sin que sea rechazada desde los comienzos, son necesarios tres requisitos o condiciones previas:

1. Que la innovación sea compatible con los valores del innovador potencial.
2. Que la innovación implique una mejora en la realización de la tarea en los resultados.
3. Que el innovador potencial posea un dominio operativo de la innovación.

No hay que olvidar que además de todo esto el docente ha de ser un profesional activo en su formación y perfeccionamiento en los saberes y técnicas psicosociales y pedagógicas que le llevarán al conocimiento del sujeto y del entorno.

Pero además, la innovación ha de ser un proceso apoyado por la Dirección del centro y en la medida de lo posible gestionado con los medios, recursos y personal del centro como sistema social.

Gestionar la innovación es hablar del rol innovador del director, del clima organizacional, de la autonomía económica de los centros, de las redes de comunicación, del Proyecto de Centro, de la comunidad educativa, de la micropolítica...

Los directivos juegan un doble papel:

* Hacer que el personal del centro educativo se comprometa con la innovación y que esté dispuesto a realizar todos los cambios precisos.
* Un cambio en su forma de proceder tradicional.

Para ello el director debe tener un buen conocimiento de su centro y del lugar en que está sito, así como de las personas con las que trabaja. Tiene que estar dispuesto a aprender y al mismo tiempo estimular y promover un aprendizaje positivo y ser capaz de gestionar un programa instructivo.

El director debe tener actitudes positivas respecto a la participación y al trabajo en equipo, así como actitudes abiertas a la reflexión, al análisis de la realidad y a la investigación, características que definen una actitud global de cambio.

Un aspecto importante a destacar del proceso innovador es que conlleva un crecimiento *personal e institucional*; esto significa que todas las personas implicadas en el proceso de innovación han experimentado un cambio en cuanto a conocimientos, habilidades o actitudes, han aprendido y se han beneficiado de la innovación.

La innovación debe ser el cauce a través del cual el profesor se realice algo más como persona y como profesional. Este crecimiento personal se manifiesta con la satisfacción en el trabajo, con la concienciación de que está aprendiendo, y de que este aprendizaje le enriquece, se está perfeccionando y abriendo a algo nuevo. Profesionalmente reflexiona sobre su práctica para mejorarla, introduce nuevos métodos para solucionar los problemas que diariamente le surgen, trabaja en equipo y pide ayuda cuando lo necesita.

La innovación parte tanto de la concepción que el profesor posea de ella, como de los conocimientos previos que éste tenga. Así independientemente de que el profesor actúe como dinamizador o como mediador del cambio, debe tener en su haber una formación que le capacite, bien para solucionar problemas o bien para ser usuario y beneficiario del proceso de innovación, esto es, teniendo una responsabilidad compartida en los proyectos de innovación desde el inicio hasta su internalización.

No hay que olvidar que la innovación tiene lugar en la escuela como organización; quedando igualmente alterado como consecuencia de la innovación. La escuela facilita la gestión del cambio y mejora al realizar la gestión.

Hay que tener presente que la innovación orientada a mejorar la educación ha de repercutir en última instancia en el alumno, porque de no ser así dejaría de ser innovación educativa.

Otra dimensión que no puede desligarse de esta fase de partida es conocer de qué instrumentos y técnicas disponen, así como de las estrategias para llevar a cabo el desarrollo de la innovación, es decir, responder a la pregunta ¿cómo realizarla?

Algunos autores califican a esta dimensión de *Metodológica o proceso-tecnológica*, por que en ella ocurren modelos, estrategias y técnicas para su diseño, desarrollo e implementación.

Escudero manifiesta que esta dimensión no debe reducirse a la mera tecnología sino que hay que añadirle el valor cultural, simbólico y personal.

Esta dimensión supone una organización secuenciada de la acción atendiendo a tres planos:

1. La fuente de cambio, que puede ser la administración, el centro, los profesores o el director".
2. El enfoque teórico que la inspiró.
3. Los objetivos para los que se diseñó.

Finalmente, haríamos una *valoración global* de todos los aspectos para, si se consideran satisfactorias las decisiones iniciales, dar paso a la II FASE, que es el desarrollo o puesta en práctica, y si no es así realizar los reajustes pertinentes.

La evaluación estará presente a lo largo de todo el proceso innovador, valorando todos los pasos para ir ofreciendo feed-back.

Una vez que hemos resuelto las preguntas qué, cómo, cuándo, quién, dónde y con qué y elaborado un "planning" detallado de todos los momentos a seguir en este proceso de innovación, pasaríamos a la puesta en práctica, teniendo en cuenta todas las dimensiones ya expuestas.

Durante y en la finalización del proceso innovador nos ocuparíamos de la penúltima fase, la FASE DE EVALUACIÓN, que nos permitirá verificar y comprobar el grado de desarrollo de la innovación y además si el resultado da productos mejorados. Si es así la opción más correcta sería la ADOPCIÓN o internalización que sería la fase final, aunque Havelock habla de otra más: la DIFUSIÓN en masa.

Bibliografía

BALL, S. (1989): *"La micropolítica de la escuela. Hacia una teoría de la organización escolar"*. Paidós/MEC. Barcelona.

BATES, R. (1989): *"Práctica crítica de la administración educativa"*. Universitat de Valencia.Valencia. Pág. 142-152.

ESCUDERO MUÑOZ, J. M. (1986): "Innovación e investigación educativa: Introducción" *Revista de Innovación Educativa*, n° 1, pág 5-44.

GAIRÍN SALLÁN, J., DARDER VIDAL, P. (Coord.) (1996): *"Organización y gestión de centros educativos"*. Praxis. Barcelona.

MARÍN IBÁÑEZ, R. y OTROS, (1985): *"Sistematización e Innovación Educativas"*. Tomo I, UNED. Madrid.

EL APA Y EL CENTRO EDUCATIVO, RELACIÓN COLABORATIVA

BELÉN PLATA GARCÍA
FRANCISCA MADRID PELÁEZ
NADIA HERNÁNDEZ CALZADA
ISABEL PATRICIA SÁNCHEZ NUSK
Coordinador: Eudaldo Corchón Álvarez
Departamento de Didáctica y Organización Escolar

1. Referencias Históricas y Legales de la APA.

En 1913 se reconoció a los padres el derecho a intervenir en la vida escolar a través de los Consejos de Protección Escolar.

Es a partir de 1960 cuando se produce la configuración de las Asociaciones de Padres. En el Art. 102 de la Ley de Educación Primaria de 1967 del texto refundido de la Ley de 1945 se establece que la Junta Municipal es un organismo integrado por las autoridades locales, las representaciones de las Instituciones Educadoras y las personas que por su flujo y relieve social puedan colaborar en el desarrollo y funcionamiento de la escuela.

A esta Junta Municipal, en el Art. 103 de dicha Ley, se le otorga una serie de funciones, entre las cuales podemos destacar:

* Fomentar la asistencia escolar obligatoria.
* Velar para que se apliquen los principios generales de esta Ley.
* Colaborar y ayudar en la instalación de los elementos materiales.
* Impulsar las construcciones escolares adecuadas.
* Defender el reconocimiento y aplicación de los derechos del niño.
* Visitar las escuelas para conocer sus problemas.
* Intervenir en la comprobación del trabajo escolar.
* ...

La Junta Municipal se reunirá como mínimo una vez al mes; según el Art. 104, en cada Junta Municipal habrá una Comisión permanente que tendrá por misión:

a)   Toma de posesión y cese de los Directores Escolares y Maestros.
b)   Concesión de licencias.
c)   Informar y tramitar los expedientes.
d)   Recoger datos estadísticos.

Estos sé reunirán cada quince días o cuando sea necesario.

En 1968, se celebro una reunión de Ministros Europeos de Educación, donde se consideró la necesidad de que los padres formaran parte de la escuela.

En 1970, la Ley General de Educación reconoce plenamente el derecho a los padres a participar con el centro en la educación de sus hijos/as, donde colaborarán tanto en las actividades educativas que se lleven a cabo como en el control y gestión de los centros públicos.

En el Art. 57 de esta Ley, se establece la participación y coordinación entre los órganos de Gobierno de los centros docentes y los representantes del APA cuando se trate de Centros de Educación Preescolar, General Básica, E.E. F.P. de 1$^{\underline{er}}$ Grado y Bachillerato, y de las APAS y de la de alumnos, si fuesen centros de Formación Profesional de 2$^{\underline{0}}$ grado o de Educación Universitaria.

Según el Art. 60, todo centro de E.G.B., tendrá un Director, que estará asistido por el Claustro de Profesores y por un Consejo Asesor, en el que estarán representados los padres de los alumnos...

En el Art. 27 de la Constitución Española de 1978, se recoge que los profesores, padres y alumnos intervendrán en el control y gestión de los centros.
Referente a los padres, aparecen varios niveles de intervención:

1.- Los padres como tales, que de forma individual, pueden elegir la educación que deseen para sus hijos y mantener una relación personal con los responsables de la educación de su hijo/a. De forma colectiva, (APAS y Federaciones de APAS), participarán en el control y gestión de la vida académica y administrativa de los centros y colaborarán con los poderes públicos en la programación general de la educación.
2.- Los padres, como ciudadanos, podrán crear centros educativos.

La Ley Orgánica 8/1985, 3 septiembre, reguladora del derecho a la educación (LODE), establece, en su art. Y que los padres tienen derecho a elegir la formación religiosa o moral de sus hijos.

En el Art. 5 de dicha Ley, se le otorga a los padres libertad para construir asociaciones de padres, que tiene como finalidad asistir a padres y tutores en la educación de sus hijos, colaborar en actividades del centro y promover la participación de los padres en la gestión del centro.

Los padres podrán formar parte en:
-   El Consejo Escolar del centro.
-   El Consejo Escolar del Estado y CC.AA. y cuantos otros se determinen en los reglamentos de Régimen Interior.

En el preámbulo a la Ley Orgánica 1/1990, de 3 octubre, de Ordenación General del Sistema Educativo (LOGSE), Se reconoce la participación de los padres, profesores y alumnos en el control y gestión de los centros. También se hace referencia a la colaboración y participación de los padres y tutores para la consecución de los objetivos educativos, (Art. 2-b) y participación en el establecimiento de las necesidades educativas (Adicional 3º, 2).

En esta Ley siguen vigentes todos los aspectos participativos de la LODE.

La formación de la APA en un centro, procederá en mayor desarrollo educativo de sus hijos/as, mediante la organización participativa de actividades culturales y extraescolares, como son: Debates, mesas redondas, hemerotecas, campamentos, competiciones deportivas, etc.

Los padres pueden incidir en el *proyecto educativo*, procurando que se cumpla los establecido en él, fomentando situaciones que den lugar a un aumento del rendimiento escolar de los alumnos/as sobre todo la integración de los niños/as menos dotados, mediante una ampliación del horario en la que se podrán llevar a cabo actividades extraescolares y/o complementarias para una total y adecuada formación.

También intervendrán en la *Programación General Anual* en la que podrán incluir asignaturas de interés como son la Religión, la Ética, un segundo idioma, etc.
Pueden organizar salidas de intercambio con el extranjero donde mejorarán el idioma que estén aprendiendo.

Los padres deben conocer las horas que están dedicadas a la recuperación de los alumnos/as y al refuerzo de ciertos estudiantes con carencias en alguna materia, para poder mejorarlas en la medida de lo posible.

También tendrán que buscar medios económicos o humanos para mejorar las instalaciones, (comedor, transporte, etc.), por lo que será mucho más fácil cuanto mayor sea el número de padres que participen.

Los padres deben estar en contacto permanente con los profesores-tutores para conocer la evolución educativa de sus hijos/as.

También participarán en la confección del Reglamento de Organización y Funcionamiento, (nomenclatura utilizada por el MEC en Andalucía), y en la resolución de conflictos relacionados con la convivencia en otros. Una posible estructuración y organización de la APA es la que refleja el siguiente organigrama en el que figura su Junta Directiva y las distintas vocalías:

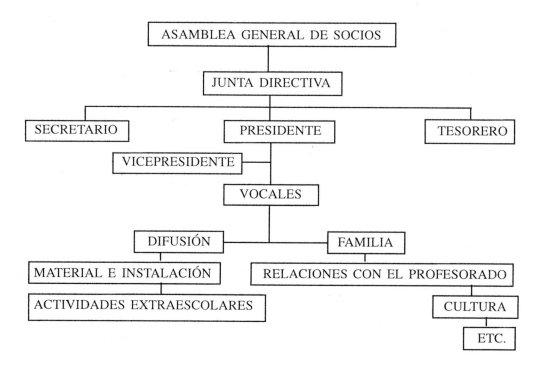

2. Etapas en el Desrrollo de la APA.

En el desarrollo de la APA se pueden diferenciar 5 fases:

1.- *Etapa de creación:* Una vez constituida la APA, se asignará un lugar donde se llevarán a cabo las reuniones, y se equiparará del material que se necesite. La APA puede estar formada por cualquier padre, pero no tiene porqué haber un número determinado, ya que cuantos más se asocien será mucho mejor. Se seleccionarán aquellas personas capaces de coordinar las comisiones para aplicar el trabajo de un grupo.

2.- *Etapa de consolidación:* Los responsables de la APA deben crear un clima de mutua confianza, para fomentar actitudes positivas y de respeto hacia las diferentes ideas de cada uno, y para colaborar en los proyectos comunes, sin dar lugar a conflictos de competencias entre la responsabilidad de los padres. Es conveniente que estén asociados con otros organismos como son: Consejo Escolar, Junta Directiva, Ayuntamiento, Asociaciones de Vecinos del Barrio, etc.

3.- *Etapa de madurez y desarrollo:* En esta etapa, ciertos miembros, aprovechan esta situación para solucionar los problemas de sus hijos/as con cierto egoísmo, sin importarle el resto de los niños/as, sin embargo, una de las tareas más importantes de la APA es la de organizar actividades culturales y extraescolares, (conferencias, hemeroteca, periódico, intercambios con el extranjero, etc.). Que los padres colaboren en estas actividades, supone un enriquecimiento de la programación anual y un aprovechamiento de los recursos humanos.

La Asociación debe celebrar Asambleas Generales en la que estarán presentes todos los padres, pertenezcan o no a ella, para informar sobre las vicisitudes que hayan sufrido, vayan apareciendo a lo largo del curso y para su resolución. Aquí también sé darán posibles sugerencias que los padres crean convenientes para un mejor aprovechamiento del curso escolar.

4.- *Etapa prospectiva:* En esta etapa se centran en darle a los padres una serie de habilidades para colaborar eficazmente en la educación de sus hijos/as. Esto se conseguirá a través de la Escuela de Padres, en lo que se dará información sobre los problemas relacionados con la educación de sus hijos/as, como crear un ambiente de comunicación y amistad en la familia y preparación para participar en diferentes actividades del centro.

En esta Escuela de Padres, se permite que cada uno exponga sus necesidades e intereses, para una posible resolución de sus problemas. Se llevarán a cabo mediante cursillos, conferencias, películas, charlas, discusiones, coloquios, etc.

Una vez concretadas las etapas que tienen lugar a lo largo del desarrollo de las Asociaciones de Padres, pasamos a describir y analizar la investigación que hemos llevado a cabo en varios colegios de Granada, con el fin de comprobar en la realidad educativa el cumplimiento de las funciones establecidas por ley, tanto en las APAS como en los centros educativos.

3. Investigación

El Real Decreto 83/1996 del 26 de enero recoge las siguientes funciones de las Asociaciones de Padres de Alumnos/as:

A) Elaborar y presentar propuestas para la elaboración del proyecto educativo de centro.

B) Ser informado sobre el proyecto educativo que se desarrolla en el centro.

C) Recibir con anterioridad a las reuniones del Consejo Escolar, la orden del día de los mismos.

D) Estudiar la orden del día de las reuniones del Consejo Escolar para formular propuestas referidas a la misma.

E) Recibir información sobre los temas tratados por el Consejo Escolar.

F) Elaborar informes para el Consejo Escolar, relativos a su actividad o a otros aspectos determinados.

G) Dar información al Consejo Escolar sobre aspectos relacionados con la marcha del centro.

H) Informar al Consejo Escolar sobre aspectos relacionados con la marcha del centro.

I) Realizar propuestas para la realización de actividades complementarias y extraescolares, y colaborar en su desarrollo.

J) Estar pendientes de los resultados académicos de alumnos/as y de su valoración por el Consejo Escolar.

K) Realizar propuestas para la elaboración del reglamento de organización y funcionamiento (ROF) y de sus modificaciones.

L) Recibir del consejo Escolar un ejemplo del proyecto educativo, de los proyectos curriculares de etapa y de sus modificaciones.

M) Recibir del Consejo Escolar información sobre los libros de texto y los materiales adaptados por el centro.

N) Fomentar la colaboración entre padres/madres y el profesorado.

Ñ) Utilizar las instalaciones del centro de acuerdo con los términos que establece el Consejo Escolar.

O) Realizar cursos de formación sobre temas educativos, de interés para padres y madres.

Enumeradas las funciones que la ley otorga a las APAS, lo que corresponde ahora es analizar y constatar si los mismos se dan o no en la realidad de los Centros Educativos y en qué porcentaje. Para ello partimos del siguiente:

3.1 Objetivo

Conocer y valorar la organización y el funcionamiento de la APA, así como la calidad de la relación y colaboración conjunta entre la misma y el centro escolar.

3.2 Hipótesis

La APA es un órgano que legalmente tiene asignadas una serie de funciones en los centros educativos, pero en la práctica no se llevan a cabo, es decir, tienen poca incidencia en ellos.

Para poder demostrar la hipótesis enunciada utilizamos la siguiente:

3.3 Técnica de Recogida de Datos

Las exigencias de la situación investigada han permitido la utilización conjunta de los métodos cualitativo y cuantitativo, lo que proporciona una visión más amplia de la realidad, permitiendo eliminar los riesgos que la utilización individual de uno u otro método pueda presentar.

A.   *Técnicas Cuantitativas: ENCUESTA.*

El instrumento utilizado para obtener los datos cuantitativos ha sido una encuesta de 17 preguntas dirigidas a conocer si las funciones que la ley establece son cumplidas por las Asociaciones de Padres de los colegios investigados.

Estas preguntas se pueden dividir en dos bloques:

-    Uno referido a la relación de la APA con el Consejo Escolar, Valorando si el mismo cumple con sus funciones con respecto a dicha relación.
-    El otro bloque va dirigido a comprobar si la APA cumple con sus funciones en cuanto a su relación con el centro y con el resto de padres (Ver anexo 1).

B   *Técnicas Cualitativas: ENTREVISTA SEMIESTRUCTURADA:*

Los datos cualitativos se han obtenido por medio de una entrevista realizada a varios miembros de una asociación de Padres, de un colegio de Granada (Ver anexo 2).

4. Resultados

A.- Cuantitativos

1°) La respuesta a si la APA es informada sobre el proyecto educativo que se desarrolla en el centro, se refleja en el gráfico con los siguientes resultados obtenidos:

SI
NO
NO SABE

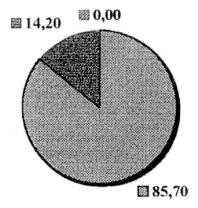

2°) La respuesta a si la APA elabora o presenta algún tipo de propuesta para la elaboración del Proyecto Educativo del centro, se refleja en el gráfico con los siguientes resultados obtenidos:

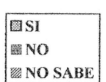
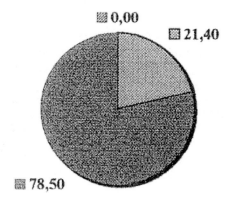

3°) La respuesta a si la APA recibe con anterioridad a las reuniones del Consejo Escolar el orden del día de los mismos, se refleja en el gráfico con los siguientes resultados obtenidos:

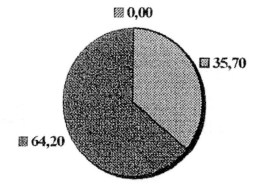

4°) La respuesta a si la APA estudia el orden del día de las reuniones del Consejo Escolar con la intención de formular propuestas referidas a lo mismo, se refleja en el gráfico con los siguientes resultados obtenidos:

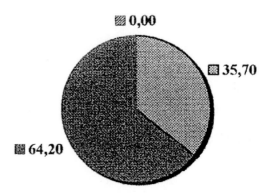

5°) La respuesta a si la APA recibe información sobre los temas tratados por el Consejo Escolar, relativos a su actividad o a otros aspectos determinados, se refleja en el gráfico con los siguientes resultados obtenidos:

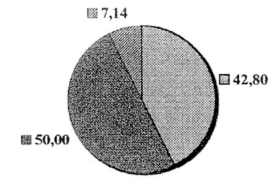

6°) La respuesta a si la APA elabora habitualmente informes para el Consejo Escolar, relativos a su actividad o a otros aspectos determinados, se refleja en el gráfico con los siguientes resultados obtenidos:

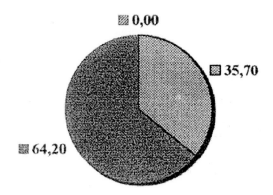

7°) La respuesta a si los demás padres y madres reciben información sobre la actividad realizada por la APA, se refleja en el gráfico con los siguientes resultados obtenidos:

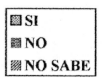

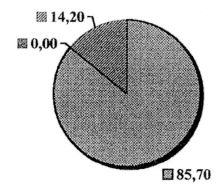

8°) La respuesta a si la APA informa habitualmente al Consejo Escolar sobre aspectos relacionados con la marcha del centro, se refleja en el gráfico con los siguientes resultados obtenidos:

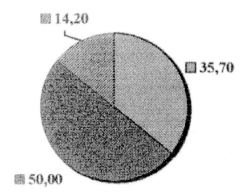

9°) La respuesta a si realiza propuestas para la realización de actividades complementarias y extraescolares, y colabora en su desarrollo, se refleja en el gráfico con los siguientes resultados obtenidos:

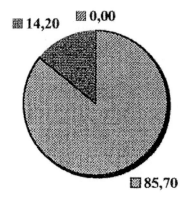

10°) La respuesta a si la APA está al tanto de los resultados académicos de los alumnos y de valoración por el Consejo Escolar, se refleja en el gráfico con los siguientes resultados obtenidos:

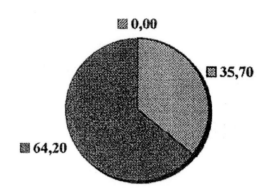

11°) La respuesta a si la APA suele realizar propuestas para la elaboración del reglamento de organización y funcionamiento (ROF) y de sus modificaciones, se refleja en el gráfico con los siguientes resultados obtenidos:

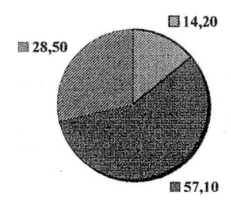

12°) La respuesta a si la APA recibe del Consejo Escolar un ejemplo del proyecto educativo, de los proyectos comunicadores de etapa y de sus modificaciones, se refleja en el gráfico con los siguientes resultados obtenidos:

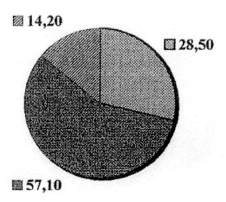

13°) La respuesta a si la APA recibe del Consejo Escolar información sobre los libros de texto y los materiales adoptados por el centro, se refleja en el gráfico con los siguientes resultados obtenidos:

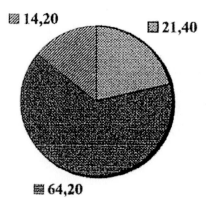

14°) La respuesta a si la APA fomenta de alguna manera la colaboración entre padres/madres y el profesorado, se refleja en el gráfico con los siguientes resultados obtenidos:

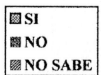

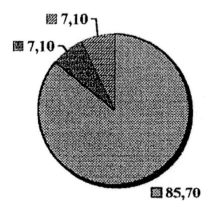

15°) La respuesta a si existe colaboración entre los miembros de la comunidad educativa, se refleja en el gráfico con los siguientes resultados obtenidos:

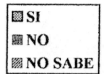

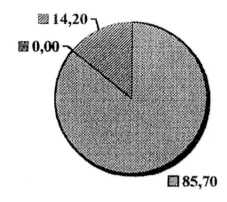

16°) La respuesta a si la APA suele utilizar las instalaciones del centro de acuerdo con los términos que establece el Consejo Escolar, se refleja en el gráfico con los siguientes resultados obtenidos:

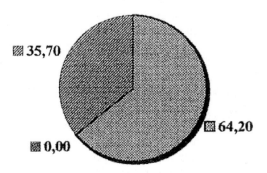

17°) La respuesta a si la APA realiza cursos de formación sobre temas educativos de interés para padres y madres, se refleja en el gráfico con los siguientes resultados obtenidos:

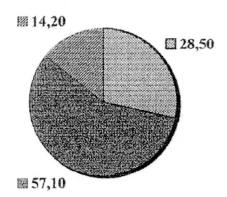

B. Cualitativos

Los Items y respuestas contenidas en la entrevista semiestructurada realizada son:

1. ¿Cada cuanto tiempo se reúnen?
   R: La asamblea general compuesta por todos los padres, se reúne una vez al año y la junta directiva de la asociación se reúne una vez al mes.
2. ¿Qué hacen en las reuniones?, es decir, ¿Qué temas tratan?
   R.:   A principio de curso se establecen los objetivos a llevar a cabo durante el curso. En las siguientes reuniones se tratan diferentes temas relacionados con los objetivos. Además, se intenta solucionar los problemas que se presenten y se tratan temas según la época: Navidad, Carnaval, excursiones, etc...
3. ¿Hay buena relación entre los miembros de la APA?
   R: Sí, aunque suele haber discrepancias porque cada uno tiene diferentes necesidades y la participación suele ser poca y descansa en unos pocos nada más.
4. ¿Conoce realmente las funciones de la APA?
   R: Sí algunas, aunque no tengo la seguridad de conocerlas todas.
5. ¿Se informa a los demás padres de las actuaciones de la APA?
   R: Depende de la actividad. La mayoría de las veces son los profesores los que informan a los padres sobre algunas actividades extraescolares o sobre la marcha de los niños, pero desde la APA sólo se avisa a los padres para que asistan a determinadas reuniones.
6. ¿Recibe habitualmente alguna información de las actuaciones del Consejo Escolar?
   R.:   No.
   ¿Por qué?
   R: No lo sé.
7. ¿Colaboran de alguna manera en las decisiones que se plantean en el Consejo Escolar?
   R: Sí.
   ¿Cómo?
   R: Asistiendo a las reuniones y votando algunas cuestiones cuando procede.
8. ¿Colabora en la elaboración del PE, ROF, Programación general, etc...?
   R: No.
   ¿Por qué?
   R: En las reuniones del Consejo Escolar se presenta el PE y el ROF ya elaborado.
9. ¿Participa en actividades escolares y extraescolares?
   R: En actividades escolares no, en extraescolares sí, concretamente en las fiestas de Navidad y Carnavales y en alguna que otra excursión.
10. ¿Realizan cursos de formación de padres?
    R: No.
    ¿Por qué?
    R: Porque los padres no suelen participar.

5. Conclusiones

La participación y colaboración de los padres con el centro educativo, tiene un papel muy importante que repercute en la calidad de la enseñanza que sus hijos reciben.

Pensamos que este es motivo suficiente para darle al tema al que se refiere nuestro trabajo la importancia que merece.

Queda mucho camino aún por recorrer para que la relación colaborativa entre el centro educativo y la APA alcance los niveles óptimos necesarios para lograr la calidad de la enseñanza que se pretende. Como siempre, la teoría choca con la infranqueable barrera de la realidad, donde desafortunadamente, no se ven resultados que se desearan.

No obstante, a lo largo de nuestra investigación, si bien los resultados generales no son muy positivos, nos hemos encontrado con personas que individualmente o en grupo, por desgracia poco numerosos, luchan por mejorar y superar la incongruencia entre la teoría y la práctica aunque, como hemos dicho antes, aún queda mucho camino por recorrer.

6. Valoración de los Resultados

La relación entre la APA y el centro educativo es pobre e incluso a veces inexistente, según lo indican los datos obtenidos en la investigación. La APA actúa al margen del Consejo Escolar y del Centro Educativo. Es como si se tratara de un órgano separado y no integrado en dicho centro como expresa la ley. Así mismo, el Consejo Escolar no tiene en cuenta a la APA ni en su toma de decisiones ni en las actuaciones que lleva a cabo.

Al analizar los datos, hemos tenido la sensación de que es posible que los padres presentes en el Consejo Escolar actúe con frecuencia como meros figurines que muchas veces votan lo que ha elaborado dicho Consejo, sin contar con la colaboración de la APA. Es más, la mayoría de los entrevistados, desconocen que puedan participar en la elaboración del PEC, ROF, Programación General, etc..., como parte de sus funciones, entre otras razones porque desconocen muchas de ellas.

Por todo lo expuesto, podemos concluir que los resultados de la investigación, confirman la hipótesis inicial enunciada.

a)   Como ejemplos significativos de esta conclusión expondremos los siguientes:

Habitualmente y con anterioridad a sus reuniones, el Consejo Escolar no facilitaba a la APA el orden del día de dichas reuniones con el fin de que la APA pueda estudiarlo y elaborar las propuestas pertinentes previamente a su celebración.
Cuantitativamente esto ocurre en el 64,20% de los casos, según resultados obtenidos en la investigación.
Estos datos se contrastan además cualitativamente en las repuestas que los entrevistados dieron a la pregunta de si habitualmente recibían información de las actuaciones del Consejo Escolar, a dicha pregunta éstos contestaron que no, reconociendo además no saber porqué.

b)   La mayoría de las veces, la APA no participa en la elaboración del Proyecto Educativo de Centro, lo que se refleja cuantitativamente en un 78,50% de los casos.

Estos datos cuantitativos, se corroboran cualitativamente en la entrevista, pues a la pregunta de si los padres colaboran desde la APA en la elaboración del PE, ROF, Programación general, etc. los entrevistados contestaron que no, añadiendo además que en las reuniones del Consejo Escolar donde asistían se presentaban dichos documentos ya elaborados.

7. Agradecimientos

En primer lugar, queremos manifestar nuestro más sincero agradecimiento al profesor D. EUDALDO CORCHÓN ÁLVAREZ, sin cuya coordinación, apoyo y guía, la realización de este trabajo no hubiese sido posible.

También queremos agradecer la colaboración de todas las Asociaciones de padres y madres que desinteresadamente contestaron pacientemente a todas nuestras preguntas. Gracias a todos.

Bibliografía

LORENZO DELGADO, M. (1995): "La población del ecosistema escuela y la Organización de las relaciones", en Lorenzo Delgado, en (1995): *Organización Escolar. La construcción de la escuela como ecosistema*. Ediciones Pedagógicas. Madrid.

MARTÍN RODRÍGUEZ ROJO (1995): "La asociación de padres y participación comunitaria" en: LORENZO DELGADO, M. y SÁENZ BARRIO, O. *Organización Escolar. Una perspectiva ecológica*. Alcoy. Marfil.

CONSTITUCIÓN 1978.

LEY DE EDUCACIÓN PRIMARIA DE 1967 DEL TEXTO REFUNDIDO DE LA LEY DE 1945.

MEC: LEY GENERAL DE EDUCACIÓN DE 1970.

MEC: LEY ORGÁNICA 8/1985, 3 SEPTIEMBRE, REGULADORA DEL DERECHO A LA EDUCACIÓN (LODE).

MEC: LEY ORGÁNICA 1/1990, DE 3 OCTUBRE DE ORDENACIÓN GENERAL DEL SISTEMA EDUCATIVO (LOGSE).

ANEXO 1

ENCUESTA PARA PADRES
APA

1. Es usted informado sobre el proyecto educativo que se desarrolla en el centro.
   a) SI   b) NO   c) NO SABE
2. Con regularidad elaboran y/o presentan algún tipo de propuesta para la elaboración del proyecto educativo de centro.
   a) SI   b) NO   c) NO SABE
3. Recibe con anterioridad a las reuniones del Consejo Escolar, el orden del día de las mismas.
   a) SI   b) NO   c) NO SABE
4. Estudia el orden del día de las reuniones del Consejo Escolar con la intención de formular propuestas referidas al mismo.
   a) SI   b) NO   c) NO SABE
5. Recibe información sobre los temas tratados por el Consejo Escolar.
   a) SI   b) NO   c) NO SABE
6. Elabora habitualmente informes para el Consejo Escolar, relativos a su actividad o a otros aspectos determinados, por iniciativa propia o por petición de éste.
   a) SI   b) NO   c) NO SABE
7. Los demás padres y madres, reciben información sobre la actividad realizada por esta asociación.
   a) SI   b) NO   c) NO SABE
8. Informa habitualmente al Consejo Escolar sobre aspectos relacionados con la marcha del centro.
   a) SI   b) NO   c) NO SABE
9. Normalmente realiza propuestas para la realización de actividades complementarias y extraescolares y colabora en su desarrollo.
   a) SI   b) NO   c) NO SABE
10. Está al tanto de los resultados académicos de los alumnos y de su valoración por el Consejo Escolar.
    a) SI   b) NO   c) NO SABE
11. Suele realizar propuestas para la elaboración del reglamento de organización y funcionamiento (ROF) y de sus modificaciones.
    a) SI   b) NO   c) NO SABE
12. Recibe del Consejo Escolar un ejemplar del proyecto educativo, de los proyectos curriculares de etapa y de sus modificaciones.
    a) SI   b) NO   c) NO SABE
13. Recibe del Consejo Escolar información sobre los libros de texto y los materiales adoptados por el centro.
    a) SI   b) NO   c) NO SABE
14. Fomenta de alguna manera la colaboración entre padres/madres y el profesorado.
    a) SI   b)NO   c) NO SABE
15. Existe colaboración entre los miembros de la comunidad educativa (profesores, director, jefe de estudios, padres, alumnos,...)
    a) SI   b) NO   c) NO SABE

16. Suele utilizar las instalaciones del centro de acuerdo con los términos que establece el Consejo Escolar.
    a) SI   b) NO   c) NO SABE
17. Realiza cursos de formación sobre temas educativos, de interés para padres y madres.
    a) SI   b) NO   c) NO SABE

ANEXO 2

ENTREVISTA A LA APA

1. ¿Cada cuanto tiempo se reúnen?
2. ¿Qué hacen en las reuniones?, es decir, ¿Qué temas tratan?
3. ¿Hay buena relación entre los miembros de la APA?
4. ¿Conoce realmente las funciones de la APA?
5. ¿Se informa a los demás padres de las actuaciones de la APA?
6. ¿Recibe habitualmente alguna información de las actuaciones del Consejo Escolar? ¿Por qué?
7. ¿Colaboran de alguna manera en las decisiones que se plantean en el Consejo Escolar? ¿Cómo?
8. ¿Colaboran en la elaboración del PE, ROF, programación general, etc...?, ¿por qué?
9. ¿Participa en actividades escolares y extraescolares?
10. ¿Realizan cursos de formación de padres? ¿Por qué?